四版

中國政治思想史

薩孟武 著

三民書局

新版說明

薩孟武先生所著《中國政治思想史》全書共分六篇，自先秦以至明清，擇要介紹各時代重要的哲人與其政治思想，讓讀者能掌握中國政治思想之精要。全書內容豐富，資料完整，考據精確，自成書以來，即深獲士林重視，學者教授每每引為授課用書。本書初版於民國五十八年，於六十一年經作者增訂再版，至今已印行逾十刷。因舊版字體較小，且漸模糊，本局為便利讀者閱讀，乃加以重新排版，除了加大字體外，書中各篇註釋並細予查對、重新標號；針對內容少許漏誤之處，亦予以察考補正，使本書更加完善。

三民書局編輯部謹識

再版序

本書出版之後，發見錯字太多，多至無法閱讀下去，勢非改版不可。而細閱原文之後，又覺得內容有修改之必要。

初版共四六四頁，再版增加為五九三頁，約增加一五〇頁，即增加字數三分之一。其修改要點如次：

㈠引文之意義不甚明瞭者皆刪去，改用意義明瞭的引文。

㈡說明有問題者，或修改之，或補充之，務令讀者容易了解。

㈢最重要的則為第六篇第六章「鴉片戰爭以後政治思想的發展」，分為四節說明，此章增加字數極多。

㈣第六篇增加第七章「思想的統一及調和」，即簡單敘述國父孫中山先生之思想。再版修改之處甚多，可以視為一種新著作，幸蒙三民書局劉振強先生願意虧本改版，此乃其他書局所不肯為者，誌此鳴謝。

吾國先哲的著作幾乎無所不談，本書既名為「政治思想史」，故凡思想與政治無關者均捨去不談，否則本書應名為「中國思想史」，不可名為「中國政治思想史」。

本書引文均註明出處，詳載那一書，那一卷，那一篇，所註皆放在引文之下。此不但減少紙張的浪費，且節省讀者的時間，不必去翻數頁或數十頁之後，查看註釋。但所註文字太長，則排成當前通用的當頁註格式，方便讀者檢閱。此與今人著作喜將註釋放在每篇或每節之後者不同。

本書引文所以詳細註明那一書那一卷那一篇者，蓋謀讀者的便利。例如「管子」一書共有八十六篇，如果只寫出「明法解」，閱者非盡翻管子目錄，必難知道其為第六十七篇。著者不過多寫幾字，而讀者得到便利不少，我不知許多著作人何以吝此數字而不寫。

本人承認本書偏見不少，可以予人以攻擊的口實。但本人總以為社會科學與自然科學不盡相同，社會科學不免參以著作人的價值判斷。價值判斷乃隨時而異，隨地而異，隨事而異，也是隨人而異。這是著者必須聲明，而希望讀者原諒的。

民國六十一年二月二十日

目次

第五篇 宋元的政治思想

751

緒論

人類有兩種慾望，一是食，二是色。告子曾言：「食色性也」（孟子，告子上）。孔子亦說：「飲食男女，人之大欲存焉」（禮記注疏卷二十二禮運）。人類由這兩種慾望的作用，便創造了社會，又促成了社會的進化。

人類為解決食慾，必須取得食物。人類取得食物的方法與其他動物不同。其他動物須利用自己身上的器官，而器官的發達又須與身體保持均衡，故由生物學的法則觀之，器官的發達是極慢的，數千年的光陰並不算長。人類能夠利用器具。將外界的物作為身上的器官，所以不受生物學法則的束縛，而能獨立的變更，迅速的進化。

最初人類取得食物的方法是隨環境而不同。居於山嶽地帶者以獵取野獸為生，居於草原地帶者以採取植物為生。這種生活繼續數千年之久，人類由於愛的衝動，人口漸次增加；人口增加到一定程度，食物開始缺乏，於是人類又由饑的衝動，想出別的方法，以取得食物。居於山嶽地帶者前此單單獵取野獸，現在須將野獸飼養起來，而變為遊牧民。既然變為遊牧民，對於草原地帶，就有占領的慾望。居於草原地帶者前此單單採食植物，現在須將植物栽培起來，而變為農耕民。遊牧與農耕為人類生活的兩大方式。

其在吾國，代表遊牧民的為太皡伏犧氏，代表農耕民的為炎帝神農氏。伏犧與神農不是人名，而是兩個氏族的名稱。易稱包犧氏「作結繩而為罔罟，以佃以漁」，神農氏「斲木為耜，揉木為耒，耒耨之利，以教天下」（周易卷八繫辭下）。這是可以證明伏犧氏為遊牧民之集團，神農氏為農耕民之集團。據帝王世紀所說，伏犧蛇身人首，神農人身牛首（引自周易卷八繫辭下孔穎達疏），世上當然不會有這樣的人。沒有而記載於歷史之上，必有所本。我們以為蛇身人首乃伏犧氏之圖騰，人身牛首則為神農氏的圖騰。即中國在伏犧神農時代，已經脫離蒙昧階段，而進化為圖騰社會。

最初兩個生活不同的氏族乃各在各的地帶過其安靜和平的生活，人口繁殖，最初只與同一地帶的別個氏族接觸。他們住在同一地帶而作同一生活，其風俗習慣相差不遠。他們接觸之後，其初也，由於色慾，便交換了婦女，其次由於食慾，又交換貨物。由於婦女的交換，便融和了他們的血統，由於貨物的交換，又使他們在經濟上有互相倚賴的關係，從而氏族之間就發生了親睦感情，而結合為一個部落。

生活狀態之不同可以發生各種不同的性格，尤其是言語不同。言語是人類交際的產物，又是人類交際的工具。兩個以上的氏族住在同一土地之內，不斷的往來交際，就發生了同一言語，而住在別個土地的人，尤其是生活於別個地帶的人，又產生了別種言語。言語進步到相當程度，又成為交際的障礙，即言語相同的人固然增加親愛感情，言語不同的人一旦相遇，又因彼此之間感情無法交流，不免發生敵視之念。這個時候某個種族的人要離開自己部落，加入別個部落，絕不可能。部落的封鎖又使他們居住的土地成為封鎖的。換言之，每個種族皆禁止別個種族的人侵入其土地之內。

社會進化的發動力還是兩個慾望。由於色，人口不斷增加，由於食，人類開始移動，而在土地封鎖時代，個人移住絕不可能，而且危險。於是凡因領土過狹，而有移動之必要者，他們必舉族遷徙。這樣，遊牧民與農耕民，即伏犧氏與神農氏雙方種族便開始了接觸。

這是歷史上一個大轉變。在他們接觸之時，雙方難免戰爭，誰勝誰負，在原始社會，不是決定於技術，而是決定於生活方式。茲將遊牧民與農耕民的生活方式列表如次。

遊牧民與農耕民生活方式比較表

種族	生活方式
遊牧民	(一)結群放牧，容易團結。 (二)逐水草而居，生活是流動的，勝則進攻，敗則逃入山陵之中。 (三)草原地帶可以放牧，勝則占領其地。 (四)茹毛飲血，同肉食獸一樣，養成好戰的精神。
農耕民	(一)散居各村落之間，彼此孤立，不易團結。 (二)由播種而至收穫，須於一定期間之內，定住於同一土地之上，勝不能進攻，敗又不能遠遁。 (三)山嶽地帶不能耕種，雖勝亦不需要其地。 (四)以五穀為生，同草食獸一樣，愛好和平。

人類的生活方式可使人類的心理發生變化。遊牧民每天宰殺動物，食其肉而衣其皮，寖假他們的心理就發生了好殺的情緒。他們不怕流血，且以流血為自己生存的條件。即他們恰如肉食獸一樣，「殺生」是取得食糧，保障生活的手段，所以遊牧民與農耕民開始戰爭，最後勝利常歸屬於遊牧民。在吾國歷史上，代表這種勝利的遊牧民則為黃帝有熊氏。

黃帝有熊氏，依吾人之意，「熊」乃黃帝氏族的圖騰。據歷史記載，黃帝「與炎帝戰於阪泉之野，三戰然後得其志」（史記卷一黃帝本紀）。「炎黃二帝中間凡隔八帝，五百餘年」（史記卷一黃帝本紀索隱）。當然不會發生兩帝交戰之事，交戰乃存在於兩個氏族之間。而由「熊」之圖騰，似可推測黃帝一族乃居住於山嶽地帶，而屬於遊牧民之一支，即與伏犧氏同一種族。黃帝之子少皞金天氏，代黃帝有天下。譙周云：「金天氏能修太皞之法，故曰少皞」（漢書卷二十一下律曆志補注）。黃帝之子而修太皞伏犧氏之法，可知黃帝為伏犧氏之後裔。換言之，黃帝與炎帝交戰，實即伏犧氏——遊牧民與神農氏——農耕民交戰。

黃帝征服農耕民的神農氏，用 **F. Oppenheimer** 所作的比喻來說，恰如游動的精蟲探求靜止的卵子，進入其中，而產生一個更高級的有機體，這就是原始國家❶「孔安國尚書序，皇甫謐帝王世紀，孫氏注世本並以伏犧神農黃帝為三皇」（史記卷一五帝本紀正義），這由社會學的眼光觀之，不失為正確的見解。一方是遊牧民的伏犧，他方是農耕民的神農，兩者結合，便產生了組織原始國家的黃帝。

原始國家的組織是極鬆懈的。黃帝一族征服神農氏之後，即移住於草原地帶。最初乃散居於農耕民之間，逍遙各地，而繼續其遊牧生活。史稱「黃帝遷徙往來無常處」即其一證。土地若不適宜於遊牧。或不軌之徒有叛亂之意，自應選擇險阻之地設置營壘或城廓，以作鎮壓的根據地。史稱「黃帝邑於涿鹿之阿」，又云「以師兵為營衛」，即其證據。

最初移住民（遊牧民）與原住民（農耕民）尚有明顯的區別，而同住於一個地方既久，兩個種族漸次同化，不但用同一的言語，有同一的習慣，奉同一的宗教，又因互通婚姻，而發生共同的血統，生活於同一環境之下，鑄成同一的感情。而且尚謂炎黃一家，如云黃帝為少典之子，少典娶有蟜氏女而生炎帝（史記卷一黃帝本紀及索隱引國語云），如云少典娶有蟜氏，生子二人，一為黃帝之先，一為神農，是為炎帝（路史後紀第三卷炎帝），於是部落偏見漸次消滅，代之而發生者則為較高形式的國家。雖然他們之間尚有裂痕，而其裂痕已經不是種族上的差別，而是政治上的差別。移住民治人，原住民治於人。治人者食於人，治於人者食人。統治階級解放於勞力之外，於是又發生了兩種結果，第一、遊牧民既有衣食之道，他們無須再遊牧了。遊牧變為田獵，田獵不是職業，而只是統治階級的一種娛樂。

❶ F. Oppenheimer, Der Staat, 3 Aufl., 1929, S. 40.

社會經濟遂依草原地帶的環境，而以農業為中心。第二、統治階級不必為生活問題，孜孜勤勞，而得將其勞力貢獻於精神活動，而使文化有發展的可能。

文化本是精神活動的產物，人類的精神活動常受環境的影響，自黃帝由山嶽地帶，征服神農氏，而移住於草原地帶之後，整個環境已經變更。由遊牧民觀之，過去居於山嶽之中，現在則居於草原之上，因地的環境之變更，須想出新的方法來對付。由農耕民觀之，過去接觸的均是同種的農耕民，現在加上外來的遊牧民，因人的環境之變更，也須想出方法來對付。兩個種族的環境都已改變，他們心理上發生的反應遂與過去不同。環境愈複雜，對付方法愈增多，人類精神亦愈進步，這樣就產生了許多文化，而負起創造文化之責任的，大率屬於有閒階級即統治階級。

由黃帝數傳而至堯舜，文化更見發達。當時政治以天事為要務，而表現為天文學的進步。馬端臨說：「太古法制簡略，不可得而詳知，然以經傳所載考之，則自伏犧而至帝堯，其所命之官大率為治曆明時而已」（文獻通考卷四十七官制總論）。帝堯即位命官，以羲和為第一，即命羲和「欽若昊天曆象日月星辰，敬授人時」，孔穎達疏云：「於時羲和似尊於諸卿」。帝舜攝位，最初也是「在璿璣玉衡以齊七政」（尚書堯典），孔安國注云：「在察也，七政日月五星」。即太古之人所致力研究的乃是自然現象的「天」。蓋在農業社會，何時播種，何時收穫，均與季節有關，所以「敬授人時」乃是一種極重要的政治。

恰好這個時期發生了洪水之災，「湯湯洪水方割，蕩蕩懷山襄陵，浩浩滔天，下民其咨」（尚書堯典）。其為禍之烈，可想而知。唯由另一方面言之，洪水卻有助於文化的發達，世上一切發明都是由於迫切的需要，洪水為災，因之有舟楫的發明，因之有橋樑的發明，因之有隄防的發明，因之又有建築物的改良。而最重要的還是國家組織的改觀。一方各部落逃避洪水，遷徙移動，於是過去兩個部落不相聞問者，現在也開始接觸，開始通婚，而融和他們的風俗習慣言語血統，過去尚有國際關係的遺跡，現在完全變為國內關係了。他方治水乃是一種巨大艱難的工作，非有整個計劃，不易成功。「左隄強，則右隄傷，左右俱強，則下方傷」（後漢書卷二明帝紀永平十三年夏四月乙酉詔），所以每個部落單用自己之力，建築隄防，開鑿河渠，往往因為上流氾濫或下流壅塞，徒勞無功。在廣大領域之內，要想治水，須由一個中央機關定下計劃，每個部落均肯犧牲個別利益，而顧全全體利益，而後才會有成。於是部落遂將一部分權力交付中央，中央職權增加，就不能不增設機關，以負執行之責。吾人觀堯典所載，內只有義和敬授人時，外只有四岳分主部落，而舜典所載，中央官制頗具規模。由此可知中國經洪水之後，國家組織又前進了一步。

到了大禹時代，政治又復改變，即由選舉王政進化為世襲制度，堯傳舜，舜傳禹，不是有意傳賢，而是三代以前的傳統制度。在原始社會，誰都不敢破壞傳統，至於帝位應傳給誰人，據尚書堯典所載，決定的權似屬於酋長會議。堯之舉舜乃從四岳之言，班固云：「四岳謂四方諸侯」（漢書卷十九上百官公卿表），實即酋長會議。所以當時政體可以說是選舉王政，不過被選舉權限於部落酋長，而選舉權亦只唯部落酋長有之。這與歐洲中古時代選舉侯選舉神聖羅馬帝國皇帝者同出一轍。然洪水氾濫之後，人民逃避水禍，遷徙移動，日無寧處，環境不斷改變，各方民人須應用新的智慧，以應付新的環境，因之傳統觀念失去權威。而大禹治水又有大功於民人，人類皆有一種心理：敬其父而及其子的心理，所以大禹崩後，諸侯皆朝啟曰吾君帝禹之子也（史記卷二夏本紀）。帝位由選舉變為傳子，於是又開始了中國數千年世襲帝政之制。世襲可使政局安定，凡天子崩殂之時，嫡長子就可嗣位，其能弭止部落酋長爭奪帝位而發動的戰爭，自不待言。

但是當時知識尚甚幼稚，而儀器亦不精良（璿機玉衡似是儀器，故不能謂未發明，而只可謂其不精良），他們研究天象，只知其正態，不識其變態。即他們雖知四季之循環，而不知水旱風雨何以忽然而來，忽然而去。天道無常，他們遂謂冥冥之中必有一位萬能的神，主宰一切。舜典之中有「上帝」、「六宗」、「群神」之言，夏書之中，亦有「上帝」（益稷），「恭行天之罰」（甘誓）之語，由夏至殷，神權思想愈益濃厚。孔子云：「殷人尊神，率民以事神」（禮記卷五十四表記），而箕子之洪範竟將天子、卿士、庶人、卜、筮五單位成為一組，國有大疑，由五單位之多數決定之。龜、筮乃與君、卿士、庶人各為一個單位，共同決定國之大事，而以三單位之同意為之。龜筮有巨大的決定權，於是與龜筮有關的職業，例如巫卜祝之類就成為最高尚的職業。帝太戊之時，巫咸輔王室，「殷復興，諸侯歸之，故稱中宗」。帝祖乙立，「殷復興，巫賢任職」，巫賢為巫咸之子（史記卷三殷本紀）。尚書（卷八）咸有一德，「伊涉贊於巫咸」，注引馬融曰「巫男巫也，名咸，殷之巫也」。男巫而為天子之輔佐，可知殷代神權思想之濃厚。因之，史祝士卜因與神權有關，就成為國家的最高職官。禮記（卷四曲禮下第二）云：「天子建天官，先六大，曰大宰大宗大史大祝大士大卜，典司六典」❷，鄭玄注云「此蓋殷時制也」。「天子之五官曰司徒司馬司空司士司寇，典司五眾」，鄭玄注云「此亦殷時制也」。六大以祭祀之官為主，五官以軍事之官為主，即在殷代，祭祀比之軍事猶為重要，古人云「國之大事唯祀與戎」（左傳成公十三年），吾人觀殷代官制，即可知之。

夏殷二代，國家組織尚未臻完成之域，而夏代比之殷代，國家組織更見鬆懈，而只可視為原始國

---

❷大祝大卜與神權有關，固無論矣。至於大史，吾人讀左傳閔公二年，「狄人囚史華龍滑與禮孔以逐衛人，二人曰我大史也，實掌其祭」云云，可知當時的史不是後世的史官，而是祭祀之官。曲禮卷四正義云：「大士非司士及士師卿士之等者。以其下別有司士司寇，故知非士師卿士也，與大祝大卜相連，皆主神之士，故知神仕也」。

家，所謂天子不過最強的部落酋長，力足以壓服其他部落，各部落乃尊之為共主而已。凡權力能夠控制各地，均為天子，權力不能控制各地，就失去天子的尊號，霸權又移歸於另一個部落酋長。吾人觀夏時，太康「盤遊無度」，而為有窮氏后羿所篡，后羿不修民事，又為伯民氏寒浞所殺。寒浞無道，少康復即帝位（參閱尚書五子之歌，左襄四年魏絳之言）。由太康至少康，中間尚有兩帝（帝仲康及帝相）嗣位（史記卷二夏本紀），由此可知所謂「太康失邦」，不過失去霸權，並未失去部落酋長之位。

殷亡周興，國家又進步了，即由原始國家進化為封建國家，據史記所載，周之祖先為后稷，「播時百穀」。子不窋奔於戎狄之間，二傳至公劉，「復修后稷之業，務耕種，行地宜」。又九傳至古公亶父「復修后稷公劉之業」，「貶戎狄之俗，而營築城郭室屋，而邑別居之」（史記卷四周本紀）。吾人觀公劉「復修」后稷之業，古公亶父「復修」后稷公劉之業，可知時而遊牧，時而農耕。詩謂公劉「度其濕原，徹田為糧」（詩經，大雅，公劉），又謂古公「迺疆迺理，迺宣迺畝」（詩經，大雅，緜），都可以證明史記所言不偽。古公以後，似已純粹以農耕為業，史記云：「古公卒，季歷立，是為公季，公季修古公遺道。公季卒，子昌立，是為西伯，西伯日文王，遵后稷公劉之業」（史記卷四周本紀）。因為周為農耕種族，不但知土地之有價值，而耕耘土地，又知人力之重要。所以既得天下之後，除分配土地外，又復分配人民。例如魯封於少皞之墟，分配以殷民六族，衛封於殷墟，分配以殷民七族，晉封於夏墟，分配以懷姓九宗。原始民或離開原住地，而統治階級又屬於別個種族的人，於是部落制度完全破壞，代之成立者則為封建國家。

武王伐紂不是單用自己軍隊，而是聯合許多友邦。其誓師於孟津之時，曾說「嗟我友邦冢君，聽誓」（尚書泰誓上），其誓於牧野之時，又說「嗟我友邦冢君，予其誓」（牧誓）。既然借用友邦之力，便不能不承認友邦既得的權利。所以其封建諸侯，除封同姓兄弟及異姓功臣之外，友邦冢君仍繼續保有其原有土地。例如薛，「夏所封，在周之前」(左傳昭公十一年)，而到了春秋時代還見存在。然則周如何控制這許多諸侯呢？「昔武王克商，光有天下，其兄弟之國者十有五人，姬姓之國四十人」(左傳昭公二十八年)。這些同姓諸侯形錯異姓諸侯之間，犬牙相臨，如伯禽封於魯，以固東方之防；召公封於燕，以固東北之防；唐叔封於晉，康叔封於衛，以固北方之防；叔度封於蔡，以固南方之防。而對於同姓諸侯，又用宗法觀念，維繫他們。周為大宗，同姓諸侯為小宗，諸侯在其本國又為大宗，而其陪臣則為小宗，陪臣在其采邑又為大宗，除嫡長子外，諸子則為小宗。循此而往，凡是姬姓，莫不以周為大宗。宗周統帥姬姓諸侯，姬姓諸侯又統帥姬姓陪臣，姬姓陪臣又統帥其諸子，社會如斯聯繫起來，透過統治階級，成為血統團體。所謂「大宗維翰，宗子維城」(詩經，大雅，板)，就是宗法的目的，也就是封建的基礎。

當時土地過剩，只要農民願意開闢草萊，就能夠獲得土地。領主為耕耘土地起見，只有強制留用人民，於是農奴制度便發生了。人口稀少，土地過剩，政府要徵收賦稅，必須強迫人民耕種，晉的占田，北魏隋唐的均田都是其例。而在古代，且將農民束縛於土地之上，孟子說明井田之制，而謂「死徙無出鄉」(孟子滕文公上)，左傳亦有「在禮，民不遷，農不移，工賈不變」(左傳昭公二十六年)之語，都可以證明農民沒有遷徙的自由。農民固然可以使用土地，而對於土地乃沒有所有權，因之沒有處分權。王制有「田里不粥」(禮記卷十二王制)之言，即謂農民不得處分土地。一方面農民束縛於土地之上，同時農民不得買賣土地，故其狀況與歐洲中世的農奴相差無幾。

茲宜說明者，封建社會的經濟是農業經濟，周代農業頗見進步。詩云：「滮池北流，浸彼稻田」(詩經，小雅，白華)，是則西周末年已經注意稻田的灌溉。西門豹引漳水溉鄴(史記卷二十九河渠書)，則人工灌溉又發生了。春秋時代，左傳又有鑄鐵之記載，昭公二十九年冬，晉「遂賦晉國一鼓鐵，以鑄刑鼎，著范宣子所為刑書焉」。降至戰國，農具用鐵似已成為普遍的現象，所以孟子有「許子以鐵耕乎」（孟子滕文公上）之言。農業雖然進步，而農民「春耕夏耘秋穫冬藏，四時之間，亡日休息」（漢書卷二十四上食貨志），即須將全部勞力集中於農事，無遑顧到別的工作，所以農業發達之後，必有分工，而發生許多手工業。吾人只觀孟子與陳相的對話，就可知道。

陳相見孟子，孟子曰許子必種粟而後食乎？曰然。許子必織布而後衣乎？曰否，許子衣褐。許子冠乎？曰冠。曰奚冠？曰冠素。曰自織與？曰否，以粟易之，曰許子奚為不自織？曰害於耕。曰許子以釜甑爨，以鐵耕乎？曰然。自為之與？曰否，以粟易之（孟子滕文公上）。

分工愈發達，又發生了交換之事。農民以粟易布，織工以布易粟，但是織工不能用他所織的布直接與農民所產的粟交換。因為農民也許不需要布而需要釜甑，於是為交換方便起見，就需要一種中間的人，這個中間的人就是商人。商人最初不過行商，其後為交換方便起見，乃定期集合於一定場所，而成立了市場。市場既已發生，復為交換便利起見，需要一種中間的物，這個中間的物，就是貨幣。何以故呢？農民運了一車米穀，欲與耕牛交換，幸而發見一位牧人，而這位牧人乃不需要米穀，而需要布匹或鐵器，這個時候要完成交換行為，至少須經過數次的中間交換。倘若發見一種各人共同愛好的物，以作交換的媒介，則許多麻煩可以避免。這個各人共同愛好的物就是貨幣。貨幣發生之後，不論農民，不論牧人，不論織工，不論鐵匠，均得將其產物與商人交換貨幣，有了貨幣，可在任何時期，取出貨幣，而與其他貨物交換。最初貨幣不過是貝殼之類，春秋末年，即周景王二十一年（魯昭公二十八年），曾鑄大錢（通考卷八歷代錢幣之制），而貨幣又進化為錢幣。

錢幣發生之後，商業更見隆盛，於是市場又進化為都市。都市的繁榮，可以齊之臨淄為例。蘇秦說：「臨菑之中七萬戶……臨菑甚富而實……臨菑之塗，車轂擊，人肩摩，連衽成帷，舉袂成幕，揮汗成雨，家殷人足，志高氣揚」（史記卷六十九蘇秦傳）。這個時候人民的經濟生活也開始轉變了，在封建社會，農民乃束縛於土地之上，自商業發達之後，農業也受了商品生產的影響，變成商品生產。領主要將生產物運到市場販賣，便於贏虧計算之下，減少農奴人數，使剩餘農產物能夠增加起來，於是前此領主不許農民移住，現在則願意解放農奴，而採用傭農或佃農制度。而諸侯亦廢除公田之制，改為稅畝，左傳，魯宣公十四年初稅畝，即其一例。何況土地既有商品價值，土地本身也可以買賣，沒落的貴族可將土地賣給別人。那些購買土地的人或為都市的商人，或為農村的殷戶（自由農民之富有者）。他們不必自己耕作，也不必監督耕作。他可將土地租給佃農，按期收租。這樣一來，不但土地開始私有，勞動形式由農奴變為傭農或佃農，而農村之中，新興的地主又代替了領主的地位，而使貴族政治失去經濟上的基礎。

在這經濟轉變期間，封建國家的基礎也動搖起來了。封建國家乃以宗法觀念為基礎，而數傳之後，親者疏，疏者離，降至春秋，就發生強滅弱，大吞小的現象，天下棼亂垂五百餘年，至秦方見統一。當此之時，井田制度快破壞了，宗法觀念快消滅了，封建國家快瓦解了，貴族政治快沒落了。這在歷史學上稱為「文化轉變期」。一方舊觀念、舊習慣、舊制度失去權威，他方新觀念、新習慣、新制度尚未確立。人們解放於傳統之外，個性就有自由發展的機會，而得自由思考、自由立論。而社會之棼亂又使人們不能不設法應付，其所應付的不是自然現象，而是社會現象。其結果，學者遂變更研究的方向，由自然現象的研究變為社會現象的研究，尤其政治的研究。因為有心之人均欲解決社會問題，而解決之法只有利用國家的權力，於是諸侯的權力鬥爭又引起學者的思想鬥爭。先秦諸子學說，無不直接的或間接的討論政治，理由實在於此。換言之，先秦思想雖然主張不同，而均是政治思想。

固然均是政治思想，而卻沒有一人主張民主，最多也只是民本主義。民主與民本不同，民主不但要 for the people，還要 by the people，而民本則只有 for the people，至於那一種施設可以達到 for the people 的目的，則由政府決定。何以吾國沒有民主思想呢？大凡民智未開，大眾的智力和能力相差不遠之時，往往是誰都不肯服從別人的意見，此時捨依多數人決定之外，實無辦法。這只是一個原因，最重要的，吾國自有歷史以來，就是大國，而與希臘的城市國家不同。史前之事不可得而知矣，帝堯即位之後，才有歷史。而中華國家最初乃建設於黃河以北，漸次發展而至南方。北方平原，而帝堯之時又有洪水為災，黃河也好，長江也好，長可千里，要治洪水，須有整個計劃。只治上流，倘下流壅塞，上流之水亦不能暢行到海。只治下流，苟上流氾濫，下流亦不安全。所以在堯舜時代，雖然只是原始國家，而領土卻甚廣大。民主政治乃以多數人的意見決定一切，在代表觀念尚未發生以前，要在大領土之上，集合全體人民開會，是辦不到的，而且希臘的城市國家，多數決政治也不是一舉而即成功。照曾克斯 (E. Jenks) 說，原始社會不知多數決之法，凡事不能得到滿場一致，就須訴諸腕力，舉行決鬥，以決定那一方意見得到勝利。所以滿場一致與決鬥乃是原始社會解決問題的方法。既而人們漸漸感覺決鬥對於勝負雙方都有害處，於是就發生了種種代替決鬥的方法。一是吶喊 (shout)，雙方發出喊聲，誰壓倒對方，誰便得到勝利。二是分列 (divide)，倘雙方喊聲不分大小，則雙方列隊比較長短，誰隊伍長，誰的意見便見通過。這樣，頭數多少便代替了腕力大小，即「計算人頭代替了打碎人頭」(Counting heads instead of breaking them)，這便是多數決的起源❸。希臘中期已有多數決之制。斯巴達選舉五位執政官 (Ephors)，就是以得票較多者為當選。雅典的各種會議或用舉手，或用投票，依多數人之意見決定一切❹。降至羅馬，法諺云：「多數所表示者得適用於全體」(Refertur ad universos quod

❸ E. Jenks, The State and the Nation, 1928, pp. 193–195.

Publice fit per majorem partem)，「民會多數所為者視為全體所為」(Quod major pars curiae effecit pro co habetur ac si omnes egerinnt)❺。只看元老院決議案皆以多數人的意見為標準❻，就可知道當時多數決已經成為法律上的制度。日耳曼民族的思想與多數決主義未必符合。他們不甚相信兩人的意見比之一人的意見更有價值。戰場之上，一人勇士可以打敗五人，何以論壇之上，須以多數人之意見為標準。中世的三級會議有「凡事須由賢人 (pars sanior) 決定，不宜由多數人 (pars maior) 決定」，「投票須權 (wägen) 其輕重，不宜數 (zählen) 其多寡」之言。他們最初舉行表決尤其選舉，皆以滿場一致的形式為之，用喝彩以代投票，縱有少數人提出異議，亦為喝彩之聲所掩蔽❼，所謂「滿場一致是必需的，但少數應該讓步，且亦不能不讓步」(qnia quisque ad synodum pergens iudicio maioris partis se ubmittere tenetur...synodus finaliter ex concordia omnium definit)❽，可以說是古代日耳曼民族的思想。至其採用多數決之制，乃是傳自教會，而教會又是受了羅馬法的影響。教會選舉教皇，以得到大主教 (Kardinal) 三分之二投票為當選，選舉主教 (Bischof)，以得到管長會議 (Domcapitel) 過半數投票為當選❾。最初

❹ J. G. Heinberg, History of the Majority Principle, in the American Political Science Review, Vol. 20, No. I, Feb 1926, pp. 54–55.

❺ J. G. Heinberg, Theories of Majority of Rule, in the American Political Science Review, Vol. 26, No. 3, June 1932, p. 455.

❻ J. G. Heinberg, History of the Majority Principle, pp. 56–57.

❼ G. Jellinek, Das Recht der Minoritäten, 1895, S. 2.

❽ O. Gierke, Political Theories of the Middle Age (translated by F. W. Maitland), 1927, p. 166, n. 228.

❾ G. Jellinek, a. a. O. S. 3f. J. Hatschek 在其 Allgemeines Staatslehre, II. Teil, Das Recht der modernen Demokratie, 1909, S. 58 亦謂多數決是先由教會採用之，以決定選舉。「多數能夠支配少數」這個原則，

意大利北部村落先用多數決之法，以選舉村長⓾。其後歐洲各地漸次成立了「少數服從多數」(minor pars sequator majorem) 的慣例。其實，最初所謂多數不但指投票在數的方面是優越的，同時還指在質的方面也是優越的。多數同時包括數多而又質良，就是多數之外，尚加以「賢明」的要素，這稱為「多數而又賢明」的原理 (the doctrine of the major et sanior pars)。因此之故，一個少數苟在質的方面是優越的，換句話說，是賢明的，尚可戰勝那僅在數的方面占優勢的多數。不過「賢明」並沒有一個公認的方法來證明，所以不久之後，這個原理又被另一個原理修改了。就是數的方面苟占絕對優勢，例如三分之二的人數，那末「賢明」如何，可以不談。後來，連這個絕對優勢的多數都不顧了，縱在選舉之時，也只要求一個大多數 (a greater number)⓫。一二一五年英王約翰所發布的大憲章（第六一條）規定：國內男爵 (Barons) 互選二十五名為代表，代表會議之決議以出席人過半數之同意行之。一三五六年神聖羅馬帝國皇帝卡爾第四 (Karl IV, 1346–1378) 所發布的敕令 (goldene Bulle) 規定：選舉侯 (Kurfürst) 選舉皇帝之時，以得票較多者為當選⓬。這樣，多數決主義到了十四世紀，歐洲各國就漸次用之以作議決及選舉的方法，終隨英國憲政而傳播於全世界。

唯在大國，只有多數觀念，而不能佐之以代表制度，民主政治亦難實現，例如希臘的城市國家，

自馬西僚發表 Defensor pacis 之後，在十四世紀，時人已經知道其為民主國的學說了。

⓾ J. G. Heinberg, History of the Majority Principle, pp. 57–58. 例如 Genoa 固須滿場一致，而 Brescia 及 Ivrea 則需要三分之二，Bologna 需要四十分之二十七，或二十分之十三，其他各市需要七分之四，總之均比普通多數為多。

⓫ J. G. Heinberg, op. cit., pp. 59–60.

⓬ J. G. Heinberg, op. cit., pp. 61–63.

人口與領土超過一定限度，國家便見分裂，而創設新的城市國家⑬。羅馬與希臘不同，人口雖然增加，領土雖然擴大，而國家依然保存統一的形式。但國家過度膨脹，技術上無法實行民主政治，於是羅馬對於市民便分為等級，而發生「沒有投票權的市民」(civis sine suffragio)⑭，終則放棄城市國家的形態，而成立一個世界帝國，任何市民都沒有參政權⑮。中世的學說固然對於皇帝及教皇均給予代表的性質，即如 O. Grierke 所說：“the Pope is not Universal Church, but merely represents it by virtue of his rank...the Emperor was not the Empire, but only, by virtue of his rank, represented the Empire and the Community that was subject to him”⑯。但是這種代表觀念實與現代的代議士不同。當時自由城市雖然保存民主政體，設置市會，以作立法機關，而地小民寡，有似於古代的城市國家，且為其單位者又不是個個市民，而是各種基爾特。其可視為現代代議制度的濫觴者乃是中世的三級會議。但是各階級的代表須受原選舉人訓令的拘束，這就是所謂「命令的委任」(imperatives Mandat)，而與今日代議士依自己的判斷，獨立投票，不受任何拘束，即所謂「自由的委任」(freies Mandat) 者當然不同⑰。話雖這

⑬ 希臘的城市國家組織城市聯盟 (Städtebund) 之際，固曾派遣「代表」，參加聯盟會議 (Bundesversammlung)。然其代表並不能決定問題，一切均由城市國家的自由民決定之。見 G. Jellinek, Allgemeine Staatslehre, 3 Aufl., 1929, S. 568.

⑭ G. Jellinek, a. a. O. S. 315.

⑮ 羅馬本是共和國，其改為帝國之後，乃以皇帝為國民的代表。見 J. Hatschek, Deutsches und preussisches Staatsrectht Bd. I, 2 Aufl., 1930, S. 355. 然此代表觀念實與現代的代議士不同。

⑯ O. Gierke, Political Theories of the Middle Age (translated by F. W. Maitland), 1927, p. 62.

⑰ G. Jellinek, a. a. O. S. 571. G. Leibholz, Das Wesen der Repräsentation, 1929, S. 82. J. Hatschek, a. a. O. S. 363.

樣說，而人民的權利得由代表行使，不能不說是中世的創舉，而非古代學者所能知道⓲。尤其是馬西僚 (Marsiglio da Podova, 1270–1340) 主張民選代表之制，不遺餘力，以為立法權可由人民所選舉的代表行使之。他所以有此思想，亦有鑒於教會制度。在基督教剛剛發生之時，教徒不多，教徒每數年必集會一次，討論問題。到了後來，教徒增加，全體集會已不可能，於是各地教徒遂派代表。這種代表制度，馬西僚以為政治上亦可應用⓳。這樣，代表觀念遂漸次普及，先為三級會議所採用，最後現代議會也用之以代表民意。

吾國古代沒有「多數」與「代表」的制度，因之先哲就沒有民主思想，這不是吾國先哲思想不如希臘，而是因為吾國環境與歐洲不同。

因為先哲沒有民主思想，所以他們多寄望於聖君賢相，俾能實行 for the people 的政治。何況既然注重賢聖了，賢聖的觀念更剝奪了「多數」的觀念。吾人只看孔子思想，就可知道。至於民主思想的發生則在前清末葉由西洋輸入的。

⓲ O. Gierke, op. cit., p. 64. 對此，J. D. Lewis 在其所著 Representative Government in Evolution (in the American Political Science Review, Vol. 26, No. 2, April 1932, p. 299) 則謂希臘與羅馬均有朦朧的代表觀念。

⓳ O. Gierke, op. cit., pp. 46f, 66.

第一篇

先秦的政治思想

第一章

儒家的政治思想

一、孔　子

先秦思想可以說都是政治思想。孔門四科，政事其一。其他三科也多少與政事有關，只因孔門四科沒有劃分清楚，所以孔子思想常為後儒所誤解。孔子的政治思想不能毫無變更。孔子卒時，年七十三，在數十年之中，孔子的政治思想不能毫無變更。孔子年五十六為魯大司寇，攝行相事。在此以前，公山不狃以費畔，召，子欲往，日如有用我者，吾其為東周乎（論語第七篇陽貨）。在此以後，佛肸以中牟畔，召，子欲往，曰吾其匏瓜哉，焉能懸而不食（論語第七篇陽貨）。可知孔子本來是欲兼善天下，不願獨善其身。孔子年五十六離魯，年六十三歸魯，在其周遊列國之時，絕糧於陳蔡之間，而沿途又受楚狂、長沮、桀溺、丈人的譏笑（論語第十八篇微子）。當其尚未返魯，年屆六十之時，似知吾道之不行。返魯之後，魯終不能用孔子，孔子亦不求仕，乃退而著書立說。孔子之書甚多，有刪削古書者，如詩經是。有親自改編者，如春秋是。有門人錄其嘉言者，如論語是。所惜者，後人多不研究那一句話是孔子說在年六十以前，那一句話是孔子說在年六十以後，而致孔子之言，不免有前後矛盾之處。而後儒又只知拾其單言片語，以粉飾自己的學說，孔子之道便變成「博而寡要，勞而少功」（史記卷一百三十太史公自序）。莊子有言：

「孔子行年六十，而六十化，始時所是，卒而非之，未知今之所是之非五十九非也」(莊子第二十七篇寓言)，此言可謂深知孔子思想是隨時進步的。王充有言：「案聖賢之言，上下多相違，其文前後多相伐者。世之學者不能知也」(論衡第二十八篇問孔)。但是吾人須知春秋一書必是孔子改編，「筆則筆，削則削，子夏之徒不能贊一辭」(史記卷四十七孔子世家)，而孔子亦極重視春秋，故說：「知我者其唯春秋乎，罪我者其唯春秋乎」(孟子注疏卷六滕文公下)。春秋雖載天災地變，董仲舒依之而著春秋繁露，但是孔子罕言天命(論語第九篇子罕)，且說：「存亡禍福皆己而已，天災地妖，不能加也」(孔子家語第七篇五儀解)。天災地妖不過儆人主而已(仝上)。春秋之言微而不顯，寓褒貶於一字之間，明治道於一句之內，令人不能理解其意，王安石戲目為斷爛朝報(宋史卷三百二十七王安石傳)，不是沒有理由的。

由自然現象的研究進而研究社會現象，社會是「人」的團體，所以研究社會就是研究「人」。人有智愚之分，善惡之別，又有好惡的感情。孔子說：「中人以上可以語上也，中人以下不可以語上也」(論語第六篇雍也)，「生而知之者上也，學而知之者次也，困而學之，又其次也，困而不學，民斯為下矣」(論語第十六篇季氏)。「唯上智與下愚不移」(論語第十七篇陽貨)。這都是說明智愚，而與善惡無關。歷史謂「紂資辨捷疾，聞見甚敏，知足以距諫，言足以飾非」(史記卷三殷本紀)，則其天資固非昏愚也。然其勇於為惡，而自絕於善，卒致「天下之惡皆歸焉」(論語第十九篇子張)。此實可以證明智愚與善惡判然不同。智愚是知識上的問題，善惡是道德上的問題。先哲對於人性之善惡共有四種看法，一是「性善」，二是「性惡」，三是「性無善無不善」，四是「有性善，有性不善」。孔子對於智愚雖分上智、中人、下愚三等，而對於性之善惡，似無肯定的主張，最多只謂「性相近也，習相遠也」(論語第十七篇陽貨)。此即告子所謂「性猶湍水也，決諸東方則東流，決諸西方則西流，人性之無分於善不善，猶水之無分於東西也」(孟子卷十一告子上)。但「有性善，有性不善」亦是近理之言，是故以堯為君而有象，以瞽叟為父而有舜。固然性無善惡，但人類尚有好惡的感情。「何謂人情，喜怒哀懼愛惡欲，七者弗學而能」（禮記注疏卷二十二禮運）。人類有所好，又有所惡，這是人情，任誰都難否認。孔子說：「富與貴是人之所欲也，貧與賤是人之所惡也」（論語第四篇里仁）。又說：「飲食男女人之大欲存焉，死亡貧苦人之大惡存焉」（禮記卷二十二禮運）。「聖人之治化也，必刑政相參焉。太上以德教民，而以禮齊之。其次以政焉導民，以刑禁之，刑不刑也。化之弗變，導之弗從，傷義以敗俗，於是乎用刑矣」（孔子家語第三十一篇刑政）。固然孔子曾說：「導之以政，齊之以刑，民免而無恥。道之以德，齊之以禮，有恥且格」（論語第二篇為政）。但是如上所言，道之以德，齊之以禮，乃太上之治道，其次必須導之以政，齊之以刑。何況古代之所謂「禮」乃包括「法」在內，禮云「分爭辨訟，非禮不決」（禮記卷一曲禮）。這個「非禮不決」之禮就是法律。故云：「禮者君之大柄也」（禮記卷二十一禮運），「安上治民莫善於禮」（孝經第十章紀孝行）。案孔子雖說仁義，同時又說禮義。仁內也，「禮自外作」（禮記卷三十七樂記）。孔子曾說：「齊之以禮，則民知恥矣，刑以止刑，則民懼矣」（孔叢子第四篇刑論）。又說「示之以好惡，使民知禁」，正義曰「示有好必賞之令，以引喻之，使其慕而歸善也。示有惡必罰之禁，以懲止之，使其懼而不為也」（孝經第七章三才）。即孔子為政，依靠於人性之善惡者少，依靠於人情之好惡者多。所以他說：「君子蒞民，不可以不知民之性，而達諸民之情」（孔子家語第二十一篇入官）。以衣敝縕袍而不恥之子路（論語第九篇子路），而猶說「傷哉貧也」（孔子家語第四十二篇曲禮子貢問），更奚論乎常人。子思說：「生不足以喜之，利何足以動之。死不足以禁之，害何足以懼之」（孔叢子第十篇抗志）。子順亦言：「人之可使，以有欲也。故欲多者，其所得用亦多。欲少者，其所得用亦少矣。夷齊無欲，雖文武不能制，君安得而臣之」（孔叢子第十五篇陳士義）。人類之欲，上焉者好名，下焉者好利。孔子對其個人的利固甚冷淡，故說：「飯疏食，飲水，曲肱而枕之，樂亦在其中矣」（論語第七篇述而）。而對於名，未必冷淡，故說「君子疾沒世而名不稱焉」（論語第十五篇衛靈公）。但孔子之求名，絕不同東漢名流那樣，「處士純盜虛聲」（後漢書卷九十一左雄傳），而是要名實相符，故說：「君子病無能焉，不病人之不己知也」（論語第十五篇衛靈公）。孔子深知人情，他對自己，固然主張「無求生以害仁，有殺身以成仁」（論語第十五篇衛靈公）。而對眾人，並未曾如斯希望。孔子說：「或安而行之，或利而行之，或勉強而行之」，正義曰「或安而行之，謂無所求為，安靜而行之。或利而行之，謂貪其利益而行之。或勉強而行之，謂畏懼罪惡，勉力自強而行之」（禮記卷五十二中庸）。安而行之，乃仁人志士之事。利而行之，就要用賞。勉強而行之，就要用刑。刑賞的基礎在於人類之有好惡，也只因人類之有好惡，而後政府才得利用人性的弱點，令其就善避惡。故說：「五刑所以佐教也」（孔叢子第二篇論書）。不過「古之聽訟者，惡其意，不惡其人，求所以生之，不得其所以生，乃刑之……今之聽訟者，不惡其意，而惡其人，求所以殺，是反古之道也」（孔叢子第四篇刑論）。司馬法言：「有虞氏不賞不罰，而民可用，至德也」（司馬法第二篇天子之義），其實，有虞氏那有不罰之事。尚書舜典云「五刑有服」，其「流共工於幽州，放驩兜於崇山，竄三苗於三危，殛鯀於羽山」（尚書舜典），實因當時人口寡少，乃用流放之法，寬宥五刑，使罪人開發邊疆。所以舜典又說：「流宥五刑」。孔子為魯大司寇，攝行相事，七日誅魯聞人少正卯，三孫逆命，孔子又令人率師討伐，那裡有不刑不罰之事。為政之道，必須利用人情，而不可忘及刑賞，這是政治與教育不同之點。教育使民就善避惡，而能「安而行之」。大學所謂「誠意正心」，論語各書所載仁義之言，是對門人言之，出於教育之意。教育是用勸誡之法，勸人為善，戒人為惡。政治則用刑賞之法，賞人為善，罰人為惡。人性步步由教育而改善，政治也步步隨人性之向善而變更，政治能夠進步，端賴於此。孔子說：「殷因於夏禮，所損益可知也，周因於殷禮，所損益可知也，其或繼周者雖百世可知也」（論語第二篇為政），此章是言前代之失，後代矯之，前代之不足，後代補之，正義所說明的三統，只是陰陽家的見解，不足為訓。司馬法言：「夏賞於朝，貴善也，殷戮於市，威不善也，周賞於朝，戮於市，勸君子，懼小人也」（司馬法第二篇天子之義），此即孔子所謂「爵人必於朝，與眾共之也，刑人必於市，與眾棄之也」（孔子家語第三十一篇刑政），所損益略似乎此。

但是「安而行之」，人數極少。孔子說：「無欲而好仁者，無畏而惡不仁者，天下一人而已。是故君子議道自己，而置法以民」，孔穎達疏云：「無欲，好仁；無畏，惡不仁，雖天下之人廣，能行此者，但有一人而已，喻其少也」（禮記卷五十四表記）。安而行之，人數既少，則君子為政何能不用刑賞。「鄭子產有疾，謂子大叔曰我死，子必為政。唯有德者能以寬服民，其次莫如猛。夫火烈，民望而畏之，故鮮死焉。水懦弱，民狎而玩之，則多死焉，故寬難（杜注云難以治）。疾數月而卒。大叔為政，不忍猛而寬，鄭國多盜，取人於萑苻之澤。大叔悔之曰吾早從夫子，不及此，興徒兵以攻萑苻之盜，盡殺之，盜少止。仲尼曰善哉，政寬則民慢，慢則糾之以猛。猛則民殘，殘則施之以寬。寬以濟猛，猛以濟寬，政是以和」（左昭二十年）。但用刑之道，勿只施於小民，宜先施於大人。六韜云：「殺貴大，賞貴小」（第三篇龍韜），孔子攝行相事，先殺的乃是魯國第一名流少正卯，即出於「殺貴大」之意。

在民主思想尚未發生以前，學者常寄望於聖君。聖君者先修其身，而後治人。而如孔子對季康子所說：「子帥以正，孰敢不正」（論語第十二篇顏淵）。故「知所以修身，則知所以治人。知所以治人，則知所以治天下國家矣」（禮記卷五十二中庸）。「唯天下至聖……見而民莫不敬，言而民莫不信，行而民莫不悅」（禮記卷五十三中庸）。蓋「君子之德風，小人之德草，草上之風必偃」（論語第十二篇顏淵）。在古代，人口寡少，而天子之地不過千里，千里之內又分封許多陪臣。諸侯之地，大者不過百里，人主的言動，百姓無不熟知，當然要正其身。因此，孔子每擴充家庭道德而為公民道德。在家庭之內，孝為百行之先。「五刑之屬三千，而罪莫大於不孝」（孝經第十一章五刑）。曾子曾言：「居處不莊，非孝也。事君不忠，非孝也。涖官不敬，非孝也。朋友不信，非孝也。戰陣無勇，非孝也」（禮記卷四十八祭義）。即一切公民道德均以孝為本。孔子雖然主張博愛，而愛必由近而遠，「故不愛其親，而愛他人者，謂之悖德，不敬其親，而敬他人者，謂之悖禮」（孝經第九章聖治）。「愛敬盡於事親，而德教加於百姓，刑於四海，蓋天子之孝也」（孝經第二章天子）。即天子擴充其孝，行博愛廣敬之道，使人民知所效法，而不敢惡其親。「明王之以孝治天下也，如此」（孝經第八章孝治）。但是為人子者固當孝其親矣，而又不是唯父之命是從。孔子說：

昔者天子有爭臣七人，雖無道，不失其天下。諸侯有爭臣五人，雖無道，不失其國。大夫有爭臣三人，雖無道，不失其家。士有爭友，則身不離於令名，父有爭子，則身不陷於不義。故當不義，則子不可以不爭於父，臣不可以不爭於君。故當不義，則爭之，從父之令，又焉得為孝乎（孝經第十五章諫諍）。

每事從父之令，不得為孝，同樣，每事從君之命，不得為忠。孝之真義如此。但是要令臣民盡孝，必須天子盡孝，以為臣民之模範。孔子寄望於聖君也，如此。但是聖君何可強求，無已，只能求其次之賢相，如伊尹之於太甲，周公之於成王。故曰「為政在於得人」（孔子家語第十七篇哀公問政），「昔堯舜聽天下，務求賢以自輔」（孔子家語第十四篇辯政）。即孔子乃主張賢人政治，但是只唯聖君才求賢相，自古以來，人君似堯舜者，並不多覯，伊尹周公不是太甲成王自己求之，而是先王（湯及武王）已置之為相，庸主何能求賢。更進一步觀之，賢人政治往往不能久存，「其人存，則其政舉，其人亡，則其政息」（禮記卷五十二中庸）。孔子似知賢臣之不易得，故云：「才難不其然乎」（論語第八篇泰伯）。而天子又有用人之權，所以孔子又說：「在下位，不獲乎上，民不可得而治矣」（禮記卷五十三中庸），管仲商鞅得行其志，就是因為其能得君。不過天子不皆賢，則其選擇之相未必皆賢。相若不賢，則其所選用的百官，亦難求其盡職。何況賢與不賢並不易知，而如仲弓所說：「焉知賢才而舉之」（論語第十三篇子路）。孔子雖云：「舉直錯諸枉，則民服。舉枉錯諸直，則民不服」（論語第二篇為政）。什麼是直，什麼是枉，如何決定呢？孔子說：「視其所以，觀其所由，察其所安，人焉廋哉，人焉廋哉」（論語第二篇為政）。然而由誰去視，由誰去觀，由誰去察，又有問題了。

倘若果有賢相，則天子應無為於上，使賢相有為於下。孔子說：「大哉堯之為君也，唯天為大，唯堯則之」（論語第八篇泰伯），「天何言哉，四時行焉，百物生焉，天何言哉」（論語第十七篇陽貨），「無為而治者，其舜也與。舜有臣五人，而天下治」（論語第十五篇衛靈公）。吾國先哲所主張的政治雖非民主政治，而其所提倡的政制卻有近於內閣制。在君主政體之下，天子之位是傳子的。天子之子不皆賢，須賴宰相傳賢以補之，同時宰相之位不安定，須賴天子傳子以補之。即於政府之內分別兩種機關，其一傳子，其他傳賢。傳子者地位要定，傳賢者隨時更換。政府既能新陳代謝，而中樞又不致發生動搖，這是現代君主立憲國採用責任內閣制的理由。

中國所以不能由內閣而達到民主之域者，蓋先哲尤其孔子乃主張賢人政治，而既主張賢人政治了，就不免反對多數決政治。「子貢問曰鄉人皆好之，何如。子曰未可也。鄉人皆惡之，何如。子曰未可也。不如鄉人之善者好之，其不善者惡之」（論語第十三篇子路）。孔子又說：「眾好之，必察焉。眾惡之，必察焉」（論語第五篇子路）。鄉人皆好之，尚曰未可。鄉人皆惡之，又曰未可。眾人所好，尚須再察，眾人所惡，亦須再察。好惡不由眾人決定，試問決定之權屬於誰人，再察之責屬於誰人，「夫民主所以為民主者以平等。故邊沁 (**J. Bentham**) 之言曰，人人得一，亦不過一，此平等之的義也」（嚴譯法意第八卷第二章復案），也就是多數決政治的原理。吾國先哲每以少數人之所謂賢，而且又是主觀上之所謂賢，壓倒多數人的意見，其非民主政治，至為顯明。固然王安石以為「所謂察之者，試之以事是也」（王臨川全集卷三十九上仁宗皇帝言事書）。但是「試之以事」是依考績，而觀其人之能力如何，至於其人之賢不賢，而用「試之以事」之法，恐難甄別出來。

為政之道必須「因民之所利而利之」（論語第二十篇堯曰），即要順民之心，民心所希望者不過富厚而已。這叫做仁政。仁政之中，孔子所最注意的是「富」。「子適衛，冉有僕。子曰庶矣哉。冉有曰既庶矣，又何加焉。曰富之。既富矣，又何加焉。曰教之」（論語第十三篇子路）。由春秋而至戰國，列強爭雄，梁惠王以「鄰國之民不加少，寡人之民不加多」（孟子卷一梁惠王上）引為深恨。孔子亦言：「地有餘，民不足，君子恥之」（孔子家語第十篇好生），可知民庶乃是當時政事之要務。古者以民之多寡為國之強弱，民多則田墾而稅增，役眾而兵強。但民庶而貧，不逞之徒又將起而作亂，所以為政之道須先富民。孔子說：「政之急者莫大乎使民富」（孔子家語第十三篇賢君）。又說：「民之所以生者衣食也……民匱其生，饑寒切於身，不為非者寡矣」（孔叢子第四篇刑論）。「孔子厄於陳蔡，從者七日不食，子貢得米一石，顏回仲由炊之於壞屋之下，有埃墨墜飯中，顏回取而食之。子貢自井望見之，不悅，以為竊食也」（孔子家語第二十篇在厄）。以子貢之智，顏回之賢，而當饑餓之時，子貢尚疑顏回之竊食。由此可知人類所視為最重要的，還是衣食。所以孔子為政，必以富民為先，既欲富民，則不可不言利。「孟軻問子思曰牧民何先。子思曰先利之。曰君子所以教者亦有仁義而已矣，何必曰利。子思曰仁義固所以利之也，上不仁，則下不得其所。上不義，則下樂為亂也。此為不利大矣」（孔叢子第六篇雜訓）。子罕言利，乃對自己而言，其對大眾，絕不忘利。個人對己，固要「食無求飽，居無求安」（論語第一篇學而），政治家對己，亦要同禹一樣「菲飲食、惡衣服、卑宮室」（論語第八篇泰伯），而對於人民則宜希望其能「足食」（論語第十二篇顏淵）。如何使民足食？孔子說「節用而愛人，使民以時」（論語第一篇學而）。即人主必須節省財用，如禮記（卷十二王制）所說：「量入以為出」。而其使民，必以其時，不可妨奪農務，如禮記（卷十二王制）所說：「用民之力，歲不過三日」。「省力役，薄賦斂，則民富矣」（孔子家語第十三篇賢君）；而孤獨鰥寡，「此四者天民之窮而無告者也，皆有常餼」（禮記卷十三王制）。由此可知孔子所主張的仁政是很容易實行的，問題所在，實行仁政乃有待於人主之仁。嚴復曾批評之云：「夫制之所以仁者，必其民自為之，使其民而不自為，徒坐待他人之仁我，不必蘄之而不可得也。就令得之，顧其君則誠仁矣，而制則猶未仁也。使暴者得而用之，向之所以為吾慈母者，乃今為之豺狼可也。嗚呼，國之所以常處於安，民之所以常免於暴者，亦恃制而已，非恃其人之仁也。恃其欲為不仁而不可得也，權在我者也。使彼而能吾仁，即亦可以吾不仁，權在彼者也」（嚴譯法意第十一卷第十九章嚴復案語）。梁啟超亦說：「中國先哲言仁政……仁政必言保民，必言牧民。保之牧之者，其權無限也。故言仁政者祇能論其當如是，而無術使之必如是。雖以孔孟之至聖大賢，曉音瘏口以道之，而不能禁二千年來暴君賊臣之繼出踵起，魚肉我民。何也？治人者有權，而治於人者無權，其施仁也，常有鞭長莫及，有名無實之憂，且不移時而熄焉。其行暴也，則窮凶極惡，無從限制，流惡及於全國，亘百年而未有艾也。聖君賢相既已千載不一遇，故治常少而亂日益多」（論政府與人民之權限）。嚴梁二氏的批評，可以適用於一切古人所主張的仁政，故余特別錄出，以供讀者參考。

仁政以富民為先，孔子不但反對大貧，而且反對大富，他說：「貧斯約（約猶窮也），富斯驕，約斯盜，驕斯亂……故聖人之制富貴也，使民富不足以驕、貧不至於約」（禮記卷五十一孔子閒居）。又說：「中人之情也，有餘則侈，不足則儉」（孔子家語卷十五六本）。此即董仲舒所謂「大富則驕、大貧則憂。憂則為盜、驕則為暴」（春秋繁露第二十七篇度制）之意。孔子云：「不患寡而患不均」（論語第十六篇季氏），即孔子的富民政策，非求生產的增加，而是求分配的平均。如何使民不大富，又不大貧呢？王制（禮記卷十一）雖有「制農田百畝，百畝之分，上農夫食九人，其次食八人，其次食七人，其次食六人，下農夫食五人」之語，即富只能食九人，貧亦能食五人。但王制是否周之制度，是否經過孔子刪定，頗有問題。其書之作，據孔穎達疏，「蓋在秦漢之際，盧植云，漢孝文帝令博士諸生作此王制之書」（禮記卷十一）。只因其為經書之一，孔子的思想不免受了後人誤解。而且對於人民的經濟生活，統制太甚。器用不合標準，不許其鬻於市，五穀不時，果實不實，禽獸魚鱉不中殺，不許其鬻於市（禮記卷十三王制），猶可言也。而周禮一書，統制更甚，「凡宅不毛者有里布，凡田不耕者出屋粟，凡民無職事者出夫家之征」（周禮卷十三載師）。「凡庶民不畜者，祭無牲。不耕者，祭無盛。不樹者無椁。不蠶者不帛，不織者不衰」（周禮卷十三閭師），這固然是欲獎勵生產，但統制太甚，人民實難忍受。王莽改革之失敗就是太過根據周禮，而學者亦謂「王安石以周官亂宋」，「王安石以周官泉府一言禍宋」（見王安石撰周官新義之後人序文），蓋官吏不得其人，統制徒供官吏營私舞弊之用。儒家的道德觀念能夠深入人心，而其政治思想卻難實行，蓋後人不知王制一書作者為誰，而又謂「周禮作於西周」（周禮序文）。二者均列為經書，而不知「時移世變，不可行者漸多」（周禮序文）。後儒抱殘守缺，竟以為孔子所要實行的政治制度，在於王制與周禮兩書。

春秋之世，列國日尋干戈，爭地以戰，殺人盈城，爭城以戰，殺人盈野，民心厭戰，無不希望和平，而諸侯僭天子，陪臣僭諸侯，臣弒其君者有之，子弒其父者有之，所以孔子主張正名。「子路曰衛公待子以為政，子將奚先。子曰必也正名乎」（論語第十三篇子路），即「君君、臣臣、父父、子子」（論語第十二篇顏淵）。有君之名，必有君之權責，有臣之名，亦有臣之權責。孔子固然明君臣之別，而又與唐太宗所謂「君雖不君，臣不可以不臣」（舊唐書太宗紀貞觀二年）不同，而謂「君使臣以禮，臣事君以忠」（論語第三篇八佾），即君以禮待臣，而後臣才會以忠報君。「禮時為大，順次之。堯授舜、舜授禹、湯放桀、武王伐紂時也」（禮記卷二十三禮器），即孔子雖稱堯舜之禪讓，亦甚贊成湯武之革命。孟子的革命思想實由孔子啟發。

君能知賢，而以其人為臣了，就須隨才而用，「無求備於一人」（論語第十八篇微子）。孔子曾以射為例，以為「射不主皮，為力不同科，古之道也」（論語第三篇八佾）。此時該人當然不可曠職，「孔子嘗為委吏矣，曰會計當而已矣；嘗為乘田矣，曰牛羊茁壯長而已矣」（孟子卷十上萬章下），固不敢曠其職。更不可越權，孔子說：「不在其位，不謀其政」（論語第八篇泰伯）。這兩句話很受後人誤解。正義曰「此章戒人侵官也。言不在此位，則不能謀此位之政，欲使各專一守於其本職也」。即孔子此言乃對百官而言，非對庶民而言。官各有職，而須專守其職。曠職固然不可，越權也復不可。至於庶人議政，孔子並不反對。「鄭人遊於鄉校，以論執政。然明謂子產曰毀鄉校何如。子產曰何為夫人朝夕退而遊焉，以議執政之善否，其所善者，吾則行之，其所惡者，吾則改之，是吾師也，若之何毀之。仲尼聞是語也，曰以是觀之，人謂子產不仁，吾不信也」（左襄三十一年）。子產許鄉人議政，孔子稱之，孔子那會主張不在其位的庶人不得議論朝政的得失，而將國家興亡之事一委於「肉食者鄙，未能遠謀」的公卿。由此可知「不在其位，不謀其政」，乃深戒百官之越權。

孔子說：「天下有道，禮樂征伐自天子出，天下無道，禮樂征伐自諸侯出」（論語第十六篇季氏），禮樂指制度，征伐指軍事。春秋隱公五年「九月考仲子之宮，初獻六佾」，對此公羊傳解釋云：「初獻六佾，何以書，譏。何譏爾，譏始僭諸公也……天子八佾，諸公六，諸侯四」。魯為侯國，只應四佾，而竟獻六佾，故謂之僭，公羊傳又繼續云：「僭諸公，猶可言也。僭天子，不可言也」。穀梁傳亦云：「舞夏（夏大也）天子八佾，諸公六佾，諸侯四佾，初獻六羽，始僭樂矣」。那知到了後來，「季氏八佾舞於庭……三家者以雍徹」（論語第三篇八佾）。以陪臣而用八佾之舞，以陪臣而奏天子之樂，真是僭越極了。而且諸侯又自相侵略，春秋隱公四年春王二月莒人伐杞取牟婁。對此穀梁傳解釋云：「言伐言取，所惡也。諸侯相伐取地，於是始，故謹而志之也」。禮樂征伐不由天子，要解決這個問題，最重要的則為統一，即所謂「天無二日，土無二王」（禮記卷五十一孔子閒居）。而要統一，在當時，莫如尊王。春秋隱公元年春王正月，對此公羊傳云：「王者孰謂，謂文王也。曷為先言王，而後言正月，王正月也。何言乎王正月，大一統也」。此即主張頒正朔之權屬於天子。一統之法不但頒正朔而已。孔子說：「非天子不議禮，不制度，不考文……雖有其位，苟無其德，不敢作禮樂焉，雖有其德，苟無其位，亦不敢作禮樂焉」（禮記卷五十三中庸）。由於一統觀念，孔子就進而尊王，「王者欲一乎天下」（公羊傳成公十五年），所以有天子在，諸侯不得專地（公羊傳桓公元年），不得專封（公羊傳僖公二年），不得專討（公羊傳宣公十一年）。然自春秋中期以後，天子名存實亡，諸侯且有略取天子土地之事。春秋宣公元年「冬，晉趙穿帥師侵柳」，對此公羊傳云「柳者何，天子之邑也。曷為不繫於周，不與伐天子也」。春秋昭公二十三年「晉人圍郊」，對此公羊傳又云：「郊者何，天子之邑也。曷為不繫乎周，不與伐天子也」。略一字，以表示尊王之意，尊王乃所以大一統也。

且也，「平王之末，周室陵遲，戎逼諸夏，自隴山以東及乎伊洛，往往有戎，當春秋時，間在中國」（後漢書卷一百十七羌傳），「諸戎飲食衣服不與華同，贄幣不通，言語不達」（左襄十四年），而常侵陵中國。春秋隱公七年「冬天王使凡伯來聘，戎伐凡伯於楚以歸」，對此，公羊傳解釋云：「凡伯者何，天子之大夫也。此聘也，其言伐之何，執之也。執之則其言伐之何，大之也。曷為大之，不與夷狄之執天子也」。春秋由於攘夷，遂「內諸夏而外夷狄」（公羊傳成公十五年）。孔子謂「管仲之器小哉」（論語第三篇八佾），而又因管仲伐戎救燕（左莊三十年），伐狄救衛（左僖二年），伐楚責苞茅不入貢於周（左僖四年）所以又謂「管仲相桓公，霸諸侯，一匡天下，民到於今受其賜，微管仲，吾其被髮左衽矣」（論語第十四篇憲問）。這個一統觀念及華夷之別，實是中國立國的根本精神。但孔子雖明華夷之別，而又不是狹隘的民族思想，凡夷狄能夠接受中華的文化，亦不歧視，所謂「進之中國則中國之」，即此之謂。

在諸侯爭雄、戎狄猾夷之時，孔子當然不會忘記軍事。「衛靈公問陳於孔子，孔子曰俎豆之事則嘗聞之矣，軍旅之事未之學也」。正義曰「左傳哀公十一年，孔文子之將攻大叔也，訪於仲尼。仲尼曰胡簋之事則嘗學之矣，甲兵之事未之聞也。其意亦與此同。軍旅甲兵亦治國之具也。彼以文子非禮，欲國內用兵，此以靈公空問軍陳，故並不答，非經甲兵也」（論語第十五篇衛靈公）。所以魯與齊戰，汪錡戰死，錡童子，魯以殯禮葬之。「孔子曰能執干戈，以衛社稷，可無殤也。冉有用矛於齊師，故能入其軍，孔子曰義也」（左哀十一年）。孔子深知「有文事者必有武備，有武事者必有文備」（史記卷四十七孔子世家）。「冉有為季氏將師與齊戰於郎，克之。季康子曰子之於軍旅，學之乎，性之乎。冉有曰學之於孔子」（史記仝上）。孔子那會空談仁政而鄙棄武備。不過治國之道，政事乃比軍事重要，政事不理，雖有銳甲壯兵，亦無用處，孔子不答衛靈公之問軍陳，理由實在於此。

二、孟　子

孔子歿後，儒家分為許多派別，其中最有名的則為孟子與荀子。孔子談仁義，並不反對人情之有欲。孟子注意仁義，荀子注意人情，孟荀二子雖然都是儒家，而其學說又有不同之點。

如前所言，吾國古代學者討論政治，多由人性或人情出發，孔子對於人性之善惡沒有明顯的主張，孟子則抱性善之說。他與告子辯論人性問題，以為：

惻隱之心人皆有之。羞惡之心人皆有之。恭敬之心人皆有之。是非之心人皆有之。惻隱之心仁也。羞惡之心義也。恭敬之心禮也。是非之心智也。仁義禮智非由外鑠我也，我固有之也，弗思耳矣（孟子注疏卷十一上告子上）。

但是孟子並不是不知人類都有利己之心，他曾舉矢人與函人為例，以為「矢人惟恐不傷人，函人惟恐傷人」（孟子卷三下公孫丑上），此語有似韓非所說：「輿人成輿，則欲人之富貴，匠人成棺，則欲人之夭死也」（韓非子第十七篇備內）。然而孟子的結論竟謂「故術不可不慎也」（孟子仝上）。孟子又說：「有人於此，越人關弓而射之，則己談笑而道之，疏之也。其兄關弓而射之，則己垂涕泣而道之，無他，戚之也」（孟子卷十二上告子下）。這樣，惻隱之心又未必人皆有之。何況性之善惡與情之愛惡絕不相同，孟子說：

口之於味也，目之於色也，耳之於聲也，鼻之於臭也，四肢之於安佚也，性也（孟子卷十四上盡心下）。

這只是人情，與性之善惡沒有關係。而孟子乃說：

口之於味也有同嗜焉。耳之於聲也有同好焉。目之於色也有同美焉。至於心，獨無所同乎。心之所同然者何也，謂理也義也。聖人先得我心之所同然耳。故義理之悅我心，猶芻豢之悅我口（孟子卷十一上告子上）。

姑不論心之所欲，必形之於口目耳鼻與四肢，而孟子竟謂心之所欲乃是義理。這種說法似有問題。孟子將人性之善惡與人情之愛惡，混為一談，由此亦可知道。

因為孟子主張性善，所以他往往不顧人情，而專談仁義。他初遇梁惠王，開口就說：「亦有仁義而已矣」（孟子卷一上梁惠王上）。孟子言必及仁義，所以他又反對利欲。梁惠王問他，叟不遠千里而來，亦將有以利吾國乎。梁惠王此問，當然是問如何有利於國家，而孟子乃將個人的利與國家的利混為一談，商鞅的農戰政策固然是求有利於秦國，孟子的仁義亦何嘗不是求其有利於梁國，顧孟子對於梁惠王之言，竟然說出不能令人信服之語。

> 孟子對曰，王何必曰利，亦有仁義而已矣。王曰何以利吾國，大夫曰何以利吾家，士庶人曰何以利吾身，上下交征利，而國危矣……未有仁而遺其親者也，未有義而後其君者也。王亦曰仁義而已矣，何必曰利（孟子卷一上梁惠王上）。

甚至兩國交戰，也要說以仁義，使戰爭不會發生。孟子的言論實在太迂。

> 宋牼將之楚，孟子遇於石丘曰先生將何之。曰吾聞秦楚搆兵，我將見楚王，說而罷之。楚王不悅，我將見秦王，說而罷之。二王我將有所遇焉。曰軻也請無問其詳，願聞其指說之，將何如。曰我將言其不利也。曰先生之志則大矣，先生之號則不可。先生以利說秦楚之王，秦楚之王悅於利，以罷三軍之師，是三軍之士樂罷而悅於利也。為人臣者懷利以事其君，為人子者懷利以事其父，為人弟者懷利以事其兄，是君臣父子兄弟終去仁義，懷利以相接，然而不亡者未之有也。先生以仁義說秦楚之王，秦楚之王悅於仁義，以罷三軍之師，是三軍之士樂罷而悅於仁義也。為人臣者懷仁義以事其君，為人子者懷仁義以事其父，為人弟者懷仁義以事其兄，是君臣父子兄弟去利懷仁義以相

接也。然而不王者未之有也，何必曰利（孟子卷十二上告子下）。

> 昔秦攻梁，惠王謂孟軻曰：先生不遠千里，辱幸敝邑，今秦攻梁，先生何以禦乎。孟軻對曰：昔大王居邠，狄人攻之，事之以玉帛，不可。大王不欲傷其民，乃去邠之岐。今王奚不去梁乎。惠王不悅。夫梁所寶者國也，今使去梁，非不能去也，非今日之所宜行也。故其言雖仁義，非惠王所須也，亦何異救餓而與之珠，拯溺而投之玉乎（劉勰著新論第四十五篇隨時）。❶

難怪劉勰謂孟子之仁義不合於世用。

孟子反對「利」之觀念，所以又進一步而主張寡欲。他說：「養心莫善於寡欲，其為人也寡欲，雖有不存焉者寡矣。其為人也多欲，雖有存焉者寡矣」（孟子卷十四下盡心下）。這種寡欲思想推到極端，將與老莊的歸真返樸同流。其實，社會愈進步，人欲愈增加，這是事實，不能否認。為政者無須反對人欲，且宜利用人欲。孔子七世孫子順有言：「人之可使，以有欲也。故欲多者，其所得用亦多。欲少者，其所得用亦少矣。夷齊無欲，雖文武不能制，君安得而臣之」（孔叢子第十五篇陳士義）。何況孟子並不反對人之善惡與環境有關。「富歲子弟多賴，凶歲子弟多暴」（孟子卷十一上告子上），如是，性本善之說似宜修正。固然孟子曾說：

> 生亦我所欲，所欲有甚於生者，故不為苟得也。死亦我所惡，所惡有甚於死者，故患有所不辟也。如使人之所欲莫甚於生，則凡可以得生者何不用也。使人之所惡莫甚於死者，則凡可以辟患者何不為也。由是則生而有不用也，由是則可以辟患而有不為也。是故所欲有甚於生者，所惡有甚於

❶ 據孟子卷二下梁惠王，此乃滕文公之事。

死者，非獨賢者有是心也，人皆有之，賢者能勿喪耳（孟子卷十一下告子上）。

孟子既知所欲有甚於生者，而未曾說出用那一種方法，使其不求生。所惡有甚於死者，亦未曾說出用那一種方法，使其不避死。法家用刑賞，孟子乃用仁義，以抽象的仁義，使人無求生以害仁，寧殺身以成仁，這只唯賢人能之，眾人恐難做到。孟子說：

鄉為身死而不受，今為宮室之美為之。鄉為身死而不受，今為妻妾之奉為之。鄉為身死而不受，今為所識窮乏者得我而為之，是亦不可以已乎。此之謂失其本心（孟子卷十一下告子上）。

這當然有其理由，何能斥為「失其本心」（孟子卷十一下告子上）。大眾都是普通的人，不求生，不避死，必定生而有大害，死而有大利。仁義只能對上人言之，中人以下應依孔子所說：「或利而行之，或勉強而行之」（禮記卷五十二中庸），就是要用刑賞。孟子所謂大丈夫，「富貴不能淫，貧賤不能移，威武不能屈」（孟子卷六上滕文公下），這是世上罕有之人。凡富貴不能淫，賞何能以動之，威武不能屈，刑何能以禁之。這與孔子所說：「示之以好惡，而民知禁」（孝經第七章三才），完全不同。人類之有利害觀念，雖孔子亦不否認，而孟子乃因仁義而忽視人情，這在教育方面固然可以，而在政治方面似難實行。

孟子的政治思想，一以仁義為本，孟子雖說仁義，而亦不忘法之重要，故說：「徒善不足以為政，徒法不能以自行」（孟子卷七上離婁上）。孟子之所謂法似與法家之法不同，非以刑賞為基礎，乃指善的法度，而善的法度又以先王之道為根據，故他又說：「今有仁心仁聞，而民不被其澤，不可法於後世者，不行先王之道也」（孟子仝上）。但是要行先王之道，非用刑賞以佐之，臣民那肯奉行。孟子學說雖然陳義甚高，而缺乏實行性，理由實在於此。

在孟子時代，列國攻戰有甚於春秋時代。春秋時代天子的名義尚存，戰國時代，列國無不稱王，即在名號上，諸侯已與周之天子同尊，而天子之地又遠不及諸侯之大，名實俱亡，所以孟子又與孔子不同，放棄尊王之說，其周遊列國，均說以王道，即希望有一諸侯能夠代替東周，統一華夏。孟子說：「定於一」（孟子卷一下梁惠王上）。而其統一之法則由仁義出發，何謂仁，「仁者愛人」（孟子卷八下離婁下）。義是什麼，孟子沒有簡潔的定義，大約是指別是非。所以他說：

> 人皆有所不忍，達之於其所忍，仁也。人皆有所不為，達之於其所為，義也。人能充無欲害人之心，而仁不可勝用也。人能充無穿窬之心，而義不可勝用也（孟子卷十四下盡心下）。

統一之法在行仁政。「不嗜殺人者能一之」（孟子卷一下梁惠王），「國君好仁，天下無敵」（孟子卷七上離婁上）。「保民而王，莫之能禦也」（孟子卷一下梁惠王）。「苟行王政，四海之內皆舉首而望之，欲以為君」（孟子卷六上滕文公下）。由此可知仁政就是王政，出於不忍人之心，孟子說：

> 人皆有不忍人之心，先王有不忍人之心，斯有不忍人之政矣。以不忍人之心，行不忍人之政，治天下可運之掌上（孟子卷三下公孫丑上）。

孟子時代，列國日事攻戰，「爭地以戰，殺人盈野，爭城以戰，殺人盈城」（孟子卷七下離婁上），縱是小國之君也常常殘賊其下，而不顧民之困苦，而如孟子對鄒穆公所說：「凶年饑歲，君之民老弱轉乎溝壑，壯者散而之四方者幾千人矣，而君之倉廩實，府庫充，有司莫以告，是上慢而殘下也」（孟子卷二下梁惠王下）。這種情況由來已久，所以孟子才說：

且王者之不作，未有疏於此時者也。民之憔悴於虐政，未有甚於此時者也。饑者易為食，渴者易為飲……當今之世，萬乘之國行仁政，民之悅之猶解倒懸也。故事半古之人，功必倍之，惟此時為然（孟子卷三上公孫丑上）。

仁政所以能王天下，在得人心。當然，這是以同一民族為前提，民族不同，侵略者不會施行仁政，被侵略者也未必以仁政為恩惠。孟子說明仁政能得民心如次。

桀紂之失天下也，失其民也。失其民者失其心也。得天下有道，得其民斯得天下矣。得其民有道，得其心斯得民矣。得其心有道，所欲與之聚之，所惡勿施爾也。民之歸仁也，猶水之就下，獸之走壙也。故為淵敺魚者獺也，為叢敺雀者鸇也，為湯武敺民者桀與紂也。今天下之君有好仁者，則諸侯皆為之敺矣，雖欲無王，不可得已（孟子卷七下離婁上）。

現在再進一步研究仁政的內容。孟子依孔子所說，「飲食男女人之大欲存焉」，因之仁政須從飲食與男女兩方面著想。關於男女問題比較複雜，因為飲食問題乃是人與物的關係，一方的人能夠同意，就不必再求他方的物贊成。反之，男女問題是人對人的關係，不但須問一方的人願意不願意，並且須問他方的人贊成不贊成。所以不但中國學者，就是歐洲學者也很少談到男女問題。古者「男三十而娶，女二十而嫁」，而「中春之月，令會男女，於是時也，奔者不禁」。賈公彥疏云：「此月既是娶女之月，若有父母不娶不嫁之者，自相奔就，亦不禁之」（周禮注疏卷十四媒氏）。蓋人類皆有性慾。詩云：「窈窕淑女，君子好逑……求之不得，寤寐思服，悠哉悠哉，輾轉反側」（詩經，國風，關雎），這只是一首情歌，何必硬說：「關雎樂得淑女，以配君子，愛在進賢，不淫其色，哀窈窕，思賢才，而無傷善之心焉」（詩經仝上毛亨傳）。人類既有男女之愛，所以仁政須使「內無怨女，外無曠夫」（孟子卷二上梁惠王下）。至於如何使「內無怨女，外無曠夫」，孟子未曾說到。大率也是主張婚姻有時，男三十而娶，女二十而嫁，使大眾能享受家庭之樂。

至於飲食問題，亦即經濟問題，孟子深知：「無恆產而有恆心者，惟士為能。若民則無恆產，因無恆心。苟無恆心，放辟邪侈，無不為已」（孟子卷一下梁惠王上，卷五上滕文公上亦有同一文句）。「是故明君制民之產，必使仰足以事父母，俯足以畜妻子，樂歲終身飽，凶年免於死亡」（孟子卷一下梁惠王上）。孟子對梁惠王所說與對齊宣王所說，完全一樣，就是：

> 不違農時，穀不可勝食也。數罟不入洿池，魚鼈不可勝食也。斧斤以時入山林。材木不可勝用也。穀與魚鼈不可勝食，材木不可勝用，是使民養生喪死無憾也。養生喪死無憾，王道之始也。五畝之宅樹之以桑，五十者可以衣帛矣。雞豚狗彘之畜無失其時，七十者可以食肉矣。百畝之田勿奪其時，數口之家可以無饑矣（孟子卷一上梁惠王上，參閱卷一下梁惠王上）。

他又以文王為例：主張

> 五畝之宅樹牆下以桑，匹婦蠶之，則老者足以衣帛矣。五母雞，二母彘，無失其時，老者足以無失肉矣。百畝之田，匹夫耕之，八口之家足以無饑矣（孟子卷十三下盡心上）。

其尤重要的則為「薄稅斂」（孟子卷一上梁惠王上）。「關市譏而不征，澤梁無禁」（孟子卷二上梁惠王下）。所謂澤梁無禁，即國君不得封固山澤。孟子舉文王為例，說道：

> 文王之囿方七十里，芻蕘者往焉，雉兔者往焉，與民同之，民以為小，不亦宜乎（孟子卷二上梁惠王下）。

穀梁傳云：「山林藪澤之利所以與民共也，虞之非正也」（魯莊公二十八年冬）。到了戰國，豈但虞之而已，「殺其麋鹿者如殺人之罪」（孟子卷二上梁惠王下）。這樣，澤梁變成國君的私產，農民不得利用，他們日益貧窮，因貧窮而怨恨人主，這是勢之必然的。

所謂「不違農時」等等不過消極的政策而已，在農產國家，土地是唯一的生產工具，土地如何分配，若不解決，則喪亂之事，仍難避免。古者制民之產，似曾採用過井田制度。據孟子說：

> 方里而井，井九百畝，其中為公田，八家皆私百畝，同養公田，公事畢，然後敢治私事（孟子卷五上滕文公上）。

但田之土質有厚薄之別，其最薄者，亦能養五口之家。

> 耕者之所獲，一夫百畝，上農夫食九人，上次食八人，中食七人，中次食六人，下食五人（孟子卷十上萬章下）。

人君不但分配土地，而取其賦稅而已。且宜「春省耕而補不足，秋省斂而助不給」（孟子卷二上梁惠王下），而對於鰥寡孤獨的人，尤宜扶助。孟子說：

> 老而無妻曰鰥，老而無夫曰寡，老而無子曰獨，幼而無父曰孤，此四者天下之窮民而無告者。文王發政施仁，必先斯四者（孟子卷二上梁惠王下）。

案井田制度只能實行於地廣人稀之時，而其目的並不是出於仁政，只是強制人民耕種而徵收其賦稅。人口增加而開始遷徙，井田制度之破壞，乃是勢之必然。而孟子竟然要求「死徙無出鄉」（孟子卷五上滕文公上）。又者，在戰國，周室班爵祿之制似已破壞，公羊傳云，「世卿非禮也」（隱公二年），而孟子又主張「仕者世祿」（孟子卷二上梁惠王下），這種不合時代潮流的制度當然無法實行。

孟子並未忘記教育的重要，以為自夏以後，就有學校。「夏曰校，殷曰序，周曰庠，學則三代共之，所以明人倫也」（孟子卷五上滕文公上）。所以他對梁惠王及齊宣王說明仁政以養民為先之時，繼著又說：

> 謹庠序之教，申之以孝悌之義（孟子卷一上及卷一下梁惠王）。

且說：

> 善政不如善教之得民也。善政民畏之，善教民愛之。善政得民財，善教得民心（孟子卷十四上盡心下）。

蓋善政可以變化人之氣質。「一齊人傅之，眾楚人咻之，雖日撻而求其齊也，不可得矣。引而置之莊嶽之間數年，雖日撻而求其楚，亦不可得矣」（孟子卷六上滕文公下）。教育固與環境有關，而環境之善惡又與經濟生活有關，孟子說明仁政，必先制民之產，而後才謹庠序之教，理由實與孔子先「富之」，而後「教之」相同。

國君能行仁政，則天下莫能敵。唯在夷狄猾夏之時，人君雖行仁政，那能會有「東面而征西夷怨，南面而征北狄怨」（孟子卷六上滕文公下）之事。例如漢之於匈奴，唐之於突厥，誠同韓非所說：「力多則人朝，力寡則朝於人」(韓非子第五十篇顯學)。關於天下歸仁之事，孟子對齊宣王之言如次。

今王發政施仁，使天下仕者皆欲立於王之朝，耕者皆欲耕於王之野，商賈皆欲藏於王之市，行旅皆欲出於王之塗，天下之欲疾其君者皆欲赴愬於王，其若是，孰能禦之(孟子卷一下梁惠王上)。

又說：

尊賢使能，俊傑在位，則天下之仕皆悅而願立於其朝矣。市廛而不征，法而不廛，則天下之商皆悅而願藏於其市矣。關譏而不征，則天下之旅皆悅而願出於其路矣。耕者助而不稅，則天下之農皆悅而願耕於其野矣。廛無夫里之布，則天下之民皆悅而願為之氓矣。信能行此五者，則鄰國之民仰之若父母矣。率其子弟，攻其父母，自生民以來，未有能濟者也。如此，則無敵於天下。無敵於天下者天吏也，然而不王者未之有也(孟子卷三下公孫丑上)。

即孟子所謂王政，不外尊賢使能、輕傜薄稅，此外，還須與民同樂同憂。「樂民之樂者，民亦樂其樂。憂民之憂者，民亦憂其憂。樂以天下，憂以天下，然而不王者未之有也」(孟子卷二上梁惠王下)。孟子主張仁政，故又反對戰爭。以為「善戰者服上刑」(孟子卷七下離婁上)。且說：「有人曰我善為陳，我善為戰，大罪也」(孟子卷十四上盡心下)。在列國爭雄之時，而乃反對戰爭，殊不知我不欲戰，敵人未必厭戰。孟子乃說：「以大事小者樂天者也，以小事大者畏天者也。樂天者保天下，畏天者保其國」(孟子卷二上梁惠王下)。那裡知道在強陵弱，大欺小之時，以小事大，未必能保其國，以大事小，更是痴人說夢。何況列國割據，戰爭是免不了的。而要實現「定於一」的理想，非用兵力不可。湯以百里王，文王以七十里興，何曾放棄武力。孟子一方希望一統，同時又斥「辟土地」者為「民賊」(孟子卷十二下告子下），這是孟子思想的矛盾。

仁政是要以德服人，既要以德服人，當然反對武力，從而反對戰爭。孟子曾用德與力，說明王霸之別。此種區別，千餘年來，吾國學者均深信不疑。到了宋代，李覯才說出王霸只是名位的區別，而非施政本質之不同。王者天子之號，以安天下為務；霸者諸侯之號，以尊京師為務。孟子之言如次：

> 以力假仁者霸，霸必有大國。以德行政者王，王不待大。湯以七十里，文王以百里。以力服人者非心服也，力不贍也。以德服人者中心悅而誠服也，如七十子之服孔子也。詩云自西自東，自南自北，無思不服，此之謂也（孟子卷三下公孫丑上）。

在民主思想尚未發生以前，要行仁政必須依靠聖君。蓋孟子主張人治，所謂「徒善不足以為政，徒法不能以自行」（孟子卷七上離婁上）。聖君必須以身作則。孟子說：「上有好者，下必有甚焉者矣。君子之德風也，小人之德草也，草上之風必偃」（孟子卷五上滕文公上）。又說：「其身正，而天下歸之」（孟子卷七上離婁上）。復說：「君仁莫不仁，君義莫不義，君正莫不正，一正君而國治矣」（孟子卷七下離婁上）。但是聖君不可強求，孟子是知道的，「由堯舜至於湯五百有餘歲……由湯至於文王五百有餘歲……由文王至於孔子五百有餘歲」（孟子卷十四下盡心下）。五百有餘歲才有一位聖人，而孔子乃不有天下。聖君既不易求，所以孟子又希望有賢臣以佐之，即人主須尊賢使能，使「賢者在位，能者在職」（孟子卷三下公孫丑上）。但是用人之權操於人主，人主未必知賢，而只選其心之所謂賢，這樣，賢人政治又發生了問題。孟子固知「居下位而不獲於上，民不可得而治也」（孟子卷七下離婁上）。何況賢能之士往往自高身價，「故將大有為之君，必有所不召之臣，欲有謀焉，則就之。其尊德樂道不如是，不足以有為也。故湯之於伊尹，學焉而後臣之，故不勞而王。桓公之於管仲，學焉而後臣之，故不勞而霸」

（孟子卷四上公孫丑下）。「昔者齊景公招虞人以旌，不往，將殺之。志士不忘在溝壑，勇士不忘喪其元，孔子奚取焉，取非其招不往也」（孟子卷六上滕文公下）。虞人小吏，其與景公有君臣之分，招之不以其道，虞人死不肯往。「古之賢士樂其道而忘人之勢，故王公不致敬盡禮，則不得亟見之。見且由不得亟，而況得而臣之乎」（孟子卷十三上盡心上）。要是一個平民，既無官守，又無言責，而乃不待其招而往，伺候於公卿之門，奔走於形勢之途，足將進而趑趄，口將言而囁嚅，則士風澆薄，廉恥喪盡，奔競之風長，社會將不以名節為高，一旦遇到政權轉移，當然是宴安寵祿，曾無釋位之心，報使獻誠，但務隨時之義。希望此輩見危以授命，而不求生以害仁，事所難能。

人主既用其人為臣了，則君臣之分定，然君臣之間亦各有其道。「欲為君，盡君道。欲為臣，盡臣道」（孟子卷七上離婁上），此即孔子所謂「君君、臣臣」之意。當時列國紛爭，君固擇臣，臣亦擇君。不但是「有官守者不得其職則去，有言責者不得其言則去」（孟子卷四上公孫丑下），臣之進退固綽綽然有餘裕。而且「君之視臣如手足，則臣視君如腹心。君之視臣如犬馬，則臣視君如國人。君之視臣如土芥，則臣視君如寇讎」（孟子卷八上離婁下）。這種見解與後儒絕不相同，此無他，天下未臻統一，君臣的關係是可變的，為人臣者固不必殺其身以事其君。

由春秋而至戰國，社會上產生了許多學派，培養士人不少。士人無不希望取得政權，以實現自己的主張，換言之，士皆欲仕。春秋之時，士之人數尚少，所以在論語一書之中，孔子門人固然有學干祿的子張，同時也有「浴乎沂，風乎舞雩，詠而歸」的曾皙。到了戰國，士人漸多，而令士人不能不注意到仕的問題。所以在孟子一書之中，其門人喜歡問仕，而孟子且以仕為君子的職務。

周霄問曰古之君子仕乎。孟子曰仕，傳曰孔子三月無君，則皇皇如也。出疆必載質……，士之失位也，猶諸侯之失國家也……出疆必載質何也。曰士之仕也猶農夫之耕也。農夫豈為出疆，舍其耒耜哉（孟子卷六上滕文公下）。

君子求仕，乃欲實行自己的抱負，仕而不能實行自己的抱負，寧可獨善其身。君子之進退皆合於禮，所以孟子反對仕之不由其道者。孟子之言如次：

古之未嘗不欲仕也，又惡不由其道。不由其道而往者，猶鑽穴隙之類也（孟子卷六上滕文公下）。

他曾具體說出：君子之仕，所就三，所去三。即

陳子問曰古之君子何如則仕。孟子曰所就三，所去三。迎之致敬以有禮，言將行其言也，則就之。禮貌未衰，言弗行也，則去之。其次，雖未行其言也，迎之致敬以有禮，則就之。禮貌衰，則去之。其下，朝不食，夕不食，饑餓不能出門戶，君聞之曰吾大者不能行其道，又不能從其言也，使饑餓於我土地，吾恥之，周之亦可受也，免死而已矣（孟子卷十二下告子下）。

此三者即孟子謂「孔子有見行可之仕（見其道之可行），有際可之仕（待之以禮），有公養之仕（出資養賢）」（孟子卷十下萬章下）。所謂公養之仕即為貧而仕。

仕非為貧也，而有時乎為貧……為貧者辭尊居卑，辭富居貧。辭尊居卑，辭富居貧，惡乎宜乎，抱關擊柝……抱關擊柝者皆有常職，以食於上（孟子卷十下萬章下）。

由此可知仕雖為貧，亦不可素餐。孟子說：「士無事而食，不可也」（孟子卷六上滕文公下）。昔者，「孔子嘗為委吏矣，曰會計當而已矣，嘗為乘田矣，曰牛羊茁壯長而已矣」（孟子卷十下萬章下），亦不敢曠其職。而且君子不食嗟來之食，「一簞食，一豆羹，得之則生，弗得則死。嘑爾而與之，行道之人弗受，蹴爾而與之，乞人不屑也」（孟子卷十一下告子上）。所以君子出仕，不問動機如何，人主均不能以非禮召之。

萬章曰庶人召之役，則往役。君欲見之，召之，則不往見之，何也。曰往役義也（庶人有服役的義務），往見不義也。且君之欲見之也，何為也哉。曰為其多聞也，為其賢也。曰為其多聞也，則天子不召師，而況諸侯乎。為其賢也，則吾未聞欲見賢而召之也……齊景公田，招虞人以旌，不至，將殺之。志士不忘在溝壑，勇士不忘喪其元，孔子奚取焉，取非其招不往也……況乎以不賢人之招，招賢人乎，欲見賢人而不以其道，猶欲其入而閉之門也（孟子卷十下萬章下）。

賢人之仕，最大的目的在於實行自己的理想，所以人主所下命令，人臣無須絕對服從，而要看命令是否合法與合理。苟容曲從，只是妾婦之道。孟子說：

女子之嫁也，母命之，往送之門，戒之曰往之女家，必敬必戒，無違夫子，以順為正者，妾婦之道也（孟子卷六上滕文公下）。

孟子主張仁政，其所理想的政治，是「尊賢使能，俊傑在位」（孟子卷三下公孫丑上），現在試問「賢」由誰「尊」，「能」由誰「使」，依孟子之意，乃有靠於聖君，由聖君選擇賢相，由賢相任用俊傑。他將仁政寄託於聖君賢相，即主張賢人政治，故其結果，又反對多數決的政治。孟子說：

左右皆曰賢，未可也。諸大夫皆曰賢，未可也。國人皆曰賢，然後察之，見賢焉，然後用之。左右皆曰不可，勿聽。諸大夫皆曰不可，勿聽。國人皆曰不可，然後察之，見不可焉，然後去之（孟子卷二下梁惠王下）。❷

左右皆曰賢，而即用之，左右皆曰不可，而即去之，這是宮廷政治。諸大夫皆曰可，而即用之，諸大夫皆曰不可，而即去之，這是官僚政治。國人皆曰可，而即用之，國人皆曰不可，而即去之，這是民主政治。但孟子的結論並不如此，而乃說，國人皆曰賢，然後察之，見賢焉，然後用之。國人皆曰不可，然後察之，見不可焉，然後去之。現在試問由誰去察，由誰決定用之或去之。據孟子之意，也許以為詳察與決定之權應屬於賢人。但是誰真是賢人，又由誰決定呢？湯武以自己為賢，桀紂亦何曾自居為不肖，這樣，只有訴諸武力。這是孟子學說的缺點，也就是吾國古代學說的缺點。

孟子固然說過：「民為貴，社稷次之，君為輕」（孟子卷十四上盡心下）。其實，孟子既然不願以多數人之意見為標準，所以孟子所謂仁政只是 for the people，孟子絕不贊成 by the people，「凡事謀人民的利益，凡事不由人民自己決定」（Alles fur das volk, Nichts durch das Volk），這是開明專制的特徵，孟子思想略近於此。

吾研究孟子的政治思想，似接近於歐洲中世末期的暴君放伐論（Monarchomachos）。暴君放伐論有兩個基本觀念，一是王權神授，二是放伐暴君，孟子亦然。先就王權神授言之。

萬章曰堯以天下與舜，有諸。孟子曰否，天子不能以天下與人。然則舜有天下也，孰與之。曰

❷ 本文下面尚有數句，「左右皆曰可殺，勿聽。諸大夫皆曰可殺，勿聽。國人皆曰可殺，然後察之，見可殺焉，然後殺之」。此一段乃法律問題，固不能依國人之意見，決定罪刑，否則等於民眾審判，故略去。

天與之。天與之者諄諄然命之乎曰否，天不言，以行與事示之而已矣。曰以行與事示之者如之何。曰……昔堯薦舜於天，而天受之，暴之於民，而民受之，故曰天不言，以行與事示之而已矣。曰敢問薦之於天，而天受之，暴之於民，而民受之，如何。曰使之主祭，而百神享之，是天受之。使之主事，而事治，百姓安之，是民受之也。天與之，人與之，故曰天子不能以天下與人（孟子卷九下萬章上）。

孟子曾言：「天與賢，則與賢。天與子，則與子」（孟子卷九下萬章上）。天不能言，孟子竟然說出「使之主祭，而百神享之，是天受之」。然而百神享之，誰能看到。僥倖下面尚有數句：「使之主事，而事治，百姓安之，是民受之也」，否則孟子學說直與歐洲中世例如 **A. Augustinus** 的神權說 (**the divine theory**) 相同，連暴君放伐論還談不到。

其次暴君放伐論主張放伐暴君，孟子則贊成湯放桀，武王伐紂。孟子之言如次：

齊宣王問曰湯放桀，武王伐紂，有諸。孟子對曰於傳有之。曰臣弒其君，可乎。曰賊仁者謂之賊，賊義者謂之殘。殘賊之人謂之一夫，聞誅一夫紂矣，未聞弒君也（孟子卷二下梁惠王下）。

孟子曾說：「諸侯危社稷則變置」，又區別貴戚之卿與異姓之卿，以為貴戚之卿有廢舊君而立新君之權。

齊宣王問卿，孟子曰王何卿之問也。王曰卿不同乎。曰不同，有貴戚之卿，有異姓之卿。王曰請問貴戚之卿。曰君有大過則諫，反覆之而不聽，則易位。王勃然變乎色。曰王勿異也，王問臣，臣不敢不以正對。王色定，然後請問異姓之卿。曰君有過則諫，反覆之而不聽，則去（孟子卷十下萬章下)。

所謂貴戚之卿就是貴族，這又與暴君放伐論所說，反抗暴君不宜由人民直接執行，而須由代表人民的合法機關執行，所謂代表人民的合法機關就是當時的三級會議，也就是當時的特權階級，而與孟子所說的「貴戚之卿」，性質相似。這種「貴戚之卿」——三級會議可以稱為「天吏」，天吏才有伐暴之權(參閱孟子卷四下公孫丑下)。孟子曾言：「為政不難，不得罪於巨室」(孟子卷七上離婁上)。這更可以證明孟子的思想有似於「暴君放伐論」。

三、荀　子

孔子不言性之善惡，而承認人情之有愛惡。孟子由性善出發，而主張仁義；又由仁義而反對人情。荀子主張性惡，他說：

> 人之性惡，其善者偽也(荀子第二十三篇性惡)。

即荀子以為「人之生固小人」(仝上第四篇榮辱)。人性本來是惡，其善者乃有待於矯正而然耳。「凡人之性者，堯舜之與桀紂，其性一也。君子之與小人，其性一也」(仝上第二十三篇性惡)。他反駁孟子性善之說，以為人性果善，何貴乎聖王，何用乎禮義。

> 孟子曰人之性善，曰不然。凡古今天下之所謂善者正理平治也，所謂惡者偏險悖亂也，是善惡之分也已。今誠以人之性固正理平治邪，則有惡用聖王，惡用禮義矣哉。雖有聖王禮義，將曷加於正理平治也哉(荀子第二十三篇性惡)。

由吾人觀之，荀子之所謂性，不是善惡之性，而是好利惡害之情，換言之，就是人欲，故說：「欲者情之應也」（仝上第二十二篇正名），即荀子認為人類均有利害觀念❸。今舉荀子之言如次。

好榮惡辱，好利惡害，是君子小人之所同也（荀子第四篇榮辱）。

凡人有所一同，饑而欲食，寒而欲煖，勞而欲息，好利而惡害，是人之所生而有也，是無待而然者也，是禹桀之所同也（荀子第四篇榮辱）。

饑而欲食，寒而欲煖，勞而欲息，好利而惡害，是人之所生而有也，是無待而然者也，是禹桀之所同也（荀子第五篇非相）。

夫人之情，目欲綦色，耳欲綦聲，口欲綦味，鼻欲綦臭，心欲綦佚，此五綦者人情之所必不免也（荀子第十一篇王霸）。

今人之性，饑而欲飽，寒而欲煖，勞而欲休，此人之情性也……若夫目好色，耳好聲，口好味，心好利，骨體膚理好愉佚，是皆生於人之情性者也，感而自然，不待事而後生之者也（荀子第二十三篇性惡）。

故他在「人之性惡」之後繼著就說：

人之性惡，其善者偽也。今人之性，生而有好利焉，順是，故爭奪生而辭讓亡焉。生而有疾惡焉，順是，故殘賊生而忠信亡焉。生而有耳目之欲，有好聲色然，順是，故淫亂生而禮義文理亡

❸荀子分別性與情曰：「性也者吾所不能為也，然而可化也。情也者非吾所有也，然而可為也」（荀子第八篇儒效）。此種區別似有問題。

焉。然則從人之性，順人之情，必出於爭奪；合於犯分亂理，而歸於暴，故必將有師法之化，禮義之道，然後出於辭讓，合於文理，而歸於治。用此觀之，然則人之性惡明矣，其善者偽也（荀子第二十三篇性惡）。

孟子由人性之善，注意「仁」字，荀子由人情之有好惡，注意「禮」字。告子曰「仁內也，非外也。義外也，非內也」（孟子卷十一上告子上）。孟子雖然反對義外之說，而亦承認仁由內出，故說：「惻隱之心人皆有之……惻隱之心仁也」（孟子卷十一上告子上）。人性本善，只要人們發揚內心之善，爭奪之事自可避免。荀子固然也曾說到仁義，然吾人細讀「荀子」一書，似他所最注意的乃是禮義。禮是什麼？禮云「禮自外作」（禮記卷三十七樂記），「禮也者動於外者也」（禮記卷三十九樂記，卷四十八祭義亦有同一文句）。而「義」依管子之說，「義者謂各處其宜也……禮出乎義」（管子第三十六篇心術上）。荀子之所謂「義」，似贊成告子義外之說（參閱孟子卷十一上告子上），其意與管子相同，故他常將「禮義」並稱，而說：「夫義者所以限禁人之為惡與姦者」（荀子第十六篇強國）。而如文子所說：「法生於義」（文子第二十一篇上義）相似。質言之，荀子之所謂義與其所謂禮及其所謂法，性質相同，「故禮之生為賢人以下至庶民也，非為成聖也」（荀子第二十七篇大略）。荀子重視禮義，而禮義則發於人間，他說：「先王之道……禮義是也。道者非天之道，非地之道，人之所以道也」（荀子第八篇儒效）。

禮義發於人間，而人情既有所好，又有所惡，非自外制之以禮，使「各處其宜」，不免發生爭奪之事。不爭不奪，就是各人均守其分，即均知義。荀子說：

> 禮起於何也，曰人生而有欲，欲而不得則不能無求，求而無度量分界，則不能不爭。爭則亂，亂則窮。先王惡其亂也，故制禮義以分之，以養人之欲，給人之求，使欲必不窮乎物，物必不屈於

> 欲。兩者相持而長，是禮之所起也（荀子第十九篇禮論）。

此語與禮記所說：「夫物之感人無窮，而人之好惡無節，則是物至而人化物也。人化物也者，滅天理而窮人欲者也，於是有悖逆詐偽之心，有淫逸作亂之事。是故強者脅弱，眾者暴寡，知者詐愚，勇者苦怯，疾病不養，老幼孤獨不得其所，此大亂之道也……禮節民心，樂和民心，政以行之，刑以防之，禮樂刑政四達而不悖，則王道備矣」（禮記卷三十七樂記），如合符節❹。

古人之所謂「禮」，「法」常包括在內。禮云「分爭辨訟，非禮不決」（禮記卷一曲禮上），即禮除禮儀之外，又指今日之民刑二法，否則「分爭辨訟」，何以「非禮不決」。荀子特別注意「禮」字，故說：

> 國無禮則不正，禮之所以正國也，譬之猶衡之於輕重也，猶繩墨之於曲直也，猶規矩之於方圓也（荀子第十一篇王霸）。

管子亦言：「法出於禮」（管子第十二篇樞言）。荀子謂「禮者法之大分」（荀子第一篇勸學），又謂禮「譬之猶衡之於輕重也，猶繩墨之於曲直也，猶規矩之於方圓也」。即韓非所謂「釋法術而任心治，堯不能正一國。去規矩而妄意度，奚仲不能成一輪。廢尺寸而差短長，王爾不能半中。使中主守法術，拙匠執規矩尺寸，則萬不失矣」（韓非子第二十七篇用人）。禮即是法，故荀子說：「非禮是無法也」（荀子第二篇修身）❺。

---

❹ 荀子第二十篇樂論，他亦知道樂之重要。他說：「夫民有好惡之情，而無喜怒之應，則亂。先王惡其亂也，故脩其行，正其樂，而天下順焉……樂合同，禮別異，禮樂之統，管乎人心矣」。

❺ 荀子對於義利之別，以為「義與利者人之所兩用也，雖堯舜不能去民之欲利，然而能使其欲利，不克

禮之用在明分，「分莫大於禮」（荀子第五篇非相）。分定而後爭止，即如慎子所說：「一兔走街，百人追之，貪人具存，人莫之非者，以兔為未定分也。積兔滿市，過而不顧，非不欲兔也，分定之後，雖鄙不爭」（慎子，逸文）。荀子亦說：

人之生不能無群，群而無分則爭，爭則亂，亂則窮矣。故無分者人之大害也，有分者天下之大利也（荀子第十篇富國）。

人之生不能無群，用現代話來說，人類不能單獨生存，蓋「能不能兼技」（荀子第十篇富國）。人類絕非萬能，而「欲惡同物，欲多而物寡，寡則必爭矣」（荀子第十篇富國）。即荀子以原始社會為鬥爭社會，而反對老莊所謂「民至老死不相往來」為至德之世。荀子由此出發，不法先王而法後王。他說：「王者之制，道不過三代，法不貳後王」（荀子第九篇王制）。又說：「彼後王者天下之君也。舍後王而道上古，譬之是猶舍己之君而事人之君也」（荀子第五篇非相）。三代以前，不但久遠難信，而國家組織亦未完成，何能禁止人民之無爭。人類一方必須群居，蓋「離居不相待則窮」（荀子第十篇富國），同時「群而無分則爭」（荀子第十篇富國），而人生必有欲，「欲雖不能去，求可節也」（仝上第二十二篇正名）。有欲必有求，有求必有爭，聖君惡其亂也，乃制禮，使人各守其分，於是無組織的人就成為有組織的「群」。故荀子說：「君者善群也」（荀子第九篇王制）。人類與牛馬所以有別，就是因為「人能群，彼不能群也」（荀子第九篇王制）。

君者善群也，合群之力出自君上，君之作用，照荀子說，「百姓之力待之而後功，百姓之群待之而後

（克，勝也）其好義也。雖桀紂亦不能去民之好義，然而能使其好義不勝其欲利也。故義勝利者為治世，利克義者為亂世。上重義則義克利，上重利則利克義」（荀子第二十七篇大略）。

後和，百姓之財待之而後聚，百姓之勢待之而後安，百姓之壽待之而後長」（荀子第十篇富國）。荀子之尊君也如此，而他又謂「權出一者強，權出二者弱」（荀子第十五篇議兵）。蓋他以為「兩貴之不能相事，兩賤之不能相使，是天數也」（荀子第九篇王制）。「君者國之隆也，父者家之隆也。隆一而治，二而亂，自古及今，未有二隆爭重而能長久者」（荀子第十四篇致士）。此即法家慎子所說：「臣兩位而國不亂者，君在也；恃君而不亂矣，失君必亂」（慎子，德立）。「多賢不可以多君，無賢不可以無君」（慎子，逸文）。無君必亂，多君亦必亂。所以一國之權應屬於君主一人，而君主則有定分制禮之權。即「人君者所以管分之樞要也」（荀子第十篇富國）。君主權力如此之大，所以荀子希望聖君在位。

> 天下者至重也，非至彊莫之能任。至大也，非至辨莫之能分。至眾也，非至明莫之能和。此三至者，非聖人莫之能盡。故非聖人莫之能王。聖人備道全美者也，是縣天下之權稱也（荀子第十八篇正論）。

苟有聖君，庶民自能良善。荀子說：

> 君者儀也，儀正而景正，君者槃也，槃圓而水圓，君者盂也，盂方而水方……君者民之原也，原清則流清，原濁則流濁（荀子第十二篇君道）。

由此可知荀子也是同孟子一樣，主張人治。以為「君子者治之原也」（荀子第十二篇君道）。他說：

> 有亂君無亂國，有治人無治法。羿之法非亡也，而羿不世中。禹之法猶存，而夏不世王。故法不能獨立，類不能自行。得其人則存，失其人則亡。法者治之端也，君子者法之原也。故有君子，

則法雖省，足以徧矣。無君子，則法雖具，失先後之施，不能應事之變，足以亂矣（荀子第十二篇君道）。

又說：

故有良法而亂者有之矣，有君子而亂者，自古及今，未嘗聞也（荀子第十四篇致士）。

荀子雖然主張君權，但他又謂：「天之生民非為君也，天之立君以為民也」（荀子第二十七篇大略）。「君者舟也，庶人者水也，水則載舟，水則覆舟」（荀子第九篇王制）。所以君主要保全其地位，必須為民興利除害。荀子說：

用國者，得百姓之力者富，得百姓之死者強，得百姓之譽者榮。三得者具而天下歸之，三得者亡而天下去之。天下歸之之謂王，天下去之之謂亡。湯武者，循其道，行其義，興天下同利，除天下同害，天下歸之。故厚德音以先之，明禮義以道之，致忠信以愛之，賞賢使能以次之，爵服賞慶以申重之，時其事，輕其任，以調齊之，潢然兼覆之，養長之，如保赤子。生民則致寬，使民則綦理，辯政令制度，所以接天下之人。百姓有非理者如豪末，則雖孤獨鰥寡必不加焉。是故百姓貴之如帝，親之如父母，為之出死斷亡而不愉者（或謂不愉當作不渝，即不變也），無它故焉，道德誠明，利澤誠厚也（荀子第十一篇王霸）。

然以天下之大，一君何能為力，所以又謂「人主欲修政美國，則莫若求其人」（荀子第十二篇君道）。此人為誰，「君者論一相」（荀子第十一篇王霸），此人就是相❻。

彼持國者必不可以獨也（君不可獨治也），然則強國榮辱在於取相矣（荀子第十一篇王霸）。

一國之治亂，依靠於相者甚大。相得其人，雖小國，可以取天下；相失其人，雖大國，社稷亦危。請看荀子之言。

故能當（當謂用人之得當）一人而天下取，失當一人而社稷危。不能當一人而能當千人百人者，說無之有也（謂無此事也）。既能當一人，則身有何勞而為，垂衣裳而天下定。故湯用伊尹，文王用呂尚，武王用召公，成王用周公旦，卑者五伯。齊桓公……九合諸侯，一匡天下，為五伯長。是亦無它故焉，知一政於管仲也。是君人者之要守也（荀子第十一篇王霸）。

但是相亦不能以一人之力，治理國政，必須選擇百官以為輔佐。然而「自古及今，未嘗有兩而能精者也」（荀子第二十一篇解蔽），所以選任百官，絕不可求備於一人。荀子說明人之不能遍能如次：

君子之所謂賢者，非能徧能人之所能之謂也。君子之所謂知者，非能徧知人之所知之謂也。君子之所謂辯者，非能徧辯人之所辯之謂也。君子之所謂察者，非能徧察人之所察之謂也（荀子第八篇儒效）。

然則人之才不才又如何知道呢？這在世官制度之下，是不成問題的，「公門有公，卿門有卿」，問題甚為簡單。世官變為選賢舉能，則甄別賢能之法，極為重要。照荀子說：

---

❻ 荀子論相之職權云：「相者論列百官之長，要百事之聽，以飾朝廷臣下百吏之分，度其功勞，論其慶賞，歲終，奉其成功，以效於君，當則可，不當則廢」（荀子第十一篇王霸）。

故校之以禮，而觀其能安敬也。與之舉錯遷移，而觀其能應變也。與之安燕，而觀其能無流慆也。接之以聲色權利忿怒患險，而觀其能無離守也。彼誠有之者，與誠無之者，若白黑然，可詘邪哉（荀子第十二篇君道）。

吾國學者無不反對人主「察察為明」，荀子亦謂「主好要則百事詳，主好詳則百事荒」（荀子第十一篇王霸）。蓋人主以官人為能，得使人為之，不必躬治小事。荀子說：

人主者，以官人為能者也。匹夫者，以自能為能者也。人主得使人為之，匹夫則無所移之。百畝一守，事業窮無所移之也。今以一人兼聽天下，日有餘而治不足者，使人為之也。大有天下，小有一國，必自為之然後可，則勞苦耗顇莫甚焉。如是，則雖臧獲不肯與天下易勢業。以是縣天下，一四海，何故必自為之。為之者役夫之道也（荀子第十一篇王霸）。

這也許就是荀子之所謂術，君子不出戶而知天下事者，「操術然也」（仝上第三篇不苟），此時，人主盡可無為，垂拱而治。這個無為思想乃是吾國古代學者所希望於聖君的。此無他，時代由周代之貴族政治轉變為戰國之士人政治。士人階級既然把握政權，自須人主無為於上，而後他們方能實行自己的理想。荀子說：

故天子不視而見，不聽而聰，不慮而知，不動而功，塊然獨坐，而天下從之如一體，如四肢之從心，夫是之謂大形（荀子第十二篇君道）。

天子……足能行，待相者然後進。口能言，待官人然後詔。不視而見，不聽而聰，不言而信，不慮而知，不動而功，告至備也。天子也者，執至重，形至佚，心至愈，志無所詘，形無所勞，尊無上矣（荀子第二十四篇君子）。

人主的地位是世襲的，自相以下，則用任免之法，誰人可任，誰人當免，自以賢不賢、才不才為標準。孟子雖然主張「賢者在位，能者在職」（孟子卷三下公孫丑上），而又贊成「仕者世祿」（孟子卷二上梁惠王下）之制。世祿由於世官，則選賢與能之目的不能達到。世祿而不世官，經過數代之後，賦稅將盡充為祿，而歸於仕宦之家。荀子也主張「尚賢使能」，「無德不貴，無能不官」（荀子第九篇王制）。但他又謂：「雖王公士大夫之子孫，不能屬於禮義，則歸之庶人。雖庶人之子孫也，積文學，正身行，能屬於禮義，則歸之卿相士大夫」（荀子第九篇王制），即荀子反對世官與世祿之制。且說：「明主有私人以金石珠玉，無私人以官職事業」（荀子第十二篇君道）。由此可知孟子尚不忘懷封建制度，而荀子則要求國家的統一，而絕對反對封建。

關於君臣關係，荀子的見解與孟子不同。孟子以為「君之視臣如土芥，則臣視君如寇讎」，所以易位可也，革命亦可。荀子則主張臣之於君，不問賢愚，均不得反抗。他說明臣事君之道如次：

持寵處位，終身不厭之術。主尊貴之，則恭敬而僔。主信愛之，則謹愼而嗛。主專任之，則拘守而詳。主安近之，則愼比而不邪。主疏遠之，則全一而不倍。主損絀之，則恐懼而不怨（荀子第七篇仲尼）。

事聖君者，有聽從，無諫爭。事中君者，有諫爭，無諂諛。事暴君者，有補削，無撟拂……恭敬而遜，聽從而敏，不敢有以私決擇也，不敢有以私取與也，以順上為志，是事聖君之義也。忠信而不諛，諫爭而不諂，撟然剛折端志而無傾側之心。是案曰是，非案曰非，是事中君之義也。調而不流，柔而不屈，寬容而不亂，曉然以至道而無不調和也，而能化易時關內之，是事暴君之義也

（荀子第十三篇臣道）。

但是我們須知荀子所以反對革命之說，蓋有鑒於春秋戰國之時，仕者無一定之君，臣下奔競成風，而世家則爭權奪國，人民無一刻之安寧。孟子用世官世祿之制以矯其弊，荀子則主張忠君主義，使叛亂可以減少。但是荀子不過主張人臣不得反抗暴君，起而革命而已。至於君命而不利於君，亦須匡救其失。他說：

> 從命而利君謂之順，從命而不利君謂之諂。逆命而利君謂之忠，逆命而不利君謂之篡。不卹君之榮辱，不卹國之臧否，偷合苟容以持祿養交而已耳，謂之國賊。……傳曰從道不從君，此之謂也（荀子第十三篇臣道）。

又說：

> 子貢曰，子從父命，孝乎，臣從君命，貞乎……孔子曰昔萬乘之國，有爭臣四人，則封疆不削。千乘之國，有爭臣三人，則社稷不危。百乘之家，有爭臣二人，則宗廟不毀。父有爭子，不行無禮。士有爭友，不為不義。故子從父，奚子孝。臣從君，奚臣貞。審其所以從之之謂孝之謂貞也。（荀子第二十九篇子道）。

荀子知人類有好惡感情，即好榮惡辱，好利惡害的感情。人情有所好，又有所惡，這是刑賞能夠發生作用的原因。荀子論政，絕不放棄刑賞。他說明刑賞如次：

> 勉之以慶賞，懲之以刑罰，安職則畜，不安職則棄（荀子第九篇王制）。

賞不行，則賢者不可得而官也，罰不行，則不肖者不可得而退也。賢者不可得而進也，不肖者不可得而退也，則能不能不可得而官也（荀子第十篇富國）。

天尚賢使能，賞有功，罰有罪，非獨一人為之也，彼先王之道也，一人之本也，善善惡惡之應也，治必由之，古今一也（荀子第十六篇強國）。

荀子以為「齊之以刑」也是為政的一種手段。他先舉孔子誅少正卯之事，次又舉湯誅尹諧，文王誅潘正，周公誅管叔，太公誅華士，管仲誅付里乙，子產誅鄧析史付，證明刑之重要（參閱荀子第二十八篇宥坐）。又進而主張重刑之制。

世俗之為說者曰，治古（古之治世也）無肉刑而有象刑……是不然，以為治邪，則人固莫觸罪，非獨不用肉刑，亦不用象刑矣。以為人或觸罪矣，而直輕其刑，然則是殺人者不死，傷人者不刑也。罪至重而刑至輕，庸人不知惡焉，亂莫大焉。凡刑人之本，禁暴惡惡，且徵其未也（徵讀為懲，未謂將來）。殺人者不死，而傷人者不刑，是謂惠暴而寬賊也，非惡惡也，故象刑殆非生於治古，并起於亂今也，……夫征暴誅悍，治之盛也。殺人者死，傷人者刑，是百王之所同也，未有知其所由來者也。刑稱罪則治，不稱罪則亂，故治則刑重，亂則刑輕（世所以治乃刑重，所以亂乃刑輕也）（荀子第十八篇正論）。

但是荀子並不忘記教化，他以為教與刑應該並用，而刑與賞也應該並用，三者缺一不可。荀子之言如次。

故不教而誅，則刑繁而邪不勝。教而不誅，則姦民不懲，誅而不賞，則勤屬（屬當作厲）之民不勸，誅賞而不類（不類謂賞不當功，罰不當罪），則下疑俗儉（儉當作險，險謂徼幸免罪，苟且求賞也），而百姓不一（荀子第十篇富國）。

有離俗不順其上，則百姓莫不敦惡，莫不毒孽，若祓不祥，然後刑於是起矣……有能化善修身正行，積禮義，尊道德，百姓莫不貴敬，莫不親譽，然後賞於是起矣……雕雕焉懸貴爵重賞於其前，懸明刑大辱於其後，雖欲無化，能乎哉（荀子第十五篇議兵）。

戰國時代，諸侯無不要求富國強兵。荀子也希望天下能定於一。統一之法，荀子同孟子一樣，反對以力者霸，而主張王道。他先說明單用武力，不能統一天下的理由。

用強者，人之城守，人之出戰，而我以力勝之也，則傷人之民必甚矣。傷人之民甚，則人之民惡我必甚矣。人之民惡我甚，則日欲與我鬥。人之城守，人之出戰，而我以力勝之，則傷吾民必甚矣。傷吾民甚，則吾民之惡我必甚矣。吾民之惡我甚，則日不欲為我鬥，人之民日欲與我鬥，吾民日不欲為我鬥，是強者之所以反弱也（荀子第九篇王制）。

次又說明王道能使「天下為一」。

故用國者，義立而王，……行一不義，殺一無罪，而得天下，仁者不為也，……之所與為之者之人，則舉義士也。之所以為布陳於國家刑法者，則舉義法也。主之所極，然帥群臣而首鄉之者，則舉義志也。如是，則下仰上以義矣，是綦定也。綦定而國定，國定而天下定。……天下為一，諸侯為臣，通達之屬，莫不臣屬，無它故焉，以濟義矣，是所謂義立而王也（荀子第十一篇王霸）。

荀子雖然反對以力者霸，但其所反對者不過不義之力而已。荀子知道在群雄割據之時，要統一全國，軍事不能避免，蓋列國之能割據，完全依靠兵力，打倒兵力須用兵力。仁義只能收羅敵國的民心，要推翻敵國之政府，非用兵力不可。他舉「堯伐驩兜，舜伐有苗，禹伐共工，湯伐有夏，文王伐崇，武王伐紂」之事，結論則曰：「此四帝兩王皆以仁義之兵行於天下也」（荀子第十五篇議兵）❼。

由此可知荀子也和孟子一樣，分別王霸。二者都謂用力者霸，至於王道，孟子主張仁義，而反對軍事，荀子雖然也常說到「仁」字，其重視的則為禮義，而贊成軍事。這是荀子思想與孟子不同之點。孟子所謂「以小事大者畏天者也，畏天者保其國」，這種想法，荀子視為痴人說夢。

事強暴之國難……事之以貨寶，則貨寶單而交不結。約信盟誓，則約定而畔無日。割國之錙銖以賂之，則割定而欲無厭。事之彌煩，其侵人愈甚，必至於資單國舉然後已。雖左堯而右舜，未有能以此道得免焉者也（荀子第十篇富國）。

在列強爭雄之時，以小事大，終歸滅亡，所以諸侯無不希望國富兵強，關於富國，荀子思想與孟子相去無幾，也是採用消極的政策。此蓋當時技術尚未發達，不知用積極的方法，增加生產之故。荀子說：

---

❼ 王者之師，照荀子說：「不殺老弱，不獵禾稼（獵踐也），服者不禽，格者不舍，奔命者不獲（奔命謂奔走來歸其命者，不獲之為囚俘也）。凡誅，非誅其百姓也，誅其亂百姓者也。百姓有扞其賊（謂為賊之扞蔽也），則是亦賊也。故順刃者生（順刃謂不戰），蘇刃者死（蘇刃謂相向格鬥者），奔命者貢（貢謂獻於上將也）……詩曰自西自東，自南自北，無思不服，此之謂也」（荀子第十五篇議兵）。

草木榮華滋碩之時，則斧斤不入山林，不夭其生，不絕其長也。黿鼉魚鱉鰌鱣孕別之時（別謂生育，與母分別也），罔罟毒藥不入澤，不夭其生，不絕其長也。春耕夏耘，秋收冬藏，四者不失時，故五穀不絕而百姓有餘食也。汙池淵沼川澤，謹其時禁，故魚鱉優多而百姓有餘用也。斬伐養長不失其時，故山林不童而百姓有餘材也（荀子第九篇王制）。

又說：

足國之道，節用裕民，而善臧其餘，節用以禮，裕民以政……不知節用裕民，則民貧。民貧，則田瘠以穢。田瘠以穢，則出實不半（不得其半），……輕田野之稅，平關市之征，省商賈之數，罕興力役，無奪農時，如是則國富矣（荀子第十篇富國）。

此即有若所說：「百姓足，君孰與不足」（論語第十二篇顏淵）的道理。荀子有言：「下貧則上貧，下富則上富」（荀子第十篇富國）。故說：

王者富民，霸者富士，僅存之國富大夫，亡國富筐篋，實府庫。筐篋已富，府庫已實，而百姓貧，夫是之謂上溢而下漏。入不可以守，出不可以戰，則傾覆滅亡可立而待也（荀子第九篇王制）。

至於強兵之法，孟子因仁義而不言兵，「荀子」書中，卻有「議兵」一篇，其「議兵，常以仁義為本」，固然有人以為「仁者愛人，義者循理，然則又何以兵為。凡所為有兵者為爭奪也」（荀子第十五篇議兵）。荀子則謂：

彼仁者愛人，愛人故惡人之害之也。義者循理，循理故惡人之亂之也。彼兵者所以禁暴除害也，非爭奪也（荀子第十五篇議兵）。

即兵乃以濟仁義之窮。善用兵者必先附其民。

凡用兵攻戰之本，在乎壹民……士民不親附，則湯武不能以必勝也。故善附民者是乃善用兵者也，故兵要在乎善附民而已（荀子第十五篇議兵）。

以善附民之兵，攻那暴君之國，可以不戰而勝。

且夫暴國之君，將誰與至哉。彼其所與至者，必其民也。而其民之親我，歡若父母；其好我，芬若椒蘭。彼反顧其上，則若灼黥，若仇讎，人之情雖桀跖，豈又肯為其所惡，賊其所好者哉。是猶使人之子孫自賊其父母也（荀子第十五篇議兵）。

此即孟子所說：能行仁政，「則鄰國之民仰之如父母」，而「無敵於天下」（孟子卷三公孫丑上）。在孟荀時代，列國人士無不希望統一，以達和平之域，不獨孟荀為然。不過孟子反對以力，荀子則知非力不可，這是兩人思想不同之點。

最後尚須說明者，荀子以治亂之責歸於人類。他以為「道者非天之道，非地之道，人之所以道也，君子之所道也」（荀子第八篇儒效）。「唯聖人為不求知天」（荀子第十七篇天論），「君子敬其在己者，而不慕其在天者」（荀子第十七篇天論），這種思想又與孟子所說：「夫天未欲平治天下也」云云（孟子卷四下公孫丑下）完全不同。蓋荀子注重人為，人定可以勝天，人在宇宙之間，雖受了自然現象的支配，然而必須設法控制自然現象。他說：

天道有常，不為堯存，不為桀亡。應之以治則吉，應之以亂則凶。強本而節用，則天不能貧，養備而動時，則天不能病。脩道而不貳，則天不能禍。故水旱不能使之饑渴，寒暑不能使之疾，祅怪不能使之凶。本荒而用侈，則天不能使之富。養略而動罕，則天不能使之全。倍道而妄行，則天不能使之吉。故水旱未至而饑，寒暑未薄而疾，祅怪未至而凶，受時與治世同，而殃禍與治世異，不可以怨天，其道然也（荀子第十七篇天論）。

治亂天邪？曰日月星辰瑞曆是禹桀之所同也。禹以治，桀以亂，治亂非天也。時邪？曰繁啟蕃長於春夏，畜積收藏於秋冬，是又禹桀之所同也。禹以治，桀以亂，治亂非時也。地邪，曰得地則生，失地則死，是又禹桀之所同也。禹以治，桀以亂，治亂非地也（荀子第十七篇天論）。

星隊木鳴，國人皆恐。曰是何也，曰無何也。是天地之變，陰陽之化，物之罕至者也。怪之可也，而畏之非也。夫日月之有蝕，風雨之不時，怪星之黨見，是無世而不常有之。上明而政平，則是雖竝世起無傷也。上闇而政險，則是雖無一至者無益也。夫星之隊，木之鳴，是天地之變，陰陽之化，物之罕至者也。怪之可也，而畏之非也。物之已至者，人祅則可畏也（荀子第十七篇天論，下文舉出許多人祅，即耕稼失時，政令不明，禮義不脩之類。文多從略）。

此即反對鄒衍的陰陽學說。不談「天」，而專論「人」，荀子思想比之先秦諸子，似為進步，理由在此。自董仲舒用儒術以說明陰陽學說之後，在吾國歷史上最有勢力的，不是儒家，也不是法家，更不是道家，而是陰陽家，吾人讀二十五史之五行志，即可知之。

總之，荀子與孟子之學均出於孔氏，而屬於儒家。孟子所注意的是仁義，仁從內出，所以不言刑賞。荀子所注意的是禮義，禮由外作，所以不但主張刑賞，而且主張重刑。孟荀學說在孔子思想之上均有根據，然其結論不同，孟子注重修身，荀子注重治國。韓非為荀子門人，其言論雖屬於法家，而受荀子之思想的影響卻甚大。

孟子與荀子均希望和平，因和平而不忘國家之統一。孟子還是注重「發政施仁」，荀子則知道統一非用武力不可。這是荀子學說比之孟子，合於當時需要的理由。但荀子既崇孔子之說，故亦不敢離開孔子太遠。他雖然重視「由外作」之禮——法，而未忘記「從內出」之仁。到了韓非，則由刑賞而反對仁義了。

孟子的學說與歐洲中世的「暴君放伐論」相似。荀子的學說則與霍布斯 (T. Hobbes) 相去無幾。他們兩人均以自然社會為鬥爭社會，不過霍布斯以國家的成立由於社會契約 (Social Contract)，荀子則謂國家的成立，由於聖君之制禮定分，故說：「君者善群也」(荀子第九篇王制)。兩人之贊成君主專制，則無二致。

荀子反對「天」，「唯聖人為不求知天」(荀子第十七篇天論)，因又反對卜筮，以為卜筮不過欺騙百姓而已。他說：「卜筮然後決大事，非以為得求也，以文之也 (謂順人之意，以文飾政事而已)，故君子以為文，而百姓以為神。以為文則吉，以為神則凶也」(荀子第十七篇天論)。荀子不信天，不信神，因之，他不主張君權神授說，湯武革命，堯舜禪讓之順乎天，也認為不是事實 (參閱荀子第十八篇正論)，而且還說：「事暴君者有補削，無撟拂」(荀子第十三篇臣道)，是又反對放伐暴君了。在這一點上，孟子的思想雖然不是民主主義，而卻能闡明革命之道。反之，荀子的言論雖謂天子無為，然而天子既有擇相之權，天子不皆賢，則又何能知道誰是賢者而用之為相。倘若窮究到底，荀子的學說勢非陷入開明專制不可。這種開明專制在民智幼稚之時，實為統一國家的捷徑。吾人觀英國的亨利第七、法國的路易第十一、西班牙的斐迪蘭 (Ferdinand) 均於十五世紀之末，打垮封建諸侯，而建設近代的統而一國家，即可知之。荀子之徒李斯卒能輔佐秦始皇，廢封建，置郡縣，同文字，一法度衡石丈尺。而又依荀子「今諸侯異政，百家異說，則必或是或非，或治或亂」（荀子第二十一篇解蔽）之言，而禁私學，以吏為師。所以由吾國思想史言之，荀子實開後世控制言論之端，而由政治史言之，荀子之功不可謂不大。秦雖二世而亡，其過在於信任趙高，而又虐用其民，吾人固不能歸罪於荀子。秦亡漢興，霸王雜用，中華民族於是乎統一，後代雖然分合無常，而一統觀念深入民心。所以我個人以為孔子思想乃透過荀子，而實行於政治之上，荀子之功似比孟子為大。

第二章 道家的政治思想——老子與莊子

漢書（卷三十）藝文志所舉之道家為老子、莊子、列子、文子等人。列子之言接近於魏晉之清談，本章只述老莊，而將列子與楊朱的思想敘述於魏晉時代。文子從略，因其書似係後人偽作，而其言論接近於法家者又多。

先秦諸子，孔子對於人性的善惡，只說「性相近也，習相遠也」（論語第十七篇陽貨），而對於人情之有好惡並不否認。「何謂人情，喜怒哀懼愛惡欲，七者弗學而能」（孔子家語第三十二篇禮運）。又說：「飲食男女，人之大欲存焉。死亡貧苦，人之大惡存焉」（禮記卷二十二禮運）。其他諸子討論政治，尤其法家均由人性——其實只是人情——出發。道家不言人性之善惡，而只謂天下之亂由於人欲太多，也就是不否認人情之有欲。老子說：

> 不見可欲，使民心不亂（老子第三章）。

即由老莊看來，有五色之可欲，則民心亂於色矣。有五音之可欲，則民心亂於音矣。有五味之可欲，則民心亂於味矣。老子說：

莊子亦說：

五色令人目盲，五音令人耳聾，五味令人口爽（爽，傷也）（老子第十二章）。

且夫失性有五，一曰五色亂目，使目不明。二曰五聲亂耳，使耳不聰，三曰五臭（臭，香也）薰鼻，困惾中顙（言鼻耽五臭，故壅塞不通，而中傷顙額），四曰五味濁口，使口厲爽（爽，傷也），五曰趣（趣，取也）舍滑心（滑，亂也），使性飛揚。此五者皆生之害也（莊子第十二篇天地）。

見可欲而人心亂，苟能不見可欲，天下將自定。所以老子主張「少私寡欲」（老子第十九章）。此種寡欲思想不獨道家有之，先秦諸子說到經濟生活，無不主張寡欲，不過道家特別強調之耳。老子說：

罪莫大於不知足，咎莫大於欲得（老子第四十六章）。

此與孟子所說：「養心莫大於寡欲」（孟子卷十四下盡心下）相似。老子不但希望人類寡欲，且由寡欲，進而主張無欲。老子說：

是以聖人之治……常使民無知無欲（老子第三章）。

又說：

無欲以靜，天下將自定（老子第三十七章）。

莊子亦說：

古之畜天下者，無欲而天下足，無為而天下化，淵靜而百姓定（莊子第十二篇天地）。

然而社會愈進步，人智愈開化；人智愈開化，物資愈豐富；物資愈豐富，人欲愈增加，這是勢之必然。老子因主張無欲，而竟以為物資可以亂世。他說：

不貴難得之貨，使民不為盜（老子第三章）。

我們以為：不是物資可以亂世，而是物資不夠分配，故乃引起亂事。道家只看到一端，以物資可以亂世，故又反對世人之多伎巧。老子說：

人多伎巧，奇物滋起（老子第五十七章）。

這話有似於禮記（卷十三王制）所說：「作淫聲異服奇技奇器，以疑眾，殺」。何以古人反對伎巧、奇物、奇技、奇器？此數者都可以視為機器的發端。案近代各種機器的發明乃是由於市場擴大，人工的生產品趕不上需要的增加，故不能不發明機器以代替人工。中國勞動力自古以來，就已過剩，而環中國而居者又係遊牧種族，他們不甚需要中國製造品，中國沒有大量生產的必要，因之機器就沒有發明的機會。倘若發明機器以代替人力，則失業的人數必將增加，而引起社會的棼亂。先秦諸子反對伎巧奇技，理由實在於此。禮云：「夫物之感人無窮，而人之好惡無節，則是物至而人化物也。人化物也者滅天理而窮人欲者也。於是有悖逆詐偽之心，有淫逸作亂之事，是故強者脅弱，眾者暴寡，知者詐愚，勇者苦怯，疾病不養，老幼孤獨不得其所，此大亂之道也」（禮記卷三十七樂記）。但儒家只希望人們節欲，而道家竟然希望人們無欲，又由無欲，進而反對人類之有知識，老子說：

民之難治，以其智多（老子第六十五章）。

莊子亦說：

天下每每大亂，罪在於好知（莊子第十篇胠篋）。

道家由無欲，進而主張無知，展開了他們偏激的政治理論，終而提出類似於愚民的政策。吾所以謂其類似於愚民者，蓋道家之本意不在於愚民，而只希望人民無知無識，而能無爭無亂。老子說：

塞其兌，閉其門（此二語謂杜民之耳目口鼻，使之無識無知也）。挫其銳（折民之鋒鋩，使之不逞能見賢也），解其紛（解民之糾紛，使之無爭無亂也），和其光（混同民之德采，使之不表殊立異也），同其塵（同一民之行蹟，使之無舛馳異驅也），是謂玄同（老子第五十六章）。

又說：

古之善為道者非以明民，將以愚之。民之難治，以其智多。故以智治國，國之賊，不以智治國，國之福（老子第六十五章）。

莊子有言：「彼亦一是非，此亦一是非」（莊子第二篇齊物論）。「天下非有公是也，而各是其所是」（莊子第二十四篇徐无鬼），進而說明人類由混芒而至開化，民始惑亂之故。

> 古之人在混芒之中，與一世而得澹漠焉。當是時也，陰陽和靜，鬼神不擾，四時得節，萬物不傷，群生不夭，人雖有知，无所用之，此之謂至一。當是時也，莫之為而常自然。逮德下衰，及燧人伏羲，始為天下，是故順而不一，德又下衰。及神農黃帝，始為天下，是故安而不順，德又下衰。及唐虞，始為天下，興治化之流，澆淳散朴，離道以善，險德以行，然後去性而從於心。心與心識，知而不足以定天下，然後附之以文，益之以博。文滅質，博溺心，然後民始惑亂，無以反其性情，而復其初（莊子第十六篇繕性）。

道家既謂民愚則國治，所以老子乃說「絕學無憂」（老子第十九章），而如關尹子所說：「利害心愈明，則親不睦。賢愚心愈明，則友不交。是非心愈明，則事不成。好醜心愈明，則物不契，是以聖人渾之」（關尹子三極）。老子由此出發，而主張回歸到自然世界。老子有言：

> 小國寡民，使民有什伯之器而不用，使民重死而不遠徙。雖有舟輿，無所乘之，雖有甲兵，無所陳之，使民復結繩而用之。甘其食，美其服，安其居，樂其俗。鄰國相望，雞犬之聲相聞，民至老死不相往來（老子第八十章）。

莊子亦說：

> 子獨不知至德之世乎。昔者容成氏、大庭氏、伯皇氏、中央氏、栗陸氏、驪畜氏、軒轅氏、赫胥氏、尊盧氏、祝融氏、伏羲氏、神農氏，當是時也，民結繩而用之，甘其食，美其服，樂其俗，安其居，鄰國相望，雞狗之音相聞，民至老死而不相往來。若此之時，則至治已（莊子第十篇胠篋）。

莊子之言不過抄襲老子，其所謂容成氏、大庭氏等等也許是隨意杜撰，而其欲回歸到原始社會，則甚顯明。在太初，人類不過成「群」(horde)而已。此時人類固如老子所說「惚兮恍兮」（老子第二十一章），而人口既少，天然物資可以供給社會的需要，所以雖無社會規範，人類也不會發生爭奪之事。這就是道家羨慕太古生活的原因。但是這種社會不能永久存在，一群的人居住於同一地域之上，不免有往來交際。何況人類又有色慾，由色慾之作用，人口不斷增加，增加到一定程度，社會組織不能不隨之擴大，由「群」進化為氏族。在氏族社會，已經產生一位族長，一方為祭司而主祭，他方為士師而主政，祭政一致，族長的權力可以統治同一氏族的人。道家生在春秋戰國之時，猶復希望「聖人在天下，歙歙為天下渾其心」（言聖人急急使天下人心渾濁，歸於無識無知也）（老子第四十九章），這當然不是可能的事。

氏族既已產生，而人類由於食慾與色慾的作用，又由氏族進化為氏族聯盟，更由氏族聯盟進化為部落，最後復由部落進化為國家，勢之所趨，莫可制止（參閱拙著政治學十二頁以下），於是道家唯一希望不是聖君賢臣，而是君主之無為。老子說：

> 聖人處無為之事，行不言之教。萬物作焉而不辭（不辭謂不為始也），生而不有（不以萬物為己之私物也），為而不恃（施澤萬物而不以為恩也），功成而弗居。夫唯弗居，是以不去（老子第二章）。

莊子亦說：

> 聞在宥天下，不聞治天下也。在之也者恐天下之淫其性也，宥之也者恐天下之遷其德也。天下

不淫其性，不遷其德，有治天下者哉……故君子不得已而臨莅天下，莫若无為。无為也，而後安其性命之情。故貴以身於為天下，則可以託天下，愛以身於為天下，則可以寄天下（意謂貴愛其身，而無為於天下，乃可以為天下之君也）。故君子苟能无解其五藏，无擢其聰明（不費心，不弄聰明之意），尸居而龍見，淵默而雷聲（謂不動不言也），神動而天隨，從容無為，而萬物炊累焉，吾又何暇治天下哉（莊子第十一篇在宥）。

這個無為觀念乃道家思想的核心。蓋在春秋之末而至於戰國，諸侯均欲富國強兵，大有為於天下，而結果毫無成就，內則引起紛亂，外又引起戰爭。道家有鑒於此，故老子又說：

為無為，則無不治（老子第三章）。

豈但無為則治，而且有為又必失敗。老子復說：

為者敗之，執者失之，是以聖人無為故無敗，無執故無失（老子第六十四章）。

莊子亦說：

夫帝王之德以天地為宗，以道德為主，以无為為常。无為也，則用天下而有餘；有為也，則為天下用而不足，故古之人貴夫无為也（莊子第十三篇天道）。

道家所以主張無為，乃有一個重要原因，即如文子所引老子之言：「欲治之主不世出，可與治之臣不萬一，以不世出，求不萬一，此至治所以千歲不一也」（文子第十九篇下德）。案莊子與老子關於無為，立論未必相同，老子因欲治之主與可與治之臣不可多得，所以他希望君臣俱休息乎無為。莊子則謂上雖無為，而下必須有為。莊子之言如次：

何謂道，有天道，有人道。無為而尊者天道也；有為而累者人道也。主者天道也，臣者人道也。天道之與人道也，相去遠矣，不可不察也（莊子第十一篇在宥）。

上無為也，下亦無為也，是下與上同德。下與上同德，則不臣。下有為也，上亦有為也，是上與下同道。上與下同道，則不主。上必無為，而用天下；下必有為，為天下用，此不易之道也（莊子第十三篇天道）。

關於莊子之言，郭象有所說明。郭象云：

夫無為之體大矣，天下何所不無為哉？故主上不為冢宰之任，則伊呂靜而司尹矣。冢宰不為百官之所執，則百官靜而御事矣。百官不為萬民之所務，則萬民靜而安其業矣。萬民不易彼我之所能，則天下之彼我靜而自得矣。故自天子以下，至於庶人，下及昆虫，孰能有為而成哉；是故彌無為而彌尊也（莊子第十三篇天道，郭象注）。

夫工人無為於刻木，而有為於用斧；主上無為於親事，而有為於用臣。臣能親事，主能用臣；斧能刻木，而工能用斧，各當其能，則天理自然，非有為也。若乃主代臣事，則非主矣。臣秉主用，則非臣矣，故各司其任，則上下咸得，而無為之理至矣（莊子第十三篇天道，郭象注）。

此種思想由吾人觀之，與法家相去無幾。其所不同者，道家由無為進而主張歸於自然，不但反對法制，且又反對社會規範，例如仁義孝慈，無不反對，文子以「水處者漁，林處者採，谷處者牧，陵處者田。

地宜其事，事宜其械，械宜其材」（文子第十八篇自然）為「自然」。然此不過謂凡事當順自然而已，並非老莊所謂的自然。老子說：

大道廢，有仁義。慧智出，有大偽。六親不和，有孝慈。國家昏亂有忠臣（老子第十八章）。

絕聖棄智，民利百倍。絕仁去義，民復孝慈。絕巧去利，盜賊無有。此三者以為文不足（謂此三者皆虛偽之文，不足以治國也）（老子第十九章）。

莊子亦說：

今世之仁人，蒿目而憂世之患。不仁之人，決性命之情，而饕富貴，故意仁義其非人情乎。自三代以下者，天下何其囂囂也。且夫待鉤繩規矩而正者，是削其性也。待繩約膠漆而固者，是侵其德也。屈折禮樂，呴俞仁義，以慰天下之心者，此失其常然也。天下有常然，常然者，曲者不以鉤，直者不以繩，圓者不以規，方者不以矩，附離不以膠漆，約束不以纆索，故天下誘然皆生，而不知其所以生，同焉皆得，而不知其所以得，故古今不二，不可虧也。則仁義又奚連連如膠漆纆索，而遊乎道德之間為哉，使天下惑也。夫小惑易方，大惑易性，何以知其然邪，自虞氏招仁義以撓天下也，天下莫不奔命於仁義，是非以仁義易其性與。故嘗試論之，自三代以下者，天下莫不以物易其性矣。小人則以身殉利，士則以身殉名，大夫則以身殉家，聖人則以身殉天下。故此數子者，事業不同，名聲異號，其於傷性以身為殉，一也。臧與穀二人相與牧羊，而俱亡其羊，問臧奚事，則挾筴讀書；問穀奚事，則博塞以遊；二人者，事業不同，其於亡羊均也。伯夷死名於首陽之下，盜跖死利於東陵之上；二人者所死不同，其於殘生傷性均也。奚必伯夷之是，而盜跖之非乎？

天下盡殉也。彼其所殉仁義也，則俗謂之君子，其所殉貨財也，則俗謂之小人；其殉一也，則有君子焉有小人焉。若其殘生損性，則盜跖亦伯夷矣，又惡取君子小人於其間哉（莊子第八篇駢拇）。

夫至德之世，同與禽獸居，族與萬物並；惡乎知君子小人哉！同乎無知，其德不離。同乎無欲，是謂素樸，樸素而民性得矣。及至聖人，蹩躠為仁，踶跂為義，而天下始疑矣。澶漫為樂，摘僻為禮，而天下始分矣。故純樸不殘，孰為犧尊；白玉不毀，孰為珪璋；道德不廢，安取仁義；性情不離，安用禮樂；五色不亂，孰為文采；五聲不亂，孰應六律。夫殘樸以為器，工匠之罪也。毀道德以為仁義，聖人之過也（莊子第九篇馬蹄）。

莊子之言不但只此而已，且以天下之亂由於賢聖之人之制禮作樂。制禮作樂的目的，本來是要維持社會秩序的安定，那知人心險詐，禮樂以及一切道德無不為惡人所利用，所謂「諸侯之門，而仁義存焉」，即此意也。莊子說：

盜跖之徒問於跖曰，盜亦有道乎。跖曰何適而無有道邪。夫妄意室中之藏，聖也。入先，勇也。出後，義也。知可否，知也。分均，仁也。五者不備，而能成大盜者，天下未之有也。由是觀之，善人不得聖人之道不立，跖不得聖人之道不行。天下之善人少，而不善人多，則聖人之利天下也少，而害天下也多。故曰脣竭則齒寒，魯酒薄而邯鄲圍，聖人生而大盜起。掊擊聖人，縱舍盜賊，而天下始治矣。夫川竭而谷虛，丘夷而淵實，聖人已死，則大盜不起，天下平而无故矣。聖人不死，大盜不止，雖重聖人而治天下，則是重利盜跖也。為之斗斛以量之，則並與斗斛而竊之。為之權衡以稱之，則並與權衡而竊之。為之符璽以信之，則並與符璽而竊之。為之仁義以矯之，則並與仁義而竊之。何以知其然邪，彼竊鉤者誅，竊國者為諸侯，諸侯之門，而仁義存焉，則是非竊仁義聖知邪。故逐於大盜，揭諸侯，竊仁義，並斗斛權衡符璽之利者，雖有軒冕之賞弗能勸，斧鉞之威弗能禁，此重利盜跖，而使不可禁者，是乃聖人之過也。故曰，魚不可脫於淵，國之利器，不可以示人。彼聖人者，天下之利器也，非所以明天下也。故絕聖棄知，大盜乃止。擿玉毀珠，小盜不起。焚符破璽，而民朴鄙。掊斗折衡，而民不爭。殫殘天下之聖法，而民始可與論議。擢亂六律，鑠絕竽瑟，塞瞽曠之耳，而天下始人含其聰矣。滅文章，散五采，膠離朱之目，而天下始人含其明矣。毀絕鉤繩，而棄規矩，攦工倕之指，而天下始人有巧矣。故曰，大巧若拙。削曾史之行，鉗楊墨之口，攘棄仁義，而天下之德始玄同矣。彼人含其明，則天下不鑠矣。人含其聰，則天下不累矣。人含其知，則天下不惑矣。人含其德，則天下不僻矣。彼曾史楊墨師曠工倕離朱者，皆外立其德，而以爚亂天下者也，法之所无用也（莊子第十篇胠篋）。

這當然是偏激之言。在民智進步之時，要絕仁棄智，剖斗折衡，而求天下之治，絕不可能。因之道家因當時列強無不爭強，又提出尚柔之說。他們以為「飄風不終朝，驟雨不終日」（老子第二十三章），「強梁者不得其死」（老子第四十二章）。老子說道：

天下之至柔馳騁天下之至堅（老子第四十三章）。

人之生也柔弱，其死也堅強。萬物草木之生也柔脆，其死也枯槁。故堅強者死之徒，柔弱者生之徒。是以兵強則滅，木強則折。強大處下，柔弱處上（老子第七十六章）。

天下莫柔弱於水，而攻堅強者莫之能勝，以其無以易之。弱之勝強，柔之勝剛，天下莫不知，莫能行（老子第七十八章）。

以柔制剛，以弱制強，常為兵家所利用。兵家雖云：「柔能勝剛，弱能勝強」（黃石公三略上），但兵家不是主張純粹柔弱。黃石公（三略上）云：「能柔能剛，其國彌光。能弱能強，其國彌彰。純柔純弱，其國必削。純剛純強，其國必亡」。秦之亡也，以純剛純強，宋之弱也，以純柔純弱，只唯西漢初年，能柔能剛，能弱能強。道家不但主張柔弱，且進一步，主張不爭。老子有言：

上善若水。水善利萬物而不爭，處眾人之所惡，故幾於道。……夫唯不爭，故無尤（老子第八章）。

夫唯不爭，故天下莫能與之爭。古之所謂曲則全者，豈虛言哉（老子第二十二章）。

江海所以能為百谷王者，以其善下之，以其善下之，故能為百谷王。是以欲上民，必以言下之，欲先民，必以身後之。是以聖人處上而民不重，處前而民不害，是以天下樂推而不厭。以其不爭，故天下莫能與之爭（老子第六十六章）。

人類因有欲而多欲，因多欲而生知慧，不但國家與國家之間，就是個人與個人之間也發生了爭議。老子曾言：「民之難治，以其智多」（老子第六十五章）。莊子亦說：「天下每每大亂，罪在於好知」（莊子第十篇胠篋）。蓋智多則爭多。老子恐人們之爭，故由尚柔，進而主張不爭。不但物質生活不爭而已，就是精神方面也希望人們不堅執自己的見解。老子說：

聖人無常心，以百姓心為心，善者吾善之，不善者吾亦善之，德善。信者吾信之，不信者吾亦信之，德信（老子第四十九章）。

然而社會進化，思想進步，墨子所謂「一人一義」是免不了的。既然是「一人一義」，爭議何可得免。

於是道家因希望人類之不爭，又希望人類之知足。老子說：

持而盈之，不如其已。揣而梲之，不可長保。金玉滿堂，莫之能守。富貴而驕，自遺其咎。功遂身退天之道（老子第九章）。

知足不辱，知止不殆，可以長久（老子第四十四章）。

禍莫大於不知足……故知足之足常足矣（老子第四十六章）。

莊子也假託孔子對淵回之言，以為：

丘聞之，知足者不以利自累也（莊子第二十八篇讓王）。

吾人觀上文所舉道家之言，可知道家固然希望回歸到太初世界，然又不是無政府主義。老子有「治大國若烹小鮮」（老子第六十章），更有「立天子，置三公」（老子第六十二章）之言。莊子亦有「君子不能已而臨蒞天下，莫若無為」（莊子第十一篇在宥）之語，則社會之有政府可想而知。不過道家與儒家不同，儒家欲干涉人民生活，道家則希望政府清靜無為，聽人民自由發展。老子說：

道常無為而無不為。侯王若能守之，萬物將自化（老子第三十七章）。

又說：

天下之交（交應作父），天下之牝（意謂為天下之父者乃天下之牝，非天下之牡，因牝能以靜勝牡，以靜為下耳），牝常以靜勝牡，以靜為下（老子第六十一章）。

莊子則說：

> 聖人之靜也，非曰靜也善，故靜也。萬物無足以鐃心者，故靜也……夫虛靜恬淡寂漠無為者，天地之平，而道德之至，故帝王聖人休焉。休則虛……虛則靜……靜則無為。無為也，則任事者責矣（夫無為也，則群才萬品各任其事，而自當其責矣）……夫虛靜恬淡寂漠無為者，萬物之本也（莊子第十三篇天道）。

史記曾謂「道家無為，又曰無不為」，正義解釋云：「無為者清靜也，無不為者生育萬物也」（史記卷一百三十太史公自序），即政府若能「以虛無為本，以因循為用，無成勢，無常形，因時為業」（史記仝上），萬物自能成長，此即歐洲之自由放任之意。故老子云：「清靜為天下正」（老子第四十五章）。但道家所主張的自由放任與歐洲功利主義者的自由放任不同。功利主義者所主張的自由放任乃反抗當時政府的干涉壓制，使社會能作更進一步的發展。反之，道家的自由放任對於政府的干涉壓制，有逆來順受之意。他們不要求社會進步，而只希望社會回歸到太古時代。固然莊子曾言：

> 三皇五帝之禮義法度，不矜於同，而矜於治……故禮義法度者應時而變者也。今取猨狙而衣以周公之服，彼必齕齧挽裂盡去而後慊。觀古今之異，猶猨狙之異乎周公也。故西施病心而矉其里，其里之醜人見而美之，歸亦捧心而矉其里，其里之富人見之，堅閉門而不出；貧人見之，挈妻子而去之走。彼知美矉而不知矉之所以美，惜乎而夫子（師金對顏淵言，指孔子）其窮哉（莊子第十四篇天運）。

然莊子之本意還是欲回歸於自然世界，吾人讀其胠篋篇所說：「子獨不知至德之世乎，昔者容成氏」

云云，就可知道。但是道家主張無為亦有其時代的背景，如前所言：當時列國均欲有為，卒至民不聊生；民不聊生，社會當然紛亂。故老子又云：

我無為而民自化，我好靜而民自正，我無事而民自富，我無欲而民自樸（老子第五十七章）。

而且國君太過有為，不免稅重而民饑。

民之饑，以其上食稅之多，是以饑。民之難治，以其上之有為，是以難治（老子第七十五章）。

道家既然主張清靜無為，故又希望法令簡單，而政府更不可察察為明。蓋法令煩碎，人民將莫知所從，而政府太過察察，人民一舉一動，均將觸犯法禁。老子說：

法令滋章，盜賊多有（老子第五十七章）。

其政察察，其民缺缺（老子第五十八章）。

莊子尤反對察察為明之政。他說：

馬蹄可以踐霜雪，毛可以禦風寒，齕草飲水，翹足而陸，此馬之真性也。雖有義臺路寢，無所用之。及至伯樂，曰我善治馬，燒之剔之刻之雒之，連之以羈馽，編之以皁棧，馬之死者十二三矣。飢之渴之，馳之驟之，整之齊之，前有橛飾之患，而後有鞭筴之威，而馬之死者已過半矣。陶者曰，我善治埴，圓者中規，方者中矩。匠人曰，我善治木，曲者中鉤，直者應繩，夫埴木之性，豈欲中規矩鉤繩哉。然且世世稱之曰，伯樂善治馬，而陶匠善治埴木，此亦治天下者之過也。吾意善治天下者不然，彼民有常性，織而衣，耕而食，是謂同德。一而不黨，命曰天放，故至德之世，其行填填，其視顛顛。當是時也，山无蹊隧，澤无舟梁，萬物群生，連屬其鄉，禽獸成群，草木遂長。是故禽獸可係羈而遊，烏鵲之巢可攀援而闚。夫至德之世，同與禽獸居，族與萬物並，惡乎知君子小人哉（莊子第九篇馬蹄）。

道家希望政府無為而治，萬不得已，政府的權力亦須減少，減少至最低限度。故老子說：「為道日損，損之又損，以至於無為，無為而無不為」（老子第四十八章）。韓非曾言「法莫一而固」，一就是簡單，固就是固定。這個思想實出於老子。老子說：

昔之得一者，天得一以清，地得一以寧，神得一以靈，谷得一以盈，萬物得一以生，侯王得一以為天下貞（老子第三十九章）。

莊子亦說：

夫道不欲雜，雜則多，多則擾，擾則憂，憂而不救（莊子第四篇人間世）。

所以韓非在「解老」篇（韓非子第二十篇）曾云：「治大國而數變法，則民苦之。是以有道之君貴虛靜而重變法」。吾人能夠依韓非之見解以解釋道家之清靜無為，政治上確有好處。不但法家，六韜亦云：「聖人務靜之，賢人務正之，愚人不能正，故與人爭。上勞則刑繁，刑繁則民憂，民憂則流亡。上下不安其生，累世不休，命之曰大失」（武韜，文啟）。政治上清靜無為，則民不陷於刑獄。何況「民不畏死，奈何以死懼之」（老子第七十四章）。以死嚇民，人民只有鋌而走險而已。

無為就是順萬物之性，不加勉強，而如關尹子所說：「聖人不違俗，聖人不能使手步足握，是以聖人不違我所長。聖人不能使魚飛鳥馳，是以聖人不違人所長」（關尹子九藥）。且看老子之言。

> 夫物芸芸（芸芸，眾多也），各復歸其根（歸根返本，復其本性也）。歸根曰靜（復其本性，則無知無欲，不爭不亂，是靜也）。靜曰復命（復其本性而至於靜，是復命也），復命曰常（常乃自然之義），知常曰明（知常即知萬物本性之自然也），不知常，妄作，凶（老子第十六章）。
>
> 聖人無為……以輔萬物之自然，而不敢為（老子第六十四章）。

莊子之駢拇（第八篇）馬蹄（第九篇）胠篋（第十篇）無非說明順性則治，逆性則亂而已。茲再舉莊子之言如次：

> 自三代以下者，匈匈焉，終以賞罰為事，彼何暇安其性命之情哉。而且說明邪，是淫於色也。說聰邪，是淫於聲也。說仁邪，是亂於德也。說義邪，是悖於理也。說禮邪，是相於技也。說樂邪，是相於淫也。說聖邪，是相於藝也。說知邪，是相於疵也。天下將安其性命之情，之八者，存可也，亡可也。天下將不安其性命之情，之八者乃始臠卷傖囊，而亂天下也。而天下乃始尊之惜之，甚矣天下之惑也，豈直過也，而去之邪，乃齋戒以言之，跪坐以進之，鼓歌以儛之，吾若是何哉。故君子不得已而臨莅天下，莫若無為。无為也，而後安其性命之情（莊子第十一篇在宥）。

春秋戰國之時，列強為了擴大其領土，爭地以戰，殺人盈野，爭城以戰，殺人盈城，這是各派學者所共同反對的，而主張清靜無為的道家，尤其反對戰爭。老子說：

以道佐人主者，不以兵強天下。其事好還（言其事甚凶危也）。師之所處，荊棘生焉。大軍之後，必有凶年（老子第三十章）。

夫佳兵者不祥之器，物或惡之，故有道者不處，君子居則貴左，用兵則貴右，兵者不祥之器，非君子之器，不得已而用之。恬淡為上，勝而不美。而美之者是樂殺人。夫樂殺人者，則不可以得志於天下矣。吉事尚左，凶事尚右，偏將軍居左，上將軍居右，言以喪禮處之，殺人之眾，以哀悲泣之，戰勝以喪禮處之（老子第三十一章）。

天下有道，卻走馬以糞（走馬不用於軍，而用於田也），天下無道，戎馬生於郊（戰場在郊，牝馬上陣，可見戰禍之患）（老子第四十六章）。

兵家亦說：「夫兵者不祥之器，天道惡之，不得已而用之，是天道也」（黃石公三略下），「國雖大，好戰必亡，天下雖安，忘戰必危」（司馬法）。然在春秋戰國時代，我不攻人，人亦攻我，所以老子雖然反戰，而又說明作戰之法，「善戰者不怒，善勝敵者不與」（與，鬥也）（老子第六十八章）。「禍莫大於輕敵，輕敵幾喪吾寶。故抗兵相加，哀者勝矣」（老子第六十九章）。此即孫子所謂「怒而撓之，卑而驕之」（孫子第一篇始計），亦即吳子所謂「必死則生，幸生則死」（吳子第三篇治兵）之意。蓋兵家之言多出於老子的學說。

道家知道人有所長，必有所短。莊子說：「物固有所然，物固有不可，无物不然，無物不可」（莊子第二篇齊物論）。物性既然如此，自不宜以己之所長，而笑別人之所短。莊子曾謂鵬摶扶搖羊角而上者九萬里，斥鴳（小雀）騰躍而上，不過數仞而下，「此亦飛之至也」（莊子第一篇逍遙遊）。又說：

梁麗可以衝城，而不可以窒穴，言殊器也。騏驥驊騮，一日而馳千里，捕鼠不如狸狌，言殊技也。鴟鵂夜撮蚤，察毫末，晝出瞋目，而不見丘山，言殊性也。故曰，蓋師是而无非，師治而无亂乎。是未明天地之理，萬物之情者也。是猶師天而无地，師陰而无陽，其不可行明矣。然且語而不舍，非愚則誣也（莊子第十七篇秋水）。

但是，凡事皆如老子所說：「禍兮福之所倚，福兮禍之所伏」（老子第五十八章）。所以有餘之中常有不足，不足之中亦有有餘。老子同時又謂天道常損有餘以補不足，人道則損不足以補有餘。他說：

天之道，其猶張弓與！高者抑之，下者舉之；有餘者損之，不足者補之。天之道損有餘而補不足，人之道則不然，損不足以奉有餘。孰能有餘以奉天下？唯有道者（老子第七十七章）。

此蓋有見於春秋之世，強凌弱，眾暴寡之狀，故謂天道與人道不同。天道乃「以大事小」，人道則是「以小事大」。老子云：「故大國以下小國，則取小國；小國以下大國，則取大國……大國不過欲兼畜人，小國不過欲入事人」（老子第六十一章）。所謂「大國以下小國」即第七十七章所謂「孰能有餘以奉天下」，亦即孟子所謂「樂天者保天下」。所謂「小國以下大國」即第七十六章所謂「柔弱者生之徒」，亦即孟子所謂「畏天者保其國」（孟子卷二上梁惠王下）。此種思想還是就當時的社會情形而言。反之，莊子的思想似離開現實社會，而接近於浮虛。故他以為有餘與不足既是天然的，若必斷長補短，無異於「以人滅天」（莊子第十七篇秋水）。他說：

長者不為有餘，短者不為不足，是故鳧脛雖短，續之則憂。鶴脛雖長，斷之則悲。故性長非所斷，性短非所續，无所去憂也（莊子第八篇駢拇）。

由此可知莊子的自由放任思想乃有甚於老子。莊子之無為乃欲放浪於形骸之外。他謂人生若夢，「昔者莊周夢為胡蝶，栩栩然胡蝶也，自喻適志與，不知周也。俄然覺則蘧蘧然周也。不知周之夢為胡蝶與，胡蝶之夢為周與」（莊子第二篇齊物論）。而「吾生也有涯，而知也无涯，以有涯隨無涯，殆已」（莊子第三篇養生主）。「自其異者視之，肝膽楚越也，自其同者視之，萬物皆一也」（莊子第五篇德充符）。「夫大塊載我以形，勞我以生，佚我以老，息我以死，故善吾生者，乃所以善吾死也」（莊子第六篇大宗師）。他杜撰孔子對子貢之語：

> 彼（指孟子反、子張琴見子桑戶之死，乃相和而歌）以生為附贅縣疣，以死為決疣潰癰。夫若然者，又惡知死生先後之所在，假於異物，託於同體，忘其肝膽，遺其耳目，反覆終始，不知端倪。芒然彷徨乎塵垢之外，逍遙乎无為之業，彼又惡能憒憒然，為世俗之禮，以觀眾人之耳目哉（莊子第六篇大宗師）。

又杜撰盜跖對孔子之語：

> 今吾告子以人之情，目欲視色，耳欲聽聲，口欲察味，志氣欲盈。人上壽百歲，中壽八十，下壽六十，除病瘦死喪憂患，其中開口而笑者，一月之中，不過四五日而已矣。天與地无窮，人死者有時，操有時之具，而託於无窮之間，忽然无異騏驥之馳過隙也。不能說其志意，養其壽命者，皆非通道者也，丘之所言，皆吾之所棄也，亟去走歸，无復言之。子之道，狂狂汲汲，詐巧虛偽事也，非可以全真也，奚足論哉（莊子第二十九篇盜跖）。

他自己亦說：

人生天地之間，若白駒之過郤，忽然而已。注然勃然，莫不出焉。油然漻然，莫不入焉。已化而生，又化而死，生物哀之，人類悲之，解其天弢，墮其天袠，紛乎宛乎，魂魄將往，乃身從之，乃大歸乎（莊子第二十二篇知北遊）。

反之，老子之無為而無不為，則由柔弱而至陰險。老子說：

不自見，故明。不自是，故彰。不自伐，故有功。不自矜，故長。夫唯不爭，故天下莫能與之爭（老子第二十二章）。

蓋老子以為「自見者不明，自是者不彰，自伐者無功，自矜者不長」（老子第二十四章），此即關尹子所說：「聖人之治天下，不我賢愚，故因人之賢而賢之，因人之愚而愚之。不我是非，故因事之是而是之，因事之非而非之」（關尹子三極）。即聖人不自作主張，表面上要韜光隱晦，事實上欲使「天下莫能與之爭」。此即六韜所謂「夫天地不自明，故能長生，聖人不自明，故能名彰」（武韜，文啟）。老子又云：

將欲歙之，必固張之，將欲弱之，必固強之。將欲廢之，必姑興之，將欲奪之，必固與之，是謂微明（老子第三十六章）。

這是何等陰險的事。兵家思想多出於老子。孫子云：「能而示之不能，用而示之不用」（孫子第一篇始計）。又云：「善攻者敵不知其所守，善守者敵不知其所攻。微乎微乎，至於無形，神乎神乎，至於無為」（孫子第六篇虛實）。這種思想實與老子吻合。六韜云：「大智不智，大謀不謀，大勇不勇，大取利不利」（武韜，發啟）。又云：「無取於民者，取民者也。無取於國者，取國者也。無取於天下者，取天下者也……故道在不可見，事在不可聞，勝在不可知。微哉微哉，鷙鳥將擊，卑飛斂翼。猛獸將搏，弭耳俯伏。聖人將動，必有愚色」（武韜，發啟）。「用莫大於玄默，動莫神於不意，識莫善於不識。夫先勝者，先見弱於敵，而後戰者也。故事半而功倍矣」（龍韜，軍勢）。「無使敵人知我意……擊其不意，攻其無備」（虎韜，臨境）。此即老子所謂「知其雄，守其雌」（老子第二十八章）之意。蓋老子思想以虛為實，以實為虛，虛虛實實，乃用兵之道。唐太宗有言：「吾之正，使敵視以為奇，吾之奇，使敵視以為正……以奇為正，以正為奇，變化莫測，斯所謂無形者歟」（唐太宗李衛公問對）。西漢初年之黃老思想實基於老子學說。正始以後的老莊思想乃基於莊列，尤其楊朱思想，此實不可不辨。

第三章

墨家的政治思想——墨子

不但法家，就是儒家之中，主張性善的孟子亦謂「富歲子弟多賴，凶歲子弟多暴」（孟子卷十一上告子上），而主張兼善的墨子而亦不忘「時年歲善，則民仁且良，時年歲凶，則民吝且惡」（墨子第五篇七患）。此語甚似韓非所說：「饑歲之春，幼弟不饟，穰歲之秋，疏客必食，非疏骨肉愛過客也，多少之實異也」（韓非子第四十九篇五蠹）。人情如斯，而在原始社會又缺乏共同規範，天下安得不亂。墨子說：

古者民始生，未有刑政之時。蓋其語人異義，是以一人則一義，二人則二義，十人則十義。其人茲眾，其所謂義者亦茲眾。是以人是其義，以非人之義，故交相非也。是以內者父子兄弟作怨惡，離散不能相和合。天下之百姓，皆以水火毒藥相虧害。至有餘力，不能以相勞。腐朽餘財，不以相分。隱匿良道，不以相教。天下之亂，若禽獸然（墨子第十一篇尚同上）。

時代進步，各人均知一人一義之不利，於是選天下之賢可者，立以為天子，天子又內選三公，外選諸侯，以分天子之治。諸侯亦因其力之不足，復置正長。墨子說：

夫明乎天下之所以亂者，生於無政長。是故選天下之賢可者，立以為天子。天子立，以其力為未足，又選擇天下之賢可者，置立之以為三公。天子三公既已立，以天下為博大，遠國異土之民，是非利害之辯，不可一二而明知，故畫分萬國，立諸侯國君。諸侯國君既已立，以其力為未足，又選擇其國之賢可者，置立之以為正長（墨子第十一篇尚同上）。

墨子此言，甚似要恢復封建制度，其實只是主張地方分權。蓋封建是以宗法為基礎，孟子對於滕文公問為國，歷舉「世祿」、「井田」、「死徙無出鄉」之制（參閱孟子卷五上滕文公上）。這是封建制度。墨子以為天子既立，必須尚賢。他說：

古者堯舉舜於服澤之陽，授之政，天下平。禹舉益於陰方之中，授之政，九州成。湯舉伊尹於庖廚之中，授之政，其謀得。文王舉閎夭泰顛於罝罔之中，授之政，西土服。故當是時，雖在於厚祿尊位之臣，莫不敬懼而施（施謂敬懼而惕）。雖在農與工肆之人，莫不競勸而尚意（意當作惪）……夫尚賢者政之本也（墨子第八篇尚賢上）。

而既唯賢是舉了，當然對於舊門第不予尊敬。即賢人之出身如何，可以不問。「官無常貴，而民無終賤」，這豈是世官之制。在這一點上，墨子的尚賢思想實比各家進步。蓋各家例如儒家尚有親親貴貴之意，墨子的尚賢則欲推翻舊社會的階級制度。墨子說：

故古者先王列德而尚賢，雖在農與工肆之人，有能則舉之，高予之爵，重予之祿，任之以事，斷予之令……故官無常貴，而民無終賤，有能則舉之，無能則下之（墨子第八篇尚賢上）。

舉賢之後，必須高其爵，厚其祿，而重其權，這叫做三本。墨子說：

何謂三本，曰爵位不高，則民不敬也。蓄祿不厚，則民不信也。政令不斷，則民不畏也。故古聖王高予之爵，重予之祿，任之以事，斷予之令，夫豈為其臣賜哉，欲其事之成也（墨子第九篇尚賢中）。

但是我們對於墨子思想不能不發生一個疑問。即選擇天子之法如何。吾國古代沒有民主的先例，先秦諸子均未說到民選之事。這樣，天下雖認之為賢可的人，而賢可的人如何而能一躍而為天子，墨子未加說明。這不但是墨子思想的缺點，也是先秦諸子的共同缺點。蓋他們只知目標，而不研究方法之故。

案吾國古代學說無不寄希望於聖君，由聖君選擇賢人以任百官之職。現在姑且不說吾國自三代以後，天子無不傳子，而天子之子未必皆賢，縱令皆賢，而如何選擇良臣，也有問題。孔子說：「舉直錯諸枉，則民服，舉枉錯諸直，則民不服」（論語第二篇為政）。對此，子夏曾加說明，以為「舜有天下，選於眾，舉皐陶，不仁者遠矣。湯有天下，選於眾，舉伊尹，不仁者遠矣」（論語第十二篇顏淵）。即儒家以為良幣可以驅逐劣幣，墨子的思想略與此同。他說：

國有賢良之士眾，則國家之治厚，賢良之士寡，則國家之治薄。故大人之務，將在於眾賢而已……是故古者聖王之為政也，言曰不義不富，不義不貴，不義不親，不義不近，是以國之富貴人聞之，皆退而謀曰，始我所恃者，富貴也，今上舉義不辟貧賤，然則我不可不為義。親者聞之，亦退而謀曰，始我所恃者，親也，今上舉義不辟疏，然則我不可不為義。近者聞之，亦退而謀曰，始我所恃者，近也，今上舉義不避遠，然則我不可不為義。遠者聞之，亦退而謀曰，我始以遠為無恃，今上舉義不辟遠，然則我不可不為義，逮至遠鄙郊外之臣，……聞之，皆競為義（墨子第八篇尚賢上）。

墨子之所謂義，猶如荀子之所謂禮，法家之所謂法，故說：「義者正也」（墨子第二十八篇天志下），「天下有義則治，無義則亂」（墨子第二十七篇天志中）。天子依義，可以使人既富且貴，既親且近，而「天子者固天下之仁人也」（墨子第十二篇尚同中）。所以墨子又謂居下位者須取法於上位，而最後則以天子為規矩準繩。這叫做尚同。墨子說：

里長者里之仁人也。里長發政里之百姓，言曰聞善而不善，必以告其鄉長，鄉長之所是，必皆是之。鄉長之所非，必皆非之。去若不善言，學鄉長之善言。去若不善行，學鄉長之善行。則鄉何說以亂哉。察鄉之所治者何也，鄉長唯能壹同鄉之義，是以鄉治也。鄉長者，鄉之仁人也。鄉長發政鄉之百姓，言曰，聞善而不善者，必以告國君。國君之所是，必皆是之，國君之所非，必皆非之，去若不善言，學國君之善言，去若不善行，學國君之善行，則國何說以亂哉。察國之所以治者何也，國君唯能壹同國之義，是以國治也。國君者國之仁人也，國君發政國之百姓，言曰聞善而不善，必以告天子，天子之所是，皆是之，天子之所非，皆非之。去若不善言，學天子之善言。去若不善行，學天子之善行，則天下何說以亂哉。察天下之所以治者何也，天子唯能壹同天下之義，是以天下治也（墨子第十一篇尚同上）。

由此可知制度之建立固然自上而下，而尚同之進行則自下而上。其最上者乃是天子，這有似於現在的獨裁。墨子所以欲令萬民上同於天子者，蓋他深信天子固天下之仁人也。天子何以為天下之仁人，墨子對此，未加說明。但有史以來，天子無不傳子，而天子又未必皆賢，天子既不皆賢，則天子所任用的人又安能保其必賢，既是如此，則里長、鄉長、國君就未必是仁者了。且看墨子之言：

今天下之人曰方今之時，天下之正長猶未廢乎天下也，而天下之所以亂者何故之以也。子墨子曰方今之時之以正長，則本與古者異矣……古者之置正長也，將以治民也，譬之若絲縷之有紀，而罔罟之有綱也。將以運役天下淫暴，而一同其義也……將以為萬民興利除害，富貴貧寡，安危治亂也。故古者聖王之為若此，今王公大人之為刑政則反此。政以為便譬，宗於父兄故舊，以為左右，置以為正長。民知上置正長之非（正）以治民也，是以皆比周隱匿，而莫肯尚同其上，是故上下不同義。若苟上下不同義，賞譽不足以勸善，而刑罰不足以沮暴。何以知其然也，曰上唯毋立而為政乎國家，為民正長。曰人可賞吾將賞之，若苟上下不同義，上之所賞，則眾之所非。曰人眾與處於眾得非，則是雖使得上之賞，未足以勸乎。上唯毋立而為政乎國家，為民正長。曰人可罰吾將罰之，若苟上下不同義，上之所罰，則眾之所譽。曰人眾與處於眾得譽，則是雖使得上之罰，未足以沮乎。若立而為政乎國家，為民正長，賞譽不足以勸善，而刑罰不沮暴，則是不與鄉吾本言，民始生，未有正長之時同乎（墨子第十二篇尚同中）。

於是墨子於天子之上，就不能不說天志，天下之為父母、學者及人君，仁者寡；若以之為法，「此法不仁也」（墨子第四篇法儀）。唯天無私而施厚，所以莫如法天。他說：

然則奚以為治法而可。當皆法其父母奚若。天下之為父母者眾，而仁者寡，若皆法其父母，此法不仁也，法不仁不可以為法。當皆法其學奚若。天下之為學者眾，而仁者寡，若皆法其學，此法不仁也，法不仁不可以為法。當皆法其君奚若，天下之為君者眾，而仁者寡，若皆法其君，此法不仁也，法不仁不可以為法。故父母學君三者，莫可以為治法。然則奚以為治法而可。故曰莫若法天。天之行廣而無私，其施厚而不德（德應作息），其明久而不衰，故聖王法之。既以天為法，動作有為，必度於天。天之所欲則為之，天所不欲則止（墨子第四篇法儀）。

人眾若不法天，換言之，若不上同於天，則災害仍不能免。墨子說：

今天下之百姓皆上同於天子，而不上同於天，則災猶未去也。今若天飄風苦雨，溱溱而至者，此天之所以罰百姓之不上同於天者也（墨子第十一篇尚同上）。

墨子又說：

今天下之君子之欲為仁義者，則不可不察義之所從出。既曰不可以不察義之所從出，然則義何從出。子墨子曰，義不從愚且賤者出，必自貴且知者出。何以知義之不從愚且賤者出，而必自貴且知者出也，曰義者善政也。何以知義之為善政也，曰天下有義則治，無義則亂，是以知義之為善政也。夫愚且賤者不得為政乎貴且知者，貴且知者然後得為政乎愚且賤者，此吾所以知義之不從愚且賤者出，而必自貴且知者出也。然則孰為貴，孰為知。曰天為貴，天為知而已矣，然則義果自天出矣。今天下之人，曰當若天子之貴諸侯，諸侯之貴大夫，傐明知之，然吾未知天之貴且知於天子也。子墨子曰，吾所以知天貴且知於天子者有矣。曰天子為善，天能賞之。天子為暴，天能罰之。天子有疾病禍祟，必齋戒沐浴，潔為酒醴粢盛，以祭祀天鬼，則天能除去之。然吾未知天之祈福於天子也。此吾所以知天之貴且知於天子者，不止此而已矣。又以先王之書，馴天明不解之道也知之，曰明哲維天，臨君下土，則此語天之貴且知於天子，不知亦有貴知夫天者乎。曰天為貴，天為知而已矣，然則義果從天出矣（墨子第二十七篇天志中）。

其所以必須上同於天者，蓋墨子最重視的為「義」。前已舉過墨子之言：「義者正也」（墨子第二十八篇天志下），而天則「欲義而惡不義」。

然則天亦何欲何惡，天欲義而惡不義，然則率天下之百姓，以從事於義，則我乃為天之所欲也。我為天之所欲，天亦為我所欲。然則我何欲何惡，我欲福祿而惡禍祟，若我不為天之所欲，而為天之所不欲，然則我率天下之百姓，以從事於禍祟中也。然則何以知天之欲義而惡不義。曰天下有義則生，無義則死，有義則富，無義則貧，有義則治，無義則亂，然則天欲其生而惡其死，欲其富而惡其貧，欲其治而惡其亂，此我所以知天欲義而惡不義也（墨子第二十六篇天志上）。

天不但欲義而已，而義又從天出，且看墨子之言：

天之所欲者何也，所惡者何也，天欲義而惡其不義者也，何以知其然也，曰義者正也。何以知義之為正也，天下有義則治，無義則亂，我以此知義之為正也。然而正者，無自下正上者，必自上正下。是故庶人不得次已而為正，有士正之。士不得次已而為正，有大夫正之。大夫不得次已而為正，有諸侯正之。諸侯不得次已而為正，有三公正之。三公不得次已而為正，有天子正之。天子不得次已而為政，有天正之。今天下之士君子，皆明於天子之正天下也，而不明於天之正天子也。是故古者聖人，明以此說人曰，天子有善，天能賞之，天子有過，天能罰之，天子賞罰不當，聽獄不中，天下疾病禍福（福當作災），霜露不時，天子必且犓豢其牛羊犬彘，絜為粢盛酒醴，以禱祠祈福於天，我未嘗聞天之禱祠祈福於天子也。吾以此知天之重且貴於天子也。是故義者，不自愚且賤者出，必自貴且知者出。曰誰為知，天為知。然則義果自天出也。今天下之士君子之欲為義者，則不可不順天之意矣（墨子第二十八篇天志下）。

是故欲治者莫如法天。但是蒼蒼者天，不過渾然一氣而已。孟子曾說明「昔者堯薦舜於天，而天受之」，以為「使之主祭，而百神享之，是天受之」。但孟子尚有數句，「暴之於民，而民受之」，「使之主事而事治，百姓安之，是民受之也」（孟子卷九下萬章上），是則孟子雖言天志，而尚不忘民事。反之墨子乃更進一步，由天志而明鬼。他希望人主「尊天事鬼」（墨子第四十九篇魯問），以為鬼神遍布各地，雖在「深谿博林幽澗無人之所」，亦有鬼神（墨子第三十一篇明鬼下）。墨子歷舉周宣王、鄭穆公、燕簡公、宋文君、齊莊君之事，證明鬼神之能賞賢而罰暴，凡殺不辜者，往往不旋踵，即受鬼神之誅（參閱墨子第三十一篇明鬼下）。即用鬼神之說，使人不敢為不義之事。墨子說：

逮至昔三代聖王既沒，天下失義，諸侯力正（正，征也）……民之為淫暴寇亂盜賊……天下亂，此其故何以然也，則皆以疑惑鬼神之有與無之別，不明乎鬼神之能賞賢而罰暴也。今若使天下之人偕若信鬼神之能賞賢而罰暴也，則夫天下豈亂哉（墨子卷三十一明鬼下）。

當然鬼神之說是不可一概抹殺的。這句話並不是說世上果有鬼神。任何民族無不有神道設教之事，鬼神之說——宗教乃以濟道德之窮，亦以濟法律之窮。其中自有妙處。但中西宗教不盡相同。嚴復曾言：

宗教之於民重矣。中國於三代最隆，故師旅邦國之事，得以盟誓臨之，而社會之相維以固。自宋元以降，士大夫之談道益精，而監觀有赫之情愈淺，而盟誓之用微矣。又中國之言天罰也，必就其身或其子孫而徵之，而西國之言神譴也，不在於形體，而受以靈魂。夫天道浩渺難言，形體或緣無徵而不信，靈魂則以無盡而莫逃。此二者維持社會之功所以各異也（法意第八卷第十三章，復案）。

墨子主張法天，天道如何？「天必欲人之相愛相利，而不欲人之相惡相賊也」（墨子第四篇法儀），「順天意者，兼相愛，交相利，必得賞。反天意者，別相惡，交相賊，必得罰……且吾言殺一不辜者，必有一不祥。殺不辜者誰也，則人也。予之不祥者誰也，則天也」（墨子第二十六篇天志上）。墨子由此展開了兼愛之說。且看墨子之言：

然而天何欲何惡者也。天必欲人之相愛相利，而不欲人之相惡相賊也。奚以知天之欲人之相愛相利，而不欲人之相惡相賊也，以其兼而愛之，兼而利之也。奚以知天兼而愛之，兼而利之也。以其兼而有之，兼而食之也。今天下無大小國，皆天之邑也。人無幼長貴賤，皆天之臣也。此以莫不犓羊豢犬豬，絜為酒醴粢盛，以敬事天，此不為兼而有之，兼而食之邪。天苟兼而有食之，夫奚說以不欲人之相愛相利也。故曰，愛人利人者，天必福之，惡人賊人者，天必禍之。曰殺不辜者，得不祥焉。夫奚說人為其相殺而天與禍乎，是以知天欲人相愛相利，而不欲人相惡相賊也。昔之聖王禹湯文武，兼愛天下之百姓，率以尊天事鬼，其利人多，故天福之，使立為天子，天下諸侯，皆賓事之。暴王桀紂幽厲，兼惡天下之百姓，率以詬天侮鬼，其賊人多，故天禍之，使遂失其國家，身死為僇於天下，後世子孫毀之，至今不息。故為不善以得禍者，桀紂幽厲是也。愛人利人以得福者，禹湯文武是也。愛人利人以得福者有矣，惡人賊人以得禍者亦有矣（墨子第四篇法儀）。

又說：

順天之意何若，曰兼愛天下之人。何以知兼愛天下之人也，以兼而食之也。何以知其兼而食之也，自古及今，無有遠靈孤夷之國，皆犓豢其牛羊犬彘，絜為粢盛酒醴，以敬祭祀上帝山川鬼神，以此知兼而食之也。苟兼而食焉，必兼而愛之。譬之若楚越之君，今是楚王，食於楚之四境之內，故愛楚之人。越王食於越，故愛越之人。今天兼天下而食焉，我以此知其兼愛天下之人也（墨子第二十八篇天志下）。

墨子這種說明，實在令人難於首肯，兼食天下而竟斷定為其能兼愛天下，楚王食於楚，未必能愛楚之人，越王食於越，未必能愛越之人。桀紂食於天下，何曾兼愛天下之人。固然墨子說到這裡，又借助於天，意謂：

今天下之國，粒食之民，殺一不辜者，必有一不祥。曰誰殺不辜，曰人也。孰予之不祥，曰天也。若天之中實不愛此民也，何故而人有殺不辜，而天予之不祥哉（墨子第二十八篇天志下）。

墨子由此前提，遂謂世人不順天之意，不兼愛而自愛，天下必至於亂。他說：

聖人以治天下為事者也，不可不察亂之所自起。當察亂何自起，起不相愛。臣子之不孝君父，所謂亂也。子自愛，不愛父，故虧父而自利。弟自愛，不愛兄，故虧兄而自利。臣自愛，不愛君，故虧君而自利。此所謂亂也，雖父之不慈子，兄之不慈弟，君之不慈臣，此亦天下之所謂亂也。父自愛也，不愛子，故虧子而自利。兄自愛也，不愛弟，故虧弟而自利。君自愛也，不愛臣，故虧臣而自利。是何也，皆起不相愛，雖至天下之為盜賊者亦然。盜愛其室，不愛其異室，故竊異室以利其室。賊愛其身不愛人，故賊人以利其身。此何也，皆起不相愛。雖至大夫之相亂家，諸侯之相攻國者，亦然。大夫各愛其家，不愛異家，故亂異家以利其家。諸侯各愛其國，不愛異國，故攻異國以利其國。天下之亂物，具此而已矣。察此何自起，皆起不相愛。若使天下兼相愛，愛人若愛其身，猶有不孝者乎。視父兄與君若其身，惡施不孝，猶有不慈者乎。視弟子與臣若其身，惡施不慈，故不孝不慈亡有，猶有盜賊乎。故視人之室若其室，誰竊。視人身若其身，誰賊。故盜賊亡有，猶有大夫之相亂家，諸侯之相攻國者乎。視人家若其家，誰亂。視人國若其國，誰攻。故大夫之相亂家，諸侯之相攻國者亡有。若使天下兼相愛，國與國不相攻，家與家不相亂，盜賊無有，君臣父子，皆能孝慈，若此則天下治。故聖人以治天下為事者，惡得不禁惡而勸愛。故天下兼相愛則治，交相惡則亂。故子墨子曰，不可以不勸愛人者此也（墨子第十四篇兼愛上）。

又說：

今若國之與國之相攻，家之與家之相篡，人之與人之相賊；君臣不惠忠，父子不慈孝，兄弟不和調，此則天下之害也。然則崇（察）此害亦何用生哉！以不相愛生耶？子墨子言，以不相愛生。今諸侯獨知愛其國，不愛人之國，是以不憚舉其國以攻人之國。今家主獨知愛其家，而不愛人之家，是以不憚舉其家，以篡人之家。今人獨知愛其身，不愛人之身，是以不憚舉其身，以賊人之身。是故諸侯不相愛，則必野戰；家主不相愛，則必相篡；人與人不相愛，則必相賊。君臣不相愛，則不惠忠；父子不相愛，則不慈孝；兄弟不相愛，則不和調。天下之人皆不相愛，強必執弱，富必侮貧，貴必敖賤，詐必欺愚。凡天下禍篡怨恨，其所以起者，以不相愛生也（墨子第十五篇兼愛中）。

他數次說到，「夫愛人者，人必從而愛之。利人者，人必從而利之。惡人者，人必從而惡之。害人者，人必從而害之」（墨子第十五篇兼愛中）。即墨子認為人類均有投桃報李的心情，而說：

> 吾不識孝子之為親度者，亦欲人愛利其親與，意（抑）欲人之惡賊其親與。以說觀之，即欲人之愛利其親也。然即吾惡先從事，即得此，若我先從事乎愛利人之親，然後人報我愛利吾親乎，意（抑）我先從事乎惡人之親，然後人報我以愛利吾親乎。即必吾先從事乎愛利人之親，然後人報我以愛利吾親也（墨子第十六篇兼愛下）。

最後的結論則謂：

> 籍為人之國，若為其國，夫誰獨舉其國，以攻人之國者哉？為彼者由（由，猶之意）為己也。為人之都，若為其都，夫誰獨舉其都，以伐人之都者哉？為彼猶為己也。為人之家，若為其家，夫誰獨舉其家，以亂人之家者哉？為彼猶為己也（墨子第十六篇兼愛下）。

墨子的兼愛猶如儒家之所謂仁。孔子雖然言仁，而尚不忘「足兵」（論語第十二篇顏淵）。墨子竟由兼愛，進而「非攻」。他說：

> 今有一人，入人園圃，竊其桃李，眾聞則非之，上為政者得則罰之，此何也？以虧人自利也。至攘人犬豕雞豚者，其不義，又甚入人園圃竊桃李，是何故也？以虧人愈多，其不仁茲甚，罪益厚。至入人欄廄，取人馬牛者，其不仁義，又甚攘人犬豕雞豚，此何故也？以其虧人愈多。苟虧人

愈多，其不仁茲甚，罪益厚。至殺不辜人也，扡其衣裘，取戈劍者，其不義，又甚入人欄廄，取人牛馬，此何故也？以其虧人愈多。苟虧人愈多，其不仁茲甚矣，罪益厚。當此天下之君子，皆知而非之，謂之不義。今至大為攻國，則弗知非，從而譽之，謂之義。此可謂知義與不義之別乎。殺一人，謂之不義，必有一死罪矣。若以此說，往殺十人，十重不義，必有十死罪矣。殺百人，百重不義，必有百死罪矣。當此天下之君子，皆知而非之，謂之不義。今至大為不義，攻國則弗知非，從而譽之，謂之義，情（情當作誠）不知其不義也（墨子第十七篇非攻上）。

又說：

國家發政，奪民之用，廢民之利，若此甚眾。然而何為為之？曰：我貪伐勝之名，及所得之利，故為之。子墨子言曰：計其所自勝，無所可用也；計其所得，反不如所喪者之多。今攻三里之城，七里之郭，攻此不用銳，且無殺而徒得，此然也，殺人多必數於萬，寡必數於千；然後三里之城，七里之郭，且可得也。今萬乘之國，虛數於千，不勝而入，廣衍數於萬，不勝而辟。然則土地者，所有餘也，王民者，所不足也。今盡王民之死，嚴下上之患，以爭虛地，則是棄所不足，而重所有餘也。為政若此，非國之務者也（墨子第十八篇非攻中）。

即據墨子之言，攻取他國，兵死數萬，而所得者不過數里之空城，得不償失。何況兩國交戰，雙方經濟都受損害，即雙方都有不利之處。墨子說：

今大國之攻小國也，（被）攻者，農夫不得耕，婦人不得織，以守為事。攻人者，亦農夫不得耕，婦人不得織，以攻為事（墨子第四十六篇耕柱）。

又說：

> 子墨子見齊大王曰：今有刀於此，試之人頭，倅然斷之，可謂利乎？大王曰：利。子墨子曰：多試之人頭，倅然斷之，可謂利乎？大王曰：利。子墨子曰：刀則利矣，孰將受其不祥？大王曰：刀受其利，試者受其不祥。子墨子曰：并國覆軍，賊殺百姓，孰將受其不祥？大王俯仰而思之曰：我受其不祥（墨子第四十九篇魯問）。

墨子主張「天志」而又「明鬼」，他固以為：善者天佑之，鬼助之，不善者天伐之，鬼滅之，禍福在己，因之他又「非命」。照他說：「命者暴王所作，窮人所術（述），非仁者之言也」（墨子第三十七篇非命下），「昔者桀之所亂，湯治之。紂之所亂，武王治之。此世不渝而民不改，上變政而民易教。其在湯武則治，其在桀紂則亂，安危治亂在上之發政也，則豈可謂有命哉」（墨子第三十六篇非命中，第三十七篇非命下，亦有同樣引證）。再看墨子下列之言：

> 是故古之聖王發憲出令，設以為賞罰以勸賢（沮暴），是以入則孝慈於親戚（親戚即父母也），出則弟長於鄉里，坐處有度，出入有節，男女有辨。是故使治官府，則不盜竊。守城則不崩叛。君有難則死，出亡則送。此上之所賞，而百姓之所譽也。執有命者之言曰，上之所賞，命固且賞，非賢故賞也。上之所罰，命固且罰，不（不應作非）暴故罰也。是故入則不慈孝於親戚，出則不弟長於鄉里，坐處不度，出入無節，男女無辨，是故治官府則盜竊，守城則崩叛。君有難則不死，出亡則不送。此上之所罰，百姓之所非毀也。執有命者言曰，上之所罰，命固且罰，不（不應作非）暴故罰也。上之所賞，命固且賞，非賢故賞也。以此為君則不義，為臣則不忠，為父則不慈，為子則

不孝，為兄則不良，為弟則不弟，而強執此者，此特凶言之所自生，而暴人之道也（墨子第三十五篇非命上）。

如果人皆有命，富貴貧賤，甚至於生死存亡，無一非命，則人人將安於命，以至自暴自棄，而不肯努力，這樣，世界何能進化。墨子說：

今也王公大人之所以蚤朝晏退，聽獄治政，終朝均分，而不敢怠倦者，何也。曰，彼以為強必治，不強必亂，強必寧，不強必危，故不敢怠倦。今也卿大夫之所以竭股肱之力，殫其思慮之知，內治官府，外斂關市山林澤梁之利，以實官府而不敢怠倦者，何也。曰彼以為強必貴，不強必賤；強必榮，不強必辱，故不敢怠倦。今也農夫之所以蚤出暮入，強乎耕稼樹藝，多聚叔粟，而不敢怠倦者，何也。曰彼以為強必富，不強必貧；強必飽，不強必饑，故不敢怠倦。今也婦人之所以夙興夜寐，強乎紡績織紝，多治麻統葛緒，捆布縿，而不敢怠倦者，何也。曰彼以為強必富，不強必貧；強必煖，不強必寒，故不敢怠倦。今雖無在乎王公大人，蕢若信有命而致行之，則必怠乎聽獄治政矣，卿大夫必怠乎治官府矣，農夫必怠乎耕稼樹藝矣，婦人必怠乎紡績織紝矣。王公大人怠乎聽獄治政，卿大夫怠乎治官府，則我以為天下必亂矣。農夫怠乎耕稼樹藝，婦人怠乎紡績織紝，則我以為天下衣食之財將必不足矣（墨子第三十七篇非命下）。

墨子的中心思想為兼愛，在物質缺乏之時，孔子曾言：「節用而愛人，使民以時」（論語第一篇學而）。墨子也提倡尚儉之必要。尚儉之法，最重要的是節用，省去無用之費，衣只求暖，食只求飽，凡華侈者皆去之。他說：

聖人為政一國，一國可倍也。大之為政天下，天下可倍也。其倍之，非外取地也，因其國家去其無用之費，足以倍之。聖王為政，其發令興事，使民用財也，無不加用而為者。是故用財不費，民德（德作得）不勞，其興利多矣。其為衣裘何，以為冬以圉寒，夏以圉暑，凡為衣裳之道，冬加溫，夏加清者，芊鉏不加者去之（芊鉏二字當作鮮少，言少有不加於溫清者則去之）。其為宮室何，以為冬以圉風寒，夏以圉暑雨，有盜賊加固者，芊鉏不加者去之。其為甲盾五兵何，以為以圉寇亂盜賊。若有寇亂盜賊，有甲盾五兵者勝，無者不勝，是故聖人作為甲盾五兵。凡為甲盾五兵，加輕以利，堅而難折者，芊鉏不加者去之。其為舟車何，以為車以行陵陸，舟以行川谷，以通四方之利。凡為舟車之道，加輕以利者，芊鉏不加者去之。凡其為此物也，無不加用而為者。是故用財不費，民德不勞，其興利多矣（墨子第二十篇節用上）。

又說：

是故古者聖王制為節用之法，曰凡天下群百工，輪車鞼匏，陶冶梓匠，使各從事其所能，曰凡足以奉給民用則止，諸加費不加於民利者，聖王弗為。古者聖王制為飲食之法，曰足以充虛繼氣，強股肱，耳目聰明則止，不極五味之調，芬香之和，不致遠國珍怪異物……古者聖王制為衣服之法，曰冬服紺緅之衣，輕且暖，夏服絺綌之衣，輕且清，則止。諸加費不加於民利者，聖人弗為。古者聖人為猛禽狡獸，暴人害民，於是教民以兵行，日帶劍，為刺則入，擊則斷，旁擊而不折，此劍之利也。甲為衣則輕且利，動則兵且從，此甲之利也。車為服重致遠，乘之則安，引之則利，安以不傷人，利以速至，此車之利也。古者聖王，為大川廣谷之不可濟，於是利（制也）為舟楫，足以將（行也）之則止。雖上者三公諸侯至舟楫不易，津人不飾，此舟之利也（墨子第二十一篇節用中)。

墨子由於節用，又進而主張薄葬。他說：「衣食者人之生利也，然且猶尚有節，葬埋者人之死利也，夫何獨無節於此乎」(墨子第二十五篇節葬下)。「今王公大人之為葬埋……必大棺中棺……此為輟民之事，靡民之財，不可勝計也」(墨子第二十五篇節葬下)。而且秦漢以前，又有殉葬之制。「天子殺殉，眾者數百，寡者數十。將軍大夫殺殉，眾者數十，寡者數人」(墨子第二十五篇節葬下)。對此，孔子還說：「始作俑者其無後乎」。墨子以為仁者之治天下也，「天下貧，則從事乎富之，人民寡，則從事乎眾之，眾而亂，則從事乎治之」(墨子第二十五篇節葬下)。厚葬可使天下貧，殉葬可使人民寡。古人不但厚葬殉葬而已，而為人子者又當服喪三年，墨子對此，曾加以批評。他說：

上士之操喪也，必扶而後起，杖而後行，以此共三年……使王公大臣行此，則必不能早朝……使農夫行此，則必不能早出晚入，耕稼樹藝。使百工行此，則必不能修舟車，為器皿矣。使婦人行此，則必不能夙興夜寐，紡績織紝……若以此觀，則厚葬久喪，其非聖王之道也(墨子第二十五篇節葬下)。

墨子復由節用，而倡「非樂」之說。他以為樂不能給人衣食，亦不能禁暴止亂。他說：

民有三患，饑者不得食，寒者不得衣，勞者不得息，三者民之巨患也。然即當為之撞巨鐘，擊鳴鼓，彈琴瑟，吹竽笙，而揚干戚，民衣食之財，將安可得乎。即我以為未必然也。意舍此。今有大國即攻小國，有大家即伐小家，強劫弱，眾暴寡，詐欺愚，貴傲賤，寇亂盜賊並興，不可禁止也。然即當為之撞巨鐘，擊鳴鼓，彈琴瑟，吹竽笙，而揚干戚，天下之亂也，將安可得而治與。即我（以為）未必然也。是故子墨子曰，姑嘗厚措斂乎，萬民以為大鐘鳴鼓琴瑟竽笙之聲，以求興天下之利，除天下之害，而無補也。是故子墨子曰，為樂非也（墨子第三十二篇非樂上）。

且也，樂器不能掊取之於水，攜取之於地，「使丈夫為之，廢丈夫耕稼樹藝之時，使婦人為之，廢婦人紡績織紝之事」（墨子第三十二篇非樂上）。而作樂之時，「與君子聽之，廢君子聽治，與賤人聽之，廢賤人之從事」（墨子第三十二篇非樂上）。殊不知樂可以濟繁文縟禮之弊，而調劑人類工作之苦痛。墨子之非樂乃反對人們耽於音樂而誤正事。

總之，墨子言政，亦寄望於聖君。苟有聖君，國內人民均須以聖君為模範，「天子之所是，皆是之，天子之所非，皆非之」（墨子第十一篇尚同上）。法家思想不過說明天子有勢，依法行使刑賞而已，而墨子竟然以天子為是非善惡的準繩，所以墨子兼愛之說雖不行於後代，而其天子獨尊的觀念反深入人心。蔡邕說：「皇者煌也，盛德煌煌，無所不照。帝者諦也，能行天道，事天審諦，故稱皇帝」（獨斷上），此言可以說是本於墨子之說。

先秦思想，太史公特舉六家，六家之中名併於法，墨則消沉，這固然因為墨子學說不合於邏輯者甚多，而且「兼愛」、「非攻」之論不但不能用以統一中國，抑亦不能用以抵抗外敵，比之法家的富國強兵，比之儒家之一統主義及華夷之別，太不適合於時代的需要。且既尚賢了，而又主張尚同，人民先尚同於里正，次尚同於鄉正，再次尚同於國君，最後則尚同於天子。以為「天子之所是皆是之，天子之所非皆非之」（墨子第十一篇尚同上）。如果四者均由民選，而有一定的任期，則在任期之內，政事聽其決定，最後決定於天子，也許可以稱為「民主集權制」。顧三代以下，天子無不傳子，而公卿百官或世襲其職，或由天子任命，天子之子不皆賢，則其所任命的國君、鄉長、里長，何能保其必是「仁人」。這是墨子學說最大的缺點。

何況墨子由天志而明鬼，天既難知，鬼亦難明。既然人死為鬼，則葬不可太儉，而祭祀之時，樂亦不可非。我們須知一切文化均發源於祭與戰。由祭而產生了衣冠禮樂，由戰而產生了制度組織，古人云：「國之大事，唯祀與戎」。禮云：「樂者非謂黃鐘大呂絃歌干揚也，樂之末節也」，墨子所反對的即此末節之樂，案古人祭鬼之意，乃如禮記所云：「夫聖王之制祭祀也，法施於民則祀之，以死勤事則祀之，以勞定國則祀之，能禦大災則祀之，能捍大患則祀之。」（禮記卷四十六祭法）。即古人祭祀鬼神，非求其降福於己，而是報答其有功於民。墨子之明鬼，則警戒世人「鬼神之能賞善而罰暴也」（墨子第三十一篇明鬼下），此乃出於神道設教之意。我嘗謂道德窮而後有宗教，宗教窮而後有法律，三者無非戒人為暴，勸人為善。時至今日，尚有許多人士信仰宗教，則王符所謂：「薄葬而又右鬼……死者如有知而薄葬之，是怒死人也……雖右鬼，其何益哉」（論衡第六十七篇薄葬）。墨子「雖得愚民之欲，不合知者之心……此蓋墨術所以不傳也」（論衡第六十七篇薄葬），這何能擊到墨說之要害。墨子之節葬，實因殉葬殘賊人命，人民必寡。厚斂靡民之財，國家必窮（參閱墨子第二十五篇節葬下），此言不能斥為無理，若只拘於有鬼無鬼之辯，其不能得到人心贊成，可想而知。案墨學之衰乃基於「兼愛」、「非攻」與「尚同」之說。「尚同」之誤謬已述於上。而在秦漢之時，秦能用兼愛而非攻，統一天下麼？漢時，能用兼愛而非攻，平定七國之叛變，抵抗匈奴之侵略麼？明乎此，墨學的消沉，雖三尺童子亦能知之，固不須吾人喋喋也。

第四章

法家的政治思想

一、管　仲

管子一書似非出一人之手，漢志列之於道家，隋志及唐志著之法家之首，自是以後，管仲遂與商鞅申韓並稱。但其言龐雜，茲只擇管子的政治思想而屬於法家之說者言之。

先秦學者，孔子罕言原始社會，老子以原始社會為至治之世，管子則謂原始社會為一鬥爭世界，智詐愚，強凌弱，各人要保全自己的生命和財產，只有依靠自己的腕力。有智者出，假眾人之力，禁虐止暴，興利除害，寖假權力便集中於該人，而該人又利用刑賞，以判定是非，於是國家成立，而智者就成為君主。管子說：

> 古者未有君臣上下之別，未有夫婦妃匹之合，獸處群居，以力相征，於是智者詐愚，強者凌弱，老幼孤獨不得其所。故智者假眾力以禁強虐，而暴人止；為民興利除害，正民之德，而民師之。是故道術德行，出於賢人，其從義理，兆形於民心，則民反（返）道矣。名物處違是非之分（名物謂正名其物，處名物為是，違名物為非），則賞罰行矣。上下設（奠定上下之名分），民生體

（發生貴賤之禮），而國都立矣。是故國之所以為國者，民體以為國（貴賤成禮，方乃為國），君之所以為君者，賞罰以為君（管子第三十一篇君臣下）。

即依管子之意，國家是由智者建立的。國家建立之後，這位智者就成為君主。君主治理國家，是依刑賞，故說「君之所以為君者，賞罰以為君」。蓋為政之道須因人之情，人情有好惡之念，「得所欲則樂，逢所惡則憂，此貴賤之所同有也」（管子第五十三篇禁藏）。「民予則喜，奪則怒，民情皆然」（管子第七十三篇國蓄）。管子說：

夫凡人之情，見利莫能勿就，見害莫能勿避。其商人通賈，倍道兼行，夜以續日，千里而不遠者，利在前也。漁人之入海，海深萬仞，就彼逆流，乘危百里，宿夜不出者，利在水也。故利之所在，雖千仞之山，無所不上，深源之下，無所不入焉（管子第五十三篇禁藏）。

又說：

人主之所以令則行，禁則止者，必令於民之所好，而禁於民之所惡也。民之情莫不欲生而惡死，莫不欲利而惡害。故上令於生利人，則令行。禁於殺害人，則禁止。令之所以行者，必民樂其政也，而令乃行（管子第六十四篇形勢解）。

民利之則來，害之則去。民之從利也，如水之走下，於四方無擇也。故欲來民者，先起其利，雖不召而民自至。設其所惡，雖召之而民不來也（管子第六十四篇形勢解）。

人情無不貪生怕死，好利惡害，這種心理就是刑賞能夠發生作用的原因。而為人君者必須利用人類這種弱點，使臣民為其所當為，而不為其所不當為。即「予之在君，奪之在君，貧之在君，富之在君」（仝上第七十三篇國蓄），乃為政之道。管子說：

明主之治也。縣爵祿以勸其民，民有利於上，故主有以使之。立刑罰以威其下，下有畏於上，故主有以牧之。故無爵祿，則主無以勸民。無刑罰，則主無以威眾。故人臣之行理奉命者，非以愛主也，且以就利而避害也。百官之奉法無姦者，非以愛主也，欲以愛爵祿而避罰也（管子第六十七篇明法解）。

明主之道，立民所欲，以求其功，故為爵祿以勸之。立民所惡，以禁其邪，故為刑罰以畏之（管子第六十七篇明法解）。

管子又加重語句，以為「使人不欲生，不惡死，則不可得而制也」（管子第六十七篇明法解）。此即慎子所說：「生不足以使之，利何足以動之；死不足以禁之，害何足以恐之」（慎子，逸文）。所以政治家不必禁人好利之情，也不必禁人惡死之意。管子云：

人之可殺，以其惡死也。其可不利（應解作不以利給之），以其好利也。是以君子不休乎好（不止人好利之情），不迫乎惡（不禁人惡死之意）（管子第三十六篇心術上）。

人主操刑賞之權，其「勢」是在臣民之上。何謂「勢」，管子沒有明顯的說明。由吾人觀之，當指權力，而表示權力的則為六柄與三器。何謂六柄，管子說：

生之，殺之，富之，貧之，貴之，賤之，此六柄者主之所操也（管子第四十五篇任法）。

何謂三器？管子說明如次：

> 治國三器……三器者何也，曰號令也，斧鉞也，祿賞也……三器之用何也，曰非號令無以使下，非斧鉞無以畏眾，非祿賞無以勸民（管子第六十六篇版法解）。

人君能夠控制臣民，因其有勢，「是故群臣之不敢欺主者，非愛主也，以畏主之威勢也。百姓之爭用，非以愛主也，以畏主之法令也」（管子第六十七篇明法解）。即「凡人君之所以為君者勢也」（管子第十六篇法法）。「人主之所以制臣下者威勢也」（管子第六十七篇明法解）。「故人君失勢，則臣制之矣。勢在下，則君制於臣矣。勢在上，則臣制於君矣」（管子第十六篇法法，第六十七篇明法解亦有類似文句）。君制於臣，國家必亂，「故安國在乎尊君」（管子第十五篇重令）。但是人主雖然有勢，而亦不可濫用其勢。

> 君有三欲於民，三欲不節，則上位危。三欲者何也。一曰求，二曰禁，三曰令。求必欲得，禁必欲止，令必欲行。求多者，其得寡。禁止者，其止寡。令多者，其行寡。求而不得，則威日損。禁而不止，則刑罰侮。令而不行，則下凌上。故未有能多求而多得者也，未有能多禁而多止者也，未有能多令而多行者也。故曰，上苛則下不聽（管子第十六篇法法）。

> 明主度量人力之所能為而後使焉，故令於人之所能為，則令行。使於人之所能為，則事成。亂主不量人力，令於人之所不能為，故其令廢。使於人之所不能為，故其事敗。夫令出而廢，舉事而敗，此強不能之罪也。故曰毋強不能（管子第六十四篇形勢解）。

蓋法家思想的精神常與道家相同，雖然不是以無為治天下，而卻是欲靜其民，以安天下。管子說：

明主之治天下也，靜其民而不擾，佚其民而不勞。不擾，則民自循；不勞，則民自試，故曰上無事而民自試（管子第六十四篇形勢解）。

然則如何而能防止人主濫用其勢呢？人主行使刑賞，須以功罪為標準，不可單憑一己的愛憎。慎子有言，誅賞予奪，若從君心出，則「受賞者雖當，望多無窮，受罰者雖當，望輕無已」。此乃「怨所由生也」（慎子，君人）。當尚不可，何況不當。管子說：

明主雖心之所愛，而無功者不賞也。雖心之所憎，而無罪者弗罰也……故明法曰先王之治國也，不淫意於法之外……行私惠而賞無功，則是使民偷幸而望於上也。行私惠而赦有罪，則是使民輕上而易為非也。夫舍公法，用私惠，明主不為也。故明法曰不為惠於法之內（管子第六十七篇明法解）。

法家重視刑賞，刑賞不是單單言之於口而已，必須見諸實事。所謂「信賞必罰」就是法家的共同主張。蓋「賞罰不信，則民無主」（管子第三篇權修）。管子云：

見其可也，喜之有徵，見其不可也，惡之有刑（此刑字宜為形），賞罰信於其所見，雖其所不見，其敢為之乎。見其可也，喜之無徵，見其不可也，惡之無刑（亦應作形字），賞罰不信於其所見，而求其所不見之為之化，不可得也（管子第三篇權修）。

用賞者貴誠，用刑者貴必。刑賞信必於耳目之所見，則其所不見，莫不闇化矣（管子第五十五篇九守）。

而同功者必須同賞，同罪者又須同罰，即人民之於刑賞，是平等的。

夫施恩而不鈞，位雖高，為用者少。赦罪而不一，德雖厚，不譽者多……刑賞不當，斷斬雖多，其暴不禁。夫公之所加，罪雖重，下無怨氣。私之所加，賞雖多，上不為歡（管子第五十三篇禁藏）。

倘若依貴賤而異其刑賞，則人民必輕視法令，而人主亦不能求民之為我用。

故禁不勝於親貴，罰不行於便辟，法禁不誅於嚴重，而害於疏遠，慶賞不施於卑賤二三，而求令之必行，不可得也。能不通於官，受祿賞不當於功，號令逆於民心，動靜詭於時變，有功不必賞，有罪不必誅，令焉不必行，禁焉不必止，在上位無以使下，而求民之必用，不可得也（管子第十五篇重令）。

依法家之意，一切法制均須隨時改變，膠柱鼓瑟，不知變通，未有不亂。刑賞亦然，即刑賞之輕重厚薄，須隨時而變，因俗而異。

其設賞有薄有厚，其立禁有輕有重，迹行不必同，非故相反也，皆隨時而變，因俗而動。夫民躁而行僻，則賞不可以不厚，禁不可以不重。故聖人設厚賞，非侈也，立重禁，非戾也。賞薄，則民不利。禁輕，則邪人不畏。設人之所不利，欲以使，則民不盡力。立人之所不畏，欲以禁，則邪人不止（管子第四十七篇正世）。

刑賞為治國的工具。文子引老子之言，「老子曰善賞者費少而勸多，善罰者刑省而姦禁……故聖人因民之所喜以勸善，因民之所憎以禁姦。賞一人而天下趨之，罰一人而天下畏之，是以至賞不費，至刑不濫」（文子下，上義）。法家之對刑賞，有一種特殊見解，即為政者須重惜其賞，「故一國之人不可以皆貴，皆貴，則事不成而國不利矣」（管子第五篇乘馬）。蓋人民所希望者富貴而已，既貴了，那又何必努力。法家又主張，人民雖犯小罪，亦不可赦。「上赦小過，則民多重罪」（管子第十六篇法法）。管子說：

> 凡牧民者，欲民之正也。欲民之正，則微邪不可不禁也。微邪者，大邪之所生也。微邪不禁，而求大邪之無傷國，不可得也（管子第三篇權修）。
>
> 以有刑至無刑者，其法易而民全。以無刑至有刑者，其刑煩而姦多。夫先易者後難，先難而後易，萬物盡然（管子第五十三篇禁藏）。

那一種功，可得那一種賞，那一種罪，可得那一種刑，法家均主張以法律定之。管子有言：「法者天下之儀也，所以決疑而明是非也」（管子第五十三篇禁藏）。「法者天下之程式也，萬物之儀表也」（管子第六十七篇明法解）。「尺寸也，繩墨也，規矩也，衡石也，斗斛也，角量也，謂之法」（管子第六篇七法）。即一切制度均稱為法。法如何產生呢？管子云：「法出於禮」（管子第十二篇樞言），又云：「義者，謂各處其宜也。禮者因人之情，緣義之理，而為之節文者也。故禮者謂有理也。理也者，明分以諭義之意也。故禮出乎義，義出乎理，理因乎宜者也。法者所以同出不得不然者也」（有禮則有法，故曰同出也）（管子第三十六篇心術上）。法由誰制定？管子說：

> 有生法，有守法，有法於法。夫生法者君也，守法者臣也，法於法者民也（管子第四十五篇任法）。

所謂「生法」即制定法令，所謂「守法」即執行法令，所謂「法於法」即服從法令。管子於「法」之外，又區別「律」與「令」。他說：

夫法者所以興功懼暴也，律者所以定分止爭也，令者所以令人知事也（管子第五十二篇七臣七主）。

這三種區別何在，吾人實難解釋，若勉強言之，法是指國家的根本法，律是指民刑各法，令則指補充「法」或「律」之命令。

法雖然是由君主制定，「夫生法者君主也」，然而君主自己也要守法。即「聖君亦明其法而固守之」（管子第四十五篇任法）、「夫凡私之所起，必生於主」（管子第五十二篇七臣七主）。而「為人上者釋法而行私，則為人臣者援私以為公」（管子第三十篇君臣上）。所以君主之行刑賞必須依法，「當於法者賞之，違於法者誅之」（管子第六十七篇明法解）。不但刑賞，一切行政無不如是，「合於法則行，不合於法則止」（管子第六十七篇明法解）。

是故先王之治國也，不淫意於法之外，不為惠於法之內也。動無非法者，所以禁過而外私也……是故先王之治國也，使法擇人，不自舉也。使法量功，不自度也（管子第四十六篇明法）。

他舉規矩為證，說道：

規矩者方圜之正也。雖有巧目利手，不如拙規矩之正方圜也。故巧者能生規矩，不能廢規矩而正方圓。雖聖人能生法，不能廢法而治國。故雖有明智高行，倍法而治，是廢規矩而正方圓也（管子第十六篇法法）。

法要固定，朝令暮改，乃為政者之所忌。韓非云：「法禁變易，號令數下者，可亡也」（韓非子第十五篇亡徵），管子亦謂法不可隨便更改。

號令已出，又易之。禮義已行，又止之。度量已制，又遷之。刑法已錯，又移之。如是，則慶賞雖重，民不勸也。殺戮雖繁，民不畏也。故曰上無固植（植，志也），下有疑心，國無常經，民力必竭，數（數，理也）也（管子第十六篇法法）。

然又不可絕不更改，即如韓非所說：「法與時轉則治」（韓非子第五十四篇心度）。管子亦云：

國更立法以典民，則祥（更，改也。典，主也。言能觀宜政法以主於人，則國理，故祥也）……故曰法者不可恆也（法敝則當變，故不恆）（管子第四十五篇任法）。

有了法令，而人主又能「合於法則行，不合於法則止」。人民既見其君之守法，他們當然不敢犯法。且看管子之言。

上之所好，民必甚焉。是故明君知民之必以上為心也，故置法以自治，立儀以自正也……是以有道之君，行法修制，先民服也（服，行也，先自行法以率人）（管子第十六篇法法）。

管子又說：

故治國使眾莫如法，禁淫止暴莫如刑，故貧者非不欲奪富者財也，法不使也。強者非不能暴弱也，然而不敢者，畏法誅也（管子第六十七篇明法解）。

一切行動均須依法，慎子云：「法之功，莫大於私不行……今立法而行私，是私與法爭，其亂甚於無法」（慎子，逸文），所以令未布，不行刑賞，令已布，不棄刑賞。管子說：

令未布而民或為之，而賞從之，則是上妄予也。上妄予，則功臣怨。功臣怨，而愚民操事於妄作。愚民操事於妄作，則大亂之本也。令未布而罰及之，則是上妄誅也。上妄誅則民輕生，民輕生則暴人興，曹黨起而亂賊作矣。令已布而賞不從，則是使民不勸勉，不行制，不死節。民不勸勉，不行制，不死節，則戰不勝而守不固。戰不勝而守不固，則國不安矣。令已布而罰不及，則是教民不聽，民不聽，則彊者立。彊者立，則主位危矣。故曰，憲律制度必法道，號令必著明，賞罰必信密，此正民之經也（管子第十六篇法法）。

此蓋君國的重器莫重於令，國家的安危，人主的尊卑均懸於令之行不行。而如申不害所說：「君之所以尊者令，令之不行，是無君也，故明君慎之」（申子）。管子亦說：

凡君國之重器莫重於令。令重則君尊，君尊則國安。令輕則君卑，君卑則國危。故安國在乎尊君，尊君在乎行令，行令在乎嚴罰。罰嚴令行，則百吏皆恐。罰不嚴，令不行，則百吏皆喜。故明君察於治民之本，本莫要於令，故曰，虧令者死，益令者死，不行令者死，留令者死，不從令者死，五者死而無赦，惟令是視（管子第十五篇重令）。

人主有勢以制法，依法以治民，但是徒法不能以自行，所以尚須佐之以術。何謂術，管子也沒有具體說明，但他很注意慎子之所謂「因」，「因也者舍己而以物為法者也」（管子第三十六篇心術上）。以意推之，大約如鬼谷子所說：「智用於眾人之所不能知，而能用於眾人之所不能見」（鬼谷子卷中）。管子之言如次：

古者武王地方不過百里，戰卒之眾不過萬人，然能戰勝攻取，立為天子，而世謂之聖王者，知為之之術也。桀紂貴為天子，富有海內，地方甚大，戰卒甚眾，而身死國亡，為天下僇者，不知為之之術也。故能為之，則小可為大，賤可為貴。不能為之，則雖為天子，人猶奪之也（管子第六十四篇形勢解）。

然而吾人尚知管子是主張人主須用其勢，以實行順民之心的政治。他知「予之為取」的道理，即老子所謂「將欲奪之，必固與之」（老子第三十六章），這雖然不是「術」，而確是為政的祕訣。

政之所興，在順民心。政之所廢，在逆民心。民惡憂勞，我佚樂之。民惡貧賤，我富貴之。民惡危墜，我存安之。民惡滅絕，我生育之。能佚樂之，則民為之憂勞。能富貴之，則民為之貧賤。能存安之，則民為之危墜。能生育之，則民為之滅絕……故知予之為取者，政之寶也（管子第一篇牧民）。

管子主張法治，然在其思想之中，又含有人治之意。這不是管子的思想不能一貫，而只是別的法家避而不談。管子說：

古之聖王，所以取明名廣譽，厚功大業，顯於天下，不忘於後世，非得人者，未之嘗聞。暴王之所以失國家，危社稷，覆宗廟，滅於天下，非失人者，未之嘗聞（管子第十篇五輔）。

又說：

明主之治天下也，必用聖人，而後天下治……故治天下而不用聖人，則天下乖亂而民不親也（管子第六十四篇形勢解）。

這位聖人不是人主本身，而是賢佐。

凡人君所以尊安者，賢佐也。佐賢，則君尊國安民治。無佐，則君卑國危民亂（管子第六十六篇版法解）。

於是人主「察能授官」（管子第三篇權修）就有必要了。然人有所長，必有所短，明主「任其所長，不任其所短，故事無不成，而功無不立」（管子第六十四篇形勢解）。即如愼子所說：「民雜處而各有所能。所能者不同……而皆上之用也。是以大君因民之能為資，盡包而畜之……是故不談一方以求於人，故所求者無不足也」（愼子，民雜）。至於察能之法，照管子說：

言者責之以其實，譽人者試之以其官。言而無實者誅，吏而亂官者誅。是故虛言不敢進，不肖者不敢受官。亂主則不然，聽言而不督其實，故群臣以虛譽進其黨。任官而不責其功，故愚汙之吏在庭。如此，則群臣相推以美名，相假以功伐，務多其佼，而不為主用（管子第六十七篇明法解）。

明主之擇賢人也，言勇者試之以軍，言智者試之以官。試於軍而有功者則舉之，試於官而事治者則用之。故以戰功之事定勇怯，以官職之治定愚智。故勇怯愚智之見也，如白黑之分。亂主則不然，聽言而不試，故妄言者得用。任人而不官，故不肖者不困。故明主以法案其言而求其實，以官任其身而課其功。專任法不自舉焉（管子第六十七篇明法解）。

管子之言甚似無隙可攻，其實，尚有一個最難解決的問題。即制法之權屬於君主，擇相（賢佐）之權也屬於君主。君主不皆賢，則其所制定的法是否良法，其所選擇的相是否賢相，都是疑問。因之法家思想最後也寄望於聖王。管子說：

一國之存亡在其主，天下得失，道（從）一人出。主好本，則民好墾草萊，主好貨，則人賈市。主好宮室，則工匠巧。主好文采，則女工靡。夫楚王好小腰，而美人省食。吳王好劍，而國士輕死。死與不食者，天下之所共惡也。然而為之者何也，從主之所欲也，而況愉樂音聲之化乎（管子第五十二篇七臣七主）。

人主果是聖君，而臣又是賢能之輩，自可無為而治。故曰「無為者帝」（管子第五篇乘馬，第四十二篇勢，亦有此語）。而尤重要的，則為虛心，而不矜己之能。管子說：

目貴明。耳貴聰。心貴智。以天下之目視，則無不見也。以天下之耳聽，則無不聞也。以天下之心慮，則無不知也。輻湊竝進，則明不塞矣（管子第五十五篇九守）。

又說：

明主之舉事也，任聖人之慮，用眾人之力，而不自與焉，故事成而福生。亂主自智也，而不因聖人之慮，矜奮自功，而不因眾人之力；專用己而不聽正諫，故事敗而禍生。故曰伐矜好事，舉事之禍也（管子第六十四篇形勢解）。

管子時代，周室雖已式微，而天子名義上尊嚴還在。天子不能控制諸侯，而致內戰日起，所以各派學者無不希望和平，和平之法莫良於統一。孟子說：「定於一」（孟子卷一下梁惠王上）。這個「定於一」的思想不獨儒家有之，法家尤其強烈。管子說：「使天下兩天子，天下不可理也。一國而兩君，一國不可理也。一家而兩父，一家不可理也」（管子第二十三篇霸言）。蓋「兩」就不能獨斷，「獨斷者微密之營壘也」（管子第二十三篇霸言）。當時周天子已如告朔的餼羊，名存實亡，所以人心又希望強有力的諸侯，「興利除害，誅暴禁邪，匡正海內，以尊天子」（漢書卷六十四下嚴安傳），這樣，就發生了霸的觀念。孟子曾言：「以力假仁者霸，霸必有大國」。管仲亦深知此中道理。故他說：

凡大國之君尊，小國之君卑。大國之君所以尊者何也，曰為之用者眾也。小國之君所以卑者何也，曰為之用者寡也。然則為之用者眾，則尊；為之用者寡，則卑；則人主安能不欲民之眾為己用也（管子第十六篇法法）。

此蓋國大，則民必眾，民眾則田墾而稅增，役多而兵強。古之治國者無不希望民多，管子云：「夫爭天下者必先爭人」（管子第二十三篇霸言），理由實在於此。五霸齊桓晉文為盛，宋襄公雖然與楚爭霸，而卒兵敗身死。為什麼呢？宋立國於中原之地，在春秋時代，無法開闢其國土。楚則僻處南方，便於開疆闢地。霸須尊崇王室，而又不兼併諸侯，所以只可視為封建與統一的過渡辦法。管仲為相是在春秋初年，故他與戰國時代的遊士不同，尊王而不主張王天下。然諸侯攻戰，苟齊國貧弱，亦難負起尊王的責任，所以他的思想完全注重在富國強兵。他說：

主之所以為功者，富強也。故國富兵強，則諸侯服其政，鄰敵畏其威，雖不明寶幣事諸侯，諸侯不敢犯也。主之所以為罪者，貧弱也，故國貧兵弱，戰則不勝，守則不固，雖出名器重寶，以事鄰敵，不免於死亡之患（管子第六十四篇形勢解）。

富國須先富民，「夫民之所主，衣與食也」（管子第五十三篇禁藏）。在農業社會，民之貧富乃以農事之興廢為標準。管子說：

行其田野，視其耕芸，計其農事，而饑飽之國，可以知也。其耕之不深，芸之不謹，地宜不任，草田多穢，耕者不必肥，荒者不必墝，以人猥計其野，草田多而辟田少者，雖不水旱，饑國之野也。若是而民寡，則不足以守其地。若是而民眾，則國貧民饑。以此遇水旱，則眾散而不收。彼民不足以守者，其城不固，民饑者不可以使戰。眾散而不收，則國為丘墟。故曰，有地君國，而不務耕芸，寄生之君也。故曰，行其田野，視其耕芸，計其農事，而饑飽之國可知也（管子第十三篇八觀）。

要振興農事，必須貴穀。「凡五穀者萬物之主也。穀貴則萬物必賤，穀賤則萬物必貴」（管子第七十三篇國蓄）。所以管仲定下重農之策。其意以為：

先王者善為民除害興利，故天下之民歸之。所謂興利者，利農事也。所謂除害者，禁害農事也。農事勝，則入粟多。入粟多，則國富。國富，則安鄉重家。安鄉重家，則雖變俗易習，敺眾移民，至於殺之，而民不惡也，此務粟之功也。上不利農，則粟少。粟少則人貧，人貧則輕家，輕家則易去，易去則上令不能必行，上令不能必行，則禁不能必止，禁不能必止，則戰不必勝，守不必固矣。夫令不必行，禁不必止，戰不必勝，守不必固，命之曰寄生之君。此由不利農少粟之害也。粟者王之本事也。人主之大務，有人之塗（謂保有其人，其塗因粟也），治國之道也（管子第四十八篇治國）。

而既重農了，所以管仲雖知通商之要（參閱管子第七十八篇揆度），而又不能不賤商。管子說：

地之守在城，城之守在兵，兵之守在人，人之守在粟……故上不好本事，則末業不禁。末業不禁，則民緩於時事而輕地利。輕地利，而求田野之辟，倉廩之實，不可得也（管子第三篇權修）。

管仲重農而輕商，其理由乃同商鞅一樣，出於農戰政策之必要。農民當兵，以古代的武器言，其戰鬥力是最強的。因為農民在露天的地方，寒暑交迫，日晒雨淋，不斷的勞苦工作，所以最能忍受戰爭的苦痛。而農民又有土地，他們為保護自己的土地，不為敵人侵奪，自能努力作戰。反之，政府若募集市井遊民為軍隊，形勢就不同了。遊民平日慣於嬉戲，狎於歡樂，聆敵則懾駭奪氣，聞戰則辛酸動容，臨陣不致脫逃，已經可嘉，而欲令其陷陣殺敵，以攘寇患，自屬難能。

人君關於農事，必須「不奪農時」（管子第五十八篇地員），又須「薄徵斂，輕征賦」（管子第十篇五輔），「關幾而不正，市正而不布」（管子第二十六篇戒）。這種輕傜薄賦有恃人君之能節用。管子說：

地之生財有時，民之用力有倦，而人君之欲無窮，以有時與有倦養無窮之君，而度量不生於其間（度量不生，則賦役無限也），則上下相疾也（上疾下之不供，下疾上之無窮）……故取於民有度，用之有止，國雖小必安，取於民無度，用之不止，國雖大必危（管子第三篇權修）。

國侈則用費，用費則民貧，民貧則姦智生，姦智生則邪巧作。故姦邪之所生，生於匱不足，匱不足之所生，生於侈。侈之所生，生於無度（管子第十三篇八觀）。

人主節用，人民自可富裕，「倉廩實，則知禮節，衣食足，則知榮辱」（管子第一篇牧民），這與孔子先富後教之立意相同。故管子又說：

凡治國之道，必先富民。民富則易治也，民貧則難治也。奚以知其然也，民富則安鄉重家，安鄉重家，則敬上畏罪，敬上畏罪，則易治也。民貧則危鄉輕家，危鄉輕家，則敢陵上犯禁，陵上犯禁，則難治也。故治國常富，而亂國常貧。是以善為國者，必先富民，然後治之（管子第四十八篇治國）。

但管子知道「甚富不可使，甚貧不知恥」（管子第三十五篇侈靡）。他說：

夫民富則不可以祿使也，貧則不可以刑威也。法令之不行，萬民之不治，貧富之不齊也（管子第七十三篇國蓄）。

即管子對於社會經濟，不希望國有大富之民，也不希望國有大貧之民。

就強兵說，管子以為：「不能強其兵，而能必勝敵國者未之有也」（管子第六篇七法），「凡國之重也必待兵之勝也，而國乃重。凡兵之勝也，必待民之用也，而兵乃勝」（管子第十五篇重令）。蓋「兵雖非備道至德也，然而所以輔王成霸」（管子第十七篇兵法）。而且「我能毋攻人可也，不能令人毋攻我。被求地而予之，非吾所欲也，不予則與戰，必不勝也」（管子第六十五篇立政九敗解）。他說：

> 君之所以卑尊，國之所以安危者，莫要於兵。故誅暴國必以兵，禁辟民必以刑，然則兵者外以誅暴，內以禁邪。故兵者尊主安國之經也，不可廢也（管子第二十八篇參患）。

但是兵雖強，亦不可濫用，蓋務外戰，農事不免荒廢，請看管子之言：

> 今天下起兵加我，民棄其耒耜，出持戈於外，然則國不得耕，此非天凶也，此人凶也（管子第七十八篇揆度）。

管子之強兵非用以統一天下，而是用以尊王。這與商鞅不同之點。商鞅誘三晉之人來耕秦地，而使秦民應敵於外，此蓋戰國時代，秦已兼併西戎，益國十二，其地甚廣，其民甚寡。春秋之初，齊北有燕，南有莒，西有魯衛，東又臨海，一方周室的尊嚴尚在，他方齊秦的環境又異，所以管仲的富國強兵，目的在於尊王，商鞅的富國強兵，目的在求國家的統一。

管仲亦知禮義廉恥，國之四維，四維不張，國乃滅亡。他說：

> 國有四維，一維絕則傾，二維絕則危，三維絕則覆，四維絕則滅。傾可正也，危可安也，覆可起也，滅不可復錯也。何謂四維，一曰禮，二曰義，三曰廉，四曰恥。禮不踰節，義不自進，廉不蔽惡，恥不從枉。故不踰節，則上位安。不自進，則民無巧詐，不蔽惡，則行自全，不從枉，則邪事不生（管子第一篇牧民）。

在四維之中，管子以為「法出於禮」（管子第十二篇樞言）。此言與荀子之意見相同。即禮乃包括一切習慣法，而法則指成文法。明主從習慣法之中，抽出若干，制定為成文法，換言之，明主於社會規範之中，選擇其中最重要的，規定之為國家的成文法，於是政治上既有固定的法律為根據，社會上又不與善良風俗衝突。這樣，國家當然可以達到富強之域，而尊王的目的也可由國富兵強，而得實現。

二、商鞅

商鞅同管子一樣，以原始社會為鬥爭世界。鬥爭不已，各人之生命財產都不安全。於是有聖人者出，定名分，設制度，藉以禁邪止暴。制度既立，必須有人司之，於是，就有君主，又有百官。商鞅在「開塞」篇中說道：

> 天地設而民生之，當此之時也，民知其母而不知其父。其道親親而愛私，親親則別，愛私則險。民眾而以別險為務，則民亂。當此時也，民務勝而力征，務勝則爭，力征則訟。訟而無正，則莫得其性也。故賢者立中正，設無私而民說仁。當此時也，親親廢，上賢立矣。凡仁者以愛為務，而賢者以相出為道，民眾而無制，久而相出為道，則有亂。故聖人承之，作為土地、貨財、男女之分。分定而無制不可，故立禁。禁立而莫之司不可，故立官。官設而莫之一不可，故立君。既立君，則上賢廢而貴貴立矣。然則上世親親而愛私，中世上賢而說仁，下世貴貴而尊官（商君書第七篇開塞）。

在「君臣」篇中又說：

> 古者未有君臣上下之時，民亂而不治，是以聖人別貴賤，制爵位，立名號，以別君臣上下之

義。地廣民眾，萬物多故，分五官而守之。民眾而姦邪生，故立法制，為度量、以禁之。是故有君臣之義，五官之分，法制之禁，不可不慎也。處君位而令不行則危，五官分而無常則亂，法制設而私善行，則民不畏刑。君尊則令行，官修則有常事，法制明則民畏刑。法制不明，而求民之行令也，不可得也。民不從令，而求君之尊也，雖堯舜之知，不能以治（商君書第二十三篇君臣）。

上文兩段文字，粗看之下，「開塞」所言，似先設官，而後立君。「君臣」所言，又似先立君，而後設官。其實，兩段文字都是主張定名分，設制度者為賢聖之人。制度既立，這位賢聖之人就成為君主。君主不能以一人之力，統治天下，於是又立百官之制，這就是國家的起源，也就是政府的起源。人類須利用外界的物資，以維持自己的生存，並改善自己的生存。社會的爭鬥，常對物資而作。名分既定，人們就不敢彼爭我奪，而社會亦由爭鬥而現出和平之象。商鞅說：

一兔走，百人逐之，非以兔也，夫賣者滿市，而盜不敢取，由名分已定也。故名分未定，堯舜禹湯且皆如騖焉而逐之，名分已定，貧盜不取（商君書第二十六篇定分）。

現在試問政府如何維持名分，而統治人民？法家言論均由人情出發，而謂人情莫不好利而惡害，好逸而惡勞。商鞅之言如次。

民之性，饑而求食，勞而求佚，苦則索樂，辱則求榮，此民之情也（商君書第六篇算地）。

羞辱勞苦者民之所惡也，顯榮佚樂者民之所務也（商君書第六篇算地）。

民之於利也，若水於下也，四旁無擇也（商君書第二十三篇君臣）。

人情不但好利，且亦好名。

今夫盜賊上犯君上之所禁，而下失臣子之禮，故名辱而身危，猶不止者利也。其上世之士，衣不煖膚，食不滿腸，苦其志意，勞其四肢，傷其五臟，而益裕廣耳（此句有脫誤），非生之常也，而為之者名也。故曰名利之所湊，則民道之（商君書第六篇算地）。

人主因人情之有好惡，就設置刑賞。商鞅說：

夫刑者所以禁邪也，而賞者所以助禁也（商君書第六篇算地）。好惡者賞罰之本也，夫人情好爵祿而惡刑罰，人君設二者以御民之志，而立所欲焉（商君書第九篇錯法）。

刑賞為人主二柄，人主要行使刑賞，必須依人功過。商鞅對此，有不少的話，茲只擇其重要者兩段，錄之如次：

是以明君之使其臣也，用必出於其勞，賞必加於其功。功賞明則民競於功。為國而能使其民盡力以競於功，則兵必彊矣（商君書第九篇錯法）。

人主之所以禁使者賞罰也，賞隨功，罰隨罪，故論功察罪，不可不審也（商君書第二十四篇禁使）。

倘若刑賞不與功罪相稱，賞而民羞之，刑而民樂之，則刑賞失去效用，社會秩序必難安定。商鞅說：

刑獄者所以止姦也，而官爵者所以勸功也。今國立爵而民羞之，設刑而民樂之，此蓋法術之患也。故君子操權一正以立術（一正字疑有誤），立官貴爵以稱之，論榮舉功以任之，則是上下之稱平。上下之稱平，則臣得盡其力，而主得專其柄（商君書第六篇算地）。

又說：

夫過有厚薄，則刑有輕重。善有大小，則賞有多少。此二者世之常用也，刑加於罪，所終則姦不去，賞施於民，所義則過不止。刑不能去姦，而賞不能止過者，必亂（商君書第七篇開塞）。

商鞅主張厚賞重刑，有功，雖疏遠必賞；有罪，雖親近必刑。這種意見乃一切法家所共有，不獨商鞅為然。商鞅說：

賞厚而利，刑重而威，必不失疏遠，不違親近（商君書第十四篇修權）。

而行刑之時，更不宜分別貴賤，亦不宜問其過去是否有功。這叫做壹刑。

所謂壹刑者，刑無等級，自卿、相、將軍、以至大夫、庶人，有不從王令，犯國禁亂上制者，罪死不赦。有功於前，有敗於後，不為損刑。有善於前，有過於後，不為虧法（商君書第十七篇賞刑）。

法家重視刑賞，既如上所言矣，而刑比賞更為重要。商鞅以為「治國刑多而賞少」（商君書第七篇開塞），例如十成之中，刑占九成，賞占一成。商鞅之言如次：

王者刑九賞一，強國刑七賞三，削國刑五賞五（商君書第四篇去彊）。

王者刑九而賞一，削國賞九而刑一（商君書第七篇開塞）。

凡有過者必須受刑，「過有厚薄，則刑有輕重」（商君書第七篇開塞）。即刑應依罪之大小而加於犯人身上。但是商鞅還是同其他法家一樣，主張嚴刑。

禁姦止過，莫若重刑。刑重而必得，則民不敢試，故國無刑民。國無刑民，故曰明刑不戮（商君書第十七篇賞刑）。

國皆有法，而無使法必行之法。國皆有禁姦邪刑盜賊之法，而無使姦邪盜賊必得之法。為姦邪盜賊者死刑，而姦邪盜賊不止者不必得。必得而尚有姦邪盜賊者，刑輕也。刑輕者，不得誅也。必得者刑者眾也。故善治者，刑不善而不賞善，故不刑而民善。不刑而民善，刑重也。刑重者民不敢犯，故無刑也。而民莫敢為非，是一國皆善也，故不賞善而民善。賞善之不可也，猶賞不盜。故善治者使跖可信，而況伯夷乎。不能治者伯夷可疑，而況跖乎。勢不能為姦，雖跖可信也。勢得為姦，雖伯夷可疑也（商君書第十八篇畫策）。

所謂「賞善之不可也，猶賞不盜」，蓋據商鞅之意，人民有守法的義務，即人民有依法為善的義務。所以明主為政，罰惡而不賞善。其賞不過用之以獎勵人民告姦而已。商鞅有言：「王者刑用於將過，則大邪不生。賞施於告姦，則細過不失。治民能使大邪不生，細過不失，則國治，國治必彊」（商君書第七篇開塞）。是則商鞅之所謂賞，雖然用以獎功，而最重要的目的乃是用以告姦，故說「刑者所以禁邪也，而賞者所以助禁也」（商君書第六篇算地）。茲再將商鞅主張嚴刑之言，列舉如次。

重罰輕賞，則上愛民，民死上。重賞輕罰，則上不愛民，民不死上（商君書第四篇去彊）。

行刑重其輕者，輕者不生，則重者無從至矣，此謂治之於其治也。行刑重其重者，輕其輕者，輕者不止，則重者無從止矣，此謂治之於其亂也。故重輕則刑去，事成國彊，重重而輕輕，則刑至而事生，國削（商君書第五篇說民）。

夫利天下之民者莫大於治，而治莫康於立君，立君之道莫廣於勝法，勝法之務莫急於去姦，去姦之本莫深於嚴刑。故王者以賞禁，以刑勸，求過不求善，藉刑以去刑（商君書第七篇開塞）。

行罰重其輕者（輕其重者），輕者不至，重者不來。此謂以刑去刑，刑去事成。罪重刑輕，刑至事生，此謂以刑致刑，其國必削（商君書第十三篇靳令）。

現在試問人主行使刑賞，何以臣民不敢反抗。因為人主有「勢」。這個「勢」字雖為一切法家的共同主張，而一切法家均未曾解釋「勢」是什麼，「勢」如何發生出來。商鞅只謂：

先王不恃其彊而恃其勢……今夫飛蓬遇飄風而行千里，乘風之勢也……故託其勢者雖遠必至（商君書第二十四篇禁使）。

依吾人之意，勢就是權力。「權者君之所獨制也」（商君書第十四篇修權）。商鞅曾言：「民弱國強，國強民弱，故有道之君務在弱民」（商君書第二十篇弱民）。如何弱民，商鞅未加說明，大約是人主恃勢，使人民絕對服從，而不敢反抗之意。如是，「勢」與「強」有何區別呢？何以商鞅又說：「不恃其強，而恃其勢」呢？推商鞅之意，「強」是物質上的武力，「勢」是制度上的權力。武力本來有限，變為權力之後，人們發生畏敬情緒，而有限的武力就令人莫測高深，不敢反抗了。但是凡有權力的人不免濫用權力，如何防止權力之濫用，於是商鞅就提出「法」的問題。商鞅雖謂「獨斷於君則威」（商君書第十四篇修權），同時又謂「有主而無法，其害與無主同」（商君書第七篇開塞）。「法者君臣之所共操也。……君臣釋法任私必亂，故立法明分，而不以私害法」（商君書第十四篇修權）。即法不但用以拘束臣民，且用以拘束君主。明主必須依法行使刑賞之權。

明主任法……世之為治者多釋法而任私議，此國之所以亂也……先王知自議譽私之不可任也，故立法明分，中程者賞之，毀公者誅之，賞誅之法，不失其議，故民不爭（商君書第十四篇修權）。

慎子有言：「法雖不善，猶愈於無法，所以一人心也」（慎子，威德）。案人主的道德、知識、勇氣，未必過人，臣民所以願意服從而不敢反抗者，乃是因為受了法的拘束。

凡人主德行非出人也，知非出人也，勇力非過人也，然民雖有聖知，弗敢我謀，勇力弗敢我殺，雖眾不敢勝其主，雖民至億萬之數，縣重賞而民不敢爭，行罰而民不敢怨者，法也（商君書第十八篇畫策）。

何況臣下本不足恃，「凡人臣之事君也，多以主所好事君。君好法則臣以法事君，君好言則臣以言事君」（商君書第十四篇修權）。臣下既不可恃，所以雖用監察制度，亦未必能夠防止百官之奸邪。

夫置丞立監者，且以禁人之為利也，而丞監亦欲為利，則何以相禁。故恃丞監而治者，僅存之治也（商君書第二十四篇禁使）。

此言與西諺所說：「誰看守看守人」（Who will oversee the overseers?）相似。然則如何而可呢？依商鞅之意，最好是「使吏非法無以守」（商君書第二十五篇慎法），吏「有敢刪定法令，損益一字以上，罪死不赦」（商君書第二十六篇定分），法令不但要顯明而易知，

> 夫微妙意志之言，上知之所難也。夫不待法令繩墨而無不正者，千萬之一也。故聖人以千萬治天下，故夫知者而後能知之，不可以為法，民不盡知。賢者而後知之，不可以為法，民不盡賢。故聖人為法，必使之明白易知（商君書第二十六篇定分）。

而且各地尚須置法官及吏一人，吏與民不知法令，可問法官，這樣，吏知民之知法，民亦知吏之知法，吏與民互相監視，而均不敢犯法。

> 郡縣皆各為置一法官及吏……吏民（欲）知法令者，皆問法官，故天下之吏民無不知法者。吏明知民知法令也，故吏不敢以非法遇民，民不敢犯法以干法官也。遇民不修法，則問法官，法官即以法之罪告之，民即以法官之言正告之吏。吏知其如此，故吏不敢以非法遇民，民又不敢犯法。如此，天下之吏民，雖有賢良辯慧，不能開一言以枉法（商君書第二十六篇定分）。

慎子有言：「治國無其法則亂，守法而不變則衰」（慎子，逸文），商鞅亦謂法應依時而變。「三代不同禮而王，五霸不同法而霸」（商君書第一篇更法），非其相反，時變異也。所以「聖人之為國也，不法古，不修今，因世而為之治，度俗而為之法」（商君書第八篇壹言）。然而「民不可與慮始，而可與樂成……故知者作法，而愚者制焉。賢者更禮，而不肖者拘焉」（商君書第一篇更法）。由此可知變法之權固屬於君主。商鞅生在戰國，周代之法已不適用，故他極力主張變法，他說：

前世不同教，何古之法。帝王不相復，何禮之循。伏羲、神農，教而不誅，黃帝、堯、舜，誅而不怒，及至文、武，各當時而立法，因事而制禮，禮法以時而定，制令各順其宜。……故曰治世不一道，便國不必法古。湯武之王也，不修古而興，殷夏之滅也，不易禮而亡，然則反古者未必可非，循禮者未足多是也（商君書第一篇更法）。

雖然有法，人主若不佐之以術，亦難成功。何謂術，商鞅亦未說明。而只說：

主操名利之柄，而能致功名者數也。聖人審權以操柄，審數以使民。數者、臣主之術，而國之要也。故萬乘失數而不危，臣主失術而不亂者，未之有也（商君書第六篇算地）。

法家之所謂數，亦即是術。照商鞅言，君臣均須用術，君操術以治臣，臣操術以治民，如是，民不能欺臣，臣亦不能欺君，這與韓非所謂術當藏於人主胸中，藉以潛御群臣者不同（參閱韓非子第三十八篇難三）。

商鞅生在戰國時代，周天子之尊嚴已不存在，而諸侯割據，攻戰不休，故他不主張尊王，而欲於諸侯之中，選擇一國，代周一統天下，使攻戰變為和平。然欲一統天下，必須利用武力，而既要利用武力了，就須富國強兵。在農業社會，富國必須重農。商鞅說：

百人農一人居者王，十人農一人居者彊，半農半居者危。故治國者欲民之農也。國不農，則與諸侯爭權，不能自持也，則眾力不足也（商君書第三篇農戰）。

重農之法如何？商鞅以為：

官屬少，徵不煩，民不勞，則農多日。農多日，徵不煩，業不敗，則草必墾矣（商君書第二篇墾令）。

即省官、省事，賦斂輕而傜役少，使民有充分的時日，耕耘田地。商鞅由重農，進而輕商，即「能事本而禁末者富」（商君書第八篇壹言）。他說：

欲農富其國者，境內之食必貴，而不農之徵必多，市利之租必重，則民不得無田。無田不得不易其食，食貴則田者利，田者利則事者眾。食貴糴食不利，而又加重徵，則民不得無去其商賈技巧而事地利矣。故民之力盡在於地利矣（商君書第二十二篇外內）。

就是商鞅主張貴粟以勉農，重關稅之徵以苦商。殊不知戰國時代，經濟上已經分工，商人所販賣者常供農民之用。重關稅之徵，往往轉嫁於農民。而且農產物又恃商人運販於市場，而商鞅竟謂「使商無得糴，農無得糶」（商君書第二篇墾令）。農無得糶，則農民所生產之物，勢必盡量減少，減少到只供一家之用，這樣，草未必墾，而田卻必荒了。

商鞅由於重農，希望人民皆致力於農事，凡事可以減少農民人數，而害農事者，商鞅無不反對。其輕視各種學者，就是一例，商鞅說：

農戰之民千人，而有詩書辯慧者一人焉，千人者皆怠於農戰矣。農戰之民百人，而有技藝者一人焉，百人者皆怠於農戰矣（商君書第三篇農戰）。

但是社會能夠進步，多由於學說之能推陳出新。而商鞅竟然主張「不貴學問」，以為「民不貴學則愚，愚則無外交，無外交則國勉農而不偷……勉農而不偷，則草必墾矣」（商君書第二篇墾令）。固然全國的人盡皆為士，則草不墾，而田不耕。希望草墾田耕，而竟鄙視學問，這是因噎廢食，商鞅的思想實在令人難於了解。何況愚民政策亦只能苟安一時，歷史上禍亂之起，並不是由於智者發動，而是由於民不聊生，愚者鋌而走險，終至政權顛覆，朝代更易，智者不過乘時而起，收拾殘局而已。

至於強兵方法，商鞅提出壹賞之法，他說：「用兵之道，務在壹賞」（商君書第六篇算地），「民之所欲萬，而利之所出一，民非一，則無以致欲……啟一門以致其欲，使民必先行其所要，然後致其所欲」（商君書第五篇說民）。商鞅說明「壹賞」如次：

所謂壹賞者，利祿官爵專出於兵，無有異施也……彼能戰者踐富貴之門，強梗（梗謂反抗）焉，有常刑而不赦……民之欲富貴也，共闔棺而後止，而富貴之門，必出於兵，是故民聞戰而相賀也（商君書第十七篇賞刑）。

又說：

民勇者戰勝，民不勇者戰敗，能壹民於戰者民勇，不能壹民於戰者，民不勇。聖王見王之致於兵也，故舉國而責之於兵。入其國，觀其治，兵用者強。奚以知民之見用者也，民之見戰也，如餓狼之見肉，則民用矣。凡戰者，民之所惡也，能使民樂戰者王。彊國之民，父遺其子，兄遺其弟，妻遺其夫，皆曰不得，無返（謂不得勝，寧戰死不可返家）。又曰失法離令，若死，我死鄉（謂不但汝死，我亦死於鄉）……是以三軍之眾，從令如流，死而不旋踵（商君書第十八篇畫策）。

商鞅不但用賞，使民愛戰，且又用刑，使民不敢不戰，故說：「民勇則賞之以其所欲，民怯則刑之以其所惡，故怯民使之以刑則勇，勇民使之以賞則死。怯民勇，勇民死，國無敵者必王」（商君書第五篇說民）。上文所舉「若死，我死鄉」之言，則刑似及其家族了。商鞅曾定軍功之爵，爵二十級，斬一首者賜爵一級。

> 商君為法於秦，戰斬一首，賜爵一級（史記卷五秦本紀，集解）。

而賞爵一級者，田宅亦隨之增加。

> 賞爵一級，益田一頃，益宅九畝（商君書第十九篇境內）。

斬五首者可以隸役五家。

> 五甲首而隸五家，注引服虔曰，能得著甲者五人首，使得隸五家也（漢書卷二十三刑法志）。

爵至五大夫，可以免除徭役。

> 五大夫爵之第九級也，至此以上始免徭役（漢書卷二十四下食貨志顏師古注曰）。

爵至公大夫，令丞與亢禮。

> 秦民，爵公大夫以上，令丞與抗禮。注引應劭曰亢禮者長揖不拜。師古曰亢者當也，言高下相當，無所卑屈，不獨謂揖拜也（漢書卷一下高帝紀五年）。

秦民欲得田宅奴婢，須先得爵；而欲得爵，須有軍功；欲得軍功，須有對外戰爭。所以「民聞戰而相賀也」（商君書第十七篇賞刑）。此即所謂「壹賞，利祿官爵專出於兵，無有異施也」（商君書第十七篇賞刑）。

富國以農，強國以兵，合而言之，就是農戰。然「農，民之所苦；而戰，民之所危也」（商君書第六篇算地），所以「非劫以刑，而歐以賞，莫可」（商君書第二十五篇慎法）。商鞅說：

故聖人之為國也，入令民以屬農，出令民以計戰。夫農民之所苦；而戰，民之所危也。犯其所苦，行其所危者，計也。故民生則計利，死則慮名，名利之所出，不可不審也。利出於地，則民盡力。名出於戰，則民致死。入使民盡力，則草不荒。出使民致死，則勝敵。勝敵而草不荒，富彊之功，可坐而致也（商君書第六篇算地）。

又說：

民之外事，莫難於戰……故欲戰其民者必以重法，賞則必多，威則必嚴……民見戰賞之多，則忘死，見不戰之辱，則苦生。賞使之忘死，而威使之苦生……以此遇敵，是以百石之弩射飄葉也，何不陷之有哉。民之內事莫苦於農，……故曰欲農富其國者，境內之食必貴……食貴，則田者利，田者利，則事者眾……故為國者，邊利盡歸於兵，市利盡歸於農。邊利歸於兵者強，市利歸於農者富。故出戰而強，入休而富者，王也（商君書第二十二篇外內）。

復說：

故吾教令，民之欲利者非耕不得，避害者非戰不免，境內之民，莫不先務耕戰，而後得其所樂。故地少粟多，民少兵彊。能行二者於境內，則霸王之道畢矣（商君書第二十五篇慎法）。

但是秦既以農立國，又採農兵制度，務外戰則農事廢，勤耕耘又無遑向外發展。然則如何調和農與戰呢？於是商鞅就引誘三晉的人來耕秦地，而使秦民應敵於外。即如杜佑所說：「鞅以三晉地狹人眾，秦地廣人寡，故草不盡墾，地利不盡出，於是誘三晉之人，利其田宅，復三代，無知兵事，而務本於內，而使秦人應敵於外」（通典卷一田制上）。商鞅說：

秦之所與鄰者三晉也，所欲用兵者韓魏也，彼土狹而民眾……此其土之不足以生其民也，似有過秦民之不足以實其土也。意民之情，其所欲者田宅也，而晉之無有也，信秦之有餘也。必如此，而民不西者，秦士戚而民苦也……今利其田宅，而復之三世，此必與其所欲，而不使行其所惡也，然則山東之民無不西者矣……夫秦之所患者，興兵而伐，則國家貧；安居而農，則敵得休息，此王所不能兩成也……今以故秦事敵，而使新民作本，兵雖百宿於外，境內不失須臾之時，此富強兩成之效也（商君書第十五篇徠民）。

茲有一個問題，三晉的人既有田宅，而又三代蠲免兵役，秦人那裡願意呢？前曾說過，軍功之法「五甲首而隸五家」，秦人出戰，能得著甲者五人之首，便能隸役五家。此五家當係三晉的人。秦人為武士階級，晉人則為佃戶，秦人解放於農耕之外，其地位在晉人之上。晉人解放於兵役之外，其安全在秦人之上。雙方都有所利，所以秦國採用這個政策之後，「數年之間，國富兵強，天下無敵」（通典卷一田制上）。

在法家之中，商鞅的思想比之管仲，稍見偏激。他以勢、法、術三者為治國之本，所以他與儒家不同，謂仁義不足以治天下。他說：

> 仁者能仁於人，而不能使人仁；義者能愛於人，而不能使人愛，是以知仁義之不足以治天下也（商君書第十八篇畫策）。

人主有勢，而又用術，依法行使刑賞，自可無為而治。案法家無不希望人主識大體，不躬小事，商鞅雖有「獨斷於君則威」（商君書第十四篇修權）之言，但君所獨斷者只是國之大事，並不是事事皆管，人人皆管。他說：

> 故聖人明君者，非能盡其萬物也，知萬物之要也。故其治國也，察要而已矣（商君書第三篇農戰）。

> 聖人非能通知萬物之要也。故其治國，舉要以致萬物，故寡教而多功（商君書第十七篇賞刑）。

所謂察要，蓋如文子所說：「事煩難治，法苛難行，求多難贍……功約易成，事省易治，求寡易贍」（文子下，上仁）。始皇不知此意，喜歡多所作為。「躬操文墨，晝斷獄，夜理書」（漢書卷二十三刑法志），「至以衡石量書，日夜有呈，不中呈，不得休息」（史記卷六秦始皇本紀三十六年）。侯生盧生謂「始皇為人天性剛戾自用……丞相諸大臣皆受成事，倚辦於上」（史記卷六秦始皇本紀三十五年）。始皇雖然尊崇韓非，且說「嗟乎，寡人得見此人，與之游，死不恨矣」（史記卷六十三韓非傳）。而又不依韓非之言，「明君之道，使智者盡其慮，而君因以斷事，故君不窮於智；賢者效其材，君因而任之，故君不窮於能」（韓非子第五篇主道）。又誤解商鞅所說：「獨斷於君則威」，以一人之才智，而獨斷天下之事，安得無誤。措置乖誤，天下大亂是勢之必然的。

三、韓　非

韓非受業於荀卿之門，荀卿屬於儒家，韓非則屬於法家。由儒而法，這種轉變甚似不合情理，然吾人熟讀荀子與韓非子兩書，又可知道韓非之學還是出於荀卿，不過矯枉過正，荀子之禮，韓非變之為法，荀子不忘禮義，韓非則反對禮義，而唯刑賞是視。其言論不免偏激，而在當時，還不失為救世的藥石。

易云：「古者包犧之王天下也……作結繩而為罔罟，以佃以漁……包犧氏沒，神農氏作，斲木為耜，揉木為耒，耒耨之利，以教天下」（周易卷八繫辭下）。故又云：「備物致用立成器，莫大乎聖人」（周易卷七繫辭下）。韓非所想像的原始社會就是如此。他說：

> 上古之世，人民少而禽獸眾。人民不勝禽獸蟲蛇，有聖人作。搆木為巢，以避群害，而民悅之，使王天下，號之曰有巢氏。民食果蓏蜯蛤腥臊惡臭，而傷害腹胃，民多疾病，有聖人作，鑽燧取火，以化腥臊，而民悅之，使王天下，號之曰燧人氏（韓非子第四十九篇五蠹）。

社會由蒙昧而至開化，人類的知識進步了，人類的慾望也增加了，然而人口乃不斷的增加，而自然界的物資遂不能供給人類的需要，於是和平社會就變成鬥爭世界。

> 古者丈夫不耕，草木之實足食也。婦人不織，禽獸之皮足衣也。不事力而養足，人民少而財有餘，故民不爭，是以厚賞不行，重罰不用，而民自治。今人有五子不為多，子又有五子。大父未死，而有二十五孫，是以人民眾而貨財寡，事力勞而供養薄，故民爭，雖倍賞累罰而不免於亂（韓

非子第四十九篇五蠹）。

而人類又有利己之心，「利之所在，皆為賁諸」（韓非子第二十三篇說林下）。他說：

醫善吮人之傷，含人之血，非骨肉之親也，利所加也。故輿人成輿，則欲人之富貴。匠人成棺，則欲人之夭死也。非輿人仁而匠人賊也。人不貴，則輿不售。人不死，則棺不買，情非憎人也，利在人之死也（韓非子第十七篇備內）。

又說：

人為嬰兒也，父母養之簡，子長而怨。子盛壯成人，其供養薄，父母怒而誚之。子父至親也，而或譙或怨者，皆挾相為而不周於為己也。夫賣庸而播耕者，主人費家而美食，調布而求易錢者，非愛庸客也，曰如是，耕者且深，耨者熟耘也。庸客致力而疾耘耕者，盡巧而正畦陌畦時者，非愛主人也，曰如是，羹且美，錢布且易云也。此其養功力，有父子之澤矣。而心調於用者，皆挾自為心也。故人行事施予，以利之為心，則越人易和。以害之為心，則父子離且怨（韓非子第三十二篇外儲說左上）。

即由韓非看來，人類一切行動均以自己的利害為標準，世上絕沒有利他的賢人。人類挾利己之心，居於物資缺乏的社會，而人類又未必真能認識何者是利，何者是害。

民智之不可用，猶嬰兒之心也。夫嬰兒不剔首則腹痛，不揊痤則寖益。剔首揊痤，必一人抱之，慈母治之，然猶啼呼不止。嬰兒子不知犯其所小苦，致其所大利也（韓非子第五十篇顯學）。

於是鬥爭愈益激烈，然而人類既有利害觀念，「好利惡害，夫人之所有也」（韓非子第三十七篇難二），「夫安利者就之，危害者去之，此人之情也」（韓非子第十四篇姦劫弒臣）。古之聖人依人類之好利惡害，就設置了刑賞之制。韓非說：

明主……設民所欲，以求其功，故為爵祿以勸之。設民所惡，以禁其姦，故為刑罰以威之（韓非子第三十六篇難一）。

又說：

凡治天下必因人情。人情者有好惡，故賞罰可用，賞罰可用，則禁令可立，而治道具矣（韓非子第四十八篇八經）。

刑是利用人類的「惡」的感情，賞是利用人類的「好」的感情。刑所以懲暴，賞則用以勸善，故說：

聖王之立法也，其賞足以勸善，其威足以勝暴（韓非子第二十六篇守道）。

又說：

荊南之地，麗水之中生金，人多竊采金。采金之禁，得而輒辜磔於市，甚眾，壅離其水也。而人竊金不止，夫罪莫重辜磔於市，猶不止者，不必得也。故今有於此曰，予汝天下而殺汝身，庸人不為也。夫有天下，大利也，猶不為者，知必死，故不必得也。則雖辜磔，竊金不止，知必死，則天下不為也（韓非子第三十篇內儲說上）。

復說：

> 不恃賞罰而恃自善之民，明主弗貴也。何則，國法不可失，而所治非一人也。故有術之君不隨適然（適然謂偶然也）之善，而行必然之道（韓非子第五十篇顯學）。

社會能夠安定，完全在於刑賞。人主雖操刑賞之權，而亦不可依一己之喜怒任意行使。行使刑賞，須以功罪為標準。他說：

> 而聖人之治國也，賞不加於無功，而誅必行於有罪者也（韓非子第十四篇姦劫弒臣）。

且須不分親疏。

> 是故誠有功，則雖疏賤必賞。誠有過，則雖近愛必誅。近愛必誅，則疏賤者不怠，而近愛者不驕也（韓非子第五篇主道）。

而無功者絕不可與有功者同賞。

> 夫使民有功與無功俱賞者，此亂之道也（韓非子第三十五篇外儲說右下）。

至於有罪必不可赦。

> 若罪人，則不可救。救罪人，法之所以敗也，法敗則國亂。若非罪人，則（不可）勸之以徇（殉），勸之以殉，是重不幸也，重不幸，民所以起怨者也，民怨則國亂（韓非子第三十六篇難一）。

蓋人皆欲就利避害，刑賞就是利用人類之利己心，以大害使人不貪小利，以大利使人不避小害。韓非說：「夫挾相為則責望，自為則事行」（韓非子第三十二篇外儲說左上）。這就是慎子所說的「因」，慎子云「天道因則大，化則細。因也者，因人之情也。人莫不自為也，化而使之為我，則莫可得而用矣……故用人之自為，不用人之為我，則莫不可得而用矣，此之謂因」（慎子，因循）。而「因」之說實原於道家，文子說：「因即大，作即小，古之瀆水者因水之流也，生稼者因地之宜也……能因則無敵於天下矣」（文子第十八篇自然）。刑賞的效力就是因人之性，「使人自為」。倘若無功而得賞，無罪而受刑，則人們必以詐偽相尚，而天下亂矣。

刑賞為治國的工具，「故有術之主，信賞以盡能，必罰以禁邪」（韓非子第三十三篇外儲說左下），這是法家的共同思想。法家不但主張信賞必罰，且又主張厚賞重刑。韓非說：

好利惡害，夫人之所有也。賞厚而信，人輕敵矣。刑重而必，（失）人不比矣（韓非子第三十七篇難二）。

賞厚則所欲之得也疾，罰重則所惡之禁也急。夫欲利者必惡害，害者利之反也，反於所欲，焉得無惡。欲治者必惡亂，亂者治之反也，是故欲治甚者，其賞必厚矣，其惡亂甚者，其罰必重矣……且夫重刑者，非為罪人也，明主之法（揆）也。治賊非治所揆（應作殺字）也，所揆（殺）也者是治死人也。刑盜非治所刑也，治所刑也者，是治胥靡也。故曰重一姦之罪，而止境內之邪，此所以為治也。重罰者盜賊也，而悼懼者良民也，欲治者奚疑於重刑。若夫厚賞者，非獨賞功也，又勸一國。受賞者甘利，未賞者慕業，是報一人之功而勸境內之眾也，欲治者何疑於厚賞。今不知治者，皆曰重刑傷民，輕刑可以止姦，何必於重哉，此不察於治者也。夫以重止者未必以輕止也，以輕止者必以重止矣。是以上設重刑者而姦盡止，姦盡止，則此奚傷於民也。所謂重刑者，姦之所利者細，而上之所加焉者大也。民不以小利蒙大罪，故姦必止者也。所謂輕刑者，姦之所利者大，上之所加焉者小也，民慕其利而傲其罪，故姦不止也（韓非子第四十六篇六反）。

固然韓非曾說：「用賞過者失民，用刑過者民不畏，有賞不足以勸，有刑不足以禁，則國雖大必危」（韓非子第十九篇飾邪），而希望刑賞適中，但他還是偏重於嚴刑。他曾假託孔子之言，證明嚴刑之必要。

殷之法，刑棄灰於街者，子貢以為重，問之仲尼。仲尼曰知治之道也。夫棄灰於街必掩人；掩人，人必怒；怒則鬥，鬥必三族相殘也。此殘三族之道也，雖刑之可也。且夫重刑者，人之所惡也，而無棄灰，人之所易也。使人行之所易，而無離所惡，此治之道（韓非子第三十篇內儲說上七術）。

他自己亦說：

重刑少賞，上愛民，民死賞。多賞輕刑，上不愛民，民不死賞……行刑重其輕者，輕者不至，重者不來，此謂以刑去刑。罪重而刑輕，刑輕則事生，此謂以刑致刑，其國必削（韓非子第五十三篇飭令）。

而且韓非所主張之賞，也是同商鞅一樣，用之以濟刑罰之窮，即厚賞不過獎人告姦而已。蓋「人主以二目視一國，一國以萬目視人主」（韓非子第三十四篇外儲說右上），何能沒有錯誤，於是告姦之賞就有必要。韓非說：

明主者使天下不得不為己視，使天下不得不為己聽，故身在深宮之中，而明照四海之內……其所以然者，匿罪之罰重，而告姦之賞重也。此亦使天下必為己視聽之道也（韓非子第十四篇姦劫弒臣）。

刑最好是由尊貴之人開始。即六韜所謂：「殺貴大」之意。孔子殺少正卯，因其為魯國第一名流，商鞅刑太子師傅，因其係秦之大官。韓非云：

上古之傳言，春秋所記，犯法為逆以成大姦者，未嘗不從尊貴之臣也。而法令之所以備，刑罰之所以誅，常於卑賤，是以其民絕望，無所告愬（韓非子第十七篇備內）。

韓非並未忘記人民不但好利，且又好名，「利之所在，民歸之。名之所彰，士死之」（韓非子第三十二篇外儲說左上），所以刑賞須與社會的毀譽一致。他說：

夫賞所以勸之，而毀存焉。罰所以禁之，而譽加焉。民中立而不知所由，此亦聖人之所為泣也（韓非子第三十五篇外儲說右下）。

又說：

夫立名號，所以為尊也。今有賤名輕實者，世謂之高。設爵位，所以為賤貴基也，而簡上不求見者，世謂之賢。威利所以行令也，而無利輕威者，世謂之重。法令所以為治也，而不從法令為私善者，世謂之忠。官爵所以勸民也，而好名義不進仕者，世謂之烈士。刑罰所以擅威也，而輕法不避刑戮死亡之罪者，世謂之勇夫。民之急名也，甚其求利也如此，則士之饑餓乏絕者，焉得無巖居苦身以爭名於天下哉。故世之所以不治者，非下之罪，上失其道也（韓非子第四十五篇詭使）。

韓非既以刑賞基於人情之好利惡害，故凡不畏刑，不愛賞的人，他均視為無益之臣，即不令之民，而主張除之。他說：

古有伯夷叔齊者，武王讓以天下而弗受，二人餓死首陽之陵。若此臣者，不畏重誅，不利重賞，不可以罰禁也，不可以賞使也，此之謂無益之臣也（韓非子第十四篇姦劫弒臣）。

又說：

賞之譽之不勸，罰之毀之不畏，四者加焉不變，則除之（韓非子第三十四篇外儲說右上）。

復說：

夫見利不喜，上雖厚賞，無以勸之。臨難不恐，上雖嚴刑，無以威之。此之謂不令之民也（韓非子第四十四篇說疑）。

此無他，「使人不衣不食，而不饑不寒，又不惡死，則無事上之意」（韓非子第四十七篇八說），上何法以使之。韓非又杜撰太公望之事，以證明自己主張之合理。太公望東封於齊，殺齊之居士狂矞華士，因其不求名，不求利，耕作而食之，掘井而飲之，而無所求於人。因此，就為太公望所殺。

太公望東封於齊，齊東海上有居士，曰狂矞、華士昆弟二人者。立議曰，吾不臣天子，不友諸侯，耕作而食之，掘井而飲之，吾無求於人也。無上之名，無君之祿，不事仕而事力。太公望至於營丘，使執而殺之，以為首誅。周公旦從魯聞之，發急傳而問之曰，夫二子賢者也。今日饗國而殺賢者，何也。太公望曰，是昆弟二人議曰，吾不臣天子，不友諸侯，耕作而食之，掘井而飲之，吾無求於人也。無上之名，無君之祿，不事仕而事力。彼不臣天子者，是望不得而臣也。不友諸侯者，是望不得而使也。耕作而食之，掘井而飲之，無求於人者，是望不得以賞罰勸禁也。且無上名，雖知不為望用。不仰君祿，雖賢不為望功。不仕則不治，不任則不忠。且先王之所以使其臣民者，非爵祿則刑罰也，今四者不足以使之，則望當誰為君乎……是以誅之（韓非子第三十四篇外儲說右上）。

韓非的言論極為偏激，其師荀子尚不忘仁義，而韓非卻變本加厲，因刑賞而反對仁義惠愛，茲舉其言如次。

世之學術者說人主……皆曰仁義惠愛而已矣。世主美仁義之名，而不察其實，是以大者國亡身死，小者地削主卑。何以明之，夫施與貧困者，此世之所謂仁義；哀憐百姓，不忍誅罰者，此世之所謂惠愛也。夫有施與貧困，則無功者得賞；不忍誅罰，則暴亂者不止。國有無功得賞者，則民不外務當敵斬首，內不急力田疾作，皆欲行貨財，事富貴，為私善，立名譽，以取尊官厚俸，故姦私之臣愈眾，而暴亂之徒愈勝，不亡何待。夫嚴刑者，民之所畏也；重罰者，民之所惡也。故聖人陳其所畏，以禁其衺，設其所惡，以防其姦，是以國安而暴亂不起。吾以是明仁義愛惠之不足用，而嚴刑重罰之可以治國也。無捶策之威，銜橛之備，雖造父不能以服馬。無規矩之法，繩墨之端，雖王爾不能以成方圓。無威嚴之勢，賞罰之法，雖堯舜不能以為治。今世主皆輕釋重罰嚴誅，行愛惠，而欲霸王之功，亦不可幾也。故善為主者，明賞設利以勸之，使民以功賞而不以仁義賜。嚴刑重罰以禁之，使民以罪誅，而不以愛惠免。是以無功者不望，而有罪者不幸矣（韓非子第十四篇姦劫弒臣）。

今世皆曰尊主安國者，必以仁義智能，而不知卑主危國者之必以仁義智能也。故有道之主，遠仁義，去智能，服之以法。是以譽廣而名威，民治而國安，知用民之法也（韓非子第四十四篇說疑）。

法家每有偏激的言論，而與儒家相反，孟子以富貴不能淫，威武不能屈，為大丈夫之志趣。富貴不能淫是不好利也，威武不能屈是不畏死也。其實，儒家所言者為統治者對己的態度，法家所言者為統治者對人（被統治者）的態度。否則子順何以說：「人之可使，以有欲也……夷齊無欲，雖文武不能制。君安得而臣之」（孔叢子第十五篇陳士義）。而管子又何以說：「明君知民之必以上為心也，故……立儀以自正也」（管子第十六篇法法）。明乎此，則吾國古代政治思想並沒有多大出入，亦可知道。若研究韓非之言，韓非反對仁義，邏輯上似有問題。蓋慈者不忍，未必不忍有罪之人，惠者好施，未必賞及無功之民，而韓非乃說：

夫慈者不忍，而惠者好與也。不忍則不誅有過，好予則不待有功而賞。有過不罪，無功受賞，雖亡不亦可乎（韓非子第三十篇內儲說上）。

惠之為政，無功者受賞，則有罪者免，此法之所以敗也。法敗而政亂，以亂政治敗民，未見其可也（韓非子第三十八篇難三）。

> 慈母之於弱子也……弱子有僻行，使之隨師，有惡病，使之事醫。不隨師則陷於刑，不事醫則疑於死。慈母雖愛，無益於振刑救死，則存子者非愛也……母不能以愛存家，君安能以愛存國……故存國非仁義也。仁者慈惠而輕財者也……慈惠則不忍，輕財則好與……不忍則罰多宥赦，好與則賞多無功……故仁人在位，下肆而輕犯禁法，偷幸而望於上……故曰仁暴者皆亡國者也（韓非子第四十七篇八說）。

韓非之言不合邏輯，觀此已可知道。其輕視仁義，固然離開儒家之荀子，且亦離開法家的管子，商鞅尚不敢反對仁義，而只謂仁義不足以治天下（參閱商君書第十八篇畫策），至於韓非則竟反對仁義了。

人主操刑賞二柄，以御人民。然而人主不能以一人而治天下，故須設置百官。但「物者有所宜，材者有所施」（韓非子第八篇揚權）。慎子有言：「古者，士不兼官……士不兼官則職寡，職寡則易守」（慎子，威德）。韓非亦謂用人之法，「使士不兼官，故技長」（韓非子第二十七篇用人）。又說：「明主之道，一人不兼官，一官不兼事」（韓非子第三十六篇難一）。最好是「賢材者處厚祿，任大官」（韓非子第九篇八姦）。但是賢材並不易知。他一方說：「燕子噲賢子之而非孫卿，故身死為僇。夫差智太宰嚭而愚子胥，故滅於越」（韓非子第三十八篇難三），同時又說明選賢之法。

> 明君不自舉臣，臣相進也（臣字當作功），不自（選）賢，功自徇也。論之於任，試之於事，課之於功，則群臣公正而無私，不隱賢，不進不肖，然則人主奚勞於選賢（韓非子第三十八篇難三）。

上文所舉選賢之法，韓非子又有別的說明。

為人臣者陳而（而字當作其）言，君以其言授之事，專以其事責其功。功當其事，事當其言，則賞。功不當其事，事不當其言，則罰。故群臣其言大而功小者，則罰。非罰小功也，罰功不當名也。群臣其言小而功大者，亦罰。非不說於大功也，以為不當名也，害甚於有大功，故罰（韓非子第七篇二柄）。

此即舜典所謂「敷奏以言，明試以功，車服以庸」之意。韓非又繼續說：

昔者韓昭侯醉而寢，典冠者見君之寒也，故加衣於君之上，覺寢而說。問左右曰，誰加衣者。左右答曰，典冠。君因兼罪典衣，殺典冠。其罪典衣，以為失其事也。其罪典冠，以為越其職也。非不惡寒也，以為侵官之害甚於寒。故明主之畜臣，臣不得越官而有功，不得陳言而不當，越官則死，不當則罪（韓非子第七篇二柄）。

政治上最重要者是位、權、責三者能夠貫聯。在其位者須有其權，有其權者須負其責。反之亦然，負其責者須有其權，有其權者須在其位。典衣不加衣，是為曠職，典冠加衣，是為越權。曠職之弊，世人皆知。越權之弊乃更甚於曠職。曠職不過一部分職事之不理，越權則可引起官紀的棼亂。此而不加禁止，惰者因見有人代庖而曠職，姦邪之人既見越俎之無刑，不免得寸進尺，干涉各種行政。申不害云：「治不踰官，雖知不言」（申子），亦此意也。東漢之世，三公無權，事歸臺閣，而政有不理，猶復譴責三公。位、權、責三者分開，卒至引起宦官之禍，這是讀史者共知的事。

人主以一人而能控制群臣，在其有「勢」。「勢者勝眾之資也」（韓非子第四十八篇八經），「彼民之為我用者，非以吾愛之之為我用者也，以吾勢之為我用者也」（韓非子第三十五篇外儲說右下）。其最重要的則為刑賞二柄。韓非說：

明主之所導制其臣者二柄而已矣。二柄者刑德也。何謂刑德？曰殺戮之謂刑，慶賞之謂德。為人臣者畏誅罰而利慶賞，故人主自用其刑德，則群臣畏其威而歸其利矣（韓非子第七篇二柄）。

因之，刑賞二柄，人主必須自操，否則太阿倒持，而篡奪之禍必難避免。韓非說：

今人主非使賞罰之威利出於己也，聽其臣而行其賞罰，則一國之人，皆畏其臣而易其君，歸其臣而去其君矣。此人主失刑德之患也。夫虎之所以能服狗者，爪牙也，使虎釋其爪牙，而使狗用之，則虎反服於狗矣。人主者，以刑德制臣者也，今君人者釋其刑德，而使臣用之，則君反制於臣矣（韓非子第七篇二柄）。

又說：

賞罰者利器也，君操之以制臣，臣得之以擁主，故君先見所賞，則臣鬻之以為德。君先見所罰，則臣鬻之以為威。故曰，國之利器，不可以示人（韓非子第三十一篇內儲說下六微）。

荀卿以為勢可以為善，亦可以為惡。「處勝人之勢，行勝人之道，天下莫忿，湯武是也。處勝人之勢，不以勝人之道，厚於有天下之勢，求為匹夫，不可得也，桀紂是也」（荀子第十六篇強國）。韓非受了荀子的影響，一方有「難勢」一文，反對慎子之說：慎子云：「騰蛇遊霧，飛龍乘雲，雲罷霧霽與蚯蚓同，則失其所乘也。故賢而屈於不肖者，權輕也；不肖而服於賢者，位尊也。堯為匹夫，不能使其鄰家，至南面而王，則令行禁止。由此觀之，賢不足以服不肖，而勢位足以屈賢矣」（慎子，威德）。韓非則駁之曰：

應慎子曰，飛龍乘雲，騰蛇遊霧。吾不以龍蛇為不託於雲霧之勢也。雖然，夫釋賢而專任勢，足以為治乎，則吾未得見也。夫有雲霧之勢而能乘遊之者，龍蛇之材美（之）也。今雲盛而螾弗能乘也，霧醲而螘不能遊也。夫有盛雲醲霧之勢而不能乘遊者，螾螘之材薄也。今桀紂南面而王天下，以天子之威為之雲霧，而天下不免乎大亂者，桀紂之材薄也。且其人以堯之勢以治天下也，其勢何以異桀之勢也，亂天下者也。夫勢者，非能必使賢者用己，而不肖者不用己也。賢者用之則天下治，不肖者用之則天下亂。人之情性賢者寡而不肖者眾，而以威勢之利濟亂世之不肖人，則是以勢亂天下者多矣，以勢治天下者寡矣。夫勢者，便治而利亂者也（韓非子第四十篇難勢）。

同時又承認勢之重要。他說：

夫有材而無勢，雖賢不能制不肖。故立尺材於高山之上，下臨千仞之谿，材非長也，位高也。桀為天子，能制天下，非賢也，勢重也。堯為匹夫，不能正三家，非不肖也，位卑也。千鈞得船則浮，錙銖失船則沉，非千鈞輕而錙銖重也，有勢之與無勢也。故短之臨高也以位，不肖之制賢也以勢（韓非子第二十八篇功名）。

又說：

且民者固服於勢，寡能懷於義。仲尼天下聖人也，修行明道，以遊海內，海內說其仁，美其義，而為服役者七十人。蓋貴仁者寡，能義者難也。故以天下之大，而為服役者七十人，而仁義者一人。魯哀公下主也，南面君國，境內之民，莫敢不臣。民者固服於勢，勢誠易以服人，故仲尼反為臣，而哀公顧為君。仲尼非懷其義，服其勢也。故以義則仲尼不服於哀公，乘勢則哀公臣仲尼。今學者之說人主也，不乘必勝之勢，而務行仁義，則可以王。是求人主之必及仲尼，而以世之凡民皆如列徒，此必不得之數也（韓非子第四十九篇五蠹）。

不過韓非還依荀子之說，以為「勢」不可恃，須視人主應用能否得法。「善任勢者國安，不知因其勢者國危」（韓非子第十四篇姦劫弒臣）。即韓非並非絕對反對慎子所說之勢，因而他又由「勢」而主張「威」。

> 今有不才之子，父母怒之弗為改，鄉人譙之弗為動，師長教之弗為變，夫以父母之愛，鄉人之行，師長之智，三美加焉，而終不動，其脛毛不改（下有脫文）。州部之吏，操官兵，推公法，而求索姦人，然後恐懼，變其節，易其行矣。故父母之愛不足以教子，必待州部之嚴刑者，民固驕於愛，聽於威矣（韓非子第四十九篇五蠹）。

人主如何善用其勢，韓非變荀子之禮而為法。荀子說：「禮者法之大分」（荀子第一篇勸學）、「非禮是無法也」（荀子第二篇修身）。禮是社會規範，法則於社會規範之中選擇其最重要者，編著之圖書。至於法由何人制定。管子說：「夫生法者君也」（管子第四十五篇任法）。韓非對此沒有明顯說明。但吾人觀其所說「先君之令未收，而後君之令又下」（韓非子第四十三篇定法），是則定法之權亦屬之君主。但是君主並不能隨便定法，慎子云：「法非從天下，非從地出，發於人間，合乎人心而已」（慎子，逸文），即法是由君主依人心之好利惡害的觀念，而制定之。何謂法？「法者編著之圖書，設之於官府，而布之於百姓者也」（韓非子第三十八篇難三）。「法者憲令著於官府，刑罰必乎民心，賞存乎慎法，而罰加乎姦令者也」（韓非子第四十三篇定法）。前者是說明法之形式，後者是說明法之內容。照韓非說，自古以來，賢君如堯舜者寡，如桀紂者亦不多，大半都是中庸之主。他說：

> 且夫堯舜桀紂，千世而一出，是比肩隨踵而生也。世之治者不絕於中，吾所以為言勢者中也。中者上不及堯舜，而下亦不為桀紂。抱法處勢，則治。背法去勢，則亂。今廢勢背法而待堯舜，堯舜至乃治，是千世亂而一治也。抱法處勢而待桀紂，桀紂至乃亂，是千世治而一亂也。且夫治千而亂一，與治一而亂千也，猶乘驥駬而分馳也，相去亦遠矣（韓非子第四十篇難勢）。

何況貞信之士又不甚多。

> 今貞信之士不盈於十，而境內之官以百數，必任貞信之士，則人不足官，人不足官，則治者寡而亂者眾矣（韓非子第四十九篇五蠹）。

要從眾人之中選擇貞信之士，實在不易，只有依法為之，才克有濟。所以「明主使法擇人，不自舉也，使法量功，不自度也」（韓非子第六篇有度）。韓非說：

> 今天下無一伯夷，而姦人不絕世，故立法度量。度量信，則伯夷不失是，而盜跖不得非。法分明，則賢不得奪不肖，強不得侵弱，眾不得暴寡。……故設柙非所以備鼠也，所以使怯弱能服虎也。立法非所以避曾史也，所以使庸主能止盜跖也。為符非所以豫尾生也，所以使眾人不相謾也（韓非子第二十六篇守道）。

又說：

釋法術而任心治，堯不能正一國。去規矩而妄意度，奚仲不能成一輪。廢尺寸而差短長，王爾不能半中。使中主守法術，拙匠執規矩尺寸，則萬不失矣。君人者，能去賢巧之所不能，守中拙之所萬不失，則人力盡而功名立（韓非子第二十七篇用人）。

復說：

夫聖人之治國，不恃人之為吾善也，而用其不得為非也。恃人之為吾善也，境內不什數。用人不得為非，一國可使齊。為治者用眾而舍寡，故不務德而務法（韓非子第五十篇顯學）。

此即慎子所說：「古之全大體者……不以智累心，不以私累己，寄治亂於法術，託是非於賞罰，屬輕重於權衡，不逆天理，不傷情性，不吹毛而求小疵，不洗垢而察難知，不引繩之外，不推繩之內，不急法之外，不緩法之內，守成理，因自然」（慎子，逸文）。這就是申不害所說：「君道無知無為，而賢於有知有為」（申子）。為什麼呢？「聖君任法而不任智」（申子）之故。倘人君捨法而行私惠，猶如匠人不用規矩權衡，而欲知方圓斤兩。

夫懸衡而知平，設規而知圓，萬全之道也。明主使民飾於道（法）之故，故佚而有功。釋規而任巧，釋法而任智，惑亂之道也。亂主使民飾於智，不知道（法）之故，故勞而無功（韓非子第十九篇飾邪）。

人君自己固當如是矣，更重要的，須使其臣守法。

明主使其群臣不遊意於法之外，不為惠於法之內，動無非法（韓非子第六篇有度）。

即為人臣者須依法治民。愼子有言：「法雖不善，猶愈於無法，所以一人心也」(愼子，威德)。此言與過去英國法學者所謂「惡法也是法」(Dura lex, sed lex) 完全相同。申不害云：「君必明法正義，若懸權衡，以稱輕重，所以一群臣也」(申子)。韓非亦說：「吏者平法也，治國者不可失平也」(韓非子第三十三篇外儲說左下)。所以法令未布，不得擅行，法令已布，不得不行。用韓非之言表達之，就是：

先令者殺，後令者斬(韓非子第十九篇飾邪)。

然則法是什麼？法之內容應該如何？若歸納韓非之言，所謂法，一宜編為成文，而公布之。在春秋時代，列國已有公布刑書之事，左昭六年，「鄭人鑄刑書」，左昭二十九年晉鑄刑鼎，「著范宣子所為刑書焉」。前已舉過韓非之言：

法者編著之圖籍，設之於官府，而布之於百姓也(韓非子第三十八篇難三)。

二宜平等。

不避親貴，法行所愛(韓非子第三十四篇外儲說右上)。

三宜簡單而固定。

法莫一而固，使民知之(韓非子第四十九篇五蠹)。

所謂「一」就是簡單，所謂「固」就是固定，韓非極重視法之固定，故說：

法禁變易，號令數下者，可亡也（韓非子第十五篇亡徵）。

治大國而數變法，則民苦之，是以有道之君，貴虛靜而重變法（韓非子第二十篇解老）。

但是固定並不是永久不變，而是在一定期間之內，不要時時更改。時代變遷，法當然隨之而異，蓋如慎子所言：「守法而不變則衰」（慎子，逸文）。韓非說：

法與時轉則治，治與世宜則有功……時移而治不易者亂，能（治）眾而禁不變者削（韓非子第五十四篇心度）。

君主有制法之權，然法能夠合於時代的需要，乃有恃於明君。所以他固然主張法治，而其言論又不無前後矛盾之處。他說：

韓者晉之別國也。晉之故法未息，而韓之新法又生。先君之令未收，而後君之令又下……利在故法前令則道之，利在新法後令則道之。（利在）故新相反，前後相悖，則申不害雖十使昭王用術，而姦臣猶有所譎其辭矣（韓非子第四十三篇定法）。

勢不足恃，法不足恃，韓非乃依荀子之言：「君主不下室堂，而海內之情舉（皆）積此者，則操術然也」（荀子第三篇不苟），而主張術之重要。蓋「君臣非有骨肉之親」（韓非子第十四篇姦劫弒臣），「君臣之際，非父子之親也」（韓非子第三十六篇難一），「臣主之間非兄弟之親也」（韓非子第三十九篇難四），所以君之治國，不要恃人愛我，而須用術。

聖人之治國也，固有使人不得不愛我之道，而不恃人之以愛為我也。恃人之以愛為我者危矣，恃吾不可不為者安矣（韓非子第十四篇姦劫弒臣）。

何謂術？「術者藏之於胸中，以偶眾端，而潛御群臣者也……術不欲見……用術則親愛近習莫之得聞也」（韓非子第三十八篇難三）❶。人主行術之法，照韓非說，有下列數種：

㈠人主不要表示才智。

> 明君之道，使智者盡其慮，而君因以斷事，故君不窮於智。賢者敕其材，君因而任之，故君不窮於能。有功則君有其賢，有過則臣任其罪，故君不窮於名。是故不賢而為賢者師，不智而為智者正，臣有其勞，君有其成功，此之謂賢主之經也（韓非子第五篇主道）。
>
> 人主之道，靜退以為寶，不自操事，而知拙與巧，不自計慮，而知福與咎……故群臣陳其言，君以其言授其事，事以責其功。功當其事，事當其言，則賞。功不當其事，事不當其言，則誅（韓非子第五篇主道）。

所以他說「下君盡己之能，中君盡人之力，上君盡人之智」（韓非子第四十八篇八經），盡己之能者自己操事，盡人之力者自己計慮，盡人之智者不自操事，不自計慮，即不表示自己的才智，而如漢高祖所說：「夫運籌帷幄之中，決勝千里之外，吾不如子房。填國家，撫百姓，給餉餽，不絕糧道，吾不如蕭何。連百萬之眾，戰必勝，攻必取，吾不如韓信。三者皆人傑，吾能用之，此吾所以取天下者也」（漢書卷一下高帝紀五年）。這樣，便可達到「事成則君收其功，規敗則臣任其罪」（韓非子第四十八篇八

---

❶韓非又謂，「術者因能而授官，循名而責實，操殺生之柄，課群臣之能者也，此人主之所執也」（韓非子第四十三篇定法）。這個說明與其他各篇所言頗多重複，而其他各篇又不稱之為術，故本文不舉。

經）。這就是慎子所說：「君臣之道，臣事事，而君無事，君逸樂而臣任勞。臣盡智力以善其事，而君無與焉，仰成而已，故事無不治。人君自任，而務為善以先下，則是代下負責蒙勞也，臣反逸矣……有過，則臣反責君，逆亂之道也。君之智未必最賢於眾也，以未最賢而欲以善盡被下，則不贍矣。若使君之智最賢，以一君而盡贍下，則勞；勞則有倦，倦則衰，衰則復反於不贍之道也。是以人君自任而躬事，則臣不事事，是君臣易位也，謂之倒逆，倒逆則亂矣。人君苟任臣而勿自躬，則臣皆事事矣，是君臣之順，治亂之分，不可不察也」（慎子，民雜）。韓非主張「明主治吏不治民」（韓非子第三十五篇外儲說右下），就是希望人君不要自事細務。

(二)人主不要表示好惡。

君無見其所欲，君見其所欲，臣自將雕琢。君無見其意，君見其意，臣將自表異，故曰去好去惡，臣乃自素。去舊去智，臣乃自備（韓非子第五篇主道）。

人主好賢，則群臣飾行以要君欲，則是群臣之情不效（效，顯也），群臣之情不效，則人主無以異其臣矣（莫不飾行，故人主不能分別臣之賢不肖）……故君見惡，則群臣匿端。君見好，則群臣誣能（表示其能，以求見用）。人主欲見，則群臣之情態得其資矣（君見好惡，群臣知利之所在，故得以為資）……故曰去好去惡，群臣見素（君不表示好惡，則臣無法作偽，其誠素自見），群臣見素，則大君不蔽矣（韓非子第七篇二柄）。

凡姦臣，皆欲順人主之心，以取信幸之勢者也。是以主有所善，臣從而譽之，主有所憎，臣因而毀之。凡人之大體，取舍同者則相是也，取舍異者則相非也。今人臣之所譽者，人主之所是也，此之謂同取。人臣之所毀者，人主之所非也，此之謂同舍。夫取舍合而相與逆者，未嘗聞也，此人臣之所以取信幸之道也（韓非子第十四篇姦劫弒臣）。

蓋「人臣之情非必能愛其君也，為重利之故也」（韓非子第七篇二柄）。而「人主者利害之軺轂也……是以好惡見，則下有因，而人主惑矣」（韓非子第三十四篇外儲說右上）。申不害有言：「上明見，人備之，其不明見，人惑之。其知見，人飾之，其不知見，人匿之。其無欲見，人伺之，其有欲見，人餌之」（申子）。人臣之伺君也如此，昔者，宋仁宗「意在遵守故常」（宋史卷二百九十二田況傳），而宰相呂夷簡遂「以姑息為安」（宋史卷二百八十八孫沔傳），卒致政界「猥用持盈守成之說，文苟簡因循之治，天下之吏因以安常習故為俗」（宋史卷三百三十四熊本傳）。神宗嘗恨漢文帝之才不能立國更制（宋史卷三百二十七王安石傳），而王安石遂謂「人主制法，而不當制於法。人主化俗，而不當制於俗」（宋史卷三百六十三李光傳），卒因變法不得其道，而致引起大亂，此皆人主表示好惡所發生的流弊。

㈢人主不可信人，尤「毋專信一人」（韓非子第八篇揚權）。

> 人主之患，在於信人，信人則制於人。人臣之於其君，非有骨肉之親也，縛於勢而不得不事也。故為人臣者，窺覘其君心也，無須臾之休，而人主怠傲處其上，此世所以有劫君弒主也。為人主而大信其子，則姦臣得乘於子以成其私。……為人主而大信其妻，則姦臣得乘於妻，以成其私……夫以妻之近與子之親而猶不可信，則其餘無可信者矣（韓非子第十七篇備內）。

韓非既然主張人主「毋專信一人」，何以又說：

> 王良造父天下之善御者也，然而使王良操左革而叱咤之，使造父操右革而鞭笞之，馬不能行十里，共故也（韓非子第三十五篇外儲說右下）。

觀韓非子此段文字下文所言，即知韓非是謂人主所恃者為「勢」，「勢」則不可與臣下共之。他固主張人主必須參聽，不可用一人為門戶。申不害有言：「一臣專君，眾臣皆蔽」（申子），韓非亦說：

凡人主……聽以爵，不以眾言參驗（謂聽以爵之尊卑，不參驗眾言得失），用一人為門戶者，可亡也（韓非子第十五篇亡徵）。

觀聽不參（不參謂偏聽一人），則誠不聞（謂誠者莫告），聽有門戶，則臣壅塞（韓非子第三十篇內儲說上七術）。

人主以一國目視，故視莫明焉；以一國耳聽，故聽莫聰焉（韓非子第四十三篇定法）。

韓非雖然主張參聽，但他又引惠施對秦王之言，以證明眾人之言亦不可信。

夫齊荊之事也誠利，一國盡以為利，是何智者之眾也。攻齊荊之事誠不利，一國盡以為利，何愚者之眾也。凡謀者疑也，疑也者，誠疑以為可者半，以為不可者半。今一國盡以為可，是王亡半也。劫主者，固亡其半者也（韓非子第三十篇內儲說上七術）。

這又是韓非思想矛盾之處，但他堅決主張人主不要與左右討論人才，蓋「人主之左右不必智也，人主於人有所智而聽之，因與左右論其言，是與愚人論智也。人主之左右不必賢也，人主於人有所賢而禮之，因與左右論其行，是與不肖論賢也」（韓非子第十一篇孤憤）。人主生長於深宮之中，朝夕所見者多是閹宦宮女之輩，所以與近習討論人之賢愚，政之得失，未有不僨國敗事。韓非云：「下眾而上寡，寡不勝眾者，言君不足以徧知臣也」（韓非子第三十八篇難三）。人臣不能遍知，而乃與近習討論臣之智愚，結果，太阿倒持，歷代女禍及宦官之禍無不由此而生。但是人主參聽，苟無術以濟之，亦有流弊，苟「無數（數謂術數）以度其臣者，必以其眾人之口斷之。眾之所譽，從而悅之，眾之所非，從而憎之」，如是，人臣將利用財貨，以矯眾譽，內結黨與，互相標榜（參閱韓非子第四十四篇說疑）。東晉時，殷浩弱冠有美名，群臣竟伺其出處，以卜江左興亡，且謂「深源（浩字）不起，當如倉生何」，其實，殷浩純盜虛聲，一經秉權，政亂軍敗（參閱晉書卷七十七殷浩傳）。總之，韓非一方主張參視，他方似又主張獨斷。他既引惠施之言，以為眾意之不可恃，又引申子之言：「獨視者謂明，獨聽者謂聰。能獨斷者，故可以為天下王」（韓非子第三十四篇外儲說右上）。前後矛盾，大約韓非以為人主應使群臣發表意見，而最後決定權必須屬於人主。

(四)人主不可以臣備臣。

> 人主釋法，而以臣備臣，則相愛者比周而相譽，相憎者朋黨而相非，非譽交爭，則主道惑矣（韓非子第十八篇南面）。

以臣備臣，就是管子所謂「侵主從狙而好小察」（管子第五十二篇七臣七主）。隋文帝「天性沉猜，素無學術，好為小數，不達大體」，「往往潛令人賂遺令史府史，有受者必死，無所寬貸」，「故忠臣義士莫得盡心竭辭」（隋書卷二高祖紀下仁壽四年）。唐太宗曾批評隋文帝曰：「此人（隋文帝）性至察，而心不明。夫心暗則照有不通，至察則多疑於物。自以欺孤寡得之，謂臣下不可信任，事皆自決，雖勞神苦形，未能盡合於理。朝臣既知上意，亦復不敢直言，宰相已下承受而已」（舊唐書卷三太宗紀貞觀四年）。而古來朋黨之禍由此而生者，不知有多少。宋承五代之後，其政治制度注重在制衡作用，最初是權力制衡，其後是大臣制衡。大臣制衡即「以臣備臣」。宋神宗任用王安石，而又以司馬光為御史大夫（宋史卷三百十二王珪傳），又因馮京批評變法失當，神宗又擢之為樞密副使，進參知政事（宋史卷三百十七馮京傳），卒至群臣之間，「同我者謂之正人，異我者謂之邪黨。既惡其異我，則逆臣之言難至。既喜其同我，則迎合之佞日親，以至真偽莫知，賢愚倒置」（宋史卷三百十四范純仁傳）。這不但王安石如此，就是司馬光也是這樣（參閱宋史卷三百十四范純仁傳，卷三百三十八蘇軾傳）。明代天啟年間，滿清已經勃興於東北，熊廷弼主守而任命之為遼東經略，王化貞主戰，又任命之為遼東巡撫，卒致經撫不和，誤及邊事。此亦以臣備臣之弊。

㈤使臣有必言之責，又有不言之責。

主道者使人臣有必言之責，又有不言之責。言無端末，辯無所驗者，此言之責也。以不言避責持重位者，此不言之責也。人主使人臣言者必知其端以責其實，不言者必問其取舍以為之責，則人臣莫敢妄言矣，又不敢默然矣，言默則皆有責也（韓非子第十八篇南面）。

不言有罪，言而不實也有罪，此種制度見之於漢代，「漢法，選舉而其人不稱者與同罪」（漢書卷七十六王尊傳），百官畏罪，皆不敢言賢，而武帝又下詔曰，「不舉孝，不奉詔，當以不敬論。不察廉，不勝任也，當免」（漢書卷六武帝紀元朔元年）。此雖然只言選舉，倘若人臣不敢舉人之孝或廉亦復有罪，此就是強迫百官言，又強使百官不得不言之證。

在勢、法、術三者之中，韓非最重視的大約是術。蓋君臣利害本來不同。他說：「主利在有能而任官，臣利在無能而得事。主利在有勞而爵祿，臣利在無功而富貴。主利在豪傑使能，臣利在朋黨用私」（韓非子第十一篇孤憤）。又說：「君以計畜臣，臣以計事君，君臣之交計也。害身而利國，臣弗為也。害國而利臣，君不為也。臣之情害身無利，君之情害國無親，君臣也者，以計合者也」（韓非子第十九篇飾邪）。這樣，人君對於群臣，何能不用術。所以韓非的結論為「人主者不操術，則威勢輕，而臣擅名」（韓非子第三十五篇外儲說右下）❷。

人主有勢以控制臣民，定法以規律臣民，用術以策使群臣，所以人主對於一切問題，只可提綱挈領，試看韓非之言。

> 搖木者一一攝其葉，則勞而不偏，左右拊其本，而葉偏搖矣。臨淵而搖木，鳥驚而高，魚恐而下，善張網者，引其綱不一一攝萬目而後得。一一攝萬目而後得，則是勞而難，引其綱而魚已囊矣。故吏者，民之本綱者也，故聖人治吏不治民（韓非子第三十五篇外儲說右下）。

即無為而治，其無為非真無為也，依法用刑賞，而又濟之以術，使天下不得不為己聽，不得不為己視，藉此以使群臣有為。

> 夫為人主而身察百官，則日不足，力不給。且上用目，則下飾觀。上用耳，則下飾聲。上用慮，則下繁辭。先王以三者為不足，故捨己能，而因法數，審賞罰，先王之所守要（守要乃聖人執要之義），故法省而不侵（韓非子第六篇有度）。
>
> 人主者非目若離婁，乃為明也。非耳若師曠，乃為聰也。不任其數，而待目以為明，所見者少矣，非不弊之術也。不因其勢，而待耳以為聰，所聞者寡矣，非不欺之道也。明主者，使天下不得

---

❷韓非子第三十篇內儲說上，曾說：「主之所用者七術……七術，一曰眾端參觀，二曰必罰明威，三曰信賞盡能，四曰一聽責下，五曰疑詔詭使（疑危而制之，譎詭而使之，則下不敢隱情），六曰挾知而問，七曰倒言反事（或倒其言，或反其事，則姦情可得而盡），此七者主之所用也」。繼著，韓非雖有說明，但七術之中多與以上所述重複，故不舉。

不為己視，使天下不得不為己聽。故身在深宮之中，而明照四海之內，而天下弗能蔽弗能欺者，何也，闇亂之道廢，而聰明之勢興也（韓非子第十四篇姦劫弒臣）。

夫必恃人主之自躬親，而後民聽從，是則將令人主耕以為上（上當作食），服戰鴈行也，民乃肯耕戰，則人主不泰危乎，而人臣不泰安乎（韓非子第三十二篇外儲說左上）。

這就是慎子所說：「昔者，天子手能衣而宰夫設服，足能行而相者導進。口能言而行人稱辭，故無失言失禮也」（慎子逸文），也就是申不害所說：「古之王者，其所為少，其所因多。因者君術也，為者臣道也。為則擾矣，因則靜矣。因冬為寒，因夏為暑，君奚事哉。故曰君道無知無為，而賢於有知有為，則得之矣」（申子）❸。

案法家最重視的乃是分層負責，君有君之責，臣亦有臣之責。此種思想似出於道家。莊子云：「上必無為，而用天下；下必有為，為天下用」（莊子第十三篇天道）。郭象對此，曾有說明，其源出於申子所謂「治不踰官，雖知不言」（申子）。其意以為主上不為冢宰之任，冢宰不為百官之所執，百官不為萬民之所務，萬民不易彼我之所能，則天下之彼我靜而自得矣（莊子第十三篇天道，郭象注）。此亦韓非「明主治吏不治民」之意（韓非子第三十五篇外儲說右下）。君上干涉宰相之職，宰相干涉百官之職，上職下侵，天下之事遂如治絲而棼之矣。

韓非生在戰國末期，諸侯兼併，攻戰不已，而與太古之時不同。「世異則事異」（韓非子第四十九篇五蠹）。吾人不能依太古以律當今。韓非說：

---

❸ 申不害此處之所謂「因」與慎子「因循篇」之所謂因不同。前者是「因」人之行為，後者是「因」人之情。

禹之王天下也，自執耒臿以為民先，股無胈，脛不生毛，雖臣虜之勞，不苦於此矣。以是言之，夫古之讓天子者，是去監門之養，而離臣虜之勞也，古傳天下而不足多也。今之縣令者一日身死，子孫累世絜駕，故人重之。是以人之於讓也，輕辭古之天子難去今之縣令，薄厚之實異也。夫山居而谷汲者，膢臘而相遺以水。澤居苦水者，買庸而決竇。故饑歲之春幼弟不饟，穰歲之，秋，疏客必食，非疏骨肉，愛過客也，多少之心異也。是以古之易財，非仁也，財多也。今之爭奪，非鄙也，財寡也。輕辭天子非高也，勢薄也。重爭土橐（土當作仕，仕橐，即仕託之義）非下也，權重也……故曰世異則事異……故曰……上古競於道德，中世逐於智謀，當今爭於氣力（韓非子第四十九篇五蠹）。

當今爭於氣力，鬼谷子有言：「道貴制人，不貴制於人也。制人者握權，制於人者失命」（鬼谷子卷下中經）。韓非則謂「力多則人朝，力寡則朝於人」（韓非子第五十篇顯學），所以他同商鞅一樣，主張富國強兵。「富國以農，距敵恃卒」（韓非子第四十九篇五蠹）。也是主張農戰，韓非說：

今境內之民皆言治……而國愈貧，言耕者眾，執耒者寡也。境內皆言兵……而兵愈弱，言戰者多，被甲者少也（韓非子第四十九篇五蠹）。

但是攻戰「進則死於敵，退則死於誅」（韓非子第四十九篇五蠹），而「商工之民，修治苦窳之器，聚弗靡之財，蓄積待時，而侔農夫之利」（韓非子第四十九篇五蠹），所以韓非又謂耕須使民致富，戰須使民得貴。即

夫耕之用力也勞，而民為之者，曰可得以富也。戰之為事也危，而民為之者，曰可得以貴也

（韓非子第四十九篇五蠹）。

這種主張乃與商鞅相同。韓非希望人民致力於耕，貧窮之人，他均認為不肯勤耕，而主張不必賑救。蓋人未有不自謀其生者也，上之謀之，不如其自謀，上為謀之，將弛其自謀之心（參閱王船山讀通鑑論卷十九隋文帝）。韓非曾說：

今夫與人相若也（猶曰均是人也），無豐年旁入之利，而獨以完給者，非力則儉也。與人相若也，無饑饉疾疢禍罪之殃，獨以貧窮者，非侈則惰也。侈而惰者貧，而力而儉者富。今上徵斂於富人，以布施於貧家，是奪力儉而與侈惰也。而欲索民之疾作而節用，不可得也（韓非子第五十篇顯學）。

殊不知春秋之世，土地已經開始兼併，而自商鞅變法之後，土地兼併更甚於前。民之貧窮不是由於不耕，而是因為無田可耕，或則因為賦斂太重。總之，法家對於經濟方面，多採放任主義，這是與周禮不同之點。

韓非希望民居則致力於耕，出則致力於戰，故又反對不耕不戰之學士。此與商鞅反對詩書辯慧以及有技藝者之徒，以為此輩可使人民怠於農戰（參閱商君書第三篇農戰），完全相同。韓非之言如次：

且居學之士，國無事不用力，有難不被甲。禮之則惰修耕戰之功，不禮則害主上之法。國安則尊顯，危則為屈公之威，人主奚得於居學之士哉（韓非子第三十二篇外儲說左上）。

韓非又說：

夫好顯巖穴之士而朝之，則戰士怠於行陳。上尊學者，下士居朝（謂下居士而朝之），則農夫惰於田。戰士怠於行陳者，則兵弱也。農夫惰於田者，則國貧也。兵弱於敵，國貧於內，而不亡者未之有也（韓非子第三十二篇外儲說左上）。

荀子曾言：「今諸侯異政，百家異說，則必或是或非，或治或亂」（荀子第二十一篇解蔽）。韓非依此見解，乃更進一步，欲用國家權力以統一思想。韓非說：

海內之士，言無定術，行無常議。夫冰炭不同器而久，寒暑不兼時而至，雜反之學不兩立而治，今兼聽雜學繆行同異之辭，安得無亂乎（韓非子第五十篇顯學）。

但是社會能夠進步，由於文化的發達；文化能夠發達，由於社會上有各種不同的學說，互相論戰。用國家的權力以統一思想，思想不自由，文化何能發達，社會何能進步。韓非主張「以吏為師」（韓非子第四十九篇五蠹）。秦既統一天下，始皇就依李斯「以吏為師」之言，禁詩書百家語。秦亡漢興，惠帝四年除挾書律，而武帝時代又罷黜百家，表章六經，思想由儒家統一起來，而中國文化自此以後，比之戰國之時，不能前進一步，韓非思想要負其責。然其明法嚴刑，在當時，實足以救群生之亂，去天下之禍，吾人又不可厚非。

第五章

名家的政治思想

漢書藝文志以尸子為雜家，歷代相承，未曾更改。吾讀其書，言雖雜亂，而其主旨近於名法。故本章所述名家，雖以尹文子為主，而鄧析子與尸子之言與其相類者，亦舉之。據漢書藝文志之註及補註，鄧析鄭人，與子產同時，尹文曾說齊宣王。公孫龍趙人，與鄒衍同時。尸子魯人，商鞅師之。

孔子說：「必也正名乎」，這是說明正名之重要。孔子又說：「君君臣臣父父子子」，這是說明名實必須相符。在春秋戰國之時，政治上名實混亂，其最顯著者，周天子稱王，諸侯亦稱王。學說上百家雜興，各逞其詭辯以攻擊別人之言，墨子的非樂，即其一例。固然魯君受齊人女樂，三日不聽政（參閱史記卷四十七孔子世家），而舜時，夔「典樂，教冑子，直而溫，寬而栗，剛而無虐，簡而無傲」（尚書舜典）。因魯君而非樂，與因夔而強調樂之重要，都是由特稱之事（I），遽下全稱判斷（A），也可以說，以偶然性認為共有性，而犯了邏輯上「偶然的誤謬」(Fallacy of accident)。

在這名實混亂之時，就有一派學者出來正名，後人稱之為名家，自漢書藝文志舉鄧析、尹文子、公孫龍子等為名家之後，其後相襲，未曾變更。劉向謂「鄧析巧辯而亂法」（漢書卷三十藝文志鄧析二篇補注），但吾讀鄧析子一書，其言與公孫龍子不同。公孫龍子今傳六篇，除「名實論」（第六篇）之外，其他五篇只可視為詭辯學派，觀「白馬非馬」之說，即可知之。他說：「龍聞楚王喪其弓，左右請求之。王曰止，楚王遺弓，楚人得之，又何求乎。仲尼聞之曰，楚王仁義而未遂也，亦曰人亡弓，人得之而已，何必楚。若此，仲尼異楚人之所謂人。夫是仲尼異楚人於所謂人，而非龍異白馬於所謂馬悖」（公孫龍子第一篇跡府）。子高反駁之曰，「楚王之言，楚人亡弓，楚人得之，先君夫子探其本意欲以示廣，其實狹之。故曰，不如亦曰人得之而已也。是則異楚王之所謂楚，非異楚王之所謂人也。以此為喻，乃相擊切矣。凡言人者總謂人也，亦猶言馬者總謂馬也。楚自國也，白自色也，欲廣其人，宜在去楚。欲正名色，不宜去白。誠察此理，則公孫之辯破矣」（孔叢子第十二篇公孫龍）。反之，尸子，自漢志以後，均列為雜家。其實，尸子之言雖然雜駁，而尚接近於名家，故本書說明名家的政治思想，以尹文子為主，並舉鄧析與尸子之言，以供讀者參考。

太史公謂「名家苛察繳繞，使人不得反其意，專決於名，而失人情……若夫控名責實，參伍不失，此不可不察也」（史記卷一百三十太史公自序）。名家的政治思想由正名出發，而謂名實必須相符。即公孫龍子所謂「其正者，正其所實也。正其所實者，正其名也」（公孫龍子第六篇名實論）。尹文子說：

> 名也者正形者也。形正由名，則名不可差。故仲尼云必也正名乎，名不正，則言不順也（尹文子大道上）。

名形一致即名實一致。尹文子說：

> 名者名形者也，形者應名者也……故名以正形。今萬物具存，不以名正之，則亂。萬物俱列，不以形應之，則乖，故形名者不可不正也（尹文子大道上）。

尸子亦云：

治天下之要，在於正名。正名去偽，事成若化，苟能正名，天成地平（尸子卷上發蒙）。

名家所注意的名，是指什麼？吾細讀名家所著各書，似他們所指的，不是具體的名詞，而是抽象的名稱。尹文子說：

名有三科……一曰命物之名，方圓白善是也。二曰毀譽之名，善惡貴賤是也。三曰況謂之名，賢愚愛憎是也（尹文子大道上）。

姑不論其分類之有問題，大約尹文子所視為重要的，乃是善惡貴賤與賢愚愛憎。他說：

善名命善，惡名命惡，故善有善名，惡有惡名。聖賢仁智命善者也，頑嚚凶愚命惡者也（尹文子大道上）。

而世人多不之辨，故尹文子又云：

今即聖賢仁智之名，以求聖賢仁智之實，未之或盡也。即頑嚚凶愚之名，以求頑嚚凶愚之實，亦未或盡也。使賢惡盡然有分，雖未能盡物之實，猶不患其差也。故曰名不可不辯也（尹文子大道上）。

此不但世人多偽，而如尹文子所說：

世有因名以得實，亦有因名以失實。宣王好射，悅人之謂己能用強也。其實所用不過三石，以示左右，左右皆引試之，中關而止，皆曰不下九石，非大王孰能用是，宣王悅之。然則宣王用不過三石，而終身自以為九石。三石實也，九石名也。宣王悅其名而喪其實（尹文子大道上）。

而且善惡乃是抽象的名稱，人們每以主觀的感情，決定客觀的事實。試觀尹文子之言：

名稱者別彼此而檢虛實者也。自古至今，莫不用此而得，用彼而失。失者由名分混，得者由名分察。今親賢而疎不肖，賞善而罰惡，賢不肖善惡之名宜在彼，親疎賞罰之稱宜屬我。我之與彼又復一名，名之察者也，名賢不肖為親疎，名善惡為賞罰，命彼我之一稱而不別之，名之混者也。故曰名稱者不可不察也（尹文子大道上）。

即照尹文子之意，賢不肖善惡在人，親疏賞罰在我，因我親而賞之，就謂其人是賢而善，因我疏而罰之，就謂其人是不肖而愚。結果必如韓非所說：「燕子噲賢子之而非孫卿，故身死為僇。夫差智太宰嚭而愚子胥，故滅於越」（韓非子第三十八篇難三）。名實能夠一致，則百事皆成。尸子云：

正名去偽，事實若化，以實覆名，百事皆成（尸子卷上分）。

名實既正，就須各守其分。尹文子說：

名分則物不競，分明則私不行。物不競，非無心，由名定，故無所措其心。私不行，非無欲，由分明，故無所措其欲……雉兔在野，眾人逐之，分未定也。雞豕滿市，莫有志者，分定故也（尹文子大道上）。

尸子亦說：

君臣父子上下長幼貴賤親疏皆得其分，曰治（尸子卷上分）。天下之可治，分成也，是非之可辨，名定也……故陳繩則木之枉者有罪，措準則地之險者有罪，審名分則群臣之不審者有罪矣（尸子卷上發蒙）。

照鄧析子之言，循名責實，為人主之事，至於群臣只有奉行法令。即群臣奉行法令之時，人主應考核名實。鄧析子說：

循名責實，君之事也。奉法宣令，臣之職也（鄧析子無厚篇）。

所謂「循名責實」乃有兩種意義，一是不可曠職，二是不可越職。公孫龍子曾言：「出其所位，非位。位其所位焉，正也」（公孫龍子第六篇名實論）。此即鄧析所說：

治世，位不可越，職不可亂（鄧析子無厚篇）。

而如韓非所述韓昭侯之事：「其罪典衣，以其失其事，其罪典冠，以為越其職也」（韓非子第七篇二柄）。蓋「明主之道，一人不兼官，一官不兼事」（韓非子第三十六篇難一），所以曠職不可，越職亦不可。

如何使臣民各守名分，對此問題，名家的思想就與法家合流，而主張法之重要。尹文子說：

故人以度審長短，以量受多少，以衡平輕重，以律均清濁，以名稽虛實，以法定治亂。以簡治煩惑，以易御險難，以萬事皆歸於一，百度皆準於法。歸一者簡之至，準法者易之極。如此，頑嚚聾瞽可以（以字當作與）察慧聰明同其治也……為善，使人不能得從此獨善也。為巧，使人不能得從此獨巧也。未盡善巧之理，為善與眾行之，為巧與眾能之，此善之善者，巧之巧者也。所貴聖人

> 之治，不貴其獨治，貴其能與眾共治。貴工倕之巧，不貴其獨巧，貴其能與眾共巧也……是以聖人任道以夷其險，立法以理其差。使賢愚不相棄，能鄙不相遺。能鄙不相遺，則能鄙齊功，賢愚不相棄，則賢愚等慮，此至治之術也（尹文子大道上）。

既尚法了，當然不得以私廢法。鄧析說：

> 夫治之法莫大於私不行，功莫大於使民不爭。今也立法而行私，私與法爭，其亂也甚於無法……明君之督大臣，緣身而責名，緣名而責形，緣形而責實。臣懼其重誅之至，於是不敢行其私矣（鄧析子轉辭篇）。

法既如斯重要，所以尹文子引彭蒙之言：「聖人之治獨治者也，聖法之治，則無不治矣」（尹文子大道上）。韓非曾說：「法莫一而固」（韓非子第四十九篇五蠹）。鄧析亦言：「規矩一而不易」（鄧析子無厚篇）。吾曾說過古代之所謂「禮」乃包括「法」在內。所以鄧析又說：

> 治世之禮簡而易行，亂世之禮煩而難遵（鄧析子轉辭篇）。

鄧析此言就是韓非之所謂「一」，「一」即簡單之意。此乃本於「法令滋章，盜賊多有」（老子第五十七章）之說。

吾人須知尹文子於法之上，曾假定一個「道」字。所謂道非老子之道，似指社會規範。他固以為「道不足以治，則用法」（尹文子大道上）。但他又謂「法」不如「道」。他說：

> 道行於世，則貧賤者不怨，富貴者不驕，愚弱者不懾，智勇者不陵，定於分也。法行於世，則

貧賤者不敢怨富貴，富貴者不敢陵貧賤，愚弱者不敢冀智勇，智勇者不敢鄙愚弱，此法之不及道也（尹文子大道上）。

即據尹文子之意，道行於世，各人可自動的守分，法行於世，人民只能被動的守分，而兩者均可以定治亂。尹文子以為法有四呈。

法有四呈，一曰不變之法，君臣上下是也。二曰齊俗之法，能鄙同異是也。三曰治眾之法，慶賞刑罰是也。四曰平準之法，律度權量是也（尹文子大道上）。

尹文子關於法之分類實難令人滿意，似他所重視的乃是君臣上下與慶賞刑罰之法。他說：

慶賞刑罰君事也。守職效能臣業也。君科功黜陟，故有慶賞刑罰。臣各慎所務，故有守職效能。君不可與臣業，臣不可侵君事，上下不相侵與，謂之名正，名正而法順也（尹文子大道上）。

法由誰人制定呢？古代沒有民意機關，也沒有三權分立之說，法乃由人主制定。人主之能制法，因其有勢。尹文子說：

勢者制法之利器，群下不得妄為（尹文子大道上）。

尸子亦說：

日之能燭遠，勢高也，使日在井中，則不能燭十步矣。舜之方陶也，不能利其巷，及南面而君天下，蠻夷戎狄皆被其福（尸子卷上明堂）。

而鄧析且由「勢」而主張「威」之重要。他說：

勢者君之輿，威者君之策，臣者君之馬，民者君之輪。勢固則輿安，威定則策勁，臣順則馬良，民和則輪利。為國失此，必有覆車奔馬折輪敗載之患，安得不危（鄧析子無厚篇）。

因之，鄧析子由「勢」就主張一國之民，一統於君主。而說：「民一於君」（鄧析子轉辭篇）。他又說：

循名責實，察法立威，是明王也（鄧析子無厚篇）。

勢——威之重要如此，人民何以畏勢——威，而不敢犯呢？名家對此就如法家一樣，以為人類賢者寡而不肖者多，多數人所愛好的非名即利。尹文子說：

今天地之間不肖實眾，仁賢實寡。趨利之情，不肖特厚。廉恥之情，仁賢偏多。今以禮義招仁賢，所得仁賢者萬不一焉。以名利招不肖，所得不肖者觸地是焉。故曰禮義成君子，君子未必須禮義。名利治小人，小人不可無名利（尹文子大道上）。

即名家利用名利，使小人亦能守法。因之名家又和法家一樣，重視刑賞。前已舉過尹文子之言。

慶賞刑罰君事也……君科功黜陟，故有慶賞刑罰（尹文子大道上）。

尸子也說：

是非隨名實，賞罰隨是非。是則有賞，非則有罰，人君之所獨斷也（尸子卷上發蒙）。

鄧析子亦言：

明君立法之後，中程者賞，缺繩者誅（鄧析子轉辭篇）。

又說：

喜不以賞，怒不以罰，可謂治世（鄧析子無厚篇）。

假若賞罰依喜怒，不依功過，天下未有不亂，鄧析說：

故喜而使賞，不必當功，怒而使誅，不必值罪，不慎喜怒，誅賞從其意，而欲委任臣下，故亡國相繼，殺君不絕（鄧析子轉辭篇）。

這種利用刑賞即慎子所謂「用人之自為，不用人之為我」（慎子卷一因循）。尹文子曾引田子與魏下先生之言如次。

田子曰人皆自為，而不能為人。故君人者之使人，使其自為用，而不使為我用。魏下先生曰善哉田子之言，求不私愛於己，求顯忠於己，而居官者必能，臨陣者必勇。祿賞之所勸，名法之所齊，不出於己心，不利於己身。語曰祿薄者不可與經亂，賞輕者不可與入難，此處上者所宜慎者也（尹文子校勘記）。

鄧析亦言：

為善者君與之賞，為惡者君與之罰。因其所以來而報之，循其所以進而答之。聖人因之，故能用之，因之循理，故能長久（鄧析子轉辭篇）。

名家雖然以刑賞為治國的利器，其與法家不同者，法家多主張刑九而賞一，名家則主張刑罰要適中。尹文子說：

老子曰民不畏死，如何以死懼之。凡民之不畏死，由刑罰過。刑罰過，則民不賴其生。生無所賴，視君之威末如也。刑罰中，則民畏死；畏死，由生之可樂也。知生之可樂，故可以死懼之。此人君之所宜執，臣下之所宜慎（尹文子大道下）。

刑罰固宜適中，但尹文子以為君主為政，必須有所先誅，先誅者非盜非姦，而是亂政之人。尹文子說：

治主之興，必有所先誅。先誅者非謂盜，非謂姦，此二惡者一時之大害，非亂政之本也。亂政之本，下侵上之權，臣用君之術，心不畏時之禁，行不軌時之法，此大亂之道也（尹文子大道下）。

他舉孔子攝魯相，七日而誅少正卯為例（尹文子大道下），此即六韜「刑貴大」（龍韜，將威）之意。商鞅刑太子師傅；五代之末，周世宗殺樊愛能，以戒官之怕死，殺孟漢卿，以戒官之愛錢，雖然即位僅僅五年，而軍紀政治因之革新，造成宋代一統的基礎，由此可知「刑貴大」之重要。

人主之治天下，有恃於刑賞，然而民富則不羨爵祿，民貧又不畏刑罰，所以貧富之權須操於人主，即人主能使人貧，亦能使人富。尹文子說：

凡人富則不羨爵祿，貧則不畏刑罰。不羨爵祿者自足於己也。不畏刑罰者不賴存身也。二者為國之所甚，而不知防之之術，令不行而禁不止。若使令不行而禁不止，則無以為治。無以為治，是人君虛臨其國，徒君其民，危亂可立而待矣。今使由爵祿而後富，則人必爭盡力於其君矣。由刑罰而後貧，則人咸畏罪而從善矣。故古之為國者，無使民自貧富，貧富皆由於君，則君專所制，民知所歸矣（尹文子大道下）。

這大約就是名家之所謂術，「道不足以治，則用法。法不足以治，則用術」（尹文子大道上）。「術者人君所密用，群下不可妄窺」（尹文子大道上）❶。尹文子進而又說：

人君有術，而使群下得窺，非術之奧者。使勢，使群下得為，非勢之重者。大要在乎先正名分，使不相侵雜，然後術可祕，勢可專（尹文子大道上）。

吾研究尹文子之學說，似陷於循環論之中。他由正名而說到勢，由勢而說到法，由法而說到術，由術又說到正名。這種循環論常發現於吾國古代思想之中，不獨名家為然。

尹文子既謂人貧則不畏刑罰，所以他對於貧窮之人，態度與韓非不同。韓非曾言：「今夫與人相若也，無豐年旁入之利，而獨以完給者，非力則儉也。與人相若也，無饑饉疾疚禍罪之殃，獨以貧窮者，非侈則惰也。侈而惰者貧，而力而儉者富，今上徵斂於富人，以布施於貧家，是奪力儉而與侈惰

❶ 鄧析子轉辭篇曾兩次提到「數」，一則曰「君人者不能自專而好任下，則智日困，而數日窮」。再則曰「事莫難於必成，成必合於數……故抱薪加火，爍者必先燃。平地注水，溼者必先濡。故曰動之以其類，安有不應者，獨行之術也」。而對於數——術，沒有任何說明。

也，而欲與索民之疾作而節用，不可得也」（韓非子第五十篇顯學）。反之，尹文子則謂：

今萬民之望人君，亦如貧賤之望富貴。其所望者，蓋欲料長幼，平賦斂，時其饑寒，省其疾痛，賞罰不濫，使役以時，如此而已，則於人君弗損也……故富貴者可不酬，貧賤者人君不可不酬萬民。不酬萬民，則萬民之所不願戴，所不願戴，則君位替矣，危莫甚焉，禍莫大焉（尹文子大道下）。

又者，名家希望政事簡寡，更希望人主守要，不可察察為明。尸子之言，甚為明顯。他說：

明王之治民也……事少而功多，守要也（尸子卷上分）。

鄧析亦言：

為君當若冬日之陽，夏日之陰，萬物自歸，莫之使也。恬臥而功自成，優游而政自治，豈在振目搤腕，手據鞭朴，而後為治歟（鄧析子無厚篇）。

又說：

目貴明，耳貴聰，心貴公。以天下之目視，則無不見。以天下之耳聽，則無不聞。以天下之智慮，則無不知。得此三術，則存於不為也（鄧析子轉辭篇）。

此亦韓非所謂：「人主以一國目視，故視莫明焉。以一國耳聽，故聽莫聰焉」（韓非子第四十三篇定法）之意。但是如何以天下之目視，如何以天下之耳聽，如何以天下之智慮，名法二家均未提出具體的方法。韓非雖云：「明主者，使天下不得不為己視，使天下不得不為己聽。……此其所以然者，匿罪之罰重，而告姦之賞厚也，此亦使天下必為己視聽之道也」（韓非子第十四篇姦劫弒臣），即利用刑賞，探知人民之有無犯法，至於政之得失，不但名法二家，就是儒家雖然贊成「天視自我民視，天聽自我民聽」（尚書泰誓中），而亦不能提出具體的方法。這是吾國古代政治思想的缺點。

第二篇

秦漢的政治思想

第一章

法家思想的貢獻——李斯

秦自商鞅變法之後，歷代君主均崇法家之說，而佐以縱橫之術。法家學說固然目標在於一統天下，而進行之法則先統一國內。孝公時，商鞅廢采邑而為縣，廢井田，聽民自由買賣，設軍功之制，「宗室非有軍功，論不得為屬籍」（史記卷六十八商君傳）。昭王時，范雎「廢穰侯（外戚）逐華陽（宗室），強公室，杜私門」（史記卷八十七李斯傳），而使人主「內固其威，而外重其權」（史記卷七十九范雎傳），此皆出於統一之意。在民主思想尚未發生以前，要統一，不能不提高君權，即如范雎所說：「夫擅國之謂王，能利害之謂王，制殺生之威之謂王」（史記卷七十九范雎傳）。國內既已統一了，要一統天下，必須富國強兵。秦之富國強兵，歷代均循商鞅之言，採農戰政策。秦經數世的經營，果然「富厚輕諸侯」（史記卷七十張儀傳）。而地勢又佳，利則出攻，不利則入守，秦可以攻六國，六國不能攻秦。所以戰國中葉以後，許多遊士均想入秦。蘇秦因秦王（惠文王）之弗用，乃倡合縱之策，合六國以抗秦，然而何補於事。荀子曾言：「堯伐驩兜，舜伐有苗，禹伐共工，湯伐有夏，文王伐崇，武王伐紂。此四帝兩王（夏殷或稱王，或稱帝，故荀子以文武為兩王）皆以仁義之兵行於天下也」（荀子第十五篇議兵）。即荀子希望天下由統一而和平，不惜利用兵力。李斯於二世時，自伐其功，以為「先王之時，秦地不過千里……臣盡薄材……陰修甲兵……故終以脅韓弱魏，破燕趙，夷齊楚，卒兼六國，虜其王，立秦為天子」（史記卷八十七李斯傳）。秦始皇二十六年，六國滅亡，於是封建國家遂進化為統一國家。

秦始皇二十六年統一天下，三十七年崩於沙丘，翌年天下大亂，秦祚因之而亡，計秦之一統前後不過十年，在這十年之中，雖然沒有新思想，而法家之說卻發揮了極大效力。始皇讀韓非之書，曾曰「嗟乎，寡人得見此人，與之游，死不恨矣」（史記卷六十三韓非傳）。韓非李斯俱事荀子，不過韓非不見用於世，故立言而不立功，李斯見用於秦，故立功而未立言，即韓非乃法家思想之理論家，李斯則為法家思想之實行家。李斯雖為二世所殺，而其言論亦為後人所詬病，然其致力於中華國家的統一，吾人不能不稱之為一位劃時代的大政治家。許慎曾言，「七國之時，律令異法，衣冠異制，言語異聲，文字異形，始皇初兼天下，丞相李斯乃奏同之」（說文敘）。這個書同文字實為吾國民族統一的基礎，沒有李斯，吾國將如歐洲一樣，分為許多小國，李斯之功，固不能一概抹殺。

李斯沒有著作，然其議論亦可於始皇所行的政策中見之。舉其要者約有四端。

㈠廢封建，設郡縣，以謀國家的統一。郡縣制度乃開始於春秋時代，其來源可分兩種：一是滅別國以為縣，如楚子伐陳，遂入陳，因縣陳（左傳宣公十一年），二是分采邑以為縣，如晉分祁氏田為七縣，羊舌氏田為三縣（左傳昭公二十八年），即其目的均在於破壞封土制度，而謀建設中央集權的國家。但是春秋時代縣大而郡小，故趙簡子說：「克敵者，上大夫受縣，下大夫受郡」（左傳哀公二年）。戰國時代郡大而縣小，故甘茂說：「宜陽大縣也，名曰縣，其實郡也」（史記卷七十一甘茂傳）。由此可知郡縣之制不是創始於始皇，更不是兼併六國之後，一舉而將封建改為郡縣。

戰國時代雖有郡縣之制，同時又保有封建制度。其廢除封建，而將全國改造為郡縣，乃開始於商鞅。當時秦在關中，領土不大，無庸採用二級制度，所以商鞅置縣而不設郡。到了始皇兼併天下，又從李斯之言，分天下為三十六郡。

二十六年秦初並天下……丞相綰等言，諸侯初破，燕齊荊地遠，不為置主，毋以填之，請立諸子，唯上幸許。始皇下其議於群臣，群臣皆以為便。廷尉李斯議曰，周文武所封子弟同姓甚眾，然後屬疏遠，相攻擊如仇讎，諸侯更將誅伐，周天子弗能禁止。今海內賴陛下神靈，一統皆為郡縣，諸子功臣以公賦稅重賞賜之，甚足易制，天下無異意，則安寧之術也，置諸侯不便。始皇曰天下共苦戰鬥不休，以有侯王，賴宗廟，天下初定，又復立國，是樹兵也，而求其寧息，豈不難哉，廷尉議是，分天下以為三十六郡（史記卷六秦始皇本紀）。

歷史對此則云：秦王「并天下……為皇帝，以斯為丞相……使秦無尺土之封，不立子弟為王，功臣為諸侯者，使後無攻戰之患」（史記卷八十七李斯傳）。這個「使後無攻戰之患」乃是李斯反對封建的最大理由。果然，此後各朝之採用封建者，無不發生攻戰之事，如漢代七國之亂，晉代八王之亂，明代燕王之亂，都可以引為證據。顧古人多謂封建公天下，郡縣家天下。到了唐代，尤其柳宗元之封建論一出，世人方知封建未必是公天下，而郡縣反有助於天下的治安。固然，自秦廢封建而置郡縣之後，各朝或改郡為州，或改州為郡，然縣至今還是地方制度的基礎。中國臻於大一統之域，李斯之功甚大，吾人不可不承認。

㈡天子不用「王」之尊號，改稱皇帝，以表示天子為國家統一的象徵。史載：

二十六秦初並天下，令丞相御史曰，寡人以眇眇之身，興兵誅暴亂，賴宗廟之靈，六王咸伏其辜，天下大定，今名號不更，無以稱成功，傳後世，其議帝號。丞相綰（王綰）御史大夫劫（馮劫）廷尉斯（李斯）等皆曰，昔者五帝地方千里，其外侯服夷服，諸侯或朝或否，天子不能制。今陛下興義兵，誅殘賊，平定天下，海內為郡縣，法令由一統，自上古以來未嘗有，五帝所不及。臣等謹與博士議曰，古有天皇，有地皇，有泰皇，泰皇最貴，臣等昧死上尊號，王為泰皇，命為制，令為詔，天子自稱曰朕。王曰去泰著皇，采上古帝位號，號曰皇帝，他如議，制曰可（史記卷六秦始皇本紀）。

古者，天子或稱皇，或稱帝，或稱王，周自東遷以後，天子稱王，諸侯僭號亦稱王。戰國時代諸侯已不滿意王號，周赧王二十七年，秦昭王稱西帝，齊湣王稱東帝（史記卷十五六國表），月餘秦齊兩國各復歸帝為王（史記卷五秦本紀，卷四十六田敬仲完世家）。名號之紛亂實即國家之紛亂，李斯等因王號不能表示一尊，而帝號齊秦又已用過，故乃提議用皇。始皇合皇與帝，天子稱為皇帝，以與原始國家之皇或帝區別。蔡邕云：「皇帝至尊之稱」（獨斷上），至尊就是最高，既是最高，一國之內當然只有一位皇帝，用現代語來說，皇帝乃是最高主權者。孔子所謂「天無二日，土無二王」（禮記卷五十一孔子閒居），因此實現。固然歷來皇帝常有虐民之事，而民主思想亦因之受到阻礙，然其對中國之一統，固有貢獻。歷史上雖然分多而合少，然而分裂之時，雙方無不希望合併對方，所謂「王業不偏安，漢賊不兩立」，就是基於這種觀念。

㈢思想的統一。統一的國家在一定期間之內，需要思想的統一，荀子曾言：「今諸侯異政，百家異說，則必或是或非，或治或亂」（荀子第二十一篇解蔽）。韓非基此觀念，亦謂「海內之士，言無定術，行無常議。夫冰炭不同器而久，寒暑不兼時而至，雜反之學不兩立而治。今兼聽雜學，謬行同異之辭，安得無亂乎」（韓非子第五十篇顯學）。李斯則將荀子的意見應用於政治之上。

丞相李斯曰，五帝不相復，三代不相襲，各以治，非其相反，時變異也……古者天下散亂，莫之能一，是以諸侯並作，語皆道古以害今，飾虛言以亂實，人善其所私學，以非上之所建立。今皇帝並有天下，別黑白而定一尊。私學而相與非法教，人聞令下，則各以其學議之，入則心非，出則巷議，夸主以為名，異取以為高，率群下以造謗，如此弗禁，則主勢降乎上，黨與成乎下，禁之便。臣請史官非秦紀皆燒之，非博士官所職，天下敢有藏詩書百家語者，悉詣守尉雜燒之。有敢偶語詩書棄市，以古非今者族。吏有知不舉者與同罪。令下三十日不燒，黥為城旦。所不去者醫藥卜筮種樹之書，若有欲學法令（徐廣曰一無法令二字）以吏為師，制曰可（史記卷六秦始皇本紀三十四年，參閱卷八十七李斯傳）。

由始皇本紀觀之，甚似只許人民學習法令。但是徐廣既云：「一無法令二字」，而吾人觀李斯傳，亦無法令二字，則人民所得學者必不限於法令。換言之，秦不是只許人民學習法令，而是禁止人民設立私塾。戰國時代百家雜興，各以自己的學說，批評政府的施設，即如李斯所言，「聞令下，則各以其學議之」，思想不統一，始則「異取以為高」，終則「黨與成乎下」，這在國基未固之時，當然有很大的害處。這就是始皇禁私塾的原因，不是單單要愚黔首而已。

㈣行督責之術，以懾服臣下。何謂督責，史記索隱云：「督者察也，察其罪，責之以刑罰也」（史記卷八十七李斯傳，司馬貞索隱）。李斯此言雖引韓非之言為據，實則本於荀子。荀子云：「治則刑重，亂則刑輕」（荀子第十八篇正論）。此種思想乃一切法家所共有，豈但法家，周禮（卷三十四大司寇）亦說：「刑亂國用重典」。周公制禮作樂，而在初年，乃如宰我所說：「周人以栗，使人戰栗」（論語第三篇八佾）。蓋周有五刑，本來是「墨罪五百，劓罪五百，宮罪五百，刖罪五百，殺罪五百」（周禮卷三十六司刑）。經過一百餘年之後，天下已定，穆王又命呂侯，依夏代之制，改定刑法，「墨罰之屬千，劓罰之屬千，剕罰之屬五百，宮罰之屬三百，大辟之罰，其屬二百，五刑之屬三千」（尚書呂刑）。關此孔穎達云：「周禮，五刑惟有二千五百。此經（呂刑），五刑之屬三千。案刑數乃多於周禮。周禮……輕刑少而重刑多，此經輕刑多而重刑少。變周用夏，是改重從輕也」（尚書呂刑疏）。賈公彥疏云：「夏刑三千，墨劓俱千，至周，減輕刑入重刑，俱五百，是夏刑輕，周刑重」（周禮卷三十六司刑疏）。班固說：「周秦之敝，罔密文峻」（漢書卷五景帝紀贊曰），其所以如此，蓋欲「使人戰栗」，而不敢反抗。李斯對於二世之責問，以書對曰：

> 夫賢主者必且能全道，而行督責之術者也。督責之，則臣不敢不竭能以徇其主矣。此臣主之分定，上下之義明，則天下賢不肖莫敢不盡力竭任，以徇其君矣。是故主獨制於天下而無所制也……韓子曰慈母有敗子，而嚴家無格虜者何也，則能罰之加焉必也。故商君之法，刑弃灰於道者，夫弃灰薄罪也，而被刑重罰也。彼唯明主為能深督輕罪，夫罪輕且督深，而況有重罪乎，故民不敢犯也……若此則督責之誠，則臣無邪；臣無邪，則天下安；天下安，則主嚴尊；主嚴尊，則督責必；督責必，則所求得；所求得，則國家富；國家富，則君樂豐，故督責之術設，則所欲無不得矣。群臣百姓救過不給，何變之敢圖。若此，則帝道備，而可謂能明君臣之術矣，雖申韓復生，不能加也（史記卷八十七李斯傳）。

是則李斯所謂督責乃有兩種意義，一是人主必須專擅國權，二是人主須用嚴刑，以察臣下。由前言之，似有背法家虛君制度之意。由後言之，可以稱為恐怖政策。輕罪重刑原可回溯於其師荀子，不過李斯變本加厲，而二世用之又不得其法。韓非曾言：「法禁變易，號令數下，可亡也」（韓非子第十五篇亡徵），而二世即位之初，就「更為法律……法令誅罰日益刻深，群臣人人自危，欲畔者眾」（史記卷八十七李斯傳）。此種作風與另一法家尹文子所說：「老子曰民不畏死，如何以死懼之。人民之不畏死，由刑罰過。刑罰過，則民不賴其生。生無所賴，視君之威末如也。刑罰中，則民畏死，畏死由生之可樂也。知生之可樂，故可以死懼之。此人君之所宜執，臣下之所宜慎」（尹文子大道下），完全相反。何況輕罪而受重刑，則人民若因一時過失而犯法禁，勢必不顧生死，鋌而走險。案秦之亡乃亡於趙高，而中國的統一，則李斯之功最大。始皇既崩，李斯因趙高再三勸告，殺扶蘇而立胡亥，此又李斯之罪。李斯之罪是罪於秦之滅亡，李斯之功則功於中國之統一，此又吾人不可不別。

第二章

漢代初年黃老思想的盛行

漢代初年天子公卿多崇奉黃老主義。黃老主義與老莊思想不同，固然所謂黃老硬拉了黃帝作伴，其實黃帝之言不可得而知，所以黃老主義還是以老子為根據。老莊思想則除去黃帝，加上莊子。兩者均宗老子學說，但老子之術，乃「因時為業」，「因物與合」，故曰「聖人不朽，時變是守」（史記卷一百三十太史公自序）。反之莊子的言論多放浪於形骸之外，而流於浮虛，所以漢代初年的黃老與魏晉時代的老莊不盡相同。

漢代初年沒有一位學者著書立說，闡揚黃老主義，只唯政治上應用黃老之術。黃老主義貴清淨無為，而又主張以柔制剛。漢承秦之敝，繼以劉項戰爭，社會經濟完全崩潰，而匈奴橫暴，侵陵中國，於是漢初君臣對內則清靜無為，對外則以柔制剛。現在先從對內之清靜無為說起。

老子云：「法令滋章，盜賊多有，故聖人云，我無為而民自化，我好靜而民自正，我無事而民自富，我無欲而民自樸」（老子第五十七章）。班固曾述漢代初年之清靜無為如次。

> 孝惠高后之時，海內得離戰國之苦，君臣俱欲無為，故惠帝拱己，高后女主制政不出房闥，而天下晏然，刑罰罕用，民務稼穡，衣食滋殖（漢書卷三呂后紀贊曰）。

> 當孝惠呂后時，百姓新免毒，人欲長幼養老，蕭曹為相，填以無為，從民之欲，而不擾亂，是以衣食滋殖，刑罰用稀。及孝文即位，躬修玄默，勸趣農桑，減省租賦，而將相皆舊功臣，少文多質，懲惡亡秦之政，論議務在寬厚……吏安其官，民樂其業，畜積歲增，戶口寖息（漢書卷二十三刑法志）。

高祖時，蕭何為相，雖摭拾秦法，作律九章，而化繁為簡（參閱漢書卷二十三刑法志），至於政制則仍秦代之舊，未加變更，所以「明簡易，隨時宜也」（漢書卷十九上百官公卿表）。蕭何既死，曹參為相，其清靜無為，似比蕭何為甚。

> 孝惠元年以曹參為齊丞相。……天下初定，悼惠王富於春秋。參盡召長老諸先生，問所以安集百姓。而齊故諸儒以百數，言人人殊，參未知所定。聞膠西有蓋公，善治黃老言，使人厚幣請之，既見蓋公，蓋公為言治道貴清靜，而民自定，推此類具言之。參於是避正堂，舍蓋公焉。其治要用黃老術，故相齊九年，齊國安集，大稱賢相。蕭何薨……參代何為相國，舉事無所變更，壹遵何之約束。擇郡國吏長大，訥於文辭，謹厚長者，即召除為丞相史。吏言文刻深，欲務聲名，輒斥去之。日夜飲酒，卿大夫以下，吏及賓客見參不事事，來者皆欲有言，至者參輒飲以醇酒。度之欲有言，復飲酒，醉而後去，終莫得開說，以為常……惠帝怪相國不治事……乃謂窋（曹參子）曰，女歸，試私從容問乃父，曰高帝新棄群臣，帝富於春秋，君為相國，日飲無所請事，何以憂天下？然無言吾告女也。窋既洗沐，歸時，間自從其所諫參。參怒而笞之二百。曰：趣入侍，天下事非迺所當言也。至朝時，帝讓參曰：與窋胡治乎？乃者我使諫君也。參免冠謝曰：陛下自察聖武孰與高皇帝？上曰：朕乃安敢望先帝。參曰：陛下觀參孰與蕭何賢？上曰：君似不及也。參曰：陛下之言是

也。且高皇帝與蕭何定天下，法令既明具，陛下垂拱，參等守職，遵守勿失，不亦可乎？惠帝曰：善！君休矣。參為相國三年薨，謚曰懿侯。百姓歌之曰：蕭何為法，講若畫一。曹參代之，守而勿失。載其清靜，民以寧一（漢書卷三十九曹參傳）。

呂后時，有田叔，「學黃老術於樂鉅公」，為漢中守十餘年（漢書卷三十七田叔傳）。降至孝文，陳平為相，陳平乃治黃帝老子之術。老子云：「其政察察，其民缺缺」（老子第五十八章），陳平不以察察為明，文帝問一歲決獄幾何，答以責在廷尉，問一歲錢穀出入多少，答以責在治粟內史，丞相不過上佐天子，使卿大夫各盡其職而已（漢書卷四十陳平王陵傳）。那裡有事事皆管，以表示自己的精明。然則崇奉黃老，何以反對儒術呢？黃老主張放任，而儒術於經濟方面，傾向於干涉。西漢初年地廣人稀，此時最重要的是清靜無為，與民休息，黃老與儒術不同之點在此。兩種思想不能並行，理由亦在此。

景帝即位之初，「王生者善為黃老言，處士也，嘗召居廷中」（漢書卷五十張釋之傳）。其後，周亞夫以平七國之功，入為丞相。「趙禹為丞相史，府中皆稱其廉平，然亞夫弗任，曰極知其無害，然文深，不可以居大府」（漢書卷九十趙禹傳）。當亞夫為將軍，軍細柳以備胡之時，軍紀嚴肅，竟令文帝嘆曰「此真將軍矣」（漢書卷四十周亞夫傳），而一經為相，就不喜用苛察之人。此時也，有直不疑「學老子言」，景帝後元年拜為御史大夫（漢書卷四十直不疑傳）。案景帝一朝為黃老最盛之期，蓋景帝母「竇太后好黃帝老子言，景帝及諸竇不得不讀老子，尊其術」（漢書卷九十七上孝文竇皇后傳）。武帝即位，罷丞相竇嬰、太尉田蚡、御史大夫趙綰、郎中令王臧，此四人者皆推崇儒術，而為竇太后所不悅（漢書卷五十二竇嬰傳）。而東海太守汲黯「學黃老言，治官民好清靜，擇丞史任之，責大指而已，不細苛。歲餘，東海大治，上聞，召為主爵都尉，治務在無為而已，引大體不拘文法」（漢書卷五十汲黯傳）。又有鄭當時者，「好黃老言」，武帝即位，累遷至九卿（漢書卷五十鄭當時傳）。由此可知漢代初年，政治上如何尊崇黃老主義。

清靜無為乃予民休息之意，要予民休息，最好是不興土木工程，如秦始皇之建阿房宮者焉。案建築與建設不同，建築乃高樓崇宇，以表華麗。這只憊百姓之力，而無益於民生。建設則勸農桑，興水利，以求民生的豐裕。漢定都長安，而遭項羽大火之後，似已破壞，蕭何治未央宮，高祖尚斥其勞民。

> 蕭何治未央宮，立東闕北闕前殿武庫大倉。上見其壯麗，甚怒，謂何曰天下匈匈，勞苦數歲，成敗未可知，是何治宮室過度也。何曰天下方未定，故可因以就宮室。且夫天子以四海為家，非令壯麗，無以重威，且亡令後世有以加也。上說（漢書卷一下高帝紀七年）。

即高祖不欲勞民，蕭何以為天子所居，號為禁中，非壯麗，無以重威。但「亡令後世有以加也」。

老子云：「道常無為而無不為，侯王若能守之，萬物將自化，化而欲作……無欲以靜，天下將自定」（老子第三十七章）。漢代初年既尚清靜無為，經濟上就採取了自由放任政策。高祖時，

> 漢興，海內為一，開關梁，弛山澤之禁……交易之物莫不通得其所欲（漢書卷二十四上食貨志）。

文帝十二年，

> 除關無用傳（漢書卷四文帝紀）。

即出關及入關，聽民自由，不必示以合符。文帝後六年，

弛山澤（漢書卷四文帝紀）。

即解山澤之禁，與民同利。清靜無為適用於大亂之後，固然不失為予民休息之良策。老子尚說：「民之饑，以其上食稅之多，是以饑」（老子第七十五章）。中國是農業社會，而古代租稅又以田賦為主。高祖時，「輕田租，什五而稅一」（漢書卷二十四上食貨志），其後似有改變，惠帝即位，「減田租，復十五稅一」（漢書卷二惠帝紀，鄧展曰中間廢，今復之也）。文帝十二年「賜農民今年租稅之半」，即三十稅一。十三年「除田之租稅」（漢書卷四文帝紀），自是而後，人民不納田租有十三年之久。景帝二年才「令人民半出田租，三十而稅一也」（漢書卷二十四上食貨志）。這個三十稅一，通西漢一代，縱在武帝財匱之時，亦未變更。蓋有鑒於晁錯之言：「民貧則姦邪生，貧生於不足，不足生於不農，不農則不地著，不地著則離鄉輕家，民如鳥獸，雖高城深池，嚴法重刑，猶不能禁也」（漢書卷二十四上食貨志）。

數十年休養生聚，到了武帝時代，果由黃老主義，國民經濟已經復興，而國家財政亦甚豐裕。

> 至武帝之初，七十年間國家無事，非遇水旱，則民人給家足。都鄙廩庾盡滿，而府庫餘財，京師之錢累百鉅萬，貫巧而不可校，太倉之粟陳陳相因，充溢露積於外，腐敗不可食（漢書卷二十四上食貨志）。

次就以柔制剛言之，老子云：「弱之勝強，柔之勝剛，天下莫不知，莫能行」（老子第七十八章）。漢初，瘡痍未瘳，力不足以抗匈奴。文帝之世，王國又復頑張不臣，內憂外患，日不暇給。而自匈奴圍高祖於白登之後，高祖知匈奴之強，遂依劉敬之言，用和親政策，以柔制剛。

> 高帝罷平城歸……當是時冒頓單于兵強，控弦四十萬騎，數苦北邊。上患之，問敬，敬曰天下

初定，士卒罷於兵革，未可以武服也……陛下誠能以嫡長公主妻單于，厚奉遺之，彼知漢女送厚，蠻夷必慕以為閼氏，生子必為太子……冒頓在，固為子婿；死，外孫為單于，豈曾聞外孫敢與大父亢禮哉，可無戰以漸臣也……高帝曰善……取家人子為公主，妻單于，使敬往結和親約（漢書卷四十三劉敬傳）。

這種政策由現代人觀之，固然認為幼稚，而自高祖以後，武帝以前，漢家天子確是不斷的利用和親政策，以救邊境的危急。

惠帝三年以宗室女為公主，嫁匈奴單于（漢書卷二惠帝紀）。

老上單于初立，文帝復遣宗人女翁主為單于閼氏（漢書卷九十四上匈奴傳）。

景帝五年遣公主嫁匈奴單于（漢書卷五景帝紀）。

但是和親政策未必就有效果，中國不斷的和親，匈奴不斷寇邊。班固有言：

和親之論發於劉敬，是時天下初定，新遭平城之難，故從其言，約結和親，賂遺單于，冀以救安邊境。孝惠高后時，遵而不違，匈奴寇盜不為衰止，而單于反益加驕倨。逮至孝文，與通關市，妻以漢女，增厚其賂，歲以千金，而匈奴數背約束，邊境屢被其害……此則和親無益，已然之明效也（漢書卷九十四下匈奴傳贊曰）。

尤其是孝惠呂后時，匈奴更見驕恣，觀其致書呂氏，備極侮辱，而呂后卻依季布之言，軟語報答，且贈以車馬，結果匈奴亦知理屈，因獻馬，遂和親。

孝惠呂后時，冒頓寖驕，乃為書使使遺高后曰，孤僨之君生於沮澤之中，長於平野牛馬之域，數至邊境，願遊中國。陛下獨立，孤僨獨居，兩主不樂，無以自娛，願以所有，易其所無。高后報書曰，單于不忘敝邑，賜之以書，敝邑恐懼，退日自圖，年老氣衰，髮齒墮落，行步失度，單于過聽，不足以自汙，敝邑無罪，宜在見赦。竊有御車二乘，馬二駟，以奉常駕。冒頓得書，復使使來謝……因獻馬，遂和親（漢書卷九十四上匈奴傳，參閱卷三十七季布傳）。

此皆以柔制剛的功效。文帝由外藩入承大統，不但對於匈奴，應用「柔弱勝剛強」的政策。此時南越王趙佗自尊號為南越武帝，文帝賜佗書曰，「得王之地，不足以為大，得王之財，不足以為富」，並遺以上褚五十衣，中褚三十衣，下褚二十衣。趙佗頓首稱謝，而去帝號，且獻白璧一雙以及其他珍物（漢書卷九十五南粵王趙佗傳），此亦以柔制剛之效。文帝不但對外如此而已，其對內亦採用柔弱勝剛強之策，吳王濞失藩臣禮，稱病不朝，而文帝反賜以几杖，故終文帝世，吳王不便作亂（漢書卷三十五吳王濞傳）。蓋國力不足以有為，固宜因無為而尚柔弱。但是黃老主義不單是尚柔而已，柔弱之中須講剛強之策。老子云：「將欲歙之，必固張之，將欲弱之，必固強之，將欲廢之，必固興之，將欲奪之，必固與之，是謂微明」（老子第三十六章），即在柔弱之時，須知自強之法。只知柔弱而不講剛強，國必亡。只知剛強，而不尚柔弱，國必危。吾人觀「文帝中世，赫然發憤，遂躬戎服，親御鞍馬，從六郡良家材力之士，馳射上林，講習戰陣」（漢書卷九十四下匈奴傳贊曰），就可知道此中消息。黃老思想在西漢初年，發揮了極大的效用，也只唯西漢初年之君臣，才能認識黃老思想之妙處。所以景帝之時，能夠削弱王國之地，而武帝時代，又能討伐匈奴，以報過去的恥辱，使中國內統一而外獨立，成為大一統的國家。

第三章

儒家思想的興起

太史公所稱六家皆發生於春秋戰國之時，秦漢以後，各種學說頗受六家的影響，而無任何創見。秦尚法家，漢代初年則尚黃老。唯在漢初，儒生漸次抬頭。高祖在劉項爭雄之時，攻城略地，需要斬將搴旗之士，儒生沒有用處，所以高祖輕視儒生。

沛公不喜儒，諸客冠儒冠來者，沛公輒解其冠，溺其中（漢書卷四十三酈食其傳）。

例如：

酈生踵軍門上謁……使者入通，沛公方洗，問使者曰何如人也。使者對曰狀貌類大儒，衣儒衣，冠側注。沛公曰為我謝之，言我方以天下為事，未暇見儒生也（史記卷九十七朱建傳）。

叔孫通降漢王，通儒服，漢王憎之，乃變其服，服短衣楚製，漢王喜（漢書卷四十三叔孫通傳）。

天下既定，雖然下詔求賢，並謂「賢士大夫有肯從我游者，吾能尊顯之」（漢書卷一下高祖紀，十一年二月詔），然而高祖所要求的大率是權術之徒，對於儒生不甚歡迎。

賈時時前說稱詩書，高帝罵之曰乃公居馬上得之，安事詩書。賈曰馬上得之，寧可以馬上治乎……高帝不懌，有慚色（漢書卷四十三陸賈傳）。

到了群臣飲酒爭功，拔劍擊柱，高祖知儒者難與進取，可與守成，遂願借重儒生，而令叔孫通及其弟子制定朝儀（漢書卷四十三叔孫通傳）。朝儀制定之後，高祖遂能賞識儒生，復因賞識儒生，而願崇拜孔子，這個過程是必然的。

十二年十一月過魯，以太牢祠孔子（漢書卷一下高祖紀）。

但是天下初定，「尚有干戈，平定四海，亦未皇庠序之事也」（漢書卷八十八儒林傳序）。所以儒生在政治上尚無勢力，叔孫通雖為九卿之一（奉常即太常），而其弟子亦不過為郎。孝惠呂后之時，公卿盡是武將功臣。

孝惠高后時，公卿皆武力功臣。（漢書卷八十八儒林傳序）。

文帝時代，公卿還是軍吏。

漢興二十餘年，天下初定，公卿皆軍吏（漢書卷四十二任敖傳）。

而文帝又好刑名之言。

孝文本好刑名之言（漢書卷八十八儒林傳序）。

景帝之世，功臣死亡殆盡。但是景帝本來不好儒生，其所引進者大率是申韓之徒，或是黃老之流。

及至孝景不任儒，竇太后又好黃老術，故諸博士具官待問，未有進者（漢書卷八十八儒林傳序）。

高祖既知儒者不可以進取，而可與守成之後，儒家遂有興起之勢。高祖時之陸賈曾著新語一書，文帝時之賈誼亦著新論一書。自漢書藝文志將兩人之著作歸於儒家之後，唐書藝文志亦採班固之說。兩人雖非醇儒，然其思想卻接近於儒。不過漢代之初，不免受道、法的影響，故兩人之言論常雜以道家及法家的思想，茲試分別述之如次。

一、陸　賈

據漢書（卷四十三）陸賈傳，「賈時時前說稱詩書，高帝罵之曰乃公居馬上得之，安事詩書。賈曰馬上得之，寧可以馬上治乎……鄉使秦以并天下，行仁義，法先聖，陛下安得而有之。高帝不懌，有慙色，謂賈曰，試為我著秦所以失天下，吾所以得之者，及古成敗之國。賈凡著十二篇，每奏一篇，高帝未嘗不稱善，左右呼萬歲，稱其語曰新語」。其言大抵皆崇王道，黜霸術，而以孔氏為宗。他先說明社會的進化，古代學者往往不能區別社會與國家的異同，所以社會的進化亦即政治的進化。陸賈說：

天生萬物，以地養之，聖人成之……先聖乃仰觀天文，俯察地理，圖畫乾坤以定人道，民始開悟，知有父子之親，君臣之義，夫婦之道，長幼之序。於是百官立，王道乃生。民人食肉飲血衣皮毛。至於神農，以為行蟲走獸，難以養民，乃求可食之物，嘗百草之實，察酸苦之味，教民食五穀。天下人民，野居穴處，未有室屋，則與禽獸同域，於是黃帝乃伐木構材，築作宮室，上棟下宇，以避風雨。民知室居食穀而未知功力，於是后稷乃列封疆，畫畔界，以分土地之所宜，闢土殖穀以用養民，種桑麻、致絲枲，以蔽形體。當斯之時，四瀆未通，洪水為害，禹乃決江疏河，通之四瀆，致之於海，大小相引，高下相受，百川順流，各歸其所，然後人民得去高險，處平土。川谷交錯，風化未通，九州絕隔，未有舟車之用，以濟深致遠，於是奚仲乃橈曲為輪，因直為轅，駕馬服牛，浮舟杖檝，以代人力，鑠金鏤木，分苞燒殖，以備器械。於是民知輕重，好利惡難，避勞就逸。於是皐陶乃立獄制罪，懸賞設罰，異是非，明好惡，檢奸邪，消佚亂。民知畏法，而無禮義，於是中聖乃設辟雍庠序之教，以正上下之儀，明父子之禮，君臣之義，使強不凌弱，眾不暴寡，弃貪鄙之心，興清潔之行。禮義獨行，綱紀不立，後世衰廢，於是後聖乃定五經，明六藝，承天統地，窮事（缺一字）微，原情立本以緒人倫，宗諸天地。（缺一字）脩篇章，垂諸來世，被諸鳥獸，以匡衰亂，天人合策，原道悉備。智者達其心，百工窮其巧，乃調之以管絃絲竹之音，設鐘鼓歌舞之樂，以節奢侈，正風俗，通文雅……故曰聖人成之，所以能統物通變，治情性，顯仁義也（新語第一篇道基）。

即社會是由蒙昧而漸趨於開化。開化的推動力則為聖人，他分聖人為先聖中聖及後聖。先聖之中，陸賈舉神農黃帝，而未提到伏犧。但他既說：「先聖乃仰觀天文，俯察地理」，而易（卷八）繫辭又說：「古者包犧氏之王天下也，仰則觀象於天，俯則觀法於地」，可知陸賈所謂先聖亦包括伏犧在內。他歷舉后稷、禹、奚仲、皐陶，而未說到堯舜，然他並不否認堯舜之存在。蓋堯舜皆垂拱而治❶。而禹之

❶ 孔子說：「大哉堯之為君也，巍巍乎唯天為大，唯堯則之」（論語第八篇泰伯）。「天何言哉，四時行焉，

治水，后稷之播百穀，皐陶之五刑，奚仲之製車舟，皆在堯舜時代。中聖大約是指湯及文武周公，後聖似指孔子，故云：「定五經，明六藝」云云。

社會由蒙昧而能漸次進化，陸氏歸功於歷代聖人。但他並不泥古，「世俗以為自古而傳之者為重，以今之作者為輕」（新語第二篇術事），他是反對的，而謂：

故制事者因其則，服藥者因其良。書不必起仲尼之門，藥不必出扁鵲之方，合之者善，可以為法，因世而權行（新語第二篇術事）。

陸賈生長在秦末漢初，此時法家學說頗見流行，而中國之能統一，亦有恃於法家學說，所以陸賈雖以孔氏為宗，而又承認法家之語，而謂政治上最重要的為勢。

夫言道因權而立，德因勢而行。不在其位者，則無以齊其政，不操其柄者，則回也不改其樂（新語第六篇愼微）。

陸賈雖然言勢，然其意乃如孔子所說：「在下位，不獲乎上，民不可得而治矣」（禮記第三十一篇中庸）之言，所以他不忘仁義，以為「聖人懷仁仗義」，凡「危而不傾，佚而不亂者，仁義之所治也」（新語第一篇道基）。孔子云：「身修而後家齊，家齊而後國治，國治而後天下平」（禮記第四十二篇大學），陸賈亦謂：

百物生焉，天何言哉」（論語第十七篇陽貨）。孔子以堯比天，而又謂「天何言哉」，可知堯是無為而治的。孔子又說：「無為而治者，其舜也歟」（論語第十五篇衛靈公）。

夫建大功於天下者，必先脩於閨門之內，垂大名於萬世者，必先行之於纖微之事（新語第六篇慎微）。

即陸賈依孔子所說：「政者正也」（論語第十二篇顏淵）之義，其思想傾向於人治。

昔者周襄王不能事後母，出居於鄭，而下多叛其親。秦始王驕奢靡麗，好作高臺榭廣宮室，則天下豪富制屋宅者，莫不倣之，設房闥，備廐庫，繕雕琢刻畫之好，傅玄黃琦瑋之色，以亂制度。齊桓公好婦人之色，妻姑姊妹，而國中多淫於骨肉。楚平王奢侈縱恣，不能制下，檢民以德，增駕百馬而行，欲令天下人餒，財富利明不可及，於是楚國逾奢，君臣無別。故上之化下，猶風之靡草也。王者尚武於朝，（缺一字，當係則字）農夫繕甲於田，故君之御下民，奢侈者則應之以儉，驕淫者則統之以理，未有上仁而下殘，上義而下爭者也。孔子曰，移風易俗，豈家至之哉，先之於身而已矣（新語第四篇無為）。

自古及今，未有以一人之力，而能統治天下。所以聖王雖然懷仁仗義，苟無賢臣以佐之，亦難達到長治久安。且看陸賈之言：

夫居高者，自處不可以不安。履危者，任杖不可以不固。自處不安則墜，任杖不固則仆，是以聖人居高處上，則以仁義為巢。乘危履傾，則以賢聖為杖……故高而益安，動而益固……故仗聖者帝，仗賢者王，仗仁者霸，仗義者強，杖讒者滅，仗賊者亡（新語第三篇輔政）。

固然世上不乏賢才，「良馬非獨騏驥，利劍非唯干將，美女非獨西施，忠臣非獨呂望。今有馬而無王良之御，有劍而無砥礪之功，有女而無芳澤之飾，有士而不遭文王」，則「道術蓄積而不舒，美玉韞匵而深藏」（新語第二篇術事）。不過賢臣亦不易知，賢人棄於野，則佞臣之黨存乎朝，天下不亂，乃是罕有的事。陸賈說：

> 人君莫不知求賢以自助，近賢以自輔。然賢聖或隱於田里而不預國家之事者，乃觀聽之臣，不明於下，則閉塞之讒歸於君。閉塞之讒歸於君，則忠賢之士弃於野。忠賢之士弃於野，則佞臣之黨存於朝。佞臣之黨存於朝，則下不忠於君。下不忠於君，則上不明於下。上不明於下，是故天下所以傾覆也（新語第七篇資質）。

何況邪臣恐賢人之見用，往往加以毀謗，使賢人含恨而終。陸賈說：

> 故邪臣之蔽賢，猶浮雲之鄣日月也，非得神靈之化，罷雲霽翳，令歸山海，然後乃得覩其光明，暴天下之濡濕，照四方之晦冥。今上無明王聖主，下無貞正諸侯，誅鋤姦臣賊子之黨，解釋疑紼紕繆之結，（此處似少數字）然後忠良方直之人，則得容於世而施於政。故孔子遭君暗臣亂，眾邪在位，政道隔於王家，仁義閉於公門，故作公陵之歌，傷無權力於世。大化絕而不通，道德施而不用。故曰無如之何者，吾末如之何也已矣（新語第五篇辨惑）。

但是人類不是全能，有所長者，必有所短，所以賢王雖然得賢，亦不可求備於一人。陸賈以人之五官為喻，說明分職之必要，人主用人，必須用各人之所長。他說：

> 目以精明，耳以主聽，口以別味，鼻以聞芳，手以之持，足以之行，各受一性，不得兩兼，兼

則心惑（新語第九篇懷慮）。

陸賈知教化之重要，前已舉過中聖設辟雍庠序之教，後聖定五經，明六藝之事，但他生長在秦尚法家之時，所以與後世腐儒不同，並不反對「齊之以刑」。不過刑罰不足以勸善，而只可用以誅惡。

> 夫法令者所以誅惡，非所以勸善，故曾閔之孝，夷齊之廉，豈畏死而為之哉，教化之所致也（新語第四篇無為）。

陸氏固謂刑不厭輕，賞不厭重。凡以刑威民，而不懷之以德者，民將「亡逃山林」，甚至「轉為盜賊」。秦之滅亡，可為例證（漢書卷二十四上食貨志）。陸賈說：

> 天地之性，萬物之類，儴道者眾歸之，恃刑者民畏之。歸之則附其側，畏之則去其域。故設刑者不厭輕，為德者不厭重。行罰者不患薄，布賞者不患厚。所以親近而致疎遠也（新語第八篇至德）。

陸賈仕於漢代初年，此時也，黃老思想頗見流行，陸賈不免受到影響，謂虞舜無為而天下治，秦始皇太過有為而天下亂，其結論則主張「中和」乃為政之道。

> 夫道莫大於無為，行莫大於謹敬。何以言之，昔虞舜治天下，彈五弦之琴，歌南風之詩，寂若無治國之意，漠若無憂民之心，然天下治。周公制作禮樂，郊天地，望山川，師旅不設，刑格法懸，而四海之內，奉供來臻，越裳之君，重譯來朝。故無為也。（有誤）乃無為也。秦始皇帝設為車裂之誅，以斂姦邪，築長城於戎境，以備胡越，征大吞小，威震天下，將帥橫行，以服外國，蒙

> 恬討亂於外，李斯治法於內。事逾煩，天下逾亂，法逾滋，而姦逾熾，兵馬益設而敵人逾多。秦非不欲為治，然失之者，乃舉措暴眾而用刑太極故也。是以君子尚寬舒以苞身，行中和以統遠，民畏其威而從其化，懷其德而歸其境，美其治而不敢違其政。民不罰而畏罪，不賞而歡悅，漸漬於道德，被服於中和之所致也（新語第四篇無為）。

蓋太有為不但自己身勞而心煩，而刑罰亦將隨之增加。吾人觀秦之政治，即知陸賈之言之不錯。茲再舉陸賈之言如次：

> 夫形重者則身勞，事眾者則心煩。心煩者，則刑罰縱橫而無所立。身勞者，則百端迴邪而無所就。是以君子之為治也，塊然若無事，寂然若無聲，官府若無吏，亭落若無民。閭里不訟於巷，老幼不愁於庭。近者無所議，遠者無所聽。郵驛無夜行之吏，鄉閭無夜名之征。犬不夜吠，烏不夜鳴。老者息於堂，丁壯者耕耘於田。在朝者忠於君，在家者孝於親。於是賞善罰惡而潤色之，興辟雍庠序而教誨之。然後賢愚異議，廉鄙異科，長幼異節，上下有差。強弱相扶，大小相懷，尊卑相承，鴈行相隨。不言而信，不怒而威，豈恃堅甲利兵，深刑刻法，朝夕切切而後行哉（新語第八篇至德）。

黃老主義乃以柔制剛，以弱制強，所以陸賈也謂「柔懦制剛強」，這在漢代初年，原是不得已之事，陸賈有言：

> 故懷剛者久而缺，持柔者久而長。躁疾者為厥速，遲重者為常存。尚勇者為悔近，溫厚者行寬舒，懷促急者必有所虧，柔懦者勝剛強（新語第三篇輔政）。

陸賈生在秦世，既見秦代政治太過有為，而主張無為，又依中庸「國家將興，必有禎祥，國家將亡，必有妖孽」（禮記卷五十三中庸）之說，而於天子之上，加之以天，以為政之善惡常表現於天象，這就是董仲舒的陰陽學說。他固然以為「世道衰亡，非天所為也，乃國君有以取之也」（新語第十一篇明誡）。但繼著又說：

> 惡政生於惡氣，惡氣生於災異。蝮虫之類，隨氣而生，虹蜺之屬，因政而見。治道失於下，則天文度於上。惡政流於民，則虫災生於地。……易曰，天垂象見吉凶。聖人則之，天出善道，聖人得之（新語第十一篇明誡）。
>
> 星不晝見，日不夜照。雷不冬發，霜不夏降。臣不凌君，則陰不侵陽。盛夏不暑，隆冬不霜，黑氣苞日，彗星揚光，虹蜺冬見，蟄虫夏藏，熒惑亂宿，眾星失行。聖人因天變而正其失，理其端而正其本（新語第十二篇思務）。

綜上所言，可知陸賈的思想是很複雜的，雖以儒學為本，而道、法、陰陽各種學說，均予接受。此蓋漢代初年思想尚未定於一尊之故。

二、賈　誼

賈誼與陸賈雖均列為儒家，但陸賈仕於高祖之時。此時天下方定，故言雖仁義，而又佐之以無為思想。賈誼仕於文帝之朝，此時外有匈奴的陵侮，內有王國之橫逆，故言雖仁義，而又佐之以法家之術。班固謂「賈誼晁錯明申韓」（漢書卷六十二司馬遷傳），而且賈誼之得見知於文帝，是由河南守吳公推薦，而「吳公則與李斯同邑，而嘗學事焉」（漢書卷四十八賈誼傳）。由此可以推測賈誼由吳公而知法家之學。文帝之世，匈奴囂張，王國又思蠢動，所以賈誼依春秋大一統之意，而欲削弱王國之力，又依春秋「內諸夏而外夷狄」之義，而欲抑制匈奴之驕橫。這是賈誼的中心思想。至於其他思想不過祖述孔子學說，並沒有任何特見。

孟子說：「民為貴，社稷次之，君為輕」（孟子卷十四上盡心下），這叫做民本，而出於尚書「民為邦本，本固邦寧」（甘誓）之語。古代所謂民本與今日民主不同，禹曰「德唯善政，政在養民」（尚書大禹謨），即只有 for the people 的觀念，而無 by the people 的觀念。固然尚書尚有「天聰明，自我民聰明，天明畏，自我民明威」（皋陶謨），又有「天視自我民視，天聽自我民聽」（泰誓中）之語，然而人民如何表示其意思，並無具體的方法，所以也只可視為民本。賈誼依此古訓，亦說：

> 聞之於政也，民無不為本也，國以為本，君以為本，吏以為本，故國以民為安危，君以民為威侮，吏以民為貴賤，此之謂民無不為本也。聞之於政也，民無不為命也，國以為命，君以為命，吏以為命，故國以民為存亡，君以民為盲明，吏以民為賢不肖，此之謂民無不為命也。聞之於政也，民無不為功也，故國以為功，君以為功，吏以為功，國以民為興壞，君以民為強弱，吏以民為能不能，此之謂民無不為功也。聞之於政也，民無不為力也，故國以為力，君以為力，吏以為力，故夫戰之勝也，民欲勝也，攻之得也，民欲得也，守之存也，民欲存也。故吏率民而守，而民不欲存，則莫能以存矣。故率民而攻，民不欲得，則莫能以得矣。故率民而戰，民不欲勝，則莫能以勝矣（新書卷九大政上）。

所以「國不務大，而務得民心」（新書卷十胎教）。凡為人主者絕不可與民為仇；與民為仇者，遲早必至滅亡。賈誼說：

故自古至於今，與民為讎者，有遲有速，而民必勝之（新書卷九大政上）。

古來聖王不但不仇視其民，而且愛護其民，賈誼舉帝嚳、帝堯、大禹之言如次。

帝嚳曰，德莫高於博愛人，而政莫高於博利人。故政莫大於信，治莫大於仁，吾慎此而已也（新書卷九修政語上）。

帝堯曰，吾存心於先古，加意於窮民，痛萬姓之罹罪，憂眾生之不遂也。故一民或饑，曰此我饑之也。一民或寒，曰此我寒之也。一民有罪，曰此我陷之也。仁行而義立，德博而化廣，故不賞而民勸，不罰而民治，先恕而後行，是以德音遠也（新書仝上）。

大禹曰，民無食也，則我弗能使也。功成而不利於民，我弗能勸也。故鬟河而導之九牧，鑿江而導之九路，澄五湖而定東海，民勞矣，而弗苦者，功成而利於民也（新書仝上）。

由三代而至於漢，朝代變易多矣，由此可知天下非一家之天下，唯有道者居之，亦只唯有道之人方能久保天下。賈誼舉呂尚之言如次：

故天下者非一家之有也，有道者之有也。故夫天下者唯有道者理之，唯有道者紀之，唯有道者使之，唯有道者宜處而久之。故夫天下者，難得而易失也，難常而易亡也。故守天下者，非以道則弗得而長也。故夫道者萬世之寶也（新書卷九修政語下）。

但是有道之主亦不能獨治天下。而須任用百官。怎樣的人方可任用？當然須擇人民之所愛者而任用之。「夫為人臣者以富樂民為功，以貧苦民為罪」（新書卷九大政上）。而人臣之能富樂民者，民必愛之，所以賈誼又云：

夫民至卑也，使之取吏焉，必取其愛焉。故十人愛之有歸，則十人之吏也。百人愛之有歸，則百人之吏也。千人愛之有歸，則千人之吏也。萬人愛之有歸，則萬人之吏也。故萬人之吏也選卿相焉（新書卷九大政下）。

賈誼此言頗接近於民主，問題所在，乃是何由而知誰是人民之所愛。吾國古代學者對此問題，均不能提出具體的辦法，而只寄希望於聖君，即「君明而吏賢矣，吏賢而民治矣」（新書卷九大政下）。賈誼說：

君能為善，則吏必能為善矣；吏能為善，則民必能為善矣。故民之不善也，吏之罪也；吏之不善也，君之過也。嗚呼戒之，戒之。故夫士民者，率之以道，然後士民道也。率之以義，然後士民義也。率之以忠，然後士民忠也。率之以信，然後士民信也。故為人君者，其出令也其如聲，士民學之其如響，曲折而從君，其如景矣。嗚呼，戒之哉，戒之哉。君鄉善於此，則佚佚然協民皆鄉善於彼矣，猶景之象形也。君為惡於此，則啍啍然協民皆為惡於彼矣，猶響之應聲也（新書卷九大政上）。

又說：

故民之治亂在於吏，國之安危在於政，是以明君之於政也，慎之，於吏也，選之，然後國興也。故君能為善，則吏必能為善矣。吏能為善，則民必能為善矣。故民之不善也，失之者吏也。故民之善者，吏之功也。故吏之不善也，失之者君也，吏之善者，君之功也。是故君明而吏賢，吏賢而民治矣。故荀上好之，其下必化之，此道之政也（新書卷九大政下）。

賈誼的結論則謂：

故無常安之國，無宜治之民。得賢者顯昌，失賢者危亡。自古及今，未有不然者也（新書卷十胎教）。

換言之，就是：

故有不能求士之君，而無不可得之士。有不能治民之吏，而無不可治之民。故君明而吏賢矣，吏賢而民治矣（新書卷九大政下）。

漢高祖本來不喜儒生，天下既定，雖然下詔求賢，並謂「賢士大夫有肯從我游者，吾能尊顯之」（漢書卷一下高祖紀，十一年二月詔）。即以富貴誘人，其內心對於士大夫本無尊敬之意。再傳而至文帝，皇室的尊嚴愈高，君民的隔離漸遠，所以賈誼力言人主之於賢士，必須待之以禮。求士不以其道，士亦不至。

故夫士者弗敬則弗至……故欲求士必至……惟恭與敬……故自古而至於今，澤有無水，國無無士。故士易得而難求也，易致而難留也。故求士而不以道，周徧境內，不能得一人焉；故求士而以道，則國中多有之，此之謂士易得而難求也。故待士而以敬，則士必至矣；待士而不以道，則士必去矣，此之謂士易致而難留也（新書卷九大政下）。

賈誼由此遂謂官吏可分六等。上焉者為師，下焉者為廝役。王者與師為國，國可大治，與廝役為國，未有不亡。他說：

王者官人有六等：一曰師，二曰友，三曰大臣，四曰左右，五曰侍御，六曰廝役。知足以為源泉，行足以為儀表，問焉則應，求焉則得；入人之家，足以重人之家，入人之國，足以重人之國者，謂之師。知足以礲礪，行足以輔助，仁足以訪議；明於進賢，敢於退不肖，內相匡正，外相揚美，謂之友。知足以謀國事，行足以為民率，仁足以合上下之驩；國有法則退而守之，君有難則進而死之，職之所守，君不得以阿私託者，大臣也。修身正行，不惩於鄉曲，道語談說，不怍於朝廷，智能不困於事業，服一介之使，能合兩君之驩，執戟居前，能舉君之失過，不難以死持之者，左右也。不貪於財，不淫於色；事君不敢有二心，居君旁不敢泄君之謀；君有失過，雖不能正諫以其死持之；憔悴有憂色，不勸聽從者，侍御也。柔色傴僂，唯諛是行，唯言是聽，以睚眦之間事君者，廝役也。故與師為國者，帝；與友為國者，王；與大臣為國者，伯；與左右為國者，強；與侍御為國者，若存若亡；與廝役為國者，亡可立待也（新書卷八官人）。

賢君對於百官，固須待之以禮，但百官如有失職違法之事，亦應輕者黜罷，重者加刑；加刑之時，必須尊重其人的人格，而不可束縛之，係紲之，罵詈而榜笞之。且看賈誼之言：

鄙諺曰，欲投鼠而忌器，此善喻也。鼠近於器，尚憚而弗投，恐傷器也。況乎貴大臣之近於主上乎。廉恥禮節，以治君子，故有賜死而無僇辱，是以係縛榜笞髡刖黥劓之罪，不及士大夫，以其離主上不遠也……夫嘗已在貴寵之位，天子改容而嘗禮貌之矣，吏民嘗備伏以敬畏之矣。今而有過，令廢之可也，退之可也，賜之死可也，若夫束縛之，係緤之，輸之司空，編之徒官，司寇牢正徒長小吏罵詈而榜笞之，殆非所以令眾庶見也。夫卑賤者習知尊貴者之事，一旦吾亦乃可以加此也，非所以習天下也，非尊尊貴貴之化也……故人主遇其大臣，如遇犬馬，彼將犬馬自為也。如遇官徒，彼將官徒自為也。頑頓無恥，詬苟無節，廉恥不立，則且不自好，苟容而可，見利則趨，見便則奪，主上有敗，則因而推之矣。主上有患，則吾苟免而已，立而觀之耳。有便吾身者，則欺賣而利之耳，人主將何便於此……古者大臣有坐不廉而廢者，不謂不廉，曰簠簋不飾。坐穢汙姑婦姊姨母，男女無別者，不謂汙穢，曰帷簿不脩。坐罷軟不勝任者，不謂罷軟，曰下官不職。故貴大臣，定有其罪矣，猶未斥然至以呼之也，尚遷就而為之諱也。故其在大譴大訶之域者，聞譴訶則白冠氂纓，盤水加劍，造清室而請其罪爾，上弗使執縛係引而行也。其有中罪者，聞令而自弛，上不使人頸盭而加也。其有大罪者，聞令則北面再拜，跪而自裁，上不使人捽抑而刑之也。曰子大夫自有過耳，吾遇子有禮矣。遇之有禮，故群臣自喜，厲以廉恥，故人務節行，上設廉恥禮義以遇其臣，而群臣不以節行而報其上者，即非人類也。故化成俗定，則為人臣者，主爾亡身，國爾忘家，公爾忘私，利不苟就，害不苟去，唯義所在，主上之化也（新書卷二階級）。

賢士治國，「以富樂民為功，以貧苦民為罪」（新書卷九大政上）。而「君以知賢為明，吏以愛民為忠」（新書仝上）。如何「富樂民」，賈誼提出許多具體辦法：一主張重農，即

不耕而多食農人之食，是天下之所以困貧而不足也。故以末予民，民大貧，以本予民，民大富（新書卷三瑰瑋）。

次主張蓄積，賈誼說：

> 王者之法，民三年耕，而餘一年之食；九年而餘三年之食；三十年而民有十年之蓄。故禹水八年，湯旱七年，甚也，野無青草，而民無饑色，道無乞人……王者之法，國無九年之蓄，謂之不足；無六年之蓄，謂之急；無三年之蓄，曰國非其國也（新書卷三憂民，卷四無蓄，卷六禮，亦有同樣主張）。

再次主張節用，即「取之有時，用之有節，則物蓄多」（新書卷六禮）。此即孔子所說「節用而愛人，使民以時」（論語第一篇學而）。賈誼對此問題，未加詳論，蓋文帝已經節用而愛人（參閱漢書卷四文帝紀贊曰），而漢代使民，歲不過一月，又可出錢雇人代役，代役者可得到全部更錢（月二千）。至於繇戍，一歲只有三日，不能往者，可出錢三百入官，官以給戍者（參閱拙著中國社會政治史第一冊一六三頁以下）。此實合於有錢出錢，有力出力之意。漢代對此都已做到，所以賈誼無須多言。

但是漢代尚有一種失策，即許民鑄錢，尤其在文帝時代。因之錢法大亂，照賈誼說：「又民用錢，郡縣不同，或用輕錢，百加若干，或用重錢，平稱不受。法錢不立，吏急而一之乎，則大為煩苛，而力不能勝。縱而弗呵乎，則市肆異用，錢文大亂，苟非其術，何嚮而可哉」（新書卷四鑄錢，但此處是用漢書卷二十四下食貨志所引賈誼之言）。他主張禁民鑄錢。其法則為收銅勿布於下。

> 銅布於下，為天下菑。何以言之？銅布於下，則民鑄錢者，大抵必雜以鉛鐵焉，黥罪日繁，此一禍也。銅布於下，偽錢無止，錢用不信，民愈相疑，此二禍也。銅布於下，采銅者棄其田疇，家鑄者損其農事，穀不為則鄰於饑，此三禍也。故不禁鑄錢，則錢常亂，黥罪日積，是陷阱也。且農

> 事不為，有罪為菑，故民鑄錢不可不禁止，禁鑄錢，必以死罪。鑄錢者禁，則錢必還重；錢重則盜鑄錢者起，則死罪又復積矣，銅使之然也。故銅布於下，其禍博矣（新書卷三銅布）。

即賈誼主張「上收銅，勿令布下，則民不鑄錢」（新書仝上）。但國家鑄錢不得其法，民間亦有盜鑄之事，漢代到了武帝鑄五銖錢之後，錢法才定。

綜上所言，可知賈誼也是寄望於聖君，前已引過賈誼之言：「君能為善，則吏必能為善矣；吏能為善，則民必能為善矣。故民之不善也，吏之罪也；吏之不善也，君之過也」（新書卷九大政上）。此無他，儒家之視國家有如家族，即以國家為家族的擴大，因之，常把家族的道德應用於國家之上。家族之內，為人父兄者必須持身以正，而後方能管束其子弟。國家之內，為人君者亦然。孝經（第二章天子）云：「愛親者不敢惡於人，敬親者不敢慢於人，愛敬盡於事親，而德教加於百姓，刑於四海，蓋天子之孝也」。賈誼說：

> 事君之道，不過於事父，故不肖者之事父也，不可以事君。事長之道，不過於事兄，故不肖者之事兄也，不可以事長。使下之道，不過於使弟，故不肖者之使弟也，不可以使下。交接之道，不過於為身，故不肖者之為身也，不可以接友。慈民之道不過於愛其子，故不肖者之愛其子，不可以慈民。居官之道不過於居家，故不肖者之於家也，不可以居官。夫道者行之於父，則行之於君矣。行之於兄，則行之於長矣。行之於弟，則行之於下矣。行之於身，則行之於友矣。行之於子，則行之於民矣。行之於家，則行之於官矣。故士則未仕，而能以試矣（新書卷九大政下）。

但是聖君並不多有，賈誼分人主為三種，即上主如堯舜是，下主如桀紂是，最多的乃是中主，中主得賢佐則存，不得賢佐則亡。

抑臣又竊聞之曰，有上主者，有中主者，有下主者。上主者可引而上，不可引而下。下主者可以引而下，不可引而上。中主者可以引而上，可以引而下。故上主者堯舜是也。夏禹羿后稷與之為善則行，鯀讙兜欲引而為惡則誅。故可與為善，而不可與為惡。下主者桀紂是也，隰侯惡來進與為惡則行，比干龍逢欲引而為善則誅。故可與為惡，而不可與為善。所謂中主者，齊桓公是也。得管仲隰朋則九合諸侯，豎貂易牙則餓死胡宮，蟲流而不得葬。故材性乃上主也，賢人必合，而不肖人必離，國家必治，無可憂者也。若材性下主也，邪人必合，賢正必遠，坐而須亡耳，又不可勝憂矣。故其可憂者，唯中主爾，又似練絲，染之藍則青，染之緇則黑，得善佐則存，不得善佐則亡，此其不可不憂者耳（新書卷五連語）。

然三代以後，天子無不傳子，而皇子日與宮人宦官相處，長養深宮之中，不知稼穡艱難，一旦即位，往往非荒即暴，所以賈誼對於太子之教育，甚為注意。

殷為天子三十餘世，而周受之。周為天子三十餘世，而秦受之。秦為天子，二世而亡。人性非甚相遠也，何殷周之君有道之長，而秦無道之暴也。其故可知也，古之王者，太子初生，固舉以禮，使士負之，有司齊肅端冕，見之南郊，見于天也。過闕則下，過廟則趨，孝子之道也。故自為赤子時，教固已行矣。昔者周成王幼在襁褓之中，召公為太保，周公為太傅，太公為太師。保保其身體，傅傅之德義，師道之教訓，此三公之職也。於是為置三少，皆上大夫也。曰少保少傅少師，是與太子燕居者也。故孩提有識，三公三少，固明孝仁禮義，以道習之，逐去邪人，不使見惡行，於是皆選天下之端士孝弟博聞有道術者，以衛翼之，使與太子居處出入。故太子初生而見正事，聞正言，行正道，左右前後皆正人也。習與正人居之，不能無正也，猶生長於齊之不能不齊言也。習與不正人居之，不能無不正，猶生長於楚之不能不楚言也。故擇其所嗜，必先受業乃得嘗之，擇其所樂，必先有習乃得為之。孔子曰少成若天性，習慣如自然，是殷周之所以長有道也。及太子少長，知好色，則入于學，學者所學之官也。學禮曰帝入東學，上親而貴仁，則親疏有序，而恩相及矣。帝入南學，上齒而貴信，則長幼有差，而民不誣矣。帝入西學，上賢而貴德，則賢智在位，而功不遺矣。帝入北學，上貴而尊爵，則貴賤有等，而下不踰矣。帝入太學，承師問道，退習而考於太傅，太傅罰其不則，而匡其不及，則德智長而理道得矣。此五學者既成於上，則百姓黎民化輯於下矣。學成治就，是殷周所以長有道也（新書卷五保傅）。

茲宜特別注意者，賈誼知禮與法之不同，以為禮者禁於將然之前，法者禁於已然之後。此種區別甚見妥善。即事前用禮，事後用法。既用法了，則刑賞亦甚重要。他說：

夫禮者禁於將然之前，而法者禁於已然之後，是故法之所用易見，禮之所為難知也。若夫慶賞以勸善，刑罰以懲惡，先王執此之政，堅如金石，行此之令，信如四時，據此之公，無私如天地耳，豈顧不可哉（新書卷十定取舍）。

刑賞雖然重要，但賈誼還是重視「禁於未然之前」的禮，故云，「禮云禮云，貴絕惡於未萌，而起教於微眇，使民日遷善遠罪而不自知也」（新書卷十定取舍）。不但如此而已，他復依古訓，力言罪疑唯輕，功疑唯重之重要，而說：

戒之戒之，誅賞之慎焉。故與其殺不辜也，寧失於有罪也。故夫罪也者，疑則附之去已，夫功也者，疑則附之與已，則此無有無罪而見誅，無有有功而無賞者矣。戒之哉，戒之哉，誅賞之慎焉。故古之立刑也，以禁不肖，以起怠惰之民也，是以一罪疑，則弗遂誅也，故不肖得改也。故一功疑，則必弗倍也，故愚民可勝也。是以上有仁譽，而下有治名。疑罪從去，仁也。疑功從予，信也，戒之哉，戒之哉，戒之哉（新書卷九大政上）。

他更反對以刑治國，即反對法家之刑治思想。

人主之所積，在其取舍。以禮義治之者積禮義，以刑罰治之者積刑罰。刑罰積而民怨背，禮義積而民和親。故世主欲民之善同，而所以使民善者或異，或道之以德教，或毆之以法令。道之以德教者，德教洽而民氣樂，毆之以法令者，法令極而民風哀，哀樂之感，禍福之應也。……湯武置天下於仁義禮樂，而德澤洽，禽獸草木廣裕，德被蠻貊四夷，累子孫數十世，此天下所共聞也。秦王置天下於法令刑罰，德澤亡一有，而怨毒盈於世，下憎惡之如仇讎，禍幾及身，子孫誅絕，此天下之所共見也（新書卷十定取舍）。

賈誼也說到術，「術也者所從制物也，動靜之數也」（新書卷八道術）。但他之所謂術與法家之術不同，而是仁義。其言如次：

請問術之接物何如。對曰，人主仁而境內和矣，故其士民莫弗親也。人主義而境內理矣，故其士民莫弗順也。人主有禮而境內肅矣，故其士民莫弗敬也。人主有信而境內貞矣，故其士民莫弗信也。人主公而境內服矣，故其士民莫弗戴也。人主法而境內軌矣，故其士民莫弗輔也。舉賢則民化善，使能則官職治。英俊在位，則主尊，羽翼勝任，則民顯。操德而固則威立，教順而必則令行，周聽則不蔽，稽驗則不惶，明好惡則民心化，密事端則人主神。術者接物之隊，凡權重者必謹於事，令行者必謹於言，則過敗鮮矣。此術之接物之道者也（新書卷八道術）。

賈誼所最注意的乃是實際問題，一對於王國之禍而主張國家的統一，二對於匈奴之患而主張國家的獨立。先就王國之禍言之，當高祖封同姓為王時，因諸侯王年幼，而漢所置傅相方握其事，故得相安無事。後來，諸侯王血氣方剛，而漢所置傅相又皆退休，於是諸侯王遂得任用私人。

大國之王，幼在懷衽，漢所置傅相方握其事。數年之後，諸侯王大抵皆冠，血氣方剛，漢所置傅歸休而不肯仕，漢所置相，稱病而賜罷，彼自丞尉以上，偏置其私人……此時而乃欲為治安，雖堯舜不能（新書卷一宗首）。

到了文帝之時，「諸侯王雖名為人臣，實皆有布衣昆弟之心（師古曰自以為於天子為昆弟，而不論君臣之義），慮亡不帝制而天子自為者。擅爵人，赦死罪，甚者或戴黃屋，漢法非立，漢令非行也」（新書卷三親疏危亂）。而王國之制度又與天子等齊。賈誼說：

天子之相號為丞相，黃金之印。諸侯之相，號為丞相，黃金之印，而尊無異等，秩加二千石之上。天子列卿秩二千石，諸侯列卿秩二千石，則臣已同矣。人主登臣而尊，今臣既同，則法惡得不齊。天子衛御號為大僕，銀印秩二千石，諸侯之卿號曰大僕，銀印秩二千石，則御已齊矣。御既已齊，則車飾具惡得不齊。天子親號云太后，諸侯親號云太后，天子妃號曰后，諸侯妃號曰后，然則諸侯何損，而天子何加焉。妻既已同，則夫何以異。天子宮門曰司馬，闌入者為城旦。諸侯宮門曰司馬，闌入者為城旦。殿門俱為殿門，闌入之罪亦俱棄市。宮牆門衛同名，其嚴一等，罪已鈞矣。天子之言曰令，令甲令乙是也。諸侯之言曰令，令儀令言是也。天子卑號，皆稱陛下。諸侯卑號，皆稱陛下。天子車曰乘輿，諸侯車曰乘輿，乘輿等也，然則所謂主者安居，臣者安在（新書卷一等齊）。

賈誼以為「人主之行，異布衣。布衣者飾小行，競小廉，以自託於鄉黨邑里。人主者唯天下安，社稷固不耳」（新書卷一益壤），「故大人者不怵小廉，不牽小行，故立大便，以成大功」（新書仝上），他建議分封之制，以為「欲天下之治安，天子之無憂，莫如眾建諸侯而少其力，力少則易使以義，國小則無邪心」（新書卷一藩強）。此種推恩分封之制，雖提議於賈誼，而決定於主父偃。蓋如王船山所言：「當誼之時，侯王強，天下初定，吳楚皆深鷙驕悍，而不聽天子之裁制，未能遽行也。武帝承七國敗亡之餘，諸侯之氣已熸，偃單車臨齊，而齊王自殺，則諸王救過不遑，而以分封子弟為安榮，偃之說乃以乘時而有功」（讀通鑑論卷三漢武帝）。但是賈誼似知齊趙吳楚必為漢之大患，而當吳楚之衝者則為梁與淮陽。故說：「梁足以扞齊趙，淮陽足以禁吳楚」（新書卷一益壤）。文帝末年思賈誼之言，分齊為六，徙其子武為梁王，景帝又立其子餘為淮陽王，所以七國作亂，周亞夫能夠出武關，抵雒陽，過滎陽，至昌邑，堅壁不戰，而使輕騎偷襲吳楚後路，絕其糧道，於是吳楚敗散，七國之亂遂平。

次就匈奴之禍言之，吾國古代以天下自居，凡是外族均視為蠻夷，不與之作平等交際。中華衰弱，固然忍辱持重，以求暫時的相安。中華強盛，又必犁庭掃穴，令外族稱臣進貢而後已。賈誼仕於文帝之朝，距離劉項戰爭已有二十年了，十年生聚，十年教訓，中華國力已與過去不同，所以賈誼又依春秋大義，說道：

凡天子者，天下之首也，何也，上也。蠻夷者，天下之足也，何也，下也。蠻夷徵令，是主上之操也。天子共貢，是臣下之禮也。足反居上，首顧居下，是倒縣之勢也。天下倒縣，莫之能解，猶為國有人乎（新書卷三解縣，卷三威不信，有同樣文句）。

案匈奴之地雖大，而其人口「未及漢千石大縣也」（新書卷四匈奴），而天子乃歲遺金繒，與其和親，這是漢之恥辱。賈誼說：

匈奴侵甚侮甚，遇天子至不敬也。為天下患，至無已也。以漢而歲致金絮繒綵，是入貢職於蠻夷也，顧為戎人諸侯也，勢既卑辱，而禍且不息，長此何窮。陛下胡忍以帝皇之號特居此。實竊料匈奴之眾，不過漢一千石大縣，以天下之大，而困於一縣之小，甚竊為執事羞之（新書卷四勢卑）。

然而文帝之時，王國已將叛亂，漢不能用其全力對付匈奴，所以賈誼雖然深恨匈奴，而乃主張「強國戰智」（新書卷四匈奴），請用五餌之法，以係單于。新書（卷四匈奴）之文過於冗長，茲引漢書（卷四十八賈誼傳贊曰）顏師古之註如次：

師古曰賈誼書謂賜之盛服車乘，以壞其目。賜之盛食珍味，以壞其口。賜之音樂婦人，以壞其耳。賜之高堂邃宇，府庫奴婢，以壞其腹。於來降者，上以召幸之相娛樂，親酌而手食之，以壞其心。此五餌也。

關於五餌，班固評為「其術固以疏矣」（漢書卷四十八賈誼傳贊曰）。但是我們不要忘記此後匈奴確由五餌而同化於漢族。五胡亂華之時，匈奴種人之劉淵竟謂：「昔我太祖高皇帝以神武應期，廓開大業。太宗孝文皇帝重以明德，升平漢道。世宗孝武皇帝拓土攘夷，地過唐日。中宗孝宣皇帝搜揚俊義，多士盈野。是我祖宗道邁三王，功高五帝云云」，乃赦其境內，立漢高祖以下三祖五宗神主而祀之（晉書卷一百一劉元海載記），可知賈誼之術雖疏，然亦不能謂無效力。

第四章

法家思想的復興

道家思想應用於政治之上，多在大亂之後，儒家思想應用於政治之上，多在政治已上軌道之時，法家思想應用於政治之上，則在國力充裕的時候。此無他，大亂之後，勢宜予民休息。政治納上軌道，理應講教化而崇尚仁義。而國力充裕之時，依吾國歷史所示，常常向外發展，而法家的權謀策術就不免為時主所採用。景帝之時，中央權力已可壓服王國，而武帝之世，中國兵力又可撻伐匈奴，於是文景時代就有晁錯，武帝時代就有桑弘羊，茲試分別述之。

一、晁　錯

史謂晁錯學申韓刑名於軹張恢生所，漢書藝文志舉晁錯三十一篇，可惜其書已經失傳，故只能依漢書（卷四十九）晁錯傳，舉其政治思想如次。

法家的政治思想都是由人情出發，且知人情莫不好利惡害，而欲利用人情的利害觀念，使其政見能夠實行。晁錯亦然，他說：

> 臣聞三王臣主俱賢，故合謀相輔，計安天下，莫不本於人情。人情莫不欲壽，三王生而不傷

也。人情莫不欲富，三王厚而不困也。人情莫不欲安，三王扶而不危也。人情莫不欲逸，三王節其力而不盡也。其為法令也，合於人情而後行之。其動眾使民也，本於人事，然後為之。取人以己，內恕及人。情之所惡，不以彊人。情之所欲，不以禁民。是以天下樂其政，歸其德，望之若父母，從之若流水，百姓和親，國家安寧，名位不失，施及後世。此明於人情終始之功也（漢書卷四十九鼂錯傳）。

如何利用人情的利害觀念，其法則為刑賞。刑賞是用以懲惡勸善，而須與功過相稱。如是，賞厚而斂民財，民不之恨；罰重而奪人命，人亦不怨。鼂錯說：

其立法也，非以苦民傷眾，而為之機陷也；以之興利除害，尊主安民，而救暴亂也。其行賞也，非虛取民財妄予人也，以勸天下之忠孝而明其功也。故功多者賞厚，功少者賞薄。如此，斂民財以顧其功，而民不恨者，知與而安己也。其行罰也，非以忿怒妄誅，而從暴心也，以禁天下不忠不孝，而害國者也。故罪大者罰重，罪小者罰輕，如此，民雖伏罪至死，而不怨者，知罪罰之至，自取之也。立法若此，可謂平正之吏矣（漢書仝上）。

但為政之道，不可不知術數。何謂術數，韓非子（第四十三篇）定法篇云：「申不害言術，術者因能而授官，循名而責實，操殺生之柄，課群臣之能者也。此人主之所執也」。這種解釋還是不得要領。鼂錯雖告文帝教太子以術數之道，而術數是什麼，也沒有具體的說明。鼂錯說：

人主所以尊顯功名，揚於萬世之後者，以知術數也。故人主知所以臨制臣下，而治其眾，則群臣畏服矣；知所以聽言受事，則不欺蔽矣；知所以安利萬民，則海內必從矣；知所以忠孝事上，則臣子之行備矣。此四者臣竊為皇太子急之。人臣之議或曰：皇太子亡以知事為也。臣之愚誠以為不然。竊觀上世之君不能奉其宗廟，而劫殺於其臣者，皆不知術數者也。皇太子所讀書多矣，而未深知術數者，不問書說也（說謂所說之義也）。夫多誦而不知其說，所謂勞苦而不為功。臣竊觀皇太子材智高奇，馭射技藝過人絕遠；然於術數，未有所守者，以陛下為心也。竊願陛下幸擇聖人之術可用今世者，以賜皇太子，因時使皇太子陳明於前，惟陛下裁察（漢書仝上）。

案國家能夠太平無事，在於民安其居而樂其業。如何使民安居樂業，照晁錯之言，必須政府採用重農輕商的政策。這種政策乃農業國家所必需。晁錯說：

聖王在上而民不凍飢者，非能耕而食之，織而衣之也，為開其資財之道也。故堯禹有九年之水，湯有七年之旱，而國亡損瘠者，以蓄積多而備先具也。今海內為一，土地人民之眾不避（避，讓也）湯禹，加以亡天災數年之水旱，而畜積未及者何也。地有遺利，民有餘力，生穀之土未盡墾，山澤之利未盡出也，游食之民未盡歸農也。民貧則姦邪生，貧生於不足，不足生於不農，不農則不地著，不地著則離鄉輕家，民如鳥獸，雖有高城深池嚴法重刑，猶不能禁也。夫寒之於衣，不待輕煖，饑之於食，不待甘旨，饑寒至身，不顧廉恥。人情一日不再食則饑，終歲不製衣則寒。夫腹饑不得食，膚寒不得衣，雖慈母不能保其子，君安能以有其民哉。明主知其然也，故務民於農桑，薄賦斂，廣畜積，以實倉廩，備水旱，故民可得而有也。民者，在上所以牧之，趨利如水走下，四方亡擇也（漢書卷二十四上食貨志）。

晁錯比較農商之貧富苦樂如次：

今農夫五口之家，其服役者不下二人。其能耕者不過百晦，百晦之收，不過百石。春耕夏耘秋穫冬藏，伐薪樵，治官府，給繇役，春不得避風塵，夏不得避暑熱，秋不得避陰雨，冬不得避寒凍，四時之閒，亡日休息。又私自送往迎來，弔死問疾，養孤長幼在其中，勤苦如此，尚復被水旱之災，急政暴虐，賦斂不時，朝令而暮改，當其有者半賈而賣，亡者取倍稱之息，於是有賣田宅鬻子孫以償責者矣。而商賈大者，積貯倍息，小者坐列販賣，操其奇贏，日游都市。乘上之急，所賣必倍。故其男不耕耘，女不蠶織，衣必文采，食必粱肉，亡農夫之苦，有仟伯之得。因其富厚，交通王侯，力過吏執，以利相傾，千里游敖，冠蓋相望，乘堅策肥，履絲曳縞，此商人所以兼併農人，農人所以流亡者也。今法律賤商人，商人已富貴矣。尊農夫，農夫已貧賤矣。故俗之所貴，主之所賤也，吏之所卑，法之所尊也。上下相反，好惡乖迕，而欲國富法立，不可得也。方今之務，莫若使民務農而已矣（漢書卷二十四上食貨志）。

然則重農之法如何?晁錯主張貴粟。他說：

欲民務農在於貴粟，貴粟之道，在於使民以粟為賞罰。今募天下入粟縣官，得以拜爵，得以除罪。如此，富人有爵，農民有錢，粟有所渫。夫能入粟以受爵，皆有餘者也。取於有餘，以供上用，則貧民之賦可損，所謂損有餘補不足，令出而民利者也。順於民心，所補者三，一曰主用足，二曰民賦少，三曰勸農功。今令民有車騎馬一匹者，復卒三人。車騎者，天下武備也，故為復卒。神農之教曰，有石城十仞，湯池百步，帶甲百萬，而亡粟弗能守也。以是觀之，粟者王者大用，政之本務。令民入粟受爵至五大夫以上，迺復一人耳。此其與騎馬之功相去遠矣。爵者上之所擅，出於口而亡窮。粟者民之所種，生於地而不乏。夫得高爵與免罪，人之所甚欲也，使天下入粟於邊，以受爵免罪，不過三歲，塞下之粟必多矣（漢書卷二十四上食貨志）。

此時匈奴之禍方盛，劉敬之和親政策尚未生效，而賈誼之五餌策略，為術又疏，晁錯遂進一步，說明如何抵抗匈奴。他先說明匈奴有三長技，中國有五長技，中國與匈奴交戰，未必敗北，若能佐以「以夷攻夷」之策，則勝利必屬於我。用此以增加國人的勇氣，使國人不致發生恐胡的心理。

夫卑身以事強，小國之形也。合小以攻大，敵國之形也。以蠻夷攻蠻夷，中國之形也。今匈奴地形技藝與中國異，上下山阪，出入溪澗，中國之馬弗與也。險道傾仄，且馳且射，中國之騎弗與也。風雨罷勞，饑渴不困，中國之人弗與也。此匈奴之長技也。若夫平原易地，輕車突騎，則匈奴之眾易撓亂也。勁弩長戟，射疏及遠，則匈奴之弓弗能格也。堅甲利刃，長短相雜，遊弩往來，什伍俱前，則匈奴之兵弗能當也。材官騶發，矢道同的，則匈奴之革笥木薦弗能支也。下馬地鬥，劍戟相接，去就相薄，則匈奴之足弗能給也。此中國之長技也。以此觀之，匈奴之長技三，中國之長技五。陛下又興數十萬之眾，以誅數萬之匈奴，眾寡之計，以一擊十之術也。雖然兵凶器，戰危事也。以大為小，以彊為弱，在俛仰之間耳。夫以人之死爭勝跌而不振，則悔之亡及也。帝王之道，出於萬全。今降胡義渠蠻夷之屬，來歸誼者，其眾數千，飲食長技與匈奴同，可賜之堅甲絮衣勁弓利矢，益以邊郡之良騎，令明將能知其習俗，和輯其心者，以陛下之明約將之，即有險阻，以此當之，平地通道，則以輕車材官制之，兩軍相為表裡，各用其長，技衡加之以眾，此萬全之術也（漢書卷四十九晁錯傳）。

所謂「以蠻夷攻蠻夷，中國之形也」，這種見解實為吾國古代對付外族的基本政策。但行之不得其道，則一個蠻夷滅亡，別一個蠻夷將更強大，宋以金滅遼，以元滅金，終則為元所滅，即其一例。漢代最大的敵人乃是匈奴，武帝討伐匈奴，收復河南之地，開河西，列置四郡，皆用本國兵力，未曾假手於人。匈奴既弱，於是才利用蠻夷以攻擊蠻夷，其所利用與所攻擊者又盡是小國。小國本來容易控制，以小國攻小國，只有消耗兩國的國力，不會養成尾大不掉之勢，所以行之有百利而無一害。

但是兩軍交戰，要得勝利，須有良將；沒有良將，士卒雖多，亦無用處。晁錯說：

> 故兵法曰有必勝之將，無必勝之民。由此觀之，安邊境，立功名，在於良將，不可不擇也（漢書仝上）。

單單良將，勝負尚未可知，必有堅甲利兵，而後勝算才有把握。

> 兵不完利，與空手同。甲不堅密，與袒裼同。弩不可以及遠，與短兵同。射不能中，與亡矢同。中不能入，與亡鏃同……故兵法曰，器械不利，以其卒予敵也。卒不可用，以其將予敵也。將不知兵，以其主予敵也。君不擇將，以其國予敵也。四者國之至要也（漢書仝上）。

不過匈奴之地寒冷，不可以居，而匈奴之兵又來去自由，防不勝防。中國少發卒，則匈奴入寇，而邊民絕望；多發卒，匈奴又復遁去。我至胡去，我去胡至，如此不已，則中國貧苦，而民不安矣。

> 夫胡貉之地，積陰之處也。木皮三寸，冰厚六尺，食肉而飲酪，其人密理，鳥獸毳毛，其性能寒……胡人衣食之業不著於地，其勢易以擾亂邊境。何以明之，胡人食肉飲酪，衣皮毛，非有城郭田宅之歸，居如飛鳥走獸於廣野，美草甘水則止，草盡水竭則移。以是觀之，往來轉徙，時至時

去，此胡人之生業，而中國之所以離南晦也。今使胡人數處轉牧，行獵於塞下，或當燕代，或當上郡北地隴西，以候備塞之卒。卒少則入，陛下不救，則邊民絕望，而有降敵之心。救之少發則不足，多發，遠縣才至，則胡又已去。聚而不罷，為費甚大。罷之，則胡復入，如此連年，則中國貧苦而民不安矣（漢書仝上）。

所以晁錯再三提議移民實邊。而其移民亦顧到人情，即先於邊境，築高城深塹，以保人民之安全。次建室宇，具田宅，賜以冬夏衣服，廩食於官而免其徭役。且為之娶妻嫁夫，使人民願意久居其地。

陛下幸憂邊境，遣將吏，發卒以治塞，甚大惠也。然令遠方之卒守塞，一歲而更，不知胡人之能，不如選常居者，家室田作，且以備之，以便為之高城深塹，具藺石，布渠荅，復為一城，其內城間百五十步，要害之處，通川之道，調立城邑，毋下千家；為中周虎落，先為室屋，具田器，乃募罪人及免徒復作令居之。不足，募以丁奴婢贖罪及輸奴婢欲以拜爵者，不足，乃募民之欲往者，皆賜高爵，復其家，予冬夏衣廩食，能自給而止。郡縣之民得買其爵，以自增至卿，其亡夫若妻者，縣官買予之。人情非有匹敵，不能久安其處。塞下之民，祿利不厚，不可使久居危難之地。胡人入驅，而能止其所驅者，以其半予之，縣官為贖。其民如是，則邑里相救助，赴胡不避死，非以德上也，欲全親戚而利其財也。此與東方之戍卒不習地勢，而心畏胡者，功相萬也。以陛下之時，徙民實邊，使遠方無屯戍之事；塞下之民，父子相保，無係虜之患；利施後世，名稱聖明，其與秦之行怨民，相去遠矣（漢書仝上）。

又說：

臣聞古之徙遠方，以實廣虛也；相其陰陽之和，嘗其水泉之味，審其土地之宜，觀其屮木之饒，然後營邑立城，製里割宅，通田作之道，正阡陌之界。先為築室，家有一堂二內，門戶之閉，置器物焉。民至有所居，作有所用，此民所以輕去故鄉而勸之（之往也）新邑也。為置醫巫，以救疾病，以脩祭祀。男女有婚，生死相卹，墳墓相從。種樹畜長，室屋完安。此所以使民樂其處，而有長居之心也（漢書仝上）。

邊民既多，就宜講求兵制，使他們能夠自保，無須依靠於國家的軍隊。這是晁錯守邊備塞的最後政策。晁錯說：

臣又聞之，古之制邊縣以備敵也，使五家為伍，伍有長；十長一里，里有假士；四里一連，連有假五百（五百帥名），十連一邑，邑有假候。皆擇其邑之賢材有護（謂有保護之能力者），習地形，知民心者。居則習民於射法，出則教民於應敵，故卒伍成於內，則軍政定於外，服習以成，勿令遷徙。幼則同遊，長則共事，夜戰聲相知，則足以相救；晝戰目相見，則足以相識。驩愛之心，足以相死。如此而勸以厚賞，威以重罰，則前死不還（旋）踵矣（漢書仝上）。

晁錯之策雖未實行於文景時代，而武帝的守邊備塞卻完全採用晁錯之言。錯雖見誅於景帝，而其政見乃實行於武帝之世，晁錯之功不可否認。

最後晁錯因見王國有不軌之心，景帝即位，錯為御史大夫，建削地之策。以為「今削之亦反，不削亦反，削之其反亟而禍小，不削之，其反遲禍大」（漢書卷三十五吳王濞傳）。即主張天子不要姑息，而當求久安之策。「錯父聞之，謂錯曰：『上初即位，公為政用事，侵削諸侯，疏人骨肉。口讓多怨，公何為也。』錯曰：『固也，不如是，天子不尊，宗廟不安。』父曰：『劉氏安矣，而晁氏危，吾去公歸矣』，遂飲藥死」（漢書卷四十九晁錯傳）。這種公而忘私，國而忘家的精神，吾人只有欽佩。後來錯因削地之議，引起七國之亂，錯亦因爰盎之譖而被誅，然而當時的人已經予以同情。

謁者僕射鄧公為校尉，擊吳楚，為將還，上書言軍事，見上。上問曰，道軍所來（道軍所來即是從軍所來耳），聞晁錯死，吳楚罷不。鄧公曰，吳為反數十歲矣，發怒削地，以誅錯為名，其意不在錯也。且臣恐天下之士拑口不敢復言矣。上曰，何哉。鄧公曰，夫晁錯患諸侯彊大，不可制，故請削之，以尊京師，萬世之利也。計劃始行，卒受大戮。內杜忠臣之口，外為諸侯報仇，臣竊為陛下不取也。於是景帝喟然長息曰，公言善，吾亦恨之（漢書卷四十九晁錯傳）。

對此，蘇洵曾批評曰：「七國之禍……與其發於遠而禍大，不若發於近而禍小。以小禍易大禍，雖三尺童子皆知其當然，而其所以不與錯者，彼皆不知其勢將有遠禍歟。知其勢將有遠禍，而度已不及見，謂可以寄之後人，以苟免吾身者也」（嘉祐集卷一審敵）。錯雖因爰盎之譖而被誅，而當時的人已經予以同情。

晁錯內求國家的統一，主張削王國之地；外求國家的獨立，主張討伐匈奴。吾國到了漢武帝時代，果然成立了中央集權的民族國家。晁錯有功於漢室，固不在漢初功臣之下。

二、桑弘羊

桑弘羊在武帝末年，官至御史大夫，而為漢代之財政家。漢書不為之立傳，此蓋桑弘羊喜談富強之術，急於言利，依大學「與其有聚斂之臣，寧有盜臣」之義，故不容於古代的史家。漢書食貨志雖載桑弘羊之事，而語焉不詳，幸有鹽鐵論一書足供吾人參考。漢書藝文志列鹽鐵論於儒家，此乃根據賢良文學之言。若察大夫（桑弘羊）所發表的意見，則宜視之為法家。何以知桑弘羊屬於法家呢？他推高商鞅，

> 昔商君相秦也，內立法度，嚴刑罰，飭政教，姦偽無所容。外設百倍之利，收山澤之稅，國富民強，器械完飾，蓄積有餘。是以征敵伐國，攘地斥境，不賦百姓而師以贍，故用不竭而民不知，地盡西河而民不苦……秦任商君，國以富強，其後卒并六國而成帝業。及二世之時，邪臣擅斷，公道不行，諸侯叛弛，宗廟隳亡，……今以趙高之亡秦而非商鞅，猶以崇虎亂殷而非伊尹也（鹽鐵論第七篇非鞅）。

排抑孔孟，

> 古者經井田，制廛里，丈夫治其田疇，女子治其麻枲，無曠地，無遊人，故非商工不得食於利末，非良農不得食於收穫，非執政不得食於官爵。今儒者釋耒耜而學不驗之語，曠日彌久，而無益於理，往來浮游，不耕而食，不蠶而衣，巧偽良民，以奪農妨政，此亦當世之所患也。……昔魯穆公之時，公儀為相，子思子原為之卿，然北削於齊，以泗為境。南畏楚人，西賓秦國。孟軻居梁，兵折於齊，上將軍死而太子虜。西敗於秦，地奪壤削，亡河內河外。夫仲尼之門，七十子之徒，去父母，捐室家，負荷而隨孔子，不耕而學，亂乃愈滋。故玉屑滿篋，不為有寶。誦詩書負笈，不為有道。要在安國家，利人民，不苟文繁眾辭而已（鹽鐵論第二十篇相刺）。

而其言論出於韓非子一書者亦復不少。凡法家思想多以人情之好利惡害為根據，即由人情之利害觀念

出發，構成他們思想的體系。桑弘羊亦然，他說：

司馬子言天下穰穰，皆為利往。趙女不擇醜好，鄭嫗不擇遠近，商人不媿恥辱，戎士不愛死，力士不在親，事君不避其難，皆為利祿也。儒墨內貪外矜，往來游說，栖栖然，亦未為得也。故尊榮者，士之願也。富貴者，士之期也（鹽鐵論第十八篇毀學）。

此蓋天下賢者寡而不肖者眾，若必要求天下之仁人志士出秉國政，是無異於待江海而後救火，且看侍御史（侍御史，非御史大夫桑弘羊）之言：

待周公而為相，則世無列國。待孔子而後學，則世無儒墨。夫衣小缺，襟裂可以補，而必待全匹而易之，政小缺，法令可以防，而必待雅頌乃治之，是猶舍鄰之醫，而求俞跗而後治病，廢汙池之水，待江海而後救火也。迂而不徑，闕無而務，是以教令不從而治煩亂。夫善為政者，弊則補之，決則塞之，故吳子以法治楚魏，申商以法彊秦韓也（鹽鐵論第五十六篇申韓）。

何況儒家所注意者在於修身。但是道德只可律己，而不能用以律人。桑弘羊說：

賢不肖有質，而貪鄙有性。君子內潔己而不能純教於彼。故周公非不正管蔡之邪，子產非不正鄧皙之偽也。夫內不從父兄之教，外不畏刑法之罪，周公子產不能化必也。今一二則責之有司，有司豈能縛其手足而使之無非哉（鹽鐵論第三十三篇疾貪）。

所以人主必須制定法令。而保障法令之施行者，則為刑罰，桑弘羊說：

令者，所以教民也。法者，所以督姦也。令嚴而民慎，法設而姦禁，罔疏則獸失，法疏則罪漏。罪漏則民放佚而輕犯禁，故禁不必法。夫儌倖誅誡，蹠蹻不犯，是以古者作五刑，刻肌膚而民不踰矩……文學言王者立法，曠若大路，今馳道不小也，而民公犯之，以其罰罪之輕也。千仞之高，人不輕凌，千鈞之重，人不輕舉。商君刑棄灰於道而秦民治，故盜馬者死，盜牛者加，所以重本而絕輕疾之資也。武兵名食，所以佐邊而重武備也。盜傷與殺同罪，所以累其心而責其意也。猶魯以楚師伐齊，而春秋惡之，故輕之為重，淺之為深，有緣而然。法之微者，固非眾人之所知也。……執法者，國之轡銜。刑罰者，國之維檝也。故轡銜不飭，雖王良不能以致遠。維檝不設，雖良工不能以絕水。韓子曰，疾有固者不能明其法勢，御其臣下，富國強兵以制敵禦難，惑於愚儒之文詞，以疑賢士之謀，舉浮淫之蠹，加之功實之上，而欲國之治，猶釋階而欲登高，無銜橛而禦捍馬也。今刑法設備而民猶犯之，況無法乎，其亂必也（鹽鐵論第五十五篇刑德）。

又說：

古之君子善善而惡惡，人君不畜惡民，農夫不畜無用之苗。無用之苗，苗之害也。無用之民，民之賊也。鉏一害而眾苗成，刑一惡而萬民悅。雖周公孔子不能釋刑而用惡。家之有鉏子，器皿不居，況鉏民乎。民者教於愛而聽刑，故刑所以正民，鉏所以別苗也（鹽鐵論第三十四篇後刑）。

而一般從政之人每依孟子「君仁莫不仁，君義莫不義，君正莫不正，一正君而國定矣」（孟子卷八下離婁下）之義，而主張：「聖人在上，以仁育萬物，以義正萬民」（周子通書順化第十一）。「君子正己以正四方，修己以安百姓」（象山全集卷二十九，庸言之信，庸行之謹閑邪存其誠，善世而不伐德，博而化）。

吾人觀桑弘羊上文所言，可知他是反對的。

而且時代不同，法制亦異，絕不能據古以應今。為政之道，須知因俗而變，此即商鞅所謂：「聖人苟可以強國，不法其故；苟可以利民，不循其禮」（商君書第一篇更法）之意。桑弘羊說：

歌者不期於利聲而貴在中節。論者不期於麗辭而務在事實。善聲而不知轉，未可為能歌也。善言而不知變，未可為能說也。持規而非矩，執準而非繩，通一孔，曉一理，而不知權衡以所不覩不信。人若蟬之，不知雪堅。據古文以應當世，猶辰參之錯，膠柱而調瑟，固而難合矣。孔子所以不用於世，而孟軻見賤於諸侯也（鹽鐵論第二十篇相刺）。

又說：

射者因勢，治者因法。虞夏以文，殷周以武，異時各有所施。今欲以敦朴之時，治抏弊之民，是猶遷延而拯溺，揖讓而救火也……俗非唐虞之時，而世非許由之民，而欲廢法以治，是猶不用隱括斧斤，欲撓曲直枉也（鹽鐵論第五十九篇大論）。

觀桑弘羊之言論，其屬於法家，自無疑義。此時武帝已崩，昭帝即位，「委任霍光，光知時務之要，輕傜薄賦，予民休息」（漢書卷七昭帝紀贊曰）。在這種環境之下，許多名流（賢良，文學），當然反對外事夷狄，因為反對外事夷狄，桑弘羊就依韓非所說：「力多則人朝，力寡則朝於人」（韓非子第五十篇顯學），又依鬼谷子所說：「故道貴制人，不貴制於人也。制人者握權，制於人者失命」（鬼谷子卷下）。而說：

秦楚燕齊，周之封國也。三晉之君，齊之田氏，諸侯家臣也。內守其國，外伐不義，地廣壤進，故立號萬乘而為諸侯宗。周室脩禮長文，然國翦弱，不能自存。東攝六國，西畏於秦，身以放遷，宗廟絕祀。賴先帝大惠，紹興其後，封嘉潁川，號周子男君。秦既并天下，東絕沛水，并滅朝鮮，南取陸梁，北卻胡狄，西略氐羌，立帝號，朝四夷，舟車所通，足迹所及，靡不畢至，非服其德，畏其威也。力多則人朝，力寡則朝於人矣（鹽鐵論第四十四篇誅秦）。

又進而說明用兵之事，自古已有。桑弘羊說：

伯翳之始封秦地為七十里，穆公開霸，孝公廣業。自卑至上，自小至大，故先祖基之，子孫成之。軒轅戰涿鹿，殺兩曎蚩尤而為帝。湯武伐夏商，誅桀紂而為王。黃帝以戰成功，湯武以伐成孝。故手足之勤，腹腸之養也。當世之務，後世之利也。今四夷內侵不攘，萬世必有此長患。先帝興義兵以誅暴強，東滅朝鮮，西定冉駹，南擒百越，北挫強胡。李牧追匈奴以廣北州，湯武之舉，蚩尤之兵也。故聖主斥地，非私其利；用兵，非徒奮怒；所以匡難辟害，以為黎民遠慮（鹽鐵論第四十三篇結和）。

又說：

屠者解分中理，可橫以手而離也。至其抽筋鑿骨，非行金斧不能決。聖主循性而化，有不從者，亦將舉兵而征之。是以湯誅葛伯，文王誅犬夷。及後戎狄猾夏，中國不寧，周宣王仲山甫，式遏寇虐。詩云，薄伐獫狁，至于太原，出車彭彭，城彼朔方。自古明王，不能無征伐而服不義，不能無城壘而禦強暴也（鹽鐵論第四十九篇繇役）。

復依賈誼所說：「凡天子者天下之首也」（新書卷三解縣），而謂：

天子者天下之父母也。四方之眾，其義莫不願為臣妾（鹽鐵論第三十八篇備胡）。

然自高祖迄於景帝，對於匈奴，妻以公主，贈以金繒，而寇邊之事尚不少休，所以桑弘羊先說明匈奴之反覆無信，不能以德感之。他說：

昔徐偃行王義而滅，好儒而削，知文而不知武，知一而不知二，故君子篤仁以行，然必築城以自守，設械以自備，為不仁者之害己也。是以古者蒐獮振旅，而數軍實焉，恐民之愉佚而亡戒難。故兵革者國之用，城壘者國之固也，而欲罷之，是去表見裡，示匈奴心腹也。匈奴輕舉潛進以襲空虛，是猶不介而當矢石之蹊，禍必不振，此邊境之所懼，而有司之所憂也。……自春秋諸夏之君，會聚相結，三會之後，乖離相疑，伐戰不止，六國從親，冠帶相接，然未嘗有堅約，況禽獸之國乎。春秋存君，在楚詰鼬之會書公，紿夷狄也。匈奴數和親而常先犯約，貪侵盜驅，長詐謀之國也。反復無信，百約百叛，若朱象之不移，商均之不化，而欲信其用兵之備，親之以德亦難矣（鹽鐵論第四十八篇和親）。

次則依此見解，說明武帝討伐匈奴之功。

漢興以來，修好結和親，所聘遺單于厚甚。然不紀重質厚賂之故，改節而暴害滋甚。先帝覩其可以武折而不可以德懷。故廣將帥，招奮擊以誅厥罪，功勳粲然，著於海內，藏於記府，何命亡十獲一乎。夫偷安者後危，慮近者憂邇。賢者離俗，智士權行，君子所慮，眾庶疑焉。故民可與觀成，不可與圖始。……匈奴以虛名市於漢而實不從，數為蠻貊所紿，不痛之何故也。高皇帝仗劍定九州，今以九州而不行於匈奴，閭里常民，尚有梟散，況萬里之主，與小國之匈奴乎。夫以天下之力勤何不權，以天下之士民何不服，今有帝名而威不信長城，反賂遺而尚踞敖，此五帝所不忍，三王所畢怒也（鹽鐵論第四十三篇結和）。

又說：

往者，匈奴據河、山之險，擅田牧之利，民富兵強，行入為寇，則句注之內驚動，而上郡以南咸城。文帝時，虜入蕭關，烽火通甘泉，群臣懼不知所出，乃請屯京師以備胡。胡西役大宛、康居之屬，南與群羌通，先帝推讓斥奪廣饒之地，建張掖以西，隔絕羌胡，瓜分其援。是以西域之國，皆內拒匈奴，斷其右臂，曳劍而走，故募人田畜以廣用。長城以南，濱塞之郡，馬牛放縱，蓄積布野，未睹其計之所過。夫以弱越而遂意強吳，才地計眾非鈞也。主思臣謀，其往必矣。……初，貳師不克宛而還也，議者故使人主不遂忿，則西域皆瓦解而附於胡，胡得眾國而益強。先帝絕奇聽，行武威，還襲宛，宛舉國以降，效其器物，致其寶馬。烏孫之屬駭膽，請為臣妾。匈奴失魄，奔走遁逃，雖未盡服，遠處寒苦墝埆之地，壯者死於祁連、天山，其孤未復。故群臣議以為匈奴困於漢兵，折翅傷翼，可遂擊服。會先帝棄群臣，以故匈奴不革。譬如為山，未成一簣而止，度功業而無繼成之理，是棄與胡而資強敵也。輟幾沮成，為主計若斯，亦未可謂盡忠也（鹽鐵論第四十六篇西域）。

據桑弘羊之意，內郡人民能夠安居樂業，實賴沿邊之民奮身百戰，而他們乃處寒苦之地，拒強胡之難，吾人何可坐視。

王者包含并覆，普愛無私，不為近重施，不為遠遺恩。今俱是民也，俱是臣也，安危勞佚不齊，獨不當調邪。不念彼而獨計此，斯亦好議矣。緣邊之民，處寒苦之地，距強胡之難，烽燧一動，有沒身之累。故邊民百戰而中國恬臥者，以邊郡為蔽扞也。詩云，莫非王事，而我獨勞，刺不均也。是以聖王懷四方，獨苦興師，推卻胡越遠寇，國安災散。中國肥饒之餘，以調邊境，邊境強則中國安。國安則晏然無事，何求而不默也（鹽鐵論第十六篇地廣）。

至於如何救邊，當然先求防守，最好的還是繼武帝之志，撻伐匈奴，至其不敢入寇為止，桑弘羊說：

虎兕所以能執熊羆服群獸者，爪牙利而攫便也。秦所以超諸侯，吞天下，并敵國者，險阻固而勢居然也。故龜猖有介，狐貉不能禽，蝮蛇有螫，人忌而不輕。故有備則制人，無備則制於人。故仲山甫補袞職之闕，蒙公築長城之固，所以備寇難而折衝萬里之外也。今不固其外，欲安其內，猶家人不堅垣牆，狗吠夜驚而闇昧妄行也。……古者為國，必察土地山陵阻險天時地利，然後可以王霸。故制地城廓，飭溝壘以禦寇固國。春秋曰，冬浚洙脩地利也。三軍順天時，以實擊虛。然固於阻險，敵於金城，楚莊之圍宋，秦師敗崤嶔崟是也。故曰天時地利，羌胡固近於邊，今不敢取，必為四境長患。此季孫之所以憂顓臾，有勾踐之變，而為強吳之所悔也（鹽鐵論第五十篇險固）。

何況「匈奴不當漢家之巨郡」（鹽鐵論第五十二篇論功），中國若肯舉兵討伐，必易成功，這是他要增加中國的自信力，與晁錯所說「匈奴有三長技，中國有五長技」，完全相同。桑弘羊說：

匈奴無城廓之守，溝池之固，脩戟強弩之用，倉廩府庫之積，上無義法，下無文理，君臣嫚易，上下無禮，織柳為室，旃席為蓋，素弧骨鏃，馬不粟食，內則備不足畏，外則禮不足稱。夫中國，天下腹心，賢士之所總，禮義之所集，財用之所殖也。夫以智謀愚，以義伐不義，若因秋霜而振落葉。春秋曰，桓公之與戎狄，驅之爾，況以天下之力乎（鹽鐵論第五十二篇論功）。

但是討伐匈奴，用度不免增加，於是興鹽鐵，設酒榷，置均輸，以佐助邊費。這是萬不得已的籌款之策。關此，桑弘羊說：

匈奴背叛不臣，數為寇暴於邊鄙，備之則勞中國之士，不備侵盜不止。先帝哀邊人之久患，苦為虜所係獲也，故修障塞，飭烽燧，屯戍以備之邊，用度不足，故興鹽鐵，設酒榷，置均輸，蓄貨長財，以佐助邊費（鹽鐵論第一篇本議）。

鹽鐵專賣不但由於財政上之必要，而又可以抑豪強，而防兼併。且看桑弘羊之言：

今意總一鹽錢，非獨為利入也，將以建本抑末，離朋黨，禁淫侈，絕并兼之路也。古者名山大澤不以封，為天子之專利也。山海之利，廣澤之畜，天下之藏也，皆宜屬少府。陛下不私，以屬大司農，以佐助百姓。浮食豪民，好欲擅山海之貨，以致富業，役利細民，故沮事議者眾。鐵器兵刃，天下之大用也，非眾庶所宜事也。往者，豪強大家得管山海之利，采鐵石鼓鑄煮鹽，一家聚眾，或至千餘人，大抵盡收放流人民也，遠去鄉里，棄墳墓，依倚大家，聚深山窮澤之中，成姦偽之業，遂朋黨之權，其輕為非亦大矣。今自廣進賢之途，練擇守尉，不待去鹽鐵而安民也（鹽鐵論第六篇復古）。❶

❶ 賢良之反對鹽鐵專賣，亦有相當道理，因為鹽鐵既歸政府專賣，其價格就成為獨占價格，國家用人不當，若用苦鹽惡鐵，以高價發售，人民亦不得不買。賢良曰，農天下之大業也，鐵器民之大用也。器用

酒榷也是出於籌措戰費之故。據桑弘羊說：

夫守節死難者，人臣之職也。衣食饑寒者，慈父之道也。今子弟遠於勞外，人主為之夙夜不寧。群臣盡力畢議，冊滋國用，故少府丞令請建酒榷，以贍邊給戰士，拯救民於難也。為人父兄者，豈可以已乎（鹽鐵論第十二篇憂邊）。

均輸平準乃是桑弘羊最得意的設計。據鹽鐵論（第一篇本議）所載桑弘羊之言，其辦法如次：

往者郡國諸侯各以其物貢輸，往來煩雜，物多苦惡，或不償其費，故郡置輸官，以相給運，而便遠方之貢，故曰均輸。開委府於京，以籠貨物，賤即買，貴則賣，是以縣官不失實，商賈無所貿利，故曰平準。

鹽鐵論所載桑弘羊之言不甚明瞭。所謂均輸，據孟康解釋：

均輸謂諸當所有輸於官者，皆令輸其地土所饒，平其所在時價，官吏於他處賣之。輸者既便，而官有利也（漢書卷十九上百官公卿表注引孟康曰）。

所謂平準，據漢書所載：

便利，則用力少，而得作多，農夫樂事勸功。用不具，則田疇荒，穀不殖。用力鮮，功自半，器便與不便，其功相什而倍也。縣官鼓鑄鐵器，大抵多為大器，務應員程，不給民用，民用鈍弊，割草不痛，是以農夫作劇，得獲者少，百姓苦之矣（鹽鐵論第三十六篇水旱）。

大農諸官盡籠天下之貨物，貴則賣之，賤則買之，如此，富商大賈亡所牟大利，則反本而萬物不得騰躍，故抑天下之物，名曰平準（漢書卷二十四下食貨志）。

即均輸平準都是用以平定物價，使商人不能操縱。用更明顯的話來說，均輸是令各地進貢貨物於政府之時，進貢該地生產過多的貨物，以抬高該項貨物的價格，再由政府運至缺乏這個貨物的地方，盡量拋售，以減低這個貨物的價格。平準是令各地官府於物價低廉的時候，盡量購買進來，使物價不會過低；再於物價昂貴的時候，盡量販賣出去，使物價不會過高。

漢在武帝以前，許民鑄錢，因之，國內沒有法幣，而發生了許多流弊（參閱拙著中國社會政治史第一冊第四版一七〇頁以下表）。桑弘羊主張鑄幣之權應屬中央政府。他說：

文帝之時，縱民得鑄錢冶鐵煮鹽，吳王擅鄣海澤，鄧通專西山，山東姦猾，咸聚吳國，秦雍漢蜀因鄧氏，吳鄧錢布天下，故有鑄錢之禁。禁禦之法立而姦偽息，姦偽息，則民不期於妄得而各務其職，不反本何為。故統一則民不二也，幣由上則下不疑也（鹽鐵論第四篇錯幣）。

桑弘羊仕於武帝之朝，而又係洛陽賈人之子（漢書卷二十四下食貨志），故與晁錯不同，不主張重農輕商，反而承認農工商三者對於國家，均有用處。請看桑弘羊之言。

語曰，百工居肆，以致其事。農商交易，以利本末。山居澤處，蓬蒿墝埆，財物流通，有以均之。是以多者不獨衍，少者不獨饉，若各居其處，食其食，則是橘柚不鬻，朐鹵之鹽不出，旃罽不市，而吳唐之材不用也（鹽鐵論第三篇通有）。

但桑弘羊不欲大富與大強。他說：

民大富，則不可以祿使也。大強，則不可以威罰也（鹽鐵論第四篇錯幣）。

又主張對於貧人，不必予以救濟。

共其地居是世也，非有災害疾疫，獨以貧窮，非惰則奢也。無奇業旁入，而猶以富給，非儉則力也。今日施惠悅爾，行刑不樂，則是閔無行之人，而養惰奢之民也。故妄予不為惠，惠惡者不為仁（鹽鐵論第三十五篇授時）。

這種思想有似於韓非，而與儒家所稱道的「博施於人」，判然有別。

第五章

儒家與陰陽家的合流——董仲舒

漢代初年崇尚黃老之學，其後儒家繼起，景帝時代法家復興。儒家主張人治，希望人主任賢使能，使「賢者在位，能者在職」（孟子公孫丑上）。但是決定誰是賢能的權乃屬於人主，「燕子噲賢子之而非孫卿，故身死為僇，夫差智太宰嚭而愚子胥，故滅於越」（韓非子第三十八篇難三）。法家主張法治，希望人主「不淫意於法之外，不為惠於法之內」（管子第四十六篇明法），但是法亦由人主制定，「利在故法前令，則道之，利在新法後令，則道之」（韓非子第四十三篇定法），這樣，要束縛人主於法律之內，實非易事。法不能拘束君主，人不能掣肘君主，君主不受任何限制，於是法治與人治都遇到了障壁，如何衝破這個障壁，在民主思想尚未發生以前，學者只有求助於皇天，於是陰陽家的學說就流行了。

陰陽之語由來已久，唯在古代，陰陽順逆乃視為自然現象，與人事吉凶似無關係。六鷁退飛過宋都，周內史叔興以為「是陰陽之事，非吉凶所生也，吉凶由人」（左傳僖公十六年）。但是周易有「天垂象，見吉凶」（周易卷七繫辭上）之言，即由天事以推測人事。固然這種觀念不是吾國才有，唯在吾國，將其組織為一種系統整然的學說者，則為戰國末期的鄒衍。鄒衍之書已經失傳，據史記所載，其要旨為「深觀陰陽消息，而作怪迂之變」，「稱引天地剖判以來，五德轉移，治各有宜，而符應若茲」（史記卷七十四孟子傳）。即其學說，一為陰陽，二為五德，五德就是五行。推陰陽五行以說明人世之治亂，即用天事以恐嚇人主，使人主對於人事，不能不稍加注意。所以司馬遷說：「王公大人初見其術，懼然顧化」（史記卷七十四孟子傳）。太史公論六家之要旨，亦說：「嘗竊觀陰陽之術大祥，而眾忌諱，使人拘而多所畏」（史記卷一百三十太史公自序）。漢興，經高惠呂后文景之治，而至於武帝之世，王國已經摧毀，列侯已經削弱，中央集權的國家已經建設成功，天子獨攬大權。如何限制天子的大權，在民主思想尚未發生，而君權主義又有助於國家的安定之時，只有假手於皇天，於是儒家就借用陰陽家的學說，使人主看到陰陽錯逆，悚然憂懼，以為上天震怒，而謀所以補過之道。首將儒家與陰陽家兩種學說合併起來的，則為武帝時的董仲舒。吾人觀班固之言：「董仲舒治春秋公羊，始推陰陽，為儒者宗」（漢書卷二十七五行志上），即可知之。

董仲舒的政治思想亦由人性出發，其論人性接近於荀子，而與孟子不同。照他說，善出於性，而性未必皆善。他說：

> 性比於禾，善比於米，米出禾中，而禾未可全為米也。善出性中，而性未可全為善也……性如繭如卵……繭有絲，而繭非絲也。卵有雛，而卵非雛也。比類率然，有何疑焉（春秋繁露第三十五篇深察名號）。

又說：

> 善如米，性如禾，禾雖出米，而禾未可謂米也。性雖出善，而性未可謂善也（仝上第三十六篇實性）。

他引孔子之言：「善人吾不得而見之，得見有常者斯可矣」，而反駁孟子性善之說。

今按聖人之言中，本無性善名，而有善人吾不得見之矣。使萬民之性皆已能善，善人者何為不見也。觀孔子言此之意，以為善難當甚。而孟子以為萬民性皆能當之，過矣（春秋繁露第三十六篇實性）。

即董氏以為「性有善質，而未能為善也」，猶如「米出於粟，而粟不可謂米。玉出於璞，而璞不可謂玉，善出於性，而性不可謂善」（仝上第三十六篇實性）。如何使性趨善，乃有恃於教化。而負教化之責者則為天子。董仲舒說：

性如繭如卵，卵待覆而為雛，繭待繅而為絲，性待教而為善。此之謂真天。天生民，性有善質，而未能善，於是為之立王，以善之，此天意也。民受未能善之性於天，而退受成性之教於王，王承天意以成民之善性為任者也。今案其真質，而謂民性已善者，是失天意而去王任也，萬民之性苟已善，則王者受命尚何任也（春秋繁露第三十五篇深察名號）。

由此可知董仲舒關於人性雖然不似荀子所謂「性惡」，而其結論卻與荀子相同，「其善者偽也」（荀子第二十三篇性惡）。偽乃人為之意。

董仲舒的政論，大約出於荀子。荀子說：「君者善群也」（荀子第九篇王制），董氏亦有「君者群也」（春秋繁露第三十五篇深察名號）之語。董氏又說：

王者民之所往，君者不失其群者也，故能使萬民往之。而得天下之群者，無敵於天下（春秋繁露第七篇滅國上）。

但是人性雖有善質，而未必皆能嚮善。幸好人類皆有好惡之情，人主之能治理國家，就是利用人情有所欲，又有所惡，而用刑賞以勸善罰惡。

> 民無所好，君無以權也。民無所惡，君無以畏也。無以權，無以畏，則君無以禁制也。無以禁制，則比肩齊勢而無以為貴矣。故聖人之治國也……務致民令有所好，有所好，然後可得而勸也，故設賞以勸之。有所好，必有所惡。有所惡，然後可得而畏也，故設罰以畏之。既有所勸，又有所畏，然後可得而制，制之者制其所好，是以勸賞而不得多也。制其所惡，是以畏罰而不可過也。所好多則作福，所惡過則作威。作威則君亡權，天下相怨。作福則君亡德，天下相賊。故聖人之制民，使之有欲，不得過節。使之敦朴，不得無欲。無欲有欲，各得以足，而君道得矣（春秋繁露第二十篇保位權）。

而刑賞須依功過。他說：

> 有功者賞，有罪者罰，功盛者賞顯，罪多者罰重。不能致功，雖有賢名，不予之賞。官職不廢，雖有愚名，不加之罰。賞罰用於實，不用於名。賢愚在於質，不在於文（春秋繁露第二十一篇考功名）。

又說：

> 有功者進，無功者退，所以賞罰也（春秋繁露第七十八篇天地之行）。

有功者進，故凡有功，就要獎之以高位厚祿，即董仲舒反對「累日以取貴，積久以致官」之制。且看他說：

且古所謂功者，以任官稱職為差，非所謂積日累久也。故小材雖累日，不離於小官，賢材雖未久，不害為輔佐。是以有司竭力盡知，務治其業，而以赴功。今則不然，累日以取貴，積久以致官，是以廉恥貿亂，賢不肖渾殽，未得其真（漢書卷五十六董仲舒傳）。

他固然主張刑賞，而又與法家不同，法家注重在刑治，董仲舒則謂「刑者德之補」（春秋繁露第四十六篇天辨在人）。聖人治國，絕不禁民之欲，只求人欲合於禮法❶。他說：

夫禮，體情而防亂者也。民之情不能制其欲，使之度禮，目視正色，耳聽正聲，口食正味，身行正道，非奪之情也，所以安其情也（春秋繁露第八十二篇天地施）。

吾人須知董仲舒固然主張刑賞，而並不忘記教化之重要。且看他說：

夫萬民之從利也，如水之走下，不以教化，隄防之不能止也。是故教化立，而姦邪皆止者，其隄防完也。教化廢，而姦邪並出，刑罰不能勝者，其隄防壞也。古之王者，明於此，是故南面而

---

❶ 董氏對於義與利，則云「天之生人也使之生義與利，利以養其體，義以養其心。心不得義，不能樂。體不得利，不能安。義者心之養也，利者體之養也。體莫貴於心，故養莫重於義。義之養生人，大於利矣」（春秋繁露第三十一篇身之養重於義）。對於仁義，又云：「春秋之所治，人與我也。所以治人與我者，仁與義也。以仁安人，以義正我。故仁之為言，人也；義之為言，我也……仁之法在愛人，不在愛我。義之法在正我，不在正人。我不自正，雖能正人，弗予為義。人不被其愛，雖厚自愛，不予為仁」（仝上第二十九篇仁義法）。

治，天下莫不以教化為大務，立大學以教於國，設庠序以化於邑，漸民以仁，節民以禮，故其刑罰甚輕，而禁不犯者，教化行而習俗美也（漢書卷五十六董仲舒傳）。

而且奏請設置太學，以培養英俊之士。

故養士之大者莫大乎太學，太學者賢士之所關也，教化之本源也……臣願陛下興太學，置明師，以養天下之士。數考問，以盡其材，則英俊宜可得矣（漢書仝上）。

所惜者，董仲舒不知一切學說必須互相辯論，而後才會進步，而乃提議罷黜百家，而只表章儒學。

春秋大一統者，天地之常經，古今之通誼也。今師異道，人異論，百家殊方，指意不同。是以上亡以持一統。法制數變，下不知所守。臣愚以為諸不在六藝之科孔子之術者，皆絕其道，勿使並進，邪辟之說滅息，然後統紀可一，而法度可明，民知所從矣（漢書仝上）。

固然儒家喜說修身，而由董仲舒觀之，人們律己當然須依仁義之道，而治民必先使民富裕。

孔子謂冉子曰，治民者先富之，而後加教。語樊遲曰，治身者先難後獲，以此之謂治身之與治民所先後者不同焉矣。詩云，飲之食之，教之誨之，先飲食而後教誨，謂治人也。又曰坎坎伐輻彼君子兮，不素餐兮，先其事後其食，謂治身也（春秋繁露第二十九篇仁義法）。

但是人民不可大富，亦不可大貧，大富與大貧，刑賞對之將失去效用。

大富則驕，大貧則憂。憂則為盜，驕則為暴，此眾人之情也。聖者則於眾人之情，見亂之所從生。故其制人道而差上下也，使富者足以示貴，而不至於驕，貧者足以養生，而不至於憂。以此為度而調均之，是以財不匱，而上下相安，故易治也（春秋繁露第二十七篇度制）。

吾人觀董仲舒與荀子的言論，可知相同之處甚多。荀子門下養成了韓非與李斯二大法家，而班固亦謂董仲舒「明習文法，以經術潤飾吏治」（漢書卷八十九循吏傳序），固有其相當理由。

董仲舒的政治思想由儒家而接近於法家，更由法家而採用陰陽學說。此蓋古代沒有民選之制，天子無不傳子，新天子即位之後，賢者寡而暴者多。而分權思想亦未發生，固然張釋之曾說：「法者天子所與天下公共也」（漢書卷五十張釋之傳），然此只謂天子在法令尚未變更以前，亦須遵守。而且只唯賢君如文帝者才肯接受張釋之的見解，至於中人以下的天子，必若杜周所說：「三尺安出哉，前主所是著為律，後主所是疏為令，當時為是，何古之法哉」（漢書卷六十杜周傳）。人主既不受人的牽制，又不受法的拘束，於是董仲舒就於天子之上，置之以天。「天者百神之君也，王者之所最尊也」（春秋繁露第六十六篇郊義）。他由「天」出發，展開其陰陽學說。

董仲舒治春秋之學，春秋明夷夏之別，大一統之義，而常載天災地變之事。董氏關於夷夏之別，議論殊少，蓋在董氏之時，武帝已經討伐匈奴，而依古訓，夷夏之別，非以血統為基礎，而以文化為標準，夏從夷禮，則變為夷，夷從夏禮，則變為夏，所以董氏只說：「春秋之常辭也，不予夷狄，而予中國為禮」，又說：「春秋無通辭，從變而移」，例如邲之戰，楚大勝矣，「莊王之舍鄭，有可貴之美，晉人不知善而欲擊之。所救已解，而挑與之戰，此無善善之心，而輕救民之意也，是以賤之」，於是「晉變而為夷狄，楚變而為君子矣」（春秋繁露第三篇竹林，參閱左宣十二年）。其說明春秋大一統之義則謂「一統乎天子」（春秋繁露第十六篇符瑞）。所謂「一統乎天子」乃集權於天子之意，故說：「君者權也」（仝上第三十五篇深察名號）。又說：

春秋之法，以人隨君，以君隨天……故屈民而伸君，屈君以伸天，春秋之大義也（春秋繁露第二篇玉杯）。

還好他知道「民為貴」之義，以為：

且天之生民，非為王也。而天立王，以為民也。故其德足以安樂民者，天予之，其惡足以賊害民者，天奪之（春秋繁露第二十五篇堯舜不擅移，湯武不專殺）。

此言也，可以減少君主專制之弊，董氏常謂「王者不可以不知天」（仝上第八十篇如天之為）。天命無常，「故夏無道，而殷伐之。殷無道，而周伐之。周無道，而秦伐之。秦無道，而漢伐之。有道伐無道，此天理也，所從來久矣」（仝上第二十五篇堯舜不擅移，湯武不專殺）。即董氏認為天可以予奪人主的國祚，他說：

天若不予是家者，是家安得立為天子。立為天子者，天予是家。天予是家者，天使是家。天使是家者是天之所予也，天之所使也。天已予之，天已使之，其間不可以接天……以此觀之，不祭天者乃不可祭小神也（仝上第六十九篇郊祀）。

然則董氏是主張民主麼？他固謂「民者瞑也」（仝上第三十五篇深察名號）。瞑謂冥冥無知，既然冥冥無知，那又何肯付之以決定政治的權。所謂「天立王，以為民也」，不過謂王者當謀人民的福利而已。

但是董氏雖說「君者權也」，而又不是主張天子專斷一切，反而是主張天子應無為於上。他說：凡

「德侔天地者，皇天右而子之，號稱天子」、「天子受命於天」（仝上第七十篇順命），須「法天之行」（仝上第十八篇離合根）。「天之行」如何？孔子云：「天何言哉，四時行焉，百物生焉，天何言哉」（論語第十七篇陽貨）。「王者不可以不知天」（春秋繁露第八十篇如天之為）。所以天子必須高拱於上而使群臣努力於下。請看董氏之言：

故為人主者，法天之行……不自勞於事，所以為尊也……故為人主者，以無為為道，以不私為寶。立無為之位，而乘備具之官，足不自動，而相者導進；口不自言，而擯者贊辭；心不自慮，而群臣效當。故莫見其為之，而功成矣。此人主所以法天之行也（仝上第十八篇離合根）。

此種作法乃以保天子的神祕。董仲舒說：

為人君者，其要貴神。神者，不可得而視也，不可得而聽也，是故視而不見其形，聽而不聞其聲。聲之不聞，故莫得其響，不見其形，故莫得其影。莫得其影則無以曲直也，莫得其響則無以清濁也。無以曲直則其功不可得而敗，無以清濁則其名不可得而度也。所謂不見其形者，非不見其進止之形也，言其所以進止不可得而見也。所謂不聞其聲者，非不聞其號令之聲也，言其所以號令不可得而聞也。不見不聞，是謂冥昏。能冥則明，能昏則彰。能明能昏，是謂神人。君貴居冥而明其位，處陰而向陽。惡人見其情而欲知人之心，是故為人君者執無源之慮，行無端之事，以不求奪，以不問問。吾以不求奪則我利矣，彼以不出出則彼費矣。吾以不問問則我神矣，彼以不對對則彼情矣。故終日問之，彼不知其所對，終日奪之，彼不知其所出。吾則以明而彼不知其所亡。故人臣居陽而為陰，人君居陰而為陽。陰道尚形而露情，陽道無端而貴神（仝上第十九篇立元神）。

董仲舒謂「天子號天之子也」（仝上第六十七篇郊祭），「受命之君，天意之所予也，故號為天子者，宜事天如父，事天以孝道也」（仝上第三十五篇深察名號）。天道仁慈，所以天子須體天之意，施行德政，這就是「事天以孝道」之理。董仲舒說：

天……任德而不任刑也……故聖人多其愛而少其嚴，厚其德而簡其刑，以此配天（仝上第五十三篇基義）。

王者事天如父，天常示以災祥，使人主有所戒懼及勸勉。董氏說：「帝王之將興也，其美祥亦先見，其將亡也，妖孽亦先見」（仝上第五十七篇同類相動）。但天以災異譴告人主之時，常由輕微而漸嚴重。即董氏認為天對於人主之施政，常用譴告之法，以監督之。他說：

天地之物，有不常之變者謂之異。小者謂之災，災常先至，而異乃隨之。災者天之譴也，異者天之威也。譴之而不知，乃畏之以威。詩云畏天之威，殆此謂也。凡災異之本盡生於國家之失，國家之失乃始萌芽，而天出災害以譴告之。譴告之而不知變，乃見怪異以驚駭之。驚駭之尚不知畏恐，其殃咎乃至。以此見天意之仁，而不欲害人也。謹按災異以見天意，天意有欲也，有不欲也，所欲所不欲者，人內以自省，宜有懲於心，外以觀其事，宜有驗於國。故見天意者之於災異也，畏之而不惡也，以為天欲振吾過，救吾失，故以此報我也（春秋繁露第三十篇必仁且智）。

董仲舒由此而說陰陽四時五行之道。即由陰陽四時五行之順逆，以卜國家之治亂。他說：

天地之氣合而為一，分為陰陽，判為四時，列為五行。行者行也，其行不同，故謂之五行（春秋繁露第五十九篇五行相生）。

即其學說以三種觀念為基礎，一是陰陽，二是四時，三是五行。這三者固然屬於天事，但天事往往反映人事，而人事亦往往引起天事。他說「天人一也」（仝上第四十九篇陰陽義），即「天人之際，合而為一，同而順理，動而相益，順而相受」（仝上第三十五篇深察名號）。這種理論，吾人試稱之為天人感應說。陰陽、四時、五行之與人事尤其政治得失，都可以互相感應。

先就陰陽言之，「陰陽之氣在上天，亦在人」（仝上第八十篇如天之為），即「天有陰陽，人亦有陰陽，天地之陰氣起，而人之陰氣應之而起；人之陰氣起，而天地之陰氣亦宜應之而起，其道一也」（仝上第五十七篇同類相動）。三綱之義「皆取諸陰陽之道，君為陽，臣為陰；父為陽，子為陰；夫為陽，妻為陰」（仝上第五十三篇基義）。「陰之中亦相為陰，陽之中亦相為陽，諸在上者皆為其下陽，諸在下者各為其上陰」（仝上第四十三篇陽尊陰卑）。陰陽必須調和，「大旱，陽滅陰也。陽滅陰者，尊厭卑也……大水者陰滅陽也，陰滅陽者，卑勝尊也。日食亦然，皆下犯上，以賤傷貴者，逆節也」（仝上第五篇精華）。

次就四時言之，「人有喜怒哀樂，猶天之有春夏秋冬也」（仝上第八十篇如天之為），「天人一也，春喜氣也，故生。秋怒氣也，故殺。夏樂氣也，故養。冬哀氣也，故藏。四者天人同有之」（仝上第四十九篇陰陽義）。即「喜怒之禍，哀樂之義，不獨在人，亦在於天。而春夏之陽，秋冬之陰，不獨在天，亦在於人。人無春氣，何以博愛而容眾。人無秋氣，何以立嚴而成功。人無夏氣，何以盛養而樂生。人無冬氣，何以哀死而恤喪。天無喜氣，亦何以暖而春生育。天無怒氣，亦何以清而秋就殺。天無樂氣，亦何以疏陽而夏養長。天無哀氣，亦何以激陰而冬閉藏。故曰天乃有喜怒哀樂之行，人亦有春夏秋冬之氣，合類之謂也」（仝上第四十六篇天辨在人）。「聖人副天之所行以為政，欲以慶副暖而當春，以賞副暑而當夏，以罰副清而當秋，以刑副寒而當冬」（仝上第五十五篇四時之副）。換言之，「主之好惡喜怒乃天之春夏秋冬也。其居暖清寒暑而以變化成功也。天出此物者，時則歲美，不時則歲惡。人主出此四者，義則世治，不義則世亂。是故治世與美歲同數，亂世與惡歲同數，以此見人理之副天理也……人主以好惡喜怒變習俗，而天以暖清寒暑化草木。喜樂時而當，則歲美；不時而妄，則歲惡，天地人主一也。然則人主之好惡喜怒，乃天之暖清寒暑也，不可不審其處而出也。當暑而寒，當寒而暑，必為惡歲矣。人主當喜而怒，當怒而喜，必為亂世矣」（仝上第四十四篇王道通三）。即董氏以四時配陰陽，故說：「陽天之德，陰天之刑也，陽氣暖而陰氣寒……陽氣生而陰氣殺」（仝上第四十四篇王道通三）。其實，此種配合似與上舉「基義」篇所謂「君為陽，臣為陰」云云，不甚調和。現在試問刑德即刑賞是否一唯月令是依。柳宗元曾批評其非為政之道（參閱柳河東全集卷三時令論，並參閱同卷斷刑論下）。董仲舒以為「喜怒之有時而當發，寒暑亦有時而當出，其理一也。當喜而不喜，猶當暑而不暑；當怒而不怒，猶當寒而不寒也。當德而不德，猶當夏而不夏也；當威而不威，猶當冬而不冬也」（春秋繁露第七十九篇威德所生）。此言不過謂當賞則賞，當罰則罰。但他又謂「春修仁而求善，秋修義而求惡，冬修刑而致清，夏修德而致寬，此所以順天地，體陰陽。然而方求善之時，見惡而不釋；方求惡之時，見善亦立行；方致清之時，見大善亦立舉之；方致寬之時，見大惡亦立去之，以效天地之方生之時有殺也，方殺之時有生也」（仝上第八十篇如天之為）。蓋「春秋之道，固有常有變，變用於變，常用於常，各止其科，非相妨也」（仝上第三篇竹林）。換言之，「春秋固有常義，又有應變」（仝上第五篇精華），膠瑟鼓琴，不是為政之道。

三就五行言之，「天有五行，木火土金水是也」（仝上第三十八篇五行對）。「木五行之始也，水五行之終也，土五行之中也……木居東方，而主春氣。火居南方，而主夏氣。金居西方，而主秋氣。水居北方，而主冬氣。是故木主生，而金主殺；火主暑，而水主寒……土居中央……其德茂美，不可名以一時之事，故五行而四時者，土兼之也……土者五行之主也」（仝上第四十二篇五行之義）。即董氏以五行配四時，土不可配，乃置之於中，而謂五行有變乃暗示政治措施之有問題。「木有變，春凋秋榮，秋水冰，春多雨，此繇役眾，賦斂重，百姓貧窮叛去，道多餓人。救之者，省繇役，薄賦斂，出倉穀，振困窮。火有變，冬溫夏寒，此王者不明，善者不賞，惡者不絀，不肖在位，賢者伏匿，則寒暑失序，而民疾疫。救之者，舉賢良，賞有功，封有德。土有變，大風至，五穀傷，此不信仁賢，不敬父兄，淫佚無度，宮室榮。救之者，省宮室，去雕文，舉孝悌，恤黎元。金有變，畢昂為回，三覆有武，多兵，多盜寇，此棄義貪財，輕民命，重貨賂，百姓趣利，多姦軌。救之者，舉廉潔，立正直，隱武行文，束甲械。水有變，冬溼多霧，春夏雨雹，此法令緩，刑罰不行。救之者，憂囹圄，案姦宄，誅有罪，搜五日」（仝上第六十三篇五行變救）。

總之，董仲舒乃採用陰陽家的思想，而提出天人感應之說。其對策云：

> 臣謹案春秋之中，視前世已行之事，以觀天人相與之際，甚可畏也。國家將有失道之敗，而天乃先出災害以譴告之，不知自省。又出怪異以驚懼之，尚不知變，而傷敗乃至。以此見天心之仁愛人君，而欲止其亂也。自非大亡道之世者，天盡欲扶持而全安之，事在彊勉而已矣（漢書卷五十六董仲舒傳）。

又說：

> 孔子作春秋……春秋之所譏，災害之所加也，春秋之所惡，怪異之所施也。書邦家之過，兼災

異之變，以此見人之所為，其美惡之極，乃與天地流通，而往來相應（漢書卷五十六董仲舒傳）。

董仲舒「少治春秋」（漢書卷五十六董仲舒傳），就其學派言，是屬於儒家，而天人感應之說又接近於陰陽家。蓋古代天子不受任何拘束，其所畏懼的只有上天。天不言，如何而能推測天意。易曰「天垂象，見吉凶」，政修則天賜祥瑞，政失則天降災異。比方日蝕，漢書云：「凡日所躔而有變，則分野之國失政者受之。人君能修政，共御（恭禦）厥罰，則災消而福至，不能，則災息而禍生」（漢書卷二十七五行志下之下）。即在專制時代，固然是君尊臣卑，而又置皇天於上，以監人主。董氏學說影響於後代者甚大。班固云：「漢興，推陰陽，言災異者，孝武時有董仲舒夏侯始昌，昭宣則眭孟夏侯勝，元成則京房翼奉劉向谷永，哀平則李尋田終術，此其納說時君著明者也」（漢書卷七十五眭弘等傳贊曰）❷。而均是「天人感應」之說，察他們的言論不過拾董仲舒之餘唾，沒有特殊意見，故不俱述。

❷ 關於夏侯始昌等人的陰陽學說，可閱漢書各本傳。

第六章

各種思想的雜糅

董仲舒以後，政治思想更見雜糅，而均無任何創見，茲只舉劉安劉向述之。

一、劉　安

淮南子一書為淮南王長之子劉安所著，據漢書（卷四十四）淮南王安傳，此書大約著於武帝之時，其言糅淆，而且前後矛盾，既尚黃老之無為，又復主張有為；既非儒家之仁義，又復承認仁義，至於陰陽學說、楊朱主義又似無不贊成。而後人乃謂「其旨近老子，淡泊無為，蹈虛守靜」，未必是中肯之言。

社會由蒙昧而至開化，這是古今中外學者所共同承認的。照劉安說，古者人民穴居巢處，與禽獸無別，其後有室宇，其後有衣冠，其後有耒耜以耕田，其後有舟車以便交通，其後有兵刃以禦鷙鳥猛獸。他說：

> 古者民澤處復穴，冬日則不勝霜雪霧露，夏日則不勝暑蟄蟁䖟。聖人乃作，為之築土構木，以為宮室，上棟下宇，以蔽風雨，以避寒暑，而百姓安之（安樂也）。伯余之初作衣也，緂麻索縷，

手經指挂，其成猶網羅。後世為之機杼勝複，以便其用，而民得以揜形御寒。古者剡耜而耕，摩蜃而耨，木鉤而樵，抱甄而汲，民勞而利薄。後世為之耒耜耰鉏斧柯而樵，桔皐而汲，民逸而利多焉。古者大川名谷，衝絕道路，不通往來也，乃為窬木方版，以為舟航。故地勢有無得相委輸，乃為鞼蹻而超千里，肩荷負儋之勤也，而作為之楺輪建輿，駕馬服牛，民以致遠而不勞。為鷙禽猛獸之害傷人，而無以禁御也，而作為之鑄金鍛鐵以為兵刃，猛獸不能為害。故民迫其難，則求其便。困其患，則造其備。人各以其所知，去其所害。就其所利，常故不可循，器械不可因也。則先王之法度，有移易者矣（淮南子卷十三氾論訓）。

社會不斷進化，古者民情惇樸，今世民情澆薄，民俗不同，因之為治之法，不能以古律今，用神農之道，治當今之世，未有不亂。劉安說：

古者人醇工龐，商樸女重，是以政教易化，風俗易移也。今世德益衰，民俗益薄，欲以樸重之法，治既弊之民，是猶無鏑銜橜策錣而御馯馬也。昔者神農無制令而民從，唐虞有制令而無刑罰，夏后氏不負言，殷人誓，周人盟。逮至當今之世，忍詢而輕辱，貪得而寡羞，欲以神農之道治之，則其亂必矣（淮南子卷十三氾論訓）。

劉安曾謂「世異則事變，時移則俗易」（淮南子卷十一齊俗訓），法制必須隨時而異，善治國者，不法其已成之法，而法其與時推移之事。「知法治所由生，則應時而變，不知法治之源，雖循古終亂」（淮南子卷十三氾論訓）。

是故世異則事變，時移則俗易。故聖人論世而立法，隨時而舉事。尚古之王，封於泰山，禪於

> 梁父，七十餘聖。法度不同，非務相反也，時世異也。是故不法其已成之法，而法其所以為法。所以為法者，與化推移者也（淮南子卷十一齊俗訓）。

凡事有利於民，不必法古，苟適於事，不必循舊。「夫殷變夏，周變殷，春秋變周，三代之禮不同，何古之從」（淮南子卷十三氾論訓）。

> 故聖人制禮樂，而不制於禮樂。治國有常，而利民為本。政教有經，而令行為上。苟利於民，不必法古。苟周於事，不必循舊。夫夏商之衰也，不變法而亡。三代之起也，不相襲而王。故聖人法與時變，禮與俗化。衣服器械，各便其用，法度制令，各因其宜，故變古未可非，而循俗未足多也（淮南子卷十三氾論訓）。

且也，人類一方「是非各異」（淮南子卷十三氾論訓），任誰無不自是而非人，即依自己之所是，而斥別人之所非，是非沒有標準，世上那有定論。

> 天下是非無所定，世各是其所是，而非其所非。所謂是與非各異，皆自是而非人。由此觀之，事有合於己者，而未始有是也。有忤於心者，而未始有非也。故求是者，非求道理也，求合於己者也。去非者，非批邪施也，去忤於心者也。忤於我，未必不合於人也。合於我，未必不非於俗也。至是之是無非，至非之非無是，此真是非也。若夫是於此而非於彼，非於此而是於彼者，此之謂一是一非也。此一是非，隅曲也。夫一是非，宇宙也。今吾欲擇是而居之，擇非而去之，不知世之所謂是非者，不知孰是孰非（淮南子卷十一齊俗訓）。

他方「習俗相反」（淮南子卷十三氾論訓），即由環境之不同，人類之愛惡亦隨之而異。愛惡既異，是非的觀念自亦有別。試看劉安之言。

> 越人得髯蛇，以為上肴，中國得而棄之無用。故知其無所用，貪者能辭之。不知其無所用，廉者不能讓也（淮南子卷七精神訓）。

> 原人之性，蕪濊而不得清明者，物或堁之也。羌氐僰翟，嬰兒生皆同聲，及其長也，雖重象狄騠，不能通其言，教俗殊也。今三月嬰兒生而徙國，則不能知其故俗。由此觀之，衣服禮俗者，非人之性也，所受於外也（淮南子卷十一齊俗訓）。

豈但愛惡而已，劉安深信環境對於人類有極大的影響，故說：

> 夫瘠地之民多有心者，勞也。沃地之民多不才者，饒也（淮南子卷十九脩務訓）。

劉安由這見解，遂認世上事物，尤其抽象的觀念，如是非善惡之類，都是相對的，而非絕對的。他說：「此之是，非彼之是也，此之非，非彼之非也」（淮南子卷十三氾論訓），故其言論不免彼此矛盾，一方贊成道家的無為，同時又有反對無為論之言。案無為思想乃以無欲為前提，即如老子所說：「無欲以靜，天下將自定」（老子第三十七章），劉安亦謂「嗜欲者性之累也」，「聖人不以身役物，不以欲滑和」（淮南子卷一原道訓，意謂不以身為物役，不以情欲亂中和之道也）。他說：

> 五色亂目，使目不明，五聲譁耳，使耳不聰，五味亂口，使口爽傷，趣舍滑心，使行飛揚（猾亂也，飛揚不從軌度也），此四者天下之所養性也（性生也），然皆人累也。故曰嗜欲者使人之氣

越，好憎者使人之心勞，弗疾去，則志氣日耗（淮南子卷七精神訓）。

人欲太多，勢必引起社會的棼亂，於是劉安遂採老子之說，主張無為❶。

是故聖人……漠然無為而無不為也，澹然無治也，而無不治也。所謂無為者，不先物為也。所謂無不為者，因物之所為。所謂無治者，不易自然也。所謂無不治者，因物之相然也（淮南子卷一原道訓）。

而欲回歸到太古生活。他謂太古之時，「四時不失其敘，風雨不降其虐，日月淑清而揚光，五星循軌而不失其行。當此之時，玄玄至碭而運照，鳳麟至，著龜兆，甘露下，竹實滿，流黃出而朱草生，機械詐偽莫藏於心」。逮至燧人作火，而後「陰陽繆戾，四時失敘」，「而萬物燋夭」。於是遂開始了衰世，人主奢侈於上，人民饑寒於下，兵革興而分爭生，強陵弱，眾暴寡之事，不斷的發生出來（淮南子卷八本經訓，文長不俱載）。由此可知他這種思想乃接近於老莊。但是同時又似反對無為之說。劉安說：

或曰，無為者，寂然無聲，漠然不動，引之不來，推之不往，如此者，乃得道之像。吾以為不然，嘗試問之矣。若夫神農堯舜禹湯，可謂聖人乎。有論者必不能廢。以五聖觀之，則莫得無為明矣（淮南子卷十九脩務訓）。

---

❶ 劉安復由無為而主張柔弱。他說：「是故欲剛者，必以柔守之，欲強者，必以弱保之。積於柔則剛，積於弱則強……是故柔弱者生之幹也，而堅強者死之徒也……是故清靜者德之至也，而柔弱者道之要也」（淮南子卷一原道訓）。

劉安歷舉神農、堯、舜、禹、湯之有為，而謂「聖人憂民如此其明也，而稱以無為，豈不悖哉」（淮南子卷十九脩務訓）。他既贊成無為，而又反對無為，狀似矛盾，若究其實，老子所謂無為，「非謂其凝滯而不動也」（淮南子卷九主術訓），乃指順物之性。即如太史公所謂「因時為業」，「因物與合」（史記卷一百三十太史公自序，論六家之要旨）。劉安依此見解，則謂：

> 禹決江疏河，以為天下興利，而不能使水西流。后稷辟土墾草，以為百姓力農，然不能使禾冬生。豈其人事不至哉，其勢不可也（淮南子卷九主術訓）。

故凡逆物之性，而勉強「有為」者，皆不成功。試看劉安之言：

> 若夫以火能焦木也，因使銷金，則道行矣。若以慈石之能連鐵也，而求其引瓦，則難矣（淮南子卷六覽冥訓）。

然則劉安是否絕對贊成「循性」之論。劉安有言，「欲弃學而循性，是謂獨釋船而欲履水也」。「由此觀之，學不可已，明矣」（淮南子卷十九脩務訓）。即劉安對於循性，是要加以限制的。所謂「學」就是教化。劉安說：

> 夫馬之為草駒之時，跳躍揚蹏，翹尾而走，人不能制，齕咋足以噆肌碎骨，蹶蹏足以破盧陷匈。及至圉人擾之，良御教之，掩以衡扼，連以轡銜，則雖歷險超塹，弗敢辭。故其形之為馬，馬不可化，其可駕御，教之所為也。馬，聾蟲也。而可以通氣志，猶待教而成，又況人乎（淮南子卷十九脩務訓）。

不過教化之時，必須順人之性而已。劉安說：

夫物有以自然，而後人事有治也。故良匠不能斲金，巧冶不能鑠木。金之勢不可斲，而木之性不可鑠也。埏埴而為器，窬木而為舟，鑠鐵而為刃，鑄金而為鐘，因其可也。駕馬服牛，令雞司夜，令狗守門，因其然也。民有好色之性，故有大婚之禮。有飲食之性，故有大饗之誼。有喜樂之性，故有鐘鼓筦絃之音。有悲哀之性，故有衰絰哭踊之節。故先王之制法也，因民之所好而為之節文者也。因其好色而制婚姻之禮，故男女有別。因其喜音而正雅頌之聲，故風俗不流。因其寧家室，樂妻子，教之以順，故父子有親。因其喜朋友而教之以悌，故長幼有序。然後脩朝聘以明貴賤，饗飲習射以明長幼，時搜振旅以習用兵也。入學庠序，以脩人倫，此皆人所有於性，而聖人之所匠成也。故無其性，不可教訓。有其性無其養，不能遵道。繭之性為絲，然非得工女煮以熱湯而抽其統紀，則不能成絲。卵之化為雛，非慈雌嘔煖覆伏，累日積久，則不能為雛。人之性有仁義之資，非聖人為之法度而教導之，則不可使鄉方。故先王之教也，因其所喜以勸善，因其所惡以禁姦，故刑罰不用，而威行如流。政令約省，而化燿如神。故因其性，則天下聽從，拂其性，則法縣而不用（淮南子卷二十泰族訓）。

其次，劉安一方高倡仁義，以為「國之所以存者，仁義是也」（淮南子卷九主術訓）。「聖人一以仁義為之準繩，中之者謂之君子，弗中者謂之小人。君子雖死亡，其名不滅，小人雖得勢，其罪不除」（淮南子卷二十泰族訓）。同時又認仁義不是最高的道德，「德衰然後仁生，行沮（沮敗也）然後義立……立仁義，脩禮樂，則德遷而為偽矣」（淮南子卷八本經訓）。據劉安之意，仁義只可以救敗，而不可以致治。

> 是故仁義禮樂者可以救敗，而非通治之至也。夫仁者，所以救爭也。義者，所以救失也。禮者，所以救淫也。樂者，所以救憂也。神明定於天下，而心反其初。心反其初，而民性善。民性善，而天地陰陽從而包之，則財足而人澹矣，貪鄙忿爭不得生焉。由此觀之，則仁義不用矣（淮南子卷八本經訓）。

再次，劉安尚有一種矛盾，一方採用法家方法，由人情出發，以為「凡人情說（悅也）其所苦即樂，失其所樂即哀，故知生之樂，必知死之哀」（淮南子卷十繆稱訓），「人莫避其所利，而就其所害」（淮南子卷十一齊俗訓），不過「人之情，於害之中爭取小焉，於利之中爭取大焉」（淮南子卷十繆稱訓）。而人情所視為最重要者莫如衣食，故耕雖勞，織雖苦，人亦樂為之，以其有利也。他說：

> 耕之為事也勞，織之為事也擾。擾勞之事而民不舍者，知其可以衣食也。人之情不能無衣食，衣食之道必始於耕織，萬民之所公見也。物之若耕織者，始初甚勞，終必利也（淮南子卷九主術訓）。

人類有利害觀念，而利己之心又強，「鬻棺者，欲民之疾病也。畜粟者，欲歲之荒饑也」（淮南子卷十七說林訓）。於是政治就依人情之好惡而設刑賞。當然刑賞當依功過：「是故前有軒冕之賞，不可無功取也。後有斧鉞之禁，不可以無罪蒙也」（淮南子卷十繆稱訓）。他說：

> 故聖人因民之所喜而勸善，因民之所惡而禁姦，故賞一人而天下譽之，罰一人而天下畏之。……夫今陳卒設兵，兩軍相當，將施令曰，斬首拜爵，而屈撓者要斬，然而隊階之卒，皆不能前遂斬首之功，而後被要斬之罪，是去恐死而就必死也。故利害之反，禍福之接，不可不審也（淮

南子卷十三氾論訓）。

賞罰乃治國最重要的手段，「明主之賞罰，非以為己也，以為國也。適於己而無功於國者，不施賞焉。逆於己便於國者，不加罰焉」（淮南子卷十繆稱訓）。人主若為一己之愛惡，濫行刑賞，國家未有不亂，劉安說：

為惠者，尚布施也。無功而厚賞，無勞而高爵，則守職者懈於官，而游居者亟於進矣。為暴者，妄誅也。無罪者而死亡，行直而被刑，則脩身者不勸善，而為邪者輕犯上矣。故為惠者生姦，而為暴者生亂。姦亂之俗，亡國之風。是故明主之治，國有誅者而主無怒焉。朝有賞者而君無與焉。誅者不怨君，罪之所當也。賞者不德上，功之所致也。民知誅賞之來，皆在於身也。故務功脩業，不受贛於君，是故朝廷蕪而無迹，田野辟而無草，故太上，下知有之（淮南子卷九主術訓）。

劉安不但主張刑賞而已，尚進一步而謂刑不足以治之，則用兵。固然「兵者所以討暴，非所以為暴也」（淮南子卷八本經訓）。然必要之時，兵亦非用不可。

兵之所由來者遠矣。黃帝嘗與炎帝戰矣，顓頊嘗與共工戰矣。故黃帝戰於涿鹿之野，堯戰於丹水之浦，舜伐有苗，啟攻有扈，自五帝而弗能偃也，又況衰世乎。夫兵者所以禁暴討亂也。炎帝為火災，故黃帝禽之，共工為水害，故顓頊誅之。教之以道，導之以德而不聽，則臨之以威武。臨之威武而不從，則制之以兵革。故聖人之用兵也，若櫛髮耨苗，所去者少，而所利者多。殺無罪之民，而養無義之君，害莫大焉，殫天下之財，而澹一人之欲，禍莫深焉。使夏桀殷紂，有害於民而立被其患，不至於為炮烙，晉厲宋康，行一不義而身死國亡，不至於侵奪為暴，此四君者，皆有小過而莫之討也。故至於攘天下，害百姓，肆一人之邪，而長海內之禍，此大倫之所不取也。所為立君者，以禁暴討亂也，今乘萬民之力，而反為殘賊，是為虎傅翼，曷為弗除。夫畜池魚者必去猵獺，養禽獸者必去豺狼，又況治人乎（淮南子卷十五兵略訓）。

由刑賞進而主張用兵，雖然不能說有反於儒家，而亦可以說接近於法家。所以劉安又進一步，主張「勢」，「法」與「術」之必要。就勢說，劉安以為人主以一人君臨於萬眾之上，萬眾能夠帖服者，無他，因為人主有勢。「舜之耕陶也，不能利其里，南面王，則德施乎四海，仁非能益也，處便而勢利也」（淮南子卷二俶真訓）。又說：

堯為匹夫，不能仁化一里。桀在上位，令行禁止。由此觀之，賢不足以為治，而勢可以易俗明矣……權勢者，人主之車輿，爵祿者，人臣之轡銜也。是故人主處權勢之要，而持爵祿之柄，審緩急之度，而適取予之節，是以天下盡力而不倦。夫臣主之相與也，非有父子之厚，骨肉之親也。而竭力殊死，不辭其軀者何也，勢有使之然也（淮南子卷九主術訓）。

衛君役子路，權重也。景桓公臣管晏，位尊也。怯服勇而愚制智，其所託勢者勝也。故枝不得大於榦，末不得強於本，則輕重大小，有以相制也。若五指之屬於臂，搏援攫捷，莫不如志，言以小屬於大也。是故得勢之利者，所持甚小，其存甚大。所守甚約，所制甚廣。是故十圍之木，持千鈞之屋，五寸之鍵，制開闔之門，豈其材之巨小足哉，所居要也。孔丘墨翟，修先聖之術，通六藝之論，口道其言，身行其志，慕義從風，而為之服役者不過數十人，使居天子之位，則天下徧為儒墨矣（淮南子卷九主術訓）。

但是人主單單有勢，尚不足以為治，必須恃勢制法，用法以控制臣民。劉安對於法之觀念亦和慎子相同，以為發於人間。法既制定，不但臣民，就是人主，也要受法之拘束。

法者非天墮，非地生，發於人間，而反以自正。是故有諸己不非諸人，無諸己不求諸人。所立於下者，不廣於上。所禁於民者，不行於身。所謂亡國，非無君也，無法也。變法者，非無法也，有法者而不用，與無法等。是故人主之立法，先自為檢式儀表，故令行於天下。孔子曰，其身正，不令而行。其身不正，雖令不從。故禁勝於身，則令行於民矣（淮南子卷九主術訓）。

劉安以為「法者天下之度量，而人主之準繩也」（淮南子卷九主術訓）。繼著又說：

法定之後，中程者賞，缺繩者誅。尊貴者不輕其罰，而卑賤者不重其刑。犯法者雖賢必誅，中度者雖不肖必無罪，是故公道通而私道塞矣。古之置有司也，所以禁民，使不得自恣也；其立君也，所以剬有司，使無專行也。法籍禮義者，所以禁君使無擅斷也。人莫得自恣，則道勝，道勝而理達矣（淮南子卷九主術訓）。

劉安雖然主張人主要受法之拘束，但是法如何拘束人主呢？孟德斯鳩說，「依吾人日常經驗，凡有權力的人往往濫用其權力，要防止權力的濫用，只有用權力以制止權力」。至於「以權力制止權力」的方法，則為分權制度。更重要的，是鑒於「人主神聖不可侵犯」的身分，補之以人主高拱無為，由宰相統百官，而決定政策，即如「漢典舊事，丞相所請，靡有不聽」（後漢書卷七十六陳忠傳，參閱拙著中國社會政治史第一冊第四版二一五頁以下）。否則希望人主以法為準繩，無異於緣木求魚。古人對於法治沒有確實的辦法，所以劉安雖然強調法之重要，同時又因徒法不能以自行，而傾向於人治。他說：「法者，治之具也，而非所以為治也。而猶弓矢中之具，而非所以中也」。「故法雖在，必待聖而後治……故國之所以存者，非以有法也，以有賢人也；其所以亡者，非以無法也，以無賢人也」（淮南子卷二十泰族訓）。劉安又謂法只能消極的禁人為邪，不能積極的使人行善。故說：「法能殺不孝者，而不能使人為孔曾之行。法能刑竊盜者，而不能使人為伯夷之廉」（淮南子卷二十泰族訓）。要使人「入孝出悌，言為文章，行為儀表，教之所成也」（淮南子卷二十泰族訓）。這樣，劉安的思想又離開法家，而回歸於儒家了。關於劉安的教化論，已述於前，茲不再贅。

人主恃勢以制法，依法以治民，但是徒法不能以自行，法之奉行有賴群臣，於是設置百官，各司其職。君臣關係，劉安的思想有似於法家，例如慎子云：「君臣之道，臣事事而君無事。君逸樂而臣任勞，臣盡智力以善其事，而君無與焉，仰成而已，故事無不治。」（慎子，民雜篇）。劉安亦說：

> 人主之術，處無為之事，而行不言之教，清靜而不動，一度而不搖，因循而任下，責成而不勞。是故心知規而師傅諭導，口能言而行人稱辭，足能行而相者先導，耳能聽而執正進諫。是故慮無失策，謀無過事，言為文章，行為儀表於天下……湯武，聖主也，而不能與越人乘幹舟而浮於江湖。伊尹，賢相也，而不能與胡人騎騵馬而服駒駼。孔墨博通，而不能與山居者入榛薄險阻也，由此觀之，則人知之於物也淺矣。而欲以徧照海內，存萬方，不因道之數，而專己之能，則其窮不達矣。故智不足以治天下也，桀之力，制觡伸鉤，索鐵歙金，椎移大犧，水殺黿鼉，陸捕熊羆。然湯革車三百乘，困之鳴條，禽之焦門。由此觀之，勇力不足以持天下矣。智不足以為治，勇不足以為強，則人材不足任，明也。而君人者，不下廟堂之上，而知四海之外者，因物以識物，因人以知人也。故積力之所舉，則無不勝也。眾智之所為，則無不成也（淮南子卷九主術訓）。

然以百官之多，人主要控制他們，必須有術。何謂術，劉安只云：

魏兩用樓翟吳起而亡西河，湣王專用淖齒，而死於東廟，無術以御之也。文王用呂望召公奭而王，楚莊王專用孫叔敖而霸，有術以御之也（淮南子卷十三氾論訓）。

又云：

無為制有為，術也。執後之制先，數也。放於術則強，審於數則寧（淮南子卷十四詮言訓）。

即劉安對術，沒有明白的說明。但是「勢」、「法」、「術」三者皆與人主有關，蓋居勢者君也，制法者君也，用術者亦君也。一切關鍵均在人主，人主「所任者得其人，則國家治，上下和，群臣親，百姓附。所任非其人，則國家危，上下乖，群臣怨，百姓亂」（淮南子卷九主術訓）。所以劉安乃說：「君根本也，臣枝葉也，根本不美，枝葉茂者，未之聞也」（淮南子卷十繆稱訓）。由這見解，劉安的思想又回歸於儒家。

孔子有言：「君子之德風，小人之德草，草上之風必偃」（論語第十二篇顏淵）。劉安由此而承認「政者正也」（論語第十二篇顏淵）之言，希望人主以身作則，他引詹何之言：

未嘗聞身治而國亂者也。未嘗聞身亂而國治者也。矩不正，不可以為方。規不正，不可以為員。身者事之規矩也，未聞枉己而能正人者也（淮南子卷十四詮言訓）。

所謂以身作則，即為人主者不可徒託空言，必須見諸行事。而如孔子所說：「下之事上，不從其所令，從其所行」（禮記卷五十五緇衣）。劉安亦言：

故皐陶瘖而為大理，天下無虐刑，有貴於言者也。師曠瞽而為太宰，晉無亂政，有貴於見者也。故不言之令，不視之見，此伏犧神農之所以為師也。故民之化也，不從其所言，而從所行（淮南子卷九主術訓）。

案君子之居民上，若朽索之御六馬，為人君者須知「水能載舟，又能覆舟」，而不可不得民心。如何能得民心？他的見解，依老子所說：「無欲以靜，天下將自定」（老子第三十七章）之意，而謂「聖人事省而易治，求寡而易澹」。他說：

上多故則下多詐，上多事則下多態，上煩擾則下不定，上多求則下交爭，不直之於本，而事之於末，譬猶揚堁而弭塵，抱薪以救火也。故聖人事省而易治，求寡而易澹，不施而仁，不言而信，不求而得，不為而成，塊然保真，抱德推誠，天下從之，如響之應聲，景之像形，其所修者本也（淮南子卷九主術訓）。

此言也，剛剛與老子「我無為而民自化，我好靜而民自正，我無事而民自富，我無欲而民自樸」之言相同。劉安又云：

有餘者非多財也，欲節事寡也；不足者非無貨也，民躁而費多也（淮南子卷十一齊俗訓）。

蓋無欲必節用，節用必薄賦，孔子云：「節用而愛人」（論語第一篇學而），而劉安亦說：「為治之本，務在於安民；安民之本，在於足用；足用之本，在於勿奪時；勿奪時之本，在於省事；省事之本，在於節欲」（淮南子卷十四詮言訓），此即文子所引老子之言：「為治之本，務在安人，安人之本在於足用，足用之本在於不奪時，不奪時之本在於節用，節用之本在於去驕，去驕之本在於虛無」（文子下，下德），虛無以節欲為本。由此可知省事乃所以節用，節用即所以愛人也。

但是人君不能獨治天下，而須求賢而用之，人君如何用賢，這也許就是劉安之所謂術。孔子有「無求備於一人」（論語第十八篇微子）之語，劉安亦主張「君子不責備於一人」（淮南子卷十三氾論訓）。因為不責備於一人，所以「人不兼官，官不兼事」（淮南子卷十一齊俗訓），再看劉安下列的話。

夫華騮綠耳，一日而至千里，然其使之搏兔，不如豺狼，伎能殊也。鴟夜撮蚤蚊，察分秋豪，晝日顛越，不能見邱山，形性詭也……工無二伎，士不兼官，各守其職，不得相姦，人得其宜，物得其安，是以器械不苦，而職事不嫚。夫責少者易償，職寡者易守，任輕者易權，上操約省之分，下效易為之功，是以君臣彌久而不相猒（猒欺也）……是故有一形者處一位，有一能者服一事。力勝其任，則舉之者不重也。能稱其事，則為之者不難也。毋小大脩短各得其宜，則天下一齊，無以相過也。聖人兼而用之，故無棄才（淮南子卷九主術訓）。

倘若用非其才，則賢才也不能發揮其所長。他舉「堯之治天下也，舜為司徒，契為司馬，禹為司空，后稷為大田師，奚仲為工」（淮南子卷十一齊俗訓），而天下因之大治。並說：

是故賢主之用人也，猶巧工之制木也。大者以為舟航柱梁，小者以為楫楔，脩者以為櫚榱，短者以為朱儒枅櫨，無小大脩短，各得其所宜，規矩方圓，各有所施。天下之物，莫凶於雞毒，然而良醫櫜而藏之，有所用也。是故林莽之材，猶無可棄者，而況人乎。今夫朝廷之所不舉，鄉曲之所不譽，非其人不肖也，其所以官之者非其職也。鹿之上山，獐不能跂也。及其下，牧豎能追之，才有所脩短也。是故有大略者，不可責以捷巧。有小智者，不可任以大功。人有其才，物有其形，有任一而太重，或任百而尚輕。是故審豪釐之計者，必遺天下之大數。不失小物之選者，惑於大數之舉。譬猶狸之不可使搏牛，虎之不可使搏鼠也。今人之才，或欲平九州，并方外，存危國，繼絕世，志在直道正邪，決煩理挐，而乃責之以閨閤之禮，奧窔之間；或佞巧小具，諂進愉說，隨鄉曲之俗，卑下眾人之耳目，而乃任之以天下之權，治亂之機，是猶以斧劗毛，以刃抵木也，皆失其宜矣（淮南子卷九主術訓）。

而既任用其人了，就不可任意干涉。

人主靜漠而不躁，百官得修焉，譬如軍之持麾者，妄指則亂矣……人主者，以天下之目視，以天下之耳聽，以天下之智慮，以天下之力爭，是故號令能下究，而臣情得上達……是故賢者盡其智，而不肖者竭其力……所以然者何也，得用人之道，而不任己之智者也（淮南子卷九主術訓）。

這樣，就可達到韓非所謂「明君之道，使智者盡其慮，而君因以斷事，故君不窮於智。賢者敕其材，君因而任之，故君不窮於能」（韓非子第五篇主道）。劉安說：

夫人主之聽治也，虛心而弱志，清明而不闇，是故群臣輻湊竝進，無愚智賢不肖，莫不盡其能者，則君得所以制臣，臣得所以事君，治國之道明矣。文王智而好問，故聖。武王勇而好問，故勝。夫乘眾人之智，則無不任也。用眾人之力，則無不勝也。千鈞之重，烏獲不能舉也。眾人相一，則百人有餘力矣。是故任一人之力者，則烏獲不足恃。乘眾人之制者，則天下不足有也（淮南子卷九主術訓）。

所以人君不可以人廢言：言之而是，雖出於一介匹夫，亦不可棄；言之而非，雖出於卿相之口，亦不可用。

夫人主之情，莫不欲總海內之智，盡眾人之力。然而群臣志達效忠者，希不困其身。使言之而是，雖在褐夫芻蕘，猶不可棄也。使言之而非也，雖在卿相人君，揄策于廟堂之上，未必可用。是非之所在，不可以貴賤尊卑論也。是明主之聽於群臣，其計乃可用，不羞其位，其言可行，而不責其辯。闇主則不然，所愛習親近者，雖邪枉不正，不見能也。疏遠卑賤者，竭力盡忠，不能知也。有言者窮之以辭，有諫者誅之以罪，如此而欲照海內，存萬方，是猶塞耳而聽清濁，掩目而視青黃也，其離聰明則亦遠矣（淮南子卷九主術訓）。

劉安此言甚似合理，而究其實，也陷了余過去所批評的一樣，須有一個前提，即人主有判斷是非之力，否則勢必將如韓非所說：「夫差智太宰嚭而愚子胥，故滅於越」（韓非子第三十八篇難三）了。

最後，尚須一述者，劉安對於命運甚為重視。他說：

人之為，天成之。終身為善，非天不行。終身為不善，非天不亡。故善否我也，禍福非我也，故君子順其在己者而已矣。性者所受於天也，命者所遭於時也。有其材不遇其世，天也。太公何力，比干何罪。循性而行止，或害或利，求之有道，得之在命，故君子能為善，而不能必其得福，不忍為非，而未能必免其禍（淮南子卷十繆稱訓）。

湯武之王也，遇桀紂之暴也。桀紂非以湯武之賢暴也，湯武遭桀紂之暴而王也。故雖賢王必待遇，遇者能遭於時而得之也，非智能所求而成也（淮南子卷十四詮言訓）。

吾國古代思想，縱是黃老主義，亦非消極的，而是無為而無不為。陰陽家學說不過借助於天，以限制君權而已。至於淮南子的命運思想，實與吾國過去「知其不可為而為之」的積極精神相反。蓋國家之治亂懸於人主之能任賢，時運已衰，人主雖知賢者之可貴，而亦不能判別誰賢誰佞。吾人觀京房與元帝之對話，即可知之。

房嘗宴見，問上曰幽厲之君何以危，所任者何人也。上曰君不明，而所任者巧佞。房曰知其巧佞而用之耶，將以為賢也，上曰賢之。房曰然則今何以知其不賢也。上曰以其時而君危，知之。房曰若是，任賢必治，任不肖必亂，必然之道也，幽厲何不覺悟，而更求賢，曷為卒任不肖，以至於是。上曰臨亂之君各賢其臣，令皆覺寤，天下安得危亡之君（漢書卷七十五京房傳）。

由兩人之對話，可知運衰，人主之心必迷。宣帝雖能「信賞必罰，綜核名實」（漢書宣帝紀贊曰），且謂「漢家自有制度，本以王霸道雜之」（漢書卷九元帝紀），而自元帝以後，竟然一蹶不能復振，終而有「漢家歷運中衰，當再受命」（漢書卷十一哀帝紀建平二年）之讖言。於是王莽遂假託符命，而生篡奪之心。後來光武中興，漢家雖曾一度興盛，而有班超平定西域之事，而卒不免三國分立，八王大亂，五胡亂華。此中原因雖多，而由淮南子的學說觀之，此乃運也，命也，不可以人力相抗也。人定勝天，現在則命運注定了人之生死，世之治亂，於是正始之風大熾，而中華民族剛強之氣竟一變而為柔弱。

二、劉　向

劉向為楚元王交之後裔，即漢之宗室，仕於元成之時，其所著「新序」、「說苑」二書雖無創見，而只是記述之文，然而吾人讀其記述，亦可知道劉向的政治思想。

元帝雖然「恭儉」、「溫雅」，而「優游不斷」（漢書卷九元帝紀贊曰），宦官弘恭石顯與外戚史高互為表裡，專擅朝政。劉向上封事，論讒邪並進之故。以為「讒邪之所以並進者，由上多疑心。既已用賢人，而行善政；如或譖之，則賢人退，而善政還。夫執狐疑之心者，來讒賊之口，持不斷之意者，開群枉之門。讒邪進，則眾賢退；群枉盛，則正士消」（漢書卷三十六劉向傳）。劉向由這言事而被罷黜者有十餘年之久。成帝即位，雖復進用，而外戚王氏擅朝，上「數欲用向為九卿，輒不為王氏居位者及丞相御史所持，故終不遷」（漢書卷三十六劉向傳）。子歆「有奇異才」，成帝「欲以為中常侍，召取衣冠，臨當拜，左右皆曰當曉大將軍（王鳳），上曰此小事，何須關大將軍，左右叩頭爭之，上於是語鳳，鳳以為不可，乃止，其見憚如此」（漢書卷九十八元后傳）。太阿倒持，政權已歸屬於大司馬大將軍（王氏）。元成二帝不是不知賢，而是庸懦，不能用賢，所以劉向才說：

> 夫智不足以見賢，無可奈何矣。若智能見之，而強不能決，猶豫不用，而大者死亡，小者亂傾，此甚可悲哀也（說苑卷八尊賢）。

劉向知人士要兼善天下，非有權勢不可。「舜耕之時，不能利其都人，及為天子，天下載之」（說苑卷十七雜言），有「才」而無「權勢」，與無才等。他說：

> 五帝三王，教以仁義，而天下變也。孔子亦教以仁義，而天下不從者，何也。昔明王有紱冕以尊賢，有斧鉞以誅惡。故其賞至重，而刑至深，而天下變。孔子賢顏淵，無以賞之，賤孺悲無以罰之，故天下不從。是故道非權不立，非勢不行，是道尊然後行（說苑卷十五指武）。

元成二帝身為天子，照常理說，應有權勢，而竟受制於外戚，所以劉向深以為嘆而說：「尊君卑臣者，以勢使之也。夫勢失，則權傾」（說苑卷一君道）。在成帝之時，王氏有震主之勢，漢祚岌岌可危，所以劉向警告漢帝，「天命所授者博，非獨一姓也……自古及今，未有不亡之國也」（漢書卷三十六劉向傳）❷。他由「天命」，而採用董仲舒的陰陽學說，但其立意又與董仲舒不同。董仲舒仕於武帝之時，帝權強大，故用陰陽學說，以警戒人主不要濫用帝權。劉向仕於成帝之朝，祿去公室，權在外家，其陰陽學說，目的在於譴告人主，帝權不可傍落。陰陽學說固然內容複雜，最重要的乃是希望陰陽的均衡，以君臣言之，即求君臣二權的均衡。陽氣太盛，表示君權壓倒臣權，常生大旱。陰氣太盛，表示臣權壓倒君權，而有大水或日蝕之禍。成帝即位，數有大異，舉其大者，建始三年郡國數被水災，而京師亦「無故訛言大水至，吏民驚恐，奔走乘（登也）城」，同年及河平元年、三年、四年又連續有日蝕之變（漢書卷十成帝紀）。此皆表示「陰盛而陽微，下失臣道之所致也」（漢書卷三十六劉向傳）。劉向依董仲舒以來許多學者的見解，贊成易之天垂象，見吉凶之語（說苑卷十八辨物），說明陰陽之變如次：

> 夫水旱俱天下陰陽所為也，大旱則雩祭而請雨。大水則鳴鼓而劫社，何也，曰陽者陰之長也。其在鳥，則雄為陽，雌為陰。其在獸，則牡為陽，而牝為陰。其在民，則夫為陽，而婦為陰。其在

---

❷古代國之大事莫重於立太子，而成帝無嗣，故劉向又依陰陽之說，告訴陳湯以劉家天下之危機。「向雅奇陳湯智謀，與相親友，獨謂湯曰災異如此，而外家日甚，其漸必危劉氏，吾幸得同姓末屬，累世蒙漢厚恩，身為宗室遺老，歷事三主，上以我先帝舊臣，每進見，常加優禮，吾而不言，孰當言者」（漢書卷三十六劉向傳）。案陳湯於元帝時，曾矯詔發城廓諸國兵，誅殺郅支單于，丞相匡衡謂其「擅興師矯制，幸得不誅，如復加爵土，則後奉使者爭欲乘危徼幸，生事於蠻夷，為國招難，漸不可開」。其後雖因宗正劉向抗議，賜爵關內侯，食邑三百戶。然而成帝即位，匡衡復奏湯顓命蠻夷，不宜處位，湯竟以此免官（漢書卷七十陳湯傳）。

家，則父為陽，而子為陰。其在國，則君為陽，而臣為陰。故陽貴而陰賤，陽尊而陰卑，天之道也。今大旱者陽氣太盛，以厭於陰，陰厭陽固，陽其填也，惟填厭之太甚，使陰不能起也。亦雩祭拜請而已，無敢加也。至於大水及日蝕者，皆陰氣太盛，而上減陽精，以賤乘貴，以卑陵尊，大逆不義，故鳴鼓而懾之，朱絲縈而劫之。由此觀之，春秋乃正天下之位，徵陰陽之失，直責逆者不避其難，是亦春秋之不畏強禦也（說苑卷十八辨物）。

陰陽倒逆，「大將軍秉事用權」，「莞執樞機，朋黨比周，稱譽者登進，忤恨者誅傷」（漢書卷三十六劉向傳），這很明顯的表示漢祚快要顛覆了。劉向上書極諫：

臣聞人君莫不欲安，然而常危；莫不欲存，然而常亡，失御臣之術也。夫大臣操權柄，持國政，未有不為害者也（漢書卷三十六劉向傳）。

御臣之法如何？照劉向說，必須「兼聽獨斷」（說苑卷十三權謀），兼聽可以塞臣下之蒙蔽，獨斷可以防臣下之弄權。他借武王與太公望的對話，說明獨斷之必要。

武王問太公曰，得賢敬士，或不能以為治者，何也。太公對曰不能獨斷，以人言斷者，殃也。武王曰何為以人言斷？太公對曰不能定所去，以人言去；不能定所取，以人言取；不能定所為，以人言為；不能定所罰，以人言罰；不能定所賞，以人言賞。賢者不必用，不肖者不必退，而士不必敬。武王曰善（說苑卷一君道）。

在外戚專權之時，茍不依附外戚，縱令才過管樂，亦難見用於世。張禹「經學精習」，而成帝時災異數見，吏民多上書，譏切王氏專政所致，上雖車駕至禹第（張禹本為丞相。此時以老病乞骸骨，乃罷就第），問以天變之故。「禹自見年老，子孫弱」，不願得罪王氏，乃謂「災變之異，深遠難見，故聖人罕言命，不語怪神」，暗示災異與王氏無關（參閱漢書卷八十一張禹傳）。在這種形勢之下，劉向知當時大臣之不可恃，乃希望漢帝能依自己的獨斷，選用賢才。苟有賢才，不要問其出身，縱令庖人釣屠與仇讎僕虜，亦所當用。

> 游江海者，託於船，致遠道者，託於乘，欲霸王者，託於賢。伊尹呂尚管夷吾百里奚此霸王之船乘也。釋父兄與子孫，非疏之也。任庖人釣屠與仇讎僕虜，非阿之也。持社稷立功名之道，不得不然也（說苑卷八尊賢）。

而且人有所長，亦有所短，用人之法當用其長，而忘其短，求備於一人，普天之下，將無完人。劉向舉齊桓公之事如次：

> 甯戚欲干齊桓公……桓公將用之。群臣爭之曰……不若使人問之，固賢人也，任之未晚也。桓公曰，不然，問之恐其有小惡，以其小惡，忘人之大美，此人主所以失天下之士也。且人固難全，權用其長者。遂舉大用之，而授之以為卿。當此舉也，桓公得之矣，所以霸也（新序卷五雜事）。

又舉甘茂之言以為證。

> 物各有短長，謹愿敦厚，可事主，不施用兵，騏驥騄駬足及千里，置之宮室，使之捕鼠，曾不如小狸。干將為利，名聞天下，匠以治木，不如斤斧（說苑卷十七雜言）。

但劉向的根本思想，還是同其他漢儒一樣，接近於荀子，以為人類都是好利，即「欲得錢也」(說苑卷十六說叢)。既然好利，自必惡害，由人情的好惡，所以刑賞可用❸。他引司城子罕對宋君之言如次：

> 國家之危安，百姓之治亂，在君行之賞罰也。賞當，則賢人勸。罰得，則姦人止。賞罰不當，則賢人不勸，姦人不止。姦邪比周，欺上蔽主，以爭爵祿，不可不慎也(說苑卷一君道)。

劉向固然依皋陶「罪疑惟輕，功疑惟重」(尚書大禹謨)之言，而反對法家之「輕罪重刑」的思想，以為「明君之制，賞從重，罰從輕」(說苑卷十六說叢)。他引祁奚之言如次。

> 聞善為國者，賞不過，刑不濫。賞過，則懼及淫人。刑濫，則懼及君子。與不幸而過，寧過而賞淫人，無過而刑君子。故堯之刑也，殛鯀於羽山而用禹。周之刑也，僇管蔡而相周公，不濫刑也(說苑卷十一善說)。

但在必要之時，刑殺實有必要。

> 自古明聖，未有無誅而治者也。故舜有四放之罰，而孔子有兩觀之誅，然後聖化可得而行也(漢書卷三十六劉向傳)。

---

❸當然賞乃獎有功，刑乃罰有罪。劉向舉樂毅之言以為證。「臣聞賢聖之君，不以祿私親，功多者授之。不以官隨愛，能當者處之。故曰察能而授官者，成功之君也。論行而結交者，立名之士也」(新序卷三雜事)。

昔堯誅四凶以懲惡，周公殺管蔡以弭亂，子產殺鄧析以威侈，孔子斬少正卯以變眾，佞賊之人而不誅，亂之道也（說苑卷十五指武）。

不但刑殺而已，他固謂「兵不可玩，玩則無威，兵不可廢，廢則召寇」（說苑卷十五指武）。蓋為政之道，固然教化為先，威脅次之，倘若教化之不從，威脅之不畏，最後則用刑殺，甚至用兵，劉向說：

政有三品，王者之政化之，霸者之政威之，彊者之政脅之。夫此三者，各有所施，而化之為貴矣。夫化之不變，而後威之。威之不變，而後脅之。脅之不變，而後刑之。夫至於刑者，則非王者之所得已也（說苑卷七政理）。

劉向懷才不遇，所以深信命運之說。所謂命運，不但指自己有命，且指自己的命須與時代的運相合。他述陳子之言如次：

夫善亦有道，而遇亦有時。昔傅說衣褐帶劍，而築於秖傅之城。武丁夕夢旦得之，時王也。甯戚飯牛康衢，擊車輻而歌，顧見桓公，得之，時霸也。百里奚自賣五羊之皮，為秦人虜，穆公得之，時強也。論若三子之行，未得為孔子駿徒也。今孔子經營天下，南有陳蔡之阨，而北干景公，三坐而五立，未嘗離也。孔子之時不行，而景公之時怠也（說苑卷十一善說）。

又引孔子告子路之言如次：

子以夫知者為無不知乎，則王子比干何為剖心而死。子以諫者為必聽耶，伍子胥何為抉目於吳東門。子以廉者為必用乎，伯夷叔齊何為餓死於首陽山之下。子以忠者為必用乎，則鮑莊何為而肉枯，荊公子高終身不顯，鮑焦抱木而立枯，介子推登山焚死。故夫君子博學深謀，不遇時者眾矣，豈獨丘哉。賢不肖者才也，為不為者人也，遇不遇者時也。死生者命也，有其才不遇其時，雖才不用。苟遇其時，何難之有。故舜耕歷山，而逃於河畔，立為天子，則其遇堯也。傅說負壤土釋板築而立佐天子，則其遇武丁也。伊尹有莘氏媵臣也，負鼎俎調五味，而佐天子，則其遇成湯也。呂望行年五十，賣食於棘津，行年七十，屠牛朝歌，行年九十，為天子師，則其遇文王也。管夷吾束縛膠目居檻車中，自車中起為仲父，則其遇齊桓公也。百里奚自賣取五羊皮，伯氏牧羊以為卿大夫，則其遇秦穆公也。沈尹名聞天下，以為令尹，而讓孫叔敖，則其遇楚莊王也。伍子胥前多功，後戮死，非其智益衰也，前遇闔廬，後遇夫差也。夫驥厄罷鹽車非無驥狀也，夫世莫能知也。使驥得王良造父，驥無千里之足乎。芝蘭生深林，非為無人而不香，故學者非為通也，為窮而不困也，憂不衰也，此知禍福之始，而心不惑也。聖人之深念獨知獨見，舜亦賢聖矣。南面治天下，唯其遇堯也。使舜居桀紂之世，能自免刑戮，固可也，又何官得治乎。夫桀殺關龍逢，而紂殺王子比干，當是時，豈關龍逢無知，而比干無惠哉，此桀紂無道之世然也。故君子疾學脩身，端行以須其時也

（說苑卷十七雜言）。

由此可知吾國古代政治思想的變更。先秦諸子不過託古而已，託古尚是以人為本位。到了陰陽之說興，人之本位變為天之本位，然而人定尚可勝天。及乎命運之說起，人力遂視為渺小之物。此蓋吾國古代以農立國，在農業社會，必須糧食的供給能夠供給人口的需要。然而土地的收穫有遞減的法則，而人口由於色慾的衝動又不斷的增加，增加到糧食不能供給社會的需要，或土地過分集中於豪富，則土地的生產縱能供給社會的需要，而多數農民失去土地，變成流民，勢必引起募亂。苟非科學發達，

改良生產技術，社會必定感覺人口的壓迫，而發生了一治一亂的現象，這是一種宿命論所以發生的理由。

第七章

東漢時代陰陽學說的盛行

自董仲舒應用陰陽學說於儒術之後，中國思想就由「人」之本位而歸於「天」。劉安及劉向更由天道而稍稍說到命運。漢末，符命之說起，讖緯之言興。後漢書（卷一上）光武帝紀，章懷太子注云：「圖河圖（河圖見周易卷七繫辭上）也，讖符命之書。讖驗也，言為王者受命之徵驗也」。即符命就是讖緯，讖緯不一定是符命，符命是指王者受命於天，而讖緯所言，不限於王者，就是公卿也包括在內。自王莽假符命以竊取帝位，光武因讖緯而遂即帝位之後，東漢初年，先秦學說幾乎失傳，而近似於陰陽學說的讖緯，在政治上乃有極大勢力。讖緯與陰陽學說似同而異。陰陽學說乃根據易之「天垂象，見吉凶」（周易卷七繫辭上）之言，但人定可以勝天，即人君能修德政，雖有災變，亦可致福，否則雖有禎祥，禍亦旋降。反之，讖緯之說則不然，凡事皆由天定，天命所定，人力莫如之何，所以世之治亂與政之興廢毫無關係。時當治，雖桀紂亦不能使之亂。時當亂，雖堯舜亦不能使之治。這種宿命論是將人力視為渺小之物，而與陰陽學說之人定勝天不同。

傳曰，「國有道，聽於人，國無道，聽於神」（左傳莊公三十二年），而王制又謂「假於鬼神、時日、卜筮，以疑眾殺」（禮記卷十三王制，司寇）。由此可知吾國古代雖有神權思想，而其作用乃人主假神道以說教，非深信之也。至於陰陽學說，用意乃在於警告人主，勿行虐政，或慎防權姦。案符命即讖緯雖屬於神權思想，而又與陰陽學說不同，其說始於前漢哀平之際（見後漢書卷八十九張衡傳），而可以分為兩種，一是「一姓不再興」（後漢書卷四十三公孫述傳集解引周語叔向云，吾聞之，一姓不再興），二是「漢家當更受命」（漢書卷七十五李尋傳），其基礎觀念都是「漢運中衰」。王莽雖然篡取帝位，而天下反而大亂，人心思漢，所以「漢家當更受命」之語乃盛行於世。漢運既能中興，當然是劉姓宗室可為天子。然則誰為天子呢？「圖讖言劉秀當為天子」（後漢書卷四十五鄧晨傳），於是劉歆遂於建平元年改名為秀，欲以應運（漢書卷三十六劉歆傳），而光武名秀，亦戲曰「何用非知僕耶」（後漢書卷四十五鄧晨傳），由此可知前漢末年讖緯之說如何盛行。

光武名秀，既即帝位，因其「姓號見於圖書」（後漢書卷五十三竇融傳），遂深信讖而不疑，吾人觀光武用人，喜以讖決之，其用孫咸行大司馬事，其擢王梁為大司空，均依讖文（後漢書卷五十二景丹傳，王梁傳）。桓譚因極言讖之非經，而將斬之（後漢書卷五十八上桓譚傳），鄭興因不為讖，終不任用（後漢書卷六十六鄭興傳）。可知當時讖緯之說深入人心。

天下既定，讖緯又歸回到陰陽學說，而假託於孔子祕經（後漢書卷六十上蘇竟傳）。茲將東漢一代，陰陽學說錄之如次，以供讀者參考。

光武時，蘇竟曾言，「天之所壞，人不得支」（後漢書卷六十上蘇竟傳），此還是宿命論。鄭興雖不為讖，而他於日食之時，亦說：「春秋以天反時為災，地反物為妖，人反德為亂，亂則妖災生……夫國無善政，則讁見，日月變咎之來，不可不慎，其要在因人之心，擇人處位也」（後漢書卷六十六鄭興傳）。

章帝時，魯恭因數年以來，秋稼不熟，人食不足，倉庫空虛，國無蓄積。上疏曰「萬民者天之所生，天愛其所生，猶父母愛其子。一物有不得其所者，則天氣為之舛錯，況於人乎。故愛人者必有天報……夫人道乂於下，則陰陽和於上，祥風時雨，覆被遠方，夷狄重譯而至矣……三輔并涼少雨，麥根枯焦，牛死日甚，此其不合天心之效也……陛下上觀天心，下察人志，足以知事之得失，臣恐中國不為中國，豈徒匈奴而已哉」（後漢書卷五十五魯恭傳）。韋彪因世承二帝（光武，明帝）更化之後，多以苛刻為能，亦言：「臣聞政化之本，必順陰陽。伏見立夏以來，當暑而寒，殆以刑罰刻急，郡國不奉時令之所致也」（後漢書卷五十六韋彪傳）。元和二年旱，賈宗等上言：「以為斷獄不盡三冬，故陰氣微弱，陽氣發泄，招致災旱，事在於此」（後漢書卷七十六陳寵傳）。楊終因比年久旱，災疫未息，而上疏曰：「今以比年久旱，災疫未息，躬自菲薄，廉訪得失……臣竊按春秋水旱之變，皆應暴急，惠不下流」（後漢書卷七十八楊終傳）。

和帝即位，丁鴻因日食，上封事曰，「臣聞日者陽精，守實不虧，君之象也。月者陰精，盈毀有常，臣之表也。故日食者，臣乘君，陰陵陽，月滿不虧，下驕盈也……人道悖於下，效驗見於天，雖有隱謀，神照其情，垂象見戒，以告人君。間者月滿先節，過望不虧，此臣驕溢背君，專功獨行也」（後漢書卷七十六丁鴻傳）。

安帝時，陳忠因青冀之域淫雨漏河，徐岱之濱，海水盆溢，上疏曰，「春秋大水，皆為君上威儀不穆，臨蒞不嚴，臣下輕慢，貴倖擅權，陰氣盛強，陽不能禁，故為淫雨」（後漢書卷七十六陳忠傳）。翟酺亦言：「自去年以來，災譴頻數，地坼天崩，高岸為谷，修身恐懼，則轉禍為福，輕慢天戒，則其害彌深」（後漢書卷七十八翟酺傳）。而楊震因地震，亦上疏曰「地者陰精，當安靜承陽，而今動搖者，陰道盛也」（後漢書卷八十四楊震傳）。

順帝時，災異屢見，郎顗詣闕拜章曰：「臣聞天垂妖象，地見災符，所以譴告人主，責躬修德，使正機平衡，流化興政也」。又說：「陽無德則旱，陰僭陽亦旱，陽無德者，人君恩澤不施於人也。陰僭陽者，祿去公室，臣下專權也」（後漢書卷六十下郎顗傳）。張衡雖謂「圖緯虛偽，非聖人之法」，而其討論政事，亦採用陰陽學說。他上疏陳事曰「因德降休，乖失致咎，天道雖遠，吉凶可見……頃年雨常不足，思求所失，則洪範所謂僭恆暘若者也……又前年京師地震土裂，裂者威分，震者人擾也。君以靜唱，臣以動和，威自上出，不趣於下，禮之政也」（後漢書卷八十九張衡傳）。周舉對策，因旱災屢應，稼穡焦枯，民食困乏，而曰「臣聞易稱天尊地卑，乾坤定矣。二儀交構，乃生萬物，萬物之中以人為貴。故聖人養之以君，臣之以化，順四時之宜，適陰陽之和，使男女婚娶不過時。包之以仁恩，導之以德教，示之以災異，訓之以嘉祥。此先聖承乾養物之始也。夫陰陽閉隔，則二氣否塞。二氣否塞，則人物不昌。人物不昌，則風雨不時，風雨不時，則水旱成災」（後漢書卷九十一周舉傳）。黃瓊因時有災異，疏言：「間者以來，卦位錯謬，寒燠相干，蒙氣數興，日闇月散，原之天意，殆不虛然……若改敝從善，擇用嘉謀，則災消福至矣」（後漢書卷九十一黃瓊傳）。陽嘉二年有地動山崩火災之異，李固以為「臣聞王者父天母地，寶有山川。王道得，則陰陽和穆，政化乖，則崩震為災，斯皆關之天心，效於成事者也」（後漢書卷九十三李固傳）。

桓帝時，襄楷見宦官專朝，政刑暴濫，又比失皇子。災異尤數。乃上疏曰「臣聞皇天不言，以文象設教……今年歲星久守，太微逆行，西至掖門，還切執法，歲為木精，好生惡殺，而淹留不去者，咎在仁德不修，誅罰太酷」（後漢書卷六十下襄楷傳）。朱穆見太后臨朝，梁冀專政，因推災異奏記，以勸戒冀曰，「善道屬陽，惡道屬陰，若修正守陽，摧折惡類，則福從之矣」（後漢書卷七十三朱穆傳）。爰延聞客星經帝坐，因上封事曰，「臣聞天子尊無為上，故天以為子，位臨臣庶，威重四海，動靜以理，則星辰順序，意有邪僻，則晷度錯違……惟陛下遠讒諛之人，納謇謇之士，除左右之權，寤宦官之敝，使積善日熙，佞惡消殄，則乾災可除」（後漢書卷七十八爰延傳）。劉陶也因梁冀專朝，而桓帝無子，連歲荒饑，災異數見，乃上疏陳事曰，「臣聞人非天地無以為生，天地非人，無以為靈，是故帝非人不立，人非帝不寧……伏惟陛下……蔑三光之謬，輕上天之怒……故天降諸異，以戒陛下，陛下不悟，而競令虎豹窟於麑場，豺狼乳於春囿。……死者悲於窀穸，生者戚於朝野，是愚臣所為咨嗟長懷歎息者也」（後漢書卷八十七劉陶傳）。荀爽對策，歷舉陰陽之事，結論則謂，「昔者聖人建天地之中，而謂之禮。禮者所以興福祥之本，而止禍亂之源也。人能枉欲從禮者，則福歸之。順情廢禮者，則禍歸之。推禍福之所應，知興廢之所由來也」（後漢書卷九十二荀爽傳）。皇甫規因日食而言，「天之於王者，如君之於臣，父之於子也。誡以災妖，使從福祥……而災異猶見，人情未安者，殆賢愚進退，威刑所加，有非其理也」（後漢書卷九十五皇甫規傳）。竇武因國政多失，內官專寵，上疏諫曰「間者有嘉禾芝草黃龍之見，夫瑞生必於嘉士，福至則由善人，在德為瑞，無德為災，陛下所行不合天意，不宜稱慶」（後漢書卷九十九竇武傳）。

靈帝熹平元年青虵見御座，帝以問楊賜，賜上封事曰，「臣聞和氣致祥，乖氣致災。休徵則五福應，咎徵則六極至。夫善不妄來，災不空發。王者心有所惟，意有所想，雖未形顏色，而五星以之推移，陰陽為其變度。以此而觀，天之與人豈不符哉……惟陛下思乾剛之道，別內外之宜……則蛇變可消，禎祥立應」（後漢書卷八十四楊賜傳）。光和元年蔡邕亦言：「天於大漢，殷勤不已，故屢出祅變，以當譴責，欲令人君感悟，改危即安。今災眚之發，不於它所，遠則門垣，近在寺署，其為監戒，可謂至切。蜺墮雞化，皆婦人干政之所致也」（後漢書卷九十下蔡邕傳），是年有日食之異，盧植上封事諫曰，「臣聞五行傳，日晦而月見謂之朓，王侯其舒，此謂君政舒緩，故日食晦也。春秋傳曰，天子避位移時，言其相掩不過移時。而間者日食自已過午，既食之後，雲霧晻曖，比年地震彗孛互見，臣聞漢以火德，化當寬明，近色信讒，忌之甚者，如火畏水故也。案今年之變，皆陽失陰侵，消禦災凶，宜有其道」（後漢書卷九十四盧植傳）。

後漢書中，此類之言更僕難數，茲不臚引。以上所以略舉之者，蓋欲證明陰陽學說到了東漢，如何深入人心，其表現於政治之上者則為天災地變，策免三公之制。案三公調和陰陽之語，漢書（卷四十）王陵傳已經有之。當時所謂「調和陰陽」，不是玄學之辭，而是講求具體的政策，陰甚而久雨，須開闢河渠，使雨不成災；陽極而將旱，須講求水利，使旱不妨耕。丙吉見牛喘吐舌，駐車詢問，蓋「方春少陽用事，未可大熱，恐牛近行，用暑故喘」（漢書卷七十四丙吉傳）。此乃時氣失節，旱災之象，宰相宜未雨綢繆，不宜臨時束手。所以當時雖有災眚變咎，而丞相並不褫職。元帝永光元年，春霜夏寒，日青無光，丞相于定國上書自劾，乞骸骨，上不許，定國固辭，乃罷就第（漢書卷七十一于定國傳），此乃定國自己讓位，不是天子策免。災變策免三公乃開始於成帝以熒惑守心，而令丞相翟方進自殺（漢書卷八十四翟方進傳）之時，然亦不過政治上的一種藉口。哀帝時，以陰陽錯謬，歲比不登，而策免丞相孔光之職，這也是孔光重忤傅太后之旨（漢書卷八十一孔光傳）。東漢以後，似成為確定的制度，而始自安帝永初元年太尉徐防以災異策免。

凡三公以災異策免，始自防也（後漢書卷七十四徐防傳）。

但是我們不要忘記，東漢之世，雖置三公，事歸臺閣，三公之職備員而已（後漢書卷七十九仲長統傳法誡篇）。宜乎陳忠因「三府任輕，機事專委尚書，而眚災變咎，輒切免公台，以為非國舊體」（後漢書卷七十六陳忠傳）。魏黃初二年，方詔「天地之眚，勿復劾三公」（魏志卷二文帝紀）。蓋魏時，亦「三公無事，又希與朝政」（魏志卷二十四高柔傳）之故。

第八章

宿命論的發生——王充

陰陽學說乃依易之「天垂象，見吉凶」之語，此即所謂譴告。而譴告則以「天」與「鬼」為根據。最初反對譴告之說的則為王充。他說：

論災異，謂古之人君為政失道，天用災異譴告之也。災異非一，復以寒溫為之效。人君用刑非時則寒。施賞違節則溫。天神譴告人君，猶人君責怒臣下也……曰此疑也。夫國之有災異也，猶家人之有變怪也。有災異謂天譴告人君，有變怪天復譴告家人乎。家人既明，人之身中亦將可以喻。身中病，猶天有災異也。血脈不調，人生疾病，風氣不和，歲生災異，災異謂天譴告國政，疾病天復譴告人乎（論衡第四十二篇譴告）。

照王充說，日食月蝕乃自然的現象，不是天用之譴告人主。他依天文學的知識，說明日食月蝕的原因。

在天之變，日月薄蝕，四十二月日一食，五十六月月亦一食，食有常數，不在政治，百變千災，皆同一狀，未必人君政教所致（論衡第五十三篇治期）。

若謂災異之至由於天之譴告，則賢君在位，當無災異，暴君之時，災異應時時出現。何以堯有洪水，湯有大旱，而桀紂暴君也，反無饑耗之災。王充說：

案穀成敗，自有年歲，年歲水旱，五穀不成，非政所致，時數然也。必謂水旱政治所致，不能為政者莫過桀紂，桀紂之時，宜常水旱。案桀紂之時，無饑耗之災。災至自有數，或時返在聖君之世。實事者說堯之洪水，湯之大旱，皆有遭遇，非政惡之所致，說百王之害，獨謂為惡之應，此見堯湯德優，百王劣也。審一足以見百，明惡足以照善，堯湯證百王，至百王遭變，非政所致，以變見而明禍福，五帝致太平，非德所就明矣（論衡第五十三篇治期）。

何況「天能動物，物焉能動天」，「人在天下之間，猶蚤虱之在衣裳之內，螻蟻之在穴隙之中。蚤虱螻蟻為逆順橫從，能令衣裳穴隙之間氣變動乎。蚤虱螻蟻不能，而獨謂人能，不達物氣之理也」。「夫寒溫天氣也，天至高大，人至卑小，篙不能鳴鐘，而螢火不爨鼎者，何也？鐘長而篙短，鼎大而螢小也。以七尺之細形，感皇天之大氣，其無分銖之驗，必也」（論衡第四十三篇變動）。案古人所以有譴告之說，乃出於神道設教之意。

六經之文，聖人之語動言天者，欲化無道，懼愚者之言，非獨吾心，亦天意也。及其言天，猶以人心，非謂上天蒼蒼之體也。變復之家，見誣言天，災異時至，則生譴告之言矣（論衡第四十二篇譴告）。

即天警告人主，使人主有所戒懼。王充既然反對天用災異，譴告人主之說，故對於天，不視為神祕的物，而只視為自然現象。

天地合氣，萬物自生。猶夫婦合氣，子自生矣。萬物之生，含血之類，知饑知寒，見五穀可食，取而食之，見絲麻可衣，取而衣之。或說以為天生五穀以食人，生絲麻以衣人，此謂天為人作農夫桑女之徒也，不合自然，故其義疑，未可從也……天道無為，故春不為生，夏不為長，秋不為成，冬不為藏。陽氣自出，物自生長。陰氣自起，物自成藏……夫天覆於上，地偃於下，下氣蒸上，上氣降下，萬物自生其中間矣（論衡第五十四篇自然）。

墨子由天志，而言鬼神之能賞善罰惡，王充反對天志，故又不信鬼神之說：

世謂死人為鬼（當作人死為鬼），有知，能害人。試以物類驗之，死人不為鬼（當作人死不為鬼），無知，不能害人。何以驗之，驗之以物。人，物也，物，亦物也，物死不為鬼，人死何故獨能為鬼……天地開闢，人皇以來，隨壽而死，若中年夭亡，以億萬數。計今人之數，不若死者多。如人死輒為鬼，則道路之上，一步一鬼也。人且死見鬼，宜見數百千萬，滿堂盈廷，填塞巷路，不宜徒見一兩人也（論衡第六十二篇論死）。

因為王充不信鬼神，所以他又不信禱告之事。

傳書言，湯遭七年旱，以身禱於桑林，自責以六過，天乃雨……言湯以身禱於桑林自責……實也……言雨至，為湯自責以身禱之故，殆虛言也。孔子疾病，子路請禱，孔子曰有諸，子路曰，有之，誄曰，禱爾于上下神祇，孔子曰，丘之禱久矣……湯與孔子俱聖人也……孔子不使子路禱以治病，湯何能以禱得雨……天地之有水旱，猶人之有疾病也。疾病不可以自責除，水旱不可以禱謝去，明矣……夫天去人，非徒層臺之高也，湯雖自責，天安能聞知而與之雨乎。夫旱火變也，湛水異也，堯遭洪水，可謂湛矣。堯不自責以身禱祈，必舜禹治之，知水變必須治也。除湛不以禱祈，除旱亦宜如之……世人見雨之下隨湯自責而至，則謂湯以禱祈得雨矣（論衡第十九篇感應）。

其實，陰陽學說尚有人定勝天之意，王充雖然不談讖緯，而讖緯之宿命論，王充卻甚贊成。他說：「命、吉凶之主也」（論衡第十篇偶會）。「命當夭折，雖稟異行，終不得長。祿當貧賤，雖有善性，終不得遂」（論衡第六篇命義）。凡事既然視為命定，人力莫如之何，則君民何必努力。據王充之意，「人在天地之間，猶蚤虱之在衣裳之內，螻蟻之在穴隙之中」（論衡第四十三篇變動）。「民治與亂，皆有命焉」。他說：

民治與亂皆有命焉，或才高行潔，居位職廢，或智淺操洿，治民而立……夫賢君能治當安之民，不能化當亂之世。良醫能行其針藥，使方術驗者，遇未死之人，得未死之病也。如命窮病困，則雖扁鵲末如之何。夫命窮病困之不可治，猶夫亂民之不可安也，……故世治非賢聖之功，衰亂非無道之致。國當衰亂，賢聖不能盛。時當治，惡人不能亂。世之治亂在時，不在政。國之安危在數，不在教（論衡第五十三篇治期）。

賢君在位適在當治之世，則瑞祐並至。無道之君偶生於當亂之時，災害不絕。此非賢君可以招瑞，暴主可以招災，適逢其會，偶然之事也。

國之治亂不在善惡，賢君之立，偶在當治之世，德自明於上，民自善於下，世平民安，瑞祐並至，世則謂之賢君所致。無道之君，偶生於當亂之時，世擾俗亂，災害不絕，遂以破國亡身滅嗣，世皆謂之為惡所致，若此明於善惡之外形，不見禍福之內實也。禍福不在善惡，善惡之證不在禍福，長吏到官未有所行，政教因前，無所改更，然而盜賊或多或寡，災害或無或有，夫何故哉。長吏秩貴，當階平安以升遷，或命賤不任，當由危亂以貶詘也。以今之長吏，況古之國君，安危存亡可得論也（論衡第五十三篇治期）。

固然賢君之治天下，須有其術，而術能否發生效力，也是因時運而不同。

夫聖賢之治世也有術，得其術則功成，失其術則事廢。譬猶醫之治病也，有方，篤劇猶治。無方，毚微不愈。夫方猶術，病猶亂，醫猶吏，藥猶教也。方施而藥行，術設而教從，教從而亂止，藥行而病愈。治病之醫，未必惠於不為醫者。然而治國之吏，未必賢於不能治國者，偶得其方，遭曉其術也。治國須術以立功，亦有時當自亂，雖用術，功終不立者。亦有時當自安，雖無術，功猶成者。故夫治國之人，或得時而功成，或失時而無效。術人能因時以立功，不能逆時以致安。良醫能治未當死之人命，如命窮壽盡，方用無驗矣。故時當亂也，堯舜用術不能立功。命當死矣，扁鵲行方不能愈病。射御巧技百工之人皆以法術，然後功成事立，效驗可見。觀治國，百工之類也，功立猶事成也，謂有功者賢，是謂百工皆賢人也（論衡第八十篇定賢）。

世之治亂如此，人之遭遇亦何莫不然。世上有高才潔行，因不遇而退在下流，薄能濁操，因有命，反居高位者比比皆是。王充說：

操行有常賢，仕宦無常遇，賢不賢才也，遇不遇時也。才高行潔，不可保以必尊貴。能薄操濁，不可保以必卑賤。或高才潔行，不遇，退在下流。薄能濁操，遇，在眾上。世各自有以取士，士亦各自得以進，進在遇，退在不遇。處尊居顯，未必賢，遇也。位卑在下，未必愚，不遇也。故遇或抱洿行，尊於桀之朝；不遇或持潔節，卑於堯之廷，所以遇不遇非一也。……夫以賢事賢君，君欲為治，臣以賢才輔之，趨舍偶合，其遇固宜。以賢事惡君，君不欲為治，臣以忠行佐之，操志乖忤，不遇固宜。或以賢聖之臣，遭欲為治之君，而終有不遇，孔子孟軻是也。孔子絕糧陳蔡，孟軻困於齊梁，非時君主不用善也，才下知淺，不能用大才也，……夫以大才干小才，小才不能受，不遇固宜。以大才之臣，遇大才之主，乃有遇不遇，虞舜許由太公伯夷是也。虞舜許由俱聖人也，竝生唐世，俱面於堯，虞舜紹帝統，許由入山林。太公伯夷俱賢也，竝出周國，皆見武王。太公受封，伯夷餓死。夫賢聖道同，志合趨齊，虞舜太公行耦，許由伯夷操違者，生非其世，出非其時也。道雖同，同中有異；志雖合，合中有離。何則，道有精粗，志有清濁也。許由皇者之輔也，生於帝者之時；伯夷帝者之佐也，出於王者之世，並由道德，俱發仁義，主行道德，不清不留，主為仁義，不高不止，此其所以不遇也。堯溷舜濁，武王誅殘，太公討暴，同濁皆粗，舉措鈞齊，此其所以為遇者也（論衡第一篇逢遇）。

此蓋「說者不在善，在所說者善之。才不待賢，在所事者賢之」（論衡第一篇逢遇）。許由皇者之輔，伯夷帝者之佐，才非不賢，但虞舜是帝而非皇，武王是王而非帝，所以兩人之言不能入於虞舜及武王之耳，因而不遇。王充又說：

凡人遇偶及遭累害，皆由命也。有死生壽夭之命，亦有貴賤貧富之命，自王公逮庶人，聖賢及下愚，凡有首目之類，含血之屬，莫不有命。命當貧賤，雖富貴之，猶涉禍患矣。命當富貴，雖貧賤之，猶逢福善矣。故命貴從賤地自達，命賤從富位自危，故夫富貴若有神助，貧賤若有鬼禍。命貴之人俱學獨達，並仕獨遷。命富之人，俱求獨得，並為獨成。貧賤反此，難達，難遷，難得，難成，獲過受罪，疾病亡遺，失其富貴，貧賤矣。是故才高行厚，未必保其必富貴。智寡德薄，未可信其必貧賤。或時才高行厚，命惡，廢而不進，知寡德薄，命善，興而超踰。故夫臨事知愚，操行清濁，性與才也。仕宦貴賤，治產貧富，命與時也。命則不可勉，時則不可力，知者歸之於天，故坦蕩恬忽（論衡第三篇命祿）。

復說：

操行善惡者性也，禍福吉凶者命也。或行善而得禍，是性善而命凶。或行惡而得福，是性惡而命吉也。性自有善惡，命自有吉凶。使命吉之人雖不行善，未必無福。凶命之人雖勉操行，未必無禍（論衡第六篇命義）。

故他以為：「富不可以籌筴得，貴不可以才能成。智慮深而無財，才能高而無官，懷銀紆紫未必稷契之才，積金累玉未必陶朱之智，或時下愚而千金，頑魯而典城」。反之命運不佳，富貴反成其禍。「命貧以力勤致富，富至而死。命賤以才能取貴，貴至而免」（論衡第三篇命祿），這在歷史上，其例之多，是不可勝舉的。這樣，操行的善惡與命運的窮達毫無關係。「世論行善者福至，為惡者禍來，福禍之應皆天也。人為之，天應之，陽恩人君賞其行，陰惠天地報其德，無貴賤賢愚，莫謂不然」（論衡第二十篇福虛）。「世謂受福祐者，既以為行善所致，又謂被禍害者，為惡所得。以為有沉惡伏過，天地罰之，鬼神報之。天地所罰，小大猶發，鬼神所報，遠近猶至……凡人窮達禍福之至，大之則命，小之則時。太公窮賤，遭周文而得封，甯戚隱阨，逢齊桓而見官，非窮賤隱阨有非，而得封見官有是也，窮達有時，遭遇有命也……案古人君臣困窮，後得達通，未必初有惡，天禍其前，卒有善，神祐其後也。一身之行，一行之操，結髮終死，前後無異，然一成一敗，一進一退，一窮一通，一全一壞，遭遇適然，命時當也」（論衡第二十一篇禍虛）。但是個人處天地之間，單單命善，亦未必得志於天下，還要遇到時運，即人臣吉凶之命剛剛與人主之賢不肖相逢而後可。王充說：

人臣命有吉凶，賢不肖之主與之相逢，文王時當昌，呂望命當貴，高宗治當平，傅說德當遂。非文王高宗為二臣生，呂望傅說為兩君出也。君明臣賢，光曜相察，上脩下治，度數相得……堯命當禪舜，丹朱為無道，虞統當傳夏，商均行不軌。非舜禹當得天下，能使二子惡也。美惡是非，適相逢也（論衡第十篇偶會）。

此即劉安所謂：「今有湯武之意，而無桀紂之時，而欲成霸王之業，亦不幾矣」（淮南子卷十一齊俗訓）。不但此也，命貴而當興世，則常安不殆，反之，命善而遇衰時，則禍殃必至。王充說：

命者貧富貴賤也。祿者盛衰興廢也。以命當富貴，遭當盛之祿，常安不危。以命當貧賤，遇當衰之祿，則禍殃乃至，常苦不樂（論衡第六篇命義）。

又說：

命當貴，時適平。期當亂，祿遭衰。治亂成敗之時，與人興衰吉凶適相遭遇，因此論聖賢迭起，猶此類也。聖主龍興於倉卒，良輔超拔於際會，世謂韓信張良輔助漢王，故秦滅漢興，高祖得王。夫高祖命當自王，信良之輩時當自興。兩相遭遇，若故相求。是故高祖起於豐沛，豐沛子弟相多富貴，非天以子弟助高祖也，命相小大適相應也（論衡第十篇偶會）。

因此之故，所謂擢用賢才，也不過一種欺人之語。因為知賢已經不易，而賢材能否見用於世，完全看命之如何。

聖人難知，賢者比於聖人為易知。世人且不能知賢，安能知聖乎。世人雖言知賢，此言妄也。知賢何用，知之如何，以仕宦得高官，身富貴為賢乎，則富貴者天命也，命富貴不為賢，命貧賤不為不肖（論衡第八十篇定賢）。

若謂舉賢之法可察毀譽於眾多之論，如是，則潔己者將不容於鄉黨，媚眾者必得美譽於當世。且看王充之言：

子貢問曰，鄉人皆好之何如。孔子曰未可也。鄉人皆惡之何如，曰未可也。不若鄉人之善者好之，其不善者惡之。夫如是，稱譽多而小大皆言善者，非賢也。善人稱之，惡人毀之，毀譽者半，乃可有賢。以善人所稱，惡人所毀，可以知賢乎。夫如是，孔子之言可以知賢，不知譽此人者賢也，毀此人者惡也，或時稱者惡，而毀者善也，人眩惑無別也。以人眾所歸附，賓客雲合者為賢乎，則夫人眾所附歸者，或亦廣交多徒之人也。眾愛而稱之，則蟻附而歸之矣。或尊貴而為利，（或）好士下客，折節俟賢，信陵孟嘗平原春申食客數千，稱為賢君，大將軍衛青及霍去病門無一客，稱為名將，故賓客之會，在好下之君，利害之賢，或不好士，不能為輕重，則眾不歸，而士不附也。以居位治人，得民心歌詠之為賢乎。則夫得民心者，與彼得士意者，無以異也，為虛恩拊循其民，民之欲得，即喜樂矣。何以效之，齊田成子越王勾踐是也。成子欲專齊政，以大斗貸，小斗收，而民悅。勾踐欲雪會稽之恥，拊循其民，弔死問病，而民喜。二者皆自有所欲為於他，而偽誘屬其民，誠心不加，而民亦說。孟嘗君夜出秦關，雞未鳴而關不闓，下坐賤客鼓臂為雞鳴，而雞皆和之，關即闓，而孟嘗得出。又雞可以姦聲感，則人亦可以偽恩動也，人可以偽恩動，則天亦可巧詐應也（論衡第八十篇定賢）。

總之，王充的一切見解無非是宿命論。固然他認為治國之道，德與力均甚重要，二者缺一，往往發生災禍。他引徐偃王行仁義而亡之事，又反駁韓非尚力而不尊德之弊。照他所言：

治國之道，所養有二，一曰養德，二曰養力。養德者養名高之人，以示能敬賢。養力者，養氣力之士，以明能用兵。此所謂文武張設，德力且足者也。事或可以德懷，或可以力摧，外以德自立，內以力自備，慕德者不戰而服，犯德者畏兵而卻。徐偃王修行仁義，陸地朝者三十二國，彊楚聞之，舉兵而滅之。此有德守無力備者也。夫德不可獨任以治國，力不可直任以御敵也。韓子之術不養德，偃王之操不任力，二者偏駁，各有不足。偃王有無力之禍，知韓子必有無德之患（論衡第二十九篇非韓）。

王充主張人有命運，所以其對人性的善惡沒有確實的見解，既懷疑孟子性善之說，又懷疑荀子性惡之說（參閱論衡第十三篇本性），反而贊成人性之善惡乃與貧富有關。

世稱五帝之時天下太平，家有十年之蓄，人有君子之行，或時不然，世增其美，亦或時政致（疑有脫誤）。何以審之，夫世之所以為亂者，不以賊盜眾多，兵革並起，民棄禮義，負畔其上乎。若此者，由穀食乏絕，不能忍饑寒。夫饑寒並至，而能無為非者寡。然則溫飽並至，而能不為善者希。傳曰倉廩實，民知禮節。衣食足，民知榮辱。讓生於有餘，爭起於不足。穀足食多，禮義之心生。禮豐義重，平安之基立矣。故饑歲之春，不食親戚。穰歲之秋，召及四鄰。不食親戚惡行也，召及四鄰，善義也。為善惡之行，不在人質性，在於歲之饑穰。由此言之，禮義之行在穀足也（論衡第五十三篇治期）。

王充既然不信人性本有善惡之說，所以一方欲用消極的方法，即用刑罰，使人不敢為非；同時又用教化的方法，使人樂於為善。就刑罰言：

堯舜雖優，不能使一人不刑，文武雖盛，不能使刑不用。言其犯刑者少，用刑希疏，可也。言其一人不刑，刑錯不用，增之也。夫能使一人不刑，則能使一國不伐；能使刑錯不用，則能使兵寢不施。案堯伐丹水，舜征有苗，四子服罪，刑兵設用。成王之時，四國篡畔，淮夷徐戎並為患害。夫刑人用刀，伐人用兵，罪人用法，誅人用武。武、法不殊，兵、刀不異，巧論之人，不能別也。夫德劣故用兵，犯法故施刑，刑與兵，猶足與翼也。走用足，飛用翼，形體雖異，其行身同。刑之與兵，全眾禁邪，其實一也（論衡第二十六篇儒增）。

就教化言❶：

論人之性，定有善有惡，其善者固自善矣，其惡者故可教告率勉使之為善。凡人君父審觀臣子之性，善則養育勸率，無令近惡，近惡則輔保禁防，令漸於善。善漸於惡，惡化於善，成為性行……況人含五常之性，聖賢未之熟鍛鍊耳，奚患性之不善哉。古貴良醫者，能知篤劇之病所從生

---

❶ 王充謂禮樂之生皆本於人性。「情性者人治之本，禮樂所由生也。故原情性之極，禮為之防，樂為之節。性有卑謙辭讓，故制禮以適其宜。情有好惡喜怒哀樂，故作樂以通其教」（論衡第十三篇本性）。

起，而以針藥治而已之。如徒知病之名，而坐觀之，何以為奇。夫人有不善，則乃性命之疾也。無其教治而欲令變更，豈不難哉（論衡第八篇率性）。

而最後思想還是由宿命論，而歸於唯物論。即如前所述，「饑寒並至，而能無為非者寡。然則溫飽並至，而能不為善者希」（論衡第五十三篇治期）。他對於孔子之去食存信，有如次的批評。

子貢問政，子曰足食足兵民信之矣。曰必不得已，而去於斯三者何先，曰去兵。曰必不得已，而去於斯二者何先，曰去食，自古皆有死，民無信不立。信最重也。問使治國無食，民餓，棄禮義，禮義棄，信安所立。傳曰，倉廩實知禮節，衣食足知榮辱，讓生於有餘，爭生於不足，今言去食，信安得成。春秋之時，戰國饑餓，易子而食，析骸而炊，口饑不食，不暇顧恩義也。夫父子之恩信矣，饑餓棄信，以子為食。孔子教子貢去食存信，如何。夫去信存食，雖不欲信，信自生矣。去食存信，雖欲為信，信不立矣（論衡第二十八篇問孔）。

案王充生於建武三年，而長於明章之世。明章之治上比文景。王充值此盛世，而仕途隔絕，官不過郡之功曹（後漢書卷七十九王充傳）。懷才不遇，其言辭傾向於宿命論，固有理由。所以吾人要知道某人的思想，一宜認識其人的時代環境，二宜認識其人之個人遭遇，合斯二者，下以斷語，大約不會大錯。其論兩漢之治不遜於堯舜三代（論衡第五十七篇宣漢），並不是主張社會不斷進化，黃金社會不存在於古代，也不是一種反語，說明人慾愈增加，社會愈紛亂，不過藉以證明符瑞之說不足為徵而已。

第九章

荀派儒學的掙扎

一、王　符

孔子言仁義，同時又言禮義。孟子由仁義出發，荀子由禮義出發，各創立不同的學說。漢代儒家例如董仲舒，雖然發揮陰陽學說，而其成為儒家似受荀子的影響較深。王符的政治思想，固然屬於儒家，而其基礎觀念還是由「禮從外作」（禮記卷三十七樂記），而採用荀子之「非禮是無法也」（荀子第二篇修身）之言，而接近於法家。前清嘉慶年間汪繼培謂王符之「學折中孔子，涉獵於申商刑名，韓子學說，未為醇儒」（世界書局印行之潛夫論箋有汪序），殊不知韓非之法乃出於荀子之禮，禮從外作，而包括法令在內。所以我們只能說王符非孟子之徒，若謂其非醇儒，似不知孔子之道。

王符也同其他法家一樣，主張時移則俗變，俗變則禮法殊，故說：「五代不同禮，三家不同教，非其苟相反也，蓋世推移而俗化異也」（潛夫論第十九篇斷訟）。原始社會沒有政治，因之也沒有君臣上下之別。時代進展，人智漸開，互相陵虐，侵漁不止，有賢人者出，誅暴除害，而利黎元，這是政治發生的原因。王符說：

太古之時，烝黎初載，未有上下而自順序。天未事焉，君未設焉。後稍矯虔，或相陵虐，侵漁不止，為萌巨害。於是天命聖人，使司牧之，使不失性。四海蒙利，莫不被德，僉共奉戴，謂之天子。故天之立君，非私此人以役民也，蓋以誅暴除害利黎元也（潛夫論第十五篇班祿）。

政治既已發生，於是有國家的組織，有君臣的區別。國家之治亂，懸於人君之明闇；君所以明，在能兼聽；君所以闇，在於偏信。

國之所以治者君明也，其所以亂者君闇也。君之所以明者兼聽也，其所以闇者偏信也。是故人君通必兼聽，則聖日廣矣。庸說偏信，則愚日甚矣……夫堯舜之治，闢四門，明四目，通四聰，是以天下輻湊而聖無不照。故共鯀之徒，弗能塞也。靖言庸回，弗能惑也。秦之二世，務隱藏己而斷百僚，隔捐疏賤而信趙高，是以聽塞於貴重之臣，明蔽於驕妒之人，故天下潰叛，弗得聞也。故人君兼聽納下，則貴臣不得誣，而遠人不得欺也。慢賤信貴，則朝廷讜言無以至，而潔士奉身伏罪於野矣（潛夫論第六篇明闇）。

古代賢君無不詢及芻蕘，必不因其人之下賤，而侮慢之。「其無距（拒）言，未必言者之盡可用也，乃懼距無用而讓（讓，卻也）有用也。其無慢賤，未必其人盡賢也，乃懼慢不肖而絕賢望也」（仝上第六篇明闇）。王符曾說：「帝以天為制，天以民為心，民之所欲，天必從之」（仝上第三篇遏利）。然而古代沒有民意機關，而民不可與慮始，而可與樂成，又成為政治上的格言，所以兼聽實難做到。而且兼聽之時，人主須能判斷那一種意見最佳，而既已判斷最佳的意見了，就須有決斷力，立即施行，假如拖延時日，必生阻礙，而致不能實行。例如漢高祖聽劉敬遷都長安之言，即以問張良，良曰劉敬說是也，高祖即日駕西都長安（史記卷九十七劉敬傳，參閱卷五十五留侯世家）。宋定都開封，開封四達之地，形勢渙散，維護為難。太祖本欲先遷洛陽，再入長安，卒因群臣反對，不能實行。此後多置軍隊，財政因軍費而至窮匱，地勢因渙散而歷受遼金的壓迫，可為例證。

漢高祖因有張良之一言，宋太祖因有群臣之反對，可知明君在上，苟無賢臣，亦不能獨治天下，所以王符不斷的主張用賢之必要。

> 國之所以存者治也，其所以亡者亂也。人君莫不好治而惡亂，樂存而畏亡。然嘗觀上記，近古以來，亡代有三，滅國不數，夫何故哉。察其敗，皆由君常好其所亂，而惡其所治；憎其所以存，而愛其所以亡。是故雖相去百世……然其亡徵敗迹，若重規襲矩，稽節合符……夫與死人同病者不可生也，與亡國同行者不可存也，豈虛言哉。何以知人之且病也，以其不嗜食也。何以知國之將亂也，以其不嗜賢也。是故病家之廚，非無嘉饌也，乃其人弗之能食，故遂於死也。亂國之官，非無賢人也，其君弗之能任，故遂於亡也。夫生飦秔粱，旨酒甘醪，所以養生也，而病人惡之，以為不若菽麥糟糠欲（飲）清者，此其將死之候也。尊賢任能，信忠納諫，所以為安也，而闇君惡之，以為不若姦佞闒茸讒諛之言者，此其將亡之徵也（潛夫論第八篇思賢）。

然則賢才如何得到呢？王符有言：「選舉實，則忠賢進；選舉偽，則邪黨貢」，「是故國家存亡之本，治亂之機，在於明選而已矣」（仝上第九篇本政）。東漢之世，選舉已經腐敗，而如王符所說：

> 群僚舉士者，或以頑魯應茂才，以桀逆應至孝，以貪饕應廉吏，以狡猾應方正，以諛諂應直言，以輕薄應敦厚，以空虛應有道，以嚚闇應明經，以殘酷應寬博，以怯弱應武猛，以愚頑應治

劇。名實不相副，求貢不相稱，富者乘其材（財）力，貴者阻（阻依也）其勢要，以錢多為賢，以剛強為上。凡在位所以多非其人，而官聽（官職）所以數亂荒也（仝上第七篇考績）。

而又有「以族舉德，以位命賢」（仝上第四篇論榮）之弊。人士「虛談則知以德義為賢，貢薦則必閥閱為前」（仝上第三十篇交際）。王符對此弊俗，曾說：

人之善惡，不必世族。性之賢鄙，不必世俗。中堂生負苞，山野生蘭芷。夫和氏之璧，出於璞石，隋氏之珠，產於蜃蛤。詩云：采葑采菲，無以下體。故苟有大美可尚於世，則雖細行小瑕，曷足以為累乎？是以用士不患其非國士，而患其非忠；世非患無臣，而患其非賢，蓋無羈縻，陳平韓信楚俘也，而高祖以為藩輔，實平四海，安漢室。衛青霍去病平陽之私人也，而武帝以為司馬，實攘北狄，郡河西。惟其任也，何卑遠之有？然則所難於非此士之人，非將相之世者，為其無是能而處是位，無是德而居是貴；無以我尚，而（不）秉（乘）我勢也（仝上第四篇論榮）。

又說：

先王為官擇人，必得其材，功加於民，德稱其位，人謀鬼謀，百姓與能，務順以動天地。如此，三代開國建侯，所以傳嗣百世，歷載千數者也。自春秋之後，戰國之制，將相權臣必以親家皇后兄弟主壻外孫，年雖童妙，未脫桎梏；由（字誤）籍此官職，功不加民，澤不被下，而取（封）侯，多受茅土。又不得治民效能，以報百姓，虛食重祿，素餐尸位；而但事淫侈，坐作驕奢，破敗而不及傳世者也。子產有言，未能操刀而使之割，其傷實多。是故人主之於貴戚也，愛其嬖媚之美，不量其材而授之官，不使立功，自託於民，而苟務高其爵位，崇其賞賜，令結怨於下民，縣罪於惡，積過既成，豈有不顛隕者哉。此所謂子之愛人，傷之而已哉（仝上第八篇思賢）。

但是人類必有黨同伐異之心，人非大公無私，一旦看到人主用賢，往往因嫉妒而排擠之。像蕭何之能夜追韓信，薦為大將軍，乃是罕有的事。王符說：

> 世之所以不治者，由賢難也。所謂賢難者，非直體聰明服德義之謂也。此則求賢之難得爾，非賢者之所難也。故所謂賢難者，乃將言乎循善則見妬，行賢則見嫉，而必遇患難者也。虞舜之所以放殛，子胥之所以被誅，上聖大賢，猶不能自免於嫉妬，則又況乎中世之人哉？此秀士所以雖有賢材美質，然猶不得直道而行，遂成其志者也。處士不得直其行，朝臣不得直其言，此俗化之所以敗，闇君之所以孤也（仝上第五篇賢難）。

又說：

> 凡有國之君，未嘗不欲治也。而治不世見者，所任不賢故也。世未嘗無賢也，而賢不得用者，群臣妒也。主有索賢之心，而無得賢之術。臣有進賢之名，而無進賢之實。此所以人君孤危於上，而道獨抑於下也（仝上第十篇潛歎）。

王符有言：「夫在位者之好蔽賢而務進黨也，自古而然」（仝上第十篇潛歎）。故凡「處位卑賤，而欲效善於君，則必先與寵人為讎矣」（仝上第六篇明闇）。人主要擺脫左右蒙蔽，只有用考績之法，以進賢退不肖。且看王符之言：

> 凡南面之大務，莫急於知賢；知賢之近途，莫急於考功。功誠考，則治亂暴而明；善惡信，則

> 直賢不得見障蔽，而佞巧不得竄其姦矣。夫劍不試則利鈍闇，弓不試則勁撓誣，鷹不試則巧拙惑，馬不試則良駑疑，此四者之有相紛也，由不考試，故得然也。今群臣之不試也，其禍非直止於誣闇疑惑而已，又必致於怠慢之節焉。設如家人有五子十孫，父母不察精悷，則懃力者懈弛，而惰慢者遂非也，耗業破家之道也。父子兄弟一門之計，猶有若此，則又況乎群臣總猥治公事者哉？傳曰：善惡無彰，何以沮勸；是故大人不考功，則子孫惰而家破窮；官長不考功，則吏怠傲而姦宄興；帝王不考功，則直賢抑而詐偽勝。故書曰：三載考績，黜陟幽明，蓋所以昭賢愚而勸能否也（仝上第七篇考績）。

現在試問考績之實權屬於誰人，這是最重要的問題。王符生在東漢之末，而東漢自和安以後，權去公室，政歸外戚，苟是外戚，不問其人之賢不肖，均得輔政。那知「國家存亡之本，治亂之機，在於明選而已矣」（仝上第九篇本政）。王符先述世官之弊，他說：

> 詩云，彼君子兮，不素餐兮。由此觀之，未有得以無功而祿者也。當今列侯率皆襲先人之爵，因祖考之位，其身無功於漢，無德於民，專國南面，臥食重祿，下殫百姓，富有國家，此素餐之甚者也（仝上第十七篇三式）。

次述君子纔可以居高位。

> 夫君子也者，其賢宜君國，而德宜子民也。宜處此位者惟仁義人，故有仁義者謂之君子（仝上第二十九篇釋難）。

固然「所謂賢人君子者，非必高位厚祿，富貴榮華之謂也，此則君子之所宜有，而非其所以為君子者也。所謂小人者，非必貧賤凍餒困辱阨窮之謂也，此則小人之所宜處，而非其所以為小人者也」（仝上第四篇論榮）。但是「治世之德，衰世之惡，常與爵位自相副也」。換言之，「衰世之士，志彌潔者身彌賤，佞彌巧者官彌尊也」（仝上第九篇本政）。治世則反是。凡聖君在上，而又佐之以賢臣，當然可以致治。致治之法如何？他依孔子先富而後教之言，主張必先富民。富民之法則為省役。

> 國之所以為國者，以有民也。民之所以為民者，以有穀也。穀之所以豐殖者，以有人功也。功之所以能建者，以日力也（謂有閒暇而力有餘也）……孔子稱庶則富之，既富則教之；是故禮義生於富足，盜賊起於貧窮；富足生於寬暇，貧窮起於無日。聖人深知力者，乃民之本也，而國之基，故務省役而為民愛日。是以堯敕羲和，欽若昊天，敬授民時。邵伯訟不忍煩民，聽斷棠下，能與時雍而致刑錯。今則不然，萬官撓民，令長自衒，百姓廢農桑而趨府庭者，非朝晡不得通，非意氣不得見。訟不訟輒連月日，舉室釋作，以相瞻視；辭人之家，輒請鄰里，應對送餉，比事訖，竟亡一歲功，則天下獨有受其饑者矣（潛夫論第十八篇愛日）。

吾國古代以農立國，商業固然通有無，但商業發達之後，又常依「以末得之，以本守之」之意，兼併土地，而致無數農民排斥於農村之外，成為流民，引起戰亂。所以王符關於富民方面，還是重農輕商。

> 凡為治之大體，莫善於抑末而務本，莫不善於離本而飾末。夫為國者以富民為本……夫富民者，以農桑為本，以遊業為末，百工者以致用為本，以巧飾為末。商賈者以通貨為本，以鬻奇為

末。三者守本離末，則民富；離本守末則民貧……故力田所以富國也，今民去農桑，赴游業，披采眾利，聚之一門，雖於私家有富，然公計愈貧矣。百工者，所使備器也。器以便事為善，以膠固為上，今工好造彫琢之器，巧偽飭之，以欺民取賄，雖於姦工有利，而國界愈病矣。商賈者，所以通物也。物以任用為要，以堅牢為資。今商競鬻無用之貨，淫侈之幣，以惑民取產，雖於淫商有得，然國計愈失矣。此三者，外雖有勤力富家之私名，然內有損民貧國之公實。故為政者，明督工商，勿使淫偽，困辱游業，勿使擅利，寬假本農，而寵遂學士，則民富而國平矣（仝上第二篇務本）。

夫「民固隨君之好，從利以生者也。是故務本，則雖虛偽之人皆歸本，居末，則雖篤敬之人皆就末。且凍餒之所在，民不得不去也，溫飽之所在，民不得不居也」（仝上第二篇務本）。況乎「富貴則人爭附之，此勢之常趣也，貧賤則人爭去之，此理之固然也」（仝上第三十篇交際）。民因君上之務本而富裕了，就當施之以教化。

天地之所貴者，人也；聖人之所尚者，義也；德義之所成者，智也；明智之所求者，學問也。雖有至聖，不生而智；雖有至材，不生而能。故志曰：黃帝師風后，顓頊師老彭，帝嚳師祝融，堯師務成，舜師紀后，禹師墨如，湯師伊尹，文武師姜尚，周公師庶秀，孔子師老聃；若此言之而信，則人不可以不就師矣。夫此十一君者，皆上聖也，猶待學問，其智乃博，其德乃碩，而況於凡人乎？是故工欲善其事，必先利其器；士欲宣其義，必先讀其書。易曰：君子以多志前言往行以畜其德。是以人之有學也，猶物之有治也。故夏后之璜，楚和之璧，雖有玉璞卞和之資，不琢不錯，不離礫石。夫瑚簋之器，朝際之服，其始也，乃山野之木，蠶繭之絲耳。使巧倕加繩墨，而制之以斤斧；女工加五色，而制之以機杼；則皆成宗廟之器，黼黻之章，可羞於鬼神，可御於王公。而況君子敦貞之質，察敏之才，攝之以良朋，教之以明師，文之以禮樂，導之以詩書，讚之以周易，明之以春秋，其不有濟乎？詩云：題彼鶺鴒，載飛載鳴，我日斯邁，而月斯征，夙興夜寐，無忝爾所生。是以君子終日乾乾，進德修業者，非直為博己而已也；蓋乃思述祖考之令問，而以顯父母也。孔子曰：吾嘗終日不食，終夜不寢，以思無益，不如學也。耕也餒在其中，學也祿在其中矣（潛夫論第一篇讚學，參閱第三十三篇德化）。

富極而侈，勢之必然。在王符時代，東漢社會已以奢侈相尚，王公貴戚不但養生奢侈，嫁娶奢侈，送死也極奢侈。農業社會與工業社會不同，工業社會，奢侈可以刺激生產的增加，農業社會，奢侈不過物資的浪費而已。這是王符反對浮奢的最大原因。他說：

今察洛陽，浮末者什於農夫，虛偽游手者什於浮末，是則一夫耕，百人食之，一婦桑，百人衣之，以一奉百，孰能供之。天下百郡千縣，市邑萬數，類皆如此，本末何足相供，則民安得不饑寒。饑寒並至，則安能不為非。為非則姦宄，姦宄繁多，則吏安能無嚴酷。嚴酷數加，則下安能無愁怨，愁怨者多，則咎徵並臻。下民無聊，上天降災，則國危矣……今京師貴戚，衣服飲食車輿文飾廬舍，皆過王制，僭上甚矣。從奴僕妾皆服葛子升越、筩中女布，細緻綺縠、冰紈錦繡，犀象珠玉、虎魄瑇瑁，石山隱飾，金銀錯鏤，麞麂履舄，文組綵褋，驕奢僭主，轉相誇詫……富貴嫁娶，車軿各十，騎奴侍僮，夾轂節引，富者競欲相過，貧者恥不逮及，是故一饗之所費，破終身之本業……今京師貴戚、郡縣豪家，生不極養，死乃崇喪。或至刻金鏤玉，檽梓楩枏，良田造塋，黃壤致藏，多埋珍寶，偶人車馬，造起大冢，廣種松柏，廬舍祠堂，崇侈上僭（仝上第十二篇浮侈）。

吾國古代政治思想無不寄望於聖君與賢臣，然而人存政存，人亡政亡，所以王符不忘法禁之重要，而既主張法禁，那就不能放棄刑賞，他說：

先王因人情喜怒之所不能已者，則為之立禮制而崇德讓，人所可已者，則為之設法禁而明賞罰。今市賣勿相欺，婚姻無相詐，非人情之不可能者也，是故不若立義順法，遏絕其原。初雖慙恡於一人，然其終也，長利於萬世。小懲而大戒，此所以全小而濟頑凶也。夫立法之大要，必令善人勸其德而樂其政，邪人痛其禍而悔其行（仝上第十九篇斷訟）。

又說：

無憲制而成天下者，三皇也。畫則象而化四表者，五帝也。明法禁而和海內者三王也。行賞罰而齊萬民者治國也，君立法而下不行者亂國也，臣作政而君不制者亡國也。是故民之所以不亂者，上有吏。吏之所以無姦者，官有法。法之所以順行者，國有君也。君之所以位尊者，身有義也。義者，君之政也。法者，君之命也。人君思正以出令，而貴賤賢愚，莫得違也，則君位於上，而民氓治於下矣。人君出令，而貴臣驕吏弗順也，則君幾於弒，而民幾於亂矣。夫法令者，君之所以用其國也。君出令而不從，是與無君等。主令不從，則臣令行，國危矣。夫法令者，人君之銜轡箠策也，而民者，君之輿馬也。若使人臣廢君法禁，而施己政令，則是奪君之轡策，而己獨御之也（仝上第二十篇衰制）。

而尤主張刑殺之重要，蓋「德者所以修己也，威者所以治人也。上智與下愚之人少，而中庸之人多」（仝上第三十三篇德化）。「一人伏正罪，而萬家蒙乎福者，聖主行之不疑」（仝上第十九篇斷訟）。虞舜之於四凶，周公之於管蔡，何曾放棄刑殺。孔子之殺少正卯，何曾放棄「齊之以刑」的法制。王符說：

議者必將以為刑殺當不用，而德化可獨任，此非通變者之論也，非叔世者之言也。夫上聖不過堯舜而放四子，盛德不過文武，而赫斯怒。詩云。君子如怒，亂庶遄沮，君子如祉，亂庶遄已。是故君子之有喜怒也，蓋以止亂也。故有以誅止殺，以刑禦殘。且夫治世者，若登丘矣，必先躡其卑者，然後乃得履其高。是故先致治國，然後三王之政乃可施也。道齊三王，然後五帝之化，乃可行也。道齊五帝，然後三皇之道，乃可從也。且夫法也者，先王之政也。令也者，己之命也。先王之政，所以與眾共也。己之命，所以獨制人也。君誠能授法而時貸之，布令而必行之，則群臣百吏，莫敢不悉心從己令矣。己令無違，則法禁必行矣。故政令必行，憲禁必從，而國不治者，未嘗有也。此一弛一張，以今行古，以輕重尊卑之術也（仝上第二十篇衰制）。

王符既言刑殺之重要，所以他又反對赦免。東漢之世屢行大赦，其最有名的，則為桓帝延熹九年之大赦，時有張成者，善說風角，推占當赦，遂教其子殺人，河南尹李膺捕之，果遇赦免，膺怒，竟考殺之。由這導火線，就引起黨錮之禍（參閱後漢書卷九十七黨錮傳序）。王符關於赦免，曾批評云：

為國者，必先知民之所苦，禍之所起，然後設之以禁，故姦可塞，國可安矣。今日賊良民之甚者，莫大於數赦。赦贖數，則惡人昌而善人傷矣。……書曰，文王作罰，刑茲無赦，是故先王之制刑法也，非好傷人肌膚，斷人壽命者也。乃以威姦懲惡，除民害也。天下本以民不能相治，故為立王者以統治之。天子在於奉天威命，共行賞罰。故經稱天命有德，五服五章，天罰有罪，五刑五用。詩刺彼宜有罪，汝反脫之。古者惟始受命之君，承大亂之極，被前王之惡，其民乃並為敵讎，罔不寇賊消義，姦宄奪攘，以革命受祚，為之父母，故得一赦，繼體以下，則無違焉。何者，人君配乾而仁，順育萬物，以成大功，非得以養姦活罪為仁，放縱天賊為賢口也（仝上第十六篇述赦）。

又說：

凡民之所以輕為盜賊，吏之所以易作姦匿者，以赦贖數而有僥望也。若使犯罪之人，終身被命，得而必刑，則計姦之謀破，而慮惡之心絕矣。夫良贖可，孺子可令姐，中庸之人，可引而下。故其諺曰，一歲載赦，奴兒噫嗟。言王誅不行，則痛瘀之子皆輕犯，況狡乎。若誠思畏盜賊多而姦不勝，故赦則是為國為姦宄報也。夫天道賞善而刑淫，天工人其代之。故凡立王者，將以誅邪惡而養正善，而以逞邪惡逆，妄莫甚焉。且夫國無常治，又無常亂，法令行則國治，法令弛則國亂，法無常行，亦無常弛，君敬法則法行，君慢法則法弛。……令世歲老古時一赦，則姦宄之減十八九，可勝必也（仝上第十六篇述赦）。

凡言刑殺之必要者，亦必不忘賞罰。王符曾謂：「法令賞罰者誠治亂之樞機也，不可不嚴行也」（仝上第十七篇三式），即賞與罰並舉。既用賞罰了，故又主張賞要隆，而罰要重。王符說：

夫積怠之俗，賞不隆，則善不勸。罰不重，則惡不懲。故凡欲變風改俗者，其行賞罰者也，必使足驚心破膽，民乃易視（仝上第十七篇三式）。

王符又謂：人主當「明操法術，自握權秉」，「所謂術者，使下不得欺也，所謂權者，使勢不得亂也」（仝上第三十一篇明忠）。而刑賞尤為重要，凡法術明而賞罰必，則成治勢，勢既治了，不易復亂。

法術不明而賞罰不必，則成亂勢，勢既亂了，不易復治。王符說：

> 凡為人上，法術明而賞罰必者，雖無言語而勢自治，治勢一成，君自不能亂也，況臣下乎。法術不明，而賞罰不必者，雖日號令，然勢自亂，亂勢一成，君自不能治也，況臣下乎。是故勢治者，雖委之不亂。勢亂者，雖懃之不治也（仝上第三十一篇明忠）。

最後尚須一言者，王符生在和安之世，安帝永初中，諸羌反叛，用二百四十億，順帝永和之末，復經七年，用八十餘億。遲至靈帝建寧元年，拜段熲為破羌將軍，處處破之，於是東羌悉平，然費用也達四十四億（後漢書卷九十五段熲傳）。據王符之言❶：

> 羌始反時，計謀未善，黨與未成，人眾未合，兵器未備，或持竹木枝，或空手相搏，草食散亂，未有都督，甚易破也。然太守令長皆奴怯畏，愞不敢擊，故令虜遂乘勝上強，破州滅郡，日長炎炎，殘破三輔，覃及鬼方，若此，已積十歲矣（仝上第二十三篇邊議）。

此時也，邊疆守令畏惡軍事，往往強迫邊民內徙。

> 太守令長畏惡軍事，皆以素非此土之人（後漢書卷一百十七西羌傳云，二千石令長多內郡人），痛不著身，禍不及我家，故爭郡縣以內遷，至遣吏兵發民禾稼，發徹屋室，夷其營壁，破其生業，強劫驅掠，與其內入，捐棄羸弱，使死其處，當此之時，萬民怨痛，泣血叫號（仝上第二十四篇實邊）。

❶ 潛夫論第二十四篇實邊亦謂，「前羌始叛，草創新起，器械未備，虜或持銅鏡以象兵，或負板案以類楯，惶懼擾攘，未能相持，一城易制爾」（言未能相一，誠易制也）。

將帥又怯劣軟弱，不敢言戰。

而將帥皆怯劣軟弱，不敢討擊，但坐調文書，以欺朝廷。實殺民百，則言一。殺虜一，則言百。或虜實多而謂之少，或實少而謂之多。傾側巧文，要取便身利己，而非獨憂國之大計，哀民之死亡也（仝上第二十四篇實邊）。

此時也，「百姓晝夜望朝廷救己」，而「公卿苟以己不被傷，故競割國家之地以與敵，殺主上之民以餧羌」（仝上第二十三篇邊議）。「假使公卿子弟有被羌禍，朝夕切急如邊民者，則競言當誅羌矣」（仝上第二十二篇救邊）。王符此言可以說是道破公卿的心理。當時朝中大臣已有放棄涼州之說。例如安帝永初元年涼州羌虜反叛，龐參上書請將「涼州士民轉居三輔」，四年又謂「宜徙邊郡不能自存者，入居諸陵」（後漢書卷八十一龐參傳）。而王符則謂：

往者羌虜背叛，始自涼并，延及司隸，東禍趙魏，西鈔蜀漢，五州殘破，六郡削迹，周迴千里，野無孑遺，寇鈔禍害，晝夜不止，百姓滅沒，日月焦盡。而內郡之士，不被殃者，咸云當且放縱，以待天時。用意若此，豈人心哉。前羌始反，公卿師尹，咸欲捐棄涼州，卻保三輔，朝廷不聽，後羌遂侵。而論者多恨不從惑議，余竊笑之。所謂媾亦悔，不媾亦有悔者爾，未始識變之理。地不可無邊，無邊亡國。是故失涼州，則三輔為邊。三輔內入，則弘農為邊。弘農內入，則洛陽為邊。推此以相況，雖盡東海，猶有邊也。今不厲武以誅虜，選材以全境，而云邊不可守，欲先自割，示怏寇敵，不亦惑乎（潛夫論第二十二篇救邊）。

邊既不可棄，則兵不可無。「兵之設也久矣」（仝上第二十一篇勸將）。王符說：

傳曰，天生五材，民並用之，廢一不可，誰能去兵。兵所以威不軌而昭文德也。聖人所以興，亂人所以廢，齊桓晉文宋襄，衰世諸侯，猶恥天下有相滅，而己不能救。況皇天所命，四海主乎（仝上第二十三篇邊議）。

他因人性之趨利好名，而主張利用名利，以鼓勵兵士之作戰。

凡人所以肯赴死亡而不辭者，非為趨利，則因以避害也，無賢鄙愚智皆然。顧其所利害有異爾，不利顯名，則利厚賞也；不避恥辱，則避禍亂也。非此四者，雖聖王不能以要其臣，慈父不能以必其子。明主深知之，故崇利顯害以與下市，使親疏貴賤，賢鄙愚智，皆必順我令，乃得其欲。是以一旦軍鼓雷震，旌旗並發，士皆奮激，競於死敵者，豈其情厭久生，而樂害死哉，乃義士且以徼其名，貪夫且以求其賞爾。今吏從軍敗沒死公事者，以十萬數，上不聞弔唁嗟歎之榮名，下又無祿賞之厚實，節士無所勸慕，庸夫無所貪利，此其所以人懷沮解，不肯復死者也（仝上第二十一篇勸將）。

但是兵能作戰，又依良將之指揮，「將者民之司命，而國安危之主也」（仝上第二十一篇勸將）。王符批評當時之將如次。

今觀諸將，既無斷敵合變之奇，復無明賞必罰之信。然其士民，又甚貧困，器械不簡習，將恩不素結，卒然有急，則吏以暴發虐其士，士以所拙遇敵巧，此為將吏驅怨以禦讎，士卒縛手以待寇也。夫將不能勸其士，士不能用其兵。此二者，與無兵等。無士無兵，而欲合戰，其敗負也，理數也然。故曰，其敗者，非天之所災，將之過也（仝上第二十一篇勸將）。

前漢時，晁錯主張移民實邊，王符也謂，「先聖制法，亦務實邊，蓋以安中國也」（仝上第二十四篇實邊）。如何使民願意徙居邊疆？東漢之世，選舉成為取才之法，而人士亦依靠選舉以登庸。「建武初，得邊郡，戶雖數百，令歲舉孝廉，以召來人」（仝上第二十四篇實邊）。和帝永元十三年冬十一月丙辰詔曰：「幽并涼州戶口率少，邊役眾劇，束修良吏，進仕路狹，其令緣邊郡，口十萬以上，歲貢孝廉一人，不滿十萬，二歲舉一人，五萬以下，三歲舉一人」（後漢書卷四和帝紀）。王符謂「令邊郡舉孝一人，廉吏世舉一人，益置明經百石一人。內郡人將妻子來占著，五歲以上，與居民同均，皆得選舉」（潛夫論第二十四篇實邊）。但是徙邊的人常係貧苦之民，政府不能依晁錯之法，先築高城深塹，次再移民，配以室屋田園，其無夫或妻者，政府買予之（參閱漢書卷四十九晁錯傳），他們何肯久安其處。即此一端，亦可比較兩漢學者思想之優劣。

二、荀　悅

孔子對於人性與人情似有區別。關於性之善惡，孔子不作確定的主張，只說：「性相近也，習相遠也」（論語第十七篇陽貨）。而關於人情，則謂「飲食男女人之大欲存焉，死亡貧苦人之大惡存焉」（禮記卷二十二禮運）。孟子主性善之說，荀子主性惡之論。其實孟子常把人性之善惡與人情之好惡，混為一談。荀子所謂人性則值人情而已。荀悅關於人性，曾說：

性善則無四凶，性惡則無三仁人。無善惡，文王之教一也，則無周公管蔡。性善情惡，是桀紂無性而堯舜無情也（申鑒第五篇雜言下）。

即其思想近似於告子「有性善，有性不善」（孟子卷十一上告子上）之言，人性如此，所以教與法均甚重要。荀悅之言如次：

性雖善，待教而成，性雖惡，待法而消（申鑒第五篇雜言下）。

故說「政之大經，法教而已矣」（申鑒第一篇政體），「教扶其善，法抑其惡」（仝上第五篇雜言下）。但是「教初必簡，刑始必略……設必違之教，不量民力之未能，是招民於惡也，故謂之傷化。設必犯之法，不度民情之不堪，是陷民於罪也。故謂之害民」（申鑒第二篇時事）。刑與教都是漸進的，而負兩者之責的，則為賢君。君之與民，必須同憂，同饑，同寒，而後君民一心，而天下治。

自天子達於庶人，好惡哀樂，其修一也。豐約勞佚，各有其制，上足以備禮，下足以備樂，夫是謂大道。天下國家一體也，君為元首，臣為股肱，民為手足。下有憂民，則上不盡樂。下有饑民，則上不備膳。下有寒民，則上不具服。徒跣而垂旒，非禮也。故足寒傷心，民寒傷國（申鑒第一篇政體）。

依古人思想，天子有兩種職務，即作之君，作之師。作之君，用刑賞；作之師，用教化。不過教化只能對中人發生效力，無教化，可推中人墮於小人之域，有教化，可引中人納於君子之途。天下之人賢者少，不肖者亦不多，所以刑賞是致治之要道。荀悅說：

君子以情用，小人以刑用。榮辱者，賞罰之精華也，故禮教榮辱以加君子，化其情也。桎梏鞭朴以加小人，治其刑也。君子不犯辱，況於刑乎。小人不忌刑，況於辱乎。若夫中人之倫，則刑禮兼焉。教化之廢，推中人而墜於小人之域。教化之行，引中人而納於君子之途。……賞罰，政之柄也。明賞必罰，審信慎令，賞以勸善，罰以懲惡。人主不妄賞，非徒愛其財也，賞妄行則善不勸矣。不妄罰，非徒慎其刑也，罰妄行則惡不懲矣。賞不勸，謂之止善。罰不懲，謂之縱惡。在上者能不止下為善，不縱下為惡，則治國矣（申鑒第一篇政體）。

不過荀悅還依孔子先富後教之義，以為為政之道須先富民，民若窮匱，則不畏死，刑何足以懼之，民不樂生，賞何足以勸之。他說：

興農桑以養其生，審好惡以正其俗，宣文教以章其化，立武備以秉其威，明賞罰以統其法，是謂五政。民不畏死，不可懼以罪。民不樂生，不可勸以善。雖使禼布五教，咎繇作士，政不行焉。故在上者，先豐民財以定其志，帝耕籍田，后桑蠶宮，國無游民，野無荒業，財不虛用，力不妄加，以周民事，是謂養生（申鑒第一篇政體）。

他知人情不可令其縱慾，亦不可令其絕慾，聖王在位，必先修其身。自己肆情，而欲繩慾於眾，事所不能。且看荀悅之言：

縱民之情謂之亂，絕民之情謂之荒。曰然則如之何。曰為之限，使弗越也。為之地亦勿越，故水可使不濫，不可使無流。善禁者，先禁其身而後人。不善禁者，先禁人而後身。善禁之至於不禁，令亦如之。若乃肆情於身而繩欲於眾，行詐於官而矜實於民，求己之所有餘，奪下之所不足，捨己之所易，責人之所難，怨之本也（申鑒第一篇政體）。

一君當然不能獨治天下，而須有賢臣以佐之。但荀悅認為人主有二難，人臣亦有二患，而傾向於悲觀論。

人主之患，常立於二難之間，在上而國家不治，難也。治國家則必勤身，苦思，矯情以從道，難也。有難之難，闇主取之。無難之難，明主居之。大臣之患常立於二罪之間，在職而不盡忠直之道，罪也。盡忠直之道，則必矯上拂下，罪也。有罪之罪，邪臣由之。無罪之罪，忠臣置之。人臣之義，不曰吾君能矣，不我須也，言無補也，而不盡忠。不曰吾君不能矣，不我識也，言無益也，而不盡忠，必竭其誠，明其道，盡其義，斯已而已矣。不已，則奉身以退，臣道也。故君臣有異無乖，有怨無憾，有屈無辱（申鑒第四篇雜言上）。

東漢之世，外戚秉政，奢侈無度，和帝初年，「竇氏專政，外戚奢侈，賞賜過制，倉帑為虛……臘賜自郎官以上，公卿王侯以下，至於空竭帑藏，損耗國資」（後漢書卷七十三何敞傳）。安帝時代，閻顯顯權，據翟酺說：「自初政已來，日月未久，費用賞賜已不可算，斂天下之財，積無功之家，帑藏單盡，民物彫傷，卒有不虞，復當重賦，百姓怨叛既生，危亂可待也」（後漢書卷七十八翟酺傳）。而外夷寇邊，軍費又多，「漢故事，供給南軍于費，直歲一億九十餘萬，西域歲七千四百八十萬，今北庭彌遠，其費過倍」（後漢書卷七十五袁安傳）。而自西羌反叛之後，前後竟用去三百六十四億。即「永初中諸羌反叛十有四年，用二百四十億，永和之末，復經七年，用八十餘億……建寧元年……拜段熲破羌將軍……處處破之……於是東羌悉平……費用四十四億」（後漢書卷九十五段熲傳）。永初四年龐參已經提出警告，謂「官負人債數十億萬……縣官不足，輒貸於民，民已窮矣，將從誰求」（後漢書卷八十一龐參傳）。順帝以後，常向民間貸款，而靈帝不但增加田賦，且又濫鑄錢幣（參閱拙著中國社會政治史第一冊第四版三七一頁以下），財政如斯困難，官祿不免減少，而貪汙就成為普遍的現象。對此情況，所以荀悅乃說：

或問祿曰，古之祿也備，漢之祿也輕。夫祿必稱位，一物不稱，非制也。公祿貶則私利生；私利祿，則廉者匱而貪者豐也。夫豐貪生私，匱廉貶公，是亂也，先王重之。曰，祿可增乎，曰，民家財愆，增之宜矣。或曰，今祿如何，曰，時匱也。祿依食，食依民，參相澹，必也正貪祿，省閑冗，與時消息，昭惠恤下，損益以度可也（申鑒第二篇時事）。

而希望人主有公用，無私費，有公賜，無私惠。

人主有公賦無私求，有公用無私費，有公役無私使，有公賜無私惠，有公怒無私怨。私求則下煩而無度，是謂傷清。私費則官耗而無限，是謂傷制。私使則民撓擾而無節，是謂傷義。私惠則下虛望而無準，是謂傷正。私怨則下疑懼而不安，是謂傷德（申鑒第一篇政體）。

此時也，土地集中已甚，荀悅謂之專封，專地。

諸侯不專封，富人民田踰限，富過公侯，是自封也。大夫不專地，人賣買由己，是專地也。或曰，復井田與。曰，否，專地非古也，井田非今也。然則如之何，曰，耕而勿有，以俟制度可也（申鑒第二篇時事）。

所謂「制度」是指什麼？荀悅知井田之制只能實行於田廣人寡之時，人口蕃息，只有限田。他說：

且夫井田之制不宜於人眾之時，田廣人寡苟為可也，然欲廢之於寡，立之於眾，土地布列在強豪，卒而革之，並有怨心，則生紛亂，制度難行……宜以口數占田，為之立限，人得耕種，不得賣買，以贍貧弱，以防兼併，且為制度張本，不亦善乎（引自文獻通考卷一歷代田賦之制）。

最好是為人上者先知自限，而後限人。己不自限，而欲限人，事所難成。前已引過荀悅之言：

縱民之情謂之亂，絕民之情謂之荒。曰然則如之何，曰為之限，使弗越也，為之地亦勿越，故水可使不濫，不可使無流。善禁者，先禁其身而後人，不善禁者，先禁人而後身。善禁之至於不禁，令亦如之，若乃肆情於身而繩欲於眾，行詐於官而矜實於民，求己之所有餘，奪下之所不足，捨己之所易，責人之所難，怨之本也（申鑒第一篇政體）。

井田制度不易實行於人眾之時，固如荀悅所說，而限田制度在兼併開始之後，荀悅亦知其難實行。何以故呢？經濟上的強者往往就是政治上的強者。他們既有政權，他們何肯自限。西漢之世，孔光何武奏請吏民名田毋過三十頃，三十頃之田已經不小，乃因王公貴戚的反對，「詔書且須後，遂寢不行」（漢書卷二十四上食貨志），由這一事，可知限田制度亦不可能。

井田不易實行，限田又不可能，大亂之發生，勢所難免，於是荀悅的結論不免流於悲觀。他雖不信五行之說，說道：

或問曰，時群忌。曰，此天地之數也，非吉凶所生也。東方主生，死者不鮮。西方主殺，生者不寡。南方火也，居之不燋。北方水也，蹈之不沉。故甲子昧爽，殷滅周興。咸陽之地，秦亡漢隆（申鑒第三篇俗嫌）。

而謂「終始運也，短長數也，運數非人力之為也」（申鑒第三篇俗嫌）。此亦可以視為一種宿命論。人士既然唯命是視，那末，世治雖然不能使之亂，世亂亦何能使之治。人力如此渺小，中華民氣遂由運命之說，日漸消沉。

三、崔寔與徐幹

古人有言，「刑新國用輕典，刑平國用中典，刑亂國用重典」（周禮卷三十四大司寇）。故世治可用教化，而佐以輕刑。世亂，教化常失效用，只有用重典以戒邪惡。漢至桓靈之世，風俗侈靡，政治紛亂。此時學者欲用仁義以教世，必難成功，還不如用刑賞以致治，也許尚有成就。這種重視刑賞，固然不是孟子之言論，而卻接近於荀子。蓋孟子以為人性是善，人性既然是善，當然可用教化，以增加其善性。荀子以為人性是惡，人性既然是惡，則宜用賞以勸之，用刑以戒之。這是王符、荀悅、崔寔、徐幹的共同思想。王符與荀悅已述於上，茲再述崔寔與徐幹的政治思想如次。當然本書所述，只限於有關政治的部分，至與政治無關的言論，則不之談。

崔寔死於靈帝初年，著有政論一書。仲長統稱為「凡為人主宜寫一通，置之坐側」（後漢書卷八十三崔寔傳），其言論之可砭時救弊，可想而知。崔寔先述人情之好富貴榮華。

> 夫人之情莫不樂富貴榮華，美服麗飾，鏗鏘眩燿，芬芳嘉味者也。晝則思之，夜則夢焉，唯斯之務，無須臾不存於心（全後漢文卷四十六崔寔政論）。

次又說明時俗之奢靡，而謂「王政一傾，普天率土，莫不奢僭者，非家至人告，乃時勢驅之使然」（仝上），而說到東漢官祿太薄。

人非食不活，衣食足然後可教以禮義，威以刑罰。苟其不足，慈親不能畜其子，況君能檢其臣乎。故古記曰倉廩實而知禮節，衣食足而知榮辱。今所使分威權、御民人、理獄訟、幹府庫者，皆群臣之所為，而其奉祿甚薄，仰不足以養父母，俯不足以活妻子。父母者性所愛也，妻子者性所親也，所愛所親方將凍餒，雖冒刃求利，尚猶不避，況可令臨財御眾乎。是所謂渴馬守水，餓犬護肉，欲其不侵，亦不幾矣……故三代之賦也，足以代其耕……昔在暴秦，反道違聖，厚自封寵，而虜遇臣下。漢興，因循未改其制。夫百里長吏，荷諸侯之任，而食監門之祿，請舉一隅，以率其餘。一月之祿得粟二十斛，錢二千，長吏雖欲崇約，猶當有從者一人，假令無奴，當復取客，客庸一月千。芻膏肉五百，薪炭鹽菜又五百，二人食粟六斛。其餘財足給馬，豈能供冬夏衣被，四時祠祀賓客斗酒之費乎。況復迎父母，致妻子哉。不迎父母，則違定省，不致妻子，則繼嗣絕。迎之不足相贍，自非夷齊，孰能餓死，於是則有賣官鬻獄盜賊主守之奸生矣（仝上）。

崔寔又謂「自漢興以來，三百五十餘年矣。政令垢翫，上下怠懈，風俗彫敝，人庶巧偽，百姓囂然」，「凡天下之所以不治者，常由世主承平日久，俗漸弊而不悟，政寖衰而不改」，「故聖人執權，遭時定制」，「而俗士苦不知變，以為結繩之約，可復理亂秦之緒，干戚之舞，可解平城之圍」（仝上），未免太迂。繼著他說：

且濟時拯世，豈必體堯蹈舜，然後乃理哉……今既不能純法八世（八世謂三王五帝也），故宜參以霸術，則宜重賞深罰以御之，明著法術以檢之，自非上德，嚴之則理，寬之則亂。何以明其然也，近孝宣皇帝明於君人之道，審於為政之理，故嚴刑峻法，破姦軌之膽，海內清肅，天下密如，嘉瑞並集，屢獲豐年，薦勳祖廟，享號中宗，算計見效，優於孝文。元帝即位，多行寬政，卒以墮損，威權始奪，遂為漢室基禍之主，政道得失於是可以鑒矣（仝上）。

崔寔重視刑治，其思想接近於荀子的門人韓非，於茲可見。所以他說：

夫刑罰者治亂之藥石也，德教者興平之粱肉也。夫以德教除殘是以粱肉理疾也，以刑罰理平，是以藥石供養也（仝上）。

他又比較高祖、文帝、景帝三世的刑法，而謂：

以此言之，文帝乃重刑非輕刑也，以嚴致平，非以寬致平也，世有所變，何獨拘前（仝上）。

崔寔因土地兼併，而井田又不易實行，故乃主張移民於寬地，使土廣人稀者不致草萊不闢，土狹人稠者不致欲耕無田，他說：

今青徐兗冀人稠土狹，不足相供，而三輔左右及涼幽州內附近郡皆土曠人稀，厥田宜稼，悉不肯墾發……景帝六年詔郡國令人得去磽狹，就寬肥，至武帝遂徙關東貧人於隴西北地西河上郡會稽凡七十二萬五千口……今宜復遵故事，徙貧人不能自業者於寬地，此亦開草闢土振人之術也（仝上）。

此外，崔寔尚注意當時蠻族寇邊之事，多數人士均謂將帥怯劣，崔寔又認武器太鈍，而武器太鈍，則由於有司偷工減料。他說：

貪饕之吏競約其財用，狡猾之工復竊盜之，至以麻枲被弓弩，米粥雜漆，燒鎧鐵焠醯中，令脆易治，鎧孔又褊小，不足容人。刀牟悉鈍，故邊民敢鬥健士皆自作私兵，不肯用官器。凡漢所以能制胡者，徒擅鎧弩之利也。今鎧則不堅，弩則不勁，永失所恃矣（仝上）。

徐幹死於獻帝建安之末，時遇漢魏易代之際，著有「中論」一書，他謂「昔荀卿生乎戰國之際，而有叡哲之才，祖述堯舜，憲章文武，宗師仲尼，明撥亂之道，然而列國之君以為迂闊，不達時變，終莫之肯用也」（中論第十六篇審大臣）。不舉孟子之困於齊梁，而同情荀子之不見用於世，其思想傾向於荀子，可想而知。曹操於建安年間（建安十五年、十九年、二十二年）曾三次下令徵求跅弛之士（魏志卷一武帝紀），徐幹篤行體道，不耽世榮，雖懷文抱質，而逡巡濁世，有去就顯晦之大節。乃批評古今之制爵祿，以為：

古之制爵祿也，爵以居有德，祿以養有功。功大者祿厚，德遠者爵尊。功小者其祿薄，德近者其爵卑。是故觀其爵，則別其人之德也，見其祿則知其人之功也，不待問之。古之君子貴爵祿者，蓋以此也……爵祿之賤也，由處之者不宜也，賤其人，須賤其位矣。其貴也，由處之者宜之也，貴其人，斯貴其位矣……厥後……爵人不以德，祿人不以功，竊國而貴者有之，竊地而富者有之。姦邪得願，仁賢失志，於是則以富貴相詬病矣。故孔子曰邦無道，富且貴焉，恥也。然則富貴美惡存乎其世也（中論第十篇爵祿）。

他知道位勢之必要，「位也者立德之機也，勢也者行義之杼也……故舜為匹夫猶民也，及其受終於文祖，稱曰予一人，則西王母來獻白環。周公之為諸侯猶臣也，及其踐明堂之祚，負斧扆而立，則越裳氏來獻白雉。故身不尊，則施不光，居不高，則化不博」（中論第十篇爵祿）。固然有志之士皆欲身尊居高，然必求之有道，至於能否得之，則看命運。他說：

身尊居高……聖人之所務也。雖然，求之有道，得之有命，舜禹孔子可謂求之有道矣，舜禹得之，孔子不得之，可謂有命矣。非惟聖人，賢者亦然。稷契伯益伊尹傅說得之者也，顏淵閔子騫冉耕仲弓不得者也。故良農不患疆埸之不修，而患風雨之不節；君子不患道德之不建，而患時世之不遇（中論第十篇爵祿）。

要是生在亂世，縱令朝廷徵聘，君子亦必遠遁，徐幹引王莽時代為例，說道：

且莽之爵人，其實囚之也。囚人者非必著之桎梏，而置之囹圄之謂也。拘係之、愁憂之之謂也。使在朝之人欲進則不得陳其謀，欲退則不得安其身，是則以綸組為繩索，以印佩為鉗鐵也。小人雖樂之，君子則以為辱（中論第十八篇亡國）。

人主南面而聽天下，必須辟除公卿，相與為治，所以「大臣不可以不得其人」（參閱中論第十六篇審大臣）。如何能夠得人？徐幹以為眾譽或是或非，堯之用鯀，依四岳之言，即從眾譽，其舉舜，亦依四岳之言，也是依眾譽。眾譽之不足為憑也如此，所以徐幹才說：

凡明君之用人也，未有不悟乎己心，而徒因眾譽也。用人而因眾譽焉，斯不欲為治也，將以為名也……苟以眾譽為賢能，則伯鯀無羽山之難，而唐虞無九載之費矣。聖人知眾譽之或是或非，故其用人也，則亦或因或獨，不以一驗為也……非有獨見之明，專任眾人之譽，不以己察，不以事考，亦何由獲大賢哉（中論第十六篇審大臣）。

擇人如此，決策亦何莫不然。再看徐幹之言：

> 夫人之所常稱曰：明君舍己而從人，故其國治以安；闇君違人而專己，故其國亂以危，乃一隅之偏說也，非大道之至論也。凡安危之勢，治亂之分，在乎知所從，不在乎必從人也。人君莫不有從人，然或危而不安者，失所從也；莫不有違人，然或治而不亂者，得所違也……故不知所從，而好從人，不知所違，而好違人，其敗一也（中論第十七篇慎所從）。

徐幹之言並不合理。眾人稱美之賢人，眾人贊成之政策，有可以從者，有不可以從者；從不從之權，照徐幹說，屬於人主。人主未必聰明睿智，則其所決定的從與不從，又安能保其無誤。總之，吾國先哲雖然有時主張從眾，而由於孔子所說：「眾好之，必察焉。眾惡之，必察焉」，而又反對眾人之所決定。這是吾國思想的特色，然而由此就阻害了民主思想的發生。

徐幹亦同古人一樣，反對人君親理細務，蓋人君詳於小事，不免略於大道，察其近物，不免闇於遠圖，以此為政，未有不亂。徐幹說：

> 人君之大患也，莫大於詳於小事，而略於大道，察其近物，而闇於遠圖，故自古及今未有如此而不亂也，未有如此而不亡也（中論第十五篇務本）。

人君所恃者刑賞而已。他同崔實一樣，重視刑賞。當然，為善必賞，為惡必罰；最重要的，還是罰不避親，賞不避讎；太少不可，太多亦不可；太重不可，太輕亦不可。徐幹之言如次：

> 政之大綱有二。二者何也？賞罰之謂也。人君明乎賞罰之道，則治不難矣。夫賞罰者不在乎必

重，而在於必行；必行則雖不重而民戒，不行則雖重而民怠。故先王務賞罰之必行……夫當賞者不賞，則為善者失其本望，而疑其所行；當罰者不罰，則為惡者輕其國法，而怙其所守。苟如是也，雖日用斧鉞於市，而民不去惡矣；日錫爵祿於朝，而民不興善矣。是以聖人不敢以親戚之恩而廢刑罰；不敢以怨讎之忿而廢慶賞。夫何故哉？將以有救也。故司馬法曰：賞罰不踰時；欲使民速見善惡之報也，踰時且猶不可，而況廢之者乎？賞罰不可以疏，亦不可以數；數則所及者多，疏則所漏者多。賞罰不可以重，亦不可以輕。賞輕則民不勸，罰輕則民亡懼。賞重則民徼倖，罰重則民無聊。故先王明庶以德之，思中以平之，而不失其節。故書曰：罔非在中，察辭於差。夫賞罰之於萬民，猶轡策之於駟馬也；轡策不調，非徒遲速之分也，至於覆車而摧轅；賞罰之不明也，則非徒治亂之分也，至於滅國而喪身，可不慎乎？可不慎乎？故詩云：執轡如組，兩驂如舞，言善御之可以為國也（中論第十九篇賞罰）。

吾人將徐幹之言以與崔寔比較，則知他們兩人雖然尊崇孔子，而其政論似接近於荀子。總而言之，言儒家者必稱孔孟，乃由唐代韓愈的提倡，唐代以前，荀子的地位乃比孟子為高。

第十章

悲觀的政治論之發生——仲長統

命運之說已經接近於悲觀，漢末，黃巾作亂於前，董卓肆凶於後，世運由前漢之興盛變為後漢之衰微，於是命運之說又一變而為悲觀。代表這個學說的則為仲長統。他卒於獻帝遜位之歲，曾著昌言一書，今其書已經失傳，只唯後漢書尚載三篇，均屬於政治理論。

照仲長統說，政之治亂與制度頗有關係，「周禮六典，冢宰貳王而理天下，春秋之時，諸侯明德者，皆一卿為政，爰及戰國亦皆然也。秦兼天下，則置丞相，而貳之以御史大夫。自高祖逮於孝成，因而不改，多終其身，漢之隆盛，是惟在焉」（後漢書卷七十九仲長統傳法誡篇）。仲長統先說明獨任制與合議制的優劣：

> 夫任一人則政專，任數人則相倚。政專則和諧，相倚則違戾。和諧則太平之所興也，違戾則荒亂之所起也（後漢書卷七十九仲長統傳法誡篇）。

吾國先哲討論政治，很少涉及制度，所以言論雖高，而皆不切實用，上述仲長統的見解，我個人認為合理。以今日各國制度言之，不外總統制、內閣制、委員制三者而已。總統制行於美國，行政權屬於總統，各部首長只是總統的屬僚，輔佐總統執行其專管的事務（參閱拙著政治學二二三頁以下）。內閣制肇始於英國，而英國自有政黨以來，多係兩黨對立，而組織一黨內閣。國務總理必是議會內多數黨的領袖，各部首長須受國務總理的控制，而執行國務總理所決定的政策，這樣，國務總理便成為政治上的領袖（參閱拙著政治學二一六頁以下）。所以英國同美國一樣，而如仲長統所說，「任一人則政專，政專則和諧，和諧則太平之所興也」。反之，歐洲大陸國家都是小黨分立，而只能組織聯合內閣。國務總理無力控制友黨的各部首長，所以議政之時，議論百出，內閣倒了又倒（參閱拙著政治學四〇九頁）。此即仲長統所謂：「任數人則相倚，相倚則違戾，違戾則荒亂之所起也」。委員制行之最久，成績最優的莫如瑞士，固然行政不像總統制那樣，屬於總統，也不像內閣制那樣，操於內閣總理，而是屬於地位平等、權限相同的許多委員共同組織的行政委員會。不過在瑞士，重要問題多由議會議決，行政委員會不是決定政策的機關，只是執行政策的機關，所以流弊較少（參閱拙著政治學二三〇頁）。其他國家的委員制往往成為專制或獨裁的過渡形態。羅馬共和時代，曾實行兩次三頭政治 (Triumvirate)，第一次變成愷撒 (Gaius Julius Caesar) 的獨裁，第二次變成屋大維 (Gaius Julius Caesar Octavianus) 的專制。法國於一七九三年，置公安委員會 (Comite de salut public)，由十一名委員組織之，司掌一切行政，終而發生恐怖時代。恐怖時代告終，行政權歸屬於三名執政官所組織的執政府 (Consulat)，結果又發生拿破崙的帝制。蘇聯革命之後，上自中央機關，下至地方政府，無不採用委員制。其實，蘇聯形式上雖是委員制，事實上乃是獨裁制。列寧與史太林都是獨攬國家統治權的人（參閱拙著政治學二二九頁以下，尤其二三三頁）。觀今日之政制，可知仲長統之言甚為合理。他批評東漢的制度如次。

> 光武皇帝愠數世之失權，忿強臣之竊命，矯枉過正，政不任下，雖置三公，事歸臺閣（臺閣謂尚書也），自此以來，三公之職備員而已。然政有不理，猶加譴責。而權移外戚之家，寵被近習之

> 豎，親其黨類，用其私人，內充京師，外布列郡，顛倒賢愚，貿易選舉，疲駑守境，貪殘牧民，撓擾百姓，忿怒四夷，招致乖叛，亂離斯瘼，怨氣並作，陰陽失和，三光虧缺，怪異數至，蟲螟食稼，水旱為災，此皆戚宦之臣所致然也。反以策讓三公，至於死免，乃足為叫呼蒼天，號咷泣血者也（後漢書卷七十九仲長統傳法誡篇）。

即由仲長統觀之，東漢外戚秉政，閹宦弄權，其原因乃在於不置丞相，而置三公，既置三公，又復不假以權之故。此種制度上的缺點，不但後代未曾矯正，而且日益加甚，吾人讀唐、宋、明三代歷史，即可知之。但是仲長統雖知政制之弊，而不能提出政制的改革方案，使一方權不下移，同時天子不得專恣。善哉嚴復之言：「專制之國家，其立法也，塞奸之事九，而善國利民之事一，此可即吾國一切之法度，而徵此言之不誣。顧用如是之法度，其國必不進也。不進而與進者鄰，殆矣」（法意第十一卷第六章復案）。仲長統之言雖然合理，要亦不出塞奸之意而已。

仲長統雖然主張制度可隨時變更，無須法古，然時政彫敝，風俗奢靡，而豪強兼併，故又主張恢復井田制度。蓋在建安年間，人民之遭黃巾董卓所殘殺者，為數極多。地廣人稀，而曹操的屯田制度就是井田的變相，仲長統說：

> 作有利於時，制有便於物者，可為也。事有乖於數，法有翫於時者，可改也。故行於古有其迹，用於今無其功者，不可不變。變而不如前，易而多所敗者，亦不可不復也……井田之變，豪人貨殖，館舍布於州郡，田畝連於方國，身無半通青綸之命，而竊三辰龍章之服，不為編戶一伍之長，而有千室名邑之役。榮樂過於封君，勢力侔於守令，財賂自營，犯法不坐，刺客死士為之投命，至使弱力少智之子，被穿幃敗，寄死不斂，冤枉窮困，不敢自理，雖亦由網禁疏闊，蓋分田無

限使之然也。今欲張太平之紀綱，立至化之基址，齊民財之豐寡，正風俗之奢儉，非井田實莫由也。此變有所敗而宜復者也（後漢書卷七十九仲長統傳損益篇）。

且也，東漢之世，各種選舉如秀才、孝廉、茂材異等之類，均只有其名，而無其實。即如抱朴子所說：「靈獻之世……時人語曰舉秀才，不知書，察孝廉，父別居，寒素清白濁如泥，高第良將怯如雞」（抱朴子外篇卷十五審舉），而財政困難，官俸減之又減（參閱拙著中國社會政治史第一冊三六五頁），而致百官仰不足以養父母，俯不足以活妻子，於是貪汙就成為普遍的現象。仲長統說：

> 夫人待君子然後化，理國待蓄積乃無憂患。君子非自農桑以求衣食者也。蓄積非橫賦斂以取優饒者也。奉祿誠厚，則割剝貿易之罪乃可絕也。蓄積誠多，則兵寇水旱之災不足苦也。故由其道而得之，民不以為奢；由其道而取之，民不以為勞。天災流行，開倉廩以稟貸，不亦仁乎。衣食有餘，損靡麗以散施，不亦義乎。彼君子居位，為士民之長，固宜重肉累帛，朱輪四馬，今反謂薄屋者為高，藿食者為清，既失天地之性，又開虛偽之名。使小智居大位，庶績不咸熙，未必不由此也。得拘絜而失才能，非立功之實也。以廉舉而以貪去，非士君子之志也。夫選用以取善士，善士富者少，而貧者多。祿不足以供養，安能不少營私門乎。從而罪之，是設機置穽，以待天下之君子也（後漢書卷七十九仲長統傳損益篇）。

最後，仲長統又發表了悲觀的論調，以為在國家大亂時，群雄爭長，知能之士固可見用於世，幸而群雄仆滅，社會亦可現出小康的狀態。天下既定，數傳之後，人主又奔其私嗜，騁其邪欲，於是大亂又發生了。他說：

豪傑之當天命者，未始有天下之分者也。無天下之分，故戰爭者競起焉。于斯之時，並偽假天威，矯據方國，擁甲兵，與我角才智，程勇力，與我競雌雄，不知去就，疑誤天下，蓋不可數也。角知者皆窮，角力者皆負，形不堪復伉，勢不足復校，乃始羈首係頸，就我之銜紲耳。夫或曾為我之尊長矣，或曾與我為等儕矣，或曾臣虜我矣，或曾執囚我矣。彼之蔚蔚，皆匈（胸）詈腹詛，幸我之不成，而以奮其前志，詎肯用此為終死之分邪？及繼體之時，民心定矣，普天之下，賴我而得生育，由我而得富貴，安居樂業，長養子孫，天下晏然，皆歸心於我矣。豪傑之心既絕，士民之志已定，貴有常家，尊在一人。當此之時，雖下愚之才居之，猶能使恩同天地，威侔鬼神，暴風疾霆，不足以方其怒，陽春時雨，不足以喻其澤。周孔數千，無所復角其聖，賁育百萬，無所復奮其勇矣。彼後嗣之愚主，見天下莫敢與之違，自謂若天地之不可亡也，乃奔其私嗜，騁其邪欲，君臣宣淫，上下同惡。目極角觝之觀，耳窮鄭衛之聲，入則耽於婦人，出則馳於田獵，荒廢庶政，棄亡人物。澶漫彌流，無所底極。信任親愛者盡佞諂容說（悅）之人也；寵貴隆豐者，盡后妃姬妾之家也。使餓狼守庖廚，饑虎牧牢豚，遂至熬天下之脂膏，斲生人之骨髓，怨毒無聊，禍亂並起。中國擾攘，四夷侵叛，土崩瓦解，一朝而去。昔之為我哺乳之子孫者，今盡是我飲血之寇讎也。至於運徙勢去，猶不覺悟者，豈非富貴生不仁，沉溺致愚疾邪？存亡以之迭代，政亂從此周復，天道常然之大數也（後漢書卷七十九仲長統傳理亂篇）。

但綜觀古代歷史，仲長統認為「亂世長而化世短」（後漢書卷七十九仲長統傳理亂篇），且世愈下而亂愈烈。他說：

昔春秋之時，周氏之亂世，逮乎戰國則又甚矣。秦政乘并兼之勢，放狼虎之心，屠裂天下，吞食生人，暴虐不已，以招楚漢用兵之苦，甚於戰國之時也。漢二百年而遭王莽之亂，計其殘夷滅亡之數，又復倍乎秦項矣。以及今日，名都空而不居，百里絕而無民者，不可勝數，此則又甚於亡新之時也。悲夫，不及五百年大難三起，中間之亂尚不數焉。變而彌猜，下而加酷，推此以往，可及於盡矣。嗟乎不知來世聖人救此之道將何用也，又不知天若窮此之數，欲何至耶（後漢書卷七十九仲長統傳理亂篇）。

由這悲觀論調，就開了正始之風，人士逃避現實，耽於享受，列子的虛無主義，楊朱的快樂主義也開始了流行。

第三篇

魏晉南北朝的政治思想

第一章 列子的玄虛思想與楊朱的快樂主義

魏晉南北朝是中華文化最消沉的時代，可與歐洲中古的黑暗時代相比。五胡亂華無異於歐洲的蠻族移動。土地集中於士族，租給農民耕種，無異於歐洲的封建生產。士族與寒門的對立，其下又有賓客與部曲，無異於歐洲的貴賤階級的區別。士族獨攬政權，寒門很少有出頭機會，無異於歐洲的貴族政治。佛教勢力甚大，無異於歐洲基督教的盛行。然而歐洲能夠由中古進化為現代社會，吾國則不斷的反覆一治一亂的情況，原因何在，我們不能不稍加說明。

吾國以農立國，環中國而居者又是遊牧種族。他們不需要中華的產物，而中國勞動力又常過剩，因之機器就沒有發明的機會。蓋發明皆由於時代的需要，諸葛亮的木牛流馬，姑不問是否真有其事，而蜀國人口不及百萬，兵士乃有十萬之多，六出岐山，運糧不易，因之代替人力的木牛流馬有了用處。諸葛亮果有此種發明，亦必由於環境需要，我們不可不知。

歐洲在一五二九年，繆涅 (Anton Murler) 已有紡織機器的發明，因其沒有用處，世人竟斥之為異端邪教，而繆涅竟死於監獄之中。及至美洲發見，印度航路成功之後，英國的布匹源源輸出於國外，於是先有 Wyatt 發明 Roller Spinning（一七三〇年），後有 Watt 之發明蒸氣機（一七八一年），而工業革命於茲開始。然而我們須知機器可以剝奪人工，所以縱在英國，一七七〇年，工人因為 Hargreaves

發明 Spinning Jenny 而襲擊其住宅；一七七九年，手藝匠因為 Crompton 發明 Mule，而毆打其身體；他如 Watt 之發明蒸氣機，亦曾受到勞工的襲擊。然此不過小規模的機器破壞而已。其在歐洲大陸，一七九三年發生於德國 Schlesien 的織匠暴動，一八三一年發生於法國里昂的織工暴動，則規模較大。由此可知時代若不需要，機器無從發明。禮云：「作奇技奇器以疑眾，殺」（禮記注疏卷十三王制），此無他，勞動力已經過剩，機器發明，只有增加工人之失業而已。

而且基督教又與佛教不盡相同，佛教雖有寺廟，而各寺廟乃各行其是，不置教主。基督教在宗教改革以前，各國教會均受羅馬教皇的控制。教皇由於選舉，而以多數決定之。到了教徒增加，不能聚會於一堂，又有代表制度，藉以討論傳教之事。這個「多數」與「代表」實是民主政治的基礎觀念。吾國先哲既缺乏「多數」觀念，又沒有「代表」思想，於是中國政治遂停止於專制階段，不能前進一步，達到民主之域。

由陰陽學說變為宿命論，又變為悲觀論，這是兩漢政治思想變遷的大勢。降至三國，政治思想頹唐極了，人士所稱道的，不是黃老，而是老莊。黃老主義乃無為而無不為。其對內也，注重在予民休息，故老子說：「我無為而民自化。我無事而民自富」（老子第五十七章）。其對外也，國弱，則欲以柔制剛，國強，又欲犁庭掃穴，令異族稱臣而後已。故老子說：「將欲歙之，必固張之。將欲奪之，必固與之」（老子第三十六章）。三國人士似受東漢宿命論的影響，而最初變黃老而為老莊者則為嵇康（魏志卷二十一王粲傳）。若究其實，名義上是老莊，事實上乃列子思想。自漢書藝文志將列子列在道家之後，歷代相沿，未曾改變。其書遺失已久，西漢成帝永始年間，劉向搜集八篇，東晉張湛又加注釋❶。

❶ 據近人考證，列子一書乃東晉張湛集道家之言而成，見蕭公權著中國政治思想史第二篇第十一章第四節「註六〇」。

列子立論不是無為而治，而是玄虛，欲放浪於形骸之外。這種思想的盛行乃在魏晉之世，所以余述魏晉南北朝的思想，不能不以列子冠在首節，而附以楊朱思想。

列子假託孔子之言，以為「西方之人有聖者焉，不治而不亂，不言而自信，不化而自行，蕩蕩乎民無能名焉。丘疑其為聖，弗知真為聖歟，真不聖歟」（列子第四篇仲尼）。列子果係東晉張湛所著，此時佛教已經盛行，所謂西方聖人似指佛陀❷。張湛的思想多少必受佛教的影響，佛教以涅槃為解脫，所以列子乃假子貢之言：「大哉死乎，君子息焉，小人伏焉」（列子第一篇天瑞）。又假晏子之言：「善哉，古之有死也，仁者息焉，不仁者伏焉。死也者德之徼也（德者得也，徼者歸也。言各得其所歸）。古者謂死人為歸人，夫言死人為歸人，則生人為行人矣。行而不知歸，失家者也」（列子仝上）。而下以結論曰，「靜也，虛也，得其居矣。取也，與也，失其所矣」（列子仝上）。列子又假老聃之言：

> 有生之氣，有形之狀，盡幻也。造化之所始，陰陽之所變者，謂之生，謂之死。窮數達變，因形移易者，謂之化，謂之幻。造物者其巧妙，其功深，固難窮難終。因形者，其巧顯，其功淺，故隨起隨滅。知幻化之不異生死也，始可與學幻矣。吾與汝亦幻也，奚須學哉（列子第三篇周穆王）。

所謂「不治而不亂，不言而自信，不化而自行」，就是無為而治之意。列子既然主張無為，所以贊成老子柔弱之論，他固謂「唯有道之主為能持勝……善持勝者，以強為弱」（列子第八篇說符），他引楊朱及粥子之言如次。

---

❷廣弘明集卷一「商太宰問孔子聖人」之篇亦引此言，且註云「出列子」，而直指孔子所謂聖人乃西方之佛。按佛教傳入中國始於東漢明帝時代，列子時代未必知道西方有佛，人云列子一書乃東晉張湛所撰，似亦可信。

楊子曰天下有常勝之道，有不常勝之道。常勝之道曰柔，常不勝之道曰強。二者亦（當作易）知，而人未之知。故上古之言，強先不己若者，柔先出於己者。先不己若者，至於若己則殆矣。先出於己者無所殆矣。以此勝一身若徒，以此任天下若徒，謂不勝而自勝，不任而自任也。粥子曰，欲剛必以柔守之，欲強必以弱保之。積於柔必剛，積於弱必強。觀其所積，以知禍福之鄉。強勝不若己，至於若己者剛。柔勝出於己者，其力不可量（列子第二篇黃帝）。

列子的思想不但是無為柔弱而已，且謂人生若夢，吾人若能以夢為真，則白晝之實亦可以視之為夢。他舉周之富豪尹氏，其下執役者晨昏不息。有老役夫筋力竭矣，而使之彌勤，晝為阜隸，呻呼而執事，夜則昏憊而熟睡，夢為國君，居人民之上，總一國之政，恣意所欲，其樂無比。人有謂其太勤者，役夫卻說：

人生百年，晝夜各分，吾晝為僕虜，苦則苦矣，夜為人君，其樂無比，何所怨哉（列子第三篇周穆王）。

人生既然如夢，則毀譽得失生死貧富亦何必關懷。他舉龍叔之言如次：

吾鄉譽不以為榮，國毀不以為辱。得而不喜，失而弗憂。視生如死，視富如貧。視人如豕，視吾如人。處吾之家，如逆旅之舍。觀吾之鄉，如戎蠻之國。凡此眾庶，爵賞不能勸，刑罰不能威，盛衰利害不能易，哀樂不能移，固不可事國君，交親友，御妻子，制僕隸，此奚疾哉（列子第四篇仲尼）。

而且人之生命不過天地之委形而已。何必太過認真，吾身既非吾有，則子孫更何必論。列子舉舜與烝之問答如次。

舜問乎烝曰，道可得而有乎。曰汝身非汝有也，汝何得有夫道。舜曰吾身非吾有，孰有之哉。曰是天地之委形也。生非汝有，是天地之委和也。性命非汝有，是天地之委順也。孫子非汝有，是天地之委蛻也，故行不知所往，處不知所持，食不知所以，天地強陽氣也，又胡可得而有邪（列子第一篇天瑞，莊子第二十二篇知北遊亦載此語）。

列子甚至懷疑死於是者，安知不生於彼，吾今之死，安知不愈昔之生乎。他舉林類之言如次。

死之與生，一往一反，故死於是者，安知不生於彼。故吾知其不相若也。吾又安知營營而求生，非惑乎，亦又安知吾今之死，不愈昔之生乎（列子第一篇天瑞）。

又引孔子之言，以證明生之苦趣，而死不過休息而已。

人胥知生之樂，未知生之苦，知老之憊，未知老之佚，知死之惡，未知死之息也（列子第一篇天瑞）。

何況宇宙之大，無極無盡，人在宇宙之間，無異於蝨處褌中。

殷湯曰然則上下八方有極盡乎。夏革曰不知也。湯固問，革曰，无則无極，有則有盡，朕何以知之。然无極之外，復无无極。无盡之中，復无无盡。无極復无无極，无盡復无无盡，朕以是知其无極无盡也，而不知其有極有盡也（列子第五篇湯問）。

而萬物都是平等，人未必無獸心，獸未必無人心，只因形狀不同，遂生親疏之別。列子說：

狀與我同者，近而愛之，狀與我異者，疏而畏之。有七尺之骸，手足之異，戴髮含齒，倚而趨者，謂之人，而人未必無獸心。雖有獸心，以狀而見親矣。傅翼戴角，分牙布爪，仰飛伏走，謂之禽獸，而禽獸未必無人心，雖有人心，以狀而見疏矣（列子第二篇黃帝）。

而且各地的風俗習慣又不相同，以此地風俗之善良，而即謂別地風俗為惡劣，是猶處繡戶洞房，只知裘之可貴，被雪沐雨，才悟蓑之適用。且看列子之言。

越之東有輒沐之國，其長子生，則鮮而食之，謂之宜弟。其大父死，負其大母而棄之曰鬼妻，不可與同居處。楚之南，有炎人之國。其親戚死，死其肉而棄之，然後埋其骨，迺成為孝子。秦之西，有儀渠之國者，其親戚死，聚柴積而焚之，燻則煙上，謂之登遐，然後成為孝子。此上以為政，下以為俗，而未足為異也（列子第五篇湯問）。

此外，古往今來，理無常是，亦無常非。今生之所是，安知後來不會變而為非。今生之所非，安知後來不會變而為是。列子舉施氏之言如次。

且天下理无常是，事无常非。先日所用，今或棄之。今之所棄，後或用之。此用與不用无定是非也（列子第八篇說符）。

這種相對論的是非，實與儒家之視仁義為萬古不變之道德者不同。列子繼著又謂，天地萬物有所長者，必有所短，凡事皆須隨所宜，而不可出所位。列子說：

天地無全功，聖人無全能，萬物無全用，故天職生覆，地職形載，聖職教化，物職所宜。然則天有所短，地有所長，聖有所否，物有所通。何則，生覆者不能形載，形載者不能教化，教化者不能違所宜，宜定者不出所位，故天地之道非陰則陽，聖人之教，非仁則義，萬物之宜，非柔則剛。此皆隨所宜而不能出所位者也（列子第一篇天瑞）。

據張湛解釋，「不能違所宜」謂「順之則通也」，「不出所位」謂「皆有素分不可逆也」。「聖人不逆萬物之性，萬物不犯聖人之化，凡滯於一方者，形分之所閡耳，道之所運，常冥通而無待」（列子第一篇天瑞張湛注）。其大併小，強凌弱，不過自然現象而已。列子引鮑氏之子之言如次。

天地萬物與我並生類也。類無貴賤，徒以小大智力而相制，迭相食，非相為而生之。人取可食者而食之，豈天本為人生之。且蚊蚋噆膚，虎狼食肉，非（非當作豈）天本為蚊蚋生人，虎狼生肉者哉（列子第八篇說符）。

這有似於達爾文的生存競爭的學說，而由列子的整個思想觀之，只是一種玄學上的觀念，故其結論乃謂人生世上，只能順其自然。

故有生者，有生生者。有形者，有形形者。有聲者，有聲聲者。有色者，有色色者。有味者，有味味者。生之所生者，死矣，而生生者未嘗終。形之所形者，實矣，而形形者未嘗有。聲之所聲者聞矣，而聲聲者未嘗發。色之所色者彰矣，而色色者未嘗顯。味之所味者嘗矣，而味味者未嘗呈。皆无為之職也。能陰能陽，能柔能剛，能短能長，能圓能方，能生能死，能暑能涼，能浮能沉，能宮能商，能出能沒，能玄能黃，能甘能苦，能羶能香，無知也，無能也，而無不知也，而無不能也（列子第一篇天瑞）。

列子所謂自然社會與老（第八十章）莊（第十篇胠篋）之小國寡民不同，而有似於莊子所寓言的藐姑射之山，而為一種烏託邦。他描寫華胥氏之國如次。

華胥氏之國……其國无師長，自然而已。其民无嗜慾，自然而已。不知樂生，不知惡死，故无夭殤。不知親己，不知疏物，故无愛憎。不知背逆，不知向順，故无利害。都无所愛惜，都无所畏忌。入水不溺，入火不熱。所撻无傷痛，指擿无痟癢。乘空如履實，寢虛若處牀，雲霧不硋其視，雷霆不亂其聽，美惡不滑其心，山谷不躓其步，神行而已（列子第二篇黃帝）。

這是列子所理想的社會。列子深信命運，所以這種社會似非人力所能造成，而只是命運的必然結果。他述「力」與「命」之對話如次：

力謂命曰，若之功奚若我哉。命曰，汝奚功於物，而欲比朕。力曰壽夭窮達貴賤貧富，我力之所能也。命曰彭祖之智，不出堯舜之上，而壽八百。顏淵之才不出眾人之下，而壽四八。仲尼之德不出諸侯之下，而困於陳蔡。殷紂之行不出三仁之上，而居君位。季札無爵於吳，田恆專有齊國，夷齊餓于首陽，季氏富於展禽，若是汝力之所能，奈何壽彼而夭此，窮聖而達逆，賤賢而貴愚，貧善而富惡邪。力曰，若如是言，我固無功於物，而物若此耶，此則若之所制邪。命曰既謂之命，奈何有制之者邪。朕直而推之，曲而任之，自壽自夭，自窮自達，自貴自賤，自富自貧，朕豈能識之哉，朕豈能識之哉（列子第六篇力命）。

列子既信命了，故又信時運之說，他又舉施氏與其鄰人孟氏各有二子，所業相同，而皆遊說諸侯，然施氏之子顯貴，孟氏之子一遭宮刑，一遭刖刑。孟氏之父問於施氏，施氏曰：

凡得時者昌，失時者亡。子道與吾同，而功與吾異，失時者也，非行之謬也（列子第八篇說符）。

人生既然如夢，而命運所定，莫能之變，則有生之日無妨盡量快樂，於是道家學說遂離開老莊之無為，終而產生了楊朱的快樂主義。

孟子曾說：「天下之言不歸楊則歸墨」（孟子卷六下滕文公），可知在孟子時代，楊朱墨翟之言盈滿於天下，這與歐洲上古末期的 Epicurus 與 Stoic 之事如合符節。蓋社會既將沒落，貧者不能保其生命，富者既見時局之不安，只有盡量快樂。楊朱之書久已失傳，今唯列子書中載有楊朱一篇，故余於列子思想之後，略述楊朱之說，藉以證明魏晉以後，所謂老莊已由列子的玄虛，進而崇拜楊朱的快樂主義。

楊朱思想與列子大同小異，亦謂人生有如朝露，而疾痛憂懼又居其半，則有生之年，何必競一時之虛譽，規死後之餘榮，徒失當年之至樂，不能自肆於一時。

楊朱曰百年壽之大齊，得百年者，千無一焉，設有一者，孩抱以逮昏老，幾居其半矣。夜眠之所弭，晝覺之所遺，又幾居其半矣。痛疾哀苦亡失憂懼，又幾居其半矣。量十數年之中，逌然而自得，亡介焉之慮者，亦亡一時之中爾。則人之生也，奚為哉，奚樂哉，為美厚爾，為聲色爾。而美

> 厚復不可常厭足，聲色不可常翫聞，乃復為刑賞之所禁勸，名法之所進退，遑遑爾競一時之虛譽，規死後之餘榮，偊偊爾慎耳目之觀聽，惜身意之是非，徒失當年之至樂，不能自肆於一時，重囚累梏，何以异哉（列子第七篇楊朱）。

何況人莫不死，生雖有賢聖凶愚，而死無不化為腐骨，他說：

> 楊朱曰，萬物所異者生也，所同者死也。生則有賢愚貴賤，是所異也，死則有臭腐消滅，是所同也。雖然賢愚貴賤，非所能也，臭腐消滅，亦非所能也。故生非所生，死非所死，賢非所賢，愚非所愚，貴非所貴，賤非所賤。然而萬物齊生齊死，齊賢齊愚，齊貴齊賤，十年亦死，百年亦死，仁聖亦死，凶愚亦死。生則堯舜，死則腐骨，生則桀紂，死則腐骨，腐骨一矣，孰知其異，且趣當生，奚遑死後（列子第七篇楊朱）。

萬物無不齊生齊死，而既死之後，不過腐骨，則吾之軀幹焚之以火可也，沉之於水可也，就是衮衣繡裳，納諸石椁，亦無不可。楊朱舉晏平仲之言如次。

> 既死豈在我哉。焚之亦可，沉之亦可，瘞之亦可，露之亦可。衣薪而棄諸溝壑亦可，衮衣繡裳而納諸石椁亦可，唯所遇焉（列子第七篇楊朱）。

名者實之賓也，身後之事誰能知道。後人稱堯舜，堯舜不知，斥桀紂，桀紂亦不知。如是，何貴乎名。楊朱說：

> 楊朱曰天下之美歸之舜禹周孔，天下之惡歸之桀紂……彼四聖者生無一日之歡，死有萬世之

名。名者固非實之所取也，雖稱之弗知，雖賞之不知，與株槐無以異矣……彼二凶也，生有從欲之歡，死被愚暴之名，實者固非名之所與也，雖毀之不知，雖稱之弗知，此與株槐奚以異矣。彼四聖雖美之所歸，苦以至終，同歸於死矣。彼二凶雖惡之所歸，樂以至終，亦同歸於死矣（列子第七篇楊朱）。

身後之名既不足貴，則眼前之享樂何可放棄。楊朱的思想，重點就是在於快樂，雖然快樂也不過一時之事，而比之矯性情以沽名譽，還勝一籌。他舉管夷吾對晏平仲之言如次。

晏平仲問養生於管夷吾，管夷吾曰，肆之而已，勿壅勿閼。晏平仲曰，其目奈何？夷吾曰，恣耳之所欲聽，恣目之所欲視，恣鼻之所欲向，恣口之所欲言，恣體之所欲安，恣意之所欲行。夫耳之所欲聞者音聲，而不得聽，謂之閼聰。目之所欲見者美色，而不得視，謂之閼明。鼻之所欲向者椒蘭，而不得嗅，謂之閼顫。口之所欲道者是非，而不得言，謂之閼智。體之所欲安者美厚，而不得從，謂之閼適。意之所欲為者放逸，而不得行，謂之閼性。凡此諸閼，廢虐之主。去廢虐之主，熙熙然以俟死，一日一月一年十年，吾所謂養。拘此廢虐之主，錄而不舍，戚戚然，以至久生，百年千年萬年，非吾所謂養（列子第七篇楊朱）。

又舉公孫朝與公孫穆對子產之言如次。

凡生之難遇，而死之易及。以難遇之生，俟易及之死，可孰念哉。而欲尊禮義以夸人，矯情性以招名，吾以此為弗若死矣（列子第七篇楊朱）。

楊朱自己也說：

> 太古之事滅矣，孰誌之哉。三皇之事若存若亡，五帝之事若覺若夢，三王之事或隱或顯，億不識一。當身之事，或聞或見，萬不識一。目前之事或存或廢，千不識一。太古至于今日，年數固不可勝紀。伏羲已來，三十餘萬歲，賢愚好醜，成敗是非，無不消滅，但遲速之間爾。矜一時之毀譽，以焦苦其神形，要死後數百年中餘名，豈足潤枯骨，何生之樂哉（列子第七篇楊朱）。

他由徹底的快樂主義，而流於利己，王安石有言：「欲愛人者，必先求愛己，此亦理之所必然，而君子之所不能易也」（王臨川全集卷六十八荀卿）。楊朱不肯拔一毛以利天下，而且謂人人不利天下，天下治矣。

> 古之人損一毫利天下不與也。悉天下奉一身不取也。人人不損一毫，人人不利天下，天下治矣（列子第七篇楊朱）。

此蓋人人利己，人人必不肯放棄自己的權利，必不肯弛擲自己的責任。這樣，人人互相牽制，而社會就現出平衡的狀態，當然是「天下治矣」。此即郭象所說：「人皆自脩，而不治天下，則天下治矣」（莊子第十一篇在宥郭象注）之意。梁啟超曾言：「天下之道德法律未有不自利己而立者也……而人類之所以能主宰世界者賴是焉……而國民之所以能進步繁榮者賴是焉。故人而無利己之思想者，則必放棄其權利，弛擲其責任，而終至於無以自立。彼芸芸萬類，平等競存於天演界中，其能利己者必優而勝，其不能利己者必劣而敗，此實有生之公例矣。而語曰天助自助者，故生人之大患，莫甚於不自助而望人之助我，不自利而欲人之利我。夫既謂人矣，則安有肯助我而利我者乎，又安有能助我而利我者乎。

國不自強，而望列國之為我保全，民不自治，而望君相之為我興革，若是者皆缺利己之德而已……西國之政治之基礎在於民權，而民權之鞏固由於國民競爭權利，寸步不肯稍讓，即以人人不拔一毫之心以自利者利天下。觀乎此，然後知中國人號稱利己之心重者，實則非真利己也。苟其真利己，何以他人剝奪己之權利，握制己之生命，而恬然安之，恬然讓之，曾不以為意也」（中華書局刊行飲冰室文集之五，十大德性相反相成義，利己與愛他）。梁氏此言雖近偏激，亦足以矯正吾國萎靡之風，故特錄之於上。

列子的思想近於玄虛，楊朱又由玄虛而主張快樂主義。這是亂世時代必有的現象。蓋在亂世，人士悲觀之極，往往傾向於樂觀，然其樂觀不是說，世亂可使之治，而是說，世既亂了，不如快樂一生，國之興亡，何足介意。魏晉南北朝的人士抱此見解者，為數頗多，所以列子與楊朱的思想雖與政治沒有直接關係，我也不憚煩的予以詳述。

第二章

清談派的政治思想

一、由玄虛而放浪

魏晉南北朝之時，老莊思想盛行於世。可惜當時學者均沒有系統的巨著，或只有短篇文章，或只註解道家之書（老子莊子及列子）。史記曾述：「孔子適周，將問禮於老子」（史記卷六十三老子傳），則老子當與孔子同時。史記又說「莊周與梁惠王齊宣王同時」（史記卷六十三莊子傳），是則莊子又與孟子同時了。春秋戰國時代，諸侯爭雄，戰鬥不已，老莊憫人民之受難，故乃提出無為思想。莊子之書曾引列子之事，則列子應在莊子以前。列子一書多係寓言，其立意本於道家，而又與老子不盡相同，雖然接近於莊子，而其玄虛思想又超過於莊子。魏晉人民喜談老莊，察他們之所言，似與列子相似。此蓋東漢之末，刑賞無章，豪侈成俗。到了董卓亂平，魏武秉政，政治方面變之以申韓之法，審核名實，御下至嚴，「掾屬公事，往往加杖」（魏志卷十二何夔傳）。中州士大夫已經厭惡檢括苛碎之苦，而生活方面魏武又示之以儉，「後宮食不過一肉，衣不用錦繡，茵褥不緣飾，器物無丹漆」（魏志卷二十一衛覬傳），其臣化之，「士大夫故汙辱其衣，藏其輿服，朝府大吏或自挈壺餐，以入官寺」（魏志卷二十三和洽傳），「至乃長吏還者垢面羸衣，常乘柴車，軍吏入府，朝服徒行」（魏志卷十二毛玠傳注引先賢行狀）。儉不中度，人們均感覺生活的枯燥。及到魏文受禪，又「慕通達」（晉書卷四十七傅玄傳），人士趁這機會，一切方面無不要求解放。所謂解放就是歸於自然之意。在古代各種思想之中，最鼓吹歸於自然的莫如老莊學說。降至正始年間，又值魏晉易代之際，而奸雄當國，「天下多故，名士少有全者」（晉書卷四十九阮籍傳）。人臣一言一動稍不注意，就有殺身之禍。文帝時徐幹已言：「囚人者非必著之桎梏，而置之囹圄之謂也，拘係之、愁憂之之謂也。使在朝之人欲進則不得陳其謀，欲退則不得安其身，是則以綸組為繩索，以印佩為鉗鐵也」（中論卷下亡國第十八）。在這種環境之下，士大夫不是學道家之柔，含垢忍辱，苟全性命，就須學道家之放，放情肆志，以求全生。於是正始年間愈益崇拜老莊，先有何晏與阮籍，繼之又有嵇康王弼樂廣等輩。他們不遵禮法，口談浮虛，這就是所謂「清談」，後人稱之為正始之風。清談與東漢之清議不同，清議乃月旦人物，進而品覈公卿，裁量執政。清談則空談玄虛，逃避現實，例如阮籍「發言玄遠，口不臧否人物」（晉書卷四十九阮籍傳）。此蓋如前所言，正始年間正是魏晉易代興廢之時，「天下多故，名士少有全者」（晉書卷四十九阮籍傳），而晉武帝末年又「值世道多虞，朝章紊亂」，士大夫只可同樂廣一樣，「清己中立，任誠保素」（晉書卷四十三樂廣傳）。或同謝鯤一樣，「無砥礪行，居身於可否之間」（晉書卷四十九謝鯤傳），而後方能保全生命。於是人士遂託老莊之言，而作浮虛之論。其實，魏晉士大夫未必了解老莊學說，只能拾其單言片語，以供談資。縱有著作，而其立論亦多接受莊列之說，而缺乏任何創見❶。

---

❶ 魏志（卷九）曹爽傳引魏略曰，「晏動靜粉白不去手，行步顧影。晏為尚書，主選舉，其宿與之有舊者，多被拔擢」。但晉書卷四十七傅咸傳，咸上言曰「正始中，任何晏以選舉，內外之眾職各得其才，粲然之美，於斯可觀」。是則何晏為吏部尚書，選舉尚見公平。而魏志卷四齊王紀，正始七年秋七月尚書何晏奏曰：「善為國者必先治其身，治其身者慎其所習。所習正，則其身正。其身正，則不令而行。所習

老子有言：「人法地，地法天，天法道，道法自然」（老子第二十五章）。莊子亦說：「彼正正者不失其性命之情……是故鳧脛雖短，續之則憂，鶴脛雖長，斷之則悲，故性長非所斷，性短非所續，無所去憂也」（莊子第八篇駢拇）。這就是阮籍所說：「道者法自然而為化，侯王能守之，萬物將自化」（全三國文卷四十五阮籍通老論）。何晏曾舉夏侯玄之言：「天地以自然運，聖人以自然用，自然者道也」（全三國文卷三十九何晏无名論）。王弼亦說：「道不違自然，乃得其性。法自然者，在方而法方，在圓而法圓，於自然無所違也」（老子第二十五章王弼注）。他們由自然之道，進而贊成列子所理想的華胥氏之國

不正，則其身不正。其身不正，則雖令不從。是故為人君者，所與游必擇正人，所觀覽必察正象，放鄭聲而弗聽，遠佞人而弗近，然後邪心不生，而正道可弘也」。這種言論深合於孔子所謂「政者正也」的道理，何能謂其「蔑棄典文，不遵禮度，游辭浮說，波蕩後生」（晉書卷七十五范甯傳）。案何晏與曹魏有姻戚關係（晏尚曹操女金鄉公主），欲同阮籍一樣，明哲保身，苟全性命於亂世，未必可能。故乃加入曹爽集團，而與司馬懿鬥爭。史謂「是時曹爽輔政，識者慮有危機。晏有重名，與魏姻戚，內雖懷憂，而無復退也。著有五言詩以言志曰，鴻鵠比翼遊，群飛戲太清，常畏大網羅，憂禍一旦并，豈若集五湖，從流唼浮萍，永寧曠中懷，何為怵惕驚」（世說新語卷中之下第十篇規箴注引名士傳）。嵇康與魏宗室婚，雖然「性含垢藏瑕，愛惡不爭於懷，喜怒不寄於顏」，亦為司馬昭所殺（世說新語卷上之上第一篇德行注引康別傳，參閱晉書卷四十九嵇康傳）。何晏憂禍，轉而依附曹爽，這是人之常情。曹爽失敗，何晏伏誅，晉代士大夫欲加何晏以罪，遂多詆誣之言。然他生長於宮廷之中，其生活稍見奢靡，其思想流於唯美主義，是免不了的。阮籍與何晏之處境不同，他似知魏祚之必亡，司馬懿為太傅時，阮籍為從事中郎，司馬師為大司馬時，籍又徙為散騎常侍。「籍本有濟世志，屬魏晉之際，天下多故，名士少有全者，籍由是不與世事，遂酣飲為常。文帝初欲為武帝求婚於籍，籍醉六十日，不得言而止。鍾會數以時事問之，欲因其可否，而致之罪，皆以酣醉獲免」（晉書卷四十九阮籍傳）。

（列子第三篇黃帝）。即由「自然」又歸於玄虛。阮籍曾說：「余以為形之可見，非色之美，音之可聞，非聲之善……夫清虛寥廓，則神物來集。飄颻恍惚，則洞幽貫冥。冰心玉質，則激潔思存。恬淡無慾，則泰意適情」（全三國文卷四十四阮籍清思賦）。他固以為人處天地之間，無異於虱之處褌中。

> 汝獨不見夫虱之處於褌之中乎。深縫匿乎壞絮，自以為吉宅也。行不敢離縫際，動不敢出褌襠，自以為得繩墨也。饑則嚙人，自以為無窮食也。然炎斤火流，焦邑滅都，群虱死於褌中而不能出。汝君子之處區域之內，亦何異夫虱之處褌中乎（全三國文卷四十六阮籍大人先生傳）。

阮籍又由「萬物一體」，而認為人生世上，無所謂生死，無所謂壽夭，無所謂大小，這種見解大有似於莊列。且看阮籍之言：

> 天地日月非殊物也。故曰自其異者視之，則肝膽楚越也。自其同者視之，則萬物一體也……以生言之，則物無不壽，推之以死，則物無不夭。自小視之，則萬物莫不小，自大觀之，則萬物莫不大。殤子為壽，彭祖為夭。秋毫為大，泰山為小。故以生死為一貫，是非為一條也。別而言之，則鬚眉異名，合而說之，則體之一毛也（全三國文卷四十五阮籍達莊論）。

這種死生無別，大小不分，視萬物為一體之言論已經達到玄虛之域。何晏且說：

> 有之為有，恃無以生，事而為事，由無以成。夫道之而無語，名之而無名，視之而無形，聽之而無聲，則道之全焉（道論，引自列子第一篇天瑞，張湛注）。

嵇康的思想與阮籍何晏兩人相似，「齊萬物兮超自得，委性命兮任去留」（全三國文卷四十七嵇康琴賦）。他說：

> 夫稱君子者心不措乎是非，而行不違乎道者也。何以言之，夫氣靜神虛者，心不存於矜尚。體亮心達者，情不繫於所欲。矜尚不存乎心，故能越名教而任自然。情不繫於所欲，故能審貴賤而通物情。物情順通，故大道無違。越名任心，故是非無措也。是故言君子，則以無措為主，以通物為美；言小人，則以匿情為非，以違道為闕。何者，匿情矜吝小人之至惡，虛心無措君子之篤行也。是以大道言及吾無身，吾又何患。無以生為貴者，是賢於貴生也。由斯而言，夫至人之用心，固不存有措矣……故管子曰君子行道忘其為身，斯言是矣。君子之行賢也，不察於有度而後行也。任心無邪，不議於善而後正也。顯情無措，不論於是而後為也。是故傲然忘賢，而賢與度會，忽然任心，而心與善遇，儻然無措，而事與是俱也（全三國文卷五十嵇康釋私論）。

就是他們既反對東漢士大夫之沽名釣譽，更反對魏武之檢括苛碎，而欲回歸到自然社會。在原始時代，不但沒有法律，而且缺乏社會規範，各人均得自由行動，無拘無束。王弼說：「夫禮者忠信之薄，而亂之首也」（老子第三十八章注）。阮籍「任性不羈」，「當其得意，忽忘形骸」，且謂「禮豈為我設耶」（晉書卷四十九阮籍傳），察其行動實與禮法相反，史謂：

> 阮籍性至孝，母終，正與人圍棋，對者求止，籍留與決賭，既而飲酒二斗，舉聲一號，因又吐血數升，毀瘠骨立，殆將滅性……籍嫂嘗歸甯，籍相見與別，或譏之，籍曰禮豈為我設耶。鄰家少婦有美色，當壚沽酒，籍嘗詣飲，醉便臥其側。籍既不自嫌，其夫察之，亦不疑也。兵家女有才色，未嫁而死，籍不識其父兄，徑往哭之，盡哀而還，其外坦蕩而內淳至，皆此類也（晉書卷四十

九阮籍傳）。

阮籍乃晉代士大夫所最崇拜的人，但是中國數百年來，受了禮教的拘束，何能一舉而即脫離禮教，晉代士大夫欲得狂放之名，只有飲酒亂性，吾人觀七賢（參閱晉書卷四十九嵇康傳）八達（參閱晉書卷四十九光逸傳）之傳，即可知之，據晉書所載：

> 是時王澄胡毋輔之等皆以放任為達，或至裸體者（晉書卷四十三樂廣傳）。
>
> 光逸以世難避亂渡江，復依輔之。初至，屬輔之與謝鯤阮放畢卓羊曼桓彝阮孚散髮裸袒，閉室酣飲已累日。逸將排戶入，守者不聽，逸便於戶外，脫衣露頭，於狗竇中窺之而大叫。輔之驚曰，他人決不能爾，必我孟祖（逸字）也。遽呼入，遂與飲，不捨晝夜（晉書卷四十九光逸傳）。

所以范宣才說：

> 正始以來，世尚老莊，逮晉之初，競以裸袒為高（晉書卷九十一范宣傳）。

有的竟然矯偽造作，以表示自己放達，以為「復歸於嬰兒」。

> 惠帝末，澄為荊州刺史……澄將之鎮，送者傾朝，澄見樹上鵲巢，便脫衣上樹，探鷇而弄之，神氣蕭然，傍若無人（晉書卷四十三王澄傳）。

時值喪亂，以方鎮之尊而乃解袒登枝，裸形捫鵲，這何能視為放達，而只可視為輕薄。晉人仰慕阮籍，阮籍「不拘禮法」（晉書卷四十九阮籍傳）。於是世人遂以放蕩為天下第一名流。

察時賢之所為，官是要做的，而責任則不肯負。晉書雖說：「時俗放蕩，不尊儒術，何晏阮籍素有高名於世，口談浮虛，不遵禮法，尸祿耽寵，仕不事事」（晉書卷三十五裴頠傳）。但吾人讀魏志何晏傳，晏似非消極的人，而晉書則謂「阮籍不與世事，遂酣飲為常」。山濤亦然，「山濤居魏晉之間，無所標明」（世說新語卷中之上第七篇識鑒）。孫綽「嘗鄙山濤，而謂人曰山濤吾所不解，吏非吏，隱非隱」（晉書卷五十六孫綽傳）。此蓋晉代士大夫乃有一種誤謬觀念，即如鄧粲所說：「夫隱之為道，朝亦可隱，市亦可隱，隱初在我，不在於物」（晉書卷八十二鄧粲傳）。然而昔者孔子嘗為委吏矣，嘗為乘田矣，亦不敢曠其職，必曰會計當而已矣，必曰牛羊遂而已矣，而晉代人士乃謂「朝亦可隱」，於是上自公卿，下至胥吏，皆不以經國為懷，今只舉王家兄弟三人為證。

> 王戎以晉室方亂，慕蘧伯玉之為人，與時舒卷，無蹇諤之節。自經典選，未嘗進寒素，退虛名，但與時浮沉，戶調門選而已。尋拜司徒，雖位總鼎司，而委事僚寀，間乘小馬，從便門而出，游見者不知其三公也（晉書卷四十三王戎傳）。
>
> 王衍聲名籍甚，傾動當世，妙善玄言，唯談老莊為事，每捉玉柄麈尾，與手同色……後拜尚書令司空司徒，衍雖居宰輔之重，不以經國為念，而思自全之計（晉書卷四十三王衍傳）。❷
>
> 王澄為荊州刺史，既至鎮，日夜縱酒，不親庶事，雖寇戎急務，亦不以在懷（晉書卷四十三王澄傳）。

身居公卿之位，而乃不以經國為念，五胡亂華之時，王戎已死，王澄為王敦所殺，王衍降於石勒，

---

❷世說新語卷下之下第二十六篇輕詆，注引八王故事曰，「夷甫（衍字）雖居臺司，不以事物自嬰。當世化之，羞言名教。自臺郎以下，皆雅崇拱默，以遺事為高。四海尚寧，而識者知其將亂」。

勒亦使人殺之，「衍將死，顧而言曰，嗚呼，吾人雖不如古人，向若不祖尚浮虛，戮力以匡天下，猶可不至今日」（晉書卷四十三王衍傳）。南渡之後，一般士大夫還是仰慕王澄謝鯤之狂放，卞壼已經明斥於廟堂之上。

> 時貴遊子弟多慕王澄謝鯤為達。壼厲色於朝曰，悖禮傷教，罪莫斯甚，中朝傾覆，實由於此，欲推奏之，王導庾亮不從，乃止（晉書卷七十卞壼傳）。

桓溫北伐，「登平乘樓，眺矚中原，慨然曰遂使神州陸沉，百年丘墟，王夷甫諸人不得不任其責」（晉書卷九十八桓溫傳）。而陳頵亦與王導書曰：

> 中華所以傾弊，四海所以土崩者，正以取才失所，先白望而後實事，浮競驅馳，互相貢薦，言重者先顯，言輕者後敘，遂相波扇，乃至淩遲。加有老莊之俗，傾惑朝廷。養望者為弘雅，政事者為俗人，王職不恤，法物墜喪……今宜改張，明賞信罰，拔卓茂於密縣，顯朱邑於桐鄉，然後大業可舉，中興可冀耳（晉書卷七十一陳頵傳）。

阮孚「蓬髮飲酒，不以王務嬰心」，而溫嶠竟稱「卿時望所歸，今欲屈卿同受顧託」（此時明帝將崩，阮孚已為吏部尚書了，溫嶠則入受顧命，見晉書卷四十九阮孚傳）。殷浩不過「善玄言」，「為風流談論者所宗」，而三府爭辟，皆不就，藉此養望，以提高自己的身價。「於時擬之管葛」，且「伺其出處，以卜江左興亡」，至「相謂曰，深源（浩字）不出，如蒼生何」（晉書卷七十七殷浩傳）。蓋東漢以後，「處士純盜虛聲」。凡「倚杖虛曠，依阿無心者皆名重四海」（晉書卷五愍帝紀史臣曰）。當時並不是沒有人出來矯正，例如西晉時，裴頠著崇有論，意謂：

悠悠之徒……闡貴無之議，而建賤有之論，賤有則必外形，外形則必遺制，遺制則必忽防，忽防則必忘禮。禮制弗存，則無以為政矣。……形器之故有徵，空無之義難檢，辯巧之文可悅，似象之言足惑，眾聽眩焉……遂薄綜世之務，賤功烈之用，高浮游之業，卑經實之賢，……是以立言藉其虛無，謂之玄妙。處官不親所司，謂之雅遠。奉身散其廉操，謂之曠達。故砥礪之風彌以陵遲，放者因斯，或悖吉凶之禮，而忽容止之表，瀆棄長幼之序，混漫貴賤之級。其甚者至於裸裎，言笑忘宜，以不惜為弘士，行又虧矣（全晉文卷三十三裴頠崇有論）。

到了東晉，先有江惇之崇檢論，可惜全晉文未載其全文，晉書擇其要旨而謂「君子立行，應依禮而動，雖隱顯殊途，未有不傍禮教者也。若乃放蕩不羈，以肆縱為貴者，非但動違禮法，亦道之所棄也」（晉書卷五十六江惇傳）。王坦之著廢莊論，意謂「先王知人情之難肆，懼違行以致訟……故陶鑄群生謀之未兆，每攝其契而為節焉……夫莊生者……其言詭譎，其義恢誕……眾人因藉之以為弊薄之資，然則天下之善人少，不善人多，莊生之利天下也小，害天下也多」（全晉文卷二十九王坦之著廢莊論）。而范甯因浮虛相扇，儒雅日替，以為其源始於王弼何晏，二人之罪深於桀紂，乃著論曰「王何蔑棄典文，不遵禮度，游辭浮說，波蕩後生……王何叨海內之浮譽，資膏粱之傲誕，畫螭魅以為巧，扇無檢以為俗，鄭聲之亂樂，利口之覆邦，信矣哉，吾固以為一世之禍輕，歷代之罪重，自喪之釁小，迷眾之愆大也」（全晉文卷一百二十五范甯著王弼何晏論）。

降至南北朝，清談之風隨中原士大夫而至江左。梁代，鍾嶸曾謂「永嘉時，貴黃老，尚虛談……爰及江表，微波尚傳」（梁書卷四十九鍾嶸傳）。從而朝中大臣亦不以國務關懷。宰相雖總百官而揆百事，而「自晉宋以來，皆文義自逸」（梁書卷三十七何敬容傳）。柳世隆為尚書令，「在朝不干世務，垂簾鼓琴，風韻清遠」（南齊書卷二十四柳世隆傳）。謝舉「雖居端揆，未嘗肯預時務」（梁書卷三十七謝舉傳）。「何敬容獨勤庶務，為世所嗤鄙」（梁書卷三十七何敬容傳）。當時政風如何頹唐，觀此可以知道。所以唐姚思廉才說：「自魏正始，晉中朝以來，貴臣雖有識治者，皆以文學相處，罕關庶務，朝章大典方參議焉，文案簿領咸委小吏，浸以成俗，迄至於陳，後主因循，未遑改革」（陳書卷六後主紀史臣曰）。因之北周的革新運動一經成功，便勢如破竹，而統一了南朝（參閱拙著中國社會政治史第二冊第四版三〇四頁以下）。

二、由縱慾而奢靡

由老莊的「自然」，進而為列子的「玄虛」，又進而為楊朱的「快樂主義」，可以說是時勢使之然。案快樂主義常發生於亂世，人士悲觀之至，轉而尋求現世的快樂，不但楊朱如此，就是西洋的伊畢鳩魯學派（Epicurean）也是一樣。嵇康說：

> 六經以抑引為主，人性以從容為歡。抑引則違其願，從欲則得自然。然則自然之得，不由抑引之六經；全性之本，不須犯情之禮律。故仁義務於理僞，非養真之要術，廉讓生於爭奪，非自然之所出也（全三國文卷五十嵇康難張遼叔自然好學論）。

即嵇康已由自然而主張縱慾了。正始年間為魏晉易代之世，晉武平吳，天下雖然一統，而又怠於政術，耽於遊宴，惠帝之為太子也，朝臣咸知其不堪政事（參閱拙著中國社會政治史第二冊第四版一六四頁）。一般公卿多出身於漢魏華冑，既知世事之不可為，遂優遊卒歲，依嵇康之縱慾主義，而求一時的快樂。此時雖有潘尼反對人士之自私有慾，他說：

憂患之接必生於自私，而興於有欲。自私者不能成其私，有欲者不能濟其欲，理之至也。欲苟不濟，能無爭乎。私苟不從，能無伐乎。人人自私，家家有欲，眾欲並爭，群私交伐。爭則亂之萌也，伐則怨之府也。怨亂既構，危害及之，得不懼乎（全晉文卷九十五潘尼安身論）。

然而習俗已成，公卿反由縱慾而趨向於奢靡。何曾為八公之一，即武帝的佐命功臣，「性奢豪，務在華侈，帷帳車服窮極綺麗，廚膳滋味過於王者。食日萬錢，猶日無下箸處」，子劭「驕奢簡貴亦有父風，衣裘服翫，新故巨積，食必盡四方珍異，一日之供以錢二萬為限，時論以為大官御膳無以加之」（晉書卷三十三何曾傳）。此猶可以說何曾非純德之人，何劭不過紈絝子弟。任愷「性忠正，以社稷為己任」，而其奢侈乃有過於何劭。「一食萬錢，猶云無可下箸處」（晉書卷四十五任愷傳）。不但此也，武帝且助王愷而與石崇鬥侈。

石崇財產豐積，室宇宏麗，後宮百數，皆曳紈繡，珥金翠。絲竹盡當時之選，庖膳窮水陸之珍，與貴戚王愷羊琇之徒，以奢靡相尚。愷以粭澳釜，崇以蠟代薪。愷作紫絲布步障四十里，崇作錦步障五十里以敵之。崇塗屋以椒，愷用赤石脂。崇愷爭豪如此。武帝每助愷，嘗以珊瑚樹賜之，高三尺許，枝柯扶疏，世所罕比。愷以示崇，崇便以鐵如意擊之，應手而碎。愷既惋惜，又以為嫉己之寶，聲色方厲。崇曰不足多恨，今還卿，乃命左右悉取珊瑚樹，有高三四尺者六七株，條幹絕俗，光彩耀日，如愷比者甚眾，愷怳然自失矣（晉書卷三十三石崇傳）。

所以傅咸才說：

古者堯有茅茨，今之百姓競豐其屋。古者臣無玉食，今之賈豎皆厭粱肉。古者后妃乃有殊飾，今之婢妾被服綾羅。古者大夫乃不徒行，今之賤隸乘輕驅肥（晉書卷四十七傅咸傳）。

南渡之後，國勢岌岌，人士悲觀之極，更自暴自棄而去追求個人的享樂。即楊朱的快樂主義不但未曾小戢，而且日益加甚。孝武帝時范甯曾說：

> 今兼并之士……蒲酒永日，馳騖卒年，一宴之饌，費過十金。麗服之美，不可貲算。盛狗馬之飾，營鄭衛之音……凡庸競馳，傲誕成俗（晉書卷七十五范甯傳）。

由奢生貪，勢之必然。然而我們須知晉人並不以貪墨為恥辱。山濤枉法受賄，因為「不欲異於時」（晉書卷四十三山濤傳）。王戎懷私苟得，武帝謂其「不欲為異」（晉書卷四十三王戎傳）。其間雖有一二忠正之士如杜預者，縱有滅吳之功，而當其鎮戍荊州之時，亦「數餉遺洛中貴要，或問其故，預曰吾但恐為害，不求益也」（晉書卷三十四杜預傳）。所以劉毅才對武帝說：「桓靈賣官，錢入官庫，陛下賣官，錢入私門，以此言之，殆不如也」（晉書卷四十五劉毅傳）。到了八王作亂，國勢危急，一般大臣更聚斂無厭，急急為身後之計。王戎為尚書令，對於國事，雖然「慕蘧伯玉之為人，與時舒卷，無蹇諤之節」。而於家事，乃「廣收八方園田水碓，周徧天下，積實聚錢，不知紀極，每自執牙籌，晝夜算計，恆若不足」（晉書卷四十三王戎傳）。王衍「口未言錢」，而其妻郭氏乃聚斂無厭，衍雖「疾郭之貪鄙」，而不能禁（晉書卷四十三王衍傳）。王澄為荊州刺史，「殺富人李才，取其家資」，雖云「以賜郭舒」。然身為一州之長，而竟殺其人而取其財，人民的生命財產毫無保障，當然是「上下離心，內外怨叛」，而終不免為王敦所殺（晉書卷四十三王澄傳，郭舒傳）。此不過略舉王家兄弟三人為例而已。悠悠風塵盡冒貨之士，列官千百無清廉之風，國家不亡，只可視為奇蹟。

此種政風，東晉政府不但未曾革除，而且日益加甚。陶侃為中興名臣，當其微時，范逵來訪，「倉卒無以待賓，其母乃截髮，得雙髲以易酒肴」，而既仕之後，竟然「媵妾數十，家僮千餘，珍奇寶貨富於天府」（晉書卷六十六陶侃傳）。若非貪汙，試問此種財產從何而來。成帝時，豪將偷倉米，尚殺倉監督以責塞（晉書卷七十三庾翼傳）。穆帝時代，「倉監督耗盜官米，動以萬計」，而乃「檢校諸縣，無不皆爾」，餘姚一縣就有十萬斛為奸吏中飽（晉書卷八十王羲之傳）。其尤異者，王述「安貧守約」，為宛陵令，「頗受贈遺，而修家具，為州司所檢，有一千三百條」，王導使人讓之，「述答曰足自當止」。足而能止，實係罕見的事。此後，述居州郡，固然「清潔絕倫」（晉書卷七十五王述傳），然而吾人由此亦可知晉代官吏已經不是因貧而貪邪，而是用貪以致富了。

降至南北朝，拓拔氏起自陰山，南入區夏，而建國號曰魏，南朝土地漸為北朝蠶食。蓋南北戰爭，馬隊極為重要，北朝「所恃唯馬」，而南方乃缺乏馬匹（參閱宋書卷七十七沈慶之傳）。「元嘉再略河南，師旅傾覆，自此以來，攻伐寢議，雖有戰爭，事在保境」（南齊書卷四十七謝朓傳史臣曰）。南方士大夫已知國之必亡，即如周朗所說：「設使胡滅，則中州必有興者，決不能有奉土地、率民人，以歸國家矣」（宋書卷八十二周朗傳）。士大夫失去復國的信心，遂由厭世主義而肆意於享樂。

> 南平王偉子恭性尚華侈……酣讌終辰……每從容謂人曰，下官歷觀世人，多有不好歡樂，乃仰眠床上，看屋梁而著書，千秋萬歲，誰傳此者，勞神苦思，竟不成名，豈如臨清風對朗月，登山泛水，肆意酣歌也（梁書卷二十二南平王偉傳）。
>
> 魚弘常語人曰，丈夫生世，如輕塵栖弱草，白駒之過隙，平生但歡樂，富貴幾何時。於是恣意酣賞，侍妾百餘人，不勝金翠，服玩車馬皆窮一時之絕（梁書卷二十八魚弘傳）。

蕭方嘗著論曰，人生處世，如白駒過隙耳，一壺之酒足以養性，一簞之食足以怡形，生在蓬蒿，死在溝壑，瓦棺石槨，何以異茲（梁書卷四十四忠壯世子方傳）。

人生既如朝露，所以他們之耽於享樂乃更甚於東晉人士，「犬馬餘菽粟，土木衣綈繡」（宋書卷九十二良吏傳序）。「宴酺所費既破數家之產，歌謠之具必俟千金之資」（梁書卷三十八賀琛傳）。宮廷的浮侈，最後乃傳到庶民。「尚方今造一物，小民明已睥睨，宮中朝製一衣，庶家晚已裁學，侈麗之原實先宮闈」（宋書卷八十二周朗傳）。

北魏本來「淳樸為俗」（魏書卷一序紀）。而自遷都洛陽之後，也開始了奢靡之風。而如樂遜所說：「魏都洛陽，一時殷盛，貴勢之家各營第宅，車服器玩皆尚奢靡，世逐浮競，人習澆薄」（周書卷四十五樂遜傳）。卒至「競相矜夸，遂成侈俗，車服第宅，奢僭無限，喪葬婚娶，為費實多」（魏書卷六十韓麒麟傳）。「土木被綺羅，僕妾厭粱肉」（魏書卷六十韓顯宗傳），「家有吉凶，務求勝異，始以剏出為奇，後以過前為麗」（北齊書卷四文宣紀天保元年六月辛巳詔）。由奢生貪，理之必然，吾人讀南北朝各史，就可知道，茲只舉梁代賀琛之言如次：

今天下宰守所以皆尚貪殘，罕有廉白者，良由風俗侈靡，使之然也。淫奢之弊，其事多端，粗舉二條，言其尤者。夫食方丈於前，所甘一味，今之燕喜相競誇豪，積果如山岳，列肴同綺繡，露臺之產不周一燕之資，而賓主之間，裁取滿腹，未及下堂，已同臭腐。又歌姬舞女本有品制，二八之錫良待和戎，今言妓之夫無有等秩，雖復庶賤微人，皆盛姬姜，務在貪汙，爭飾羅綺。故為吏牧民者，競為剝削，雖致貲巨億，罷歸之日，不支數年，便已消散。蓋由宴酺所費既破數家之產，歌謠之具必俟千金之資，所費事等丘山，為歡止在俄頃，乃更追恨向所取之少，今所費之多，如復傳翼，增其摶噬，一何悖哉。其餘淫侈，著之凡百，習以成俗，日見滋甚，欲使人守廉隅，吏尚清白，安可得邪（梁書卷三十八賀琛傳）。

其實當時官吏似非貪墨不可。他們要保全地位，不能不承奉要人，而要承奉要人，就不得不剝削民膏。清廉之官不但不能保其地位，甚至鎖繫尚方。

丹徒縣令沈巑之以清廉抵罪。巑之吳興武康人，性疎直，在縣自以清廉不事左右，浸潤日至，遂鎖繫尚方。歎曰，一見天子足矣。上召問曰，復欲何陳。答曰，臣坐清，所以獲罪。上曰清復何以獲罪。曰無以承奉要人。上曰要人為誰。巑之以手板四面指曰，此赤衣諸賢皆是（南史卷七十傳琰傳）。

此項所述雖與政治思想沒有直接關係，吾所以述之不憚其煩者，蓋欲證明時人深受楊朱思想的影響，而表現於政治之上者已經不是無為而治，而是假政權以致富，復藉富以求樂。風氣的頹唐，終則唯美是尚。而時人之所謂美又與古人不同。古人之所謂美，乃以頎長雄強為第一條件，「猗嗟昌兮，頎而長兮，抑若揚兮，美目揚兮，巧趨蹌兮，射則臧兮」（詩經，國風，猗嗟），這是齊人稱讚魯莊公之美。子都為古代的美男子，他與穎考叔爭車，穎考叔挾輈以走，子都拔戟以逐之（左隱十一年），可知子都之美也是因為他有強壯的身體。男人如此，婦女亦然。吾人可於詩經及左傳各書找出證據。魏晉以後，美的觀念已經變更，即世人所愛的不是剛強的美，而是柔弱的美。晉代士大夫無不崇拜何晏，晏「美姿儀，面至白」（世說新語卷下之上，第十四篇容止），「晏性自喜，動靜粉白不去手，行步顧影」（魏志卷九曹爽傳注引魏略）。自是而後，士大夫遂醉心於唯美主義，他們之所謂「美」，乃是病態的美，不是剛強的美。王衍善玄言，每捉玉柄麈尾，與手同色（晉書卷四十三王衍傳）。衛玠風神秀異，「乘羊車入市，見者皆以為玉人，觀之者傾都」，然「多病體羸」，卒時年僅二十七，「時人謂玠被看殺」（晉書卷三十六衛玠傳）。降至南朝，朝廷取士，常以品貌為一個條件。褚淵美儀貌，善容止，齊明帝謂其可得宰相之位（南齊書卷二十三褚淵傳）。王茂潔白美容觀，齊武帝見之，即認為公卿之器（梁書卷九王茂傳）。於是侍中之選竟然「後才先貌」（南齊書卷三十二王琨等傳論），而「熏衣剃面，傅粉施朱」，就成為官場的習氣（顏氏家訓第八篇勉學）。這種審美情緒雖然不能說出於老莊之「柔」與「弱」，而確可以表示當時人士的柔弱心理。果然，不久之後，「關中之人雄」，起自關中的隋文就征服了南朝。

三、由無為而無君

老子之「無為」思想不過自由放任而已。莊子雖說：「聞在宥天下，不聞治天下也。在之也者恐天下之淫其性也。宥之也者恐天下之遷其德也。天下不淫其性，不遷其德，有治天下者哉」（莊子第十一篇在宥）。而同時又說：「夫帝王之德，以天地為宗，以道德為主，以无為為常。无為也，則用天下而有餘。有為也，則為天下用而不足，故古之人貴夫无為也。上无為也，下亦无為也，是下與上同德。下與上同德，則不臣。下有為也，上亦有為也，是上與下同道。上與下同道，則不主。上必无為，而用天下。下必有為，為天下用，此不易之道也」（莊子第十三篇天道）。莊子此言不但與儒家相似，更與法家無別。魏晉人士的無為思想乃更進一步，希望君臣俱休息乎無為。何晏說：

> 天地萬物皆以無為為本也者，開物成務，無往不成者也。陰陽恃以化生，萬物恃以成形，賢者恃以成德，不肖恃以免身，故無之為用，無爵而貴矣（全三國文卷三十九何晏無為論）。

阮籍亦說：

聖人明於天人之理，達於自然之分，通於治化之體，審於大慎之訓，故君臣垂拱，完太素之樸，百姓熙怡，保性命之和（全三國文卷四十五阮籍通老論）。

觀阮籍之「君臣垂拱」一語，可知他的見解已與莊子之「上必無為，而用天下。下必有為，為天下用」不同了，再看嵇康之言：

古之王者承天理物，必崇簡易之教，御無為之治，君靜於上，臣順於下，玄化潛通，天人交泰，枯槁之類，浸育靈液。六合之內，沐浴鴻流。蕩滌塵垢，群生安逸，自求多福，默然從道。懷忠抱義，而不覺其所然也（全三國文卷四十九嵇康聲無哀樂論）。

而王弼與郭象之言論亦與嵇康之言相似，王弼說：

故從事於道者，以無為為君，不言為教，緜緜若存，而物得其真，與道同體（老子第二十三章王弼注）。

郭象亦說：

夫無為之體大矣，天下何所不為哉。故主上不為冢宰之任，則伊呂靜而司尹矣。冢宰不為百官之所執，則百官靜而御事矣。百官不為萬民之所務，則萬民靜而安其業矣。萬民不易彼我之所能，則天下之彼我靜而自得矣。故自天子以下至於庶人，下及昆蟲孰能有為而成哉，是故彌無為而彌尊也（莊子第十三篇天道郭象注）。

是則他們所謂無為不過「順自然」而已，即如王弼所說：「無為於萬物，而萬物各適其所用，則莫不贍矣」（老子第五章王弼注），而郭象且進一步而謂「無為者非拱默之謂也，直各任其自為，則性命安矣」（莊子第十一篇在宥郭象注）。蓋他們深知人類不能無衣無食，郭象說：「夫民之德小異而大同，故性之不可去者衣食也，事之不可廢者耕織也。此天下之所同而為本者也」（莊子第九篇馬蹄郭象注）。人人拱默，終日靜坐，同於泥塑，以為雜念不起，試問誰人耕織。由此可知他們之無為不過希望政府「達自然之至，暢萬物之情，故因而不為，順而不施，除其所以迷，去其所以惑，故心不亂，而物性自得之也」（老子第二十九章王弼注）。「若乃多其法網，煩其刑罰，塞其徑路，攻其幽宅，則萬物失其自然，百姓喪其手足，鳥亂於上，魚亂於下」（老子第四十九章王弼注）。況人類絕不會「舍其所能，而為其所不能，舍其所長，而為其所短」（老子第四十九章王弼注）。這樣，政府何必為百姓渾渾然勞其心。此種言論似與歐洲的自由放任學說相去無幾，其非無政府主義，可想而知。而且他們尚謂「君臣上下，手足內外乃天理自然，豈直人之所為哉」，「夫時之所賢者為君，才不應世者為臣，若天之自高，地之自卑，首自在上，足自居下，豈有遞哉」（莊子第二篇齊物論郭象注），郭象深知「與人群者不得離人」（莊子第四篇人間世郭象注），故云：

> 千人聚，不以一人為主，不亂則散。故多賢不可以多君，無賢不可以無君，此天人之道，必至之宜（莊子第四篇人間世郭象注）。

但是無為之說倡之過度，往往轉變為無君之說，即無政府主義。魏晉人士既見三代以後，春秋戰國之列強兼併，兩漢末年之發生大亂，終而現出三國分立。而英豪之所爭者不過帝位而已，倘若無君，則爭奪無從發生，基於這種歷史，而主張無君之說，又是必然的理則。阮籍先述無君之利。

> 昔者天地開闢，萬物並生，大者恬其性，細者靜其形。陰藏其氣，陽發其精。害無所避，利無所爭。放之不失，收之不盈。亡不為夭，存不為壽。福無所得，禍無所咎。各從其命，以度相守。明者不以智勝，闇者不以愚敗。弱者不以迫畏，強者不以力盡。蓋無君而庶物定，無臣而萬事理。保身修性，不違其紀，惟茲若然，故能長久（全三國文卷四十六阮籍大人先生論）。

次述有君之害。

> 君立而虐興，臣設而賊生。坐制禮法，束縛下民。欺愚誑拙，藏智自神。強者睽眠而淩暴，弱者憔悴而事人。假廉而成貪，內險而外仁。罪至而不悔過，幸遇則自矜馳……夫無貴則賤者不怨，無富則貧者不爭，各足於身，而無所求也……今汝尊賢以相高，競能以相尚，爭勢以相君，寵貴以相加，驅天下以趣之，此所以上下相殘也。竭天地萬物之至，以奉聲色無窮之欲，此非所以養百姓也。於是懼民之知其然，故重賞以喜之，嚴刑以威之，財匱而賞不供，刑盡而罰不行，乃始有亡國戮君潰散之禍，此非汝君子之為乎。故君子之禮法誠天下殘賊亂危死亡之術耳，而乃自以為美行不易之道，不亦過乎（仝上）。

阮籍無君之說有倒因為果之病，蓋世亂而後有君，非有君而後世亂。其主張無君最為激烈者則為鮑敬言，「以為古者無君勝於今世」（抱朴子外篇卷四十八詰鮑）。鮑生之書久已失傳，唯葛洪所著「抱朴子」之中有「詰鮑」一篇。葛洪生於西晉，而死於東晉之時（晉書卷七十二葛洪傳）。鮑生之身世，歷史無載，大約在葛洪之前，阮籍之後。鮑生反對儒者之言，以為立君非出於天意，而是由於社會鬥爭。試看鮑生之言：

儒者曰天生烝民，而樹之君。豈其皇天諄諄言亦將欲之者為辭哉。夫彊者凌弱，則弱者服之矣。智者詐愚，則愚者事之矣。服之，故君臣之道起焉。事之，故力寡之民制焉。然則隸屬役御，由乎爭彊弱而校愚智，彼蒼天果無事也（抱朴子外篇卷四十八詰鮑）。

立君既由於強凌弱，智詐愚，則立君的目的當然是要維持社會秩序，然而鮑生不能一貫其邏輯，而乃一轉而謂原始社會無君無臣，禍亂不作，干戈不用。

曩古之世無君無臣，穿井而飲，耕田而食，日出而作，日入而息，汎然不繫，恢爾自得，不競不營，無榮無辱。山無蹊徑，澤無舟梁，川谷不通，則不相并兼。士眾不聚，則不相攻伐。是高巢不探，深淵不漉，鳳鸞棲息於庭宇，龍鱗群遊於園池。饑虎可履，虺蛇可執。涉澤而鷗鳥不飛，入林而狐兔不驚。勢利不萌，禍亂不作，干戈不用，城池不設。萬物玄同，相忘於道。疫厲不流，民獲考終。純白在胸，機心不生。含餔而熙，鼓腹而遊，其言不華，其行不飾，安得聚斂，以奪民財，安得嚴刑，以為坑穽（仝上）。

既已立君之後，人主未必皆賢。他們長於深宮之中，不知稼穡艱難，倘若性凶奢而肆酷，則必屠割天下，而百姓愁苦於塗炭之中矣。

降至杪季，智用巧生，道德既衰，尊卑有序，繁升降損益之禮，飾紱冕玄黃之服，起土木於凌霄，構丹綠於棼橑，傾峻搜寶，泳淵採珠，聚玉如林，不足以極其變。積金成山，不足以贍其費。澶漫於淫荒之域，而叛其大始之本。去宗日遠，背朴彌增，尚賢則民爭名，貴貨則盜賊起，見可欲則真正之心亂，勢利陳則劫奪之塗開。造剡銳之器，長侵割之患，弩恐不勁，甲恐不堅，銛恐不利，盾恐不厚，若無凌暴，此皆可弃也……君臣既立，衆慝日滋，而欲攘臂乎桎梏之間，愁勞於塗炭之中，人主憂慄於廟堂之上，百姓煎擾乎困苦之中。閑之以禮度，整之以刑罰，是猶闢滔天之源，激不測之流，塞之以撮壤，障之以指掌也（仝上）。

鮑生舉立君之禍有二，一是賦稅重而傜役繁。

有司設，則百姓困。奉上厚，則下民貧。壅崇寶貨，飾玩臺榭，食則方丈，衣則龍章，內聚曠女，外多鰥男，採難得之寶，貴奇怪之物，造無益之器，恣不已之欲，非鬼非神，財力安出哉。夫穀帛積，則民有饑寒之儉。百官備，則坐靡供奉之費。宿衛有徒食之衆，百姓養游手之人。民乏衣食，自給已劇，況加賦斂，重以苦役，下不堪命，且凍且饑。冒法斯濫，於是乎在。王者憂勞於上，台鼎顰戚於下，臨深履薄，懼禍之及。恐智勇之不用，故厚爵重祿以誘之；恐姦釁之不虞，故嚴城深池以備之，而不知祿厚則民匱，而臣驕，城嚴則役重，而攻巧。故散鹿臺之金，發鉅橋之粟，莫不懽然，況乎本不聚金而不斂民粟乎。休牛桃林，放馬華山，載戢干戈，載櫜弓矢，猶以為泰，況乎本無軍旅，而不戰不戍乎（仝上）。

所以鮑生才說：「人之生也衣食已劇，況又加之以斂賦，重之以力役。饑寒竝至，下不堪命，冒法犯非，於是乎生」（仝上）。二因人們均欲奪取帝位，當然不免內亂之禍。

且夫細民之爭，不過小小，匹夫校力，亦何所至。無疆土之可貪，無城郭之可利，無金寶之可欲，無權柄之可競。勢不能以合眾徒，威不足以驅異人。孰與王赫斯怒，陳師鞠旅，推無讎之民，攻無罪之國，僵尸則動以萬計，流血則漂櫓丹野。無道之君，無世不有，肆其虐亂，天下無邦，忠良見害於內，黎民暴骨於外，豈徒小小爭奪之患邪（仝上）。

原始社會固然是鬥爭世界，然其鬥爭「不過小小」而已，這比之有君之時，爭地以戰，殺人盈野，爭城以戰，殺人盈城，自難相比，這便是鮑生主張無君的理由。他的結論以為：「使夫桀紂之徒，得燔人辜諫者，脯諸侯，葅方伯，剖人心，破人脛，窮驕淫之惡，用炮烙之虐。若令斯人竝為匹夫，性雖凶奢，安得施之。使彼肆酷恣欲，屠割天下，由於為君，故得縱意也」（仝上）。「關梁所以禁非，而猾吏因之以為非焉。衡量所以檢偽，而邪人因之以為偽焉。大臣所以扶危，而姦臣恐主之不危。兵革所以靜難，而寇者盜之以為難，此皆有君之所致也」（仝上）。

第三章

各種政治思想的調和

清談派的政治論乃亂世的頹唐思想。然在此時，又非天下滔滔者皆是也，其依儒、法之說以矯正老莊思想者亦復不少。茲只舉傅玄、葛洪、劉勰三人的政治思想如次。

一、傅　玄

傅玄為西晉人（晉書卷四十七傅玄傳），著有「傅子」一書，其政治思想乃折衷儒、法二家學說，他依孔子「政者正也」之義，以為：

> 立德之本莫尚乎正心，心正而後身正，身正而後左右正，左右正而後朝廷正，朝廷正而後國家正，國家正而後天下正。故天下不正，修之國家。國家不正，修之朝廷。朝廷不正，修之左右。左右不正，修之身。身不正，修之心。所修彌近，而所濟彌遠（全晉文卷四十八傅子，正心）。

人主能正其身了，須本「己所不欲，勿施於人」之意，推己以及人，這就是儒家所說之仁。傅玄說：

昔者聖人之崇仁也，將以興天下之利也，利或不興，須仁以濟。天下有不得其所，若己推而委之於溝壑然。夫仁者蓋推己以及人也，故己所不欲，無施於人，推己所欲，以及天下。推己心孝於父母以及天下，則天下之為人子者不失其事親之道矣。推己心有樂於妻子以及天下，則天下之為人夫者不失其室家之歡矣。推己之不忍於饑寒以及天下之心，含生無凍餒之憂矣（全晉文卷四十七傅子，仁論）。

人主不能獨治天下，故須求賢以任冢宰之職，再由冢宰推薦百官。不過人主求賢務廣，任人須專，專則讒說不起，廣則良材不屈。傅玄說：

賢者聖人所與共治天下者也，故先王以舉賢為急……昔人知居上取士之難，故虛心而下聽，知在下相接之易，故因人以致人。舜之舉咎陶難，得咎陶致天下之士易。湯之舉伊尹難，得伊尹致天下之士易。故舉一人而聽之者王道也，舉二人而聽之者霸道也，舉三人而聽之者僅存之道也。聽一人何以王也，任明而致信也。聽二人何以霸也，任術而設疑也。聽三人何以僅存也，從二而求一也。明主任人之道專，致人之道博。任人之道專，故邪不得間。致人之道博，故下無所壅。任人之道不專，則讒說起而異心生。致人之道不博，則殊塗塞而良材屈（全晉文卷四十七傅子，舉賢）。

即傅玄之說與仲長統所謂「任一人則政專，任數人則相倚，政專則和諧，相倚則違戾，和諧則太平之所興也，違戾則荒亂之所起也」（後漢書卷七十九仲長統傳法誡篇）相似。傅玄不欲官吏太多，他說：

量時而置官，則吏省而民供，吏省則精，精則當才而不遺力，民則供順，供順則思義而不背上。上愛其下，下樂其上，則民必安矣（全晉文卷四十八傅子，安民）。

但是傅玄思想頗似西漢儒家，採荀子之說，而接近於法家。他以為治世之民從善者多，故先禮而後刑，亂世之民從善者少，故先刑而後禮。

立善防惡謂之禮，禁非立是謂之法，法者所以正不法也。明書禁令曰法，誅殺威罰曰刑……治世之民從善者多，上立德而下服其化，故先禮而後刑也。亂世之民從善者少，上不能以德化之，故先刑而後禮也（全晉文卷四十七傅子，法刑）。

因之，韓非所謂二柄，即用賞罰以勸善懲惡，傅玄甚表贊成。善賞者賞一善，而天下皆勸，善罰者罰一惡，而天下皆懼。賞罰必須公平，不可因疏賤，有善而不賞；不可因貴近，有惡而不誅。傅玄說：

治國有二柄，一曰賞，二曰罰。賞者政之大德也，罰者政之大威也……民之所好莫甚於生，所惡莫甚於死。善治民者，開其正道，因所好而賞之，則民樂其德也；塞其邪路，因所惡而罰之，則民畏其威矣。善賞者賞一善，而天下之善皆勸。善罰者罰一惡，而天下之惡皆懼者何？賞公而罰不貳也，有善，雖疏賤必賞；有惡，雖近貴必誅，可不謂公而不貳乎。若賞一無功，則天下飾詐矣。罰一無罪，則天下懷疑矣。是以明德信賞而不肯輕之，明德慎罰而不肯忽之。夫威德者相須而濟者也，故獨任威刑，而無德惠，則民不樂生；獨任德惠而無威刑，則民不畏死。民不樂生，不可得而教也。民不畏死，不可得而制也。有國立政，能使其民可教可制者，其唯威德足以相濟者乎（全晉文卷四十七傅子，治體）。

傅玄依儒家先富後教之義，以為治國之道必先富民，蓋「民富則安鄉重家，敬上而從教。貧則危鄉輕家，相聚而犯上。饑寒切身，而不行非者寡矣」（全晉文卷四十九傅子補遺上）。富民之法，固宜輕徭薄賦，但世有事，則役煩而賦重，世無事，則役簡而賦輕，而不可刻舟求劍。傅玄說：

> 夫用民之力，歲不過三日者，謂治平無事之世，故周之典制載焉。若黃帝之時，外有赤帝蚩尤之難，內設舟車門衛甲兵之備，六興大役，再行天誅，居無安處，即天下之民亦不得不勞也。勞而不怨，用之至平也。禹鑿龍門，闢伊闕，築九山，滌百川，過門不入，薄飲食，卑宮室，以率先天下。天下樂盡其力，而不敢辭勞者，儉而有節，所趣公也。故世有事，即役煩而賦重，世無事，即役簡而賦輕……役煩賦重，則上宜損制以恤其下，事宜從省以致其用，此黃帝夏禹之所以成其功也。後之為政，思黃帝之至平，夏禹之積儉，周制之有常，隨時益損，而息耗之，庶幾雖勞而不怨矣（全晉文卷四十八傅子，平賦役）。

傅玄同時又反對法家只知人性之貪得樂進，而不知兼濟其善，以致人懷好利之心，善性因之而沒，故又主張教化，使人眾知道禮讓。他說：

> 人含五常之性，有善可因，有惡可改……此先王因善教義，因義而立禮者也……若夫商韓孫吳知人性之貪得樂進，而不知兼濟其善，於是束之以法，要之以功，使天下唯力是恃，唯爭是務，恃力務爭，至有探湯赴火而忘其身者，好利之心獨用也。人懷好利之心，則善端沒矣。中國所以常制四夷者，禮義之教行也。失其所以教，則同乎夷狄矣。其所以同，則同乎禽獸矣。不唯同乎禽獸，亂將甚焉……人之性避害就利，故利出於禮讓，則修禮讓。利出於力爭，則任力爭。修禮讓，則上安下順，而無侵奪。任力爭，則父子幾乎相危，而況於悠悠者乎（全晉文卷四十八傅子，貴教）。

即傅玄以為教化可以變更人性，「虎至猛也，可威而服；鹿至麤也，可教而使；木至勁也，可柔而屈；石至堅也，可柔而用，況人含五常之性，有善可因，有惡可攻者乎」（仝上，貴教），傅玄的結論如此。

二、葛　洪

葛洪生於西晉初年，死於東晉成帝咸和年間（晉書卷七十二葛洪傳）。著有「抱朴子」一書，其政治思想亦調和道、儒二家學說。他先說明「道者儒之本也，儒者道之末也」之義。

或問儒道之先後，抱朴子答曰，道者儒之本也，儒者道之末也。夫以為陰陽之術，眾於忌諱，使人拘畏。而儒者博而寡要，勞而少功。墨者儉而難遵，不可偏修。法者嚴而少恩，傷破仁義。唯道家之教，使人精神專一，動合無形，包儒墨之善，總名法之要，與時遷移，應物變化，指約而易明，事少而功多，務在全大宗之朴，守真正之源者也……夫道者內以治身，外以為國，能令七政遵度，二氣告和……疫癘不流，禍亂不作，塹壘不設，干戈不用。不議而當，不約而信，不結而固，不謀而成，不賞而勸，不罰而肅，不求而得，不禁而止。處上而人不以為重，居前而人不以為患，號未發而風移，令未施而俗易，此蓋道之治世也。故道之興也，則三五垂拱而有餘焉，道之衰也，則叔代馳騖而不足焉。夫唯有餘故無為而化美，夫唯不足，故刑嚴而姦繁，黎庶怨於下，皇靈怒於上，……法令明而盜賊多，盟約數而叛亂甚，……君臣易位者有矣，父子推刃者有矣，然後忠義制名於危國，孝子收譽於敗家，疾疫起而巫醫貴矣，道德喪而儒墨重矣。由此觀之，儒道之先後可得定矣（抱朴子內篇卷十明本）。

是則葛洪乃依太史公之六家要旨（史記卷一百三十太史公自序），而特別推崇道家之說，但是葛洪生長於八王作亂之時，及其避難南土，元明成帝之世又有許多叛亂（參閱拙著中國社會政治史第二冊第四版一四〇頁以下表）。此蓋政府權力太過薄弱，不能控制地方之故。在這種環境之下，他的政治思想不同於清談派，而欲調和道、儒兩家學說，固是理之當然。

社會由蒙昧而至開化，這是必然的趨勢。上古之時，人民「鳥聚獸散，巢棲穴竄，毛血是茹，結草斯服，入無六親之尊卑，出無階級之等威」（抱朴子外篇卷四十八詰鮑），其後漸次開化，而人欲因之增加。「夫有欲之性萌於受氣之初，厚己之情著於成形之日，賊殺兼並起於自然，必也不亂，其理何在」（抱朴子仝上）。縱在遠古，爭奪之事亦難避免。

且夫遠古質朴，蓋其未變，民尚童蒙，機心不動，譬夫嬰孩智慧未萌，非為知而不為，欲而忍之也。若人與人爭草萊之利，家與家訟巢窟之地，上無治枉之官，下有重類之黨，則私鬥過於公戰，木石銳於干戈，交尸布野，流血絳路，久而無君，噍類盡矣（抱朴子外篇卷四十八詰鮑）。

葛洪又說：

若令上世人如木石，玄冰結而不寒，資糧絕而不饑者，可也。衣食之情，苟在其心，則所爭豈必金玉，所競豈必榮位。橡茅可以生鬥訟，藜藿足用致侵奪矣（抱朴子仝上）。

鬥爭既已發生，有聖人者受命於天，去害興利，百姓欣戴，奉之為君，於是政治制度遂見成立。葛洪之言如次：

勢齊力均，則爭奪靡憚。是以有聖人作，受命自天，或結罟以畋漁，或贍辰而鑽燧，或嘗卉以選粒，或構宇以仰蔽。備物致用，去害興利。百姓欣戴，奉而尊之，君臣之道於是乎生（抱朴子仝上）。

若比較古今社會，則上古未必比開化之時為佳。換言之，有君之時，人民生活實比無君之世為優。試看葛洪之言。

古者生無棟宇，死無殯葬，川無舟檝之器，陸無車馬之用，吞啖毒烈以至殞斃，疾無醫術，枉死無限，後世聖人改而垂之，民到于今賴其厚惠，機巧之利未易敗矣。今使子居則反巢穴之陋，死則捐之中野，限水則泳之游之，山行則徒步負戴，棄鼎鉉而為生臊之食，廢針石而任自然之病，裸以為飾，不用衣裳，逢女為偶，不假行媒，吾子亦將曰不可也，況於無君乎（抱朴子仝上）。

而且人類的生活既由蒙昧而進至開化，則絕不能再回歸於蒙昧。道家者流每以「桀紂之虐，思乎無主」（抱朴子仝上），那知沒有政府之時，其亂更甚。葛洪說：

狂狡之變，莫世乏之，而令放之，使無所憚，則盜跖將橫行以掠殺，而良善端拱以待禍。無主所訴，無疆所憑，而冀家為夷齊，人皆柳惠，何異負豕而欲無臭，憑河而欲不濡，無轡筴而御奔馬，棄柂櫓而乘輕舟，未見其可也（抱朴子仝上）。

君臣之道既已發生，「君人者必修諸己，以先四海」（抱朴子外篇卷五君道）。此即孔子所謂「其身正，不令而行，其身不正，雖令不從」（論語第十三篇子路）。但是「介潔而無政事者，非撥亂之器，儒雅而乏治略者，非翼亮之才」（抱朴子外篇卷三十八博喻）。不過「萬機不可以獨統，曲碎不可以親總」（仝上外篇卷十五審舉）。「夫有唐所以巍巍，重華所以恭己，西伯所以三分，姬發所以革命，桓文所以一匡，漢高所以應天，未有不致群賢為六翮，託豪傑為舟楫者也」（仝上外篇卷一嘉遯）。人主須知「小疵不足以損大器，短疢不足以累長才」（仝上外篇卷三十八博喻）。「若以所短棄所長，則逸儕拔萃之才不用矣」（仝上外篇卷十七借闕）。何況「愛憎好惡古今不同，時移俗易，物同價異」（仝上外篇卷十八擢才）。葛洪又說：

> 舍輕艘，而涉無涯者，不見其必濟也。無良輔，而羨隆平者，未聞其有成也。鴻鸞之凌虛者，六翮之力也。淵虯之天飛者，雲霧之偕也。故招賢用才者，人主之要務也（抱朴子外篇卷十一貴賢）。

蓋「士可以嘉遁而無憂，君不可以無臣而致治。是以傅說呂尚不汲汲於聞達者，道德備而輕王公也。而殷高周文乃夢想乎得賢者，建洪勛必須良佐也」（仝上外篇卷十一貴賢）。所惜者，士君子窮達有命。「否泰時也，通塞命也……庸俗之夫闇於別物，不分朱紫，不辨菽麥，唯以達者為賢，而不知僥求者之所達也。唯以窮者為劣，而不詳守道者之所窮也」（仝上外篇卷四十九窮達）。何況「知人果未易也。欲試可乃已，則恐成折足覆餗；欲聽言察貌，則或似是而非」（仝上外篇卷二十一清鑒）。且採毀譽於眾多之論，不如「鑿其事而試其用，聽其言而課其實」。葛洪說：

> 世有雷同之譽，而未必賢也。俗有讙譁之毀，而未必惡也。是以迎而許之者，未若鑒其事而試其用。逆而距之者，未若聽其言而課其實。則佞媚不以虛談進，良能不以孤弱退。駑蹇輟望於大

輅，戎虯揚鑣而電騁，則功胡大而不可建，道胡遠而不可到（抱朴子外篇卷三十九廣譬）。

此即尚書所謂「敷奏以言，明試以功，車服以庸」（尚書，舜典）。既已確實其人為賢了，就不可因小疵而棄大醇。葛洪之言如次。

漢高，神武之傑也，而不能治產業，端檢括。淮陰，良將之元也，而不能修農商，免饑寒。周勃，社稷之鯁也，而不能答錢穀，責獄辭。若以所短弃所長，則逸儕拔萃之才不用矣（抱朴子外篇卷十七備闕）。

人主能正其身，又能求賢以為輔佐，天下亦未必可治。要治天下，還要厲行禁令，「亡國非無令也，患於令煩而不行，敗軍非無禁也，患於禁設而不止」（仝上外篇卷十四用刑）。要令行禁止，須恃刑賞。「蓋饑寒難堪者也，……困賤難居者也」（仝上卷二十四酒誡）。這是刑賞發生的原因，「賞貴當功而不必重，罰貴得罪而不必酷也」（仝上外篇卷十四用刑）。「故誅一以振萬，損少以成多」（仝上）。「刑法凶醜而不可罷者，以救弊也。六軍如林，未必皆勇，排鋒陷火，人情所憚。然恬顏以勸之，則投命者尠，斷斬以威之，則莫不奮擊」。「夫以其所畏，禁其所翫，峻而不犯，全民之術也」（仝上）。「若乃以輕刑禁重罪，以薄法衛厚刑，陳之滋章，而犯者彌多，有似穿穽以當路，非仁人之用懷也。善為政者……不曲法以行惠，必有罪而無赦」（仝上）。葛洪又依六韜之「殺貴大，賞貴小」之意，說道：

二儀不能廢春秋以成歲，明主不能舍刑德以致治。故誅貴所以立威，賞賤所以勸善。罰上達則姦萌破，而非懦弱所能用也。惠下逮，則遠人懷，而非儉吝所能辦也（抱朴子外篇卷三十九廣譬）。

固然後儒多因孔子有「道之以政，齊之以刑，民免而無恥」(論語第二篇為政)之語，而反對刑罰。葛洪則謂「爵人於朝，刑人於市，有自來矣」。「至醇既澆於三代，大樸又散於秦漢，道衰於疇昔，俗薄乎當今」(仝上外篇卷十四用刑)。那「務寬含垢之政可以蒞敦御朴，而不可以拯衰弊之變也」(仝上外篇卷十五審舉)。葛洪說：

> 莫不貴仁，而無能純仁以致治也。莫不賤刑，而無能廢刑以整民也。咸云明后御世，風向草偃，道洽化醇，安所用刑。余乃論之曰，夫德教者黼黻之祭服也，刑罰者捍刃之甲冑也。若德教治狡暴，猶以黼黻御剡鋒也。以刑罰施平世，是以甲冑升廟堂也。故仁者養物之器，刑者懲非之具。我欲利之，而彼欲害之，加仁無悛，非刑不止，刑為仁佐，於是可知也(抱朴子外篇卷十四用刑)。

案「天地之道，不能純仁」，春陶育而秋肅殺，這是氣候的常態。「寬而無嚴」猶「溫而無寒」，勢必引起「姦宄並作」。「故仁者為政之脂粉，刑者御世之轡策，脂粉非體中之至急，而轡策須臾不可無也」。「當怒不怒，姦臣為虎，當殺不殺，大賊乃發」(仝上外篇卷十四用刑)。周未必以仁興，秦未必以嚴亡。請看葛洪之言：

> 俗儒徒聞周以仁興，秦以嚴亡，而未覺周所以得之不純仁，而秦所以失之不獨嚴也。昔周用肉刑，刖足劓鼻。盟津之會，後至者斬，畢力賞罰，誓有孥戮，考其所為，未盡仁也。及其叔世，罔法玩文……禮樂征伐，不復由己，群下力競，還為長蛇……失柄之故，由於不嚴也。秦之初興，官人得才……兼弱攻昧，取威定霸，吞噬四鄰，咀嚼群雄，拓地攘戎，龍變虎視，實賴明賞必罰，以基帝業。降至杪季，驕於得意，窮奢極泰……天下有生離之哀，家戶懷怨曠之歎……天下欲反，十

室九空。其所以亡，豈由嚴刑。此為秦以嚴得之，非以嚴失之也（抱朴子外篇卷十四用刑）。

葛洪以為政治的發生，由於「去害興利」（仝上外篇卷四十八詰鮑）。既有政治，當然須有賦稅，以供政府之用。固然苛稅繁斂有害於民生，苟取之有限，用之有節，亦不可厚非。葛洪說：

> 夫言主事彌張，賦斂之重於往古，民力之疲於末務，饑寒所緣，以譏之可也。而言有役有賦，使國亂者，請問唐虞升平之世，三代有道之時，為無賦役，以相供奉，元首股肱躬耕以自給邪。鮑生乃唯知饑寒並至，莫能固窮，獨不知衣食並足，而民知榮辱乎（抱朴子外篇卷四十八詰鮑）。

葛洪之「元首股肱躬耕以自給邪」，與孟子反對許行主張「賢者與民並耕而食，饔飧而治」之言，而謂「百工之事固不可耕且為也，然則治天下者獨可耕且為歟」（孟子卷五下滕文公），完全相同。但是孟子贊成湯武革命，而葛洪則反對湯武之革命與伊霍之廢立。他說：

> 世人誠謂湯武為是，而伊霍為賢，此乃相勸為逆者也。又見廢之君，未必悉非也。或輔翼少主，作威作福，罪大惡積，慮於為後患；及尚持勢，因而易之，以延近局之禍，規定策之功，計在自利，未必為國也。取威既重，殺生決口，見廢之主，神器去矣，下流之罪，莫不歸焉。雖知其然，孰敢形言。無東牟朱虛以致其討，無南史董狐以證其罪，將來今日，誰又理之？獨見者乃能追覺桀紂之惡，不若是其惡，湯武之事，不若是其美也。方策所載，莫不尊君卑臣，強幹弱枝，春秋之義，天不可讎，大聖著經，資父事君。民生在三，奉之如一，而許廢立之事，開不道之端，下陵上替，難以訓矣。……而屬筆者皆共褒之，以為美談；以不容誅之罪為知變，使人於悒而永慨者也（抱朴子外篇卷七良規）。

葛洪避難南土，又見王敦之欲廢明帝，而帝制自為，發此言論，固有理由。他既謂當今之世無董狐之筆，則作史者當然寫廢君之罪維重，記新君之美維全。所以奪取天下者不但要奪帝位，且要奪編纂歷史的權。這是葛洪的創見。

三、劉勰

南北朝時代有人著「劉子新論」一書，或謂梁劉勰所著，或謂北齊劉晝所著。吾人查梁書（卷五十）劉勰傳，北齊書（卷四十四）劉晝傳，均未提及「劉子新論」之書。舊唐書（卷四十七）經籍志於雜家中，列有「劉子新論十卷」，注云「劉勰撰」。新唐書（卷五十九）藝文志於雜家中，亦列有「劉子十卷」，注云「劉勰」。但宋史（卷二百五）藝文志，於雜家中，則列「劉子三卷」，注云「題劉晝撰」。著者未閱三卷之「劉子」，不知「書」字是否「晝」字之誤。新舊唐書均云十卷，現存之劉子新論亦為十卷，是否宋史之「劉子三卷」與「劉子新論」乃是兩部不同的書。要之，吾人假定「劉子新論」為劉勰所著，未必有誤。他後來出家為僧，其所著「滅惑論」（弘明集卷八）雖為佛教辯護，而「新論」則折衷儒法二家學說。大約「新論」著在出家之前，「滅惑論」著在出家之後。在新論中，他說明九流（除太史公所舉之六家外，又加以縱橫家、雜家、農家，共九流）之長短，其中關於儒、道、陰陽、名、法、墨六家，大意與太史公之六家要旨相同，惟對於道、儒兩家，劉勰特別有所評論。他說：

九流之中，二化為最。夫道以無為化世，儒以六藝濟俗。無為以清虛為心，六藝以禮教為訓。若以教行於大同，則邪偽萌生，使無為化於成康，則氛亂競起。何者，澆淳時異，則風化應殊。古今乖舛，則政教宣隔。以此觀之，儒教雖非得真之說，然茲教可以導物。道家雖為達情之論，而違禮復不可以救弊。今治世之賢宜以禮教為先，嘉遁之士應以無為是務，則操業俱遂，而身名兩全也（劉子新論第五十五篇九流）。

即劉勰認為道家之說只能實行於淳厚之世，苟世風已經澆薄，則宜採用儒家之說。吾人熟讀新論，可知劉勰的政治思想是由儒家之荀子而接近於法家。他批評孟子如次：

昔秦攻梁，惠王謂孟軻曰：先生不遠千里，辱幸敝邑，今秦攻梁，先生何以禦乎。孟軻對曰：昔大王居邠，狄人攻之，事之以玉帛，不可。大王不欲傷其民，乃去邠之岐。今王奚不去梁乎。惠王不悅。夫梁所寶者國也，今使去梁，非不能去也，非今日之所宜行也。故其言雖仁義，非惠王所須也，亦何異救餓而與之珠，拯溺而投之玉乎（劉子新論第四十五篇隨時）。

但吾人不可因此而即誤會劉勰反對仁義。他固謂「仁義所在，匹夫為重，仁義所去，則尊貴為輕」（劉子新論第五十四篇言苑）。可知劉勰並不贊成道家「絕仁棄義」（老子第十九章）之說。而且強調人主須「抱五德之美，握二柄之要。五德者智信仁勇嚴也，二柄者賞罰也。智以能謀，信以約束，仁以愛人，勇以陵弱，嚴以鎮眾。賞以勸功，罰以懲過」（劉子新論第四十篇兵術）。即劉勰乃調和儒法二家學說，而接近於荀子思想。吾前謂唐代以前，所謂儒家多以荀子為宗，吾人觀前此所述，即可知之。

案法家思想可歸納為兩種基本觀念，一是社會是進化的，二是人類是利己的。由於前者，就主張制度應隨時變更；由於後者，又主張治國須用刑賞。先就前者言之，社會既能進化，而為可變的，則一切規範以及一切制度自亦可變。劉勰說：「五帝殊時，不相沿樂，三王異世，不相襲禮」（劉子新論第七篇辯樂）。又說：

復說：

是以明主務循其法，因時制宜。苟利於人，不必法古；必害於事，不可循舊。夏商之衰，不變法而亡。三代之興，不相襲而王。堯舜異道而德蓋天下，湯武殊治，而名施後代，由此觀之，法宜變動，非一代也……若載一時之禮，以訓無窮之俗，是刻舟而求劍，守株而待兔。故制法者為理之所由，而非所以為治也。禮者成化之所宗，而非所以成化也。成化之宗在於隨時，為治之本，在於因世。未有不因世而欲治，不隨時而成化，以斯治政，未為衷也（劉子新論第十四篇法術）。

時有淳澆，俗有華戎，不可以一道治，不得以一體齊也。故無為以化，三皇之時。法術以禦，七雄之世。德義以柔，中國之心。政刑以威，四夷之性。故易貴隨時，禮尚從俗，適時而行也（劉子新論第四十五篇隨時）。

次就後者言之，劉勰知道人類都是利己的，凡百行為無一不以自己利害為標準，甚至善惡行為也是擇其有利於自己者而為之。他說：

饑饉之春，不賑朋戚；多稔之秋，饗及四鄰。不賑朋戚，人之惡；惠及四鄰，人之善。蓋善惡之行出於性情，而繫於饑穰也。以此觀之，太豐則恩情生；窶乏則仁惠廢也（劉子新論第三十七篇辯施）。

人類既有利害觀念，而為利己的動物，「故就利而避害，愛得而憎失，物之恆情也」（劉子新論第四十七篇利害）。繼著劉勰又說：

人皆知就利而避害，莫知緣害而見利；皆識愛得而憎失，莫識由失以至得……夫內熱者之飲毒藥，非不害也，疽痤用砭石，非不痛也；然而為之者，以小痛來，而大痛減，則細害至，巨害除也……樊石止齒齲之痛，而朽牙根，躁痛雖弭，必至生害，此取小利，而忘大利，惟去輕害，而負重害也（劉子新論第四十七篇利害）。

如何使人不為小利而受大害，願忍小害而得大利？此則有恃於刑賞。質言之，用刑使人想到大害，不貪小利；用賞使人念及大利，不避小害。劉勰說明刑賞之重要如次。

治下御民莫正於法，立法施教，莫大於賞罰。賞罰者國之利器，而制人之柄也……明賞有德所以勸善人也，顯罰有過，所以禁下奸也。善賞者因民所喜以勸善，善罰者因民所惡以禁奸。故賞少而善勸，刑薄而奸息。賞一人而天下喜之，罰一人而天下畏之，用能教狹而治廣，用寡而功眾也……故一賞不可不信也，一罰不可不明也。賞而不信，雖賞不勸；罰而不明，雖刑不禁。不勸不禁，則善惡失理。是以明主一賞善罰惡，非為己也，以為國也。適於己而無功於國者，不加賞焉，逆於己而有勞於國者，不施罰焉。罰必施於有過，賞必加於有功。苟能賞信而罰明，則萬人從之，若舟之循川，車之遵路，亦奚向而不濟，何行而弗臻矣（劉子新論第十五篇賞罰）。

社會是進化的，進化的原動力則為人之慾望。太古之世，民心無欲，到了後來，人智漸開，民心遂由淳朴而變為澆薄，於是戰爭生焉。

太古淳朴，民心無欲。淳澆則爭起，而戰萌生焉。神農氏弦木為弧，剡木為矢，弧矢之利以威天下。其後蚩尤強暴，好習攻戰，銷金為刃，割革為鉀，而兵遂興矣。黃帝戰於涿鹿，顓頊爭於不周，堯戰丹水，舜征有苗，夏討有扈，殷攻葛伯，周伐崇侯。夫兵者凶器，財用之蠹，而民之殘也。五帝三王弗能弭者，所以禁暴而討亂，非欲耗財以害民也（劉子新論第四十篇兵術）。

戰爭既然發生，自宜選擇一位智勇之士，指揮同群的人，以與外敵作戰。劉勰所說之神農，黃帝等等最初都是指揮作戰，而漸次成為君長的。所以說：「天生萬民，而立之君，君則民之天也」（劉子新論第十二篇愛民）。天道溫慈惠和，為人君者應體天之意，愛其子民。劉勰說：

> 天生萬民，而立之君，君則民之天也……是故善為理者，必以仁愛為本，不以苛酷為先。寬宥刑罰，以令人命；省徹傜役，以休民力；輕約賦斂，不匱人財；不奪農時，以足民用，則家給國富，而太平可致也。人之於君，猶子之於父母也，未有父母富而子貧，父母貧而子富也。故人饒足者，非獨人之足，亦國之足也（劉子新論第十二篇愛民）。

更重要的則為人君須「慎其所好，以正時俗」（劉子新論第十三篇從化）。且看劉勰之言：

> 君以民為體，民以君為心。心好之，身必安之。君好之，民必從之。未見心好而身不從，君欲而民不隨也。人之從君，如草之從風，水之從器。故君之德，風之與器也；人之情，草之與水也……下之事上，從其所好，猶影之隨形，響之應聲，言不虛也。上所好物，下必有甚……是以明君慎其所好，以正時俗，樹之風聲，以流來世（劉子新論第十三篇從化）。

這就是孔子「政者正也」之意。我們知道人君不能獨治天下，必須求賢而用之。「才苟適治，不問世胄，智苟能謀，奚妨秕行」（劉子新論第十九篇薦賢）。而且人有所長，必有所短，人主用人，用其所長，棄其所短，可也。求備於一人，天下人才無一可用矣。劉勰說：

物有美惡，施用有宜，美不常珍，惡不終棄……裘蓑雖異，被服實同；美惡雖殊，適用則均。今處繡戶洞房，則蓑不如裘；被雪沐雨，則裘不及蓑。以此觀之，適才所施，隨時成務，各有宜也（劉子新論第二十七篇適才，參閱第二十九篇均任）。

君依賢臣而為治，臣由賢君而登庸。人君雖賢，而身居九重之內，何能探知巖穴之中尚有奇士。奇士必須有人為之吹噓（參閱劉子新論第二十篇因顯），而後方能攀龍附鳳（參閱劉子新論第二十一篇託附）。固然人士之能為治，需要才學，人士而無才學，雖位高權重，亦必不知所為。劉勰說：

夫龍蚍有翻騰之質，故能乘雲依霧；賢才有政理之德，故能踐勢處位。雲霧雖密，蟻蚓不能昇者，無其質也。勢位雖高，庸敝不能治者，乏其德也（劉子新論第二十九篇均任）。

而自古以來，才智之士不見用於世，而如騏驥伏於鹽車，不異羸馬者，不可勝數。所以劉勰最後遂同王充一樣，深信通塞有命，「通之來也，非其力所招，塞之至也，非其智所迴」（劉子新論第二十三篇通塞）。他說：

賢有常質，遇有常分。賢不賢性也，遇不遇命也。性見於人，故賢愚可定；命在於天，則否泰難期。命運應遇，危不必禍，遇不必窮。命運不遇，安不必福，賢不必達。故患齊而死生殊，德同而榮辱異者，遇不遇也（劉子新論第二十四篇遇不遇，參閱第二十三篇通塞）。

要之，人士生存於南北朝時代，見社會之棼亂，知人力之微弱，不知不覺之中，深信運命之說，乃是必然的現象。劉勰不過其一例而已。

第四章

佛教與吾國固有思想的論爭

南北朝的社會有貴賤兩個階級，貴族階級之生活既然豪奢，而仕進又有保障，他們沒有勞動的必要，只消耗光陰於娛樂之中。但是任何娛樂若沒有勞動以為調劑，俄頃之後，就不能引起神經的反應，而致失去滋味。這個時候他們要刺激疲倦的神經，非用新娛樂不可。南北朝君主多昏狂淫亂，大約是神經衰弱所致。然而不論什麼東西都有一定限度，他們的神經受了新娛樂的刺激，固然暫時可以發生反應，然而不久神經又復疲鈍，而使新娛樂又失去滋味。到了最後，一切娛樂都不能引起他們的興趣，由是他們便變成厭世的人，人世的事物，他們都視為虛幻，所以極端的快樂主義者常是極端的厭世主義者。其結果，他們遂要求一種新的人生觀，可以改換他們的生活方式。反之，賤民階級既受貴族的剝削，又受賦役的壓迫，復受兵亂的災禍。他們天天受了生活的壓迫，而又目擊那些豪族享受過分的娛樂，他們不但不能分潤豪族的娛樂，而且還成為豪族娛樂的犧牲品，他們悲觀了，他們絕望了，他們也要求一種新的人生觀，以安慰他們貧苦的生活（參閱拙著中國社會政治史第二冊第四版二七八頁以下）。

人類在悲觀絕望之時，常常發生神祕心理，而傾向於宗教思想，文化幼稚的民族尤見其然，中世紀的歐洲，南北朝的中國，宗教都乘著蠻族移動之際，大見流行，其理由是一樣的。最初有儒道佛三種宗教，各用特殊的人生哲學，指導民眾，教以新生活方法，而最後得到勝利者，則為佛教。案一切宗教不外地上權力反映於人類的腦中，由幻想作用而創造出來的東西。南北朝時代，人民陷於水深火熱之中，然而國家不能拯救他們，皇帝不能拯救他們，官吏不能拯救他們，學者不能拯救他們，總而言之，他們固有的地上權力對於他們都沒有辦法，由是他們固有的天上權力——神，也不能得到他們的崇拜。他們不禁懷疑自己的神，他們很歡迎那個為外國崇拜而未為本國拜過的神。於是在宗教鬥爭之中，佛教就得到最後勝利。

佛教於漢明帝之世，傳入中國，「魏黃初初，中國人始依佛戒，剃髮為僧」（隋書卷三十五經籍志）。五胡亂華，蠻族首長見其「化金銷玉，行符勑水，奇方妙術，萬等千條」（魏書卷一百十四釋老志），認為神異，莫不皈依。經東晉而至南北朝，佛教思想已經深入人心，吾人觀當時人士因「佛教自殺者，不得復人身」（參閱拙著前揭書第二冊二八六頁）而不敢自殺，就可以知道。

現在試來研究佛教何以流行。南北朝是中國最紛亂的時代，軍閥互相火併，一旦得到帝位，便屠殺前朝子孫，「宋受晉終，馬氏遂為廢姓，齊受宋禪，劉宗盡見誅夷」（南史卷四十三齊高帝諸子傳論）。北齊文宣踐極，也屠殺魏的子孫。其尤甚者，一家骨肉自相誅夷，宋孝武帝殘殺文帝子孫，明帝又殘殺孝武帝的子孫。齊明帝殘殺高帝及武帝的子孫，凶忍慘毒，惟恐不盡，致令皇族有不願復生王家之言（宋書卷八十始平王子鸞傳）。他們稍有天良，何能不因悔而疑，因疑而懼，因懼而思懺悔之法。高允曾言：「天人誠遠，而報速如響，甚可懼也」（魏書卷四十八高允傳）。恰好佛教專講因果報應，即所謂三報：

經說業有三報，一曰現報，二曰生報，三曰後報。現報者善惡始於此身，即此身受。生報者來生便受。後報者或經二生三生百生千生然後乃受。受之無主，必由於心，心無定司，感事而應。應有遲速，故報有先後，先後雖異，咸隨所遇而為對。對有強弱，故輕重不同，斯乃自然之賞罰，三報之大略也（弘明集卷五，釋慧遠三報論）。

其報如何？人士須謹五戒而行十善，五戒「一者不殺，不得教人殺。二者不盜，不得教人盜。三者不淫，不得教人淫。四者不欺，不得教人欺。五者不飲酒，不得以酒為惠施」（弘明集卷十三晉郗超奉法要）。「十善者，身不犯殺、盜、淫。意不嫉、恚、痴。口不妄言、綺語、兩舌、惡口」（仝上）。晉郗超說：

凡在有方之境，總謂三界。三界之內，凡有五道，一曰天，二曰人，三曰畜生，四曰餓鬼，五曰地獄。全五戒則人相備具，十善則生天堂。全一戒者則亦得為人，人有高卑，或壽夭不同，皆由戒有多少。反十善者，謂之十惡，十惡畢犯，則入地獄（弘明集卷十三晉郗超撰奉法要）。

案因果報應乃神道設教之意，「懲暴之戒，莫苦乎地獄；誘善之勸，莫美乎天堂」（弘明集卷三宋何承天答宗居士書）。雖係迷信，而亦不可厚非。晉時譙王司馬尚之雖說「佛教以罪福因果，有若影響，聖言明審，令人寒心。然自上古帝皇，文武周孔，典謨訓誥，靡不周備，未有述三世顯敘報應者也」（弘明集卷十二譙王尚之與張新安論孔釋書）。而孫綽則謂「歷觀古今禍福之證，皆有由緣，載籍昭然，豈可掩哉。何者，陰謀之門，子孫不昌。三世之將，道家明忌。斯非兵凶戰危，積殺之所致邪」（弘明集卷三晉孫綽喻道論）。固然「世或有積善而殃集，或有凶邪而致慶，此皆現業未就，而前行始應」（弘明集卷五晉釋慧遠三報論）。南北朝的帝王無不縱意殘暴，他們聽到報應之說，何能不嚇然畏懼。例如齊明帝三誅諸王，周顒不敢顯諫，「輒誦經中因緣罪福事，帝亦為之小止」（南齊書卷四十一周顒傳）。皇帝既然信奉佛教，所以常將財產捐於佛寺，南朝的齊高帝梁武帝陳武帝，北朝的魏孝文齊文宣周文帝均曾捨其宮苑，以造佛寺。其中最可令人注意者，南齊的明帝殘殺高武子孫，忍心害理，自古未有，而乃用百姓賣兒貼婦錢，以起佛寺（南齊書卷五十三虞愿傳）。北朝的胡太后，恣行淫穢，鴆殺孝明，而亦喜建浮圖（魏書卷十九中任城王澄傳）。人主篤好佛理，天下便從風而化。北朝朝士死者，其家多捨居宅，以施僧尼（魏書卷一百十四釋老志）。南朝豪貴亦常捐出邸舍，以起佛寺（例如宋書卷八十七蕭惠開傳，梁書卷三十七何敬容傳）。佛寺財產年年增加，在北朝，魏孝文遷都洛陽之後，二十年中，洛中土地三分之一屬於佛寺（魏書卷一百十四釋老志）。在南朝，政府每於財政困難之際，向僧尼借債（宋書卷九十五索虜傳）。由此一端，可知南北朝君臣如何信奉佛教。

賤民階級何以也歡迎佛教。現世的苦痛，他們是經驗過的。他們受了苦難的壓迫，當然想到苦難的來源及解脫苦難的方法。恰好佛教提倡三世因果，即「有過去當今未來，人為善惡，必有報應」（魏書卷一百十四釋老志）。他們遂謂今生的苦難由於前生作孽，那末，要使來生不受苦難，只有皈依三寶，修練今生，這是佛教能夠得到下層階級信仰的原因。兼以南北朝時代，內亂外戰造成了無數貧民，貧民的賑卹不失為一個重要的問題。當時政府對於這個問題，竟然毫無措施。反之，佛教是以慈悲為本，佛寺財產不少，他們的收入既然超過於他們的消費，他們就把剩餘物資充為救濟貧民之用。佛寺既然負擔了這個責任，結果，個人或政府的慈善事業也委託佛寺辦理（參閱拙著中國社會政治史第二冊第四版二九〇頁）。於是佛寺更有財產，藉以控制貧民。到了大部分貧民淪為無產者之時，佛寺在民間愈有勢力。

兼以當時徭役繁重，而佛教又大開方便之門，凡人出俗入佛，均有免役的權利，如在北朝：「正光已後，天下多虞，工役尤甚，於是所在編民相與入道，假慕沙門，實避調役」（魏書卷一百十四釋老志)。在南朝「形像塔寺,所在千數」(宋書卷九十七天竺迦毗黎國傳),而真偽混居,往來紛雜,「生不長髮,便謂為道,填街溢巷,是處皆然」(南齊書卷三十四虞玩之傳)。人民出家,財政上減少了國家的稅收,軍事上減少了國家的兵隊,於是國家和佛寺便發生了鬥爭。鬥爭最烈的則為魏太武及周武帝之滅佛。滅佛運動不在信仰之不同,而在利害的衝突,即如顏之推所說:「罄井田而起塔廟,窮編戶以為僧尼……非法之寺妨民稼穡,無業之僧空國賦算」(顏氏家訓第十六篇歸心)。又如郭祖深所言:「恐方來處處成寺,家家剃落,尺土一人非復國有」(南史卷七十郭祖深傳)。人民出家入佛乃有其社會的原因。朝廷滅佛的財政政策與人民信佛的經濟動機(求免課役),本來不能相容。朝廷不務其本,而謀其末,所以滅佛運動無不失敗❶。

但是佛教思想與吾國倫理觀念,似有衝突。它教人出家,內不能盡孝於父母,外不能盡忠於君國,於是攻佛者遂有三破之論。梁時劉勰曾集合起來,而加以反駁,所以吾人敘述三破論之正反意見,不能單引劉勰之言。所謂三破論,照劉勰說:

第一破曰入國而破國者,誑言說偽,興造無費,苦剋百姓,使國空民窮,不助國用,生人減損。況人不蠶而衣,不田而食,國滅人絕,由此為失。日用損費,無纖毫之益,五災之害,不復過此。

第二破曰入家而破家,使父子殊事,兄弟異法,遺棄二親,孝道頓絕。憂娛各異,歌哭不同,骨血生讎,服屬永棄,悖化犯順,無昊天之報,五逆不孝,不復過此。

第三曰入身而破身,人生之體,一有毀傷之疾,二有髡頭之苦,三有不孝之逆,四有絕種之

❶ 參閱拙著中國社會政治史第二冊第四版二七八頁至二九四頁。

罪，五有亡體從誡，唯學不孝，何故言哉。誡令不跪父母，便競從之，兒先作沙彌，其母後作阿尼，則跪其兒。不禮之教，中國絕之，何可得從（弘明集卷八梁劉勰滅惑論）。

三破論多反覆之辭，吾人試分析為下列四點：

(1)建造寺塔，用費巨億，使國空民窮。

(2)沙門不蠶而衣，不田而食，人民為了避免徭賦，均欲投身沙門，致令國家徭賦因之減少。

(3)毀傷身體，遺棄兩親，而破壞家族制度。且母拜子，更有失倫常之道。

(4)人人出家，民族有絕種之虞。

關於第一點，可分兩段，一是寺廟之設，自古已有。王明廣說：「按禮經，天子七廟，諸侯五廟，大夫卿士各有階級。故天曰神，祭天於圓丘；地曰祇，祭地於方澤；人曰鬼，祭之於宗廟。龍鬼降雨之勞，牛畜挽犁之效，猶或立形村邑，樹像城門，豈況天上天下三界大師，此方他方四生慈父，威德為百億所尊，風化為萬靈之範」（廣弘明集卷十敘王明廣請興佛法事）。二是國空民窮與塔寺之建造無關。劉勰說：「夫塔寺之興，闡揚靈教，功立一時，而道被千載。昔禹會諸侯，玉帛萬國。至于戰國，存者七君。更始政阜，民戶殷盛。赤眉兵亂，千里無煙，國滅人絕，寧此之由。宗索之時，石穀十萬。景武之世，積粟紅腐。非秦末多沙門，而漢初無佛法也。驗古準今，何損於政」（弘明集卷八劉勰滅惑論）。何況人們常由外表，窺其內涵。「故王者之居，必金門玉陛，靈臺鳳闕，將使異乎凡庶，令貴賤有章也。夫人情從所覿而興感，故聞鼓鼙之音，覩羽麾之象，則思將帥之臣；聽琴瑟之聲，觀庠序之儀，則思朝廷之臣。遷地易觀，則情貌俱變。今悠悠之徒見形而不及道者，莫不貴崇高而忽仄陋。是以諸奉佛者，仰慕遺跡，思存髣髴，故銘列圖像，致其虔肅，割捐珍玩，以增崇靈廟……先悅其耳目，漸率以義方」（弘明集卷一正誣論，未詳作者），何為不可。

關於第二點，亦可分為兩段，一是沙門遊食四方，二是沙門逃避徭役，而如桓玄所說：「避役鍾於百里，逋逃盈於寺廟，乃至一縣數千，猥成屯落，邑聚遊食之群，境積不羈之眾」（弘明集卷十二晉桓玄撰與僚屬沙汰僧眾教）。案逃避徭役乃歷代政府反對佛教的根本原因。護佛者對此多不作正面的答覆。其實，自春秋之末，而至戰國，社會上產生了不少士人，他們多寄食於王公大臣之門下，孟嘗君平原君各有食客數千人，信陵君春申君亦各有門客三千人（史記卷七十五至七十八孟嘗君平原君信陵君春申君傳）。魏晉以後，不但世族，就是世族所蔭蔽的賓客亦得免役（參閱拙著中國社會政治史第二冊第四版四五頁以下，一八一頁以下，二四六頁以下）。在這種情形之下，難怪護佛者以為「避役之談是何言歟」（弘明集卷八釋僧順釋三破論）。何況涅槃經又有「避役出家，無心志道，我當罷令還俗，為王策使」（廣弘明集卷七辯惑篇第二之三）之言。

關於第三點，一是毀傷身體，二是遺棄兩親，總而言之，就是破壞家庭制度。依吾國倫常觀念，「三千之責，莫大無後，體之父母，不敢夷毀，……而沙門之道，……刮剔鬚髮，殘其天貌，生廢色養，終絕血食」（弘明集卷三晉孫綽喻道論）。關於毀傷身體，劉勰有所反駁（弘明集卷八劉勰滅惑論），其言本於漢之牟融，融說，「孝經曰，先王有至德要道，而泰伯短髮文身，自從吳越之俗，違於身體髮膚之義，然孔子稱之，其可謂至德矣，仲尼不以其短髮毀之也。由是而觀，苟有大德，不拘於小」（弘明集卷一漢牟融理惑論）。而且「凡言不敢毀傷者，正是防其非僻，觸冒憲司，五刑所加，致有殘缺耳。今沙門者服膺聖師，遠求十地，剃除鬚髮，被服法衣，立身不乖，揚名得道，還度天屬，有何不同」（弘明集卷八釋僧順釋三破論）。至謂遺棄兩親，亦非中肯之言。佛教並不完全破壞家庭制度。「何者，佛經所明凡有二科，一者處俗弘教，二者出家修道」（弘明集卷十二晉釋慧遠答桓太尉書）。處俗者上養下畜無異於普通人民，那有廢色養而絕血食之事。出家者才隱居以求其志，變俗以達其道。縱令出家，而「佛亦聽僧冬夏隨緣修道，春秋歸家侍養，故目連乞食餉母，如來擔棺臨葬」（廣弘明集卷十敘釋慧遠抗周武帝廢教事）。兼以「忠孝名不並立，潁叔違君，書稱純孝，石碏戮子，武節乃全。傳曰子之能仕，父教之忠，策名委質，二乃辟也。然則結纓公朝者子道廢矣。何則，見危授命，誓不顧親，皆名注史筆，事標教首，記注者豈復以不孝為罪。故諺曰求忠臣必於孝子之門，明其雖小違於此而大順於彼矣」（弘明集卷三晉孫綽喻道論）。而「釋氏之訓，父慈子孝，兄愛弟敬，夫和妻柔，備有六睦之美，有何不善而能破家」（弘明集卷八釋僧順釋三破論）。總而言之護佛者以為沙門未必出家，其在家者，還是依中國固有道德，父慈子孝，兄愛弟敬，夫和妻順。至於俗人因忠孝不能兩全，亦有見危授命，誓不顧親之事。至謂母拜其子，有失倫常之道，護佛者以為「禮，新冠見母，其母拜之，喜其備德，故屈尊禮卑也。介冑之士見君不拜，重其秉武，故尊不加也。緇弁輕冠本無神道，介冑凶器非有至德，然事應加恭，則以母拜子。勢宜停敬，則臣不跪君。禮典世教周孔所制，論其變通不由一軌。況佛道之尊標出三界，神教妙本群致玄宗，以此加人，實尊冠冑，冠冑及禮，古今不疑，佛道加敬，將欲何怪」（弘明集卷八劉勰滅惑論）。

關於第四點，即民族有絕種之慮，甚者且謂「胡人麤獷，欲斷其惡種，故令男不娶妻，女不嫁夫，一國伏法，自然滅盡」（弘明集卷八劉勰滅惑論）。此言雖可動聽，但是前已說過，佛徒除「出家修道」之外，尚有「處俗弘教」。何況「入道居俗，事繫因果……未聞世界普同出家」（弘明集卷八劉勰滅惑論），則絕種之說實難成立。

三破及其反駁之說已述於上。此外尚有三種反佛之論。即：

一是沙門上不臣天子，而破壞君臣的政治制度。此種論調開始於東晉成帝、庾冰輔政之時。庾冰以為沙門應致禮敬於天子，而下詔曰：「跪拜之禮何必尚，然當復原先王所以尚之之意……因父子之敬，建君臣之序，制法度，崇禮秩，豈徒然哉，良有以矣。既其有以，將何以易之。然則名禮之設，其無情乎。且今果有佛邪。將無佛邪。有佛邪，其道固弘，無佛邪，義將何取。繼其信然，將是方外之事，方外之事，豈方內所體，而當矯形骸，違常務，易禮典，棄名教，是吾所甚疑也。名教有由來，百代所不廢，……而今……棄禮於一朝，廢教於當世，使夫凡流慠逸憲度，又是吾之所甚疑也。……凡此等類，皆晉民也，論其才智，又常人也。而當因所說之難辨，假服飾以陵度，抗殊俗之慠禮，直形骸於萬乘，又是吾所弗取也」（弘明集卷十二庾冰代晉成帝沙門不應盡敬詔）。其後，安帝元興中，太尉桓玄以「庾意在尊主，而理據未盡」，乃為之而進一解曰：「老子同王侯於三大，原其所重，皆在於資生通運，豈獨以聖人在位，而比稱二儀哉。將以天地之大德曰生，通生理物存乎王者。敬尊其神器而禮實惟隆，豈是虛相崇重，義存君御而已哉。沙門之所以生生資存，亦日用於理命，豈有受其德而遺其禮，沾其惠而廢其敬哉」（弘明集卷十二桓玄與八座論沙門敬事書）。總之，庾冰桓玄等人均依「率土之民莫非王臣，而以向化法服，便抗禮萬乘之主」，認為有反於禮教（弘明集卷十二晉卞嗣之袁恪之答桓玄詔），於是就引起了一番爭論。他們以為「出家棄親，不以色養為孝，土木形骸絕欲止競，不期一生，要福萬劫，世之所貴，已皆落之，禮教所重，意悉絕之，資父事君天屬之至，猶離其親愛，豈得致禮萬乘」（弘明集卷十二晉桓謙等答桓玄論沙門敬事書）。「是以外國之君，莫不降禮，良以道在則貴，不以人為輕重也」（弘明集卷十二晉王謐答桓太尉）。「孔子云，儒有上不臣天子，下不事公侯。儒者俗中之一物，尚能若此，況沙門者，方外之士乎」（弘明集卷八釋僧順釋三破論）。總之，他們均謂「今沙門既不臣王侯，故敬與之廢耳」（弘明集卷十二王謐答桓太尉）。

二是佛教乃夷狄之教，中華民族不應崇奉，此說發端於東晉之蔡謨。謨謂「佛者夷人，唯聞變夷從夏，不聞變夏從夷」（廣弘明集卷六辯惑篇第二之二）。南齊時，道士顧歡又著夷夏論，以明其旨，歡以為「五帝三皇莫不有師，國師道士無過老莊。儒林之宗孰出周孔……今以中夏之性，效西戎之法……捨華效夷，義將安取」（南齊書卷五十四顧歡傳）。於是又發生了夷夏之辯。護佛者以為：「人參二儀是謂三才，三才所統豈分夷夏。則知人必人類，獸必獸群。近而徵之，七珍人之所愛，故華夷同貴；恭敬人之所厚，故九服攸敦」（弘明集卷六謝鎮之與顧道士書）。「夫大教無私，至德弗偏，化物共旨，導人俱致，在戎狄以均響，處胡漢而同音，聖人寧復分地殊教，隔寓異風，豈有夷邪，寧有夏邪」（弘明集卷七宋釋慧通駮顧道士夷夏論）。「若疑教在戎方，化非華夏者，則是前聖執地以定教，非設教以移俗也……夫禹出西羌，舜生東夷，孰云地賤，而棄其聖。丘欲居夷，聃適西戎，道之所在，寧選於地」（弘明集卷十四弘明集後序）。這兩種言論甚似前清末葉變法時，正反雙方之意見，故余不憚其煩，為之敘述。

三是由於夷夏之別，又發生了中國與天竺孰居中央之言論。吾國古人皆謂中國之地在於中央，中國之外沒有開化的國家，故稱異族，東曰胡，西曰戎，南曰蠻，北曰狄。中國立國於胡、戎、蠻、狄之中，故曰中華。中華者中央之花也，胡、戎、蠻、狄之外，則為四海，故曰四海之內皆兄弟也。最初說明中國不過地理上之一部分，則為鄒衍。他謂「儒者所謂中國者，於天下乃八十一分居其一分耳，中國名曰赤縣神州，赤縣神州內自有九州，禹之序九州是也……中國外，如赤縣神州者九，乃所謂九州也，於是有裨海環之……中者乃為一州，如此者九，乃有大瀛海環其外，天地之際焉」（史記卷七十四孟子傳）。鄒衍為戰國人，雖知中國在地理上不過蕞爾之地，然猜其意，「中者乃為一州」似指中國。最初提出漢地不在中央者乃是漢之牟融，意謂「傳曰北辰之星，在天之中，在人之北。以此觀之，漢地未必為天中也」（弘明集卷一漢牟融理惑論）。但他還不敢主張天竺居天地之中，其主張天竺乃是中土者為謝鎮之等輩。他們以為「故知天竺者，居娑婆之正域，處淳善之嘉會，故能感通於至聖，土中於三千」（弘明集卷六謝鎮之重與顧道士書），「天竺天地之中，佛教所出者也」（弘明集卷七宋釋慧通駁顧道士夷夏論）。「佛據天地之中，而清導十方，故知天竺之土是中國也」（弘明集卷七宋釋僧愍戎華論折顧道士夷夏論），「且夫厚載無疆，寰域異統，北辰西北，故知天竺居中」（弘明集卷十四弘明集後序）。這種爭辯實在毫無意義，作者不過略舉數人之言，藉以證明當時的人已經失去了民族自尊之心。

本節似與政治思想無直接關係，但佛教控制魏晉南北朝約有三百六十餘年之久，降至唐宋，佛教尚有勢力，而人民之欲避役逋稅者無不投身佛寺。其影響國家之財力兵力者甚大，故不能不述佛教的言論。

第四篇

隋唐五代的政治思想

第一章

隋代儒學的復興

吾人讀魏晉南北朝的政治思想，必能知道世運的衰萎引起思想的頹唐，尤其南朝，士大夫既知復國之無望，遂更耽於享樂（參閱拙著中國社會政治史第二冊第四版一六七頁以下，二七九頁以下）。北朝自五胡亂華，迄至拓拔魏入主中原，就人種說，已經是虜漢相雜，漢族加以新血輪，尚不失雄武之氣。到了周齊分據，周取關中，「關中之人雄」（新唐書卷一百九十九柳沖傳），隋唐皇室又常與代北之人通婚，「代北之人武」（新唐書仝上），故北方民風士氣不若南朝那樣萎靡。王通為隋代的人，生於隋文帝開皇四年，死於隋煬帝大業十三年（杜淹撰文中子序），即他生於中國將次統一之時，而死於中國又將大亂之際。生平著作甚多，今所存者只有「元經」及「文中子中說」二書。元經體倣春秋，中說體倣論語。有唐受命，通之門人多至公卿，如李靖、房玄齡、杜如晦、魏徵、薛收等是。吾人所不了解者，魏徵所監修的隋書何以不為王通立傳。雖然舊唐書王質傳（卷一百六十三），謂「五世祖通字仲淹，隋末大儒」，王績傳（卷一百九十二）亦謂「兄通字仲淹，隋大業中名儒，號文中子，自有傳」，此傳已經亡失。王勃傳（卷一百九十上），「祖通，大業中以著書講學為業，依春秋體例，著紀年之書，謂之元經；又依孔子家語，揚雄法言例，為客主對答之說，號曰中說，皆為儒士所稱」。新唐書王質傳（卷一百六十四），亦述「五世祖通為隋大儒」，王績傳（卷一百九十六）尚有「兄通隋末大儒也，倣古作元經，又為中說，以擬論語，不為諸儒稱道」。王勃傳（卷二百一）則刪去有關王通之記載。新舊唐書對於王通固然褒貶不同，而均稱之為隋代大儒，則正史雖然無傳，而隋代必有王通之人，毫無疑義。不過「中說」一書太過模倣論語，而「元經」一書，據舊唐書王勃傳，則稱「自獲麟後，歷秦漢，至於後魏」，此數語與現行元經不同，此又吾人所甚怪者。宋李覯云：「文中子教授河汾間，迹未甚顯。沒後，門人欲尊寵之，故扳太宗時公卿以欺後世耳，懼其語之泄，乃溢辭以求媚」（李直講文集卷二十九讀文中子）。所謂求媚，如「王道篇」云：「天其或者將啟堯舜之運」，以媚唐帝。其然豈其然乎。對此，陳亮則謂「文中子沒於隋大業十三年五月，是歲十一月唐公入關，其後攀龍附鳳，以翼成三百載之基業者，大略嘗往來河汾矣。雖受經未必盡如所傳，而講論不可謂無也。然智不足以盡知其道，而師友之義未成，故朝論有所不及。不然，諸公豈遂忘其師者哉」（龍川文集卷十四類次文中子引）。

王通既知南北朝世族之驕奢，又見隋煬帝之內興土木，外事四夷，故其政治思想雖採用儒家之仁義，以為「仁義其教之本乎，先王以是繼道德而興禮樂者也」（中說，禮樂篇）。又依老子「我無為而民自富」（老子第五十七章），「民之饑以其上食稅之多，是以饑」（老子第七十五章），而贊成老子之無為而治。茲舉他與賈瓊之問答如次。

> 賈瓊問富而教之，何謂也。子曰仁生於歉，義生於豐，故富而教之斯易也。古者聖王在上，田里相距，雞犬相聞，人至老死不相往來，蓋自足也。是以至治之代，五典潛，五禮措，五服不章，人知飲食，不知蓋藏，人知群居，不知愛敬，上如摽枝，下如野鹿，何哉，蓋上無為，下自足故也（中說，立命篇）。

王通生在亂世，雖然說道：「苟正其本，刑將措焉」（中說，關朗篇）。而又並不忘刑賞為治國的工具。他固主張「賞一以勸百，罰一以懲眾」（中說，立命篇）。但他又說：

古之為政者，先德而後刑，故其人悅以恕。今之為政者，任刑而棄德，故其人怨以詐（中說，事君篇）。

即王通雖認刑德乃人主之二柄，但人主須先施德於民，而後用刑，使民悅服。倘若只知用刑，不知施德，則人民由於怨恨，不免利用各種詐欺方法，以避免刑罰。故云：

政猛寧若恩，法速寧若緩，獄繁寧若簡（中說，關朗篇）。

王通知南北朝天子之殘暴，又見隋煬帝之虐用其民，所以他贊成孟子「君有大過則諫，反覆之而不聽，則易位」（孟子卷十下萬章下），而主張放伐暴君。

房玄齡曰，書云，霍光廢帝舉帝，何謂也。子曰，何必霍光，古之大臣，廢昏舉明，所以康天下也（中說，事君篇）。

魏晉以後，公卿大臣無不貪汙，蓋「古之從仕者養人，今之從仕者養己」，「古之仕也，以行其道，今之仕也，以逞其欲」（中說，事君篇）。他們於朝代易姓之際，盡皆「宴安寵祿，曾無釋位之心，報使獻誠，但務隨時之誼」（周書卷三十于翼李穆傳史臣曰），他們視帝位之轉移，無異於「將一家物與一家」（南史卷二十八褚炤傳）。這種臣不盡忠，王通說明理由，頗有創見。他說：

無定主，而責之以忠……雖曰能之，末由也已（中說，事君篇）。

南北朝之時，朝代更易，有甚弈碁，皇室固慘遭屠殺（參閱拙著中國社會政治史第二冊第四版二八七頁以下），黎民亦陷於塗炭。王通見此現象，不覺發生懷古之情，而懷念兩漢政治。他說：

二帝三王吾不得而見也，捨兩漢將安之乎。大哉七制之主，其以仁義公恕統天下乎。其役簡，其刑清，君子樂其道，小人懷其生，四百年間，天下無二志，其有以結人心乎，終之以禮樂，則三王之學也（中說，天地篇）。

因之，他又主張封建。

宗周列國八百餘年，皇漢雜建，四百餘載。魏晉已降，滅亡不暇，吾不知其用也（中說，事君篇）。

既然主張封建，故又反對郡縣。

郡縣之政，其異列國之風乎，列國之風深以固，其人篤，曰我君不卒求我也，其上下相安乎。及其變也，勞而散，其人蓋傷君恩之薄也，而不敢怨。郡縣之政悅以幸，其人慕，曰我君不卒撫我也，其臣主屢遷乎，及其變也，苛而迫，其人蓋怨吏心之酷也，而無所傷焉，雖有善政未及行也（中說，事君篇）。

到了江都有變（宇文智及等作亂，入犯宮闕，煬帝崩於溫室，見隋書卷四煬帝紀，時王通寢疾，自知不起），王通「泫然而興曰，生民厭亂久矣。天其或者將啟堯舜之運，吾不與焉命也」（中說，王道篇）。蓋中國統一未久，而又分崩，王通所希望於政府者在於政權統一，使人民能夠安居樂業。苻秦用王猛，北方安定者約三十年，所以他很讚賞王猛。

齊桓尊王室而諸侯服，惟管仲知之。苻秦舉大號而中原靜，惟王猛知之。或曰苻秦逆。子曰晉制命者之罪也，苻秦何逆。昔周制至公之命，故齊桓管仲不得而背也。晉制至私之命，故苻秦王猛不得而事也。其應天順命安國濟民乎，是以武王不敢逆天命，背人而事紂。齊桓不敢逆天命，背人而黜周，故曰晉之罪也。苻堅何逆，三十餘年，中國士民東西南北自遠而至，猛之力也（中說，周公篇）。

不但此也，王通曾倣春秋而著「元經」，蓋如薛收所說：「聖人達而賞罰行，聖人窮而褒貶作」（中說，王道篇）。元經始於晉惠帝即位之時，即太熙元年。王通說明其理由如次。

文中子曰，天下無賞罰三百載矣，元經可得不興乎。薛收曰，始於晉惠何也。子曰，昔者明王在上，賞罰其有差乎，元經褒貶，所以代賞罰者也，其以天下無王而賞罰不明乎。薛收曰，然則春秋之始周平魯隱其志亦若斯乎。子曰其然乎，而人莫之知也（中說，王道篇）。

而止於宋亡之時，齊梁以下均不著經，蓋宋「有復中國之志」（中說，述史篇），武帝劉裕固曾北伐，師至關中，文帝元嘉年間亦曾「再略河南」，而師旅傾覆。降至齊梁，「攻伐寢議，雖有戰爭，事在保境」（南齊書卷四十七謝朓傳史臣曰）。自此以後，南朝君臣已絕望於本邦，宴安於所託，早已忘記故國，喪失鬥志，而自居為島夷。王通說：

子曰，元經其正名乎，皇始之帝，徵天以授之也。晉宋之王，近於正體，於是乎未忘中國，穆公之志也。齊梁陳之德，斥之於四夷也，以明中國之代，太和之力也（中說，問易篇）。

宋亡之後，元經則書魏孝文帝太和四年以後之事，而至於唐高祖武德元年為止。案元經所加薛收之序，王通乃死於大業十三年，即隋恭帝義熙元年，宋陳亮亦說：「文中子沒於隋大業十三年五月，是歲十一月唐公入關」（龍川文集卷十四類次文中子引），則元經所書唐高祖武德元年之經，當係薛收所加。元經所以於宋亡之後，而書魏太和四年者，蓋孝文遷都洛邑之後，改衣冠，斷北語，改姓氏，通婚姻，已經漢化。王通對於孝文頗多讚美之辭。

文中子曰或問孝文，子曰可與興化矣。又曰中國之道不替，孝文之力也。又曰太和之政近雅矣，一明中國有法也（元經卷九後魏孝文帝太和四年）。

蓋吾國古來思想雖明夷夏之別，而其所注重者在於文化之異同，血統觀念乃在其次（參閱中國社會政治史第二冊第四版二三三頁）。元經於宋亡之後，則以北魏為正統。

董常曰元經之帝元魏何也，子曰亂離斯瘼，吾誰適歸，天地有奉，生民有庇，即吾君也。且居先王之國，受先王之道，子先王之民矣，謂之何哉（中說，述史篇）。

但是王通尚眷眷於南朝，

叔恬曰敢問元經書陳亡而具五國何也。子曰，江東中國之舊也，衣冠禮樂之所就也，永嘉之後，江東貴焉，而卒不貴，無人也。齊梁陳於是乎不與其為國也。及其亡也，君子猶懷之。故書曰，晉宋齊梁陳亡，具五以歸其國，且言其國亡也。嗚呼，棄先王之禮樂以至是乎。叔恬曰，晉宋亡國久矣，今具之何謂也。子曰，衣冠文物之舊，君子不欲其先亡。宋嘗有樹晉之功，有復中國之志，亦不欲其先亡也。故具齊梁陳以歸其國也。其未亡則君子奪其國焉。曰中國之禮樂安在，其已亡則君子與其國焉，曰猶我中國之遺人也。❶

這是有理由的，自五胡亂華，元帝渡江之後，南朝政府都是漢人建立的。北朝呢？五胡政府固不必說，北魏周齊皆為鮮卑種族所建立。固然此時北方民族已經虜漢相雜，而華夷之別又離開血統，而以文化為標準。但是北朝於周齊分割之時，又發生了漢兒胡人的歧見，北周宇文泰用胡變夏，北齊的高歡父子均自視為鮮卑種族（參閱拙著中國社會政治史第二冊第四版二三三頁以下）。案東晉乃繼承西晉而立國，此時也，北方五胡更興迭仆，不能成為國家。此後晉禪於宋，以及齊梁與陳，北方雖為拓拔魏所統一，然而人士由於歷史關係，仍謂正朔之承，當在江左。王通雖厭棄齊梁與陳，而又不欲它們之亡，理由實在於此。

❶ 中說，述史篇，參閱元經卷九隋文帝開皇九年。經云：「開皇九年，晉宋齊梁陳亡」，故有叔恬之問。叔恬在元經即王凝。

第二章

唐初君臣的儒家政論

魏晉南北朝的老莊思想，由無為而無君。至隋，王通提倡儒學，唐初名臣多其門人。太宗即位，勵精圖治。不及數年，「米斗四五錢，外戶不閉者數月，馬牛被野，人行數千里不齎糧，民物蕃息」（新唐書卷五十一食貨志一）。而大破突厥之後，四裔降服。「際天所覆，悉臣而屬之，薄海內外，無不州縣，遂尊天子為天可汗」（新唐書卷二百十九北狄傳贊）。環境如斯，遂於古代思想之中，找出儒家思想，以適應時代的需要。但是唐初君臣接受儒家思想，亦只限於實際環境所需之範圍內。茲只舉其最重要者三點，說明如次：

㈠普天之下莫非王臣，當然華夷之別的春秋大義已不適用，而須服膺「四海之內皆兄弟也」的思想。何況王通已經帝魏，其門人李靖對太宗說：

> 天之生人，本無蕃漢之別。然地遠荒漠，必以射獵而生，由此常習戰鬥，若我恩信撫之，衣食周之，則皆漢人矣（武經七書，唐太宗李衛公問對卷中）。

太宗亦說：

> 自古皆貴中華，賤夷狄，朕獨愛之如一，故其種落皆依朕如父母（資治通鑑卷一百九十八唐太宗貞觀二十一年）。

而唐之皇室又係漢胡雜種。高祖之父李昺娶獨孤氏為后（唐會要卷三皇后），獨孤乃魏初三十六部落之一（參閱周書卷十六獨孤信傳）。高祖娶竇毅之女為后，竇氏雖係漢人，而東漢靈帝時避竇武之難，亡奔匈奴，遂為部落大人（周書卷三十竇熾傳，毅乃熾兄之子），即竇氏早已胡化。而太宗又娶長孫晟之女為后，長孫為魏之枝宗，姓拓拔，孝文遷洛，改為長孫（舊唐書卷五十一長孫皇后傳，參閱周書卷二十六長孫儉傳）。血統如斯，當然易於接受天下一家的思想。且也，南北朝以來，華夷之別已經不以血統為基礎，而以文化為區別，即如陳黯所說：

> 苟以地言，則有華夷，以教言，亦有華夷乎。夫華夷者辨在心，辨心在察其趣嚮。有生於中州而行戾乎禮義，是形華而心夷也。生於夷域而行合乎禮義，是形夷而心華也（全唐文卷七百六十七陳黯撰華心）。

這是唐代君臣能由華夷之別，進而主張天下一家的理由。

㈡儒家思想，例如孟子似贊成封建（孟子卷十上萬章下），而欲維持世祿及井田之制（孟子卷五上滕文公上）。法家例如商鞅李斯則廢封建而設郡縣，毀井田，許民買賣。唐初，地大民寡，國家為處理荒廢的土地，以增加田賦的收入，雖然不行井田，而公田制度，一夫百畝，亦與井田相似。至於封建，唐太宗固欲分封子弟功臣，以作屏藩，但當時大臣無不反對。李百藥說：

> 天下五服之內盡封諸侯，王畿千里之間俱為采地……數世之後，王室浸微，始自屏藩，化為仇

敵，家殊俗，國異政，強陵弱，眾暴寡，疆埸彼此，干戈侵伐……封君列國，籍慶門資，忘其先業之艱難，輕其自然之崇貴，莫不世增淫虐，代益驕侈……內外群官選自朝廷，擢士庶以任之，澄水鏡以鑒之，年勞優其階品，考績明其黜陟……爵非世及，用賢之路斯廣，人無定主，附下之情不固，此乃愚智所辨，安可惑哉（貞觀政要第八篇論封建）。

馬周亦說：

馬周乃上疏曰，伏見詔書，令宗室勳賢作鎮藩部，貽厥子孫，嗣守其政，非有大故，無或黜免。臣竊以為陛下封植之者，誠愛之重之，欲其緒裔承守，與國無疆，可使世官也。何則，以堯舜之父猶有朱均之子，況下此以還，而欲以父取兒，恐失之遠矣。儻有孩童嗣職，萬一驕逸，則兆庶被其殃，而國家受其敗……與其毒害於見存之百姓，則寧使割恩於已亡之一臣，明矣。然則向之所謂愛之者乃適所以傷之也（貞觀政要仝上）。

封德彝亦有下述的意見：

太宗即位，因舉屬籍問侍臣曰，封宗子，於天下便乎。尚書右僕射封德彝對曰，不便。歷觀往古封王者，今日最多，兩漢以降，唯封帝子及親兄弟，若宗室遠疏者，非有功如周之郇滕，漢之賈澤，並不得濫叨名器，所以別親疏也。先朝敦睦九族，一切封王，爵命既崇，多給力役，蓋以天下為私，殊非至公馭物之道也（唐會要卷四十六封建）。

魏徵之言則從財政方面觀察，蓋唐時經濟已經移至江淮地區，唐定都長安，若分為國邑，京都府藏必虛，此非強幹弱枝之法。他說：

王畿千里，地稅不多，至於貢賦所資，在侯甸之外，今並分為國邑，京師府藏必虛，諸侯朝宗，無所取給（全唐文卷一百四十一魏徵象古建侯未可議）。

蓋時代由分而合，即如柳宗元所說：「封建非聖人意，然而歷堯舜三王莫能去之，非不欲去之，勢不可也」（柳河東集卷三封建論），茲再舉杜佑之言，以作唐人反對封建的結論。

杜佑曰夫為人置君，欲其蕃息，則在郡縣，然而主祚常促。為君置人，不病其寡，則在建國，然而主祚常永。故曰建國利一宗，列郡利百姓。且立法未有不弊者，聖人在度其患之長短而為之。建國之制，初若磐石，然敝則鼎峙力爭，陵遲而後已，故為患也長。列郡之制，始天下一軌，敝則世崩俱潰，然而戡定者易為功，故其為患也短（新唐書卷七十八宗室傳贊曰）。

古人所謂封建公天下，郡縣家天下的理論，已由唐人尤其柳宗元及杜佑反駁無遺了。只這一點，可視為唐代政治思想的創見。

㈢孔子云：「君君，臣臣」（論語第十二篇顏淵），即「君使臣以禮」，而後「臣事君以忠」（論語第三篇八佾）。由此可知儒家對於君臣關係，是主張相對的義務，而反對君有絕對的權利。而如孟子所說：「君之視臣如手足，則臣視君如腹心。君之視臣如犬馬，則臣視君如國人。君之視臣如土芥，則臣視君如寇讎」（孟子卷八上離婁下）。這種道德觀念在國基未固之時，甚有害於國家的統一。唐初君臣有鑒於魏晉以後，朝代更易，有甚弈碁，帝位不安於上，百姓塗炭於下。然以中國領土之大，人口之眾，既難實行民主政治，則欲統治龐大複雜的國家，必須建立鞏固的君權，而後社會方能達到長治久安之

域；而人民由於君權的保護，亦得過其安居樂業的生活。於是唐太宗就將相對義務的忠，變為絕對義務。他一方嚴懲隋代的貳臣，

上（太宗）謂侍臣曰，君雖不君，臣不可以不臣。裴虔通煬帝舊左右也，而親為亂首。朕方崇獎敬義，豈可猶使宰民訓俗。詔曰，天地定位，君臣之義以彰，卑高既陳，人倫之道斯著，是用篤厚風俗，化成天下。雖復時經治亂，主或昏明，疾風勁草，芬芳無絕，剖心焚體，赴蹈如歸，夫豈不愛七尺之軀，重百年之命，諒由君臣義重，名教所先，故能明大節於當時，立清風於身後。至如趙高之殞二世，董卓之鴆弘農，人神所疾，異代同憤。況凡庸小豎有懷凶悖，遐觀典策，莫不誅夷。辰州刺史長蛇縣男裴虔通，昔在隋代，委質晉藩。煬帝以舊邸之情，特相愛幸，遂乃志蔑君親，潛圖弒逆，密伺間隙，招結群醜，長戟流矢，一朝竊發。天下之惡，孰云可忍。宜其夷宗焚首，以彰大戮。但年代異時，累逢赦令，可特免極刑，除名削爵，遷配驩州（舊唐書卷二太宗紀貞觀二年）。

同時復勸獎隋代的忠臣❶。

貞觀十二年太宗幸蒲州，因詔曰隋故鷹擊郎將堯君素，往在大業受任河東，固守忠義，克終臣節。雖桀犬吠堯，有乖倒戈之志，疾風勁草，實表歲寒之心。爰踐茲境，追懷往事，宜錫寵命，以申勸獎，可追贈蒲州刺史，仍訪其子孫以聞（貞觀政要第十四篇論忠義，同篇貞觀十二年又勸獎袁憲

❶ 貞觀十九年太宗攻遼東安市城，高麗人眾皆死戰，不肯降。「太宗將旋師，嘉安市城主堅守臣節，賜絹三百匹，以勸勵事君者」（貞觀政要第十四篇論忠義）。是則敵人盡忠，太宗亦不吝予以獎賞了。

父子）。

即儒家的「君君，臣臣」（論語第十二篇顏淵），乃變為「君雖不君，臣不可以不臣」了。換言之，他們放棄湯武革命之說，而只採用「比干諫而死」的忠君觀念。甚至奴告主謀逆，告者亦令斬決。

貞觀二年太宗謂侍臣曰，比有奴告主謀逆，此極弊，法特須禁斷……自今奴告主者，不須受，盡令斬決（貞觀政要第三十一篇論刑法）。

關此，戈直論曰：

愚按人臣謀逆，此以下而叛上也。奴告其主，是亦以下而叛上也。己惡人之叛上，乃使叛上者得逞其志，是以亂易亂，相去幾何。太宗詔，自今告主者勿受，盡令斬決。斯言一出，固足以感格天下，使無叛上之事矣（貞觀政要第三十一篇論刑法，戈直註）。

儒家知人類必有七情（禮記卷二十二禮運），遂因人情之好惡，而不忘採用刑賞（參閱孝經第七篇三才），但其立論主旨仍以仁義為本。唐太宗說：

朕看古來帝王以仁義為治者，國祚必長；任法御人者，雖救弊於一時，敗亡亦促（貞觀政要第十三篇論仁義）。

魏徵亦謂：

故聖哲君臨，移風易俗，不資嚴刑峻法，在仁義而已。故非仁無以廣施，非義無以正身。惠下以仁，正身以義；則其政不嚴而理，其教不肅而成矣。然則仁義，理之本也；刑罰，理之末也。為理之有刑罰，猶執御之有鞭策也。人皆從化，而刑罰無所施；馬盡其力，則鞭策無所用，由此言之，刑罰不可治理，亦已明矣（全唐文卷一百四十魏徵理獄聽訟疏）。

所謂「以仁義為治」就是仁政。當然，他們主張仁政，直接目的在於維護君位的安全，即為了君位安全起見，不得不顧到人民的福利。請看太宗之言：

> 貞觀初，太宗謂侍臣曰：為君之道，必須先存百姓；若損百姓，以奉其身，猶割股以啖腹，腹飽而身斃。若安天下，必須先正其身；未有身正而影曲，上理而下亂者。朕每思傷其身者不在外物，皆由嗜欲，以成其禍。若耽嗜滋味，玩悅聲色，所欲既多，所損亦大；既妨政事，又擾生人，且復出一非理之言，萬姓為之解體。怨讟既作，叛離亦興。朕每思此，不敢縱逸（貞觀政要第一篇論君道）。

魏徵之言更為明顯。

> 書曰：撫我則后，虐我則讎。荀卿子曰：君，舟也，人，水也；水所以載舟，亦所以覆舟。孔子曰：魚失水則死，水失魚猶為水也。故唐虞戰戰慄慄，日慎一日，安可不深思之乎？安可不熟慮之乎？（貞觀政要第六篇論君臣鑒戒）

唐初君臣固然以仁義為治國之本，即主張仁政，但亦不忘刑賞為治國的工具。不過人主之行刑賞須依功過，刑賞不依功過，而憑一己的喜怒好惡，則刑賞必定失去效用。太宗說：

魏徵亦言：

國家大事惟賞與罰，賞當其勞，無功者自退。罰當其罪，為惡者咸懼，則知刑賞不可輕行也（貞觀政要第八篇論封建）。

夫刑賞之本，在乎勸善而懲惡。帝王之所以與天下為畫一，不以貴賤親疎而輕重者也。今之刑賞，未必盡然，或屈伸在乎好惡，或輕重由乎喜怒。遇喜則矜其情於法中，逢怒則求其罪於事外；所好則鑽皮出其毛羽，所惡則洗垢求其瘢痕。瘢痕可求，則刑斯濫矣；毛羽可出，則賞因謬矣。刑濫則小人道長，賞謬則君子道消。小人之惡不懲，君子之善不勸，而望治安刑措，非所聞也（貞觀政要第三十一篇論刑法）。

刑賞既然必要，豈但無功者不可濫賞，而且有罪者亦不可濫赦，太宗舉文王及劉備，以明不赦之利，又引梁武帝為例，以明濫赦之害。

貞觀七年，太宗謂侍臣曰：天下愚人者多，智人者少；智者不肯為惡，愚人好犯憲章。凡赦宥之恩，惟及不軌之輩。古語云：小人之幸，君子之不幸；一歲再赦，善人喑啞。凡養稂莠者，傷禾稼；惠姦宄者，賊良人。昔文王作罰，刑茲無赦。又蜀先主嘗謂諸葛亮曰：吾周旋陳元方、鄭康成之間，每見啟告理亂之道，備矣，曾不語赦。故諸葛亮理蜀十年，不赦，而蜀大化。梁武帝每年數赦，卒至傾敗。夫謀小仁者，大仁之賊。故我有天下已來，絕不放赦。今四海安寧，禮義興行，非常之恩，彌不可數。將恐愚人常冀僥倖，惟欲犯法，不能改過（貞觀政要第三十二篇論赦令）。

仁義為治國之本，就是施行仁政。仁政之內容如何？王珪曾言：「古之帝王為政，皆志尚清靜，以百姓之心為心」（貞觀政要第二篇政體），所謂「以百姓之心為心」，就是推己及人之意，而如魏徵所說：

> 陛下為人父母，撫愛百姓，當憂其所憂，樂其所樂。自古有道之主以百姓之心為心，故君處臺榭，則欲民有棟宇之安；食膏粱，則欲民無饑寒之患；顧嬪御，則欲民有室家之歡，此人主之常道也（貞觀政要第五篇論納諫）。

吾國為農業國家，農民除防災外，所希望於政府者不是積極的作為，興民之利，而是消極的不作為，無害於民。消極的不作為就是「清靜」，就是「無為」。而實現清靜無為的方法則為不奪民時，即不妄興土木與不妄動干戈❷。太宗之言如次：

> 貞觀二年，太宗謂侍臣曰：凡事皆須務本。國以人為本，人以衣食為本。凡營衣食，以不失時為本。夫不失時者，在人君簡靜，乃可致耳。若兵戈屢動，土木不息，而欲不奪農時，其可得乎？（貞觀政要第三十篇論務農）

內不妄興土木，外不妄動干戈，則徭賦自可減少，太宗云：「凡理國者務積於人，不在盈其倉庫。古人云：百姓不足，君孰與足，但使倉庫可備凶年，此外何煩儲蓄」（貞觀政要第三十四篇辯興亡）。倘若

❷但是太宗並非絕不用兵。他說：「夫兵甲者國家凶器也。土地雖廣，好戰則人凋，中國雖安，忘戰則人殆。凋非保全之術，殆非擬寇之方，不可以全除，不可以全用」（貞觀政要第三十五篇議征伐，引太宗帝範）。

「竭澤取魚，非不得魚，明年無魚。焚林而畋，非不獲獸，明年無獸」（貞觀政要第五篇論納諫，魏徵語）。古人反對聚斂之臣，即恐破壞國民經濟，終至國家財源因之枯竭。

案古人所主張的清靜無為，一是希望法令簡單。道家云，「法令滋章，盜賊多有」（老子第五十七章）。蓋法令繁碎，奸吏將上下其手，從中舞弊。試看太宗之言：

> 貞觀十年太宗謂侍臣曰，國家法令惟須簡約，不可一罪作數種條。格式既多，官人不能盡記，更生姦詐。若欲出罪，則引輕條，若欲入罪，則引重條。數變法者實不益道理，宜令細審，毋使互文（貞觀政要第三十二篇論赦令）。

二是希望人主不要察察為明，而親細務。老子云，「其政察察，其民缺缺」（老子第五十八章），太宗曾批評隋文帝如次：

> 此人（指隋文帝）性至察，而心不明。夫心暗則照有不通，至察則多疑於物。又欺孤兒寡婦，以得天下，恆恐群臣內懷不服，不肯信任百司。每事皆自決斷，雖則勞神苦形，未能盡合於理。朝臣既知其意，亦不敢直言。宰相以下，惟即承順而已……以天下之廣，四海之眾……豈得以一日萬機，獨斷一人之慮也。且日斷十事，而五條不中，中者信善，其如不中者何。以日繼月，乃至累年，乖謬既多，不亡何待（貞觀政要第二篇政體）。

太宗此言可謂知為政之道。古來有許多人君不能知人之才而用之，欲以一人之身，代群臣之事，而自以為勵精圖治，可謂愚蠢之至。臣下既見主上如此，於是事無大小，皆歸之君，政有得失，不任其咎。賢者不得行其志，而持祿之士得以保其位，此天下之所以不治也（參閱貞觀政要第二篇政體引范祖禹曰）。

人主既然不親細務，自宜任官唯賢，量才授職，但以百官之多，人主何能一一選擇而任用之。所以古人多謂人主之職在擇一相，宰相之職在任百官。太宗責房玄齡杜如晦以求賢，而不使其親理細務，可謂知任相之道。吾人由此又可知道不但天子，就是宰相也不可克勤小事。

貞觀二年太宗謂房玄齡杜如晦曰，公為僕射，當助朕憂勞，廣開耳目，求訪賢哲。比聞公等聽受辭訟，日有數百，此則讀符牒不暇，安能助朕求賢哉。因敕尚書省，細碎務皆付左右丞：惟冤滯大事合聞奏者，關於僕射（貞觀政要第七篇論擇官）。

此即魏徵所說：「夫委大臣以大體，責小臣以小事，為國之常也，為理之道」（貞觀政要第六篇論君臣鑒戒）。依政制原理，位愈高者責愈重，責愈重者事愈少；位愈卑者責愈輕，責愈輕者事愈繁。宰相若理細務，那有時間顧到國家宜興宜革之事。魏徵又云「政貴有恆，不求屢易」（貞觀政要第六篇論君臣鑒戒）。所以宰相亦應本清靜無為之意，不要大事更張，而須顧到財力與人力。三代以後，漢唐為盛，漢之制度一仍秦舊，唐之制度亦沿隋制。漢之蕭曹，唐之房杜，皆為賢相。蕭規曹隨，曹乏可書之事；而房杜亦無可戴之功。此實可以證明為政之道不貴輕舉妄動，像王莽王安石那樣，好大喜功，欲將一切弊政，一舉而盡革除之，結果必至失敗。

第三章

安史亂後的儒家政論

一、陸　贄

唐代的政治思想甚少創見，而多屬於儒家。儒家之中，孟子學說的盛行，可以說是由於韓愈的提倡。韓愈以前，儒家宗荀子而傾向於法家思想者未曾沒有。陸贄可視為一例。

孟子由性善出發，而主張仁義，荀子由性惡出發，而主張禮義。仁由內出，禮從外作。故凡言禮，不能不言到法，既言到法，則刑賞是必要的，制度也是必要的，此中理由乃基於人情之有好惡。所以荀派儒家不忘人情，孟派儒家往往離開人情。陸贄曾言：「臣謂當今急務，在於審察群情，若群情之所甚欲者，陛下先行之，群情之所甚惡者，陛下先去之，欲惡與天下同，而天下不歸者，自古及今，未之有也」（陸宣公集卷十二奉天論奏當今所切務狀）。「是以古先聖王之居人上也，必以其心從天下之心，而不敢以天下之人從其欲」（仝上卷十二奉天論前所答奏未施行狀）。「夫以天下之心為心，則我之好惡乃天下之好惡也」（仝上卷二十一論裴延齡姦蠹書）。天下之心是什麼？凡人莫不樂生而喜安，所以聖王應與民同樂其生，同喜其安。陸贄說：

昔之聖王知生者人之所樂，而己亦樂之，故與人同其生，則上下之樂兼得矣。聖王知安者人之所利，而己亦利之，故與人共其安，則公私之利兩全矣（仝上卷十六收河中後請罷兵奏）。

此言也，有似於孟子所謂「樂民之樂」之語。陸贄知人情之樂生喜安，尤知人情莫不好利，故說：

夫人情者，利焉則勸，習焉則安，保親戚則樂生，顧家業則忘死，故可以理術馭，不可以法制驅（陸宣公集卷十九論緣邊守備事宜狀）。

人類既有好利之心，則為政之道，自當假手於刑賞❶。而名利尤為眾人之所好，人主須能善用名利觀念，使人臣能夠為名而努力，為利而奮鬥。陸贄說：

臣愚以為信賞必罰，霸王之資，輕爵褻刑，衰亂之漸。信賞在功無不報，必罰在罪無不懲。非功而獲爵，則爵輕；非罪而肆刑，則刑褻。爵賞刑罰，國之大綱。一綱或棼，萬目皆弛。雖有善理，末如之何……夫立國之道，惟義與權，誘人之方，惟名與利。名近虛，而於教為重。利近實，

---

❶關於刑賞，開元時趙蕤以為二者不可偏用。他說：「理國之本，刑與德也。二者相須而行，相待而成也。天以陰陽成歲，人以刑德成治。故雖聖人為政，不能偏用也。故任德多，用刑少者，五帝也。刑德相半者，三王也。仗刑多，任德少者，五霸也。純用刑，強而亡者，秦也」（長短經第九篇君德）。唐末（懿僖年間）林慎思則謂刑比賞重要，他說：「求己先生曰：治民之用恩刑，恩刑之利，孰最？伸蒙子曰：刑最。曰刑施而民怨，其利邪？恩施而民悅，其不利邪？曰：恩施于民，民既民矣；刑施于民，民不民矣。且民既民，恩不加民，自化也；民不民，刑不加民，誰禦哉？譬處家而治群下焉。下之良者，雖恩賞不至，且未失于良矣。下之惡者，茍刑責不及，孰可制其惡哉？是知治民，用刑為最」（伸蒙子卷上，下篇之五刑用）。前者生於唐之盛世，後者生於唐代衰亂之時，所以主張不同。

而於德為輕。專實利而不濟之以虛，則耗匱而物力不給。專虛名而不副之以實，則誕謾而人情不趨。錫貨財，賦秩廩，所以彰實也。差品列，異服章，所以飾虛也。居上者，必明其義，達其變，相須以為表裡，則為國之權得矣（陸宣公集卷十四又論進瓜果人擬官狀）。

刑賞不但是使受刑者畏，受賞者勸，而是使天下之人聞刑一人而皆畏，聞賞一人而皆勸，此即韓非所謂：「重一姦之罪，而止境內之邪，此所以為治也……若夫厚賞者非獨賞功也，又勸一國。受賞者甘利，未賞者慕業，是報一人之功，而勸境內之民也」（韓非子第四十六篇六反）。陸贄說：

伏以理國化人在於獎一善，使天下之為善者勸。罰一惡，使天下之為惡者懲。是以爵人必於朝，刑人必於市，惟恐眾之不覩，事之不彰，君上行之無愧心，兆庶聽之無疑議，受賞安之無怍色，當刑居之無怨言，此聖王所以宣明典章，與天下公共者也。獎而不言其善，斯謂曲貸；罰而不書其惡，斯謂中傷。曲貸則授受不明，而恩倖之門啟；中傷則枉直莫辨，而讒間之道行。此柄一虧，為害滋大（陸宣公集卷十七謝密旨因論所宣事狀）。

人主雖執刑賞二柄，而亦不能獨治天下，所以古人無不盡力以求賢，所可惜者，自古以來，就有才難之嘆。且看陸贄之言：

夫理道之急在於得人，而知人之難，聖哲所病。聽其言，則未保其行，求其行，則或遺其才。校勞考，則巧偽繁興，而貞方之人罕進。徇聲華，則趨競彌長，而沉退之士莫升。自非素與交親，備詳本末，探其志行，閱其器能，然後守道藏用者可得而知，沽名飾貌者不容其偽。故孔子云，視其所以，觀其所由，察其所安，人焉廋哉，人焉廋哉。夫欲觀視而察之，固非一朝一夕之所能也

（陸宣公集卷十七請許臺省長官舉薦屬吏狀）。

兼以「居常則求精太過」，何怪「有急則備位不充」（仝上），今之人君「聞過則羞己之短，納諫又畏人之知」（仝上卷三奉天請數對群臣兼許令論事疏）。而且人之才智各有長短，人主用人，絕不可求備於一人。陸贄說：

天之生物，為用罕兼，性有所長，必有所短，材有所合，亦有所暌。曲成則品物不遺，求備則觸類皆棄。是以巧梓順輸桷之用，故枉直無廢材。良御適險易之宜，故駑驥無失性。物既若此，人亦宜然（陸宣公集卷二十一論朝官闕員及刺史等改轉倫序狀）。

總之，「人之才行自昔罕全。苟有所長，必有所短，錄長補短，天下無不用之人。責短捨長，天下無不棄之士」（仝上卷十七請許臺省長官舉薦屬吏狀）。因此之故，長於此者，也許短於彼，固不可因小愆而誤其終身。漢宣帝時黃霸為潁川太守，考課天下第一，遷為京修尹，不能稱職，連貶秩，有詔歸潁川太守，官以八百秩居，郡中愈治，而竟得到賜金（黃金百斤）增秩（中二千石）封侯（關內侯）的榮典，卒遷為御史大夫，最後且為丞相（漢書卷八十九黃霸傳）。陸贄說：

夫登進以懋庸，黜退以懲過，二者迭用，理如循環。進而有過則示懲，懲而改修則復進，既不廢法，亦無棄人。雖纖芥必懲，而才用不匱。故能使黜退者克勤以求復，登進者警飭以恪居。上無滯疑，下無蓄怨，俾人於變，以致時雍（陸宣公集卷二十一論朝官闕員及刺史等改轉倫序狀）。

人主最重要的在於用人，然以天下之大，何能由人主一人選擇良材。吾國自魏晉以後，選人之事皆委吏部。陸贄主張「人主擇輔臣，輔臣擇庶長，庶長擇佐僚」，即欲依漢制，使長官自辟曹掾。陸贄說：

> 凡是百司之長，兼副貳等官，並宰臣敘擬以聞。其餘臺省屬僚，請委長官選擇，指陳才實，以狀上聞，一經薦揚，終身保任。各於除書之內，具標舉授之由，示眾以公，明彰得失，得賢則進考增秩，失實則奪俸贖金，亟得則褒升，亟失則黜免，非止搜揚下位，亦可閱試大官，前志所謂達觀其所舉，即此義也。……今之宰相，則往日臺省長官也。今之臺省長官，乃將來之宰臣也。但是職名暫異，固非行業頓殊，豈有為長官之時，則不能舉一二屬吏，居宰臣之位，則可擇千百具寮，物議悠悠，其惑斯甚。聖人制事，必度物宜，無求備於一人，無責人於不逮，尊者領其要，卑者任其詳。是以人主擇輔臣，輔臣擇庶長，庶長擇佐僚，所任愈崇，故所擇愈少，所試漸下，故所舉漸輕。是故選自卑遠，始升於朝者，各委長吏任舉之，則下無遺賢矣。寘于周行，既任以事者，於是宰臣序進之，則朝無曠職矣。才德兼茂，歷試不渝者，然後人主倚任之，則海內無遺士矣（陸宣公集卷十七請許臺省長官舉薦屬吏狀）。

而既用其人了，就要委任責成，而如陸贄所說：

> 所謂委任責成者，將立其事，先擇其人，既得其人，慎謀其始，既謀其始，詳慮其終。有疑則勿果於用，既用則不復有疑，待終其謀，乃考其事。事愆於素者，革其弊而黜其人，事協於初者，賞其人而成其美。使受賞者無所與讓，見黜者莫得為辭。苟無其才，孰敢當任，苟當其任，必得竭才，此委任責成之道也（仝上）。

政治上甄別人才，莫良於考課。吾國自古就有考課之法，考課之法行，然後人之能否方有分別，能者更欲發展其才能，劣者亦求職業之能舉。

夫求才貴廣，考課貴精，求廣在於各舉所知，長吏之薦擇是也，考精在於按名責實，宰臣之序進是也。求不廣，則下位罕進；下位罕進，則用常乏人；用常乏人，則懼曠庶職；懼曠庶職，則苟取備員，是以考課之法不暇精也。考不精，則能否無別；能否無別，則砥礪漸衰；砥礪漸衰，則職業不舉；職業不舉，則品格浸微，是以賢能之功不克彰也。皆失於不廣求人之道，而務選士之精，不思考課之行，而望得人之美。是以望得彌失，務精益麤，塞源浚流，未見其可（仝上）。

當然考課之後，必須繼之以賞罰，陸贄分功績為三等。

夫聚才取吏，有三術焉，一曰拔擢，以旌其異能；二曰黜罷，以糾其失職；三曰序進，以謹其守常。如此，則高課者驟升，無庸者亟退。其餘積非出類，守不敗官，則循以常資，約以定限。故得殊才不滯，庶品有倫，參酌古今，此為中道（論朝官闕員及刺史等改轉倫序狀）。

考課與年勞不同，考課是以日月驗其職業的修廢，年勞是以日月計其資格之深淺。陸贄也同董仲舒一樣反對「累日以取貴，積久以致官」（漢書卷五十六董仲舒傳），陸贄說：

虞書三載考績，三考黜陟幽明，是則必俟九年，方有進退。然其所進者，或自側微而納於百揆，雖久於任，復何病哉。漢制部刺史秩六百石，郡守秩二千石；刺史高第者，即遷為郡守；郡守高第者，即入為九卿，從九卿即遷為亞相相國。是乃從六百石吏而至臺輔，其間所歷者三四轉耳。

久在其任，亦未失宜。近代建官漸多，列級逾密。今縣邑有七等之異，州府有九等之差。同謂省郎，即有前、中、後、行、郎中、員外五等之殊。並稱諫官，則有諫議大夫、補闕、拾遺三等之別。洎諸臺寺，率類於斯，悉有常資，各須循守。若使唐虞故事，咸以九載為期，是宜高位常苦於乏人，下寮每嗟於白首。三代為理，損益不同，豈必樂於變易哉？蓋時勢有不得已也。至如鯀陻洪水，績用靡成，猶終九年，然後殛竄。後代設有如鯀之比者，豈復能九年而始行罰乎？臣固知其必不能也。行罰欲速而進官欲遲，以此為稽古之方，是猶卻行而求及前人也（陸宣公集卷二十一論朝官闕員及刺史等改轉倫序狀）。

陸贄的時代有似於西漢賈誼晁錯的時代，內有方鎮跋扈，而外又受吐蕃回紇的侵陵。所以他對內，主張強幹弱枝之法。

臣聞國家之立也，本大而末小，是以能固。又聞理天下者，若身之使臂，臂之使指，則小大適稱而不悖焉。身所以能使臂者，身大於臂故也；臂所以能使指者，臂大於指故也。王畿者，四方之本也，京邑者，又王畿之本也，其勢當令京邑如身，王畿如臂，四方如指，故用則不悖，處則不危，斯乃居重馭輕，天子之大權也，非獨為御諸夏而已，抑又有鎮撫戎狄之術焉。是以前代之制，轉天下租稅，委之京師，徙郡縣豪傑，處之陵邑，選四方壯勇，實之邊城。其賦役，則輕近而重遠也。其惠化，則悅近以來遠也。太宗文皇帝，既定大業，萬方底乂，猶務戎備，不忘慮危，列置府兵，分隸禁衛，大凡諸府八百餘所，而在關中者殆五百焉。舉天下不敵關中，則居重馭輕之意明矣（陸宣公集卷十一論關中事宜狀）。

其所以如此者，蓋「豪勇之在關中者，與籍於營衛不殊；車乘之在關中者，與列於廄牧不殊；財用之在關中者，與貯於帑藏不殊，有急而須，一朝可聚」（仝上）之故。其對外也，他先分析華夷之勢。

> 夫以中國強盛，夷狄衰微，而能屈膝稱臣，歸心受制，拒之則阻其向化，滅之則類於殺降，安得不存而撫之，即而序之也。又如中國強盛，夷狄衰微，而尚棄信忤盟，蔑恩肆毒，諭之不變，責之不懲，安得不取亂推亡，息人固境也。其有遇中國喪亂之弊，當夷狄強盛之時，圖之則彼釁未萌，禦之則我力不足，安得不卑詞降禮，約好通和，啗之以利，以引其懽心，結之以親，以紓其交禍。縱不必信，且無大侵，雖非御戎之善經，蓋時事亦有不得已而然也。倘或夷夏之勢，強弱適同，撫之不寧，威之不靖，力足以自保，勢不足以出攻，安得不設險以固軍，訓師以待寇，來則薄伐以遏其深入，去則攘斥而戒於遠追，雖非安邊之令圖，蓋勢力亦有不得已而然也（陸宣公集卷十九論緣邊守備事宜狀）。

此蓋中夏有盛衰，夷狄有強弱，謀國者固應察敵我之勢，而定適時之策。次論華夷之長短：

> 是以五方之俗長短各殊，長者不可踰，短者不可企。勉所短而校其所長，必殆；用所長而乘其所短，必安。強者乃以水草為邑居，以射獵供飲茹，多馬而尤便馳突，輕生而不恥敗亡，此戎狄之所長也。戎狄之所長，乃中國之所短。而欲益兵蒐乘，角力爭驅，交鋒原野之間，決命尋常之內，以此為禦寇之術，可謂勉所短而校其所長矣。務所難，勉所短，勞費百倍，終於無成，雖果成之，不挫則廢，豈不以越天授而違地產，虧時勢以反物宜者哉。將欲去危就安，息費從省，在其慎守所易，精用所長而已。若乃擇將吏以撫眾庶，修紀律以訓師徒，燿德以佐威，能邇以柔遠，禁侵掠之

暴以彰吾信，抑攻取之議以安戎心，彼求和則善待，而勿與結盟，彼為寇則嚴備，而不務報復，此當今之所易也。賤力而貴智，惡殺而好生，輕利而重人，忍小以全大，安其居而後動，俟其時而後行，是以修封疆，守要害，塹蹊隧，壘軍營，謹禁防，明斥候，務農以足食，練卒以蓄威，非萬全不謀，非百剋不鬥，寇小至，則張聲勢以遏其入，寇大至，則完守禦以邀其歸，據險以乘之，多方以誤之，使其勇無所加，眾無所用，掠則靡獲，攻則不能，進有腹背受敵之虞，退有首尾難救之患，所謂乘其弊，不戰而屈人之兵，此中國之所長也。我之所長，乃戎狄之所短，我之所易，乃戎狄之所難，以長制短，則用力寡而見功多，以易制難，則財不匱而事速就。捨此不務，而反為所乘，斯謂倒持戈矛，以鐏授寇者也，今則皆務之矣（仝上）。

終則說明中國對夷戰爭，所以累戰累敗之故，陸贄曾舉六失，以為敗衄之由。一是措置乖方，中原之兵不習邊事，令其往戍，人地已經不甚相宜，而旄帥身不臨邊，復選壯銳自隨，其疲羸者方配諸鎮，以守要衝，何怪寇戎每至，勢不能支。

窮邊之地千里蕭條，寒風裂膚，驚沙慘目，與豺狼為鄰伍，以戰鬥為嬉戲，晝則荷戈而耕，夜則倚烽而覘，日有剽害之慮，永無休暇之娛，地惡人勤，於斯為甚。自非生於其域，習於其風，幼而覩焉，長而安焉，不見樂土而不遷焉，則罕能寧其居而狎其敵也。關東之壤，百物阜殷，從軍之徒尤被優養，慣於溫飽，狎於歡康，比諸邊隅，若異天地，聞絕塞荒陬之苦，則辛酸動容，聆強蕃勁虜之名，則懾駭奪氣。而乃使之去親族，捨園廬，甘其所辛酸，抗其所懾駭，將冀為用，不亦疎乎……復有擁旄之帥，身不臨邊，但分偏師，俾守疆埸。大抵軍中壯銳，元戎例選自隨，委其疲羸，乃配諸鎮。節將既居內地，精兵祇備紀綱，遂令守要禦衝，恆在寡弱之卒。寇戎每至，力勢不支，入壘者才足閉關，在野者悉遭劫執，恣其芟蹂，盡其搜毆，比及都府聞知，虜已剋獲旋返……理兵若斯，可謂措置乖方矣（仝上）。

二是課責虧度，人主所恃以治理天下者為刑賞二柄，唐在中葉以後，對於武將，專以姑息為政，有功而不敢賞，因慮無功者反側，有罪而不敢罰，因慮同惡者憂虞。凡有敗衄，將帥以資糧不足為詞，有司復以供給無闕為解，朝廷每為含糊，未嘗窮究曲直，馭眾如斯，何怪士氣不振。

夫賞以存勸，罰以示懲，勸以懋有庸，懲以威不恪……自頃權移於下，柄失於朝，將之號令既鮮克行之於軍，國之典常又不能施之於將，務相遵養，苟度歲時。欲賞一有功，翻慮無功者反側，欲罰一有罪，復慮同惡者憂虞。罪以隱忍而不彰，功以嫌疑而不賞，姑息之道乃至於斯。故使忘身效節者獲誚於等夷，率眾先登者取怨於士卒，僨軍蹙國者不懷於愧畏，緩救失期者自以為智能……況又公忠者直己而不求於人，反罹困厄，敗撓者行私而苟媚於眾，例獲優崇，此義士所以痛心，勇夫所以解體也。又有遇敵而所守不固，陳謀而其效靡成，將帥則以資糧不足為詞，有司復以供給無闕為解，既相執證，理合辨明，朝廷每為含糊，未嘗窮究曲直，措理者吞聲而靡訴，誣善者罔上而不慚。馭將若斯，可謂課責虧度矣（仝上）。

三是財匱於兵眾，虜來寇邊，常可越境橫行，若涉無人之境，守鎮者欲推諉責任，每虛張賊勢，謂為兵少不敵，朝廷不察，惟務徵發，邊兵日眾，供億日增，國家財政遂竭於事邊矣。

屯集雖眾，戰陣莫前，虜每越境橫行，若涉無人之地，遞相推倚，無敢誰何，虛張賊勢上聞，則曰兵少不敵，朝廷莫之省察，惟務徵發益師，無裨備禦之功，重增供億之弊。閭井日耗，徵求日繁，以編戶傾家破產之資，兼有司榷鹽稅酒之利，總其所入，半以事邊。制用若斯，可謂財匱於兵眾矣（仝上）。

四是力分於將多，唐鑒方鎮作亂，乃於沿邊各地，分鎮駐兵，各降中貴監臨，人得抗衡，莫相稟屬，邊書告急，方今計會用兵，統制不一，所以坐失戎機，無以應敵。

開元天寶之間，控制西北兩蕃，惟朔方河西隴右三節度而已，尚慮權分勢散，或使兼而領之。中興已來，未遑外討，僑隸四鎮於安定，權附隴右於扶風，所當西北兩蕃，亦朔方涇原隴右河東四節度而已。關東戍卒至則屬焉，雖委任未盡得人，而措置尚存典制。自頃逆泚誘涇原之眾叛，懷光汙朔方之軍反，割裂誅鋤，所餘無幾，而又分朔方之地，建牙擁節者凡三使焉。其餘鎮軍數且四十，皆承特詔委寄，各降中貴監臨，人得抗衡，莫相稟屬。每俟邊書告急，方令計會用兵，既無軍法下臨，唯以客禮相待，是乃從容拯溺，揖讓救焚，冀無阽危，固亦難矣……建軍若斯，可謂力分於將多矣（仝上）。

五是怨生於不均，禁軍安居無事，而稟賜甚厚，邊境戍卒終年勤苦，而其所得糧餉乃不足供其一家，兩相比較，懸殊太甚，他們忿恨在心，何肯協力同心，共攘寇難。

今者窮邊之地，長鎮之兵，皆百戰傷夷之餘，終年勤苦之劇，角其所能則練習，度其所處則孤危，考其服役則勞，察其臨敵則勇，然衣糧所給，唯止當身，例為妻子所分，常有凍餒之色。而關東戍卒，歲月踐更，不安危城，不習戎備，怯於應敵，懈於服勞，然衣糧所頒，厚踰數等，繼以茶藥之饋，益以蔬醬之資，豐約相形，懸絕斯甚。又有素非禁旅，本是邊軍，將校詭為媚詞，因請遙隸神策，不離舊所，惟改虛名，其於廩賜之饒遂有三倍之益，此則儔類所以忿恨，忠良所以憂嗟，疲人所以流亡，經費所以褊匱。夫事業未異，而給養有殊，人情不能甘也。況乎矯佞行而廩賜厚，績藝劣而衣食優，苟未忘懷，孰能無慍，不為戎首，則已可嘉，而欲使其協力同心，以攘寇難，雖有韓白孫吳之將，臣知其必不能焉。養士若斯，可謂怨生於不均矣（仝上）。

六是機失於遙制，朝廷選置戎臣，先求易制，而指揮邊軍去就，又由朝廷裁斷。戎虜來寇，守土者以兵寡不敢抗敵，分鎮者以無詔不肯出師。逗留之間，寇已奔迫，牧馬屯牛鞠椎剽矣，穡夫樵婦罄俘囚矣。

古之遺將帥者，君親推轂而命之曰，自閫以外，將軍裁之，又賜鈇鉞，示令專斷，故軍容不入國，國容不入軍，將在軍，君命有所不受。誠謂機宜不可以遠決，號令不可以兩從，未有委任不專，而望其剋敵成功者也。自頃邊軍去就，裁斷多出宸衷，選置戎臣，先求易制，多其部以分其力，輕其任以弱其心，雖有所懲，亦有所失，遂令分閫責成之義廢，死綏任咎之志衰。一則聽命，二亦聽命，爽於軍情亦聽命，乖於事宜亦聽命，若所置將帥必取於承順無違，則如斯可矣，若有意乎平兇靖難，則不可也。夫兩境相接，兩軍相持，事機之來，間不容髮，蓄謀而俟，猶恐失之，臨時始謀，固已疏矣。況乎千里之遠，九重之深，陳述之難明，聽覽之不一，欲其事無遺策，雖聖者亦有所不能焉。設使謀慮能周，其如權謀無及，戎虜馳突，迅如風颷，驛書上聞，旬月方報，守土者以兵寡不敢抗敵，分鎮者以無詔不肯出師。逗留之間，寇已奔逼，託於救援未至，各且閉壘自全，牧馬屯牛鞠為椎剽，穡夫樵婦罄作俘囚。雖詔諸鎮發兵，唯以虛聲應援，互相瞻顧，莫敢遮邀。賊既縱掠退歸，此乃陳功告捷，其敗喪則減百而為一，其捃獲則張百而成千。將帥既幸於總制在朝，不憂於罪累，陛下又以為大權由己，不究事情。用師若斯，可謂機失於遙制矣（仝上）。

理兵而措置乖方，馭將而賞罰虧度，制用而財匱，建兵而力分，養士而怨生，用師而機失，當然遇敵則潰，每戰輒敗。唐在貞觀永徽之時，能夠征服亞洲，建設一個大帝國，到了末年，雖僻處西南的南詔，也使唐疲於奔命，終至於民窮財匱，唐祚因之而亡，考其原因所在，固如陸贄所云。

吾人觀陸贄的政治思想，就可知道他與賈誼晁錯相同，即由荀派儒家而又採用法家的學說，比之韓愈之流高明多了。

二、韓　愈

韓愈雖然以道統自居，「斯道也……堯以是傳之舜，舜以是傳之禹，禹以是傳之湯，湯以是傳之文武周公，文武周公傳之孔子，孔子傳之孟軻，軻之死，不得其傳焉」（韓昌黎文集卷一原道），即暗示他的道統，上承孟子。他於孔子之外，最尊崇孟子，「以為孔子之徒沒，尊聖人者，孟氏而已」（韓昌黎文集卷一讀荀）。又說「自孔子沒，群弟子莫不有書，獨孟軻氏之傳得其宗，故吾少而樂觀焉」（仝上卷四送王秀才序）。固然韓愈文章可以說是文起八代之衰，而其政治思想不過拾古人之餘唾，創見很少。今人所著中國政治思想史無不述及韓愈，所以本書不能不稍述韓愈之說。

古代學者討論政治，喜由人性出發，孟子主張性善，荀子主張性惡，揚雄則謂「人之性也，善惡混」（見法言卷三修身），韓愈對此三說均有批評，而採取孔子所謂：中人、中人以上、中人以下（論語第六篇雍也）三等之說：

孟子之言性曰：人之性善。荀子之言性曰：人之性惡。揚子之言性曰：人之性善惡混。夫始善而進惡，與始惡而進善；與始也混，而今也善惡；皆舉其中而遺其上下者也，得其一而失其二者也。叔魚之生也，其母視之，知其必以賄死。楊食我之生也，叔向之母聞其號也，知必滅其宗。越椒之生也，子文以為大戚，知若敖氏之鬼不食也。人之性果善乎？后稷之生也，其母無災；其始匍匐也，則岐岐然，嶷嶷然。文王之在母也，母不憂；既生也，傅不勤；既學也，師不煩。人之性果惡乎？堯之朱，舜之均，文王之管蔡，習非不善也，而卒為姦。瞽叟之舜，鯀之禹，習非不惡也，而卒為聖。人之性善惡果混乎？故曰：三子之言性也，舉其中而遺其上下者也；得其一而失其二者也。曰：然則性之上下者，其終不可移乎？曰：上之性就學而愈明，下之性畏威而寡罪；是故上者可教，而下者可制也，其品則孔子謂不移也（韓昌黎文集卷一原性）。

韓愈謂「上之性就學而愈明，下之性畏威而寡罪」，即主張用教化使善者更趨於善，用刑罰使惡者不敢為惡。其論性固然有反於孟軻，而尚未曾離開孔子。孔子說：「唯上智與下愚不移」，至於中人可以為君子，也可以為小人。蘇軾曾批評韓愈之言，意謂：「天下之言性者，皆雜乎才而言之，是以紛紛而不能一也。孔子所謂中人可以上下，而上智與下愚不移者，是論其才也。而至於言性，則未嘗斷其善惡，曰性相近也，習相遠也而已。韓愈之說則又有甚者，離性以為情，而合才以為性。是故其論終莫能通。彼以為性者果泊然而無為耶，則不當復有善惡之說。苟性而有善惡也，則夫所謂情者乃吾所謂性也」（東坡七集，應詔集卷十揚雄論）。蘇氏之言，吾人認為甚得要點。

人智及人性既然如此，則政治之起源當有恃於賢智之人，即賢智之人見到原始人類之不能養生樂死，乃「教之以相生養之道」，「為之君，為之師」，而政治於是乎開始。韓愈之言如次：

古之時，人之害多矣。有聖人者立，然後教之以相生養之道。為之君，為之師；驅其蟲蛇禽獸，而處之中土。寒然后為之衣，饑然后為之食；木處而顛，土處而病也，然后為之宮室。為之工，以贍其器用；為之賈，以通其有無；為之醫藥，以濟其夭死；為之葬埋祭祀，以長其恩愛；為之禮，以次其先後；為之樂，以宣其壹鬱；為之政，以率其怠勌；為之刑，以鋤其強梗。相欺也，為之符璽斗斛權衡以信之。相奪也，為之城郭甲兵以守之。害至而為之備，患生而為之防……如古之無聖人，人之類滅久矣（仝上原道）。

韓愈此言實出於孟子，孟子說：「當堯之時，天下猶未平，洪水橫流，氾濫於天下，草木暢茂，禽獸繁殖，五穀不登，禽獸偪人。獸蹄鳥迹之道交於中國，堯獨憂之，舉舜而敷治焉。舜使益掌火，益烈山澤而焚之，禽獸逃匿。禹疏九河，瀹濟漯，而注諸海；決汝漢，排淮泗，而注之江，然後中國可得而食也……后稷教民稼穡，樹藝五穀，五穀熟，而民人育。人之有道也，飽食煖衣，逸居而無教，則近於禽獸。聖人有憂之，使契為司徒，教以人倫，父子有親，君臣有義，夫婦有別，長幼有序，朋友有信」（孟子卷五下滕文公）。吾人比較孟軻與韓愈之言，可知韓愈關於政治之起源無非抄襲孟子之意見而已。

韓愈雖宗孟子之說，然而孟子贊成「革命」，孔子亦謂「君君臣臣」，而韓愈之言甚似人主之於民，「為之君，為之師」，既有統治的權力，又有教化的責任。所謂「教化」，是教民以為人之道，非教民以為政之道。關於為政之道，他似主張愚民政策。韓愈說：

古之君天下者，化之不示其所以化之之道，及其弊也，易之不示其所以易之之道。政以是得，民以是淳（仝上卷一本政）。

故其結論遂謂，人民在政治上毫無權利，而只有納稅的義務。韓愈之言如次：

是故君者出令者也，臣者行君之令而致之民者也。民者出粟米麻絲，作器皿，通貨財，以事其上者也。君不出令，則失其所以為君。臣不行君之令而致之民，民不出粟米麻絲，作器皿，通貨財，以事其上，則誅（仝上原道）。

不過韓愈對於禹傳子之事，尚有特殊見解，而值得吾人參考。照韓愈說，傳賢在於利民，傳子在於弭爭，而謀政局的安定❷。韓愈之言如次：

或問曰：堯舜傳諸賢，禹傳諸子，信乎？曰：然。然則禹之賢不及於堯與舜也歟？曰，不然。堯舜之傳賢也，欲天下之得其所也；禹之傳子也，憂後世爭之之亂也。堯舜之利民也大，禹之慮民也深。曰：然則堯舜何以不憂後世？曰：舜如堯，堯傳之；禹如舜，舜傳之。得其人而傳之，堯舜也。無其人，慮其患而不傳者，禹也。舜不能以傳禹，堯為不知人；禹不能以傳子，舜為不知人。堯以傳舜為憂後世；禹以傳子為慮後世。曰：禹之慮也則深矣，傳之子而當不淑，則奈何？曰：時益以難理。傳之人則爭，未前定也；傳之子則不爭，前定也。前定雖不當賢，猶可以守法；不前定

❷ 關於禹，尚有一件事：鯀遭舜殛，而禹治水，終受舜禪。林慎思批評之曰：「莊暴問孟子曰，鯀遭舜殛，禹受舜禪，其為孝乎。孟子曰禹之孝在乎天下，不在乎一家也。夫鯀遭舜殛，公也，禹受舜禪，亦公也。舜不以禹德可立，而不殛鯀，是無私於禹也。禹不以父讎可報，而不受禪，是無私於舜也。且舜哀天下之民於墊溺也，命禹治之，禹能不私一家之讎，而出天下之患也，此非禹之孝在乎天下，而不在乎一家歟。苟私一家之讎，而忘天下之患，則何以為禹之孝。故孔子曰禹吾無間然矣，其是之謂乎」（續孟子第十二篇莊暴）。

而不遇賢，則爭且亂。天之生大聖也不數，其生大惡也亦不數。傳諸人，得大聖，然後人莫敢爭；傳諸子，得大惡，然後人受其亂。禹之後四百年，然後得桀；亦四百年，然後得湯與伊尹。湯與伊尹不可待而傳也，與其傳不得聖人而爭且亂；孰若傳諸子，雖不得賢，猶可守法。曰：孟子之所謂天與賢，則與賢；天與子，則與子者，何也？曰：孟子之心，以為聖人不苟私於其子以害天下；求其說而不得，從而為之辭（韓昌黎文集卷一對禹問）。

古人皆稱許堯舜傳賢，對於禹之傳子頗有微辭。韓愈為禹辯護，雖然有背於孟子之說，而在中國叛亂不已，傳子確實可使政局安定。只惟繼統之人太過不肖，而後才會引起人民反抗，終而發生奸雄竊命之事。吾國自三代以後，政府之中常區別兩種機關，其一傳子，其一傳賢。傳子謀政局的安定，天子是也。傳賢謀政治的革新，宰相是也。問題所在，天子之子不皆賢，則天子之子即位之後，又安能選賢而用之❸。這與英國雖置內閣，而內閣總理為誰，是由民意——眾議院決定者不同。

---

❸唐代考選之難，唐人論之詳矣，今舉韓愈之言如次。愈之言曰：「天下之以明二經舉於禮部者，歲至三千人。始自縣考試，定其可舉者，然後升於州若府，其不能中科者不與是數焉。州若府總其屬之所升，又考試之如縣，加詳察焉。定其可舉者，然後貢於天子而升之有司，其不能中科者不與是數焉，謂之鄉貢。有司者總州府之所升而考試之，加詳察焉。第其可進者，以名上於天子而藏之屬於吏部，歲不及二百人，謂之出身。能在是選者厥惟艱哉。二經章句，僅數十萬言，其傳注在外，皆誦之，又約知其大說。由是舉者，或遠至十餘年，然後與乎三千之數，而升於禮部矣；又或遠至十餘年，然後與乎二百之數，而進於吏部矣，班白之老半焉。昏塞不能及者又不在是限，有終身不得與者焉」（韓昌黎文集卷四贈張童子序）。關此，致堂胡氏認為「銓選年格之弊有志於治天下者，莫不以為當革。而莫有行之者，豈皆智之不及歟。蓋以自不能無私，而度人之不能公也；自以不能知人，而度人之亦不能知也。故寧付

三、柳宗元

先秦思想無不假託古人，假託古人乃表示祖宗的能力，到了末世，人類失去膽量，失去自信力，而自居為軟弱無能的動物，連古人都不假託，而假託於渺渺茫茫的神。案神之觀念不外地上權力反映於人類的腦髓之中，由幻想作用而創造出來的東西。故凡民族精神因社會之棼亂，而至崩潰，他們既已深信自己的地上權力之無能，就必懷疑自己的天上權力——神之亦無能，而去歡迎那個為外人崇拜而未為自己同類所拜過的神，於是佛教又代替了中國固有的天帝。魏晉以後，社會所信奉的佛教均以釋迦為宗。南朝易代四次，北朝又周齊分據，戰亂不已，此時已有「將來有彌勒佛將繼釋迦佛而降世」（魏書卷一百十四釋老志）之言。隋末，這種謠言又表現為「釋迦佛衰謝，彌勒佛出世」（資治通鑑卷一百八十一隋煬帝大業六年）之語。降至唐代，士大夫雖信孔子之說，而一般社會還是深信佛教。然而儒學也好，佛教也好，而均不能賑救人民於方鎮、外寇、宦官各種災禍之中，人民自信力更缺乏了。最初喚醒人民自信力，既不信佛，又不信天，則為柳宗元。

柳宗元說：「且古之所以言天者，蓋以愚蚩蚩者耳」（柳河東集卷三，斷刑論下）。「天地大果蓏也，元氣大癰痔也，陰陽大草木也，其烏能賞功而罰禍乎。功者自功，禍者自禍，欲望其（指天）賞罰者大謬，呼而怨，欲望其（指天）哀且仁者愈大謬矣」（仝上卷十六天說）。照柳宗元之意，「生植與災荒皆天也，法制與悖亂皆人也……其事各行不相預」（仝上卷三十一答劉禹錫天論）。這個「天」是指自然現象的天，蓋物之生長，時之旱災，不過自然現象，至於法制與悖亂始是人為之事，二者各行其事而不相預，而人乃說：「天勝焉」，「人勝焉」，此值「愚民恆說耳」（仝上卷三十一答劉禹錫天論）。柳宗元說：

——之成法，猶意乎拔十得五而已」（引自文獻通考卷三十七舉官）。

夫雷霆雪霜者特一氣耳，非有心於物者也。聖人有心於物者。春夏之有雷震也，或發而震，破巨石，裂大木，木石豈為非常之罪也哉。秋冬之有霜雪也，舉草木而殘之，草木豈有非常之罪也哉。彼豈有徵於物也哉，彼無所懲，則效之者惑也（柳河東集卷三斷刑論下）。

又說：

山川者特天地之物也。陰與陽者，氣而遊乎其間者也。自動自休，自峙自流，是惡乎與我謀；自鬥自竭，自崩自缺，是惡乎為我設（仝上卷四十四非國語上三川震）。

而古人用以決疑的卜，柳宗元亦斥之為愚民之具。他說：

卜者世之餘伎也，道之所無用也……然而聖人之用也，蓋以歐陋民也……要之，卜史之害於道也多，而益於道也少，雖勿用之可也（仝上卷四十四非國語上卜）。

因之，「致雨反風，蝗不為災，虎負子而趨」，不過偶然而已。「若必人之為，則十年九潦，八年七旱者，獨何如人哉」（仝上卷十六禮說）。柳宗元由此見解，而反對漢時何休所說：「聖人受命，皆天所生」（公羊傳成公八年何休注）之語，蓋易代革命，成敗乃恃乎力，「力足者取乎人，力不足者取乎神」（柳河東集卷四十四非國語上神降於莘），即力足者無須假託於神，力不足者便須假託神怪，陳勝吳廣利用罩魚狐鳴，即其一例。柳宗元雖謂「所謂足，足於道之謂也」（仝上），然此只謂「力」足乎「道」，即以力假道之意。他固以為政治之起源，只是明智之士，運用權力，而維持社會的治安。柳宗元說：

惟人之初，總總而生，林林而群，雪霜風雨雷雹暴其外，於是乃知架巢空穴，挽草木，取皮革。饑渴牝牡之欲敺其內，於是乃知噬禽獸，咀果穀，合偶而居，交焉而爭，睽焉而鬥。力大者搏，齒利者齧，爪剛者決，群眾者軋，兵良者殺，披披藉藉，草野塗血，然後強有力者出而治之，往往為曹於險阻，用號令起，而君臣什伍之法立（仝上卷一貞符）。

是則柳宗元固以社會鬥爭為政治的起源，乃有恃於強力，他由這種見解出發，又展開了封建論。古人均謂封建公天下，郡縣家天下，以公私討論郡縣與封建，當然不對。象至不仁，舜為天子，而封之有庳，難怪萬章以為「有庳之人奚罪焉」（孟子卷九上萬章上）。武王伐紂，得到天下之後，大封同姓兄弟，數共五十有五，周之子弟若不狂惑，皆得列為諸侯（忘記出在那一本古書）。這種廣封試問為公天下乎，為私天下乎。柳宗元先說明封建之發生，乃由於最初社會有許多獨立的部落，而中央政府的勢力又不鞏固，只有承認原始部落，而夾離以同姓諸侯，使他們犬牙相錯，以作屏藩，所以堯舜三王非不欲廢封建，勢不可也。

封建，非聖人意也。彼其初，與萬物皆生，草木榛榛，鹿豕狉狉；人不能搏噬，而且無毛羽，莫克自奉自衛。荀卿有言，必將假物以為用者也。夫假物者必爭，爭而不已，必就其能斷曲直者而聽命焉。其智而明者，所伏必眾。告之以直而不改，必痛之而後畏，由是君長刑政生焉。故近者聚而為群；群之分，其爭必大；大而後有兵有德，又有大者，眾群之長又就而聽命焉，以安其屬。於是有諸侯之列，則其爭又有大者焉。德又大者，諸侯之列又就而聽命焉，以安其封。於是有方伯連帥之類，則其爭又有大者焉。德又大者，方伯連帥之類就而聽命焉，以安其人，然後天下會於一。是故有里胥，而後有縣大夫；有縣大夫，而後有諸侯；有諸侯，而後有方伯連帥；有方伯連帥，而後有天子。自天子至於里胥，其德在人者，死必求其嗣而奉之；故封建非聖人意也，勢也（柳河東集卷三封建論)。

他又說明，秦置郡縣，「時則有叛人而無叛吏」。漢初郡縣與封建並置，「時則有叛國而無叛郡」。至唐，方鎮握兵，又多世襲其地，「時則有叛將而無叛州」，是則「郡縣之設固不可革也」(仝上)。繼著他又比較封建與郡縣的優劣。

或者曰：夏商周漢封建而延，秦郡邑而促，尤非所謂知理者也。魏之承漢也，封爵猶建，晉之承魏也，因循不革；而二姓陵替，不聞延祚。今矯而變之，垂二百祀，大業彌固，何繫於諸侯哉？或者又以為殷周聖王也，而不革其制，固不當復議也，是大不然。夫殷周之不革者，是不得已也。蓋以諸侯歸殷者三千焉，資以黜夏，湯不得而廢。歸周者八百焉，資以勝殷，武王不得而易。徇之以為安，仍之以為俗，湯武之所不得已也。夫不得已，非公之大者也，私其力於己也，私其衛於子孫也。秦之所以革之者，其為制，公之大者也，其情私也，私其一己之威也，私其盡臣畜於我也，然而公天下之端自秦始。夫天下之道，理安斯得人者也。使賢者居上，不肖者居下，而後可以理安。今夫封建者，繼世而理；繼世而理者，上果賢乎？下果不肖乎？則生人之理亂未可知也。將欲利其社稷，以一其人之視聽，則又有士大夫世食祿邑，以盡其封略。聖賢生於其時，亦無以立於天下，封建者為之也，豈聖人之制使至於是乎？吾固曰非聖人意也，勢也(仝上)。

柳宗元把自然現象與人為之事分開，因又反對月令，以為「聖人之道不窮異以為神，不引天以自高，利於人，備於事，如斯而已矣。觀月令之說，苟以合五事，配五行，而施其政令，離聖人之道不亦遠乎。凡政令之作，有俟時而行之者，有不俟時而行之者」，若必限以月令，「則其闕政亦以繁矣」。

至謂反時令，必生災變，此「特瞽史之語，非出於聖人者也」（仝上卷三時令論上）。至於月令所謂賞以春夏，刑以秋冬之言，柳宗元尤加反對。蓋如司馬法（第二篇天子之義）所說：「賞不踰時，欲民速得為善之利也，罰不遷列，欲民速覩為不善之害也」。但是春夏生長而秋冬肅殺，此種思想乃深入古人之心，終而成為刑法上的制度。柳宗元說：

> 夫聖人之為賞罰者，非他，所以懲勸者也。賞務速而後有勸，罰務速而後有懲，必曰賞以春夏，而刑以秋冬，而謂之至理者，偽也。使秋冬為善者，必俟春夏而後賞，則為善者必怠；春夏為不善者，必俟秋冬而後罰，則為不善者必懈。為善者怠，為不善者懈，是敺天下之人而入於罪也。敺天下之人入於罪，又緩而慢之以滋其懈怠，此刑之所以不措也。必使為善者不越月踰時而得其賞，則人勇而有勸焉；為不善者不越月踰時而得其罰，則人懼而有懲焉。為善者日以有勸，為不善者月以有懲，是敺天下之人而從善遠罪也。敺天下之人而從善遠罪，是刑之所以措，而化之所以成也（仝上卷三斷刑論下）。

柳宗元的政治思想一掃過去俗儒的成見，而關於禪讓與簒奪，尤能啟發古人所不能言及不敢言之事。他說：

> 凡易姓授位，公與私，仁與強，其道不同。而前者忘後者，繫其事同。使以堯之聖，一日得舜而與之天下，能乎？吾見小爭於朝，大爭於野，其為亂，堯無以已之。何也，堯未忘於人，舜未繫於人也。堯之得於舜者以聖，舜之得於堯者以聖，兩聖獨得於天下之上，奈愚人何。其立於朝者，放齊猶曰朱啟明，而況在野者乎。堯知其道不可退以自忘，舜知堯之忘己而繫舜於人也，進而自

繫。舜舉十六族，去四凶族，使天下咸得其人。命二十二人興五教，立禮刑，使天下咸得其理。合時月，正曆數，齊律度，量權衡，使天下咸得其用。積十餘年，人曰明我者，舜也；齊我者，舜也；資我者，舜也，天子之在位者，皆舜之人也。而堯隤然，聾其聰，昏其明，愚其聖；人曰，往之所謂堯者，果烏在哉！或曰耄矣，曰匿矣，又十餘年，其思而問者加少矣。至於堯死；天下曰：久矣，舜之君成也，夫然後能揖讓，受終於文祖。舜之於禹也亦然。禹旁行天下，功繫於人者多，而自忘也晚。益之自繫，猶是也；而啟賢聞於人，故不能。夫其始繫於人也厚，則其忘之也遲。不然反是。漢之失德久矣，其不繫而忘也甚矣……丕之父攘禍以立強，積三十餘年，天下之主，曹氏而已，無漢之思也。丕嗣而禪，天下得之以為晚，何以異乎舜禹之事耶？然則漢非能自忘也，其事自忘也；曹氏非能自繫也，其事自繫也。公與私，仁與強，其道不同；其忘而繫者，無以異也（仝上卷二十舜禹之事）。

即由柳宗元觀之，禪讓之與篡奪相去無幾。曹丕由其父得到帝位，與堯之禪舜，舜之禪禹，殆無不同。自唐以來，世人多以君臣之義無所逃於天地之間，其實，湯武之伐桀紂，動師十萬，血流漂杵，而後人美稱之為革命，順乎天而應乎人。魏之代漢，卻無用兵動武之事。天下者固非一姓之天下也。

柳宗元之言論甚有創見。他批評古人說理，往往模稜其辭，謂之是可也，謂之非亦可。柳氏之言如次：

古之言理者，罕能盡其說。建一言，立一辭，則臲卼而不安，謂之是可也，謂之非亦可也，混然而已（仝上卷三十六逆論）。

古人說理，確有此種缺點。吾國先賢思想多不敢反抗古人，心知其非，口不敢斥其非，猶可說也；心裡連是非都不敢想，而只盲目的接受古人之見解，則值古人之奴隸而已。

第四章

唐及五代的道家政論

唐代自以姓李，因老子姓李名耳，諡曰聃（史記卷六十二老子傳），而奉為遠祖。高祖已為立廟於羊角山，高宗乾封元年追尊老君為太上元元皇帝，天寶二年加太上元元皇帝號為大聖祖元元皇帝，八載加號為大聖祖大道元元皇帝，十三載加號大聖高上大道金闕元元皇帝（唐會要卷五十尊崇道教）。不但此也，唐代中央官制尚於宗正寺之內置崇元署，掌諸道士之事（新唐書卷四十八百官志三，其詳見唐六典卷十六宗正寺崇元署注）。宗正寺自秦漢以後，均掌天子族親屬籍，崇元署屬於宗正寺，其用意可想而知。玄宗開元二十九年又置崇玄學，習老子莊子文子列子，亦曰道舉（新唐書卷四十四選舉志一）。案唐代考選，加試老子，前後曾變更數次，茲試列表如次：

唐考試加試老子前後變更表（據唐會要卷七十五明經，及新唐書卷四十四選舉志一）

年代		加試老子變更表
高宗	上元二年	加試老子，明經二條，進士三條。
	儀鳳五年	道德經孝經并為上經，貢舉皆須兼通，其餘經及論語任依恆式。

武后長壽二年		則天自製臣範兩卷，令貢舉人習業，停老子。
中宗神龍元年		天下貢舉人停習臣範，依前習老子。
玄宗	開元七年	注老子道德經成，貢舉人減尚書論語策，而加試老子。
	開元十九年	始置崇玄學，習老子莊子文子列子，亦曰道舉。
	天寶元年	天下應舉，除崇元學生外，自餘所試道德經，宜并停，加爾雅，以代道德經。
德宗	貞元元年	停爾雅，仍習老子道德經。
	貞元十二年	停老子（依天寶元年勅處分），加習爾雅。

皇帝雖然崇奉道教，而民間還是信仰佛教，蓋自魏晉以後，沙門有免役的權利，唐承其弊，武后時狄仁傑說：「逃丁避罪並集沙門」（舊唐書卷八十九狄仁傑傳）。中宗時李嶠說：「國計軍防並仰丁口，今丁皆出家，兵悉入道，征行租賦何以備之」（新唐書卷一百二十三李嶠傳）。德宗時楊炎說：「凡富人多丁者率為官為僧，以色役免。貧人所無入，則丁存。故課免於上，而賦增於下，是以天下殘瘁，蕩為浮人，鄉居地著，百不四五」（舊唐書卷一百十八楊炎傳）。敬宗時李德裕亦說：「泗川……戶有三丁，必令一丁落髮，意在規避王傜，影庇資產，自正月已來，落髮者無算」（舊唐書卷一百七十四李德裕傳）。文宗時李訓也有「天下浮屠避傜役」之言（新唐書卷一百七十九李訓傳），此不過略舉數例以證明耳。武宗會昌五年，從道士趙歸真劉玄靖之言，下滅佛之令（舊唐書卷十八上武宗紀）。宣宗即位，「誅道士趙歸真劉玄靖等十二人，以其說惑武宗，排毀釋氏故也」（舊唐書卷十八下宣宗紀），於是佛教又復流行。案

天寶以後，天下由治而亂，尤其安史亂後，方鎮跋扈，外夷侵陵，而宦官之禍又日甚一日，人類悲觀之至，佛教的三世因果，已不能令人滿意，人民所希望者不是來生之福，而是現世的苟安，要得現世的苟安，最好是老莊之無為主義，於是道家思想前由皇室提倡，現在則士大夫也出來主張了。玆只舉四人之政論如次。

一、元　結

元結生於玄宗開元中葉，而死於代宗大曆之初，雖見肅宗中興，而國運已不如前，「天下殘破，蒼生危窘，受賦與役者皆寡弱貧獨，流亡死徙，悲憂道路，蓋亦極矣」（新唐書卷一百四十三元結傳）。他嘆世人之口言道德，而行不如禽獸，遂發憤世之辭，以為這是時代所致。他說：

> 時之化也，道德為嗜欲化為險薄，仁義為貪暴化為凶亂，禮樂為耽淫化為侈靡，政教為煩急化為苛酷（全唐文卷三百八十三元結時化）。

政教既衰，先之為家庭倫理的破壞。

> 時之化也，夫婦為溺惑所化，化為犬豕。父子為惛慾所化，化為禽獸。兄弟為猜忌所化，化為仇敵。宗戚為財利所化，化為行路。朋友為勢利所化，化為市兒（仝上）。

次之為國家紀綱的破壞。

> 時之化也，大臣為權威所恣，忠信化為奸謀。庶官為禁忌所拘，公正化為邪佞。公族為猜忌所

限，賢哲化為庸愚。人民為征賦所傷，州里化為禍邸。姦凶為恩澤所迫，廝皁化為將相（仝上）。

於是「情性為風俗所化，無不作狙狡詐誑之心。聲呼為風俗所化，無不作諂媚僻淫之辭。容顏為風俗所化，無不作奸邪蹙促之色」（仝上），而天下遂大亂了。

往昔世之化也，四海之內，巷戰門鬥，斷骨腐肉，萬里相藉，天地非斧鑽也邪。人民暗夜盜起，求食晝遊，則死傷相及，日月非豺虎也耶。人民相與寄身命於絕崖深谷之底，始能聲呼動息，山澤非州里也邪。人民奔走，非深林薈叢不能藏蔽，草木非宗族也耶。人民去鄉國，入山海，千里一息，力盡暫休，風雨非邸舍也邪。人民相持於死傷之中，裸露而行，霜雪非衣裳也邪。人民勞苦相冤，瘡痍相痛，老弱孤獨相苦，死亡不相救，呻吟非常聲也邪。人民多饑餓溝瀆，痛傷道路，糞汙非粱肉也邪。人民奔亡潛伏，戈矛相拂，前傷後死，免而存者，一息非千歲也邪。僵主腐卿，相枕路隅，鳥獸讓其骨肉，烏犬非君子也邪（全唐文卷三百八十三元結世化）。

推原其故，元結以為時勢所趨，風化頹弊是必然的，然而「或以之興，或以之亡」（全唐文卷三百八十三元結元謨），實由於君道之得失。他說：

上古之君用真而恥聖，故大道清粹，滋於至德，至德蘊淪而人自純。其次用聖而恥明，故乘道施教，修教設化，教化和順而人從信。其次用明而恥殺，故沿化興法，因教置令，法令簡要而人順教。此頹弊以昌之道也。迨乎衰世之君，先嚴而後殺，乃引法樹刑，援令立罰。刑罰積重，其下畏恐。繼者先殺而後淫，乃深刑長暴，酷罰恣虐。暴虐日肆，其下須保繼者先淫而後亂，乃乘暴至亡，因虐及滅，亡滅兆鍾，其下憤凶，此頹弊以亡之道也（全唐文卷三百八十三元結元謨）。

所謂「頹弊以昌」及「頹弊以亡」之故如何？照元結說：

頹弊以昌之道，其由上古。強毀純樸，強生道德，使興云云，使亡惛惛。始開禮樂，始鼓仁義，乃有善惡，乃生真偽。然後仁義之風發而逾扇，嚴急之教起而逾變，須智謀以引喻，須信讓以敦護。是故必垂清淨，必保公正……頹弊以亡之故，其由中古。轉生澆眩，轉起邪詐。變其娭娭，驅令蚩蚩，則聞溺惑，則見凶侈，遂長淫靡。然後忿爭之源，流而日廣。慘毒之根，植而彌長。用苛酷以威服，用諂諛以順欲。是故皆恣昏虐，必生亂惡（全唐文卷三百八十三元結演謨）。

然則為政之道，如何而能達到「頹弊以昌」呢？關此，元結的政論則宗道家之說，即主張清靜無為，即如老子所云：「我無為而民自化，我好靜而民自正，我無事而民自富，我無欲而民自樸」（老子第五十七章）。元結說：

夫王者其道德在清純元粹，惠和溶油，不可恩會盪熿，衰傷元休。其風教在仁茲諭勸，禮信道達，不可沿以澆浮，溺之淫末……其賦役在簡薄均當，使各勝供，不可橫酷繁聚，損人傷農。其刑法在大小必當，理察平審，不可煩苛暴急，殺戮過甚。其兵甲在防制戎夷，鎮服暴變，不可怙恃威武，窮黷戰爭……其任用在校掄材能，察視邪正，不可授付非人，甘順姦佞……其思慮在慎於安危，誡其溢滿，不可沉溺近習，肆任談誕。如此，順之為明聖，逆之為凶虐，可以觀乎興廢，可以見乎善惡（全唐文卷三百八十三元結系謨）。

所謂薄賦乃出於老子，「民之饑以其上食稅之多，是以饑」（老子第七十五章）。所謂簡刑亦本於老子，「民不畏死，奈何以死懼之」（老子第七十四章），所謂不可瀆武，更是老子所謂「以道佐人主者不以兵強天下」（老子第三十章），「夫佳兵者不祥之器」（老子第三十一章）。當然儒家也有這種思想，但他嫉世之辭實與道家相似，而不同於儒家，今人將元結的政論視為道家，不是沒有原因的。

二、无能子

无能子，據新唐書（卷五十九）藝文志之注，「不著人名氏，光啟中隱民間」。光啟為唐僖宗年號，即其人生於唐代之末。此時，關東薦饑，黃巢因之作亂，黃巢既滅，又有秦宗權的屠殺，而「比歲不稔，食物踊貴，道殣相望，饑骸蔽地」（舊唐書卷一百八十二高駢傳）。長安米斗三十千，朝士或賣餅為業（舊唐書卷二百下黃巢傳）。洛陽居民不滿百戶，田野俱無耕者（資治通鑑卷二百五十七唐僖宗光啟三年）。縱在江淮，也是「廬舍焚蕩，民戶喪亡，廣陵之雄富掃地矣」（舊唐書卷一百八十二秦彥傳）。唐祚已瀕覆亡之域，繼之而起的則為五代之亂。无能子生在這個時期，故其無政府思想乃超過於魏晉南北朝的人士。魏晉南北朝雖然分立，而尚有政府。唐末至於五代，紛亂相承，而紛亂所以發生不已，在於軍閥爭取帝位。人士由於這種現象，遂顛倒因果，以為政府為致亂之原，又因為反對政府之存在，而主張人類本來平等，無君臣貴賤之別，復因為人類平等，進而主張萬物無不平等，可以說是邏輯上似是而非的結論。无能子先說明人非萬物之靈，不過裸蟲之一。

天地既位，陰陽炁交，於是裸蟲鱗蟲羽蟲甲蟲生焉。人者裸蟲也，與夫鱗毛羽甲蟲俱焉同生天地交炁而已，无所異也。或謂有所異者，豈非乎人自謂邪。謂人異於鱗毛羽甲諸蟲者，豈非乎能用智慮邪，言語邪。夫自鳥獸迨乎蠢蠕皆好生避死，營其巢穴，謀其飲啄，生育乳養其類而護之，與人之好生避死，營其宮室，謀其衣食，生育乳養其男女而私之，無所異也。何可謂之無智慮也邪。

夫自鳥獸迨乎蠢蠕者，號鳴啅噪皆有其音，安知其族類之中非語言邪。人以不喻其音而謂其不能言，又安知乎鳥獸不喻人言，亦謂人不能語言邪。則其號鳴啅噪之音必語言耳，又何可謂之不能語言邪。智慮語言，人與蟲一也。所以異者，形質爾。夫鱗毛羽甲中形質亦有不同者，豈特止與人不同邪。人之中形質亦有同而異者，異而同者，豈特止人與四蟲之形質異也（无能子卷上第一篇聖過）。

无能子依莊子「至德之世，萬物群生，連屬其鄉，禽獸成群，草木遂長……同與禽獸居，族與萬物並」（莊子第九篇馬蹄），以為太古之時，人與裸蟲相處，無不平等，無不自由，即：

所以太古之時，裸蟲與鱗毛羽甲雜處，雌雄牝牡自然相合，無男女夫婦之別，父子兄弟之序。夏巢冬穴，無宮室之制。茹毛飲血，無百穀之食。生自馳，死自仆，無奪害之心，無瘞藏之事。任其自然，遂其天真，無所司牧，濛濛淳淳，其理也，居且久矣（仝上）。

到了後來，有聖人者出，作繩而為罔罟，以佃以漁，斲木為耜，揉木為耒，聖人不仁，以萬物為芻狗，而人類與萬物遂不平等了。

無何，裸蟲中繁其智慮者，其名曰人，以法限鱗毛羽甲諸蟲。又相教播種以食百穀，於是有耒耜之用。構木合土，以建宮室，於是有斤斧之功。設婚姻以析雌雄牝牡，於是有夫婦之別，父子兄弟之序。為棺槨衣衾以瘞藏其死，於是有喪葬之儀。結罝罘網羅，以取鱗毛羽甲諸蟲，於是有刀俎之味。濛淳以之散，情意以之作，然猶自強自弱，無所制焉（仝上）。

在人類運用心機，以控制萬物之時，人類之中，也發生了強與弱、智與愚的區別。強而智者為君長，弱而愚者為臣下，名分既立，尊卑有別，於是貴賤之等分，貧富之差生。

繁其智慮者又於其中擇一以統眾，名一為君，名眾為臣。一可役眾，眾不得凌一。於是有君臣之分，尊卑之節。尊者隆，眾者同。降及後世，又設爵祿以升降其眾，於是有貴賤之等，用其物，貧賤之差，得其欲。乃謂繁智慮者為聖人（仝上）。

但是人類誰願安貧樂賤，於是和平社會就變為鬥爭世界，而所謂聖人也者，又為之制禮作樂，立仁義忠信之教，這就是「大道廢有仁義」（老子第十八章），而如莊子所說：「及至聖人，蹩躠為仁，踶跂為義，而天下始疑矣。澶漫為樂，摘僻為禮，而天下始分矣」（莊子第九篇馬蹄）。无能子亦說：

既而賤慕貴，貧慕富，而人之爭心生焉。謂之聖人者憂之，相與謀曰，彼始濛濛淳淳，孰謂之人，吾強名之曰人，人蟲乃分。彼始無卑無尊，孰謂之君臣，吾強分之，乃君乃臣。彼始無取無欲，何謂爵祿，吾強品之，乃榮乃辱。今則醨真淳，厚嗜欲，而包爭心矣。爭則奪，奪則亂，將如之何。智慮愈繁者曰，吾有術焉。於是立仁義忠信之教，禮樂之章以拘之，君苦其臣曰苛，臣侵其君曰叛；父不愛子曰不慈，子不尊父曰不孝；兄弟不相順曰不友不悌；夫婦不相一為不真不和。為之者為非，不為之者為是。是則榮，非則辱。於是樂是恥非之心生焉，而爭心抑焉（仝上）。

固然社會由於規範的拘束，暫時可以相安無事，而到了後來，人類又欲毀壞道德的防壁，於是聖人又用刑兵以制止之，然亦無能為力。

> 降及後代，嗜欲愈熾。於是背仁義忠信，踰禮樂而爭之。謂之聖人者悔之不得已，乃設刑法與兵以制之，小則刑之，大則兵之。於是縲紲桎梏鞭笞流竄之罪充於國，戈鋋弓矢之伐充於天下。覆家亡國之禍，綿綿不絕。生民困窮夭折之苦，漫漫不止（仝上）。

此乃「謂之聖人之過也」。「五兵者殺人者也，羅網者獲鳥獸蟲魚者也，聖人造之，然後人能相殺，而又能取鳥獸魚蟲焉。使之知可殺，知可取，然後制殺人之罪，設山澤之禁焉。及其衰世，人不能保父子兄弟，鳥獸魚蟲不暇育麛鹿鯤蝡，法令滋彰，而不可禁，五兵羅網教之也……棺槨者濟死甚矣，然其工之心非樂於濟彼也，迫於利也，欲其日售則幸死，幸死非怨於彼也，迫於利也。醫者樂病，幸其必瘳，非樂於救彼，而又德彼也，迫於利也」（无能子卷下第十一篇固本）。故欲致至治之道，只有「在宥天下」（莊子第十一篇在宥），即歸真返樸，老子說：「不尚賢，使民不爭，不貴難得之貨，使民不為盜」（老子第三章），賢是名，貨是利，无能子說：

> 天下之人所共趨之而不知止者，富貴與美名爾，所謂富貴者足於物耳。夫富貴之亢極者，大則帝王，小則公侯而已，豈不以被衮冕，處宮闕，建羽葆警蹕，故謂之帝王耶。豈不以戴簪纓，喧車馬，仗旌旃鈇鉞，故謂之公侯耶。不飾之以衮冕宮闕羽葆警蹕簪纓車馬鈇鉞，又何有乎帝王公侯哉。夫衮冕羽葆簪纓鈇鉞旌旃車馬皆物也。物足則富貴，富貴則帝王公侯，故曰富貴者足物爾。夫物者人之所能為者也。自為之，反為不為者感之，乃以足物者為富貴，無物者為貧賤。於是樂富貴，恥貧賤，不得其樂者無所不至，自古及今，醒而不悟，壯哉物之力也。夫所謂美名者，豈不以居家孝、事上忠、朋友信、臨財廉、充乎才、足乎藝之類邪。此皆所謂聖人者尚之，以拘愚人也。夫何以被之美名者，人之形質爾。无形質，廓乎太空，故非毀譽所能加也。形質者囊乎血，輿乎滓

者也。朝合而暮壞，何有於美名哉。今人莫不失自然正性而趨之，以至於詐偽奮激者，何也。所謂

> 聖人者誤之也（无能子卷上第五篇質妄）。

誠如无能子所說：「富貴之亢極者，大則帝王，小則公侯而已」（无能子卷上第五篇質妄）。帝王如何？且看无能子之言。

> 夫四海之內，自古以為至廣大也，十分之中，山嶽江海有其半，蠻夷戎狄有其三，中國所有一二而已。背叛侵凌，征伐戰爭，未嘗帖息。夫中國天子之貴在十分天下一二分中，征伐戰爭之內，自尊者爾。夫所謂貴且尊者，不過於一二分中，徇喜怒，專生殺而已。不過於一二分中，擇土木以廣宮室；集繒帛珍寶以繁車服；殺牛羊，種百穀以美飲食；列姝麗，敲金石，以悅視聽而已。嗜欲未厭，老至而死，豐肌委於螻蟻，腐骨淪於土壤，匹夫匹婦一也，天子之貴何有哉（无能子卷中第九篇嚴陵說）。

帝王如此，公侯卿大夫更何足論。无能子說：

> 自古帝王與公侯卿大夫之號，皆聖人彊名以等差貴賤，而誘愚人耳……夫彊名者眾人皆能為之，我苟悅此，當自彊名曰公侯卿大夫可矣，何須子之彊名哉（无能子卷中第九篇嚴陵說）。

此蓋无能子以為人類所視為最重要之事，不外衣食住行四者而已。然而「車馬代勞也，騏驥欵段一也。屋宇庇風雨也，丹艧蓬茅一也。衣服蔽形也，綺紈韋布一也。食粒卻餓也，膏鮮藜藿一也」（无能子卷中第九篇嚴陵說）。「充欲之物」既不足以誘我心，「且萬物之名亦豈自然者哉」。一切「華夏夷狄，帝王

公侯以至士農工商皁隸臧獲，以至是非善惡邪正榮辱，皆妄作者強名之也」（无能子卷下第八篇紀見）。而萬物平等，何有於父子，何有於兄弟，所以倫常觀念亦不能拘束吾身之行動。且看无能子之言。

古今之人謂其所親者血屬，於是情有所專焉。聚則相歡，離則相思，病則相憂，死則相哭。夫天下之人與我所親，手足腹背，耳目口鼻，頭頸眉髮一也。何以分別乎彼我哉，所以彼我者必名字爾。所以疎於天下之人者不相熟爾，所以親於所親者相熟爾。嗟乎，手足腹背，耳目口鼻，頭頸眉髮，俾乎人人離析之，各求其謂之身體者且無所得，誰謂所親邪，誰謂天下之人邪。取於名字，彊為者也。若以名所親之名名天下之人，則天下之人皆所親矣。若以熟所親之熟熟天下之人，則天下之人皆所親矣。胡謂情所專邪。夫無所孝慈者，孝慈天下。有所孝慈者，孝慈一家。一家之孝慈未弊，則以情相苦，而孝慈反為累矣（无能子卷上第五篇質妄）。

无能子由這個觀點出發，凡事均欲「任其自然」（參閱无能子卷上第七篇真修）。「天地自天地，萬物自萬物，春以和自生，冬以寒自殺，非天地使之然也」（无能子卷中第六篇范蠡說）。故「美不能醜之，醜不能美之。長不能短，短不能長。強壯不能尪弱之，尪弱不能強壯之」（无能子卷中第七篇宋玉說）。「鳥飛於空，魚游於淵，非術也，自然而然也」（无能子卷上第七篇真修）。夫既主張「自然」，故其結論又歸到老莊的無為思想，他託西伯之言，說明無為之為德之大。

西伯曰天地无為也，日月星辰運於晝夜，雨露霜雪隕於秋冬，江河流而不息，草木生而不止，故无為則能無滯，若滯於有為，則不能无為矣（无能子卷中第一篇文王說）。

而最後則接近於無政府主義。且看他說：

夫天下自然之時，君臣無分乎其間。為之君臣以別尊卑，謂之聖人者，以智欺愚也。以智欺愚，妄也……夫无為則淳正而當天理，父子君臣何有哉。有為則嗜欲而亂人性，孝不孝，忠不忠，何異哉（无能子卷中第二篇首陽子說）。

三、羅隱

羅隱生於衰唐之世，卒於後梁之初，而仕於吳越（舊五代史卷二十四羅隱傳），其政論是依儒學以補道家之短，與无能子之憤世思想不同。无能子以為太古之初，萬物平等，羅隱則謂人類初生，就不平等。

夫強不自強，因弱以奉強。弱不自弱，因強以禦弱。故弱為強者所伏，強為弱者所宗。上下相制，自然之理也（兩同書卷上第二篇強弱）。

而人也不是裸蟲之一，而是萬物之靈。雖然是萬物之靈，而自然界既然是強弱相凌，則人類立君長，以制止紛亂的現象，不能不說是順乎天理，合於人情。

然則萬物之中，唯人為貴。人不自理，必有所尊，亦以明聖之才而居億兆之上也。是故時之賢者則貴之以為君長，才不應代者則賤之以為黎庶（兩同書卷上第一篇貴賤）。

君長之立雖然是勢之必然，而貴賤之別又取決於德之有無。即「所謂強者，豈壯勇之謂邪。所謂弱者，豈怯懦之謂邪。蓋在乎有德，不在乎多力也」（兩同書卷上第二篇強弱）。羅隱又說：

然處君長之位，非不貴矣，雖莅力有餘，而無德可稱，則其貴不足貴也。居黎庶之內，非不賤矣，雖貧弱不足，而有道可採，則其賤未為賤也……故夫人主所以稱尊者，以其有德也；苟無其德，則何以異于萬物乎（兩同書卷上第一篇貴賤）。

何謂德，唯仁唯慈。何謂力，且暴且武。

夫所謂德者何？唯慈唯仁矣。所謂力者何？且暴且武耳。苟以仁慈，則天地所不違，鬼神將來舍，而況於邇乎？苟以暴武，則九族所離心，六親所側目，而況於遠乎？是故德者，兆庶之所賴也；力者，一夫之所持也。矜一夫之用，故不可得其強；乘兆庶之恩，故不可得其弱（兩同書卷上第二篇強弱）。

然而均有德也，或以尊，或以厄，周公孔子都是聖人，周公顯貴，孔子絕糧，此豈有他哉？蓋有命焉。請看羅隱之言：

夫周公席文武之教，居叔父之尊，而天又以聖人之道屬之，是位勝其道，天下不得不理也。仲尼之生也，源流梗絕，周室衰替，而天以聖人之道屬於旅人，是位不勝其道，天下不得不亂也。位勝其道者，以之尊，以之顯，以之躋康莊，以之致富壽。位不勝其道者，泣焉、圍焉、歎焉、厄焉。天所以達周公於理也，故相之於前。窮仲尼於亂也，故廟之於後（讒書卷三聖人理亂）。

由此可知有德之人，須在高位，而後方能治理天下，此即孟子所說：「居下位而不獲乎上，民不可得而治也」（孟子卷七下離婁上），「匹夫而有天下者，德必若舜禹，而又有天子薦之者，故仲尼不有天下。

繼世而有天下，天之所廢必若桀紂者也，故益伊尹周公不有天下」（孟子卷九下萬章上）。且看羅隱之言。

大舜不得位，則歷山一耕夫耳，不聞一耕夫能翦四凶，而進八元。呂望不得位，則棘津一窮叟耳，不聞一窮叟能取獨夫而王周業（讒書卷三君子之位）。

雖有天子之位，「夫主上不能獨化也，必資賢輔」（兩同書卷下第八篇真偽）。而「眾之所譽者，不可必謂其善也。眾之所毀者，不可必謂其惡也。我之所親者不可必謂其賢也。我之所疎者不可必謂其鄙也」（仝上）。「臣下非同體之物，人心有易遷之慮，委之以臧否，隨之以是非，蓋不可以容易也」（兩同書卷下第七篇得失）。而「天下至大也，無其人則不可獨守，有其人則又恐為亂」（仝上）。何況人情實在難知。羅隱說：

夫人者姦宄無端，真偽匪一，或貌恭而心慢，或言親而行違，或賤廉而貴貪，或貧貞而富黷，或愆大以求變，或位高而自疑，或見利而忘恩，或逃刑而搆隙。此則蓍筮不足決，鬼神不能定。且利器者至重也，人心者難知也，以至重之利器，假難知之人心，未明真偽之情，徒信毀譽之口，有霍光之才者，亦以得矣，有王莽之行者，亦以失矣（兩同書卷下第七篇得失）。

人主既有其位，又有賢輔，須知理亂之道。

夫家國之理亂，在乎文武之道也。昔者聖人之造書契以通隱情，剡弓矢以威不伏；二者古今之所存焉。然則文以致理，武以定亂。文雖致理，不必止其亂；武雖定亂，不必適其理。故防亂在乎用武，勸理在乎用文，若手足之遞使，舟車之更載也……然夫文者，道之以德；德在乎內誠，不在乎誇飾者也。武者示之以威；威在乎自全，不在乎強名也。苟以強名，則吳雖多利兵，適足彰其敗也。苟以誇飾，則魯雖盡儒服，不足救其弱也……且夫文者，示人有章，必存乎簡易；簡易則易從，將有恥且格。武者示人有備，必在乎恬淡；恬淡則自守，恆以逸而待勞。恆以逸而待勞，則攻戰無不利；有恥且格，則教化無不行。化行而眾和，戰利而寇息；然後澄之以無事，濡之以至仁，此聖主所以得其理也（兩同書卷下第六篇理亂）。

更重要的則為慈儉與無為，羅隱說：

益莫大於主儉，損莫大於君奢……且夫日月者天下之至明也，然猶有不及之處。爾其儉主之理，則天下無為。天下無為，則百姓受其賜，其於日月亦已大矣。豺狼者天下之至害也，然猶有不傷之所。爾其奢君之理，則天下多事。天下多事，則萬姓受其毒，其於豺狼亦已甚矣（兩同書卷上第三篇損益）。

此蓋無為則儉，老子云：「民之饑，以其上食稅之多，是以饑」（老子第七十五章）。人主不知務儉，而去務奢，則天下之亂，非因人民之好犯上，人主當自負其責。且「損己以益物者，物既益矣，而物亦益之……益己以損物者，物既損矣，而物亦損之」（兩同書卷上第三篇損益）。羅隱說：

夫萬姓所賴在乎一人，一人所安資乎萬姓，則萬姓為天下之足，一人為天下之首也。然則萬姓眾矣，不能免塗炭之禍。一人尊矣，不能免放逐之辱。豈失之於足，實在於元首也……是故古先聖君，務修儉德，土堦茅宇，綈衣粗裘，捨難得之貨，掊無用之器，薄賦斂，省傜役，損一人之愛好，益萬人之性命，故得天下歡娛，各悅其生矣。古先暴主，志在奢淫，瑤臺象牀，錦衣玉食，購難得之貨，斲無用之器，厚賦斂，煩徭役，益一人之愛好，損萬人之性命，故使天下困窮，不畏其死矣。夫死且不畏，豈可畏其亂乎。生且是悅，豈不悅其安乎。故人安者，天子所以得其安也。人亂者，天子所以罹其亂也。人主欲其己安，而不念其人安；恐其人亂，而不思其己亂，此不可謂智也（兩同書卷上第三篇損益）。

羅隱生在唐末而死於五代之初，既見宦官之廢立天子，又見方鎮之爭奪帝位，所以他對於湯伐桀，伊尹放太甲之事❶，有如次批評。

唐虞氏以傳授得天下，而猶用和仲稷禼，以醞釀風俗，堙洪水，服四罪，然後垂衣裳而已，百姓飲食而已，亦時之未漓，非獨生唐虞之能理也。及商湯氏以鳴條誓，放桀於南巢，揖遜既異，渾樸亦壞；伊尹放太甲，立太甲，則臣下有權，始於是矣，而曰恥君之不及堯舜。嗚呼！商湯氏之取，非唐虞氏之取也；商湯氏之時，非唐虞氏之時也；商湯氏之百姓，非唐虞氏之百姓也；商湯氏之臣，非唐虞氏之和仲稷禼也，伊尹不恥其身不及和仲稷禼，而恥君之不及堯舜；在致君之誠則極矣，而勵己之事何如耳。惜哉（讒書卷一伊尹有言）。

❶ 關於伊尹放太甲，龍逢比干不放桀紂，林慎思說明其理由如次：「知道先生曰，吾聞伊尹放太甲於梧宮，有諸？伸蒙子曰於書有之。曰臣於君，忠乎？曰太甲始立不肖，伊尹放之，可也。曰桀紂不肖，龍逢比干惡不放歟？曰桀紂大不肖也，安能放哉？曰吾聞狸能捕鼠，不能捕狗，則伊尹其捕鼠邪？伸蒙子莞爾而笑曰，先生聞良馬有害人者乎？良御必能維縶以馴伏其性也。聞猛虎有噉人者乎？武士安能囚拘以馴伏其性邪？太甲不肖，猶良馬也；伊尹則可維縶以遷于善也。桀紂不肖，猶猛虎也；龍逢比干豈可囚拘，以遷于善乎？知道先生釋然曰，誠哉！吾子可謂知言矣」（伸蒙子卷上，中篇之四遷善）。

羅隱評論伊尹固與前人不同，然而我們須知羅隱乃反對後世許多奸雄藉口仁義，而作竊國之事，橫亂時起，遂使黎元塗炭，城邑丘墟，良可悲也。羅隱說：

> 視玉帛而取之者，則曰牽於寒餓。視家國而取之者，則曰救彼塗炭。牽於寒餓者無得而言矣，救彼塗炭者則宜以百姓心為心。而西劉則曰居宜如此，楚籍則曰可取而代，意彼未必無退遜之心，正廉之節，蓋以視其靡曼驕崇，然後生其謀耳。為英雄者猶若是，況常人乎（讒書卷二英雄之言）。

羅隱常言前人之所不能言及所不敢言者，茲舉一文，以證實吾言之非偽。固然其言未必合理，且有偏激之病，然比之隋唐以來許多學者之只拾古人餘唾，以文飾自己的見解者，似尚勝一籌。

> 夏之癸，商之辛，雖童子婦人皆知其為理（？）矣。然不知皆當其時則受其弊，居其後則賴其名。夫能極善惡之名，皆教化之一端也。善者俾人慕之，惡者俾人懼之。慕之者必俟其力有餘，懼之者雖寢食不忘之也。癸與辛所謂死其身以冗過者也，極其名以橫惡者也。故千載之後，百王有聞其名者，必縮項掩耳。聞堯舜者，必氣躍心跳。慕之名與懼之名顯然矣，而慕之者未必能及，懼之者庶幾至焉。是故堯舜以仁聖法天，而桀紂以殘暴為助（讒書卷一救夏商二帝）。

此與楊朱之言：「天下之美歸之舜禹周孔，天下之惡歸之桀紂……彼四聖者生無一日之歡，死有萬世之名。名者固非實之所取也，雖稱之弗知，雖賞之不知，與林槐無以異矣……彼二凶也，生有從欲之歡，死被愚暴之名，實者固非名之所與也，雖毀之不知，雖稱之弗知，此與株槐奚以異矣。彼四聖雖美之所歸，苦以至終，同歸於死矣。彼二凶雖惡之所歸，樂以至終，亦同歸於死矣」（列子第七篇楊朱），比較一下，可知羅隱還是樂觀論者。

四、譚峭

譚峭正史無傳，大約是生於唐之末年，而死於宋開寶年間，他的政論以無為為最高的原則，以足食為民生之首要，以節儉為政治之大本，他先描寫原始社會的現象。照他之言：

我心熙熙，民心怡怡，心怡怡兮不知其所思，形惚惚兮不知其所為。若一炁之和合，若一神之混同，若一聲之哀樂，若一形之窮通。安用旌旗，安用金鼓，安用賞罰，安用行伍（化書卷一道化，神交）。

社會由蒙昧而開化，各種邪惡也隨之發生。此蓋聖人教民畋漁，而養成人類好殘喜殺之風之故。譚峭說：

夫禽獸之於人也，何異；有巢穴之居，有夫婦之配，有父子之性，有死生之情。烏反哺仁也；隼憫胎義也；蜂有君禮也；羊跪乳智也；雉不再接信也，孰究其道。萬物之中，五常百行無所不有也，而教之為網罟，使之務畋漁。且夫焚其巢穴非仁也，奪其親愛非義也，以斯為享非禮也，教民殘暴非智也，使萬物懷疑非信也。夫羶臭之慾不止，殺害之機不已。羽毛雖無言，必狀我為貪狼之與封豕。鱗介雖無知，必名我為長鯨之與巨虺也。胡為自安，焉得不恥。吁！直疑自古無君子（化書卷四仁化，畋漁）。

此時也，社會雖然進入於禮義之邦。然吾人觀歷史所載，由三皇而至秦漢，乃每況愈下，終而引起戰爭。

> 三皇有道者也，不知其道，化為五帝之德。五帝有德者也，不知其德，化為三王之仁義。三王有仁義者也，不知其仁義，化為秦漢之戰爭。醉者負醉，疥者療疥，其勢彌顛，其病彌篤，而無反者也（化書卷一道化，稚子）。

人類擁戴君主，稱之為皇、帝或王，目的是求君主保護人民。在太古時代，社會猶如蟻群，君民同苦同樂，怨無由起，叛亦無由生。

> 螻蟻之有君也，一拳之宮，與眾處之。一塊之臺，與眾臨之。一粒之食，與眾蓄之。一蟲之肉，與眾咘之。一罪之疑，與眾戮之。故得心相通而後神相通，神相通而後氣相通，氣相通而後形相通。故我病則眾病，我痛則眾痛。怨何由起，叛何由始。斯太古之化也（化書卷四仁化，螻蟻）。

其後，有國之人，於物質方面，有了特殊享受，免不了引人覬覦。「服布素者，愛士之簪組；服士之簪組者，愛公卿之劍佩；服公卿之劍佩者，愛王者之旒冕」（化書卷六儉化，君民），這是人情之常。不過王取其一，臣取其十，而如譚峭所說：

> 王取其絲，吏取其綸；王取其綸，吏取其綍。取之不已，至於欺罔；斯罔不已，至於鞭撻；鞭撻不已，至於盜竊；盜竊不已，至於殺害；殺害不已，至於刑戮。欺罔非民愛，而裒斂者教之；殺害非民願，而鞭撻者訓之。且夫火將逼，而投於水，知必不免，且貴其緩。虎將噬，而投於谷，知必不可，或覬其生。以斯為類，悲哉（化書卷五食化，絲綸）。

於是「窮民之力，以為城郭，奪民之食，以為儲蓄」（化書卷三德化，有國），而叛亂之事終不能免。且看譚峭之言：

天子作弓矢以威天下，天下盜弓矢以侮天子。君子作禮樂以防小人，小人盜禮樂以僭君子。有國者好聚斂，蓄粟帛，具甲兵，以禦賊盜，賊盜擅甲兵，踞粟帛，以奪其國。或曰安危德也，又曰興亡數也。苟德可以恃，何必廣粟帛乎，苟數可以憑，何必廣甲兵乎（化書卷三德化，弓矢）。

叛亂既生，人主「慎勿怨盜賊，盜賊惟我召，慎勿怨叛亂，叛亂稟我教」（化書卷四仁化，太和），蓋在政風萎靡之時，與其「濟民，不如不濟」，與其「愛民，不如不愛」（化書卷三德化，養民）。濟之，愛之，不免干涉，而奸官汙吏就得乘機舞弊了。故說「民不可理，而理之愈怨」（化書卷四仁化，止鬥），即此一端，可知譚峭的政論實本於道家的學說。

譚峭以為人民所視為重要的是食，人民所希望於政府的是儉。他先說明食之重要，「一日不食則憊，二日不食則病，三日不食則死，民事之急無甚於食」（化書卷五食化，七奪）。他說：

戎羯之禮，事母而不事父；禽獸之情，隨母而不隨父；凡人之痛，呼母而不呼父，蓋乳哺之教也。虎狼不過於嗜肉，蛟龍不過於嗜血，而人無所不嗜，所以不足則鬥，不與則叛，鼓天下之怨，激烈士之忿，食之道非細也（化書卷五食化，巫像）。

又說：

養馬者主，而牧之者親。養子者母，而乳之者親。君臣非所比，而比之者祿也。子母非所愛，而愛之者哺也（化書卷五食化，養馬）。

萬物無不求食，且看譚峭之言：

牛可使之駕，馬可使之負，犬可使之守，鷹可使之擊，蓋食之所感也。獮猴可使之舞，鸚鵡可使之語，鴟鳶可使之死鬥，螻蟻可使之合戰，蓋食有所教也。魚可使之吞鈎，虎可使之入陷，鴈可使之觸網，敵國可使之自援，蓋食有所利也。天地可使之交泰，神明可使之掖衛，高尚可使之屈折，夷狄可使之委伏，蓋食有所奉也。故自天子至於庶人，暨乎萬族，皆可以食而通之。我服布素，則民自煖。我食葵藿，則民自飽。善用其道者，可以肩無為之作（化書卷五食化，無為）。

民以食為天，「苟其饑也，無所不食。苟其迫也，無所不為」（化書卷五食化，興亡）。「民腹常餒，民情常迫，而論以仁義，其可信乎，講以刑政，其可畏乎」（化書卷五食化，戰欲）。人們常譏笑禽獸蟲蟻之食殘骸腐骨，那知歲歉之時，人類亦莫不然。

有智者憫鴟鳶之擊腐鼠，嗟螻蟻之駕斃蟲，謂其為蟲，不若為人。殊不知當歉歲則爭臭儽之屍，值嚴圍則食父子之肉。斯豺狼之所不忍為而人為之，則其為人不若為蟲。是知君無食必不仁，臣無食必不義，士無食必不禮，民無食必不智，萬類無食必不信。是以食為五常之本，五常為食之末（化書卷五食化，鴟鳶）。

案人民食而不能飽腹，固因賦稅之多，而官多兵多，戰爭討伐以及其他僧道之遊食四方，亦不失為原因之一。

民事之急，無甚於食。而王者奪其一，卿士奪其一，兵吏奪其一，戰伐奪其一，工藝奪其一，商賈奪其一，道釋之族奪其一。穡亦奪其一，儉亦奪其一。所以蠶告終而繰葛苧之衣，稼云畢而飯橡櫟之實。王者之刑理不平，此不平之甚也。大人之道救不義，斯不義之甚也。而行切切之仁，用戚戚之禮，其何以謝之哉（化書卷五食化，七奪）。

而人類之惡鼠雀，就是因為牠們攘竊五穀，那知人類之攘竊行為並不劣於鼠雀。

人之所以惡雀鼠者，謂其有攘竊之行。雀鼠所以疑人者，謂其懷盜賊之心。夫上以食而辱下，下以食而欺上。上不得不惡下，下不得不疑上，各有所切也。夫剜其肌，啖其肉，不得不哭。扼其喉，奪其哺，不得不怒。民之瘠也，由剜其肌。民之餒也，由奪其哺。嗚呼惜哉（化書卷五食化，雀鼠）。

食之重要既如上所說，而人民所以乏食，則如老子所說：「民之饑，以其上食稅之多，是以饑」（老子第七十五章），而食稅之多又由於人主縱奢無度。防奢之法莫善於儉。

夫禮失於奢，樂失於淫。奢淫如水，去不復返。議欲救之，莫過乎儉。儉者均食之道也。食均則仁義生，仁義生則禮樂序，禮樂序則民不怨，民不怨則神不怒，太平之業也（化書卷六儉化，太平）。

但是奢侈之風一開，又往往無法制止。而且愈奢侈，愈感覺奢侈之必要，只有不斷的增加奢侈的方式，方能滿足自己的慾望。

服絺綌者不寒，而衣之布帛愈寒。食藜藿者不饑，而飯之黍稷愈饑。是故我之情也不可不慮，

> 民之心也不可不防。凡民之心見負石者則樂於負塗，見負塗者則樂於負芻。饑寒無實狀，輕重無必然。蓋豐儉相形，彼我相平。我心重則民心重，我務輕則民務輕。能至於儉者可以與民為權衡（化書卷六儉化，權衡）。

孔子云：「禮與其奢也，寧儉」（論語第三篇八佾），可知禮雖非奢，而奢與禮必有密切的關係。禮始於揖讓升降，盛於冠冕燕享，敗於奢蕩聚斂，甲兵以興，爭奪以起，終則王朝滅亡。

> 顧盼化揖讓，揖讓化升降，升降化尊卑，尊卑化分別，分別化冠冕，冠冕化車輅，車輅化宮室，宮室化掖衛，掖衛化燕享，燕享化奢蕩，奢蕩化聚斂，聚斂化欺罔，欺罔化刑戮，刑戮化悖亂，悖亂化甲兵，甲兵化爭奪，爭奪化敗亡。其來也勢不可遏，其去也力不可拔。是以大人以道德游泳之，以仁義漁獵之，以刑禮籠罩之，蓋保其國家而護其富貴也（化書卷一道化，大化）。

所以他說：「禮失於奢，樂失於淫，奢淫若水，去不復返，議欲救之，莫過於儉」（化書卷六儉化，太平）。案風俗之或奢或儉，往往是自上發之，由下從之。「使之儉，必不儉……我儉，則民自儉。機在此，不在彼；柄在君，不在人」（化書卷六儉化，解惑）。再看譚峭之言：

> 君儉則臣知足；臣儉則士知足；士儉則民知足；民儉則天下知足。天下知足，所以無貪財，無競名，無姦蠹，無欺罔，無矯佞。是故禮義自生，刑政自寧，溝壘自平，甲兵自停，遊蕩自耕（疑為「輟」字之誤），所以三皇之化行（化書卷六儉化，三皇）。

譚峭由食之必要，而主張儉之重要，此在農業國家，社會生產力不能隨人口的蕃息而增加之時，實有必要。奢呢？奢不能促進生產的發展，而只浪費一般消費物，致令物價踴躍，多數人民不能維持生活，此有害於社會的安定，至為顯明。譚峭比較奢與儉的結果如次：

奢者三歲之計，一歲之用。儉者一歲之計，三歲之用。至奢者猶不足，至儉者尚有餘。奢者富不足，儉者貧有餘，奢者心常貧，儉者心常富。奢者好親人，所以多過，儉者能遠人，所以寡禍。奢者事君，必有所辱，儉者事君，必保其祿。奢者多憂，儉者多福。能終其儉者，可以為天下之牧（化書卷六儉化，天牧）。

照譚峭說：「儉於臺榭，則民力有餘。儉於寶貨，則民財有餘。儉於戰伐，則民時有餘」（化書卷六儉化，雕籠）。儉之價值如此，所以譚峭乃說：「自古及今，未有亡於儉者也」（化書卷六儉化，損益）。固然世上有儉而至慳吝之人。譚峭不以慳吝為恥，而且還認它為富國富家之道。

世有慳號者，人以為大辱，殊不知始得為純儉之道也。於己無所與，於民無所取。我耕我食，我蠶我衣，妻子不寒，婢僕不饑。人不怨之，神不罪之。故一人知儉，則一家富，王者知儉，則天下富（化書卷六儉化，慳號）。

譚峭之主儉，目的乃在於勸告人主之清靜無為，亦即老子所謂「見素抱樸，少私寡欲」（老子第十九章）之意。老子云「我無事而民自富，我無欲而民自樸」（老子第五十七章），這就是譚峭的中心思想。

第五篇

宋元的政治思想

第一章

北宋進取派的政論

一、李　覯

吾國自秦漢以後，政治思想總脫不了先秦六家的窠臼。不過亂極思治，法家思想往往抬頭，大亂既平，理應予民休息，而黃老主義就盛行起來，同時常參以法家思想，而欲大有為於天下。到了國力充沛，人主要致天下於至治，又復採用儒家學說，以施行仁政為務，這是吾國政治思想變更的大勢。固然天下大亂，常有學者鼓吹老莊思想，但其在政治上，很少發生效力。不過公卿無為於下，聽人主（或軍閥）暴虐於上而已。我曾說過老莊思想與黃老主義不盡相同。黃老主義乃無為而無不為，即欲俟機而思有為，老莊思想則純粹屬於頹唐的無為，此又吾人不可不區別者也。

唐末大亂，繼以五代，後周世宗勵精圖治，既滅南唐，又取後蜀四州（秦鳳階成四州）之地，復伐北漢，親征契丹，而恢復瀛莫二州，不幸議攻幽州之時，途中得疾，竟至晏駕。世宗既崩，宋太祖入踐帝位，太宗繼之，以二代的努力，中國復歸統一，然而燕雲十六州尚未恢復，太宗固曾兩次伐遼（一次在太平興國四年，一次在雍熙三年），而師徒傾覆。真宗即位，契丹直犯貝魏，天子親征，而有澶淵議和之事。自是而後政府遂想安邊息民，而宋又懲唐末五代方鎮之禍，所以任何制度均不是用之以強國，而只是用之以矯正前代之弊。一切權力集中於中央，集權太甚，造成地方的衰弱，雖然方鎮之禍已經絕跡，而外患之憂並未消滅。而自澶淵和談之後，邊禍雖弭，而宋乃耽於苟安。到了仁宗，政風士氣多務因循。真宗本來「以無事治天下」，王旦為相，「謂祖宗之法具在，務行故事，慎所變改」(宋史卷二百八十二王旦傳)。仁宗「意在遵守故常」(宋史卷二百九十二田況傳)。而宰相呂夷簡又「以姑息為安，以避謗為智」(宋史卷二百八十八孫沔傳)。且也，宋定都開封，開封為四通八達之地，非有重兵，不能保障首都的安全，因之，軍需遂成為宋代財政之累。而太平日久，文化發達，士人人數日益增加，國家要安插他們，不能不設置許多冗官，於是官俸又成為宋代財政之累。唐沈既濟說：「計天下財賦耗斁大者唯二事，一兵資，二官俸」(新唐書卷一百三十二沈既濟傳)，宋代亦然。民窮財匱，而外寇侵凌，所以宋代政論雖無嶄新意見，而多切中時弊。而唐代之天下一家思想，至宋又提出華夷之別。前曾說過，吾國先哲對於夷夏之別不是絕對的。凡國力衰弱而受外敵的壓迫，則明華夷之別，國力強大而能威服四裔，又倡天下一家。宋朝歷受遼夏及金人之禍，所以民族主義乃是多數學者的共同思想。而對於當時制度尤其學校選舉，更有很好的意見。推原其故，實由於要抗敵，必須強國，要強國，須有人才，最初反對俗儒，而主張富國強兵之必要者則以李覯為最激烈。

李覯為仁宗時代的人(宋史卷四百三十二李覯傳)。他見國勢寖弱，士氣不振，其政論雖屬於儒家，他知自古以來，「用儒而治者有之矣，用儒而亂者有之矣，故儒得其人則為福，不得其人則為賊。以小人之質而被聖賢之文，如虎斯翼，固攫人於都市耳」(李直講文集卷二十一辨儒)。案儒家之中，孟子主張仁義，荀子主張禮義，李覯似偏重於荀子。禮云：「禮自外作」(禮記卷三十七樂記)，「禮也者動於外者也」(禮記卷三十九樂記)。孝經云：「安上治民莫善於禮」(孝經第十二章廣要道)。李覯不但將樂、政、刑，且將仁義忠信皆歸於禮。試看他說：

夫禮人道之準，世教之主也。聖人之所以治天下國家，修身正心，無他，一於禮而已。曰嘗聞之，禮樂政刑，天下之大法也，仁義禮智信，天下之至行也，八者並用，傳之者久矣。而吾子一本於禮，無乃不可乎。曰是皆禮也，飲食衣服、宮室器皿、夫婦父子長幼、君臣上下、師友賓客、死喪祭祀，禮之本也。曰樂、曰政、曰刑，禮之支也，而刑者又政之屬焉。曰仁，曰義，曰智，曰信，禮之別名也。是七者蓋皆禮矣。敢問何謂也？曰夫禮之初，順人之性欲而為之節文者也。人之始生，饑渴存乎內，寒暑交乎外，饑渴寒暑，生民之大患也。食草木之實，鳥獸之肉，茹其毛而飲其血，不足以養口腹也。被髮衣皮，不足以稱肌體也。聖人有作，於是因土地之宜，以殖百穀；因水火之利，以為炮燔烹炙；治其犬豕牛羊及醬酒醴酏，以為飲食；藝麻為布，繅絲為帛，以為衣服。夏居橧巢，則有顛墜之憂，冬入營窟，則有陰寒重膇之疾，於是為之棟宇，取材於山，取土於地，以為宮室。手足不能以獨成事也，飲食不可以措諸地也，於是范金斲木，或為陶瓦脂膠丹漆，以為器皿。夫婦不正，則男女無別；父子不親，則人無所本；長幼不分，則強弱相犯。於是為之婚姻，以正夫婦；為之左右奉養，以親父子；為之伯仲叔季，以分長幼。君臣不辨，則事無統；上下不列，則群黨爭。於是為之朝覲會同，以辨君臣，為之公卿大夫士庶人，以列上下。人之心不學，則懵也，於是為之庠序講習，以立師友，人之道不接，則離也，於是為之宴享苞苴，以交賓客。死者人之終也，不可以不厚也，於是為之衣衾棺槨衰麻哭踊，以奉死喪。神者人之本也，不可以不事也，於是為之禘嘗郊社山川中霤，以修祭祀。豐殺有等，疏數有度，貴有常奉，賤有常守，賢者不敢過，不肖者不敢不及，此禮之大本也。飲食既得，衣冠既備，宮室既成，器皿既利，夫婦既正，父子既親，長幼既分，君臣既辨，上下既列，師友既立，賓客既交，死喪既厚，祭祀既脩，而天下大和矣。人之和必有發也，於是因其發而節之；和久必怠也，於是率其怠而行之；率之不從也，於是罰其不從以威之，是三者禮之大用也，同出於禮而輔於禮者也。不別不異，不足以大行於世，是故節其和者，命之曰樂；行其怠者，命之曰政；威其不從者，命之曰刑，此禮之三枝也。在禮之中，有溫厚而廣愛者，有斷決而從宜者，有疏達而能謀者，有固守而不變者，是四者禮之大旨也，同出於禮而不可缺者也。於是又別而異之，溫厚而廣愛者命之曰仁，斷決而從宜者，命之曰義，疏達而能謀者，命之曰智，固守而不變者，命之曰信，此禮之四名也……言乎禮，則樂刑政仁義智信在其中矣。故曰夫禮人道之準，世教之主也。聖人之所以治天下國家修身正心，無他，一於禮而已矣（李直講文集卷二禮論第一）。

吾人觀李覯之言，可知他所謂禮，不是單指揖讓進退的禮儀，而且除倫理之外，又包括法制在內。故云：「禮者法制之總名也」（仝上禮論第二）。「禮者君之大柄也，所以治政安居也」（仝上禮論第六），即李覯乃採中庸：「或安而行之，或利而行之，或勉強而行之，及其成功一也」之義（參閱仝上禮論後語）。由於這個見解，李覯不但贊成「利而行之」的賞，且又主張「勉強而行之」的刑之必要❶。他說：

刑罰之行尚矣，積聖累賢未有能去者也。非好殺人，欲民之不相殺也；非使畏己，欲民之自相

---

❶人主行使刑賞，必須公平。李覯說：「先王之制，雖同族，雖有爵，其犯法當刑，與庶民無以異也。法者天子所與天下共也，如使同族犯之而不刑殺，是為君者私其親也。有爵者犯之，而不刑殺，是為臣者私其身也。君私其親，臣私其身，君臣皆自私，則五刑之屬三千，止謂民也。賞慶則貴者先得，刑罰則賤者獨當，上不媿於下，下不平於上，豈適治之道耶。故王者不辨親疏，不異貴賤，一致於法」（李直講文集卷十刑禁第四）。

畏也（李直講文集卷十刑禁第一）。

又說：

> 天討有罪，王者奉之，以作五刑。刑者非王之意，天之意也；非天之意，天下之人之意也。殺人者死，而民猶有相殺；傷人者刑，而民猶有相傷，苟有以不忍而赦之，則殺人者不死，傷人者不刑。殺傷之者，無以懲其惡，被殺傷者無以伸其冤，此不近於帥賊而攻人者乎（李直講文集卷十刑禁第三）。

固然李覯曾謂賞罰有時不能發生作用。

> 誘之以賞，利有厚於賞者，脅之以罰，禍有大於罰者。利厚於賞，則去賞，禍大於罰，則就罰（仝上卷二十二懋節）。

此言也，甚似李覯以賞罰不足恃。其實，反過來說，賞重於利，則民重賞，刑重於禍，則民畏罰。誘之以民之大利，嚇之以民之大畏，刑賞未必不會發生作用。

宋代以儒立國，政尚忠厚，而如孝宗所說：「國朝以來，過於忠厚，宰相而誤國，大將而敗軍，未嘗誅戮」（宋史卷三百九十六史浩傳）。用忠厚以治國，何能矯萎靡之風，而激發英豪之士敢於作為。所以李覯對於孟子所說：「不嗜殺人者能一之」（孟子卷一下梁惠王上），不予同意，反而謂仁者不能去刑。

> 術於仁者皆知愛人矣，而或不知愛之說。彼仁者愛善不愛惡，愛眾不愛寡。不愛惡，恐其害善也。不愛寡，恐其妨眾也。如使愛惡而害善，愛寡而妨眾，則是仁者天下之賊也，安得聖賢之號

> 哉。舜去四凶，而謚以仁聖，湯初征自葛，放桀南巢，而仲虺謂之寬仁，武王梟紂白旗，而孟子曰以至仁伐不仁，仁者固嘗殺矣。世俗之仁則諱刑而忌戮，欲以全安罪人，此釋之慈悲，墨之兼愛，非吾聖人所謂仁也（李直講文集卷二十一本仁）。

李覯深知一治一亂乃中國政局的常態，至於一治一亂之原因何在，李覯未加說明，推李覯之意，治極思亂，亂極思治，乃是人之常情。他說：

> 治之民思亂，亂之民思治。何也，生無事之時，身安而意侈，刑弛矣，急之則驚，斂輕矣，加之則怨，力未嘗鬥，自謂勇，心未嘗謀，自謂智，知兵之利而未見兵之害，小不得意，則欲翼而飛矣，故曰治之民思亂也。處多難之世，城者不肆，野者不稼，強者僵於戰，弱者斃於餓，父母妻子，劫束屠膾，然後見興兵之害，而不獲兵之利，幸而有主，則將雨其槁矣。故曰亂之民思治也。思治矣，雖中才可得其歡，思亂矣，非聖人不能弭其漸（仝上卷二十一備亂）。

李覯之言不能說出治亂的根本原因。依吾人之意，中國為農業國家，農業生產力不能供給社會的需要，或土地集中於少數人，多數農民排斥於農村之外，變為流民，結果必生大亂。到了亂極，老弱者填於溝壑，壯者死於刀兵，社會的消費力減少了，而地主流亡，社會又有許多無主的土地，供人耕種，這樣，天下又回歸於治，吾人讀中國歷史，即可知之。

孔子曾言：「道之以政，齊之以刑，民免而無恥。道之以德，齊之以禮，有恥且格」（論語第二篇為政）。後儒因此，就以德治為王政，刑治為霸政。而自孟子說：「以力假仁者霸，以德行仁者王」（孟子卷三下公孫丑上）。俗儒就期期於王霸之別，以為王出於仁，以養民為務，霸出於刑，不免有虐民之事。李覯則謂王霸只是名位的區別，而非施政本質之不同。王，天子之號，以安天下為務；霸，諸侯之號，以尊京師為務。他說：

> 或問自漢迄唐，孰王孰霸。曰，天子也，安得霸哉。皇帝王霸者其人之號，非其道之目也。自王以上，天子號也……霸，諸侯號也。霸之為言也，伯也。所以長諸侯也，豈天子之所得為哉。道有粹有駁，其人之號不可以易之也。世俗見古之王者粹，則諸侯而粹者亦曰行王道。見古之霸者駁，則天子而駁者亦曰行霸道，悖矣……所謂王道，則有之矣，安天下也。所謂霸道，則有之矣，尊京師也。非粹與駁之謂也（李直講文集卷三十四常語下）。

李覯的政論雖然接近於荀子，但亦未曾離開孟子，照他說，政治的目的在於安民，立君者天也，養民者君也，天之立君非私於一姓一氏，而是為無數人打算。他說：

> 愚觀書至於天聰明，自我民聰明，天明畏，自我民明威，未嘗不廢書而歎也。嗟乎天生斯民矣，能為民立君，而不能為君養民。立君者天也，養民者君也。非天命之私一人，為億萬人也。民之所歸，天之所右也。民之所去，天之所左也。天命不易哉，民心可畏哉。是故先哲王皆孳孳焉以安民為務也。所謂安者，非徒飲之，食之，治之，令之而已也。必先於教化焉（李直講文集卷十八安民策第一）。

由此可知李覯的政論還是依儒家之說，不忘教化。他又說「古之天下，君養民也，後之天下，民自養也」（李直講文集卷二十潛書）。民既自養，而天子又從而剝削之，卒致「生民病傷，四海冤叫」。而俗儒乃謂「湯武之為臣，不得以其斧鉞私於桀紂」（仝上），真是腐迂之至。這種革命思想乃一矯唐太宗所謂「君雖不君，臣不可以不臣」（舊唐書卷二太宗紀貞觀二年）之言，而亦反對韓愈「原道」以為君有出令的權力，而民只有納稅的義務。湯武革命之說又由李覯建立起來。

但是李覯的政論最重要的還是富國強兵的思想，宋在仁宗時代，國勢已弱，西夏不斷的擾亂邊境，遼又乘機對宋多方勒索。李覯對此形勢，當然依民族觀念，而思恢復漢唐之盛。然要強兵，必須富國；要富國，必須言利。李覯因俗儒因孟子「亦有仁義而已矣，何必曰利」之一言，皆恥言利。其實，利己固然不可，利國有何錯誤。李覯說：

利可言乎，曰人非利不生，曷為不可言。欲可言乎，曰欲者人之情，曷為不可言。言而不以禮，是貪與淫罪矣。不貪不淫，而曰不可言，無乃賊人之生，反人之情。世俗之不喜儒，以此。孟子謂何必曰利，激也，焉有仁義而不利者乎……學者大抵雷同，古之所是，則謂之是；古之所非，則謂之非。詰其所以是非之狀，或不能知。古人之言豈一端而已矣，夫子於管仲三歸具官，則小之；合諸侯，正天下，則仁之，不以過掩功也（李直講文集卷二十九原文）。

這種利國思想實出於民族觀念。李覯對於王霸既然認為本質上沒有區別，故不但贊成管仲，且又贊成商鞅。試看李覯之言。

儒生之論但恨不及王道耳。而不知霸者強國也，豈易可及哉。管仲之相齊桓公，是霸也。外攘戎狄，內尊京師，較之於今何如。商鞅之相秦孝公，是強國也。明法術耕戰，國以富而兵以強，較之於今何如（李直講文集卷二十七寄上范參政書）。

李覯因宋室之弱，累受遼夏之壓迫，遂由民族意識，一反俗儒之言，而謂富國強兵乃是救國之道。

關於富國，主張培養稅源。

愚竊觀儒者之論，鮮不貴義而賤利，其言非道德教化，則不出諸口矣。然洪範八政，一曰食，二曰貨。孔子曰足食足兵，民信之矣。是治國之實必本於財用，蓋城郭宮室，非財不完；羞服車馬，非財不具；百官群吏，非財不養；軍旅征戍，非財不給；郊社宗廟，非財不事；兄弟婚媾，非財不親；諸侯四夷，朝覲聘問，非財不接；矜寡孤獨，凶荒札瘥，非財不恤。禮以是舉，政以是成，愛以是立，威以是行，舍是而克為治者，未之有也。是故賢聖之君，經濟之士必先富其國焉。所謂富國者……在乎強本節用，下無不足，而上則有餘也（李直講文集卷十六富國策第一，他關於富國策共有十論，文長不俱錄）。

所謂培養稅源，就是薄斂於民，使農民有所蓄積。然宋到了仁宗時代，「承平寖久，勢官富姓占田無限，兼并冒偽，習以成俗，重禁莫能止焉」（宋史卷一百七十三食貨志上一農田）。土地既已集中，一般平民雖男勤於耕，女勤於織，而生活亦難維持，更何有於稅源之培養。這種情況，李覯是知道的，他說：

吾民之饑，不耕乎。曰天下無廢田。吾民之寒，不蠶乎。曰柔農滿野，女手盡之。然則如之何其饑且寒也。曰耕不免饑，蠶不得衣，不耕不蠶，其利自至。耕不免饑，土非其有也。蠶不得衣，口腹奪之也。鉏耰未乾，喉不甘矣。新絲出盎，膚不縫矣。鉅產宿財之家，穀陳而帛腐，傭饑之男，婢寒之女，所售不過升斗尺寸，嗚呼（仝上卷二十潛書）。

關於強兵，主張仁義與詐力併用。李覯說：

兵之作尚矣，黃帝堯舜以來，未之有改也。故國之於兵，猶鷹隼之於羽翼，虎豹之於爪牙也。羽翼不勁，鷙鳥不能以死尺鷃。爪牙不銳，猛獸不能以肉食。兵不強，聖人不能以制褐夫矣。所謂強兵者……必有仁義存焉耳……歷觀世俗之論兵者，多得其一體而未能具也。儒生曰仁義而已矣，何必詐力。武夫曰詐力而已矣，何必仁義，是皆知其一，未知其二也。愚以為仁義者兵之本也，詐力者兵之末也。本末相權，用之得所，則無敵矣。故君者純於本者也，將者駁於末者也。孫子曰，王孰有道，將孰有能。道，道德也；能，智能也。又曰將者智也，信也，仁也，勇也，嚴也，乃知君則專用道德，將則智信仁勇嚴並用之矣……然為將者多知詐力，而為君者或不通仁義，故雖百戰百勝，而國愈不安，敵愈不服也。所謂仁義者，亦非朝肆赦，暮行賞，姑息於人之謂也。賢者興，愚者廢，善者勸，惡者懲，賦斂有法，傜役有時，人各有業而無乏用，樂其生而親其上，此仁義之凡也。彼貧其民，而我富之；彼勞其民，而我逸之；彼虐其民，而我寬之，則敵人望之，若赤子之號父母，將匍匐而至矣。彼雖有石城湯池，誰與守也，雖有堅甲利兵，誰與執也。是謂不戰而屈人之兵矣（李直講文集卷十七強兵策第一，關於強兵亦共有十論，文長不具錄）。

但是宋代之兵不可謂不多（參閱拙著中國社會政治史第四冊第三版八〇頁以下），而每遇外敵，無不敗北，據李覯說：

天下有攻守，草昧之時，攻天下者也；繼體之君，守天下者也。攻之兵雖怯而勇，乘勝也。守之兵雖勇而怯，未之試也。不試已然，況敗歟。……為政者務兵多以強國，而不知其弱國。兵多則不擇，不擇則大抵怯耳。勇者尚怯，況真怯哉。毆十怯以嚮一勇，敗不足疑（仝上卷二十二朿士）。

然則如何而能達到富國強兵的目的呢？李覯以為：欲富國，須先抑末，次再限人占田。即其思想仍不脫古人的窠臼。他說：

貧民無立錐之地，而富者田連阡陌，富人雖有丁強，而乘堅驅良，食有粱肉，其勢不能以力耕也，專以其財役使貧民而已。貧民之黠者則逐末矣，冗食矣；其不能者乃依人莊宅為浮客耳。田廣而耕者寡，其用功必粗……故地力不可得而盡也……貧者則食不自足，或地非己有，雖欲用力，末由也已……故田不可得而墾闢也。地力不盡，則穀米不多；田不墾闢，則租稅不增，理固然也。今將救之，則莫若先行抑末之術，以敺游民。游民既歸矣，然後限人占田，各有頃數，不得過制。游民既歸，而兼併不行……一心於農，則地力可盡矣（仝上卷十六富國策第二）。

欲強兵，須行屯田，使農兵合一。

當今之慮，若興屯田之利，以積穀於邊，外足兵食，內免饋運，民以息肩，國以省費，既安既飽，以時訓練，來則奮擊，去則勿追，以逸待勞，以老其師，此上策也……邊郡之兵，自禁旅（宋制，軍隊分四種，即禁兵、廂兵、鄉兵、蕃兵。禁兵者天子之衛兵也，常遣戍邊疆）之外，別置屯軍……辨其夫晦，列之廬舍，授之耒耜，教之稼穡，明立功課，時加督察，勤則有賞，惰則有刑，然而農功集矣。既又為之什伍，立其長帥，賦以兵器，與其甲冑，乘其閒暇，習之戰鬥，是謂因內政以寄軍令也。然而武事興矣，食既足，兵既練，禁旅未動，而屯軍固已銳矣……利則進戰，否則堅守，國不知耗，民不知勞，而邊將高枕矣……在漢，趙充國；在唐，婁師德，皆以屯田，利盡西土，威震羌胡，茲薦紳先生之所常言也，惟熟圖之（仝上卷十七強兵策第二）。

由此可知李覯之富國強兵的政策，就是法家所主張的農戰。李覯不恥言利，此乃宋儒所不能言，而亦不敢言。其富國強兵的思想確是深中時弊，於是王安石繼之而起，實行變法圖強。

二、蘇洵

宋人的政治思想多半討論現實問題，雖然切中時弊，而由學理觀之，都無創見。其能討論政治的原理，雖然不敢離開儒家，而又接近於荀子者，則為蘇洵。蘇洵生於真宗之時，而死於英宗治平三年（宋書卷四百四十三有蘇洵傳）。宋代政治乃求臣下墨守繩墨。故他說：「臣今觀兩制以上皆奉法供職無過而已。莫肯於繩墨之外，為陛下深思遠慮，有所建明。何者，陛下待之於繩墨之內也」（嘉祐集卷九上皇帝書）。蘇洵承認原始社會為蒙昧的社會，人口寡而資生之物多，所以不耕而不饑，不蠶而不寒，而法制未立，故無君臣父子兄弟之別。他說：

> 生民之初，無貴賤，無尊卑，無長幼，不耕而不饑，不蠶而不寒，故其民逸（嘉祐集卷六易論）。

到了人口增加，資生之物不能供給人類的需要，人類為食的問題，就發生了人與人相殺，鳥獸與人相食的現象。蘇洵說：

> 天下無貴賤，無尊卑，無長幼，是人之相殺無已也。不耕而食鳥獸之肉，不蠶而衣鳥獸之皮，是鳥獸與人相食無已也（仝上易論）。

如何制止這種現象，蘇洵由人情出發，以為：

民之苦勞而樂逸也，若水之走下（仝上易論）。

苦勞而樂逸，固為人情之常，同時人類好生有甚於逸，惡死有甚於勞。

人之好生也甚於逸，而惡死也甚於勞（仝上易論）。

聖人知人與其逸而死，不如勞而生，於是定禮法，於人的方面，有貴賤、尊卑、長幼之別。

而聖人者獨為之君臣，而使天下貴役賤；為之父子，而使天下尊役卑；為之兄弟，而使天下長役幼。蠶而後衣，耕而後食，率天下而勞之。一聖人之力固非足以勝天下之民之眾，而其所以能奪其樂，而易之以其所苦，而天下之民亦遂肯棄逸而就勞，欣然戴之以為君師，而遵蹈其法制者，禮則使然也……有貴賤，有尊卑，有長幼，則人不相殺。食吾之所耕，而衣吾之所蠶，則鳥獸與人不相食。人之好生也甚於逸，而惡死也甚於勞。聖人奪其逸死，而與之勞生，此雖三尺豎子，知所趨避矣（仝上易論）。

於物的方面，則求度量衡的統一。

先王欲杜天下之欺也，為之度，以一天下之長短；為之量，以齊天下之多寡；為之權衡，以信天下之輕重（仝上卷五申法）。

禮法之發生，源於人類之樂生惡死，人類若知不守禮法，未必遽至於死，則禮法失去權威。案聖人所恃以治理天下者，乃利用人類的弱點，由人類之樂生而惡死，進而想出勞則生，逸則死的方法。

倘死生之說不信於天下，則人類又回歸到避勞而就逸的本性了。

> 天下惡夫死也久矣。聖人招之曰，來，吾生爾。既而其法果可以生天下之人。天下之人視其嚮也如此之危而今也如此之安，則宜何從。故當其時，雖難而易行。既行也，天下之人視君父兄如頭足之不待別白而後識，視拜起坐立如寢食之不待告語而後從事。雖然，百人從之，一人不從，則其勢不得遽至乎死，天下之人不知其初之無禮而死，而見其今之無禮而不至乎死也，則曰聖人欺我。故當其時，雖易而難久。嗚呼，聖人之所恃以勝天下之勞逸者，獨有生死之說耳。死生之說不信於天下，則勞逸之說將出而勝之。勞逸之說勝，則聖人之權去矣（仝上卷六樂論）。

所以蘇洵以為：「死生之機去，則禮為無權，區區舉無權之禮以強人之所不能，則亂益甚，而禮益敗」（仝上卷六詩論）。然則如何使禮制能夠永久維持；蘇洵說到這裡，其思想就接近於荀卿。他說：「威者君之所恃以為君也」（仝上卷一審勢）。君要表示其威，不能不假手於刑賞，「人之情，非病風喪心，未有避賞而就刑者」（仝上卷八諫論下）。故說：「以刑使人，以賞使人」（仝上卷二法制）。這兩句話雖然只對「古之善軍者」言之，但是我們細閱蘇洵言論，就可知道他固重視刑賞，甚至對於諫諍，亦主張「立賞以勸之」，「制刑以威之」（仝上卷八諫論下）。但是人民若看慣刑賞，則刑賞將失去效用，所以蘇洵又謂不測的刑賞最為有效。

> 用不測之刑，用不測之賞，而使天下之人視之，如風雨雷電，遽然而至，截然而下，不知其所從發，而不可逃遁。朝廷如此，然後平民益務檢慎，而姦民滑吏亦常恐恐然懼刑法之及其身，而斂其手足，不敢輒犯法，此之謂強政（嘉祐集卷一審勢）。

他曾以雷霆為例，說道：

天下嘗有言曰，叛父母，褻神明，則雷霆下擊之。雷霆固不能為天下盡擊此等輩也，而天下之所以兢兢然不敢犯者，有時而不測也。使雷霆日轟轟焉遶天下，以求夫叛父母、褻神明之人而擊之，則其人未必能盡，而雷霆之威無乃褻乎（仝上卷八明論）。

此外，關於刑，蘇洵重刑，他說：「夫刑者必痛之，而後人畏焉。罰者不能痛之，必困之，而後人懲焉」（仝上卷五議法）。關於賞，他說：「利之所在，天下趨之」，「古者賞一人而天下勸」，今乃「輕用其爵祿，使天下之士積日持久而得之，譬如傭力之人計工而受直，雖與之千萬，豈知德其主哉」（仝上卷九上皇帝書）。即蘇洵反對用年勞以取賞的制度。他深知國家承大亂之後，固當予民休息，及其久安而無變，必須破其苟安之心，使人眾有所激發，而踴躍於功名。

方天下初定，民厭勞役，則聖人務為因循之政，與之休息。及其久安而無變，則必有不振之禍。是以聖人破其苟且之心，而矯其怠惰之氣。漢之元成惟不知此，以至於亂。今天下少墮矣，宜有以激發其心，使踴躍於功名以變其俗（仝上卷九上皇帝書）。

至於激發之法則為刑賞，既用刑賞，則不能不有考課。「夫有官必有課，有課必有賞罰。有官而無課，是無官也。有課而無賞罰，是無課也」（仝上卷九上皇帝書）。刑賞雖為治理國家的工具，但只恃刑賞，又未必有功。人主所恃以維持其帝王之位者，在於其有尊嚴，尊嚴生於神祕；有了神祕，臣民對其帝王，猶如敬神一樣，發生了一種畏敬情緒。請看蘇洵之言：

凡人之所以見信者，以其中無所不可測者也。人之所以獲尊者，以其中有所不可窺者也（仝上卷六易論）。

他由這個觀念出發，遂謂聖人用鬼神之說以濟禮法之窮。蘇洵說：

雖然明則易達，易達則褻，褻則易廢。聖人懼其道之廢而天下復於亂也，然後作易，觀天地之象以為爻，通陰陽之變以為卦，考鬼神之情以為辭。探之茫茫，索之冥冥。童而習之，白首而不得其源。故天下視聖人如神之幽，如天之高，尊其人而其教亦隨而尊。故其道之所以尊於天下而不敢廢者，易為之幽也（仝上卷六易論）。

蘇洵認為風俗是會變的。「聖人因風俗之變，而用其權，聖人之權用於當世，而風俗之變益甚，以至於不可復反。幸而又有聖人焉，承其後而維之，則天下可以復治。不幸其後無聖人，其變窮而無所復入，則已矣」（仝上卷六書論）。他舉堯舜與三代之相變，即忠變質，質變文，「及乎文之變而又欲反之忠也，是猶欲移江河而行之山也」。蓋人類無不喜文而惡質與忠，文既出現，實難再回歸於質與忠。「當堯之時，舉天下而授之舜，舜得堯之天下，而又授之禹」。這是破天荒的事，人民雖以為大怪，而舜與禹「受而居之，安然若天下固其所有」，「未嘗與其民道其所以當得天下之故也，又未嘗悅之以利，而開之以丹朱商均之不肖也」。更不必假託神意，以固自己的帝位（仝上書論）。到了湯之伐桀，則「囂囂然數其罪，而以告人」，「既又懼天下之民不已悅也，則又囂囂然以言柔之，曰萬方有罪，在予一人，予一人有罪，無以爾萬方」。至於武王，「又自言其先祖父偕有顯功」，大業未成，我今繼承其志，舉兵東伐。東土之民皆簞食壺漿以迎我，紂之兵又倒戈以納我，「吾家之當為天子久矣」。「伊尹攝位三年，而無一言以自解」，周公則急於自疏，謂我不是要篡位（仝上卷六書論），一代不如一代，此蓋風俗已變，不能不用其權之故。

古人皆以湯武為王，桓文為霸，王者任德，霸者任刑。蘇洵則謂用刑的未必為霸，用德的未必為王，乃各視時勢如何而定。茲舉蘇洵之言如次：

或者又曰王者任德不任刑，任刑霸者之事，非所宜言。此又非所謂知理者也。夫湯武皆王也，桓文皆霸也，武王乘紂之暴，出民於炮烙斬刖之地，苟又遂多殺人，多刑人以為治，則民之心去矣。故其治一出於禮義。彼湯則不然，桀之惡固無以異紂，然其刑不若紂暴之甚也；而天下之民化其風，淫惰不事法度，書曰有眾率怠弗協；而又諸侯昆吾氏首為亂，於是誅鋤其強梗怠惰不法之人，以定紛亂。故記曰商人先罰而後賞。至於桓文之事，則又非皆任刑也。桓公用管仲，仲之書好言刑，故桓公之治常任刑。文公長者，其佐狐趙先魏皆不說以刑法，其治亦未嘗以刑為本，而號亦為霸。而謂湯非王而文非霸也，得乎。故用刑不必霸，而用德不必王，各觀其勢之何所宜用而已。然則今之勢何為不可用刑，用刑何為不曰王道，彼不先審天下之勢，而欲應天下之務，難矣（仝上卷一審勢）。

蘇洵既謂王霸不能以任德或任刑為標準，所以又謂義利不能分開。「利之所在，天下趨之」（仝上卷九上皇帝書），所以徒義必不能以動人，武王伐紂，必汲汲乎發粟散財，「意者，雖武王亦不能以徒義加天下也」（仝上卷八利者義之和論）。他說：

武王以天命誅獨夫紂，揭大義而行，夫何卹天下之人，而其發粟散財何如此之汲汲也。意者，

> 雖武王亦不能以徒義加天下也……君子之恥言利，亦恥言夫徒利而已。聖人聚天下之剛以為義……凡天下之言剛者皆義屬也……故君子欲行之（義），必即於利；即於利，則其為力也易，戾於利，則其為力者艱。利在則義存，利亡則義喪……必也天下無小人，而後吾之從義始行矣。嗚呼難哉（仝上卷八利者義之和論）。

蘇洵之別義利有似於董仲舒。董氏說：「天之生人也，使之生義與利，利以養其體，義以養其心。心不得義，不得樂；體不得利，不得安。義者心之養也，利者體之養也。體莫貴於心，故養莫貴於義。義之養生人，大於利矣」（春秋繁露第三十一篇身之養重於義）。即董氏尚謂義貴於利，而蘇洵則謂義利應該並重。

觀上所言，可知蘇洵的思想很接近於李覯。他批評宋代政治，深中時弊，他說「政出於他人，而懼其害己，事不出於己，而忌其成功」（嘉祐集卷十上富丞相書），善哉此言❷。我們以為兩氏的政論行

---

❷蘇洵對於宋代用人之法，極為反對。他說：「夫古之用人無擇於勢，布衣寒士而賢，則用之；公卿之子弟而賢，則用之；武夫健卒而賢，則用之；巫醫方技而賢，則用之；胥史賤吏而賢，則用之。今也，布衣寒士持方尺之紙，書聲病剽竊之文，而至享萬鍾之祿。卿大夫之子弟飽食於家，一出而驅高車，駕大馬，以為民上……而胥史賤吏忽之而不錄，使老死於敲榜趨走，而賢與功者不獲一施，吾甚惑也……夫人固有才智奇絕，而不能為章句名數聲律之學者，又有不幸而不為者，苟一之以進士制策，是使奇才絕智有時而窮也」（嘉祐集卷四廣士）。「今天下以貴相高，以賤相諂……故大吏常恣行，不忌其下，而小吏不能正，以至於曲隨諂事，助以為虐，其能中立而不撓者，固已難矣。此不足怪，其勢固使然也」（仝上卷九上皇帝書）。

蘇洵之時，外患已亟。他說：「古者夷狄之勢，大弱則臣，小弱則遁，大盛則侵，小盛則掠……北胡驕

之若得其法，比之空談性和命的其他儒家，尚勝一籌。

三、王安石

宋代到了神宗時代，契丹之患未息，西夏之禍已經囂張，關中歲被侵掠，朝廷為之旰食。然而人主生長深宮之中，法家拂士接耳目之時少，宦官女子共啟處之日多，往往數傳之後，漸次失去奮發決斷之氣。仁宗崩殂，英宗由外藩入承大統。英宗在位不過四年，繼之踐祚的則為神宗。他是英宗之子，在他十六歲以前（仁宗嘉祐八年，侍英宗入居慶寧宮），雖然不是長於民間，而亦不是深居禁中，因之民之疾苦，國之危難，頗能知道。其為人也，「果於有為」（宋史卷三百十三富弼傳），而大臣多因循苟且，「自以禍災可以無及其身」（王臨川全集卷三十九上時政疏），遂「猥用持盈守成之說，文苟簡因循之治，天下之吏因以安常習故為俗」（宋史卷三百三十四熊本傳）。然而因循苟且只可徼幸一時，曠日持久，未嘗不終於大亂。這個時候忽然出現一位王安石，「慨然有矯世變俗之志」（宋史卷三百二十七王安石傳），以為「人主制法，而不當制於法，人主化俗，而不當化於俗」（宋史卷三百六十三李光傳），且謂「天變不足畏，祖宗不足法，人言不足恤」（宋史卷三百二十七王安石傳）。神宗嘗批評漢文帝之才不能立國更制（宋史卷三百二十七王安石傳）。王安石亦謂「君子之為政，立善法於天下，則天下治，立善法於一國，則一國治。如其不能立法，而欲人人悅之，則日亦不足矣」（王臨川全集卷六十四周公）。君臣之意見相

恣為日久矣，歲邀金繒以數十萬計……其心惟恐吾之一旦絕其好，以失吾之厚賂也。然而驕傲不肯少屈者，何也。其意曰，邀之而後固也……匈奴之計不過三，一曰聲，二曰形，三曰實。匈奴謂中國怯久矣……出於聲與形，期我懼而以重賂請和也。出於實，不得已而與我戰，以幸一時之勝也（仝上卷一審敵）。

同，於是變法隨之發生。李覯為革新派的理論家，王安石則為革新派的實行家，王氏著作雖多，其主張全在於「上仁宗皇帝言事書」。商鞅有言：「三代不同禮而王，五霸不同法而霸」，「伏犧神農，黃帝堯舜，及至文武，各當時而立法，因事而制禮，禮法以時而定，制令各順其宜」（商君書第一篇更法）。豈但商鞅，儒家亦有「禮時為大」（禮記卷二十三禮器第十）之言。王安石固以為「生於禹之時，而由回之行，則是楊朱也。生於回之時，而由禹之行，則是墨翟也」（王臨川全集卷六十四子貢）。故說：「當今之失患在不法先王之政者，以謂當法其意而已。夫五帝三王相去，千有餘歲，一治一亂，盛衰之時具矣。其所遭之變，所遭之勢不同，其施設之方亦皆殊，而其為國家之意，本末先後，未嘗不同也。臣故曰當法其意而已」（仝上卷四十一擬上殿箚子）。他說：

古之人以是為禮，而吾今必由之，是未必合於古之禮也。古之人以是為義，而吾今必由之，是未必合於古之義也。夫天下之事，其為變豈一乎哉？固有迹同而實異者矣。今之人諰諰然求合於其迹，而不知權時之變，是則所同者古人之迹，而所異者其實也。事同於古人之迹而異於其實，則其為天下之害莫大矣。此聖人所以貴乎權時之變者也（王臨川全集卷六十七非禮之禮）。

禮須隨時，所以道家要歸太古之言，王安石極為反對。他之所以反對，由吾觀之，不過假借道家，以反駁時人之墨守舊規而已。他說：

太古之人不與禽獸同也幾何。聖人惡之也，制作焉以別之。下而戾於後世，侈裳衣、壯宮室、隆耳目之觀，以囂天下。君臣父子兄弟夫婦皆不得其所當然。仁義不足澤其性，禮樂不足錮其情，刑政不足網其惡，蕩然復與禽獸朋矣。聖人不作，昧者不識所以化之之術，顧引而歸之太古。太古之道果可行之萬世，聖人惡用制作於其間。必制作於其間，為太古之不可行也。顧欲引而歸之，是去禽獸而之禽獸，奚補於化哉。吾以為識治亂者當言所以化之之術。曰歸之太古，非愚則誣（仝上卷六十九太古）。

王安石既採「禮時為大」之說，所以言論有時流於偏激。他固以為「天變不足畏，祖宗不足法，人言不足恤」（宋史卷三百二十七王安石傳）。他佐神宗變法，而竟失敗，失敗的原因不在於變法本身，而在於技術上之不當（參閱拙著中國社會政治史第四冊第三版三五頁至四五頁）。他和李覯一樣，以富國強兵為當前之要務。然要富國強兵，不能不有人才。他在仁宗時代，已經說過，「方今之急，在於人才而已」（王臨川全集卷三十九上仁宗皇帝言事書）。宋之所以缺乏人才者，在於教育問題，考選也有問題。關於教育，王安石早就說到學校所習者多係講習章句，而學成之後，又責以天下國家之事，所學非所用，所用非所學，當然有才難之嘆。

方今州縣雖有學，取牆壁具而已，非有教導之官，長育人才之事也。唯太學有教導之官，而亦未嘗嚴其選，朝廷禮樂刑政之事，未嘗在於學，學者亦漠然自以禮樂刑政為有司之事，而非己所當知也。學者之所教，講說章句而已。講說章句固非古者教人之道也，近歲乃始教之以課試之文章，非博誦強學，窮日之力，則不能及。其能工也，大則不足以用天下國家，小則不足以為天下國家之用。故雖白首於庠序，窮日之力，以帥上之教；及使之從政，則茫然不知其方者皆是也……今士之所宜學者，天下國家之用也。今悉使置之不教，而教之課試之文章，使其耗精疲神，窮日之力以從事於此。及其任之以官也，則又悉使置之，而責之以天下國家之事。夫古之人以朝夕專其業於天下國家之事，而猶才有能有不能。今乃移其精神，奪其日力，以朝夕從事於無補之學。及其任之以事，然後卒然責之以為國家之用，宜其才之足以有為者少矣（王臨川全集卷三十九上仁宗皇帝言事書）。

關於考選，宋沿唐之舊，以文詞取士，而尤重進士一科，進士所試者，科目雖多，而以詩詞最為重要。范仲淹固曾以此為言矣。「音韻中一字有差，雖生平苦辛，即時擯逐。如音韻不失，雖末學淺近，俯拾科級……以此，士之進退多言命運，而不言行業」（范文正公集奏議卷上答手詔條陳十事）。王安石主張「宜先除去聲病對偶之文」（王臨川全集卷四十二乞改科條制劄子）。「若欲以筆札條對求治民之材，臣恐不必得治材之實，但得能文辭談說者爾」（仝上卷六十二看詳雜議之十四）。又說：

方今取士，強記博誦而略通於文辭，謂之茂才異等賢良方正。茂才異等賢良方正者公卿之選也。記不必強，誦不必博，略通於文辭，而又嘗學詩賦，則謂之進士，進士之高者亦公卿之選也。夫此二科所得之技能不足以為公卿，不待論而後可知。而世之識者乃以為吾常以此取天下之士，而才之可以為公卿者常出於此，不必法古之取人，而後得士也。其亦蔽於理矣……然而不肖者苟能雕蟲篆刻之學，以此進至乎公卿，才之可以公卿者困於無補之學，而以此絀死於畎野，蓋十八九矣（王臨川全集卷三十九上仁宗皇帝言事書）。

選了而任之以官，就須因才而用，委任責成，王安石曾以漢高祖為例，說道：

高祖之任人也，可以任則任，可以止則止。至於一人之身，才有長短，取其長則不問其短，情有忠偽，信其忠則不疑其偽。其意曰我以其人長於某事而任之，在它事雖短何害焉。我以其人忠於我心而任之，在它人雖偽何害焉。故蕭何刀筆之吏也，委之關中，無復西顧之憂。陳平亡命之虜也，出捐四萬餘金，不問出入。韓信輕猾之徒也，與之百萬之眾而不疑。是三子者豈素著忠名哉，蓋高祖推己之心而寘於其心，則它人不能離間，而事以濟矣（仝上卷六十九委任）。

顧宋代用人，往往一人之身，而責之以百官之所能備。

以文學進者，且使之治財；已使之治財矣，又轉而使之典獄；已使之典獄矣，又轉而使之治禮，是則一人之身，而責之以百官之能備，宜其人才之難為也（仝上卷三十九上仁宗皇帝言事書）。

而又喜論資歷，於是賢不肖就無區別了。

至於任之，又不問其德之所宜，而問其出身之後先，不論其才之稱否，而論其歷任之多少……朝廷明知其賢能足以任事，苟非其資序，則不以任事而輒進之，雖進之，士猶不服也。明知其無能而不肖，苟非有罪，為在事者所劾，不敢以其不勝任而輒退之，雖退之，士猶不服也。彼誠不肖無能，然而士不服者何也，以所謂賢能者任其事與不肖而無能者，亦無以異故也（仝上卷三十九上仁宗皇帝言事書）。

王安石曾言：「聖人之心不求有為於天下，待天下之變至焉，然後吾因其變而制之法耳」（仝上卷六十七夫子賢於堯舜）。宋到神宗時代，確非變法不可。王安石變法的最大目的在於富國強兵，而宋之貧弱則為官冗兵濫。安石曾言：「人主之於士大夫，能饒之以財，然後可責之以廉恥。方今士大夫所以鮮廉寡恥，其原亦多出於祿賜不足，又以官多員少之故」（仝上卷六十二論議一，議曰罷官而止俸）。但是員多與祿豐往往成為反比例。神宗「嘗患增置官司費財，王安石謂增置官司，所以省費」（宋史卷一百七十九食貨志下一會計）。理由何在，吾人實難理解。神宗以前，胥吏本來無祿，熙寧三年始制天下吏祿（夢溪筆談卷十二官政二），這樣，財政不是愈益困窮麼？吾國古代以農立國，租稅以田賦為主，宋承五代之弊，「天下田稅不均」（宋史卷二百九十四王洙傳），而如丁謂所說：「二十而稅一者有之，三十而稅一者有之」（宋史卷一百七十四食貨志上二賦役）。丁謂之言甚似宋代田賦甚輕，其實，這不過說明地主納稅之不均而已，至於小農則如司馬光所說：「農民值豐歲，賤糶其所收之穀以輸官，比常歲之價或三分減二，於斗斛之數或十分加二，以求售於人。若值凶年，無穀可糶，吏責其錢不已。欲賣田，則家家賣田，欲賣屋，則家家賣屋，欲賣牛，則家家賣牛。無田可售，不免伐桑棗，撤屋材，賣其薪，或殺牛賣肉，得錢以輸官。一年如此，明年將何以為生乎」（司馬文正公傳家集卷四十五應詔言朝政闕失狀）。終至於「民罕土著，或弃田流徙為間民」（宋史卷一百七十三食貨志上一農田）。太宗至道二年，陳靖已言：「今京畿周環二十三州，幅員數千里，地之墾者十纔二三，稅之入者又十無五六」（宋史卷一百七十三食貨志上一農田）。所以王安石秉政，乃著手於方田。「方田之法以東西南北各千步，當四十一頃六十六畝一百六十步為一方，歲以九月令佐分地計量，驗地土肥瘠，定其色號，分為五等，以地之等，均定稅數」（宋史卷三百二十七王安石傳，參閱卷一百七十四食貨志上二方田）。方田乃依田之大小，土之肥瘠，而定賦稅等第，甚合於公平原則。但實行之時，方田使者因之舞弊，利民之政反而擾民，卒至失敗，是當然的。

王安石知道「聖人之為道也，人情而已矣」（王臨川全集卷七十策問十一道之五）。人情所視為最重要者不外生養，而「食貨，人之所以相生養也」（王臨川全集卷六十五洪範傳）。政治須以普通人為對象，「夫出中人之上者，雖窮而不失為君子。出中人之下者，雖泰而不失為小人。唯中人不然，窮則為小人，泰則為君子。計天下之士出中人之上下者，千百而無十一。窮而為小人，泰而為君子者，則天下皆是也。先王以為眾不可以力勝也，故制行不以己，而以中人為制」（仝上卷三十九上仁宗皇帝言事書）。故「凡正人之道」，必「富之然後善」（仝上卷六十五洪範傳）。所以他雖主張富國，而亦不忘培養稅源。安石知道公營事業之有流弊，故舉茶為例，而說：「夫茶之為民用，等於米鹽，不可一日以無。而今官場所出，皆粗惡不可食，故民之所食大率皆私販者。夫奪民之所甘，而使不得食，則嚴刑峻法有不能止者」（仝上卷七十議茶法）。又反對聚斂之臣，只知求利。他說：「彼區區聚斂之臣，務以求利為功，而不知與之為取」（仝上卷七十議茶法）。其所設計的青苗就是出於養民之意，以救農民的青黃不接。那知實行之後，社會政策竟然變為財政政策。何況青苗本身，已有問題，青苗錢「散與人戶，令出息二分，春散秋斂」（宋史卷三百二十七王安石傳）。二分之利已經不輕，若據韓琦之言：「今放青苗錢，凡春貸十千，半年之內，便令納利二千。秋再放十千，至歲終又令納利二千。則是貸萬錢者，不問遠近，歲令出息四千」（宋史卷一百七十六食貨志上四常平義倉）。並且青苗之法本來是「願取則與之，不願不強也」，而官吏務以多散為功，不分貧富，強迫人民借用，而又使貧富相保，貧者散亡，富者亦至破產（參閱宋史卷三百三十六司馬光傳）。甚至城市之內沒有青苗，官吏為要多放，亦強與之（參閱宋史卷一百七十六食貨志上四常平義倉）。青苗已經不是救濟窮民，而是以放債取息為目的。人民「因欠青苗，至賣田宅，雇妻女，投水自縊者不可勝數」（東坡七集，東坡奏議卷三乞不給散青苗錢斛狀）。農桑之利完全破壞，所謂富國因之落空。

至於強兵，王安石最注意的，一是徵兵，二是馬政。他說：

> 異時嘗多兵矣，而不以兵多故費財，今民之壯者多去而為兵，而租賦盡於糧餉，然亦不足於兵。異時嘗多馬矣，而不以馬多故費土。今內則空可耕之地以為牧，蓋鉅萬頃，外則弃錢幣以取之

四夷，然亦不足於馬，此其故何也（王臨川全集卷七十策問十一道之十一）。

先就徵兵說，其法則為保甲。「保甲之法，籍鄉村之民，二丁取一。十家為保，保丁皆授以弓弩，教之戰陣」（宋史卷三百二十七王安石傳）。王安石說：「保甲非特除盜，固可漸習為兵」（宋史卷一百九十二兵志六保甲）。按王安石在仁宗時已經上書說明射在教育上之重要，而主張一切男子均須學習。他說：

古者教士，以射御為急，其他技能則視其人才之所宜而後教之，其才之所不能，則不強也。至於射，則為男子之事。人之生有疾則已，苟無疾，未有去射而不學者也……易曰弧矢之利，以威天下。先王豈以射為可以習揖讓之儀而已乎。固以為射者武事之尤大，而威天下，守國家之具也。居則以是習禮樂，出則以是從戰伐。士既朝夕從事於此，而能者眾，則邊疆宿衛之任皆可以擇而取也（王臨川全集卷三十九上仁宗皇帝言事書）。

此即舉國皆兵之意。按徵兵之制常施行於戶口稀少、土地過剩之時，因為人民都有土地耕耘，當然不願當兵。國家要組織軍隊，只有強制徵調之法。倘若戶口眾庶，而土地集中，則一部分農民必排斥於農村之外，變為閒民。這個時候不把閒民編為軍隊，反而徵召農民，訓練為兵，則一方閒民無所衣食，勢將擾亂社會，他方農民無暇力穡，又有害農業的生產。宋在仁宗時代，百姓已經棄農為兵（宋史卷一百七十三食貨志一農田）。保甲制度施行以後，「三路籍民為保甲，日聚而教之，禁令苛急，往往去為盜，郡縣不敢以聞」（宋史卷三百十八王拱辰傳）。兼以古代農兵之制，乃於農隙講武，宋則五日一教，後改為一月之中併教三日。王巖叟說：「夫三時務農，一時講武，先王之通制也。一月之間併教三日，不若一歲之中併教一月。農事既畢，無他用心，人自安於講武而無憾」（宋史卷一百九十二兵志六保甲）。

何況保丁又須自備弓箭，而「百姓買一弓，至千五百，十箭至六七百」，首都之民「有質衣而買弓箭者」（仝上保甲）。而安石乃謂「自生民以來，兵農為一，耒耜以養生，弓矢以免死，皆凡民所宜自具，未有造耒耜弓矢以給百姓者也」（仝上保甲）。農民力田，本來不能維持生計，而一月之中又復輟耕三五日，復令其自備弓箭。於是「有逐養子，出贅壻，再嫁其母，兄弟析居，以求免者。有毒其目，斷其指，炙其肌膚，以自殘廢而求免者。有盡室以逃而不歸者。有委老弱於家，而保丁自逃者」（仝上保甲）。保甲本欲強兵，而竟擾民如此，其不成功，理之當然。

二是保馬，古代漢胡戰爭均用馬隊，而北方之地平坦，凡欲逐鹿中原，馬隊亦甚重要。漢武帝討伐匈奴，元狩五年，「天下馬少，平牡馬匹二十萬」，如淳云：「欲使人競畜馬」（漢書卷六武帝紀）。南北朝時，宋文帝將北伐，沈慶之即以馬少為言（宋書卷七十七沈慶之傳）。由此可知馬政在軍事上是極重要的。宋初，中央置群牧司，諸州有牧監，太宗末年內外軍馬凡二十餘萬匹，而飼馬兵校乃有一萬六千三十八人。乾興天聖之間，天下久不用兵，「言者多以為牧馬費廣而亡補」，馬政漸次不修。神宗熙寧二年，天下軍馬只有十五萬三千六百有奇（以上見宋史卷一百九十八兵志十二馬政）。馬日以少，王安石為相，就制置保馬之法。「保馬之法，凡五路義保願養馬者，戶一匹，以監牧見馬給之。或官與其直，使自市，歲一閱其肥瘠，死病者補償」（宋史卷三百二十七王安石傳）。本來軍馬與民間所用之馬不同，民間之馬欲其載重行遠，軍馬所要求的則為衝鋒陷陣。散軍馬於編戶，平日未加訓練，一旦調之作戰，何能為力。何況病死者又須補償，百姓自不願意。果然保馬之法卒致煩擾，哲宗嗣位，保馬遂罷（參閱宋史卷一百九十八兵志十二馬政），而強兵政策又復落空。王安石曾經秉政，而為實行家，他的新政固然適合於時代的需要，而無一不歸失敗，蓋有故焉。安石知道：新政「得其人而行之，則為大利，非其人而行之，則為大害；緩而圖之，則為大利，急而成之，則為大害」（王臨川全集卷四十一上五事箚子）。然而實行之時，乃太過急功，欲一舉而將昔日弊政盡行推翻，而代以新制。王安石曾謂「薄物細故，非害治之急者，為之法禁，月異而歲不同，為吏者至於不可勝記」（仝上卷三十九上仁宗皇帝言事書）。而一旦執政，乃忘記了這個原則，新政名目甚多，一法尚未成功，另一法又復頒布。且成見甚深，凡贊成新政者，都引為己黨，凡反對新政者，都加以排斥，於是昔日朋友如司馬光蘇軾等輩均成為敵人了。他有治天下之學，而無治天下之才，縱有治天下之才，又無治天下之量。同時神宗雖然信任王安石，又依祖宗遺訓，深信人事上的制衡有利於帝權的安定，所以任用新派，而又不去舊派，兩派交爭，政策因之不定。王安石固然知道政治上最重要者為刑賞。關於刑，他說：「古之人欲有所為，未嘗不先之以征誅，而後得其意」（仝上卷三十九上仁宗皇帝言事書）。「孟子雖賢，其仁智足以一天下，亦安能不劫之以兵，而使數百千里之強國，一旦肯捐其地之十八九，比於先王之諸侯」（仝上卷三十九上仁宗皇帝言事書）。夫民「莫不欲逸而為尊者勞，莫不欲得而為長者讓……民之於此，豈皆有樂之之心哉，患上之惡已而隨之以刑也……由此觀之，莫不劫之於外而服之以力者也」（仝上卷六十六禮論）。他不但主張刑之必要，且主張重刑。他說：「王制曰變其衣服者其君流。酒誥曰厥或誥曰群飲，汝勿佚，盡執拘以歸於周，予其殺。夫群飲變衣服小罪也，流殺大刑也，加小罪以大刑，先王所以忍而不疑者，以為不如是，不足以一天下之俗而成吾治」（仝上卷三十九上仁宗皇帝言事書）。關於賞，他說：「人所願得者尊爵厚祿，而所榮者善行，所恥者惡名也。今操利勢以臨天下之士，勸之以其所榮，而予之以其所願，則孰肯背而不為者」（仝上卷四十一擬上殿劄子）。但是宋代天子乃如蘇洵所說：「輕用其爵祿」（嘉祐集卷九上皇帝書），故其政治又如朱熹所說：「凡罪皆可以從輕，而凡功皆可以從重」（朱子語類卷一百十論刑，僩）。既是這樣，那肯允許王安石學孔子那樣，一起而誅亂政之少正卯。刑賞不得其道，而致失去效用，新政的失敗，可以說是勢之必然❸。

❸王安石對於王霸的區別，意見與李覯不同。王安石說：「夫王之與霸，其所以用者則同，而其所以名者則異。何也，蓋其心異而已矣……霸者之道……其心未嘗仁也，而患天下惡其不仁，於是示之以仁。其心未嘗義也，而患天下惡其不義，於是示之以義……是故霸者之心為利，而假王者之道以示其所欲，其有為也，唯恐民之不見，而天下之不聞也，故曰其心異也」（王臨川全集卷六十七王霸），其論性情則曰，「性情一也。世有論者曰性善情惡，是徒識性情之名而不知性情之實也。喜怒哀樂好惡欲未發於外而存於心，性也。喜怒哀樂好惡欲發於外而見於行，情也。性者情之本，情者性之用。故吾曰性情一也」（仝上卷六十七性情）。又說：「性生乎情，有情然後善惡形焉，而性不可以善惡言也……孟子以惻隱之心，人皆有之，因以謂人之性無不仁。就所謂性者如其說，必也怨毒忿戾之心人皆無之，然後可以言人之性無不善，而人果皆無之乎」（仝上卷六十八原性）。

第二章

北宋保守派的政論

一、司馬光

司馬光生於真宗之朝，卒於哲宗元祐元年（宋史卷三百六十三有司馬光傳），而為反對王安石變法之最激烈者。其言論不免偏激，似變法無一是處，而欲恢復祖宗舊制。他知道人類所視為最重要的，乃是生活，「不軌之民非不知穿窬探囊之可羞也，而冒行之，驅於饑寒故也」（司馬文正公傳家集卷六十五致知在格物論）。他在仁宗嘉祐六年，就有勸農貴粟之疏。其意以為：

> 臣聞食者生民之大本，為政之首要也……今國家每下詔書，必以勸農為先。然而農夫日寡，游手日繁，豈非為利害所驅邪。今農夫苦身勞力，惡衣糲食，以殖百穀，賦斂萃焉，傜役出焉。歲豐則賤糶以應公上之需，給債家之求。歲凶又流離異鄉，轉死溝壑。如是而欲使乎商賈末作之人，坐漁厚利，鮮衣美食者，轉而緣南畮，斯亦難矣。然則勸農者言也，害農者政也。天下生之者益少，食之者益多，欲穀之無涸，得乎哉。為今之術，勸農莫如重穀……穀重而農勸，雖有饑饉，常無流亡盜賊之患矣（司馬文正公傳家集卷二十二論勸農上殿箚子）。

此蓋中國農民本來貧窮，「富者不過占田稍廣，積穀稍多，室屋修完，耕牛不假而已……其貧者藍縷不蔽形，糟糠不充腹，秋指夏熟，夏望秋成……農民值豐歲，賤糶其所收之穀以輸官……若值凶年，無穀可糴，吏責其錢不已，欲賣田，則家家賣田；欲賣屋，則家家賣屋；欲賣牛，則家家賣牛」（司馬文正公傳家集卷四十五應詔言朝政闕失狀）。農民「搏手計窮，無以為生，則不免有四方之志矣。意謂他處必有饒樂之鄉，仁惠之政，可以安居，遂伐其桑棗，撤其廬舍，殺其耕牛，委其良田，累世之業一朝破之，相攜就道。若所詣之處，復無所依，使之進退失望，彼老弱不轉死溝壑，壯者不起為盜賊，將安歸乎」（仝上卷三十九言賑贍流民劄子）。觀吾國歷史，就可知道農民迫於衣食而變為流民之可畏。管子有言：「凡治國之道必先富民。民富則易治也，民貧則難治也……是以善為國者必先富民，而後治之」（管子第四十八篇治國）。王安石變法之失敗，在於不知富民而只知富國。荀子說：「亡國富筐篋，實府庫。筐篋已富，府庫已實，而百姓貧。夫是之謂上溢而下漏，入不可以守，出不可以戰，則傾覆滅亡可立而待也」（荀子第九篇王制）。南宋時葉適有言：「理財與聚斂異，今之言理財者，聚斂而已矣」（水心集卷四財計上）。但他又說：「君子避理財之名，而小人執理財之權。夫君子不知其義，而徒有仁義之意，以為理之者必取之也，是故避之而弗為。小人無仁義之意，而有聚斂之資，雖非有益於己，而務以多取為悅，是故當之而不辭，執之而弗置。而其上亦以君子為不能也，故舉天下之大計，屬之小人。雖明知其負天下之不義，而莫之卹，以為是固當然而不疑也」（水心集仝上）。「故今之君子真以為聖賢不理財，言理財者必小人而後可矣」（水心集仝上）。案古人不畜聚斂之臣，且謂「與其有聚斂之臣，寧有盜臣」（禮記卷六十大學），就是因為君子不肯理財。凡言理財者皆不知培養稅源，例如青苗，司馬光曾批評如次。

今言青苗之害者，不過謂使者騷動州縣，為今日之患耳。而臣之所憂，乃在十年之外，非今日也。夫民之貧富由勤惰不同，惰者常乏，故必資於人。今出錢貸民而斂其息，富者不願取，使者以多散為功，一切抑配，恐其逋負，必令貧富相保。貧者無可償，則散而之四方，富者不能去，必責使代償。數家之負，春筭秋計，展轉日滋。貧者既盡，富者亦貧，十年之外，百姓無復存者矣（司馬文正公傳家集卷四十四乞罷條例司常平使疏，此處文字是依宋史卷三百三十六司馬光傳）。❶

案社會能夠安定乃有恃於中產階級之維持。而在農業社會，一定期間之內，生產力有一定限度，所以司馬光說：「天地所生財貨百物，不在民，則在官，彼設法奪民，其害乃甚於加賦」（宋史卷三百三十六司馬光傳）。「鳥窮則啄，獸窮則攫，民困窮已極，而無人救恤，羸者不轉死溝壑，壯者不聚為盜賊，將何之矣」（司馬文正公傳家集卷四十五應詔言朝政闕失狀）。司馬光由這觀點，遂反對一切言利政策，而主張仁義，最後則歸於老子之無為。他說：

> 孟子曰仁義而已矣，何必曰利。又曰為民父母，使民盻盻然，將終歲勤動，不得以養其父母，又稱貸而益之，惡在其為民父母也。今介甫（王安石）為政……大講財利之事……欲盡奪商賈之利（指市易）。又分遣使者散青苗錢於天下，而收其息，使人愁痛，父子不相見，兄弟妻子離散，此豈孟子之志乎。老子曰……我無為而民自化，我好靜而民自正，我無事而民自富，我無欲而民自樸……今介甫為政，盡變更祖宗舊法……使上自朝廷，下及田野，內起京師，外周四海，士吏兵農、工商僧道，無一人得襲故而守常者，紛紛擾擾，莫安其居，此豈老氏之志乎（司馬文正公傳家

❶ 豈但青苗而已，均輸、市易、免役，無不出於聚斂（參閱拙著中國社會政治史第四冊第三版三七頁以下）。

集卷六十與王介甫書）。

復由老子之無為，進而主張墨守祖宗舊法，不可變更。且看他與神宗的對話。

邇英進讀，至曹參代蕭何事。帝曰漢常守蕭何之法，不變可乎。對曰寧獨漢也，使三代之君常守禹湯文武之法，雖至今存可也。漢武取高帝約束紛更，盜賊半天下。元帝改孝宣之政，漢業遂衰。由此言之，祖宗之法，不可變也（宋史卷三百三十六司馬光傳）。

司馬光雖說：「祖宗之法不可變也」。但他深知當時政治的缺點。「朝廷近年務行寬政，吏有故出人罪者，率皆不問，或小有失入，則終身廢弃……遂使頑民益無顧憚……王者之政當善善惡惡，若寬此悖逆之民，以為仁政，臣實愚淺，未之前聞」（司馬文正公傳家集卷三十乞今後有犯惡逆不令長官自劾箚子）。此與蘇軾所說：「今天下久安，天子以仁恕為心，而士大夫一切以寬厚為稱上意。而懦夫庸人又有所僥倖，務出罪人，外以邀雪冤之賞，而內以待陰德之報」（東坡七集應詔集卷四策別十七），完全相同。即當時人士固然反對王安石的新政，而對於祖宗的舊政，並不是盲目贊成。

又者，吾國自有歷史以來，就是龐大的國家，希望政局安定，須先講求皇室的安定。要維持皇室的安定，計莫良於傳子。照司馬光說，傳子之制，非自禹始，自有生民以來，有國家者無不傳子。

禹之傳於子，非私之也，苟天下無聖人以授之，則非子莫之傳矣。夫父之傳子，非至禹而後有之也。蓋自生民以來，有國家者無不然矣（司馬文正公傳家集卷六十七子噲，參閱卷七十三史剡，夏禹）。

抑有進者，五代之世，朝代興廢有甚弈棊，朝為伊呂，夕為莽卓。因皇室不斷興廢，造成政局的棼亂，而生民亦隨之陷於塗炭之中。司馬光有鑒於此，所以關於君臣之義，他反對孟子思想，以為君臣之分猶天地之不可易也。他說：

文王序卦，以乾坤為首，孔子繫之曰，天尊地卑，乾坤定矣，卑高以陳，貴賤位矣。言君臣之位，猶天地之不可易也。春秋抑諸侯，尊王室，王人雖微，序於諸侯之上，以是見聖人於君臣之際，未嘗不惓惓也。非有桀紂之暴，湯武之仁，人歸之，天命之，君臣之分，當守節伏死而已矣（資治通鑑卷一周威烈王二十三年臣光曰）。

而君臣之分能夠維持則在於禮，蓋有禮而後有名分，而後有紀綱。司馬光說：

天子之職莫大於禮，禮莫大於分，分莫大於名。何謂禮，紀綱是也。何謂分，君臣是也。何謂名，公卿大夫是也，夫以四海之廣，兆民之眾，受制於一人，雖有絕倫之力，高世之智，莫不奔走而服役者，豈非以禮為紀綱哉。是故天子統三公，三公統諸侯，諸侯制卿大夫，卿大夫治士庶人，貴以臨賤，賤以承貴，上之使下，猶心腹之運手足，根本之制支葉。下之事上，猶手足之衛心腹，支葉之庇本根，然後能上下相保，而國家治安。故曰天子之職莫大於禮也（資治通鑑仝上）。

司馬光由這觀點出發，對於孟子之不朝王（齊宣王），而且又謂「天下有達尊三，爵一，齒一，德一。朝廷莫如爵，鄉黨莫如齒，輔世長民莫如德，惡得有其一而慢其二哉」（孟子卷四上公孫丑下），反駁之曰：

夫君臣之義，人之大倫也。孟子之德孰與周公。其齒之長，孰與周公之於成王。成王幼，周公負之以朝諸侯。及長而歸政，北面稽首畏事之，與事文武無異也。豈得云彼有爵，我有德齒，可慢彼哉（司馬文正公傳家集卷七十三疑孟，孟子將朝王）。

至於孟子所說：「貴戚之卿……君有大過則諫，反覆之而不聽，則易位」（孟子卷十下萬章下），司馬光尤加反對，說道：

為卿者無貴戚異姓，皆人臣也。人臣之義，諫於君而不聽，去之可也，死之可也。若之何其以貴戚之故，敢易位而處也。孟子之言過矣。君有大過無如紂，紂之卿士莫若王子比干箕子微子之親且貴也。微子去之，箕子為之奴，比干諫而死，孔子曰商有三仁焉。夫以紂之過大，而三子之賢，猶且不敢易位也，況過不及紂，而賢不及三子者乎。必也使後世有貴戚之臣，諫其君而不聽，遂廢而代之，曰吾用孟子之言也，非篡也，義也，其可乎（司馬文正公傳家集卷七十三疑孟，齊宣王問卿）。

孔子曾謂管仲之器小哉，司馬光則解釋之曰：

孔子稱管仲之器小哉，先儒以為管仲得君如此，不勉之以王，而僅止於霸，此其所以為小也。愚以為周天子存，而管仲勉齊桓公以王，是教之篡也。此管仲所恥而不為，孔子顧欲其為之耶（仝上卷六十五管仲論）。

司馬光尊君思想可謂至矣，他將君與父相比，以為臣違君之言，是不順也，猶如子逆父之命，是不孝也，不順不孝，人人得而誅之。他說：

> 王者萬物之父也，父之命，子不敢逆，君之言，臣不敢違。父曰前，子不敢不前；父曰止，子不敢不止。臣之於君亦然。故違君之言，臣不順也；逆父之命，子不孝也。不順不孝者，人得而刑之；順且孝者，人得而賞之。違天之命者，天得而刑之；順天之命者，天得而賞之（司馬文正公傳家集卷七十四迂書，士則）。

此種言論由現代人觀之，固然認為迂腐，而司馬光乃不惜言之再三者實亦有故。王通曾言：「無定主，而責之以忠……雖曰能之，末由也已」（中說，事君篇）。五代之世，喪亂相承，其故在此。司馬光所著資治通鑑始於周威烈王二十三年「初命晉大夫魏斯趙籍韓虔為諸侯」，批評之曰，「三晉之列為諸侯，非三晉之壞禮，乃天子自壞之也。嗚呼，君臣之禮既壞矣，則天下以智力相雄長，遂使聖賢之後為諸侯者，社稷無不泯絕，生民之類糜滅幾盡，豈不哀哉」（資治通鑑卷一周威烈王二十三年臣光曰）。觀此言論，可知司馬光之尊君，乃希望社會安定，並不是盲目的主張君權。

君主之尊嚴如此，君主能夠保全其地位，照司馬光說：「凡人主所以保國家者，以有威福之柄也」（司馬文正公傳家集卷二十言奉養上殿第二劄子）。何謂威福之柄？「人君者固所以決是非，行賞罰也」（仝上卷四十三上體要疏）。即威福之柄，一是決定權，二是賞罰權。先就決定權言之，司馬光說：

> 夫三人群居，無所統一，不散則亂，是故立君以司牧之。群臣百姓，勢均力敵，不能相治，故從人君決之。人君者固所以決是非（行刑賞）也。若人君復不肯決，當使從誰決之乎（仝上卷四十三上體要疏）。

次就賞罰權言之，司馬光以為「王者之職，在於賞功罰罪而已」（仝上卷四十三上體要疏）。但王者行使賞罰之權，必須公平無私。司馬光說：

凡人君之要道在於……賞善罰惡而已。爵祿者天下之爵祿，非以厚人君之所喜也；刑罰者天下之刑罰，非以快人君之所怒也。是故古者爵人於朝，與士共之，刑人於市，與眾弃之，明不敢以己之私心，蓋天下之公議也（仝上卷三十一言為治所先上殿劄子）。

王者之職在於決是非，行賞罰。除此之外，則為「謹擇公卿牧伯而屬任之」（仝上卷四十三上體要疏）。其他細務，人主不宜詳察。司馬光說：

荀子曰明主好要，闇主好詳。主好要，則百事詳；主好詳，則百事荒，故為人君者自有職事，固不當詳察細務也。然則人君之職謂何？臣愚以為量材而授官，一也；度功而加賞，二也；審罪而行罰，三也。材有長短，故官有能否；功有高下，故賞有厚薄；罪有大小，故罰有輕重，此三者人君所當用心，其餘皆不足言也（仝上卷二十八乞簡省細務不必盡關聖覽上殿劄子）。

人主既然只可察要，所以「法制之設，貴於簡要，而失在煩苛」（仝上卷三十八乞簡省舉御史條約上殿劄子），而宋之制度往往失之煩苛，據司馬光說：「臣伏見國家舊制，百司細事，如三司鞭一胥史，開封府補一廂鎮之類，往往皆須奏聞」（仝上卷二十八乞簡省細務不必盡關聖覽上殿劄子）。宋之所以剝奪地方官之權者，蓋矯唐末之弊，而懲創五季之亂，所以厲行中央集權。然而矯枉過正，弊又旋生❷。司馬

❷ 茲宜附帶一述者，吾國自隋唐以後，均以文辭取士。司馬光說「文辭者乃藝能之一端耳，未足以盡天下之士也」（司馬文正公傳家集卷二十論選舉狀）。「以言取人，固未足以盡人之才，今之科場，格之以辭

光說：

> 凡天下之事，在一縣者，當委之知縣；在一州者，當委之知州；在一路者，當委之轉運使；在邊鄙者，當委之將帥，然後事乃可集（仝上卷四十三上體要疏）。

賦，又不足以觀言」（仝上卷三十貢院定奪科場不用詩賦狀）。顧「國家用人之法，非進士及第者，不得美官；非善為賦詩論策者，不得及第」（仝上卷三十二貢院乞逐路取人狀）。以文辭「進退天下士，不問其賢不肖，雖頑如跖蹻，苟程試合格，不廢高第；行如淵騫，程試不合格，不免黜落，老死衡茅」（仝上卷五十四起請科場劄子）。然而「四方之人雖於文藝或有所短，而其餘所長，有益於公家之用者，蓋亦多矣，安可盡加弃斥，使終身不仕邪」（仝上卷三十二貢院乞逐路取人狀）。又說「臣竊見國家御群臣之道，累日月以進秩，循資塗而授任，苟日月積久，則不擇其人之賢愚而寘高位，資塗相值，則不問其人之能否而居重職。夫人之材性，各有所宜，而官之職業，各有所守……陛下誠能……度材而授任，量能而施職……如是而朝廷不尊，萬事不治，百姓不安，四夷不服，臣請伏面欺之誅」（仝上卷二十言御臣上殿劄子）。司馬光對於當時政風之壞，曾批評曰：「國家採名不採實，誅文不誅意。夫以名行賞，則天下飾名以求功，以文行罰，則天下巧文以逃罪。如是，則為善者未必賞，為惡者未必誅」（仝上卷二十言御臣上殿劄子）。「國家之制，百官莫得久於其位，求其功也速，責其過也備。是故或養交飾譽以待遷，或容身免過以待去。上自公卿，下及斗食，自非憂公忘私之人，大抵多懷苟且之計，莫肯為十年之規，況萬世之慮乎」（仝上卷二十一進五規狀，遠謀）。「近歲風俗頹弊，士大夫以偷合苟容為智，以危言正論為狂」（仝上卷四十六乞開言路狀）。而對於國家用人，喜求備於一人，亦加反對。意謂「人之才性各有所能，或優於德而嗇於才，或長於此而短於彼……是故孔門以四科論士，漢室以數路得人，若指瑕掩善，則朝無可用之人。苟隨器授任，則世無可弃之士」（仝上卷五十四乞以十科舉士劄子）。宋之失政確實如此，故吾不憚煩而述之。

又說：

夫帝王之道，當務其遠者大者，而略其近者小者。國之大事，當與公卿議之，而不當使小臣參之。四方之事，當委牧伯察之，而不當使左右覘之（仝上卷四十三上體要疏）。

最後尚須一述者，司馬光反對執政之臣「好人同己，而惡人異己」（仝上卷四十五應詔言朝政闕失狀）。凡事不察是非，群臣「與之同者，援引登青雲，與之異者，擯斥沉溝壑……人之常情誰不愛富貴而畏刑禍，於是縉紳大夫望風承流……捨是取非」（仝上卷四十六乞去新法之病民傷國者疏）。這是宋代政治腐化的原因。蘇軾有言：「知為國者，平居必常有忘軀犯顏之士，則臨難庶幾有徇義守死之臣。苟平居尚不能一言，則臨難何以責其死節」（東坡七集續集卷十一上神宗皇帝書）。善哉斯言。司馬光認為「為政在順民心，民之所欲者與之，所惡者去之」（司馬文正公傳家集卷四十六乞去新法之病民傷國者疏）。所以用人行政當付之公議，「凡舉一事，則與之（公卿大臣明正忠信者）公議於朝，使各言其志……凡除一官，亦與之公議於朝，使各舉所知」（仝上卷四十三上體要疏）❸。但是公議之後，如何決定？古人思想

---

❸司馬光偏見甚深。司馬光在英宗時也曾反對差役。他說「置鄉戶衙前以來，民益困乏，不敢營生。富者反不如貧，貧者不敢求富。臣嘗行於村落，見農民生具之微，而問其故，皆言不敢為也。今欲多種一桑，多畜一牛，蓄二年之糧，藏十匹之帛，鄰里已目為富室，指抉以為衙前矣，況敢益田疇，葺閭舍乎。臣聞其事，惄焉傷心，安有聖帝在上，五方無事，而立法使民不敢為久生之計乎。臣聞以為凡農民租稅之外，宜無所預，衙前當募人為之」（引自文獻通考卷十二歷代鄉黨版籍職役一）。所以馬端臨認為：「按溫公所謂募人充衙前，即熙寧之法也」（通考仝上）。那知元祐時溫公為相，竟然不顧范純仁與蘇軾之言（參閱宋史卷三百十四范純仁傳，卷三百三十八蘇軾傳），罷免役而復差役，其因深嫉王安石，對於王安石的新政，存有偏見，以為無一是處。難怪朱熹說：「溫公忠直，而於事不甚通曉，如爭役

多主張從賢，而反對從眾，所以司馬光說到這裡，又拉出君權來了。他說：

國家凡舉一事，朝野之人必或以為是，或以為非。凡用一人，必或以為賢，或以為不肖。此固人情之常，自古而然，不足怪也。要在人主審其是非而取捨之，取是而捨非，則安榮，取非而捨是，則危辱……故博謀群臣，下及庶人，然而終決之者，要在人君也。古人有言曰，謀之在多，斷之在獨。謀之多，故可以觀利害之極致，斷之獨，故可以定天下之是非。若知謀而不知斷，則群下人人各欲逞其私志，斯衰亂之政也（司馬文正公傳家集卷四十三上體要疏）。

此即吾國思想與歐洲民主思想的分歧點。但是決斷之權屬於人主，人主是否有取是而捨非的能力？萬一人主取非而捨是，又將如何補救？固然古代有臺諫之制，然而天子沒有接受臺諫意見的義務。所以古人論政，雖然理想甚高，而均無法使之實現。

二、蘇軾

蘇軾生於仁宗景祐三年，而卒於徽宗即位之初（宋史卷三百三十八蘇軾傳）。他看到王安石的變法，變法的結果不但不能達到富強的理想，而且民更窮而國更弱。照朱熹說：「荊公（王安石）所變更者，初時東坡亦欲為之，及見荊公做得紛擾狼狽，遂不復言，卻去攻他」（朱子語類卷一百三十自熙寧至靖康用

法，七八年間，直是爭此一事，他只說不合令民出錢。其實，民自便之，此是有甚大事，卻如何捨命爭」（朱子語類卷一百三十自熙寧至靖康用人，端蒙）。但是朱熹之言亦不甚對，蓋免役應該是無役的人，不必輸錢，而新政不但對於無役的人，甚至女戶單丁亦一概輸錢（參閱拙著中國社會政治史第四冊第三版四二頁）。

人，必大）。蓋朱熹承二程學說，而蘇軾則譏斥理學家，玩侮程伊川（宋史紀事本末卷四十五元祐二年八月），且說：「仕者莫不談王道，述禮樂，皆欲復三代，追堯舜，終於不可行，而世務因以不舉。學者莫不論天人，推性命，終於不可究，而世教因以不明。自許太高，而措意太廣。太高則無用，太遠則無功」（東坡七集前集卷二十八應制舉上兩制書）。朱熹之不直蘇軾，以為「東坡之德行那裡得似荊公，東坡初年若得用，未必其患不甚於荊公」（朱子語類卷一百三十自熙寧至靖康用人，道夫）。「東坡只管罵王介甫，介甫固不是，教東坡作丞相時，引得秦少游黃魯直一隊進來，壞得更猛」（朱子語類仝上，淳）。朱熹此言完全出於報復之意。

蘇軾的思想因王安石變法之失敗，而流於保守。保守不是泥古。他固以為事之興廢須合於時代的需要，合於時代需要者，不必皆有故事，不合於時代需要者，縱有經典明文，亦不可行。

> 大抵事若可行，不必皆有故事。若民所不悅，俗所不安，縱有經典明文，無補於怨（東坡七集續集卷十一上神宗皇帝書）。

前已說過，古人之所謂禮乃包括法制在內。慎子有言：「法非從天下，非從地出，發於人間，合乎人心而已」（慎子，逸文）。蘇軾亦謂禮須出於人情之所安，而不可出於人情之所不安。

> 夫禮之初，始諸人情，因其所安者而為之節文。凡人情之所安而有節者，舉皆禮也，則是禮未始有定論也。然而不可以出於人情之所不安，則亦未始無定論也（東坡七集後集卷十禮以養人為本論）。

人情之所安乃隨時代而不同。禮時為大（禮記卷二十三禮器），時俗未變，雖暴君亦無法改變法制，時俗已變，雖聖人也不能復古。蘇軾說：

夫時有可否，物有廢興，方其所安，雖暴君不能廢。及其既厭，雖聖人不能復。故風俗之變，法制隨之，譬如江河之徙移，強而復之，則難為力（宋史卷三百三十八蘇軾傳）。

案古人制定禮法，乃欲藉以維持社會秩序，使各人皆得安居樂業。蓋原始社會乃是鬥爭的世界，有了禮法，各人的生命財產方有保障，而能樂生便利。

昔者生民之初，不知所以養生之具。擊搏挽裂，與禽獸爭一旦之命，惴惴焉朝不謀夕，憂死之不給，是故巧詐不生而民無知。然聖人惡其無別而憂其無以生也，是以作為器用，耒耜弓矢舟車網罟之類，莫不備至，使民樂生便利，役御萬物，而適其情。而民始有以極其口腹耳目之欲。器利用便而巧詐生，求得欲從而心志廣，聖人又憂其桀猾變詐而難治也，是故制禮以反其初。禮者所以反本復始也（東坡七集應詔集卷七秦始皇帝論）。

樂生須有一定軌範，這個軌範就是禮。樂生而無軌範，則何事不可為。而「自秦以來，天下惟知所以求生避死之具，以禮者為無用贅疣之物，何者，其意以為生之無事乎禮也。苟生之無事乎禮，則凡可以得生者，無所不為矣」（仝上）。蘇軾由此進而討論仁義與禮法刑政之原，照他說：

仁義之道起於夫婦父子兄弟相愛之間，而禮法刑政之原出於君臣上下相忌之際。相愛則有所不忍，相忌則有所不敢。不敢與不忍之心合，而後聖人之道得存乎其中（東坡七集應詔集卷九韓非論）。

即仁義起於血統團體之相愛，禮法刑政出於統治團體之相忌。相愛之極，常流於姑息而不忍；相忌之極，又流於畏慮而不敢。折衷不忍與不敢。就是聖人制定的禮法。

禮法刑政須有刑賞，才能維持。孔子說：「或安而行之，或利而行之，或勉強而行之，及其成功一也」（禮記卷五十二中庸）。安而行之，畢竟人數不多，利而行之，就是用賞，勉強而行之，就是用刑。「夫為惡而不入於刑者，固已眾矣。有終身為不義，而其罪不可指名，以附於法者；有巧為規避，持吏短長而不可詰者；又有因緣幸會而免者。如必待其自入於刑，則其所去者蓋無幾耳……而士大夫一切以寬厚為稱上意，而懦夫庸人又有所僥倖，務出罪人，外以邀雪冤之賞，而內以待陰德之報」（東坡七集應詔集卷四策別十七）。但刑賞之能發生效力，必須行之有法，六韜云：「殺貴大，賞貴小」（龍韜，將威）。蘇軾贊成這個見解，所以他說：

昔者聖人制為刑賞，知天下之樂乎賞而畏乎刑也，是故施其所樂者自下而上，民有一介之善，不終朝而賞隨之，是以天下之為善者，足以知其無有不賞也。施其所畏者自上而下，公卿大臣有毫髮之罪，不終朝而罰隨之，是以上之為不善者，亦足以知其無有不罰也……舜誅四凶而天下服，何也，此四族者天下之大族也。夫惟聖人為能擊天下之大族，以服小民之心，故其刑罰至於措而不用。周之衰也，商鞅韓非峻刑酷法，以督責天下。然其所以為得者，用法始於貴戚大臣，而後及於疏賤，故能以其國霸。由此觀之，商鞅韓非之刑法非舜之刑，而所以用刑者舜之術也（東坡七集應詔集卷二策別六）。

蘇軾的思想亦接近於荀子，但他與王安石同一時代，王安石變法的目的在求富國強兵，蘇軾反對王安石的變法，從而反對富強思想。試看蘇軾之言：

夫國家之所以存亡者，在道德之深淺而不在乎強與弱。曆數之所以長短者，在風俗之厚薄而不在乎富與貧。道德誠深，風俗誠厚，雖貧且弱，不害於長而存。道德誠淺，風俗誠薄，雖富且強，不救於短而亡（東坡七集續集卷十一上神宗皇帝書）。

我們須知王安石的富強思想因行之不得其法，確實可以引起人士反對。蓋要富國，須先富民，王安石一派只求富國，弄到結果，民皆窮了，稅源枯竭，國家的財政亦隨百姓之窮而至支絀。據蘇軾言，「今中民以下，舉皆闕食。冒法而為盜則死，畏法而不盜則饑，饑寒之與棄市，均是死亡。而賒死之與忍饑，禍有遲速，相率為盜，正理之常」（東坡七集，奏議集卷二論河北京東盜賊狀）。何況國家言利，不能不假手於臣下，而為人臣者往往不肯省費以養財，只知興利以聚斂，於是臣肆其奸，國受其害。蘇軾說：

夫興利以聚財者人臣之利也，非社稷之福。省費以養財者社稷之福也，非人臣之利。何以言之？民者國之本，而利者民之賊。興利以聚財，必先煩刑以賊民。國本搖矣，而言利之臣先受其賞（東坡七集續集卷九刑政）。

蘇軾見新政處處擾民，故說：「今日之政，小用則小敗，大用則大敗，若力行而不已，則亂亡隨之」（東坡七集續集卷九論時政狀）。「人主之所恃者人心而已……是以君子未論行事之是非，先觀人心之向背」（東坡七集續集卷十一上神宗皇帝書）。「眾之所是，我則與之，眾之所非，我則去之。夫眾未有不公，而人君者天下公議之主也」（東坡七集續集卷九道德）。推此言也，可以達到民意政治——民主政治。但是吾國古代沒有民意機關，所以蘇軾又一轉而謂：

從眾者非從眾多之口，而從其所不言而同然者，是真從眾也。眾多之口非果眾也，特聞於吾耳。而接於吾前，未有非其私說者也。於吾為眾，於天下為寡。彼眾之所不言而同然者，眾多之口舉不樂也。以眾多之口所不樂而弃眾之所不言而同然，則樂者寡而不樂者眾矣。古之人常以從眾得天下之心，而世之君子常以從眾失之，不知夫古之人其所從者，非從其口而從其所同然也（東坡七集前集卷二十一思治論）。

蘇軾此言大有問題，既不從其口，何以知是之者或否之者為眾；而心所同然，又用何法以探知之，這是吾國古人論政的共同缺點。

大凡為政之道，須有一定目標，依國家的人力財力，以求目標的達成。管子有言：「君有三欲於民……一曰求，二曰禁，三曰令……求多者，其得寡。禁多者，其止寡。令多者，其行寡」（管子第十六篇法法），所以目標不能定得太多。商鞅變法能夠成功，因他知道「察要」（商君書第三篇農戰）之道，所要改革者不過數種，而又分為兩次進行，一次在秦孝公三年，一次在秦孝公十二年。王莽改制所以失敗，因為不知法簡則易行，事簡則易舉的道理，改革太多，所以一事無成。蘇軾在仁宗嘉祐八年，已經說到：

方今天下何病哉，其始不立，其卒不成……夫所貴於立者，以其規模先定也。古之君子先定其規模，而後從事，故其應也有候，而其成也有形……今夫富人之營宮室也，必先料其資財之豐約，以制宮室之大小……及期而成，既成而不失富，則規模之先定也。今治天下則不然，百官有司不知上之所欲為也……民不知其所適從也。及其發一政，則曰姑試行之而已，其濟與否，固未可知也。前之政未見其利害，而後之政復發矣……何則，其規模不先定也（東坡七集前集卷二十一思治論）。

目標既定，法制隨之變更。但「法者本以存其大綱，而其出入變化，固將付之於人」（東坡七集應詔集卷二策別七），以今日法律為例言之，任何法律均不能詳細規定，其留給有關機關作自由裁量者甚多。蓋用法太密，則人必困於繩墨之間，官吏「不敢用其私意，而惟法之知，故雖賢者所為，要以如法而止，不敢於法律之外，有所措意」（東坡七集前集卷二十八應制舉上兩制書）。而且法令滋章，不免有彼此矛盾之處，於是貪官汙吏就可因之為邪，「凡賄賂先至者，朝請而夕得；徒手而來者，終年而不獲……舉天下一毫之事，非金錢無以行之……小人得以法為姦……所欲排者，有小不如法，而可指以為瑕；所欲與者，雖有所乖戾，而可借法以為解」（東坡七集應詔集卷二策別八）。弄到結果，又發生了疑人疑法之事，因法之不行，而疑用人之失；因人之有失，而疑法之不善。法日變，國家無一定的政策；人日易，政府的基礎，不能安定。蘇軾說：

> 夫天下有二患，有立法之弊，有任人之失。二者疑似而難明，此天下之所以亂也。當立法之弊也，其君必曰吾用某也，而天下不治，是某不可用也，又從而易之，不知法之弊，而移咎於其人。及其用人之失也，又從而尤其法，法之變未有已也。如此，則雖至於覆敗，死亡相繼而不悟，豈足怪哉（東坡七集應詔集卷一策略三）。

最後，關於取士之法，試略述蘇軾的意見。宋承唐之舊，「以詞賦取士」（宋史卷四百五十尹穀傳）。而自「五代以還，詞令尚華靡」（宋史卷二百六十三李穆傳），「景德後，文士以雕靡相尚，一時學者鄉之」（宋史卷三百陳從易傳）。司馬光說：「以言取人，固未足以盡人之才。今之科場，格之以辭賦，又不足以觀言」（司馬文正公傳家集卷三十貢院定奪科場不用詩賦狀）。又說：「國家用人之法，非進士及第者，不得美官。非善為詩賦論策者，不得及第」（引自文獻通考卷三十一舉士）。用詞賦以甄別人才，自當引起有識之士的反對。王安石秉政，熙寧二年罷詩賦，依策論以定等第，限以千字。蓋如神宗所言：「對策亦何足以實盡人才，然愈於以詩賦取人爾」（宋史卷一百五十五選舉志一）。然而王安石所謂策論也是經義，而與漢世對策絕不相同。且又依王安石所訓釋之「新義」以取士，「士莫得自名一說」。這樣，思想更見控制，何足以培養人才。何況「詩賦聲病易考，策論汗漫難知」（宋史卷一百五十五選舉志一），因之，蘇軾關於取士之法，見解極為保守。他說：

> 自文章而言之，則策論為有用，詩賦為無益。自政事言之，則詩賦策論均為無用矣。雖知其無用，然自祖宗以來，莫之廢者，以為設法取士不過如此也……自唐至今，以詩賦為名臣者不可勝數，何負於天下，而必欲廢之……且其為文也，無規矩準繩，故學之易成。無聲病對偶，故考之難精。以易學之士，付難考之吏，其弊有甚於詩賦者矣（東坡七集奏議集卷一議學校貢舉狀）。

但是我們不要以為蘇軾主張取士專用詩賦，他固欲依漢代之制，分內郡與邊郡，內郡舉賢良文學，邊郡舉勇猛知兵之士（參閱拙著中國社會政治史第一冊二六五頁）。蘇軾之言如次：

> 昔者以詩賦取士，今陛下以經術用人，名雖不同，然皆以文詞進耳。考其所得，多吳楚閩蜀之人，至於京東西河北河東陝西五路蓋自古豪傑之場，其人沉鷙勇悍，可任以事。然欲使治聲律，讀經義，以與吳楚閩蜀之士爭得失於毫釐之間，則彼有不仕而已，故其得人常少。夫惟忠孝禮義之士雖不得志，不失為君子。若德不足，而才有餘者，困於無門，則無所不至矣。故臣願陛下特為五路之士別開仕進之門（東坡七集奏議集卷二元豐元年上皇帝書）。

宋自太祖而至於神宗，天下無事約一百餘年，承平日久，文化發達，士人人數日益增加，而在農業社會，士人除從政之外，別無衣食之道。「吏部以有限之官，待無窮之吏，戶部以有限之財，祿無用之人」（東坡七集奏議集卷四論特奏名），國家安得不窮。凡人出仕，乃希望宦路公開，任誰都可依自己的才智以取得相當的官位，而宋之用人乃復與此相反。為政之道，「必使天下欣欣然常有無窮之心，力行不倦，而無自棄之意」。宋之用人往往是「既已絕之，又復用之」。而既用之矣，又復阻其出身之路。「夫人出身而仕者，將以求貴也，貴不可得而至矣，則將唯富之求，此其勢然也」（東坡七集應詔集卷三策別十二）。宋仁宗時，張元以殿試黜落，積忿降元昊，為中國患（參閱日知錄卷十七御試黜落）。由於這種現象，蘇軾遂主張養士之必要❹。

> 夫智勇辯力，此四者皆天民之秀傑者也。類不能惡衣食以養人，皆役人以自養者也。故先王分天下之富貴，與此四者共之。此四者不失職，則民靖矣。四者雖異，先王因俗設法，使出於一。三代以上出於學，戰國至秦出於客，漢以後出於郡縣吏，魏晉以來出於九品中正，隋唐至今出於科舉。雖不盡然，取其多者論之。六國之君虐用其民，不減始皇二世。然當是時百姓無一人叛者，以凡民之秀傑者多以客養之，不失職也。其力耕以奉上，皆椎魯無能為者，雖欲怨叛而莫之先，此其所以少安而不即亡也。始皇初欲逐客，用李斯之言而止。既并天下，則以客為無用……故墮名城，殺豪傑。民之秀異者散而歸田畝，向之食於四公子呂不韋之徒者皆安歸哉，不知其能槁項黃馘以老死於布褐乎，抑將輟耕太息以俟時也（東坡七集後集卷十一志林）。

這個見解在今日尚足供吾人參考，吾人讀漢代、唐代、宋代、明代的歷史即可知之。隋文帝仁壽

❹ 蘇轍的政論與蘇軾無大出入，故從略。但他對於當時政治之批評，可供吾人參考者不少。可參閱欒城集。

元年減國子學生止留七十人，太學四門州縣學並廢，而舉秀才止十餘人（參閱拙著中國社會政治史第三冊第三版二二二頁及二二三頁），不是毫無理由的。

第三章

兩宋理學家的政論

吾常謂宋儒與漢儒不同，漢儒接近於荀子，而自韓愈推崇孟子之後，孟軻就視為儒學的正統。漢儒於六經之中，注重「春秋」一書，大一統之義，明華夷之別，縱是董仲舒將陰陽學說揉雜於儒學之中，而亦根據春秋。宋儒尤其朱熹一派的理學家注重「論語」、「孟子」，又加以「大學」、「中庸」，是謂四書。這四部經，在漢人著作中很少引用。「論語」是述孔子的佳言，「孟子」是述孟軻的佳言。大學呢？書中於孔子門人，只引曾子之言，似係曾子門人所著。程伊川說：「大學，聖人之完書也」（朱熹編二程語錄卷十五遺書伊川先生語）。中庸，唐孔穎達疏云：「孔子之孫子思伋作之」。程伊川亦說：「中庸之書，學者之至也」（二程語錄仝上）。伊川又說：「孔子沒，傳孔子之道者曾子而已，曾子傳之子思，子思傳之孟子。孟子死，不得其傳。至孟子而聖人之道益尊」（二程語錄仝上）。朱熹之學實本於程子，他對於四書均有註。元初，趙復至中原，北方學者始讀朱子之書，四書章句集註及近思錄遂通行於海內（新元史卷二百三十四儒林傳序）。仁宗延祐開科，經問由四書出題，用朱子章句集註（新元史卷六十四選舉志一，延祐據儒林傳序，選舉志作仁宗皇慶年間），於是四書在經學上的價值提高，而朱子且視為集理學之大成了。由於漢宋兩代儒生所學之不同，漢儒注重治國平天下之術，對於人主私人生活，不甚苛求，賈誼說：「人主之行異布衣，布衣者飾小行，競小廉，以自託於鄉黨邑里。人主者，天下安，社稷固不耳」(賈子新書卷一益壤)。反之,宋代理學家注重正誠修齊之道,依孟子「君仁莫不仁,君義莫不義,君正莫不正,一正君而國定矣」(孟子卷七下離婁上)之語,而主張為政之道,以「格君心」為本。伊川(程頤)說:「治身齊家以至平天下者,治之道也」(引自近思錄卷八治國平天下之道)。而明道(程顥)之言更顯明的採用孟子之說:「治道亦有從本而言,亦有從事而言。從本而言,惟是格君心之非。正心以正朝廷,正朝廷以正百官。若從事而言,不救則已,若須救之,必須變。大變則大益,小變則小益」(近思錄仝上)。朱子承二程學說,他固以為「天下事有大根本,有小根本。正君心是大根本。其餘萬事各有一根本,如理財以養民為本,治兵以擇將為本」(朱子語類卷一百八論治道)。固然,在君主集權時代,一切用人行政均由天子決定,賈誼生在文帝之世,天子之權尚不甚大,「丞相所請,靡有不聽」,則天子之私人生活當然不甚重要。因之宋理學家所視為重要者,漢儒常認為不屑一談,而漢儒所視為重要者,理學家亦視為末節,這是吾人應該注意之點。

宋代以前沒有理學(道學)之名,縱在宋代,此派學者也未曾以理學自稱,後人所以稱之為理學,蓋欲以別儒家之說。理學派乃混合道、儒兩家思想,以道為本,以儒為用,雖然是以道為本,而又不敢離開孔孟,於是遂託於「易」,說明老子之道。此派學者在北宋有周敦頤(號濂溪先生,生於真宗年間,卒於神宗熙寧之末)、邵雍(號康節先生,生於真宗大中祥符四年,卒於神宗熙寧十年)、張載(世稱橫渠先生,生於真宗天禧四年,卒於神宗熙寧十年)及二程(兄程顥,世稱明道先生,生於仁宗明道元年,卒於神宗元豐八年。弟程頤,世稱伊川先生,生於仁宗明道二年,卒於徽宗大觀元年)。在南宋,有朱熹(生於高宗建炎四年,卒於寧宗慶元六年),陸九淵(世稱象山先生,生於高宗紹興九年,卒於光宗紹熙三年)。他們言論不盡相同,而皆從天說起,而歸到人,再由人欲,說到為政之道。

理學家以周敦頤一派最有影響,蓋朱子之學實本於程子,而二程又受業於周敦頤。但是周敦頤所著之「周子通書」，又與朱子近思錄（卷二）所載之周子太極通書不同。據朱熹所述，周子之論是由無極而太極，而陰陽，而五行，而四時，而萬物。太極觀念出自周易（卷七繫辭上），晉韓康伯似是受了道家思想的影響，注云「夫有必始於无……太極者无稱之稱，不可得而名，取有之所極，況之太極者也」（周易卷七繫辭上注）。推晉人之意，太極就是無極。太極之上加以無極，據陸九淵言，「梭山（陸九韶）兄謂，太極圖說與通書不類，疑非周子所為。不然，則或是其學未成時所作；不然，則或是傳他人之文，後人不辨也。蓋通書理性命章（第二十二章），言中焉止矣，二氣五行，化生萬物，五殊二實，二本則一，曰一日中即太極也。未嘗於其上加無極字。動靜章（第十二章）言五行陰陽太極，亦無無極之文。假令太極圖說是其所傳，或其少時所作，則作通書時不言無極，蓋已知其說之非矣，此言殆未可忽也。……無極二字出於老子知其雄章（老子第二十八章），吾聖人之書所無有也……太極圖說以無極二字冠首，而通書終篇未嘗一及無極字，二程言論文字至多，亦未嘗一及無極字。假令其初實有是圖，觀其後來未嘗一及無極字，可見其道之進，而不自以為是也」（象山全集卷二與朱元晦書二）。由此可知縱在宋代，周子通書是否於太極之上，加以無極，已經成為問題。但是不論有否無極，理學派均由太極，說到天人之理。所謂無極大約是指虛空，由虛空之中，產生混然一氣，是之謂太極。孔穎達云：「太極謂天地未分之前，元氣混而為一，即是太初太乙也」（周易卷七繫辭上孔穎達疏正義曰）。太極一動一靜，則生陰陽，陰陽變化，五行生焉，四時行焉。有了五行四時，又加以陰陽二氣之交感，於是化生萬物（參閱朱熹近思錄卷一道體）。周朱二子如此討論宇宙，是否合理，吾人固不敢遽下判斷。但是周子何以又說「太極本無極也」（仝上），而朱熹亦謂「無極而太極，非太極之外，復有無極也」（仝上朱子註）。太極既是無極，那又何必再創造「無極」概念。此蓋宇宙之創造屬於科學問題，他們不能依科學方法說明宇宙的創造，只能依玄學之法，說出「无」可以生「有」（此亦出於老子第四十章）。而无何以生有，他們又不能說明理由，於是就說「无」就是「有」，即無極就是太極。

太極乃「天地未分以前，元氣混而為一」，即渾然一氣，而如朱子所說：「太極者又初無聲臭之可言」(近思錄卷一朱子註)，既無聲臭，那有善惡。然而理學派，不但周朱，就是其他學者，竟然一轉，而提出性善的問題來。朱子云：「太極形而上之道也」(仝上朱子註)，「形而上者一理渾然，無有不善」(仝上朱子註)。萬物於太極之中，陰陽交感，化生而來，「唯人也得其秀而最靈」(近思錄卷一道體)，這種說法真是獨斷之至。推他們之意，不過迎合孟子性善之說而已。但是孟子之性善與荀子之性惡，皆有所偏。孔子不過主張性相近，習相遠。理學派要貫徹自己的主張，先則把性命與氣分開，朱子依程頤之言：「天所賦為命，物所受為性」(近思錄卷一)，而說：「天之付與萬物者謂之命，物之稟受於天者謂之性。然天命流行，必二氣五行交感凝聚，然後能生物也。性命形而上者也，氣則形而下者也。形而上者一理渾然，無有不善。形而下者則紛紜雜揉，善惡有所分矣」(近思錄卷一朱子註)。次又只說到性，而與氣分開。朱子云：「性是形而上者，氣是形而下者。形而上者全是天理，形而下者只是渣滓，至於形又是渣滓至濁者也」(仝上朱子註程頤語)。此言也，太過牽強虛構。早在北宋時代，司馬光就反對性命之說，他說：「且性者子貢之所不及，命者孔子之所罕言，今之舉人發口秉筆，先論性命，乃至流蕩忘返，遂入老莊」(司馬文正公傳家集卷四十二論風俗劄子)。朱子又說：「太極形而上之道也，陰陽形而下之器也」(近思錄朱子註周敦頤語)。吾人若將道作性解，器作氣解，則太極是性，陰陽是氣。性無有不善，氣則有善有不善。如何將不善之氣變而為善?理學家主張變化氣質，依大學之道，由致知格物，進而誠意正心，又進而修身齊家，最後則達到治國平天下的目的。案大學是否偽經，吾人姑捨而不談，然其所謂致知格物，依吾人淺見，當出於正名之意，即一切名實必須相符。白，形色也，馬，名物也，一切倫理觀念亦莫不然，藉此以矯正當時「君不君，臣不臣，父不父，子不子」的現象。

即大學所討論者不是玄學，而是現實問題。理學家乃將大學與周易聯繫起來，變成不可摸捉的玄學。因為是玄學，大學之言也發生了問題，試問致知格物不作「正名」解釋，何能與其下文溝通。如照理學家之言，大學在邏輯上實有問題。致知格物是知識上的問題，誠意正心修身齊家是道德上的問題，治國平天下是政治上的問題。三個問題本來各有各的範疇，如何聯繫三個範疇，理學家不能有所解釋，只視為先天的真理，以為「君子乾乾不息於誠，然必懲忿窒慾，遷善改過而後至」(周子通書卷六乾損益動第三十一)，故「聖人在上，以仁育萬物，以義正萬民」(周子通書順化第十一)。陸九淵雖然反對朱熹，但他亦說：「君子正身以正四方，修己以安百姓」(象山全集卷二十九庸言之信庸行之謹閑邪存其誠善世而不伐德博而化)。善哉梁啟超之言：「宋明諸哲之訓，所以教人為聖賢也。盡國人而聖賢之，豈非大善，而無如事實上萬不可致。恐未能造就聖賢，先已遺弃庸眾。故窮理盡性之談，正誼明道之旨，君子以之自律，而不以責人也」(梁啟超著中國道德之大原，中華書局發行飲冰室文集之二十八)。為政者希望修德以感化萬民，我固然不能反對，但我敢斷言其必徒勞無功❶。

但是我們不要以為理學家只會空談仁義，茲只舉朱陸兩人的政論。朱熹生於高宗建炎四年，卒於

---

❶ 理學家的言論多出於獨斷。例如邵雍之「皇極經世書」，將三皇、五帝、三王、五霸四者配合於天時之春夏秋冬；經書之易、詩、書、春秋；德性之仁、禮、義、智；人品之聖、賢、才、術(案人品之區別乃開始於班固漢書卷二十古今人表)；職業之士、農、工、商，妙則妙矣，完全瞎談。程顥說：「先王之世，以道治天下；後世只是以法把持天下」(引自近思錄卷八)，未免武斷。程頤謂「性即理也，天下之理原其所自，未有不善，喜怒哀樂未發，何嘗不善。發而中節，則無往而不善」(引自近思錄卷一)。發而中節，固然是善，未發只能謂為無善無惡而已。又如張載謂「聖人之喜，以物之當喜；聖人之怒，以物之當怒，是聖人之喜怒不繫於心，而繫於物也」(引自近思錄卷二)。喜怒不繫於心，而繫於物，既繫於物，則將因外物之誘惑，引起喜怒的感情。物之是非固未可定，而喜怒是否合理，也是難說。

寧宗慶元六年，陸九淵生於高宗紹興九年，卒於光宗紹熙三年。此時宋室受了金人的壓迫，士大夫已經不能同北宋仁宗時代一樣，空說原理，所以他們兩人一方高談理學，同時關於政治問題，除仁義之外，都能腳踏實地，提出改革意見。宋代自太祖以來，以儒立國，對於刑賞，大率不會利用。孝宗曾言：「國朝以來，過於忠厚，宰相而誤國，大將而敗軍，未嘗誅戮」（宋史卷三百九十六史浩傳），用忠厚以治國，何能矯萎靡之風，而激發英豪之士敢於作為。朱熹曾言：

> 為政以寬為本者……但其意則以愛人為本爾，及其施之於政事，便須有綱紀文章，關防禁約，截然而不可犯……蓋今之所謂寬者乃縱弛，所謂和者乃哇淫，非古之所謂寬與和者……於是奸豪得志，而善良之民反不被其澤矣（引自宋元學案卷四十九晦翁學案）。

固然朱熹以為：

> 為政如無大利害，不必議更張。（更張）則所更一事未成，必鬨然成紛擾，卒未已也（朱子語類卷一百八論治道，人傑）。

然而「立法必有弊，未有無弊之法」（朱子語類卷一百八論治道，燾），而「居今之世，若欲盡除今法，行古之政，則未見其利，而徒有煩擾之弊」（仝上，僴）。他對於王安石之變法不甚反對，且看朱熹之言：

> 新法之行，諸公實共謀之……蓋那時也是合變時節（朱子語類卷一百三十自熙寧至靖康用人）。

而對於元祐黨人之欲復古，也有微辭。

元祐諸賢議論……大率矯熙豐更張之失，而不知其墮於因循。既有個天下兵須用練，弊須用革，事須用整頓，如何一切不為得（朱子語類仝上）。

而且由朱氏看來，小弊雖可補救，大弊則非改絃更張不可。朱熹說：

譬如補鍋，謂之小補可也，若要做，須是一切重鑄（朱子語類卷一百八論治道，德明）。

又說：

欲整頓一時之弊，譬如常洗滌，不濟事，須是善洗者一一拆洗，乃不枉了，庶幾有益（仝上，過）。

由此可知朱熹並不是循常蹈故的人，而且以為大弊已生，勢非革命不可。他反對法令滋章，說道：

立一個簡易之法，與民由之甚好，夏商……法簡，不似周法繁碎……惟繁故易廢，使孔子繼周，必能通變使簡易，不至如是繁碎（仝上，道夫）。

既有法了，刑罰必不可廢。

號令既明，刑罰亦不可弛，苟不用刑罰，則號令徒掛牆壁耳。與其不遵以梗吾治，曷若懲其一以戒百；與其覈實檢察於其終，曷若嚴其始而使之無犯。做大事豈可以小不忍為心（仝上，道夫）。

朱子不但主張刑之必要，且依「刑亂國，用重典」之古訓，以為今日社會已與古代不同，為政當以嚴為先。他說：

或問為政者當以寬為本，而以嚴濟之。曰：某謂當以嚴為本，而以寬濟之。曲禮，謂莅官行法，非禮、威嚴不行，須是令行禁止。若曰：令不行，禁不止，而以是為寬，則非也（仝上，人傑）。

又說：

古人為政，一本於寬，今必須反之以嚴；蓋必如是矯之，而後有以得其當。今人為寬，至於事無統紀；緩急予奪之權，皆不在我。下梢卻是奸豪得志，平民既不蒙其惠，又反受其殃矣（仝上，若海）。

既嚴了，就要重刑。

今人說輕刑者只見所犯之人為可憫，而不知被傷之人尤可念也。如劫盜殺人者，人多為之求生，殊不念死者之為無辜。是知為盜賊計，而不為良民地也（朱子語類卷一百十論刑，時舉）。

他以為今日法家喜出人罪，乃誤解佛教報應之說。

今之法家，惑於罪福報應之說，多喜出人罪，以求福報。夫使無罪者不得直，而有罪者得倖免，是乃所以為惡爾，何福報之有？書曰：欽哉！欽哉！惟刑之恤哉。所謂欽恤者，欲其詳審曲直，令有罪者不得免，而無罪者不得濫刑也。今之法官，惑於欽恤之說，以為當寬人之罪，而出其死。故凡罪之當殺者，必多為可出之塗，以俟奏裁，則率多減等，當斬者配，當配者徒，當徒者杖，當杖者笞。是乃賣弄條貫，舞法而受賕者耳，何欽恤之有？罪之疑者，從輕；功之疑者，從重。所謂疑者，非法令之所能決，則罪從輕而功從重；惟此一條為然耳。非謂凡罪皆可以從輕，而凡功皆可以從重也。今之律令，亦有此條，謂法所不能決者，則俟奏裁。今乃明知其罪之當死，亦莫不為可生之塗以上之；惟壽皇不然，其情理重者，皆殺之（朱子語類卷一百十論刑，僩）。

又者朱熹論兵，固然以為「財用不足皆起於養兵，十分（中）八分是養兵，其他用度止在二分之中」（朱子語類卷一百十論兵），而其欲恢復中原之志並不亞於陳亮葉適。他譏笑晉元帝之偏安江右，不知進取中原（朱子語類卷一百三十六歷代三，閎祖），且謂王導「只是隨波逐流的人」，「自渡江來，都無取中原之意」。「謝安卻較有建立，也煞有心於中原」（仝上，義明）。由此可知朱熹與北宋保守派絕不相同。孝宗即位，朱熹上封事云：

> 天下之人……皆以非常之事，非常之功望於陛下，不但為守文之良主而已也……臣又聞之，為天下國家者必有一定不易之計，而今日之計不過修政事，攘夷狄而已矣，非隱奧而難知也。然其計所以不時定者，以講和之說疑之也。夫金虜於我，有不共戴天之讎，則其不可和也，義理明矣……而以臣策之，所謂講和者有百害無一利，何苦而必為之……且彼盜有中原，歲取金幣，據全盛之勢，以制和與不和之權。少懦，則以和要我，而我不敢動。力足，則大舉深入，而我不及支。蓋彼以從容制和而操術常行乎和之外，是以利伸否蟠而進退皆得，而我方且仰首於人以聽和與不和之命。……是以跋前疐後而進退皆失……願陛下……自是以往，閉關絕約，任賢使能，立紀綱，厲風俗……數年之外，志定氣飽，國富兵強，於是視吾力之強弱，觀彼釁之淺深，徐起而圖之，中原之

地不為吾有，而將焉往。此……與講和請地，苟且僥倖，必不可成之虛計，不可同年而語，明矣（朱子大全卷十一壬午應詔封事）。

是則朱熹言理雖近玄虛，而其論政則較實際，而念念不忘於中原的恢復。但恢復之先，必須「任賢使能，立紀綱，厲風俗」，絕不可逞一時的意氣，而致師徒敗北，士氣消沉而已。

宋史將朱熹列為道學（宋史卷四百二十九），將陸九淵列為儒林（宋史卷四百三十四），標準何在，吾人不欲有所研究，後人多視朱陸為理學家。陸九淵與朱熹關於太極之上有否無極，意見完全相反（參閱象山全集卷二與朱元晦書）。象山之學，「謂此心自靈，此理自明，不必他求，空為言議」（引自宋元學案卷五十八象山學案附錄黃東發日抄），他固以為「學問求放心」（象山全集卷三十二學問求放心），他又謂：

將以保吾人之良，必有以去吾心之害。何者，吾心之良，吾所固有也。吾所固有而不能以自保者，以其有以害之也。有以害之，而不知所以去其害，則良心何自而存哉。故欲良心之存者，莫若去吾心之害。吾心之害既去，則心有不期存而自存者矣。夫所以害吾心者何也，欲也。欲之多，則心之存者必寡。欲之寡，則心之存者必多。故君子不患夫心之不存，而患夫欲之不寡。欲去，則心自存矣（仝上卷三十二養心莫善於寡欲）。

陸氏論政，也不尚空談。商鞅變法成功，王安石變法失敗，陸氏謂商鞅是「腳踏實地」，王安石徒慕堯舜三代之虛名，「不曾踏得實處」。

商鞅是腳踏實地，他亦不問王霸，只要事成，卻是先定規模。介甫慕堯舜三代之名，不曾踏得實處，故所成就者，王不成，霸不就（象山全集卷三十五語錄）。

由這評論，可知陸氏論政的態度。他說明政治的發生似採用荀子之說，以為民生不能無群，群不能無爭，爭則任誰都不能保證生命的安全。有智勇者出，息民之爭，治民之亂，而保民之生，民遂奉之為王，於是紛亂的人群就組織為安定的社會。

> 民生不能無群，群不能無爭，爭則亂，亂則生不可以保。王者之作，蓋天生聰明，使之統理人群，息其爭，治其亂，而以保其生者也。夫爭亂以戕其生，豈人情之所欲哉……當此之時，有能以息爭治亂之道，拯斯民於水火之中，豈有不翕然而歸往之者。保民而王，信乎其莫之能禦也（象山全集卷三十二保民而王）。

即其說亦合於孟子「保民而王」，他說：「天生民而立之君，使司牧之，張官置吏所以為民也。民為大，社稷次之，君為輕。民為邦本，得乎邱民為天子，此大義正理也」（仝上卷五與徐子宜書二）。又說：

> 又況天生民而立之君，使司牧之，故君者所以為民也。書曰，德惟善政，政在養民，行仁政者所以養民。君不行仁政，而反為之聚斂以富之，是助君虐民也（仝上卷二十二雜說）。

吾國古代思想多偏於「師古」，凡古人所未言者，後人不敢言，古人所未行者，後人不敢行。陸氏反對此種態度。意謂：

> 然所謂稽考祖述者……如曰事必於古有所考，而後能有濟，則如網罟、耒耜、杵臼、弧矢、舟楫、棟宇、棺椁、書契，皆上古所無有，而後世聖人創之，而皆能有濟，何耶？若曰是事之小者，因時而創制；至其大者，則必有所師法而後可。則如堯傳天下，不與子，不與在野之大臣，舉舜於

> 匹夫而授之，果何所師法耶。堯傳舜，舜傳禹，禹獨與子，而傳以世，此又何耶。湯以諸侯有天下，孔子匹夫而作春秋，此事之莫大焉者，而皆若此，無乃與稽古之說戾乎……今之天下所謂古者，有堯舜，有三代，自秦而降，歷代固多……今朝廷有祖宗故事，祖宗故事尚且不一，今欲建一事，而必師古，則將安所適從。如必擇其事之與吾意合者而師之，無乃有師古之名，而居自用之實乎。若曰吾擇其當於理者而師之，則亦惟理之是從而已。師古之說無乃亦持其虛說而已乎（象山全集卷二十四策問）。

由這言論，可以推測陸氏對於王安石之變法，亦同朱熹一樣，頗有辯護之意。

> 當時闢介甫者……但云喜人同己，祖宗之法不可變。夫堯之法，舜嘗變之；舜之法，禹嘗變之；祖宗法自有當變者。使其所變果善，何嫌於同（象山全集卷三十五語錄）。

甚至王安石汲汲焉言利，陸氏亦不反對。

> 或言介甫不當言利，夫周官一書，理財者居半，冢宰制國用，理財正辭，古人何嘗不理會利（象山全集卷三十五語錄）。

不過天下之事，有可以立至者，有只可馴致者。馴致之事而希望其立至，未有不至失敗。陸氏下列之言，可以視為批評王安石變法因急功而致失敗。

> 臣嘗謂天下之事有可立致者，有當馴致者。旨趣之差，議論之失，是唯不悟，悟則可以立改，故定趨向，立規模，不待悠久，此則所謂可立致者。至如救宿弊之風俗，正久隳之法度，雖大舜周

> 公復生，亦不能一日盡如其意。惟其趨嚮既定，規模既立，徐圖漸治，磨以歲月，乃可望其丕變，此則所謂當馴致之者（仝上卷十八刪定官輪對劄子四）。

宋代天子不欲權歸大臣，往往親決細務，此種作風，南渡之後，愈見厲害（參閱拙著中國社會政治史第四冊第三版七〇頁，七一頁）。所以陸氏主張人主只可察要，更須分層負責。

> 荀卿子曰主好要，則百事詳，主好詳，則百事荒。臣觀今日之事，有宜責之令者，令則曰我不得自行其事。有宜責之守者，守亦曰我不得自行其事。推而上之，莫不皆然。文移回復，互相牽制，其說曰所以防私，而行私者方藉是以藏姦伏慝，使人不可致詰。惟盡忠竭力之人欲舉其職，則苦於隔絕而不得以遂志（仝上卷十八刪定官輪對劄子五）。

而宋自太祖以來，皆以忠厚立國，因忠厚而流於寬恕，朱熹已批評其失策。陸氏亦謂：「後世言寬仁者，類出於姑息」（仝上卷三十四語錄）。又說：

> 孔子自言為政以德，又曰道之以德，齊之以禮，又曰政者正也。季康子問殺無道以就有道，何如。對曰子為政，焉用殺，子欲善而民善矣。宜不尚刑也，而其為魯司寇，七日必誅少正卯於兩觀之下，而後足以風動乎人，此又何也（仝上卷二十四策問）。

即依陸氏之意，孔子雖然主張德治，其實一旦秉政，亦不肯放棄刑罰。再看陸氏下列之言。

> 嘗謂古先帝王未嘗廢刑，刑亦誠不可廢於天下。特其非君之心，非政之本焉耳。夫惟於用刑之際，而見其寬仁之心，此則古先帝王之所以為政者也。堯舉舜，舜一起而誅四凶。魯用孔子，孔子

一起而誅少正卯，是二聖者以至仁之心，恭行天討，致斯民無邪慝之害，惡懲善勸，咸得游泳乎洋溢之澤，則夫大舜孔子寬仁之心，吾於四裔兩觀之間而見之矣（仝上卷三十政之寬猛孰先論）。

陸氏明華夷之別亦與朱熹相似，朱熹斥晉元帝無意恢復中原，陸氏亦笑漢文帝安於嫁胡之恥。他對孝宗說：「陛下臨御二十餘年，版圖未歸，讎恥未復，生聚教訓之實可為寒心」（仝上卷十八刪定官輪對劄子二）。其評漢文帝之言如次：

夫文帝之為君固寬仁之君也，然其質不能不偏於柔。故其承高惠之後，天下無事，不知上古聖人弦弧剡矢重門擊柝之義，安於嫁胡之恥，不能飭邊備、講武練兵，以戒不虞。而匈奴大舉入寇者數四，甚至候騎達於雍甘泉，僅嚴細柳灞上棘門之屯，雖拊髀求將，御鞍講武，而志終不遂（仝上卷三十一問漢文武之治）。

陸氏不過借漢文之事，以譏宋代之不能報仇雪恥。吾人由此可知唐代天下一家的思想，到了宋代尤其南宋，又依春秋大義，明華夷之別了。

茲宜附帶一述者，陸氏對於昔人之書，即古人之言，認為不可以不信，亦不可以必信，要視其是否合理。陸氏之言如次。

昔人之書，不可以不信，亦不可以必信，顧於理如何耳……使書而皆合於理，雖非聖人之經，盡取之可也，況乎聖人之經，又安得而不信哉。如皆不合於理，則雖二三策之寡，亦不可得而取之也，又可必信之乎。蓋非不信之也，理之所在，不得而必信之也（仝上卷三十二取二三策而已矣）。

此言與王陽明所說：「求之於心而非也，雖其言出於孔子，不敢以為是也，而況其未及孔子者乎。求之於心而是也，雖其言之出於庸常，不敢以為非也，而況其出於孔子者乎」（陽明全書卷二答羅整菴少宰書），語異而意同。

陸氏承認楊朱墨翟為賢者，謂兼愛，為我之說，必有道理。吾人不宜因孟子之一言，不加考慮，而即斥之為異端。他說：

> 夫楊朱墨翟皆當時賢者，自孟子視之，則為先進，孟子之後人猶曰孔曾墨子之賢，墨子之賢蓋比於孔曾。楊朱之道能使舍者避席，煬者避竈，猶以為未也，進而至於爭席爭竈，則其所得豈淺淺者哉。而孟子闢之，至曰無父無君，是禽獸也。又曰天下之言不歸楊，則歸墨。夫兼愛之無父，為我之無君，由孟子之言而辯釋之，雖五尺童子粗習書數者，立談之頃，亦可解了，豈有以大賢如楊朱墨翟，其操履言論足以傾天下之士，而曾不知此，必待孟子之深言力闢，貽好辯之譏，而猶未得以盡白於天下，而熄其說，何耶（象山全集卷二十四策問）。

此言又助長王陽明的勇氣，使其敢為楊墨辯護。陽明之言曰，「孟子闢楊墨，至於無父無君，二子亦當時之賢者，使與孟子並世而生，未必不以之為賢。墨子兼愛，行仁而過耳，楊子為我，行義而過耳。此其為說亦豈滅理亂常之甚，而足以眩天下哉。而其流之弊，孟子至比於禽獸夷狄，所謂以學術殺天下後世也。今世學術之弊，其謂之學仁而過者乎，謂之學義而過者乎，抑謂之學不仁不義而過者乎。吾不知其於洪水猛獸何如也」（陽明全書卷二答羅整菴少宰書）。觀陸氏之言，可知吾國思想到了陸氏，快要突破古人的藩籬❷。所以有此風氣者，蓋政治上受了金人的壓迫，而中國傳統思想又不能拯救民族

❷陸氏因民窮財匱，而稱揚劉晏，意謂「民有餘而取，國有餘而予，此夫人而能知之者也。至於國之匱，

於將亡，因而懷疑古人之言不可深信。所惜者，社會環境仍與秦漢以後的環境相差不遠，所以懷疑終於懷疑，不能由懷疑進而創造一種新思想。而元明兩代，思想上又受朱註四書的拘束，於是快要放出曙光的啟蒙思想又回歸於黑暗之中。

方有待乎吾之取而濟；民之困，方有待乎吾之與而蘇。當是時，顧國之匱而取之乎，必不恤民焉，而後可也。顧民之困而予之乎，必不恤國焉，而後可也，事之不兩得孰有甚於此哉。使終於不兩得，則終無一得焉爾矣。故取予之說不可謂易知也。取而傷民，非知取者也。予而傷用，非知予者也。操開闔斂散之權，總多寡盈縮之數，振弊舉廢，挹盈注虛，索之於人之所不見，圖之於人之所不慮，取焉而不傷民，予焉而不傷國，豈夫人而能知之者哉。必有其才而後知其說也。非唐之劉晏，吾誰與歸。史氏以知取予許之，真知晏者哉」(象山全集卷三十劉晏知取予論)。其批評制科則曰「制科不可以有法。制科而有法，吾不知制科之所取者何人也。……今制科者天子所自詔，以待非常之才也。孰謂非常之才而可以區區之法制，束而取之乎……(愚嘗以為)惟人君之所欲舉欲問，毋拘以法，毋限以時，則是科之設庶乎其有補，而是科之名庶乎其無愧矣」(仝上卷三十一問制科)。

第四章

南宋反理學派的政論

一般學者多稱北宋的李覯王安石，南宋的陳亮葉適等人為功利主義者。固然吾國早有「功利」二字，並非今人譯自西洋之 utilitarianism。但是西洋的功利主義乃根據個人的利己心，經濟上主張自由放任，政治上主張民主之制。兩宋的功利主義不過反對理學家之偏重於窮理致知，他們則主張經世致用，講求富強之術。但是我們須知理學家尤其南宋的朱陸並不忘實際問題，其講求強國利民實不讓陳亮葉適，不過朱陸多說窮理，而陳亮葉適多說富強之道，因而互相攻擊，有所差別而已。

一、陳　亮

陳亮生於高宗紹興十三年，卒於光宗紹熙五年，學者稱之為龍川先生。此時理學之說遍於天下，他富有民族意識，以為「中國天地之正氣也，天命之所鍾也，人心之所會也，衣冠禮樂之所萃也，百代帝王之所以相承也。豈天地之外，夷狄邪氣之所可奸哉」（龍川文集卷一上孝宗皇帝第一書）。而竟偏居江左，「君臣上下苟一朝之安，而息心於一隅」（仝上）。「文恬武嬉，今亦甚矣。民疲兵老，今亦極矣」（仝上卷二十壬寅答朱元晦第二書）。「風俗固已華靡，士大夫又從而治園囿臺榭，以樂其生於干戈之餘。上下宴安，而錢塘為樂國矣」（仝上卷一上孝宗皇帝第一書）。「忘君父之讎，而置中國於度外」（仝上卷一上孝宗皇帝第二書）。「春秋許九世復讐，而再世則不問，此為人後嗣者之所當憤也」（仝上卷一戊申再上孝宗皇帝書）。「自晉之永嘉以迄於隋之開皇，其在南，則定建業為都，更六姓而天下分裂者三百餘年。南師之謀北者，不知其幾。北師之謀南者，蓋亦甚有數。而南北通和之時，則絕無而僅有，未聞有如今日之岌岌然，以北方為可畏，以南方為可憂，一日不和，則君臣上下朝不能以謀夕也」（仝上卷一戊申再上孝宗皇帝書）。此蓋「通和者所以成上下之苟安，而為妄庸兩售之地，宜其為人情之所甚便也」（仝上卷一上孝宗皇帝第一書）。即陳亮激於忠憤，以為空談無補於國事，故攻擊理學派，不遺餘力。他固以為「二十年來，道德性命之學一興，而文章政事幾於盡廢」（仝上卷十一廷對）。至於朱陸之政論如何，他是不顧的。他民族意識極其強烈，曾謂「自古夷狄之人豈有能盡吞中國者哉」（仝上苻堅）。他對孝宗又說：

> 始悟今世之儒士，自以為得正心誠意之學者，皆風痺不知痛癢之人也。舉一世安于君父之讎，而方低頭拱手以談性命，不知何者謂之性命乎（仝上卷一上孝宗皇帝第一書）。

> 而天下之經生學士講先王之道者……論恢復則曰修德待時，論富強則曰節用愛人，論治則曰正心，論事則曰守法。君以從諫務學為美，臣以識心見性為賢。論安言計，動引聖人，舉一世謂之正論，而經生學士合為一辭，以摩切陛下者也。夫豈知安一隅之地，則不足以承天命。忘君父之讎，則不足以立人道。民窮兵疲而事不可已者，不可以常理論。消息盈虛而與時偕行者，不可以常法拘……坐錢塘浮侈之隅，以圖中原，則非其地。用東南習安之眾，以行進取，則非其人。財止於府庫，則不足以通天下之有無。兵止於尺籍，則不足以兼天下之勇怯。為天下之奇論，而無取於辦天下之大計，此所以取疑於陛下者也（仝上卷一上孝宗皇帝第二書）。

又對友人說：

> 二十年之間，道德性命之說一興，迭相唱和，不知其所從來。後生小子，讀書未成句讀，執筆未免手顫者，已能拾其遺說，高自譽道，非議前輩，以為不足學矣。世之為高者，得其機而乘之，以聖人之道為盡在我，以天下之事，無所不能。麾其後生以自為高，而本無有者，使惟已之向，而後欲盡天下之說，一取而教之，頑然以人師自命。雖聖天子建極於上，天下之士猶知所守，吾深惑夫治世之安有此事乎，而終懼其流之未易禁也（仝上卷十五送王仲德序）。
>
> 自道德性命之說一興，而尋常爛熟無所能解之人，自託於其間，以端慤靜深為體，以徐行緩語為用，務為不可窮測，以蓋其所無。一藝一能皆以為不足自通於聖人之道也。於是天下之士，始喪其所有，而不知適從矣。為士者恥言文章行義，而曰盡心知性，居官者恥言政事書判，而曰學道愛人。相蒙相欺，以盡廢天下之實，則亦終於百事不理而已（仝上卷十五送吳允成運幹序）。

觀陳亮之言，可知當時士風有似於魏晉之清談。「平居則何官不可為，緩急則何人不退縮」（仝上卷二論開誠之道）。宋代集權太甚，「藝祖承五代藩鎮之禍，能使之拱手以趨約束，故列郡以京官權知，三年一易，財歸於漕司，兵各歸於郡，而士自一命以上，雖郡縣管庫之微職，必命於朝廷，而天下之勢始一矣」（仝上卷十一銓選資格）。然其結果，遂致「文為之太密，事權之太分，郡縣太輕於下，而委瑣不足恃。兵財太關於上，而重遲不易舉」（仝上卷一上孝宗皇帝第一書）。「藝祖皇帝束之於上以定禍亂，後世不原其意，束之不已，故郡縣空虛，而本末俱弱」（仝上卷一上孝宗皇帝第三書）。「夷狄遂得以猖狂恣睢，與中國抗衡，儼然為南北兩朝，而頭目手足混然無別」（仝上上孝宗皇帝第三書）。「南渡之初，君臣上下痛心疾首，誓不與虜俱生，卒能以奔敗之餘，而勝百萬之虜。及秦檜倡邪議以阻之，忠臣義士斥死南方，而天下之氣惰矣。三十年之餘，雖西北流寓，皆抱孫長息於東南，而君父之大讎，一切不復關念，自非逆亮送死淮南，亦不知兵戈之為何事也。況望其憤中國之腥羶，而相率北向以發一矢哉」（仝上卷一上孝宗皇帝第一書）。其實，金人到了孝宗時代已與過去不同。「昔者金人草居野處，往來無常，能使人不知所備，而兵無日不可出也。今也城郭宮室，政教號令，一切不異於中國。點兵聚糧，文移往返，動涉歲月。一方有警，三邊騷動，此豈能歲出師以擾我乎」（仝上卷一上孝宗皇帝第一書）。而南渡君臣所以只求苟安，而無振作的精神，吾人歸納陳亮之言，一是科舉之弊，二是資格的限制，而結論則謂缺乏人才。

就科舉說，陳亮以為人士讀經義，以科舉為進身之途，這只能甄別常人，至於非常時代，必不能得到非常人才。他說：

> 本朝以儒道治天下，以格律守天下，而天下之人知經義之為常程，科舉之為正路，法不得自議其私，人不得自用其智，而二百年之太平，繇此而出也。至於艱難變故之際，書生之智知議論之當正，而不知事功之為何物；知節義之當守，而不知形勢之為何用。宛轉於文法之中，而無一人能自拔者，陛下雖欲得非常之人，以共斯世，而天下其誰肯信乎（仝上卷一戊申再上孝宗皇帝書）。

宋代科舉除常科之外，尚有制舉，所謂制舉即漢代之詔舉賢良文學能極言當世政治之得失者。顧隋唐以後，至於宋代，制舉已失去本來意義。北宋時，司馬光說：「國家雖設賢良方正等科，其實皆取文辭而已」（司馬文正公傳家集卷二十論選舉狀）。陳亮亦說：

> 設科以取士，而制舉所以待非常之才也……彼以一身臨王公士民之上，其於天下之故，常懼其

有闕也。自公卿等而下之，以至於郡縣之小官，科目之一士，莫不各得以其言自通。然猶懼其有懷之不盡也，故設為制舉，以詔山林朴直之士，使之極言當世之故，而期之以非常之才。彼其受是名也，宜何以自異於等夷，則亦將盡吐其蘊。凡天下之所不敢言者，一切為吾君言之，以報其非常之知焉。然後人主可以盡聞其所不聞，恐懼脩省，以無負天下之望，則古之賢君為是設科，以待非常之才者，其求言之意可謂切矣，豈徒為是區別而已哉。五季之際，天下乏才甚矣，藝祖一興，而設制科，以待來者，至使草澤得以自舉，而不中第者猶命之以官，以藝祖之規模恢廓，固非飾法度以事美觀，誠得夫古者制科之本意，而求言之心不勝其汲汲也（龍川文集卷十一制舉）。

就資格說，宋代入仕之途甚多，單單貢舉一項，每年選人已經不少。員多闕少，注擬為難。於是遂依資格以定先後，即如蘇紳所言：「不問官職之閑劇，才能之長短，惟以資歷深淺為先後。有司但主簿籍而已，欲賢不肖有別，不可得也」（宋史卷二百九十四蘇紳傳）。高宗時，金人來寇，正是天下多事之秋，國家自應不次用人，以濟中興之業。所以李綱奏言：「夫治天下者，必資於人才，而創業中興之主，所資尤多。何則，繼體守文，率由舊章，得中庸之才，亦足以共治。至於艱難之際，非得卓犖瓌偉之才，則未易有濟。是以大有為之主，必有不世出之才，參贊翊佐，以成大業」（宋史卷三百五十九李綱傳下）。顧高宗乃謂「果有豪傑之士，雖自布衣擢為輔相可也。苟未能考其實，不若姑守資格」（宋史卷一百五十八選舉志四）。然而計日月，累資考之制，即後魏崔亮所創之停年格（參閱拙著中國社會政治史第二冊第四版三二六頁），唐代裴光庭所創之循資格（參閱拙著中國社會政治史第三冊第三版三四〇頁），本非所以待英豪之士。陳亮說：

士以尺度而取官，以資格而進，不求度外之奇才，不慕絕世之雋功。天子蚤夜憂勤於上，以禮義廉恥嬰士大夫之心，以仁義公恕厚斯民之生，舉天下皆繇於規矩準繩之中，而二百年太平之基從此而立。然夷狄遂得以猖狂恣睢，與中國抗衡，儼然為南北兩朝，而頭目手足混然無別。微澶淵一戰，則中國之勢浸微，根本雖厚而不可立矣（龍川文集卷一上孝宗皇帝第一書）。

有察舉而後有銓選，有銓選而後有資格，天下之變日趨於下，而天下之法日趨於詳也……慶曆間范富諸公……欲去舊例，以不次用人，而……天下方病資格之未詳……事雖隨廢，而論者惜之……神宗皇帝思立法度……循名責實……然而資格尚仍祖宗之舊而加詳焉。及夫循名責實之意既衰，而資格之弊如故。凡其大臣之所講畫，議臣之所論奏，往往因弊變法，而未必盡究其立法之初意。法愈詳而弊愈極，積而至於今日，而銓曹資格之法，其弊不可勝言矣。……夫人情不易盡，而法之不足恃也久矣。然上下之間，每以法為恃者樂其有準繩也。以名譽取人，人或以虛誕應之，而薦舉直以文移為據耳。天下寧困於薦舉，而終以為名譽之風不可長者，所恃在法也。以績效取人，人或以浮偽應之，而年勞直以日月為功耳，天下寧困於年勞，而終以為績效之實不可信者，所恃在法也。天下方以法為恃，而欲委法以任人，此雖堯舜不能一日而移天下之心也。將一意而求之於法，則今日之法亦詳矣，聖上循名責實，……而其弊猶若此，則人情果不易盡，而法果不足恃矣（仝上卷十一銓選資格）。

科舉限以經學，銓選限以資格，於是「才者以跅弛而棄，不才者以平穩而用。正言以迂闊而廢，巽言以軟美而入。奇論指為橫議，庸論謂有典則」（仝上卷一戊申再上孝宗皇帝書），而宋遂在人才缺乏之下，終至滅亡。

以上乃敘述陳亮的政見，其思想是一種實踐主義。他認為人非物不能生存，所謂心內、物外，教人樂內而忘外，只是俗儒之談。他說：

> 萬物皆備於我，而一人之身，百工之所謂具，天下豈有身外之事，而性外之物哉。百骸九竅具而為人，然而不可以赤立也，必有衣焉以衣之，則衣非外物也；必有食焉以食之，則食非外物也。衣食足矣，然而不可以露處也，必有室廬以居之，則室廬非外物也；必有門戶藩籬以衛之，則門戶藩籬非外物也。至是宜可已矣，然而非高明爽塏之地，則不可以久也；非弓矢刀刃之防，則不可以安也，若是者皆非外物也。有一不具，則人道為有闕，是舉吾身而棄之也。然而高卑小大則各有分也，可否難易則各有辨也。徇其侈心而忘其分，不度其力……惟爭奪之是務，以至於喪其身而不悔。然後從而省之曰，身與心內也，夫物皆外也。徇外而忘內，不若樂其內，而不顧乎其外也……而未知聖人本末具舉之道……豈有內外輕重之異哉（仝上卷四問答九）。

人類既然需要身外之物，而身外之物有限，於是遂定名分，使人不敢徇其侈心，而政治遂發生了。太古之時，首長皆由民選。至堯，情偽日起，法度略備，然堯授舜，舜授禹，尚詢人民之意。禹傳位於啟，蓋謂非常之人若不可得，不如立子，以定天下之心，後代子孫若有不肖，則有德者當起而代之。湯放桀，武王伐紂，皆不欲天子肆虐於民。殷時，兄終弟及，本於立賢之意。武王周公定立嫡之法，乃以塞覬覦爭奪之門，此皆出於天下為公之大義。劉氏（漢）之制天下之命，李氏（唐）之興，則猶劉氏之舊也，彼其初心未有以異於湯武也。總之，陳亮以為政制之變遷由公推，而世襲，而立嫡，皆欲拯民於水火之中，若謂漢唐之義不足以接三代之統緒，乃後世俗儒之論，不足為訓。陳亮之言如次。

> 昔者生民之初，類聚群分，各相君長，其尤能者則相率而聽命焉。曰皇，曰帝，蓋其才能德義

足以為一代之君師，聽命者不之焉則不厭也。世改而德衰，則又相率以聽命於才能德義之特出者。天生一世之人，必有出乎一世之上者以主之，豈得以世次而長有天下哉。以至於堯，而天下之情偽日起，國家之法度亦略備矣。……而堯以為非天下之賢聖不宜在此位……取舜禹於無所聞之人，而歷試以事，以與天下共之，然後舉而加諸天下之上。彼其心固以天下為公，而其道終不可常也。禹以為苟未得非常之人，則立與子之法，以定天下之心。子孫之不能皆賢，則有德者一起而定之，不必其在我，固無損於天下之公也。湯以為天下既已聽命於一家，而吾之子孫不擇其可與之者，而使不肖者或得以自肆於民上，則非所以仁天下也，故或世或及，惟其賢而已。不幸而與之不當其人，則天下之公議，終不以私之吾家也。武王周公定立嫡之法，以塞覬覦爭奪之門，而君臣之定分，屹然如天地之不可干矣，此豈一世之故哉。秦以智力兼天下……始而欲傳之萬世，使天下疾視其上，翻然欲奪而取之……劉氏得以制天下之命……豈其將以私天下哉，定於一而已……李氏之興則猶劉氏之舊也……彼其初心未有以異於湯武也……使漢唐之義不足以接三代之統緒，而謂三四百年之基業，可以智力而扶持者，皆後世儒者之論也（仝上卷三問答一）。

陳亮以漢唐比擬湯武，故其對於王霸之別，似採李覯之說，而反對孟子「以力假仁者霸，以德行仁者王」（孟子卷三下公孫丑上）之言，他說：

自孟荀論義利王霸，漢唐諸儒未深明其說，本朝伊洛諸公辯析天理人欲，而王霸義利之說於是大明。然謂三代以道治天下，漢唐以智力把持天下，其說固已不能使人心服。而近世諸儒，遂謂三代專以天理行，漢唐專以人欲行，其間有與天理暗合者，是以亦能久長。信斯言也，千五百年之間，天地亦是架漏過時，而人心亦是牽補度日，萬物何以阜蕃，而道何以常存乎（仝上卷二十甲辰答朱元晦書)。

照陳亮說：「謂之雜霸者，其道固本於王也，諸儒自處者曰義曰王，漢唐做得成者曰利曰霸」(仝上)。最多亦不過程度之差，即「三代做得盡者也，漢唐做不到盡者也」(仝上卷二十甲辰又書)。陳亮此言還是不敢大背古人之意。那些人士以漢唐不及三代，三代不及堯舜，則是人類社會日漸退化。果然如此，人類不過「半死半活之蟲」。陳亮說：

> 人之所以與天地並立而為三者，非天地常獨運，而人為有息也。人不立，則天地不能以獨運。捨天地，則無以為道矣。天不為堯存，不為桀亡者，非謂其捨人而為道也。若謂道之存亡，非人所能與，則捨人可以為道，而釋氏之言不誣矣。使人人可以為堯，萬世皆堯，則道豈不光明盛大於天下。使人人無異於桀，則人紀不可脩，天地不可立，而道之廢亦已久矣。天地而可架漏過時，則塊然一物也。人心而可牽補度日，則半死半活之蟲也，道於何處而常不息哉。惟聖為能盡倫，自餘於倫有不盡，而非盡欺人以為倫也。惟王為能盡制，自餘於制有不盡，而非盡罔世以為制也。欺人者人常欺之，罔世者人常罔之，烏有欺罔而可以得人長世者乎(仝上卷二十與朱元晦祕書)。

吾國古人均有「今不如昔」的思想，陳亮則反對此說，希望人士發生自信力。然而宋代士大夫多無豪邁之氣，理學家例如程伊川也說：「今人都柔了。蓋自祖宗以來，多尚寬仁，不曾用大刑之屬，由此人皆柔軟」(朱子語類卷一百三十三盜賊)。陳亮說：「刑者聖人愛民之具，而非以戕民也」(龍川文集卷四問答下之八)。柔軟之人何能起衰振隳，於是外患接續而至，比之漢武帝之討伐匈奴，唐太宗之大破突厥，相差遠了。陳亮之稱許漢唐，蓋基於民族思想❶。

二、葉適

葉適號水心，生於高宗紹興二十年，卒於寧宗嘉定十六年，即其生死年代略與陳亮相同。此際政事愈亂，國運愈危，故其思想有似陳亮，而攻擊理學家亦烈。他說：「高談者遠述性命，而以功業為可略。精論者妄推天意，而以夷夏為無辨」（水心集卷一上孝宗皇帝劄子）。而對無極太極之說，尤加抨擊。他說：

> 孔子彖辭，無所謂太極者，不知傳何以稱之。自老聃為虛無之祖，然猶不敢放言。曰，無名天

---

❶ 宋代君臣厭談刑賞，陳亮關於刑賞有特別的見解。他說：耳之於聲也，目之於色也，鼻之於臭也，口之於呼也，四肢之於安佚也，性也，有命焉。出於性，則人之所同欲也；委於命，則必有制之者，而不可違也。……君制其權，謂之賞罰；人受其報，謂之勸懲。使為善者得其所同欲，豈以利而誘之哉，為惡者受其所同惡，豈以威而懼之哉。得其性而有以自勉，失其性而有以自戒，此典禮刑賞所以同出於天，而車服刀鋸非人君之所自為也。天下以其欲惡而聽之人君，人君乃以其喜怒之私，而制天下，則是以刑賞為吾所自有，縱橫顛倒，而天下皆莫吾違。善惡易位，而人失其性，猶欲執區區之名位以自尊，而不知天下非名位之所可制也（龍川文集卷四問答七）。

陳亮反對宋帝之親理細務，其言曰：臣竊惟陛下自踐祚以來……發一政，用一人，無非出於獨斷。下至朝廷之小臣，郡縣之瑣政，一切上勞聖慮。雖陛下聰明天縱，不憚勞苦，而臣竊以為人主之職，本在於辨邪正，專委任，明政之大體，總權之大綱，而屑屑焉一事之必親，臣恐天下有以妄議陛下之好詳也……今朝廷有一政事，而多出於御批，有一委任，而多出於特旨；使政事而皆善，委任而皆當，固足以彰陛下之聖德，而猶不免好詳之名。萬一不然，而徒使宰輔之避事者，得用以藉口，此臣愛君之心所不能以自已也（仝上卷二論執要之道）。

地之始，有名萬物之母而已。至莊列始妄為名字，不勝其多。故有太始太素，茫昧廣遠之說。傳易者將以本原聖人，扶立世教，而亦為太極以駭異後學。後學鼓而從之，失其會歸，而道日以離矣（引自宋元學案卷五十四水心學案上）。

我們知道世風之弊對於政風，關係甚大。但是政府亦不能一舉而即矯正世風，孟子所謂反手之治，未免言過其實。葉適說：

> 孟子自謂……惟大人為能格君心之非，君仁莫不仁，君義莫不義，君正莫不正，一正公而國定。夫指心術之公私於一二語之近，而能判王霸之是非於千百年之遠，迷而得路，渙然昭蘇，宜若不待堯舜禹湯而可以致唐虞三代之治矣。當是時……天下盡變，不啻如夷狄，孟子亦不暇顧。但言以齊王猶反手也。若宣王果因孟子得警發，豈遂破長夜之幽昏哉……後之儒者無不益加討論，而格心之功既終不驗，反手之治亦復難興，可為永歎（引自宋元學案仝上）。

人類有欲，不能否認。先王制民之產，就是要使眾人均能償其所欲。然而人類用物以償欲，欲已償了，又復由物而生欲，政治的目的是使人人得其所欲，而又不妨害別人之欲。孟子雖說：「養心莫善於寡欲」（孟子卷十四下盡心下），然其對梁惠王論政，亦謂「養生送死無憾，王道之始也」（孟子卷一上梁惠王上）。而對齊宣王更明白說出「無恆產而有恆心者，唯士為能。若民，則無恆產，因無恆心」（孟子卷一梁惠王上）。恆產，物也；恆心，心也。心與物固有密切的關係，饑寒交迫，而尚曰物外也，心內也，人民那會滿意。葉適說：

> 大學以致知格物為大學之要，在誠意正心之先……予固以為非……誠意必須致知……若是，則

物宜何從。以為物欲而害道，宜格而絕之耶，以為物備而助道，宜格而通之耶。然則物之是非固未可定，而雖在大學之書者亦不能明也（引自宋元學案仝上）。

葉適此言乃反駁「程氏言格物者窮理也」，那知大學不過「入德之門耳，未至於能窮理也」（仝上）。葉適對於大學所言，採懷疑態度，不以先聖之言為先天的真理，這是南宋思想進步之處。

葉適不談玄理，他以為政府能夠統治人民，在於有勢。他說：

欲治天下而不見其勢，天下不可治矣……且均是人也，而何以相使，均是好惡利欲也，而何以相治。智者豈不能自謀，勇者豈不能自衛，一人刑而天下何必畏，一人賞而天下何必慕，而刑賞生殺豈以吾能為之而足以制天下者……誠以勢之所在也（水心集卷四治勢）。

上失其勢，往往是太阿倒持，而至於亂。堯舜三王以天下之勢在己，故莫或制。秦漢以後，天子常失其勢，所以棼亂不已。

古之人君若堯舜禹湯文武，漢之高祖光武，唐之太宗，此其人皆能以一身為天下之勢。雖其功德有厚薄，治效有淺深，而要以為天下之勢在己不在物。夫在己不在物，則天下之事，惟其所為而莫或制。……及其後世……天下之勢，有在於外戚者矣，呂霍上官非不可以監也，而王氏卒以亡漢。有在於權臣者矣，漢之曹氏，魏之司馬氏，至於江南之齊梁，皆親見其簒奪之禍，習以其天下與人而不怪。而其甚也，宦官之微，匹夫之奮呼，士卒之擅命，而天下之勢無不在焉。若夫五胡之亂，西晉之傾覆，此其患特起於公卿子弟，里巷書生，游談聚論，沉湎淫佚而已，而天地為之分裂者數十世。嗚呼勢在天下，而人君以其身求容焉，猶豫反側，而不能以自定。其或在於宦官，或在於士卒，而舉威福之柄，以盡寄之者，此甚可嘆也……故夫勢者天下之至神也，合則治，離則亂，張則盛，弛則衰，續則存，絕則亡（水心集卷四治勢）。

案古人所謂勢，就是今人所謂主權，主權對內是最高的，對外則不受限制（參閱拙著政治學五八頁以下），而在民主思想尚未發生以前，則屬於君主。由葉適之論勢，可知他的思想近於實際。

葉適雖然以為古今異時，而歷史上之事，足為今日殷鑒者並不少。討論政治的人固不宜泥古以律今，亦不宜就今而忘古。蓋人類知識乃積聚過去經驗，而後產生的。葉適有言：

> 欲自為其國，必先觀古人之所以為國。論者曰，古今異時，言古者常不通於今，此其為說亦確而切矣。雖然天下之大，民此民也，事此事也，疆域內外建國立家，下之情偽好惡，上之生殺予奪，古與今皆不異也……夫觀古人之所以為國，非必遽倣之也。故觀眾器者為良匠，觀眾病者為良醫，盡觀而後自為之，故無泥古之失，而有合道之功（水心集卷三法度總論一）。

而吾國自秦漢之後，一切制度均無新的作風，只知矯正前代之弊，而宋之立國更是如此。

> 國家因唐五代之極弊，收斂藩鎮，權歸於上，一兵之籍，一財之源，一地之守，皆人主自為之也。欲專大利，而無受其大害，遂廢人而用法，廢官而用吏，禁防纖悉，特與古異，而威柄最為不分。雖然豈有是哉，故人才衰乏，外削中弱。以天下之大而畏人，是一代之法度又有以使之矣。宜其不能盡天下之慮也（仝上卷四始論二）。

然而矯弊何能以致治。

> 昔人之所以得天下也必有以得之，其失天下也亦必有以失之，得失不相待而行，是故不矯失以為得，何也，蓋必有真得天下之理，不俟乎矯其失而後得之也。矯失以為得，則必喪其得……而本朝所以立國定制，維持人心，期於永存而不動者，皆以懲創五季而矯唐末之失策為言。細者愈細，密者愈密，搖手舉足，輙有法禁。而又文之以儒術，輔之以正論，人心日柔，人氣日惰，人才日弱，舉為懦弛之行以相與，奉繁密之法，遂揭而號於世曰，此王政也，此仁澤也，此長久不變之術也。以仁宗極盛之世，去五季遠矣，而其人之懲創五季者不忘也。至於宣和，又加遠矣。其法度紊失，而亦曰所以懲創五季而已。況靖康以後，本朝大變，乃與唐末五季同為禍難之餘。紹興更新，以及於今日，然觀朝廷之法制，士大夫之議論，隄防扃鐍，孰曰非矯唐末而懲創五季也哉。夫以二百餘年所立之國，專務以矯失為得，而真所以得之之道，獨棄置而未講。故舉一事，本以求利於事也，而卒以害是事。立一法，本以求利於法也，而卒以害是法……於是中原分剖，而不悟其繇，請和仇讎而不激其憤，皆言今世之病，而自以為無療病之方，甘心自處於不可振救，以坐視其敗。據往鑒今，而陛下深思其故者，豈非真所以得之之道未講歟（仝上卷三法度總論二）。

葉適與陳亮一樣，為愛國志士。自石晉割燕雲十六州之後，中國對於北寇，處於劣敗之勢。仁宗慶曆中，范仲淹請亟城汴都，呂夷簡因建魏為北京，而皆無補於事，「卒至於增幣卑辭而後已」（仝上卷四取燕三），遼亡金興，中國退處錢塘，這無非是「畏縮苟安」（仝上）而已。而乃武恬文嬉，歌舞太平。葉適謂：「隘處江浙，以為南北之成形六十年矣……豈可……不思夷夏之分，不辨逆順之理，不立讎恥之義，一切聽其為南北之成形，以與宋齊梁陳並稱而已者乎」（仝上始論二）。「昔者南北兩立，南欲返城而歸北，北欲奪地而來南」（仝上卷五終論五）。今也何如，北本吾之故都，而「南之思北也少，而北之望南也多」（仝上卷五終論五）。葉適曾以地理之理由，說明取燕之必要。

夫燕薊中國之郛郭也。河北河東中國之闤闠也。弃其郛郭，而設捍禦於闤闠，舉一世之謀慮，皆自以為可久安而無他。此賈誼所謂非愚則諛，非實知治亂之體者也（仝上卷四取燕三）。

案北方蠻族所以能夠侵陵中國，乃因其人壯悍，驅馳若飛，軍無輜重樵爨之苦，輕行速捷，因敵取資。而金人到了南宋孝宗時代，「其君臣上下文法制度所以守其國者，皆以中國為法，而又願和不願戰，喜靜不喜動」（水心集卷五終論四），即中國之劣點，金人已經與我相同。顧當時論者諱言恢復，而藉於「待時」。「待時」必須自強，「待時」而無所為，結果只有滅亡。

何謂待時，此今論者所常以為言也。夫時有未可而待其至，昔之謀國者固皆如此，而今之所言，特似之而非也。越之報吳也，范蠡文種以為必在二十年之外，二十年之內，勾踐欲不忍其憤而一決，則二人者出死力以止之。至其成功也，果在於二十年之外，此豈非所謂待時者邪。然二十年之內，越人日夜之所為，皆報吳之具也。故時未至則不動，時至則動而滅吳，若二十年之內無所為，而欲待二十年之外，可乎（仝上卷四待時）。

且也，「方今之慮，正以我自有所謂難，我自有所謂不可耳。夫我自有所謂難，而不知變其難，以從其易。我自有所謂不可，而不知變其不可，以從其可。於是力屈氣索，甘為退伏，常願和好，抽兵反戍，拱手奉虜，而暫安於東南」（仝上卷一上孝宗皇帝劄子）。「夫虜以敗殞而後和，雖和而猶不失為雄。我以應久而後勝，雖勝而猶不敢盡用」（仝上卷一上寧宗皇帝劄子）。「分畫無法，寄任不專……言戰不敢，請和不欲，費日累月，師老糧匱，上下厭倦。而秦檜以為國權不可外假，兵柄不可與人，故屈意俯首，唯虜所命，以就和約」（仝上卷五紀綱四）。「國家有休兵之實，過於文景，而天下被用兵之害，甚於武帝」（仝上卷一上光宗皇帝劄子）。竭天下之力以養不戰之兵（參閱仝上卷五兵總論一）。「進不可戰，退不可守……而夷狄之侵侮無時而可禁也」（仝上卷五兵總論二）。案宋代「所用誤朝之人，大抵學校之名士也……秦檜為相，務使諸生為無廉恥以媚己，而以小利陷之，陰以拒塞言者。士人靡然成風，獻頌拜表，希望恩澤……故至於今日，太學尤弊，遂為姑息之地」（仝上卷三學校）。政治如斯，那裡能夠北伐中原，恢復河山。

葉適又謂宋代之弱，由於集權太甚，而致地方空虛，不能隨意應變。宋鑒唐季五代之禍，將地方一切權力集中於中央，尤「以執其財用之權為最急」（仝上卷四財總論二）。但是集權對內固然有利，而對外則為有弊。葉適說明如次。

> 國家規模特異前代，本緣唐季陵夷，藩方擅命，其極為五代廢立，士卒斷制之禍。是以收攬天下之權，銖分以上，悉總於朝。上獨專操制之勞，而下獲享其富貴之逸。故內治柔和，無狡悍思亂之民，不煩寸兵尺鐵，可以安枕無事，此其得也。然外網疎漏，有驕橫不臣之虜，雖聚重兵勇將，而無一捷之用，屈意損威，以就和好，此其失也（水心集卷一上孝宗皇帝劄子）。

又說：

> 今內外上下，一事之小，一罪之微，皆先有法以待之。極一世之人，志慮之所周浹，忽得一智自以為甚奇，而法固已備之矣，是法之密也。雖然，人之才不獲盡，人之志不獲伸，昏然俛首一聽於法度，而事功日隳，風俗日壞，貧民愈無告，姦人愈得志，此上下之所同患，而臣不敢誣也。故

法度以密為累，而治道不舉。今自邊徼犬牙萬里之遠，皆自上制命，一郡之內，兵一官也，財一官也，彼監此臨，互有統屬，各有司存，推之一路猶是也。故萬里之遠，嚬伸動息，上皆知之，是紀綱之專也。雖然無所分畫，則無所寄任，天下泛泛焉而已。百年之憂，一朝之患，皆上所獨當，而群臣不與也。夫萬里之遠，皆上所制命，則上誠利矣。百年之憂，一朝之患，皆上所獨當，而其害如之何。此夷狄所以憑陵而莫禦，讎恥所以最盛而莫報也（仝上卷四實謀）。

復說：

固外者宜堅，安內者宜柔，使外亦如內之柔，不可為也。唐失其道，化內地為藩鎮，內外皆堅，而人主不能自安。本朝反其弊，使內外皆柔，雖欲自安，而有大不可者。故自端拱雍熙以後，契丹日擾河北山東，無復寧居，李繼遷叛命，西方不解甲，諸將不能自奮於一戰者，權任輕而法制密，從中制外，而有所不行也（水心集卷五紀綱二）。

由弱而強，當然需要人才，培養人才則為教育，而宋代教育不過「以利誘天下」（仝上卷三學校），「古者化天下之人而為士，使之知義。今者化天下之人而為士，盡以入官」（仝上卷三法度總論三），官員增加，而國家財政亦因官俸之加多而窮匱。且也取士之法，科舉既不足以甄別人才，士人「困於場屋」，「而朝廷於人才之本源，戕賊斲喪，不復長育，則宜其不足於用也」（仝上卷三科舉）。科舉既有弊端，而制舉也是一樣。制舉本來是求卓越之士，而亦「責之於記誦，取之於課試」（仝上卷三法度總論三）。

科舉所以不得才者，謂其以有常之法，而律不常之人，則制科庶乎得之者，必其無法焉。而制舉之法反密於科舉……若今制科之法是本無意於得才，而徒立法以困天下之泛然能記誦者耳。此固所謂豪傑特起者輕視而不屑就也（仝上卷三制科）。

而銓敘之時，「其人之賢否，其事之罪功，其地之遠近，其資之先後，其祿之厚薄，其闕之多少，則曰是一切有法矣」（仝上卷三銓選）。況又太過講求資格。

資格者生於世之不治，賢否混并，而無可別，故以此限之耳。而本朝遂以治世而行衰世之法。藝祖太宗所用猶未有定式，惟上所拔，間得魁磊之士。至咸平景德初，資格始稍嚴一。寇準欲出意取天下士，而上下群攻之（宋史卷二百八十一寇準傳）。故李沆王旦在真宗時，王曾呂夷簡富弼韓琦在仁宗英宗時，司馬光呂公著在哲宗時，數人以謹守資格為賢，名重當世（水心集卷三資格）。

復限以許多法與例，層層束縛，縱有人才，也不能有所發揮，於是權力遂歸於胥吏之手，即今人所謂科員政治，葉適說：

國家以法為本，以例為要，其官雖貴也，其人雖賢也，然而非法無決也，非例無行也。驟而問之，不若吏之素也，暫而居之，不若吏之久也；知其一不知其二，不若吏之悉也，故不得不舉而歸之吏。官舉而歸之吏，則朝廷之綱目，其在吏也何疑（仝上卷一上孝宗皇帝劄子）。

而胥吏常依例上下其手，「所欲與，則陳與例，欲奪，則陳奪例，與奪在其牙頷」（宋史卷三百七十八劉一止傳），據葉適言，「自崇寧極於宣和，士大夫之職業，雖皮膚蹇淺者，亦不復修治，而專從事於奔走進取，其簿書期會一切惟吏胥之聽，而吏人根固窟穴，權勢熏炙……故今世號為公人世界，又以為官無封建，而吏有封建者，皆指實而言也」（水心集卷三吏胥）。於是政事廢弛，奔競成風。他又批評薦舉之弊如次：

天下之大吏得薦舉天下之卑官，宜若為善法矣，而今乃為大害……然則朝廷歲與人以關陞改官者，豈曰此誠賢與能者乎。大吏歲舉人以改官者，亦豈曰此誠賢與能者乎。其人之得關陞改官者，又豈曰吾誠賢與能者乎。上不信其舉人者，舉人者不信其求舉者，求舉者不以自信，必曰是皆不可知，而朝廷之法既已如此，則不得不出於此，朝廷亦曰吾之立法既已如此，則不得不聽其如此。然則是上下相與為市，均付於不可知而已。故奔競成風，干謁盈門，較權勢之輕重，不勝其求，若此者不特下之人知之，上之人亦知之矣。方其人之未得出乎此也，卑身屈體以求之，僕隸賤人之所恥者而不恥也，此豈復有其中之所存哉。及其人之既得脫乎此也，抗顏莊色以居之，彼其下者，又為卑身屈體之狀以進焉，彼亦安受之而已。相承若此，則以此見舉，以此舉人，陛下之人才壞，而生民受其病，無足疑者（仝上卷三薦舉）。

擇才如此，於是宋之人才遂至涸竭，而政事更無革新的希望了。葉適又作總評曰：

本朝人才所以衰弱，不逮古人者，直以文法繁密，每事必守程度，按故例，一出意，則為妄作矣。當其風俗之成，名節之厲，猶知利之不當言，財之不當取，蓋處而學，與出而仕者，雖不能合，而猶未甚離也。今也不然，其平居道前古，語仁義，性與天道者，特雅好耳，特美觀耳，特科舉之餘習耳。一日為吏，簿書期會迫之於前，而操切無義之術用矣。曰彼學也，此政也，學與政，判然為二（仝上卷四財總論二）。

且也，漢置刺史，以監察地方官，然只能監察守令之枉法失職，不能干涉守令之行政，即不能積極的強制地方官為其不願為的事，只能監視地方官不為其不應為的事。換言之，刺史只能消極的使地方官不作為，不能積極的使地方官作為。但是監視過密，地方官動輒得咎，縱令循吏，亦將不敢積極的有所建樹，只求消極的可以無過。所以刺史所得監察者又以詔書六條為限，而詔書所舉者又盡關於二千石之失職違法。宋代與此不同，葉適說：

朝廷之設官也，必先知其所以設是官之意。其用是人也，必先知其所以用是人之說。州郡眾而監司寡，謂州郡之事難盡察也，故置監司以察之。謂州郡之官難盡擇也，故止於擇監司，亦足以寄之。自漢以後，所謂監司者，亦若是而已，未暇及于岳牧相維之義也。且其若是，則奉行法度者州郡也，治其不奉行法度者監司也。故監司者操制州郡者也，使之操制州郡，則必無又從而操制之，此則今世所以置監司之體統當如是矣。今也，上之操制監司，又甚於監司之操制州郡，緊緊恐其擅權而自用，或非時不得巡歷，或巡歷不得過三日，所從之吏卒，所批之券食，所受之禮饋，皆有明禁，然則朝廷防監司之不暇，而監司何足以防州郡哉（仝上卷三監司）。

依上所述，可知葉適論政極似陳亮。此蓋宋代確有此種弊政，故凡關心國事者不免所言相同，本書不過以他們兩人之言論為例，使今日為政者有所警惕而已。

第五章

元代政治思想的消沉

蒙古起自北荒，力征而取天下，原以為武力可以決定一切，在其未入中原以前，經濟是遊牧，政治是部落。太宗窩闊臺既滅西夏與金，而與漢人接觸，知漢族文化之高，遂依中國之制，立朝廷而建官府，主其事者則為耶律楚材。楚材契丹人，楚材卒，楊惟中繼之，蕭規曹隨，使蒙古國基漸次鞏固（元史卷一百四十六耶律楚材傳，楊惟中傳）。經定宗貴由，憲宗蒙哥，而至世祖忽必烈，史天擇為相，「凡治國安民之術無不次第舉行」（元史卷一百五十五史天擇傳）。至元以後，劉秉忠奏建國號曰元，遷都燕京（元史卷一百五十七劉秉忠傳），又與許衡更定官制（元史卷一百五十八許衡傳），姚樞復修條格（元史卷一百五十八姚樞傳），郝經陳滅宋之策（元史卷一百五十七郝經傳）。楊惟中恆州（漢常山郡）人，史天擇燕之永清（即幽州，漢曰燕國）人，劉秉忠邢州（漢鉅鹿郡）人，許衡懷州（漢河內郡）人，姚樞柳城（漢屬遼西郡）人，郝經澤州（漢上黨河東等郡）人。此數人均在北方，其地有於五代之時割與契丹者，有於宋室南渡之時，沒於女真者。他們各家不能南下，遂仕於遼金，遼金既可仕，則蒙古何以不可仕。世祖中統元年，郝經奏言：

昔元魏始有代地，便參用漢法。至孝文遷都洛陽，一以漢法為政，典章文物粲然與前代比隆，天下至今，稱為賢君。王通修元經，即與為正統，是可以為鑒也（元文類卷十四郝經立政議）。

至元三年許衡亦說：

> 考之前代，北方之有中夏者，必行漢法，乃可長久……夫陸行宜車，水行宜舟，反之則不能行，幽燕食寒，蜀漢食熱，反之則必有變。以是論之，國家之當行漢法無疑也……切嘗思之，寒之與暑固為不同。然寒之變暑也，始於微溫，溫而熱，熱而暑，積百有八十二日，而寒始盡。暑之變寒，其勢亦然，是亦積之之驗也。苟能漸之摩之，待以歲月，心堅而確，事易而常，未有不可變者（元史卷一百五十八許衡傳，全文載在元文類卷十三許衡時務五事）。

推他們之意，華夷本來無別，異族能行漢法，亦可以君臨中國。這種思想甚有似漢唐時代的「天下一家」，然其出發點並不相同。漢唐因為征服四裔，故倡「天下一家」之說，以減少異族反抗之心。元初學者則因為中國為異族所征服，遂認夷夏之別並不重要。而如楊奐所說：「中國而用夷禮，則夷之，夷而進於中國，則中國之也」（元文類卷三十二楊奐正統八例總序）。蓋他們乃欲以華變夷，使夷同化於華。但是蒙古雖然採用漢之制度，蒙古色目人亦可與漢人雜居，且與漢人通婚（陔餘叢考卷十八元制蒙古色目人隨便居住，並參閱拙著中國社會政治史第四冊第三版一九〇頁）。然皇室依然保存蒙古舊俗，諸帝多不習漢文（二十二史劄記卷三十元諸帝多不習漢文）。元又分別其所統治的民族為四等，一是蒙古人，二是色目人，三是漢人，四是南人，四者之權利義務絕不相同。所謂漢人乃指亡金之遺民，所謂南人是指亡宋之遺民。而漢人之中，除了北方漢族之外，又包括契丹人女真人及高麗人（參閱拙著中國社會政治史第四冊第三版一八一頁以下）。總之，宋人華夷之別，到了元代，已經消滅，且認元是繼宋而為正統。

案正統之說乃創始於晉習鑿齒之「漢晉春秋」，是書「起漢光武，終於晉愍帝，於三國之時，蜀以宗室為正，魏武雖受漢禪晉，尚為篡逆。至文帝平蜀，乃為漢亡，而晉始興焉。引世祖諱炎，興而為禪受，明天心不可以勢力強也」。又說：「至於武皇遂并彊吳，混一宇宙，乂清四海，同軌二漢，除三國之大害，靜漢末之交爭，開九域之蒙晦，定千載之盛功者，皆司馬氏也。而推魏繼漢，以晉承魏，比義唐虞，自託純臣，豈不惜哉。今若以魏有代王之德，則其道不足，有靜亂之功，則孫劉鼎立。道不足，則不可謂制當年，當年不制於魏，則魏未曾為天下之主，王道不足於曹，則曹未始為一日之王矣」（晉書卷八十二習鑿齒傳，據方孝孺說，正統之名，本於春秋）。即正統乃含兩個要素，就倫理說，是指取天下以「正」。就政治說，是謂「統」天下於一。所以一般人均謂：「如秦西晉隋則統而不正者，如蜀東晉則正而不統者」。奇怪得很，理學家的朱熹對於正統，卻將倫理與政治分開。他說：「何必恁地論，只天下為一，諸侯朝覲，獄訟皆歸，便是得正統」，所以「如秦初，猶未得正統，及始皇并天下，方始得正統。晉初，亦未得正統，自泰康以後，方始得正統。隋初，亦未得正統，自滅陳後，方得正統。如本朝（宋）至太宗并了太原，方是得正統。又有無統時，如三國南北五代皆天下分裂，不能君臣，皆不得正統」（朱子語類卷一百五論自注書，通鑑綱目）。固然朱熹與司馬光不同。司馬光的資治通鑑，帝魏而黜蜀，朱熹的通鑑綱目則以昭烈章武之元繼漢統。此蓋司馬光生於北宋，而朱熹生於南宋。宋之篡周宅汴與晉之篡魏宅洛者同源，其正魏即以正宋也。南渡之宋與江左之晉相同，朱熹之正蜀亦以正南宋也（參閱梁啟超著論正統，見中華書局印行飲冰室文集之九）。但是朱熹雖然以蜀為正統，而其本史正文仍用陳壽之書，即其筆法未能一貫，似還依過去成例，凡能統一中華，即有資格成為正統。此後許多理學家不但仕於元，且助元統一南北。例如郝經「家世業儒」（元史卷一百五十七郝經傳）。姚樞「以道學自任」，「許衡見樞，得伊川易傳，朱子論孟等注，中庸大學章句……乃手寫以歸，謂學徒曰昔所授殊孟浪，今始聞進學之序」（新元史卷一百七十許衡傳，參閱卷一百五十七姚樞傳）。理學家之願仕元，蓋朱子「正統」之說有以使之。但是許衡雖服膺道學，而其論政亦有可採之點。他對於人君，贊成韓非所說「君無見其所欲……君無見其意」（韓非子第五篇主道）之言，以為：

> 人之情偽有易有險，險者難知，易者易知……又有眾寡之辨焉，寡則易知，眾則難知。難知非不智也，用智分也。易知非多智也，合小智而成大智也。故在上之人難於知下，而在下之人易於知上，其勢然也。處難知之地，御難知之人，欲其不見欺也，蓋難矣……人君處億兆之上，所操者予奪進退賞罰生殺之權，不幸見欺，以非為是，以是為非，其害可勝言耶。人君唯無喜怒也，有喜怒，則贊其善以市恩，鼓其怒以張勢。人君唯無愛憎也，有愛憎，則假其愛以濟私，藉其憎以復怨。甚至本無喜也，詐之使喜。本無怒也，激之使怒。本不足愛也，強譽之使愛。本無可憎也，強短之使憎。若是，則進者未必為君子，退者未必為小人。予者或無功，而奪者或有功也。以至賞之罰之生之殺之，鮮有得其正者。人君不悟，日在欺中，方仗若曹擿發細隱，以防天下之欺，欺而至此，欺尚可防耶（元文類卷十三許衡時務五事）。

許衡因鑒元初師徒屢出，財用不繼，而喜用興利之臣，希望朝廷培養稅源，而勿竭澤取魚，所以又說：

> 今國家徒知斂財之巧，而不知生財之由。徒知防人之欺，而不知養人之善。徒患法令之難行，而不患法令無可行之地。誠能優重農民，勿擾勿害，毆游惰之人，歸之南畝，課之種藝，懇喻而督行之，十年已後，倉廩之積，當非今日之比矣（元文類卷十三許衡時務五事）。

郝經以為元自成吉斯汗以來，連年討伐，踰五十年，用兵既久，不免頓弊而不振。而謂「自漢唐以來，樹立攻取，或五六年，未有踰十年者，是以其力不弊，而卒能保大定功……國家建極開統，垂五十年，而一之以兵……自古用兵，未有如是之久且多也。其力安得不弊乎」。他知蒙古「得兵家之詭道，而長於用奇」。但宋「善於守……以不戰老吾，吾合長圍以不攻困彼。吾用吾之所長，彼不能用其長」。而後數軍並出，使宋不能分防。蓋「取國之術與爭地之術異。併力一向，爭地之術也。諸道並進，取國之術也。昔之混一者皆若是矣。晉取吳，則六道出；隋取陳，則九道進；宋之於南唐，則二面皆進，未聞以一旅之眾而能克國者。或者有之，僥倖之舉也」。郝經基此觀點，詳述取宋之策（元史卷一百五十七郝經傳）。許衡郝經均係北方之人，所以雖宗道學，而又與南宋之道學專談性理者不同。但傳祚既久，程朱性命道德之說又流行了。

案程朱之學傳於北方，乃開始於趙復。太宗窩闊臺之時，出師伐宋，取德安，獲趙復，趙復欲投水殉國，「姚樞曉以布衣未仕，徒死無益，不如隨吾而北，可以傳聖教」。趙復本誦法程朱之學，既至北方，遂以理學教眾，而朱子之四書章句集註及近思錄遂通行於海內。世祖忽必烈統一南北，立太學，亦用朱註四書，教授生徒。仁宗延祐年間開科取士，凡鄉試及會試第一場經問，皆由四書內出題，用朱子章句集註，終元之世莫之能改（新元史卷六十四選舉志一，卷一百三十四儒林傳序及趙復傳）。吾人讀元史儒學傳，即可知元代儒者之宗程朱者甚多。趙復之事已述於上，茲不再舉。張頦受業於王栢（宋史卷四百三十八王栢傳），「自六經語孟傳註以及周程張氏之微言，朱子所嘗論定者，靡不潛心玩索，究極根底」。金履祥事王栢，從登何基之門，基則學於黃榦（宋史卷四百三十有黃榦傳），而榦親承朱熹之傳者也。許謙「謂學者曰，學以聖人為準的，然必得聖人之心而後可。學聖人之事、聖人之心，具在四書，而四書之義備於朱子」。陳櫟「嘗以為有功於聖門者，莫如朱熹氏」。胡一桂之學「得朱熹氏源委之正」。其同郡胡炳文「於朱熹所著四書，用力尤深」。黃澤「於名物度數考覈精審，而義理一宗程朱」。蕭𣂏為學，「一以洙泗（孔子設教於洙泗之上）、濂（濂溪周敦頤）洛（洛陽程顥程頤）考亭（朱熹）為據」。同恕之學「由程朱，上遡孔孟」。安熙自劉因「得宋儒朱熹之書，即尊信力行之，故其教人，必尊朱氏」。胡長孺「初師余學古，學古師王夢松，夢松傳葉味道（宋史卷四百三十八有葉味道傳）之學，味道則朱熹弟子也」。熊朋來「隱處州里間，生徒受學者常百數十人，取朱子小學書，提其要領以示之」。韓性說：「四書六經千載不傳之學，自程氏至朱氏，發明無餘蘊矣」。吳師道嘗問道於許謙，其為學「大抵務在發揮義理，而以闢異端為先務」。陸文圭博通經史百家及天文地理律曆醫藥算數之學。文圭同里有梁益者，「博洽經史，其教人以變化氣質為先務」。「文圭既卒，浙以西稱學術醇正，為世師表者，惟益而已」。益所著書「發揮朱熹氏之學為精」。周仁榮父敬孫，師事王栢。王栢「以朱熹之學主台之上蔡書院」，「仁榮承其家學」。伯顏受業於王坦，久之，坦曰「群經有朱氏說俱在，歸而求之可也」（元史卷一百八十九，卷一百九十儒學各列傳）。元史儒學傳共二十八人（附傳不計），而屬於朱熹學派者乃有十六人之多。其所以如此者，蓋如韓性所言：「今之貢舉悉本朱熹私議，為貢舉之文，不知朱氏之學，可乎」（元史卷一百九十韓性傳）。即班固所說：「蓋利祿之路然也」（漢書卷八十八儒林傳贊）。

但是政治上所需要的人才與道學上的學者未必相同。所以元代雖然崇尚儒學，而還是喜用由吏出身之人。因此，社會上遂有一官二吏、九儒十丐之言（參閱陔餘叢考卷四十二，九儒十丐）。成宗大德七年，鄭介夫上太平策。意謂：

> 吏之與儒可相有而不可相無者也。儒不通吏，則為腐儒。吏不通儒，則為俗吏。必儒吏兼通，而後可以蒞政臨民，漢書稱以儒術飾吏治，正此謂也。今吟一篇詩，習半行字，即名為儒。檢舉式

例，會計出入，即名為吏。吏則指儒為不識時務之書生，儒則詆吏為不通古今之俗子。儒吏本出一途，析而為二，遂致人員之冗，莫甚此時。久任於內者，但求速化，未知民瘼之艱難。久任於外者，推務苟祿，不諳中朝之體統。今朝廷既未定取人之科，當思所以救弊之策。百官自三品以下，九品以上，並內外互相注授。歷外一任，則升之朝，隨朝一任，則補之外。凡任於外者必由內發，任於內者必從外取，庶使儒通於吏，吏出於儒，儒吏不相扞格，內外無分輕重矣（新元史卷一百九十三鄭介夫傳）。

馬端臨亦說：

今按西都公卿士大夫或出於文學，或出於吏道，亦由上之人並開二途以取人，未嘗自為抑揚，偏有輕重，故下之人亦隨其所遇，以為進身之階，而人品之賢不肖初不係其出身之或為儒或為吏也……後世儒與吏判為二途，儒自許以雅而詆吏為俗，於是以剸繁治劇者為不足以語道。吏自許以通而誚儒為迂，於是以通經博古者為不足以適時。而上之人又不能立兼收並蓄之法，過有抑揚輕重之意。於是拘譾不通者一歸之儒，放蕩無恥者一歸之吏，而二途皆不足以得人矣（文獻通考卷三十五吏道）。

儒與吏的分途，照馬端臨說，乃開始於西漢玄成之際，至東漢而彌甚。蓋朝代延祚既長，不免發生貴賤階級，金張世族，袁楊鼎貴。貴者常踞高位，賤者只居下僚，久而久之，貴者遂自負清流，而鄙視下僚之吏。馬端臨說：

秦異儒崇吏，西都因之，蕭曹以刀筆吏佐命為元勳，故終西都之世，公卿多出胥吏，而儒雅賢良之人亦多借徑於吏以發身。其時儒與吏未甚分別，故以博士弟子之明經者補太守卒史，而不以為恥。元成以來，至東漢之初，流品漸分，儒漸鄙吏，故以孝廉補尚書郎令史，而深以為恥，蓋亦習俗使然。然胡廣袁安之進身者亦由郡吏，而丁邯則決不肯為尚書令史何也？蓋東都亦未嘗廢試吏入仕之途，故方其未遇而浮沉里巷，無所知名也，則雖郡吏亦屑為之，及其既以孝廉異科薦舉徵召，則未免自負清流，雖尚書機要之地，亦恥其為郎令史矣（文獻通考卷三十五吏道）。

由魏晉南北朝，而至於隋，流品愈分。「令史之任，文案煩屑，漸為卑冗，不參官品」（文獻通考卷三十五吏道）。至唐更甚。張玄素仕隋，為大理令史，其後出為縣之戶曹。貞觀中，太宗對朝問玄素歷官所由，玄素甚為慚恥，出不能徒步，顏若死灰，精爽頓盡，見者咸共驚怪（舊唐書卷七十五及新唐書卷一百三張玄素傳）。此種鄙視胥吏，至宋亦然，吾人讀陳亮葉適之論資格（龍川文集卷十一銓選資格，水心集卷三資格），即可知之。元以異族入主中原，既見儒生之迂，不能蒞政臨民，遂變前代作風，重吏而輕儒。但是胥吏往往不識大體，簿書期會占了大半功夫，蹉跎因循，而無修政立事之心，此種現象亦足為吾人的殷鑒。

但是元雖重吏而輕儒，而在制度上，又與西漢不同。西漢之世，胥吏之有功績者往往五六遷之後，即可躋身於丞相之位。例如魏相不過郡之卒史而已，一遷而為茂陵令，再遷而為河南太守，三遷而為大司農，四遷而為御史大夫，五遷而為丞相（漢書卷七十四魏相傳）。陸贄曾言：「漢制，部刺史秩六百石，郡守秩二千石。刺史高第者即遷為郡守。郡守高第者即入為九卿，從九卿即遷為亞相（御史大夫）相國（丞相）。是乃從六百石吏而至臺輔，其間所歷三四轉耳」（陸宣公集卷二十一論朝官缺員及刺史等改轉輪次狀）。而自唐宋以後，建官漸多，列級逾密。元承其制，固然是「大凡今仕惟三塗，一由宿衛，一由儒，一由吏……由吏者，十九有半焉」（元文類卷三十四姚燧送李茂卿序）。據姚燧說：

吏部病其自九品而上，宜得者繩繩來無窮，而吾應者員有盡，故為格以扼之，必歷月九十始許入品，猶以為未也，再下令後是增多至百有二十月。嗚呼，積十年矣，勞乎哉（元文類卷三十四姚燧送李茂卿序）。

固然新元史（卷六十一選舉志二）有「士之進身多由掾吏」之言，其實，既有歲月之限制，掾吏之能登高位者，人數極少。何況元代自始，公卿又多係蒙古世家子弟，他們本來不知為政之道，元代政治腐化，實此之故。

元代學者多係道學家，道學家重視四書，太過注意個人的修養，而忽略春秋之大義。梁啟超於民國元年，曾云：「宋明諸哲之訓所以教人為聖賢也。盡國人而聖賢之，豈非大善，而無如事實上萬不可致……故窮理盡性之談，正誼明道之旨，君子以之自律，而不以責人也」（飲冰室文集之二十八，中國道德之大原）。而嚴復則反對名教之說：「孟子曰孔子作春秋，而亂臣賊子懼。雖然春秋雖成，亂臣賊子未嘗懼也……必逮趙宋，而道學興，自兹以還，亂臣賊子乃真懼也。然而由是中國之亡也，多亡於外國。何則？非其亂臣賊子故也。王夫之之為『讀通鑑論』也，吾之所謂然，二三策而已。顧其中有獨到之言焉。其論東晉蔡謨駁止庾亮經略中原之議也，謂謨（蔡謨）綽（孫綽）羲之（王羲之）諸子無異南宋之汪（汪伯彥）黃（黃潛善）秦（秦檜）湯（湯思退）諸姦，以其屈庾亮，伸王導，惡桓溫功成，而行其篡也。不知天下有大防，夷夏有大辨，五帝三王有大統，即令溫功成而篡，猶愈於戴異族以為中國主。此所以駁亮者，宜與汪黃秦湯輩同受名教之誅也。此其言烈矣。然不知異族之得為中國主也，其事即興於名教。嗟呼，慮其患而防之，而患或起於所防之外，甚者乃即出於所防之中，此專制之制所以百無一可者也」（法意第五卷第十四章，復案）。梁啟超亦說：「春秋公羊傳曰，何言乎王正月，大一統也。此即後儒論正統者所援為依據也……夫統之云者，始於霸者之私天下，而又懼民之不吾認也，乃為是說以箝制之曰，此天之所以與我者，吾生而有特別之權利，非他人所能幾也……故泰西之良史皆以敘述一國國民系統之所由來，及其發達進步盛衰興亡之原因結果為主。誠以民有統而君無統也。藉曰君而有統也，則不過一家之譜牒，一人之傳記，而非可以冒全史之名，而安勞史家之嘵嘵爭論也」（飲冰室文集之九，論正統）。然而春秋之大一統，吾人實不能以今日之眼光，加以批評。蓋春秋一書乃內求統一，外求獨立，在民智未開之時，只有假力於天子，此即布丹之主權論。而如方孝孺所言：「春秋之旨雖微，而其大要不過辨君臣之等，嚴華夷之別」（遜志齋集卷二後正統論）。又如王夫之之言：「春秋者精義以立極者也。諸侯不奉王命，而擅興師，則貶之。齊桓公次陘之師，晉文公城濮之戰，非奉王命，則序其績而予之。乃至楚子伐陸渾之戎，猶書爵以進之；鄭伯奉惠王之命，撫以從楚，則書逃歸以賤之，不以一時之君臣，廢古今夷夏之通義也」（讀通鑑論卷十四晉安帝）。道學家不甚研究春秋，其結果也，葉適批評此輩，「高談者遠述性命，而以功業為可略。精論者妄推天意，而以夷夏為無辨」（水心集卷一上孝宗皇帝劄子）。宋亡之後，果然仕元的多是道學家，如姚樞許衡等是。元末，學者漸漸研究春秋，而明春秋大義。例如趙汸（新元史卷二百三十六有趙汸傳），他著有春秋集傳，春秋師說等書，其自序春秋集傳曰「謹華夏之辨……楚至東周，僭王猾夏，故霸者之興，以卻攘為功。自晉霸中衰，楚益侵陵中國，甚至假討賊之義，以號令天下，天下知有楚而已。故春秋書楚事，無一不致其嚴者。而書吳越與徐，亦必與中國異辭，所以信大義於天下也」（引自宋元學案卷九十二草廬學案，趙汸春秋集傳自序），於是學者遂知夷夏之別，終而有朱元璋之起事。朱元璋諭中原檄曰：「自古帝王臨御天下，中國居內以制夷狄，夷狄居外以奉中國，未聞夷狄治天下也。自宋祚傾移，元以北狄入主四國，四海內外，罔不臣服。此豈人力，實乃天授。然達人志士尚有冠履倒置之嘆。自是以後，元之臣子不遵祖訓，廢壞綱常……夫人君者斯民之宗王，朝廷者天下之根本，禮義者御世之大防，其所為如彼，豈可為訓於天下後世哉。及其後嗣沉荒，失君臣之道……於是人心離叛，天下兵起，使我中國之民，死者肝腦塗地，生者骨肉不相保。雖因人事所致，實天厭其德而棄之之時也。古云胡虜無百年之運，驗之今日，信乎不謬……予恭天成命，罔敢自安，方欲遣兵北逐群虜，拯生民於塗災，復漢官之威儀，慮民未知，反為我讎……故先諭告……歸我者求安於中華，背我者自竄於塞外，蓋我中國之民，天必命中國之人以治之，夷狄何得而治哉，爾民其體之」（引自王世貞弇山堂別集卷八十五詔令雜考一，諭中原檄）。由明太祖之檄，可知中國民族思想又已復興，於是天下群起響應，而順帝遂北歸和林。

第六篇

明清的政治思想

第一章

方孝孺之反對專制及其民族思想

元末，趙汸研究春秋，明華夷之別，民族思想又復萌芽。劉基為明之功臣，運籌帷幄，有子房之稱。他死於洪武八年，其著作多成於元代，所以寓言居多，雖有民族思想，而又不是絕對的排斥異族。案吾國古代所謂夷夏之別乃以文化為標準，而文化除倫常外，則為衣冠制度。孔子之稱管仲，蓋不欲「被髮左衽」。隋代王通之帝魏，亦因拓拔氏已經漢化。但是元在政治方面雖採用中華制度，而統治中國數十年之久，還要區別蒙古人與漢人。兼以皇室又墨守蒙古習俗，所以明初起義的人反對蒙古，乃與魏晉以後，北方士族之願為五胡以及拓拔魏效力者大不相同。劉基說明政治的起源，以為「天生民，不能自治，於是乎立之君，付之以生殺之權，使之禁暴誅亂，抑頑惡而扶弱善也」（郁離子蛇蝎篇，引自蕭公權著中國政治思想史臺灣版五二二頁至五二三頁）。推此言也，凡能禁暴誅亂，抑頑惡而扶弱善，均有君臨中國的資格，所以他又說：「故中國以夷狄為寇，而夷狄亦以中國之師為寇。必有能辨之者，是以天下貴大同也」（郁離子神化篇，引自蕭著前揭書五二六頁）。固然明太祖有諭中原之檄，而明華夷之別，其實他不過要代元而有天下。其為吳王之時，既滅張士誠，榜示天下，只云：「有元之末，生居深宮，臣操威福，官以賄求，罪以情免。臺憲舉親而劾讐，有司羞貧而優富。廟堂以為慮，方添冗官，又改鈔法，役數十萬民，湮塞黃河，死者枕藉於道塗，哀苦聲聞於天下，不幸小民誤中妖術，不解其言之妄誕，酷信彌勒之真有，冀其治世以蘇困苦，聚為燒香之黨，根蟠汝潁，蔓延河洛，妖言既行，兇謀遂逞，焚蕩城郭，殺戮士夫，荼毒生靈，無端萬狀。元以天下兵馬錢粮大勢而討之，略無功效，愈見猖獗……由是天下土崩瓦解」（王世貞弇山堂別集卷八十五詔令雜考，高帝平偽周榜）❶。明太祖既定南北，又與元順帝書，「妖賊倡亂，海內鼎沸，當是時出師者……終無成功，妖人愈熾，遂致豪傑並起……朕因群雄擾攘，不能自寧……乃命大將軍……出師，由齊魯，經河洛，次及燕城，我師未至，君已弃宗社而去」（仝上，與元幼主），觀此文件，可知明太祖之民族意識並不甚強。其他庶民更不必說，蓋北方人種在五代，受了沙陀人之統治，有三代之久。至宋，遼金又相繼進入中原，北方人種之虜漢相雜，有甚於南北朝之時。元時北方所用言語似與宋代有些不同，吾人比較宋人之「語錄」及「大元聖政國朝典章」（文海出版社影印）之白話，即可知之。在這種情形之下，元末漢人的民族意識比之秦漢時代較差，自是勢之必然。然而我們不要忘記：秦漢以後，每一次外族入主中原，又常增加中華民族的盛大。蓋中華民族文化比四夷高，而又有寬弘之度量，不怕外族之征略，只怕外族之不同化於我。外族若不漢化，往往自取滅亡，所謂「胡虜無百年之運」，確是事實。滿清入關，能夠統治中國二百餘年，乃因清之皇室漸次漢化，讀孔孟之書，說中國之話。太平天國，政治上主張驅逐胡虜，文化上卻採用西洋的宗教，而其起事又在鴉片戰爭之後，即國人深恨洋人之時，卒引起曾國藩等人護道運動，扶清滅洪，此中理由，我們不可不識。

明代初年學者的政論有特殊見解的，當推方孝孺。孝孺生於元順帝至正十七年，明太祖時，官不過地方教授，惠帝即位，召為翰林學士，倚為心腹。建文四年燕兵入京，建文出走，不知所終，成祖

❶ 上舉明太祖文告有妖術、妖人、彌勒之語，可參閱拙著中國社會政治史第四冊第三版二〇二頁以下所列之「元末民變表」。

命孝孺草詔，孝孺不屈，磔於市（明史卷一百四十一方孝孺傳）。方氏所著，多編入遜志齋集之中，本來視同禁書，宣德（明宣宗年號）以後，始稍傳播。方氏以為人類都有慾望，既有慾望，必生爭端，而人力不同，復有貧富之別，由貧富之別，而發生強弱之殊。強弱相凌，私鬥於下，強者常勝，弱者常敗，敗者憤而欲赴愬於人，這是勢之必然。

人之情不能無欲也，故不能無爭。爭而不能自直也，故不能不赴愬者，非人之所得已也……民必貧富不同，而後強弱生焉。強弱相凌，然後獄訟生焉。強不勝而弱勝者十一，弱不勝而強勝者十九。私鬥於下，而不勝，則憤而愬於上，則凡愬者多貧弱之劫於勢力而不獲自存者也（遜志齋集卷四周禮辨疑之三）。

所謂「愬於上」是指什麼呢？在原始社會，人類散漫放恣，任誰都不安全，有聖人者出，為之定名分而制禮法，使智者不能凌愚，而愚者亦有所恃以容其身，於是政治生焉，這就是赴愬之所。方氏說：

當昔之未有君臣也，民頑然如豕鹿猿猱，餒則食，飽則奔逸跳擲而不可制。欲囿之且不能，況使之乎。聖人者出，知其散漫放恣無所統屬，非久安之道也。於是制上下之分，定尊卑之禮，俾賤事貴，不肖聽於賢（遜志齋集卷三民政）。

又說：

天之生人，豈不欲使之各得其所哉。然而勢有所不能，故托諸人以任之，俾有餘補不足。智愚之相懸，貧富之相殊……天非不欲人人皆智且富也，而不能者，勢不可也。勢之所在，天不能為，而人可以為之。故立君師以治，使得於天厚者不自專其用，薄者有所仰以容其身。然後天地之意得聖人之用以行，而政教之說起。故聖賢非為己設也，所以為愚不肖之資，貨財非富匹夫也，固將俾分其養，以補人之匱乏（遜志齋集卷一體仁）。

即「天之立君也，非以私一人而富貴之，將使其涵育斯民，俾各得其所也」（仝上卷二深慮論七）。但是人君不能獨治，於是設置百官。天子百官均衣食於民，此即孟子所謂「勞心者治人，治人者食於人」，蓋必如此，而後他們方有時日，專心於民事。

生民之初，固未嘗有君也。眾聚而欲滋，情熾而爭起，不能自決，於是乎有才智者出而君長之。世變愈下而事愈繁，以為天下之廣，非一人所能獨治也。於是置為爵秩，使之執貴賤之柄，制為賞罰，使之操榮辱修短之權，位於海內之人之上。其居處服御無以大異於人不可也，於是大其居室，彰其輿服，極天地之嘉美珍奇以奉之，而使之盡心於民事。故天之立君所以為民，非使其民奉乎君也（仝上卷三君職）。

後世人君不識這個道理，只以為民之職在乎奉上，而不知君之職在於養民。立君無益於民，那又何必立君。臣不供其職，君可免之，君不供其職，則當如何？

後世人君知民之職在乎奉上，而不知君之職在乎養民，是以求於民者致其詳，而盡於己者卒怠而不修。賦稅之不時，力役之不共，則誅責必加焉。政教之不舉，禮樂之不修，強弱貧富之不得其所，則若罔聞知。嗚呼，其亦不思其職甚矣。夫天之立君者何也？亦以民不能自安其生而明其性，故使君治之也。民之奉乎君者何也？亦以不能自治與自明而有資乎君也。如使立君而無益於民，則於君也何取哉。自公卿大夫至於百執事莫不有職，而不能修其職，小則削，大則誅。君之職重於公卿大夫百執事遠矣，怠而不自修，又從侵亂之，雖誅削之典莫之加，其曷不畏乎天邪。受命於天者君也，受命於君者臣也。臣不供其職，則君以為不臣。君不修其職，天其謂之何（仝上卷三君職）。

推此言也，可以達到革命的理論。孟子稱許湯武革命，不過許「巨室」起而易代，方孝孺則贊成秦漢以後，百姓起而推翻王朝。他說：「斯民至於秦，而後興亂。後世亡人之國者大率皆民也……視其君如仇讎，豈民之過哉，無法以維之，無教以淑之，而不知道故也」（仝上卷三民政）。

吾人讀方孝孺書，就可知道黃梨洲之「原君」一文實本於方孝孺。方孝孺固知徒人不可以為政，徒法不能以自行，所以又說：

欲天下之治，而不修為治之法，治不可致也。欲行為治之法，而不得行法之人，法不可行也。故法為要，人次之。二者俱存則治，俱弊則亂，俱無則亡，偏存焉則危（仝上卷三官政）。

法為要，人次之，即法治比之人治尤為重要。方氏不是法家，所以他的思想與法家不同，以為為政之道，不能專靠刑賞。就刑罰說：

無法不足以治天下，而天下非法所能治也。古之聖人知民不可以威服，於是寓革姦剷暴之意於疏緩不切之為，使民優柔揖讓於其間，莫不競然有自重知恥之心，未見鈇鉞而畏威，未見鞫訊而遠罪，潛修默改於閭閻田里之中，若有臨而督之者，彼豈恃區區之法哉。法之為用，淺陋而易知，民之為情，深詭而難測。以難測之情，視易知之法，法已窮，而其變未已，未有不為竊笑而陰誹者也。善用法者常使民聞吾法之不可犯，而不使民知吾法之果可畏。夫人祇天而懼帝者，以未嘗被其誅殛，而或被其誅殛者必不能以復生也。如使鬼神臨人之庭，捽人而擊之，則愚夫鄙婦皆思持挺而逐之矣，其何畏之有（仝上卷三治要）。

他尤反對法家之輕罪重刑之說，方氏以為：刑罰能夠發生作用，在乎人民樂生而畏死，倘人民見生之不足樂，則他將認為死之不可畏。他說：

人惟以死為足重也，故知樂其生。知生之樂也，故凡可以賊身害名之事，慎忌而不為。使皆不愛其死，則將紛然驁肆，馳逐於法令之外，趨死而不顧，雖有法何足以制之（仝上卷三治要）。

又說：

且人雖至愚，奚不畏死？彼誠見生之不足樂也。知生之足樂，則安肯言死哉（仝上卷三正俗）。

即孝孺關於刑罰，乃採尹文子之說，尹文子以為「老子曰民不畏死，如何以死懼之。人民之不畏死，由刑罰過。刑罰過，則民不賴其生。生無所賴，視君之威末如也。刑罰中，則民畏死，畏死由生之可樂也。知生之可樂，故可以死懼之。此人君之所宜執，臣下之所宜慎」（尹文子大道下）。就爵賞說，方氏以為爵賞只足籠絡徇世之士，而不足以致高世的豪傑。他說：

以一人而加乎萬姓之上，聚之為膠漆，散之為沙塵，合之為手足，而離之為仇讎，其勢岌乎其可畏也。然而人君處之甚安，而居之不疑者，以為天下之人賤者待我而貴，貧者待我而富。且曰富曰貴，吾有以命之，則其勢不能以自尊。天下皆有待於我，而吾無待於天下，是以籠絡奔走舉世之豪傑，而恆以是驕之，而不知此僅足以致徇世之士，而不足為高世之士之輕重。吾以為人必待我而後富貴尊榮也，彼高世者方以是為道德之累，大言宏論，辭拒退避，惟恐爵祿之汙其身，則人君安得以此致之哉（仝上卷二重爵祿）。

但他知道人們必有所好，善用人者，不奪人之所好，而能依人之所好而用之。

善用人者，因其所長而用之，而不奪其所好。彼好名也，吾因而與之以名，則天下之好名而願行其道者無不至，而吾之才不可勝用矣。彼喜功者，能治民，則喜因治民以立功；能用兵，則喜因用兵以立功；能興禮樂，理風俗，則喜挾其所能以立功。然使各盡其才，而如其所欲，則其所立，非彼之功，乃有國者之功也。用一人而喜功者皆至，於國何損乎（仝上卷二深慮論十）。

由此可知方氏的政論與宋儒之專談空想，不顧實際者，絕不相同。

方氏由春秋華夷之別，進而說明正統之義。照他說：「正統之名……本於春秋……春秋之旨雖微，而其大要不過辨君臣之等，嚴華夷之分」（仝上卷二後正統論），故凡篡臣賊后以及夷狄雖能統天下於一，亦不能稱之為正統。他尤注重於華夷之別。他說：

夫中國之為貴者，以有君臣之等，禮義之教，異乎夷狄也。無君臣則入於夷狄，入夷狄則與禽獸幾矣……吾嘗妄論之曰，有天下而不可比於正統者三，篡臣也，賊后也，夷狄也。何也，夷狄惡其亂華，篡臣賊后惡其亂倫也……夫所貴乎中國者以其有人倫也，以其有禮文之美，衣冠之制，可以入先王之道也。彼篡臣賊后者乘其君之間，弒而奪其位，人倫亡矣，而可以主天下乎。苟從而主之，是率天下之民無父無君也。是猶可說也。彼夷狄者姪母烝雜，父子相攘，無人倫上下之等也，無衣冠禮文之美也。故先王以禽獸畜之，不與中國之人齒。苟舉而加諸中國之民之上，是率天下為禽獸也。夫犬馬一旦據人之位，雖三尺之童皆能憤怒號呼，持梃而逐之。悍婢奸隸殺其主而奪其家，雖犬馬猶能為之不平而噬齧之。是何者，為其亂常也。三者之亂常，無異此矣。士大夫誦先王之道者乃不之怪，又或為之辭，其亦可悲矣乎（仝上卷二後正統論）。

方氏又進一步，用先賢之言，證明夷狄所以不可以作正統之理由。

夷狄之不可為統，何所本也。曰，書曰，蠻夷猾夏，寇賊姦宄，以蠻夷與寇賊並言之。詩曰，戎狄是膺，孟子曰，禹遏洪水，驅龍蛇，周公膺夷狄，以戎狄與蛇蟲洪水並言之。禮之言戎狄詳矣。異服異言之人，惡其類夷狄則察而誅之，況夷狄乎。孔子大管仲之功曰，微管仲，吾其被髮左衽矣，如其仁。管仲之得為仁者，聖人美其攘夷狄也。然則進夷狄而不攘，又從而助之者，其不仁亦甚矣，曾謂聖人而肯主之乎（仝上卷二後正統論）。

方氏由華夷之別，而明正統之義，遂進而抨擊朱熹的正統觀念。前曾說過，朱熹對於正統，是將倫理與政治分開，其結果，宋末理學家多仕於元，助元以力統一南北。方氏反駁朱子之說如次：

朱子之意曰，周秦漢晉隋唐皆全有天下矣，固不得不與之以正統。苟如是，則仁者徒仁，暴者徒暴，以正為正，又以非正為正也，而可乎。吾之說則不然。所貴乎為君者豈謂其有天下哉，以其建道德之中，立仁義之極，操政教之原，有以過乎天下也。有以過乎天下，斯可以為正統。不然，非其所據而據之，是則變也。以變為正，奚若以變為變之美乎。是故周也，漢也，唐也，宋也，如朱子之意則可也。晉也，秦也，隋也，女后也，夷狄也，不謂之變何可哉（仝上卷二釋統中）。

方氏以王莽與晉為例，說明王莽若不能為正統，則晉亦篡也，何可視為正統。王莽為篡，晉為正統，乃由於重視傳祚長短，這種論法不能令人心服。

王莽之不齒乎正統久矣，以其篡也。而晉亦篡也，後之得天下而異乎晉者寡矣，而猶黜莽，何也，謂其無成而受誅也。使光武不興，而莽之子孫襲其位，則亦將與之乎，抑黜之乎。昔之君子未曾黜晉也，其意以為後人行天子之禮者數百年，勢固不得而黜之。推斯意也，則莽苟不誅，論正統者亦將與之矣。嗚呼何其戾也（仝上卷二釋統上）。

案方氏之辨正統，最重要的目的還是欲依春秋大義，明華夷之別，蓋其意不欲帝元，然方氏本身對於華夷之別，還是以文化為標準。案兩個以上的種族能夠同化為一個民族，必須他們長期雜居於同一領土之上，互相通婚，互相交際，而使他們的血統、言語、風俗、習慣，以及感情、思想無不因交流而相同。吾人觀春秋時代的夷狄，到了秦漢，均成為漢人。秦漢的匈奴，到了晉代，漸已漢化。南北朝的鮮卑，到了隋唐，也與漢人無別。所以夷狄接受中國文化較久，方孝孺亦不視之為夷狄。他說：「荊楚以南，春秋之所夷狄」，然「自秦以來，襲禮義而為中國者二千年矣，人倫明而風俗美，烏得與夷狄比乎」（仝上卷二後正統論）。然此不過說明民族之異同而已，至於正統問題尚未解決。武后之為天子約二十年，元之統治中國亦有八十餘年之久，難道在這期間之內，中國沒有「統」麼？於是方孝孺遂於正統之外，立一變統。他說：

三代正統也，如漢如唐如宋雖不敢幾乎三代，然其主皆有恤民之心，則亦聖人之徒也，附之以正統，亦孔子與齊桓仁管仲之意歟。奚謂變統，取之不以正，如晉宋齊梁之君，使全有天下，亦不可為正矣。守之不以仁義，戕賊乎生民，如秦與隋，使傳數百年，亦不可謂正矣。夷狄而僭中國，女主而據天位，治如苻堅，才如武后，亦不可繼統矣。二統立而勸戒之道明，僥倖者其有所懼乎（仝上卷二釋統上）。

正統與變統，政治上有何區別？其所不同者乃在於史筆之不同。然此實是微之又微的事。方孝孺說明史筆不同之點如次：

變統之異於正統者何也，始一天下，而正統絕，則書甲子，而分註其下曰是為某帝某元年，書國號而不書大，書帝而不書皇，書名而不著諡。其所為非大故，不書。常祀不書，或書以志失禮，或志禮之所從變（下略）……士之仕變統者，能安中國則書，能正暴亂除民害則書，能明道術於後世則書（仝上卷二釋統下）。

方氏一方欲藉變統，以安中國，以除民害，同時又「閔閔乎恐其久也，望望乎欲正統之復也」（仝上卷二釋統下），言雖未必合理，其中心思想出於民族意識，則甚顯明❷。

---

❷ 方孝孺對於累代政制，亦謂：「治天下之患莫甚於矯前世之失，而過於中。天下之事可矯也，而不可過也。然矯之急者必致於過。失火之家，三日不熟食，走而蹟者，終身不御馬。蹟與火豈馬與食之罪哉，而為之不食不御，此矯之過也」（遜志齋集卷五漢章帝）。賈誼曾謂天子之德行與匹夫不同。方孝孺亦言「治天下與為家異，謹言篤學，持小節，守小信，無怨惡於人，匹夫之事得矣。為君則不然，明以別賢否，而處之各當其位；仁以立政教，而使宜乎民心；勇以及事之幾，而致其決；智以通物之情，而盡其變。剛而不猛，柔而不縱，簡而不怠，自強而不勞，而後天下可為也」（仝上卷五唐文宗）。

第二章

王守仁的思想解放論

吾國自漢武帝表章六經，罷黜百家之後，思想方面遂歸於一尊，固然時時尚有「異端」之說，而就大體言之，皆不敢背叛孔子之教。自唐代韓愈謂孔子之道傳諸孟軻之後，孟子的地位亦見提高，而有亞聖之稱。但是孔子主張「君君，臣臣」，而孟子亦有土芥寇讎之語（孟子卷八上離婁下），然自唐太宗主張，「君雖不君，臣不可以不臣」（舊唐書卷二太宗紀貞觀二年）之後，君臣的關係遂離開孔孟學說，而韓愈繼之，其「原道」一文力倡君權，以為人民只有納稅的義務。宋自建國以後，即受異族的壓迫，所以學者所注意的為外抗異族，至於內除暴君，則很少討論。明初，方孝孺雖謂君之職務在於養民，君失其職，人民可以革命，然此學說在崇禎以前，並未公開於世。孝孺既誅，明代的政治思想更現出消沉之狀。何況明太祖之視大臣，大背古人之訓，數加廷杖，又以土芥寇讎之語非臣下所宜言，欲廢孟子而不祀（明史卷一百三十九錢唐傳）。自是而後，天子之視大臣，遂如奴隸，動輒廷杖。士可殺，不可辱，明代天子極力摧殘士氣。士風既已萎靡，士人遂區區於末節，例如大禮之議本係天子私事，與國計民生毫無關係，而廷臣竟然伏闕哭爭。在這士風之下，蹶然而起，反對腐儒者則為王守仁。他生於憲宗成化八年，卒於世宗嘉靖七年，學者稱之為陽明先生。此時天子專制極了，守仁以一代大儒，亦曾受過廷杖之辱（明史卷一百九十五王守仁傳），故其著作大率依「邦無道，危行言孫」（論語第十四篇憲問）之旨，言理多於論政，與宋代學者之喜歡評論實際政治者大不相同。

明代取士，專尚文詞，由四書（用朱子章句集註）五經（易、書、詩、春秋、禮記）內命題。文有一定格式，代古人語氣為之，體用排偶，謂之八股，通謂之制義，明志謂為太祖與劉基所定（明史卷七十選舉志二）。顧炎武則謂始於成化以後（日知錄卷十六試文格式）。文章不在於窮理，而思想則受古人尤其朱熹註疏的拘束，所以士人必須記誦章句，而後方能下筆成文。王守仁先要求學問解放於章句之外。他說：「世之學者章繪句琢以誇俗，詭心色取，相飾以偽，謂聖人之道勞苦無功，非復人之所可為，而復取辯於言詞之間……而聖人之學遂廢，則今之所大患者，豈非記誦詞章之習。而弊之所從來，無亦言之太詳，析之太精者之過歟」（陽明全書卷七別湛甘泉序）。「世之學者承沿其舉業詞章之習，以荒穢戕伐其心，既與聖人盡心之學相背而馳，日騖日遠，莫知其所抵極矣」（陽明全書卷七重修山陰縣學記）。王陽明希望學者解放於四書五經的章句之外，觀此可以知道。

陽明更進一步，對於六經採懷疑態度，他先說：「天下之大亂，由虛文勝而實行衰也」（陽明全書卷一傳習錄上徐愛記）。次謂「自伏犧畫卦，至於文王周公，其間言易，紛紛籍籍，不知其幾，易道大亂。孔子以天下好文之風日盛，知其說之將無紀極，於是取文王周公之說而贊之，以為惟此為得其宗，於是紛紛之說盡廢，而天下之言易者始一。書詩禮樂春秋皆然。書自典謨以後，詩自二南以降，如九邱八索，一切淫哇逸蕩之詞，蓋不知其幾千百篇。禮樂之名物度數至是亦不可勝窮。孔子皆刪削而述正之，然後其說始廢。如書詩禮樂中，孔子何嘗加一語。今之禮記諸說皆後儒附會而成，已非孔子之舊。至於春秋，雖稱孔子作之，其實皆魯史舊文。所謂筆者筆其舊，所謂削者削其繁，是有簡無增」（仝上）。始皇焚書若非「出於私意」，「志在明道」，「亦正暗合刪述之意」（仝上）。他反對左傳，以為「世儒之說未得聖人作經之意，如書弒君，即弒君便是罪，何必更問其弒君之詳。征伐當自天子出，書伐國，即伐國便是罪，何必更問其伐國之詳……若是一切縱人欲，滅天理的事，又安肯詳以示人，是長亂導奸也」（仝上）。「詩非孔門之舊本矣，孔子云放鄭聲，鄭聲淫。又日惡鄭聲之亂雅樂也，鄭衛之音亡國之音也。孔子所定三百篇皆所謂雅樂，皆可奏之郊廟，奏之鄉黨，皆所以宣暢和平，涵泳德性，移風易俗，安得有此，是長淫導奸矣。此必秦火之後，世儒附會，以足三百篇之數」（仝上）。陽明不信六經，且以詩經為誨淫之書，古來學者的註疏，陽明都把它推翻了。

陽明復進一步，不以孔孟為偶像，而反對俗儒之排斥「異端」。他說：「孟子闢楊墨，至於無父無君。二子亦當時之賢者，使與孟子並世而生，未必不以之為賢。墨子兼愛，行仁而過耳，楊子為我，行義而過耳。此其為說亦豈滅理亂常之甚，而足以眩天下哉。而其流之弊，孟子至比於禽獸夷狄，所謂以學術殺天下後世也。今世學術之弊，其謂之學仁而過者乎，謂之學義而過者乎，抑謂之學不仁不義而過者乎。吾不知其於洪水猛獸何如也」（仝上卷二答羅整菴少宰書）。又說：「今世學者皆知宗孔孟，賤楊墨，擯釋老。聖人之道，若大明於世。然吾從而求之，聖人不得而見之矣。其能有若墨氏之兼愛者乎，其能有若楊氏之為我者乎，其能有若老氏之清靜自守，釋氏之究心性命者乎。吾何以楊墨老釋之思哉。彼於聖人之道異，然猶有自得也」（仝上卷七別湛甘泉序）。陽明由這見解，進而主張孔子之言，未可全信，而吾心之善未必在孔子之下。他說：「夫學貴得之心，求之於心而非也，雖其言之出於孔子，不敢以為是也，而況其未及孔子者乎。求之於心而是也，雖其言之出於庸常，不敢以為非也，而況其出於孔子者乎……夫道，天下之公道也。學，天下之公學也，非朱子可得而私也，非孔子可得而私也。天下之公也，公言之而已矣。故言之而是，雖異於己，乃益於己也。言之而非，雖同於己，適損於己也」（仝上卷二答羅整菴少宰書）。這種不以孔子為偶像，不以孔孟之言為絕對的真理，中國思想到了王陽明，已經發生了革命。

陽明因歷代學者言多而行少，曾謂「天下所以不治，只因文盛實衰，人出己見，新奇相高，以眩俗取譽，徒以亂天下之聰明，塗天下之耳目，使天下靡然爭務修飾文詞，以求知於世，而不復知有敦本尚實，反朴還淳之行，是皆著述者有以啟之」（仝上卷一傳習錄上徐愛記）。於是創知行合一之說，以矯正過去之專尚文詞而忽略行動之弊。他謂「未有知而不行者，知而不行，只是未知」（仝上卷一傳習錄上徐愛記），所以知與行不能分開。他舉大學「如好好色，如惡惡臭」之言為例，而加以說明。

大學……說如好好色，如惡惡臭，見好色屬知，好好色屬行。只見那好色時，已自好了，不是見了後，又立個心去好。聞惡臭屬知，惡惡臭屬行，只聞那惡臭時，已自惡了，不是聞了後，別立個心去惡……又如知痛，必已自痛了，方知痛。知寒，必已自寒了。知饑，必已自饑了，知行如何分得開（仝上卷一傳習錄上徐愛記）。

陽明以為「知是行的主意，行是知的工夫，知者行之始，行者知之成」（仝上卷一傳習錄上徐愛記），他說明理由如次。

夫人必有欲食之心，然後知食。欲食之心即是意，即是行之始矣。食味之美惡必待入口而後知，豈有不待入口，而已先知食味之美惡者邪？必有欲行之心，然後知路。欲行之心即是意，即是行之始矣。路岐之險夷，必待身親履歷而後知，豈有不待身親履歷，而已先知路岐之險夷者邪（仝上卷二傳習錄中，答顧東橋書）。

但陽明又謂：「雖盜賊亦自知不當為盜，喚他做盜，他還忸怩」（仝上卷三傳習錄下陳九川記）。這樣，陽明的話不是發生矛盾麼？既知不當為盜，而還去為盜，則知者未必能行，何以乃說知行合一呢？

陽明雖說：「如稱某人知孝，某人知悌，必是其人已曾行孝行悌，方可稱他知孝知悌。只曉得說些孝悌的話，便不能稱為知孝知悌」（仝上卷一傳習錄上徐愛記）。此言很難令人首肯，於是陽明就提出「良知」的問題來。所謂良知，簡單言之，就是勿使「物慾遮蔽」（仝上卷三傳習錄下陳九川記）。即勿使「私欲窒塞」（仝上卷三傳習錄下陳九川記）。他舉鼻塞人不聞惡臭為例：

如鼻塞人，雖見惡臭在前，鼻中不曾聞得，便亦不甚臭，亦只是不曾知臭（仝上卷一傳習錄上徐愛記）。

然則什麼是良知？「良知只是個是非之心」（仝上卷三傳習錄下黃省曾記）。「性無不善，故知無不良，良知即是未發之中，即是廓然大公寂然不動之本體，人人之所同具者也。但不能不昏蔽於物欲，故須學以去其昏蔽」（仝上卷二傳習錄中又答陸原靜書），即依陽明之意，欲去物欲的遮蔽，必須有是非之心，而人們之有是非之心，是由「學」得來的。但「學」不是單單求「知」，而「行」亦在其中。「學」與「行」合一，甚似今日之實習。不過陽明只對道德行為言之，而不及於科學知識。陽明解釋中庸「博學之，審問之，慎思之，明辨之，篤行之」如次。

夫問思辨行皆所以為學，未有學而不行者也。如言學孝，則必服勞奉養，躬行孝道，然後謂之學，豈徒懸空口耳講說，而遂可以謂之學孝乎。學射則必張弓挾矢，引滿中的，學書則必伸紙執筆，操觚染翰。盡天下之學，無有不行而可以言學者，則學之始固已即是行矣。篤者敦實篤厚之意，已行矣，而敦篤其行，不息其功之謂爾。蓋學之不能以無疑，則有問，問即學也，即行也；又不能無疑，則有思，思即學也，即行也；又不能無疑，則有辨，辨即學也，即行也。辨既明矣，思既慎矣，問既審矣，學既能矣，又從而不息其功焉，斯之謂篤行，非謂學問思辨之後，而始措之於行也（仝上卷二答顧東橋書）。

一般人均謂學問思辨屬知，而以篤行屬行，是則學問思辨與篤行是兩截事。對此，陽明則謂：

凡謂之行者，只是著實去做這件事。若著實做學問思辯的工夫，則學問思辯亦便是行矣。學是學做這件事，問是問做這件事，思辯是思辯做這件事，則行亦便是學問思辯矣。若謂學問思辯之，然後去行，卻如何懸空先去學問思辯得，行時又如何去做學問思辯的事（仝上卷六丙戌答友人問）。

他舉出一例，說道：「如人走路一般，走得一段，方認為一段；走到岐路處，有疑便問，問了又走，方漸能走到欲到之處。」（仝上卷一傳習錄上陸澄記）。這段比喻，又似今日學科學者需要實驗，實驗有疑，則問師友，問了之後，又復實驗，這樣，便能達得完美的答案。

不過陽明的知行合一之「知」原則上還是指道德行為，國父「知難行易」之「知」則純指科學知識，二者範疇不同，吾人若混為一談，因此知而非彼知，或因彼知而非此知，邏輯上均犯語意模稜的誤謬。這在王陽明也說過。

生而知之者義理耳，若夫禮樂名物古今事變，亦必待學而後有以驗其行事之實。夫禮樂名物之類，果有關於作聖之功也，而聖人亦必待學而後能知焉，則是聖人亦不可以謂之生知矣。謂聖人為生知者，專指義理而言，而不以禮樂名物之類，則是禮樂名物之類，無關於作聖之功矣。聖人之所以謂之生知者，專指義理，而不以禮樂名器之類，則是學而知之者，亦惟當學知此義理而已。困而知之者，亦惟當困知此義理而已（仝上卷二答顧東橋書）。

以上所言與政論無關，然而吾國古代政論多以儒家思想為正統，而結果，孔子之道並未實行，而君主專制乃日甚一日。王陽明矯枉過正，而欲推翻這個偶像的思想，並希望為政者不要空談，而須力行。他固然主張人類都有良知，而不否認人類的才力之相同，他說：

其才質之下者則安其農工商賈之分，各勤其業，以相生相養，而無有乎希高慕外之心。其才能之異，若皐夔稷契者，則出而各效其能。若一家之務，或營其衣食，或通其有無，或備其器用，集謀并力，以求遂其仰事俯養之願，惟恐當其事者之或怠而重己之累也。故稷勤其稼，而不恥其不知教，視契之善教，即己之善教也。夔司其樂，而不恥於不明禮，視夷之通禮，即己之通禮也……譬之一人之身，目視耳聽手持足行，以濟一身之用。目不恥無聽，而耳之所涉，目必營焉。足不恥其無執，而手之所探，足必前焉（仝上卷二答顧東橋書）。

事物應學而後知，學以致用，目的皆在於養民，古代政治由於農業經濟之關係，最初所需要的是天文，天文是科學知識，未必人人皆知，古聖所以注重天文者，蓋欲以仁人之心，而行其養民之政。

堯命羲和欽若昊天曆象日月星辰，其重在於敬受人時也。舜在璿璣玉衡，其重在於以齊七政也，是皆汲汲然以仁民之心，而行其養民之政。治曆明時之本固在於此也。羲和曆數之學皐契未必能之也，禹稷未必能之也，堯舜之知而不徧物，雖堯舜亦未必能之也。然至於今，循羲和之法而世修之，雖曲知小慧之人，星術淺陋之士，亦能推步占候而無所忒，則是後世曲知小慧之人反賢於禹稷堯舜者邪（仝上卷二答顧東橋書）。

觀此數語，更可證明「知行合一」與「知難行易」，乃各有各的範圍。陽明關於科學知識，亦知其為「知難行易」，吾輩後學不可將兩種的「知」混為一談。

最後尚須一提者，陽明深知時代是進步的，所以一切法制必須隨時代的進步而變更。太古之治，「全是淳龐朴素，略無文采的氣象」，其後，「風氣益開，文采日勝，至於周末，雖欲變以夏商之俗，已不可挽，況唐虞乎，又況羲黃之世乎」。「然其治不同，其道則一」，「但因時致治」，其設施政令，不能完全師古而已（仝上卷一傳習錄上徐愛記）。這種說法在當時不失為進步的思想❶。

---

❶ 陽明之政論乃散見於奏議及雜文之中。關於刑賞，他說：「臣聞李光弼之代子儀也，張用濟斬於轅門；狄青之至廣南也，陳曙戮於戲下。是以皆能振疲散之卒，而摧方強之虜。今邊臣之失機者，往往以計倖脫，朝喪師於東陲，暮調守於西鄙；罰無所加，兵因縱弛，如此，則是陛下不惟不寘之罪，而復為之曲全之地也。彼亦何憚而致其死力哉」（陽明全書卷九別錄一，陳言邊務疏）。又說「古者賞不踰時，罰不後事。過時而賞，與無賞同。後事而罰，與不罰同。況過時而不賞，後事而不罰，其亦何以齊一人心，而作興士氣」（陽明全書卷九申明賞罰以厲人心疏）。關於舉才，一主張不求備於一人。「臣惟人之才能，自非聖賢，有所長必有所短，有所明必有所蔽。而人之常情，亦必有所懲於前，而後有所警於後。吳起殺妻，忍人也；而稱名將。陳平受金，貪夫也；而稱謀臣。管仲被囚而建霸，孟明三北而成功，顧上之所以駕馭而鼓動之者何如耳。故曰，用人之仁去其貪，用人之智去其詐，用人之勇去其怒。夫求才於倉卒艱難之際，而必欲拘於規矩繩墨之中，吾知其必不克矣」（仝上卷九別錄一，陳言邊務疏）。二主張破例用人：「其豪傑可用之才乃為時例所拘，棄置而不用。夫所謂時例者固朝廷為之也，可拘而拘，不可拘而不拘，無不可者，陛下何忍一方之禍患日深月積，乃惜破例而用一人，以救之乎」（仝上卷十五邊方缺官薦才贊理疏）。其說明春秋大一統之義，則謂：「夫子以天下之諸侯不復知有周也，於是乎作春秋，以尊王室，故書王正月，以大一統也，書王正月以大一統，不以王年，而以魯年者，春秋魯史，而書王正月，斯所以為大一統也」（仝上卷二十六，五經億說十三條）。此皆古人所已說過者。王陽明仕宦於極端專制的朝代，故不得不「危行言遜」，多談理而少論政。然他反對傳統的儒家學說，亦足以間接證明其反對傳統的政治制度。

第三章 李贄的傳統思想推翻論

李贄著作甚多，前清均列為禁書。余蒙臺大法學院教授袁頌西先生之協助，由中央研究院借出「李氏焚書」，又告我臺大文學院研究所有初譚集（由臺大法學院圖書館主任孫哲生先生代為借出），中央圖書館有「李氏藏書」，但我親赴中央圖書館往查，並無是書。所以本章只能根據「李氏焚書」與「初譚集」，其餘均依蕭公權著「中國政治思想史」。

王陽明的解放思想已與先哲不同，而李贄乃更進一步，而欲推翻一切傳統觀念。他反對宋代之道家，以為人類的本能不過食色二者而已。告子已言：「食色性也」，禮運不但說：「飲食男女，人之大欲存焉」，且又謂「夫禮之初，始諸飲食」。案男女之結合乃由於色慾的衝動，這是一切動物所共有的，所以太初之時，只有陰陽二氣，即男女二命，無所謂太極，更無所謂無極。李贄說：

夫婦人之始也，有夫婦然後有父子，有父子然後有兄弟，有兄弟然後有上下。夫婦正，然後萬事無不出於正，夫婦之為物始也，如此。極而言之，天地一夫婦也，是故有天地，然後有萬物，然則天下萬物皆生於兩，不生於一，明矣。而又謂一能生二，理能生氣，太極能生兩儀，何歟。夫厥初生人惟是陰陽二氣，男女二命，初無所謂一與理也，而何太極之有。以今觀之，所謂一者果何物，所謂理者果何在，所謂太極者果何所指也……故吾究物始而見夫婦之為造端也。是故但言夫婦二者而已（李氏焚書卷三夫婦）。

人類除色慾外，尚有食慾，「饑定思食，渴定思飲，夫天下曷嘗有不思飲食之人哉」（李氏焚書卷二答劉方伯書），饑寒交迫，談何玄理。魏晉諸公所以能執玉柄麈尾而作清談者，蓋他們都是漢魏華冑，衣食無虞。至於一般細民，勞苦終日，欲求一飽而不可得，何暇談到玄理。李贄說：

穿衣吃飯即是人倫物理，除卻穿衣吃飯，無倫物矣。世間種種皆衣與飯類耳。故舉衣與飯，而世間種種自然在其中，非衣食之外，更有所謂種種絕與百姓不相同者也（李氏焚書卷一答鄧石陽）。

不但衣食，就是男女亦由人類之占有慾而發生。同一人也，我既愛之，就不許別人也愛。同一物也，我既欲之，便不許別人染指。所以男女衣食無不出於私心。然而只因人類有私心，而後才肯努力於稼穡，以求財富，這是社會進化的原因。李贄說：

夫私者人之心也。人必有私，而後其心乃見，無私則無心矣。如服田者私有秋之穫，而後治田必力；居家者私積倉之穫，而後治家必力；為學者私進取之穫，而後學業之治也必力。故官人而不私以祿，則雖召之，必不來矣。苟無高爵，則雖勸之，必不至矣。雖有孔子之聖，苟無司寇之任，相事之攝，必不能安其身於魯也決矣。此自然之理，必至之符，非可以架空而臆說也。然則為無私之說者皆畫餅之談，觀場之見，但令隔壁好聽，不管腳跟虛實，無益於事，祇亂聽耳，不足採也（李氏藏書卷二十四，德業儒臣傳後論，引自蕭著前揭書五六九頁）。

由此可以測知李贄的經濟思想。吾國古代學者無不主張節慾，此在生產力有限之時，實為不得已的救貧方法。至用縱慾以刺激生產，唯在機器發明之後，才有可能。然而李贄則謂生財有道，不可專言節用。

所貴乎長國家者，因天地之利而生之有道耳。且大學之教，明言生財有道矣，又言生之眾而為之疾，不專以節用言也。若專以節用言，則必衣阜綈之衣，惜露臺之費，而後可以有天下，為天子也（李氏藏書卷二十六司馬光）。

人類之有私心，乃是事實，儘管賢聖之人加以反對，而事實還是事實，凡事無利於我，誰願為之，所謂仁義道德，察其動機，亦不過求立功名，而有利於我而已。李贄說：

且夫天下曷有不計功謀利之人哉。若不是真實知其有利益於我，可以成吾之大功，則烏用正義明道為耶（李氏焚書卷五賈誼）。

是故國家用人，須順人之心，「貪財者與之以祿，趨勢者與之以爵，強有力者與之以權」，「各從所好，各騁所長，無一人之不中用，何其事之易也」（李氏焚書卷一答耿中丞）。此言並不偏激，吾人觀歷代成功的英雄，即可知之。李贄又舉孔子等人為例，以證明古來大教育家無不順人之心。

孔子知人之好名也，故以名教誘之；大雄氏知人之怕死也，故以死懼之；老氏知人之貪生也，故以長生引之，皆不得已權立名色以化誘後人，非真實也（李氏焚書卷一答耿司寇）。

人心所視為最重要的不外色與食。男女之事已可啟人爭端，而物資有限，更可引起人類的攘奪。

先王定婚姻之制，蓋欲防止人類因色慾而作鬥爭。然而男女問題是人與人的關係，不但要問一方的人願意不願意，且要問對方的人贊成不贊成，所以男女問題最難解決。婚姻之制不過防止人類之亂婚，所以近代學者甚至於社會主義者對此亦不願提出解決方法。反之，衣食問題則為人對物的關係，只要一方的人有力，就不必再來徵求對方的物贊成。在古代，衣食之源在於土地，古人設井田之制，蓋欲防止人類因食慾而作鬥爭。而為了抵抗毒蛇猛獸之侵害，又不能不用武力，於是弓矢甲冑又發生了。李贄之言如次：

民之初生若禽獸然，穴居而野處，拾草木之實以為食，且又無爪牙以供搏噬，無羽毛以資翰蔽，其不為禽獸啖食者鮮矣。夫天之生人，以其貴於物也，而反遺之食，則不如勿生，則其勢自不得不假物以為用，而弓矢戈矛甲冑劍楯之設備矣。蓋有此生，則必有以養此生者，食也。有此身，則必有以衛此身者，兵也。食之急，故井田作，衛之急，故弓矢甲冑興。是甲冑弓矢所以代爪牙毛羽之用，以疾驅虎豹犀象而遠之也。民之得安其居者不以是歟（李氏焚書卷三兵食）。

但是男女結合之後，勢必孳生不息，人口增加到了一定程度，土地的生產常不能供給人類的需要。人類由於饑餓的壓迫，不免鋌而走險。亂事既已發生，老弱者填於溝壑，壯者死於刀兵，人口減少了，土地生產又恢復到可以供給人類的需要，由是社會復呈出小康的狀態，一治一亂乃是人口與糧食不能配合而後發生的。李贄對此，雖未曾說出人口法則，而卻用文質以說明一治一亂的原因。且看李贄之言：

一治一亂若循環。自戰國以來不知凡幾治亂矣。方其亂也，得保首領已為幸矣。幸而治，則一飽而足，更不知其為粗糲也。一睡為定，更不知其是廣廈也，此其極質極野無文之時也。非好野也，其勢不得不野，雖至於質野之極而不自知也。迨子若孫，則異是矣。耳不聞金鼓之聲，足不履行陣之險，惟知安飽是適而已，則其勢不極文不止也。所謂其作始也簡，其將畢也必巨，雖神聖在上，不能反之於質與野也。然文極而天下之亂復起矣（李氏藏書卷一，世紀總論，引自蕭著前揭書五七七頁）。

案「質」就是文化幼稚而人口稀少之時，「文」就是文化發達而人口蕃庶之時。社會反覆著一治一亂，人類為了取得衣食，以保全自己的生命，則生存競爭必難避免。李贄以為生存競爭乃天演的公理，「強者弱之歸，不歸必併之。眾者寡之附，不附即吞之，此天道也，雖聖人其能違天者哉」（溫陵集卷十九，道古錄答人難無為，引自蕭著前揭書五七四頁）。一方弱肉強食，同時人類又有生存慾望，太平時代道德觀念可以控制人類之行為。喪亂之世，道德有時反成為人類生存的障礙，所以亂世之人往往沒有道德觀念。道德觀念一旦淪亡，求生便成為人類的最高目的。一切活動的目的既然集中於求生，則求生又變成亂世道德的最高標準，一個方法可以使人達到求生的目的，縱令違反道德，人們也視之為道德，一個方法不能使人達到求生的目的，縱令合於道德，人們也視之為罪惡。李贄基此觀念，便說：

孟子曰：社稷為重，君為輕。信斯言也，道（馮道）知之矣。夫社者所以安民也，稷者所以養民也。民得安養而後君臣之責始盡。君不能安養斯民，而臣獨為之安養，而後馮道之責始盡。今觀五季相禪，潛移默奪，縱有兵革，不聞爭城。五十年間，雖歷四姓，事一十二君，並耶律契丹等，而百姓卒免鋒鏑之苦者，道務安養之力也（李氏藏書卷六十馮道，引自蕭著前揭書五七五頁）。

又說：

以至譙周馮道諸老寧受祭器歸晉之謗，歷事五季之恥，而不忍無辜之民日遭塗炭，要皆有一定之學術，非苟苟者各周於用，揔足辦事。彼區區者欲選擇其名實俱利者而兼之，得乎？此無他，名教累之也。以故瞻前慮後，左顧右盼，自己既無一定之學術，他日又安有必成之事功耶（李氏焚書卷五孔明為後主寫申韓管子六韜）。

古人以君臣之分為五倫之一，李贄一反唐代以來「君臣之義無所逃於天地之間」之說，以為「天之立君，所以為民」（溫陵集卷十九道古錄論舜好問，引自蕭著前揭書五七五頁）。君若不能保民，為人臣者何必學比干諫而死，死諫暴君不過痴臣而已。

夫暴虐之君淫刑以逞，諫又烏能入也，早知其不可諫，即引身而退者上也。不可諫而必諫，諫之而不聽乃去者次也。若夫不聽復諫，諫而以死，痴也。何也，君臣之義交也，士為知己死，彼無道之君曷嘗以國士遇我也。然此直云痴耳，未甚害也，猶可以為世鑒也。若乃其君非暴，而故誣之為暴，無所用諫，而故欲以強諫，此非以其君父為要名之資，以為吾他日終南之捷徑乎。若而人者，設遇龍逢比干之主，雖賞之使諫，吾知其必不敢諫矣，故吾因是而有感於當今之世也（初潭集卷二十四君臣四，五痴臣）。

且也，君臣非有骨肉之親，而利害常不一致。曹操奮身於董卓肆兇之際，芟刈群雄，幾平海內。他說：「設使國家無有孤，不知當幾人稱帝，幾人稱王」（魏志卷一武帝紀建安十五年注引魏武故事），漢祚能夠延長，實賴曹操之力，然而建安五年車騎將軍董承竟受密詔，欲誅曹操（後漢書卷九獻帝紀）。雖怪曹操說道：「誠恐已離兵，為人所禍也」（魏志卷一武帝紀建安十五年注引魏武故事）。所以李贄以為暴君在位，固當引退以自全，若遇庸主，則宜攬權以自固，且看李贄之言：

臣之強，強於主之庸耳，苟不強，則不免為舐痔之臣所讒，而為弱人所食啖矣。死即死，而啖即啖可也，目又安得瞑也，是以不得已於強也。顏魯公唯弗強也，卒以八十之年，使死於讒。李懷光唯不得已於強也，卒以入赴王室之難，而遂反於讒，皆千載令人痛恨者。甚矣，主之庸可畏也。……裔玄之言曰君治世之能臣，亂世之奸賊，吾以是觀之，使老瞞不遭漢獻，豈少一匡之勳歟。設遇龍顏，則三傑矣，奈之何舐痔固寵者專用一切附己之人，日事讒毀，驅天下之能臣而盡入於奸賊也……強者終能自強，而不敢強者終岌岌以死也。夫天下強國之臣能強人之國，而終身不謀自強，而甘岌岌以死者，固少也。是以英君多能臣，而庸君多強臣也，故言強臣，而必先之庸君也（初譚集卷二十五君臣五，七強臣）。

由此可知李贄完全推翻古人的傳統思想，而更反對俗儒之泥古。他說：

夫人之所以終不成者，謂其效顰學步，徒慕前人之迹為也，不思前人往矣，所過之迹亦與其人俱往矣，尚如何而踐之。此如嬰兒然，嬰兒之生也，未能行立，須藉父母懷抱提攜，乃能有往。稍長便不用矣，況既長且大乎。今之踐迹者皆嬰兒之類，須賴有人在前為之指引者也，非大人事也（李氏藏書卷二十四樂克論，引自蕭著前揭書五七一頁）。

然自漢武帝罷黜百家，表章六經之後，世人均奉尼父為「至聖先師」，非孔子之言不敢言，於是千餘年來，捨孔子所定的是非之外，乃無是非，「豈其人無是非哉，咸以孔子之是非為是非，故未嘗有是非耳」（李氏焚書卷一，參答耿中丞）。若必以孔子之是非為是非，則在孔子以前，將無是非而人亦不得為人了。李贄說：

夫天生一人，自有一人之用，不待取給於孔子而後足也。若必待取足於孔子，則千古以前無孔子，終不得為人乎。故為願學孔子之說者，乃孟子之所以止於孟子（李氏焚書卷一答耿中丞）。

蓋「仲尼雖聖，效之則為顰，學之則為步醜婦之賤態」（李氏焚書卷三何心隱論）。何況孔子之言多隨時而發，隨人而說，本不足為萬世定論。時代推移，或昨日是而今日非，或今日非而後日是，何可奉之若神聖，唯孔子之言是從。李贄說：

夫是非之爭也，如歲時然，晝夜更迭，不相一也。昨日是而今日非矣，今日非而後日又是矣。雖使孔子復生於今日，又不知作如何是非也，而遽可以定本行賞罰哉（李氏藏書紀傳總目論，答耿中丞，引自蕭著前揭書五七二頁）。

李贄依此見解，對於六經語孟，當然不認其為萬古不磨之聖典。其思想雖然接近於王陽明，而其言論則比王陽明更見激烈。

夫六經語孟非其史官過為褒崇之詞，則其臣子極為讚美之語。又不然，則其迂闊門徒，懵懂弟子記憶師說，有頭無尾，得前遺後，隨其所見，筆之於書。後學不察，便謂出自聖人之口也。決定目之為經矣，孰知其大半非聖人之言乎。縱自出聖人，要亦有為而發，不過因病發藥，隨時處方，以救此一等懵懂弟子，迂闊門徒云耳。藥醫假病方難定孰是，豈可遽以為萬世之至論乎（李氏焚書卷三童心說）。

六經語孟既不可信，而後儒乃終日埋首於語孟之研究，而不知治國平天下之道。至於宋儒更是不值一錢。而國家乃專用此輩，難怪國事日非。李贄說：

嗟乎，平居無事祇解打恭作揖，終日匡坐，同於泥塑。以為雜念不起，便是真實大聖大賢人矣。……一旦有警則面面相覷，絕無人色。甚至互相推委，以為能明哲。蓋因國家專用此等輩，故臨時無人可用（李氏焚書卷四因記往事）。

觀上所言，則李贄之反對宋代理學家，自是意中的事，但他所反對者，不限於理學家之思想，而在於理學家假道學之名，而達其做官之實，李贄說：

彼以為周程張朱者皆口談道德，而心存高位，志在巨富。既已得高官巨富矣，仍講道德說仁義自若也，又從而嘵嘵然語人曰我欲厲俗而風世，彼謂敗俗傷世者莫甚於講周程張朱者也（李氏焚書卷二又與焦弱侯）。

理學家所以必講道學者，蓋道學既為世人所崇尚，凡講道學者，可以成名，可以欺世，而達到做官發財之目的。李贄說：

故世之好名者必講道學，以道學之能起名也。無用者必講道學，以道學之足以欺罔濟用也。欺天罔人者必講道學，以道學之足以售其欺罔之謀也。噫孔尼父亦一講道學之人耳，豈知其流弊至此乎（初譚集卷二十師友十，二道學李溫陵曰）。

其未得富貴也，養吾之聲名，以要朝廷之富貴，凡可以欺世盜名者無所不至。其既得富貴也，復以朝廷之富貴養吾之聲名，凡所以臨難苟免者無所不為，豈非真穿窬之人哉（李氏焚書卷五賈誼）。

依李贄之意，此輩皆是心口不一致之徒，偽君子比之真小人，更覺可鄙。他說：

自有知識以至今日，均之耕田而求食，買地而求種，架屋而求安，讀書而求科第，居官而求尊顯，博求風水以求福蔭子孫。種種日用皆為自己身家計慮，無一釐為人謀者。及乎開口談學，便說你為自己，我為他人，爾為自私，我欲利他。我憐東家之饑矣，又思西家之寒，難可忍也。某等肯上門教人矣，是孔孟之志也，某等不肯會人，是自私自利之徒也……翻思此等反不如市井小夫身履是事，口便說是事，作生意者但說生意，力田作者但說力田，鑿鑿有意，真有德之言，令人聽之忘厭倦矣（李氏焚書卷一答耿司寇）。

又說：

趨利避害，人人同心……今……所以詔學者，則必曰專志道德，無求功名，不可貪位慕祿也，不可患得患失也，不可貪貨貪色，多買寵妾田宅，為子孫業也……若曰我亦知世人惟邇言（指貪貨貪色等等）是耽，必不我聽也，但為人宗師，不得不如此立論以教人耳（李氏焚書卷一答鄧明府）。

理學家多半是無才無學，只有講聖人之道，以提高自己的身價，以為取得富貴之資。故「凡無才無學無為無識，而欲致大富貴者，斷斷乎不可以不講道學」❶。

陽為道學，陰為富貴，被服儒雅，行若狗彘然也。夫世之不講道學，而致榮華富貴者不少也，何必講道學而後為富貴之資也。此無他，不待講道學而自富貴者，其人蓋有學有才，有為有守，雖欲不與之富貴，而不可得也。夫唯無才無學，若不以講聖人道學之名要之，則終身貧且賤焉，恥矣。此所以必講道學以為取富貴之資也。然則今之無才無學無為無識而欲致大富貴者，斷斷乎不可以不講道學矣（初譚集卷十一師友二儒教道教釋教，李溫陵曰）。

自唐代韓愈尊崇孟軻，以為「軻之死不得其傳焉」（原道），而宋儒乃自認為道統，上承孟軻。這樣，便是宋代以前，人道泯滅久矣。宋代以後，人道又見開闢。然而宋室乃如垂斃之人，外受制於遼夏，終而滅亡於蒙古，觀宋之國力反不如過去道統失傳之時。妄自尊大，而不知恥，亦太甚矣。李贄說：

彼謂軻之死不得其傳者，真大謬也。惟此言出，而後宋人直以濂洛關閩接孟氏之傳，謂為知言云。吁，自秦而漢而唐，而後至於宋，中間歷晉以及五代，無慮千數百年。若謂地盡不泉，則人皆渴死久矣。若謂人盡不得道，則人道滅矣。何以能長世也。終遂泯沒不見，混沌無聞，直待有宋而始開闢而後可也。何宋室愈以不競，奄奄如垂絕之人，反而不如彼之失傳者哉。好自尊大標幟而不知其詬誣，亦太甚矣（李氏藏書卷二十四德業儒臣論，引自蕭著五七二頁）。

❶ 李贄攻擊當時道學先生，不遺餘力。其最有趣的為下列之言。「今之所謂聖人者，其與今之所謂山人者一也，特有幸不幸之異耳。幸而能詩，則自稱曰山人，不幸而不能詩，則辭卻山人而以聖人名。幸而能講良知，則自稱曰聖人，不幸而不能講良知，則謝卻聖人而以山人稱。展轉反覆，以欺世獲利，名為山人，而心同商賈，口談道德，而志在穿窬」（李氏焚書卷二又與焦弱侯）。

此輩常自命為君子，那知君子之誤國尤甚於小人，小人誤國猶可解救，君子誤國，往往無可救藥。李贄說：

公但知小人之能誤國，而不知君子之尤能誤國也。小人誤國猶可解救，若君子而誤國，則末之何矣。何也？彼蓋自以為君子而本心無愧也，故其膽益壯，而志益決，孰能止之（李氏焚書卷五黨籍碑）。

總之，李贄乃欲超脫於傳統之外，思想上不受傳統思想的拘束，肉體上也要無拘無束，不受任何管制。他基此思想，認為人生出世，就須受人管束，未免苦痛之至，其後出家為僧，固有理由。他說：

夫人生出世，此身便屬人管了，幼時不必言，從訓蒙師時又不必言，既長而入學，即屬師父與提學宗師管矣，入官即為官管矣。棄官回家，即屬本府本縣公祖父母管矣。來而迎，去而送，出分金，擺酒席，出軸金賀壽，且一毫不謹，失其歡心，則禍患立至，其為管束，至入木埋下土未已也，管束得更苦矣（李氏焚書卷四感慨平生）。

他曾說過道非只一種，依時而異，依人而異。古人不能以其道強迫後人接受，孔子之前有道，孔子之後亦必有道，若謂道為孔子所創，難道天若不生孔子，萬古皆如長夜。

有一道學……曰天不生仲尼，萬古如長夜……劉諧曰怪得羲皇以上聖人盡日燃紙燭而行也（李氏焚書卷三贊劉諧）。

而今之道學先生乃欲以自己之道，強迫別人接受，是無異於「以己之所種藝者，而欲人之同灌溉」（李氏焚書卷三論政篇為羅姚州作）。他曾對耿司寇說：

若謂公之不容己者為是，我之不容己者為非，公之不容己者是聖學，我之不容己者是異學，則吾不能知之矣（李氏焚書卷一答耿司寇）。

道依時而異，法制更見其然。天下的文物制度那有萬古不變之事。所以春秋之治不能行於戰國，戰國之策不能行於兩漢。彼王通者欲以周公之禮樂，治隋唐之天下，何能達到治平。李贄說：

夫春秋之後為戰國，既為戰國之時，則自有戰國之策。蓋與世推移，其道必爾，如此者非可以春秋之治治之也，明矣，況三王之世歟（李氏焚書卷三戰國論）。

又說：

彼（王通）其區區欲以周公之禮樂，治當時之天下，以井田、封建、肉刑為後世之必當復，一步一趨，捨孔子無足法者。然則使通而在，獨不能致治平也，況其徒（指房玄齡魏徵等）乎（李氏藏書卷二十四王通）。

李贄之言皆古人所不敢言，亦所不能言者。其抨擊道學，蓋自元以後，一切思想均受道學的拘束，思想不能自由，社會那會進步。唯在當時，俗儒竟斥之為異端邪說，前清且把李氏著作列為禁書，蓋其思想太過激烈，而不容於當時道學先生也❷。

❷ 茲宜附帶一言者，李贄主張男女平等，外形上雖有男女之別，至於男女之見解不能判斷孰長孰短。他說：「謂人有男女則可，謂見有男女（俗有「婦女之見」之言）豈可乎。謂見有長短則可，謂男人之見盡長，女人之見盡短又豈可乎」（李氏焚書卷二答以女人學道為見短論）。

第四章

黃梨洲與顧炎武反對專制的思想

一、黃梨洲

思想產生於社會之中，思想不能離開社會而從空創造。吾國古代思想均是政治思想。社會安定，政治清明，思想多偏於現政權的擁護。社會棼亂，政治黑暗，反動思想就起而抨擊現政權。但是擁護也好，抨擊也好，無一能夠獨創一種學說，所以縱是反動思想，也有一定程度，其程度是受古人思想的拘束。要想脫掉古人思想的拘束，須有外來思想供其參考。苟無外來思想的衝擊，不問如何偉大的學者也難擺脫古人思想的窠臼。

明代政治最專制，又最腐化。天子視大臣如奴隸，而人民則陷於水深火熱之中，而不能自拔。這種情況比之元代似有過而無不及，方孝孺的學說就是產生於這種環境之中。那知明自成祖以後，專制愈甚，暴政亦愈甚。明亡之後，黃宗羲就於清康熙二年發表「明夷待訪錄」，其理論多採方孝孺之說，後人所以重視此書者，蕭公權據「清代學術概論」，謂由於清末維新運動之時，梁啟超與譚嗣同為之宣傳❶。

❶ 蕭著「中國政治思想史」臺灣版五九八頁及六二〇頁之「註二〇」。

黃宗羲，學者稱為梨洲先生，生於明神宗萬曆三十八年，卒於清康熙三十四年，所著明夷待訪錄，多依方孝孺的學說，而闡明之。其中所寫，多懲明代之失，而講求矯正之法。然其矯正之法，亦多依古代學者之言，殊少創見。他依孟子民貴君輕之思想，以為天之立君乃為民也，人君不能獨治，故設置百官，佐君為治。君臣之勤勞乃千萬倍於天下之人，自難同許行所說：「賢者與民並耕而食，饔飧而治」（孟子卷五下滕文公上）。他說：

有生之初，人各自私也，人各自利也。天下有公利而莫或興之，有公害而莫或除之。有人者出，不以一己之利為利，而使天下受其利，不以一己之害為害，而使天下釋其害，此其人之勤勞必千萬於天下之人。夫以千萬倍之勤勞而己又不享其利，必非天下之人情所欲居也。故古之人去而不欲入者許由務光是也。入而又去之者堯舜是也。初不欲入而不得去者禹是也。豈古之人有所異哉，好逸惡勞亦猶夫人之情也（明夷待訪錄，原君）。

後世人君不明此理，乃視「食於人」為我之權利，而不以之為為民服務的報酬，於是使天下之利盡歸於我，天下之害盡歸於人，以我之大私為天下之大公，甚至視天下為莫大之產業，傳之子孫，受享無窮。

後之為人君者不然，以為天下利害之權皆出於我，我以天下之利盡歸於己，以天下之害盡歸於人，亦無不可。使天下之人不敢自私，不敢自利，以我之大私，為天下之大公。始而慙焉，久而安焉。視天下為莫大之產業，傳之子孫，受享無窮。漢高帝所謂某業所就孰與仲多者，其逐利之情不覺溢之於辭矣（仝上，原君）。

人君既有大利，帝位之爭奪，勢所難免。而既得帝位之後，又敲剝天下之骨髓，以奉我一人之淫樂，視為當然，且曰此我產業之花息也。

古者以天下為主，君為客。凡君之所畢世而經營者為天下也。今也以君為主，天下為客。凡天下之無地而得安寧者為君也。是以其未得之也，屠毒天下之肝腦，離散天下之子女，以博我一人之產業，曾不慘然，曰，我固為子孫創業也。其既得之也，敲剝天下之骨髓，離散天下之子女，以奉我一人之淫樂，視為當然，曰，此我產業之花息也。然則為天下之大害者君而已矣。向使無君，人各得自私也，人各得自利也。嗚呼，豈設君之道固如是乎（仝上，原君）。

既以天下為產業，人之欲得產業，誰不如我，於是歷史上就不斷的發生篡奪之事，人民固肝腦塗地，而天子一旦失去帝位，子孫亦受盡災禍，吾人觀「宋受晉終，馬氏遂為廢姓，齊受宋禪，劉宗盡見誅夷」（南史卷四十三齊高帝諸子傳論），即可知之。黃梨洲說：

既以產業視之，人之欲得產業，誰不如我。攝緘縢，固扃鐍，一人之智力不能勝天下欲得之者之眾。遠者數世，近者及身，其血肉之崩潰在其子孫矣。昔人願世世無生帝王家，而毅宗之語公主亦曰，若何為生我家，痛哉斯言。回思創業時，其欲得天下之心有不廢然摧沮者乎（仝上，原君）。

梨洲的思想若能貫徹下去，結論應為共和民主，前已說過吾國古代由於環境的關係（人多地廣，而又沒有代表觀念），缺乏這種思想，最多只能依孟子放伐暴君之說，方孝孺如此，梨洲亦不過贊成湯武革命而已。他說：

而小儒規規焉以君臣之義無所逃於天地之間，至桀紂之暴猶謂湯武不當誅之，而妄傳伯夷叔齊無稽之事，使兆人萬姓崩潰之血肉曾不異夫腐鼠。豈天地之大，於兆人萬姓之中獨私其一人一姓乎（仝上，原君）。

天子不能一人獨治，須設百官以治之，而總百官者則為宰相。關於天子與宰相的關係，梨洲之言實為前人之所未言。照他說，古者天子之位不傳子而傳賢，到了後來，天子傳子，而自宰相以下無不傳賢。天子之子不皆賢，可賴宰相傳賢以補之，宰相地位不安定，可賴天子傳子以補之。即梨洲欲於政府之內，分別兩種機關：其一傳子，其他傳賢。傳子者地位安定，傳賢者隨時更迭。政府既能夠新陳代謝，中樞又不致發生動搖。梨洲之言如次：

古者（天子）不傳子而傳賢，其視天子之位，去留猶夫宰相也。其後天子傳子，宰相不傳子，天子之子不皆賢，尚賴宰相傳賢足相補救，則天子亦不失傳賢之意。宰相既罷，天子之子一不賢，更無與為賢者矣，不亦并傳子之意而失之乎（明夷待訪錄置相）。

此言也，似有理由，然在古代，天子有擇相之權，沒有一個權力機關可以牽制天子。天子既不皆賢，則其所擇宰相，誰能保證其必賢。故其結果必如韓非所說：「燕子噲賢子之而非孫卿，故身死為僇，夫差智太宰嚭而愚子胥，故滅於越」（韓非子第三十八篇難三）。這樣，雖置宰相，而亦無補於天子之不賢。

帝權膨大，宰相由冢宰的地位降為草擬詔令與批答文書的書記，於是奄宦遂乘機取得政權。今先舉歷史上的實例：東漢廢丞相而置三公，三公無權，事歸臺閣。唐以平章事為宰相之職，人數少者數人，多者十數人。明時亦無宰相（參閱拙著中國社會政治史第一冊第四版三九二頁以下，第三冊第三版二七六頁以下，第四冊第三版三二九頁以下），而三朝均有宦官之禍。據梨洲言：

吾以為有宰相之實者，今之宮奴也。葢大權不能無所寄。彼宮奴者見宰相之政事墜地不收，從而設為科條，增其職掌。生殺予奪，出自宰相者次第而盡歸焉……故使宮奴有宰相之實者，則罷丞相之過也（明夷待訪錄，置相）。

梨洲此言與王船山所說：「因權臣之蠹國，而除宰相，弃爾輔矣。宰相廢而分任於六部……事權散亂，統之者唯秉筆內臣而已」（船山全集子部噩夢），立意相同。然皆不能說破閹宦弄權的根本原因。蓋在專制時代，人臣能否取得政權，乃取決於天子。凡事取決於天子者，不能不獻媚於天子。天子身居九重之內，朝夕所見者不過宮嬪宦官。宮嬪宦官可用單言片語，移轉人主之意，所以獻媚於天子者，又不能不諂事宮嬪，勾結宦官。吾人讀唐明歷史即可知之（參閱拙著中國社會政治史第三冊二〇五頁及第四冊二九三頁以下）。何況東漢以後，天子疑人而又疑事，「用一人焉，則疑其自私，而又用一人以制其私。行一事焉，則慮其可欺，而又設一事以防其欺」（明夷待訪錄，原法），所以專制不予消滅，縱令置相，甚至廢除宦官之制，天子大權亦必傍落於宮中奴婢。

案天子所以願將大權付託奄宦，蓋亦有故。梨洲所述理由，固然不盡合理，吾人不宜深信。但依古來近臣常常演變為大臣的歷史（參閱拙著中國社會政治史第一冊第四版八三頁以下），梨洲之言亦足供吾人參考。他說：

且夫人主之有奄宦，奴婢也；其有廷臣，師友也。所求乎奴婢者使令；所求乎師友者道德。故奴婢以伺喜怒為賢，師友而喜怒其喜怒，則為容悅矣。師友以規過失為賢，奴婢而過失其過失，則為悖逆矣。自夫奄人以為內臣，士大夫以為外臣；奄人既以奴婢之道事其主，其主之妄喜妄怒，外臣從而違之者，奄人曰夫非盡人之臣歟，奈之何其不敬也。人主亦即以奴婢之道為人臣之道，以其喜怒加之於奄人而受，加之於士大夫而不受，則曰夫非盡人之臣歟，奈之何有敬有不敬也。蓋內臣愛我者也，外臣自愛者也。於是天下之為人臣者，見夫上之所賢所否者在是，亦遂舍其師友之道，而相趨於奴顏婢膝之一途。習之既久，小儒不通大義，又從而附會之曰，君父，天也。故有明奏疏，吾見其是非甚明也，而不敢明言其是非，或舉其小過而遺其大惡，或勉以近事而闕於古，則以為事君之道當然。豈知一世之人心學術為奴婢之歸者，皆奄宦為之也。禍不若是其烈歟（明夷待訪錄，奄宦上）。

大臣捨師友之道，而相趨於奴顏婢膝之一途，於是君臣關係又變為主奴關係。照梨洲說，兩種關係本來不同。君有道，臣自宜佐君為治，然其目的亦為萬民，非為一姓，君無道，臣可視之如寇讎，不必殺其身以事其君。他說：

有人焉，視於無形，聽於無聲，以事其君，可謂之臣乎。曰否。殺其身以事其君，可謂之臣乎。曰，否。夫視於無形，聽於無聲，資於事父也。殺其身者無私之極則也，而猶不足以當之，則臣道如何而可。曰，緣夫天下之大，非一人之所能治而分治之以群工。故我之出而仕也，為天下，非為君也。為萬民，非為一姓也。吾以天下萬民起見，非其道，即君以形聲強我，未之敢從也，況於無形無聲乎。非其道，即立身於其朝，未之敢許也，況於殺其身乎。不然，而以君之一身一姓起見，君有無形無聲之嗜慾，吾從而視之聽之，此宦官宮妾之心也。君為己死而為己亡，吾從而死之亡之，此其私暱者之事也（仝上，原臣）。

然而世人多昧於此義，以為天下乃天子之私產，凡事不關於天子者，雖屬於四方之勞擾、民生之憔悴，亦謂為纖芥之疾，不足介意。

世之為人臣者昧於此義，以謂臣為君而設者也，君分吾以天下而後治之，君授我以人民而後牧之，視天下人民為人君囊中之私物。今以四方之勞擾，民生之憔悴，足以危吾君也，不得不講治之牧之之術。苟無係於社稷之存亡，則四方之勞擾，民生之憔悴，雖有誠臣，亦以為纖芥之疾也（仝上，原臣）。

即古人所謂忠臣，梨洲皆否認其價值。而「忠」之觀念，儒家本來只視為君臣的相對義務，後儒乃變之為絕對義務，梨洲連相對義務也否認了，而謂「忠」不是忠於君，忠於一姓，而是忠於天下，忠於萬民，這確是吾國思想一大變轉。但是思想單單到此為止，倘不能再創一種制度以救其弊，則篡奪之事仍無已時，這就是天下安定之後，梨洲思想又歸消沉的理由。

天子既大權獨握，廷臣又自躋於僕婢之間，人既不足以為治，法如何呢？梨洲的見解多本於方孝孺，孝孺曾言：「法為要，人次之」（遜志齋集卷三官政）。即法治比之人治，還見重要。梨洲亦說：

論者謂有治人無治法，吾以謂有治法而後有治人。自非法之法桎梏天下人之手足，即有能治之人，終不勝其牽挽嫌疑之顧盼，有所設施，亦就其分之所得，安於苟簡，而不能有度外之功名。使先王之法而在，莫不有法外之意存乎其間。其人是也，則可以無不行之意。其人非也，亦不至深刻網羅，以害天下。故曰有治法而後有治人（仝上，原法）。

所謂「非法之法」是指什麼？照梨洲說，古代之法是謀人民的利益，而以養民、教民為主（參閱明夷待訪錄，原法）。降至後代，人主恐子孫不能長保天下，其所制定的法，無一不以保全國祚為目的，從此而後，法不過一家之法，絕非天下之法。

後之人主既得天下，唯恐其祚命之不長也，子孫之不能保有也，思患於未然，以為之法。然則其所謂法者，一家之法而非天下之法也。是故秦變封建而為郡縣，以郡縣得私於我也。漢建庶孽，以其可以藩屏於我也。宋解方鎮之兵，以方鎮之不利於我也。此其法何曾有一毫為天下之心哉，而亦可謂之法乎（仝上，原法）。

既是一家之法，由是家庭倫理就應用於政治之上。孔子云：「三年無改於父之道，可謂孝矣」（論語第一篇學而）。孔子之意蓋恐法令變易無常，人民莫知所從，而後儒乃謂明主以孝治天下，所以「子孫以法祖為孝」，縱令時代變遷，為人君者亦應犧牲天下的利益，以完成天子個人之孝。且看梨洲之言：

論者謂一代有一代之法，子孫以法祖為孝。夫非法之法，前王不勝其利欲之私以創之，後王或不勝其利欲之私以壞之。壞之者固足以害天下，其創之者亦未始非害天下者也。乃必欲周旋於此膠彼漆之中，以博憲章之餘名，此俗儒之勦說也（仝上，原法）。

梨洲以為有治法而後有治人。但是吾人須知法治須以分權為前提，即制法者是一個機關，行法者又是另一個機關，而後才不會發生問題。否則將如韓非所說：「利在故法前令，則道之；利在新法後令，則道之」（韓非子第四十三篇定法）。質言之，即如杜周所說：「三尺安出哉，前主所是著為律，後主所是疏為令，當時為是，何古之法乎」（漢書卷六十杜周傳）。法由人主決定，勢只有增加人主的專制。這是古人主張法治者未曾注意之點。

原君、原臣、原法三篇為梨洲的中心思想。此外梨洲尚有三種主張，值得吾人注意。㈠梨洲的思想所以不能視為民主，蓋其中缺乏「公意」的觀念，只依春秋時代鄉校議政之事（參閱左傳襄公三十一年），而謂「天子之所是未必是，天子之所非未必非，天子亦遂不敢自為非是，而公其非是於學校」（明夷待訪錄，學校）。到了後來，「天下之是非一出於朝廷，天子榮之，則群趨以為是；天子辱之，則群擿以為非」（仝上，學校）。學校失掉議政的效用，「變而為書院」，而朝廷且「與學校相反」，「有所非也，則朝廷必以為是而榮之，有所是也，則朝廷必以為非而辱之」（仝上，學校）。這樣，政風日下，國事日非，自不待言。㈡梨洲以為「唐以方鎮亂天下」，而「制亂者亦藉方鎮，其後析為數十，勢弱兵單，方鎮之兵不足相制，黃巢朱溫遂決裂而無忌。然則唐之所以亡，由方鎮之弱，非由方鎮之強也」（仝上，方鎮）。他主張沿邊各地「俱設方鎮」，「務令其錢糧兵馬，內足自立，外足捍患；田賦商稅，聽其徵收，以充戰守之用；一切政教張弛，不從中制；屬下官員亦聽其自行辟召，然後名聞」。凡「終其世兵民輯睦，疆場寧謐者，許以嗣世」（仝上，方鎮）。事權既一，就不會發生「能者壞於牽制，不能者易於推委」的現象。何況「各為長子孫之計」，當然更能「思慮自用，戰守自固」（仝上，方鎮）了。由此可知梨洲主張恢復方鎮，不是要用地方分權，以減少中央集權之弊，而是欲邊疆大臣能夠自由應變，以防外寇的侵略❷。㈢梨洲以為「古者井田養民，其田皆上之田也。自秦而後，民所自有之田也」（明夷

❷ 隋唐以後，胥吏品質日低，梨洲謂「凡今所設施之科條，皆出於吏，是以天下有吏之法，無朝廷之法……權要之吏，父傳之子，兄傳之弟。其一人麗於法，而後繼一人焉，則其子若弟也，不然，則其傳衣鉢者也。是以今天下無封建之國，有封建之吏」（明夷待訪錄，胥吏）。

待訪錄，田制一）。秦漢以來，田為人民私有，固不待論而知之。古代的田何以皆上之田，梨洲未曾提出證據。他依此見解，而謂民所自有之田，乃於限田等各種名義之下，「復以法奪之。授田之政未成，而奪田之事先見，所謂行一不義而不可為也」（仝上，田制二）。案土地問題本來不易解決，吾國自秦漢以後，一切田制都已實行，秦漢許民自由買賣，不加限制。武帝時代，董仲舒提出限田之議，師丹孔光因之，令民名田無過三十頃。王莽之時實行井田聖制。魏用屯田，晉用占田，北朝及隋唐用公田。或絕對私有，或相對私有，或絕對平等分配，或依貴賤分配，而皆歸失敗。要之，大亂之後，地廣人稀，固然可依井田之意，分配土地，強迫人民耕耘以增加田賦的收入。要是人口蕃庶，則類似井田之制度，勢非破壞不可。梨洲知井田不能復行於今日，故退一步，欲依屯田之法，稍行井田（仝上，田制二），曹魏的民屯（參閱拙著中國社會政治史第二冊第四版五〇頁以下），即其實例❸。唯由吾人觀之，在無

---

❸梨洲之言，到了唐甄，更見激烈。他著有「潛書」一書，以為「自秦以來，凡為帝王者皆賊也……今也有負數匹布或擔數斗粟而行於塗者，或殺之而有其布粟，是賊乎，非賊乎……殺一人而取其匹布斗粟，猶謂之賊，殺天下之人而盡有其布粟之富，乃反不謂之賊乎。三代以後，有天下之善者莫如漢，然高帝屠城陽、屠潁陽，光武屠城三百……古之王者有不得已而殺者二，有罪不得不殺，臨戰不得不殺……非是奚以殺為。若過里而墟其里，過市而竄其市，入城而屠其城，此何為者。大將……偏將……卒伍……殺人，非大將偏將卒伍殺之，天子實殺之。官吏殺人，非官吏殺之，天子實殺之。殺人者眾手，天子實為之大手……百姓死於兵與因兵而死者十五六，暴骨未收，哭聲未絕，於是乃服袞冕、乘法駕、坐前殿、受朝賀。高宮室、廣苑囿，以貴其妻妾，以肥其子孫，彼誠何心而忍受之。若上帝使我治殺人之獄，我則有以處之矣」（潛書，室語，引自梁啟超著中國近三百年學術史，中華書局版一六三頁），他又謂國之治亂，責任在君，即「治天下者惟君，亂天下者惟君，治亂非他人所能為也，君也。小人亂天下，用小人者誰也。女子寺人亂天下，寵女子寺人者誰也。奸雄盜賊亂天下，致奸雄盜賊之亂者誰也」

主的土地之上，固然可行屯田，但人口繁殖，土地不夠分配，屯田式的井田，勢亦必歸失敗。吾人讀吾國歷史，即可知之。

二、顧炎武

顧炎武生於明神宗萬曆四十一年，卒於清康熙二十一年，學者稱之為亭林先生。著作甚多，其思想極近於黃梨洲。他讀了明夷待訪錄之後，寄書與梨洲云：「炎武以管見為日知錄一書，竊自幸其中所論，同於先生者十之六七」❹。蕭公權謂兩人均反對空談性命，而抨擊理學，並引梨洲之言：「儒者之學，經緯天地，而後世乃以語錄為究竟。僅附問答於伊洛門下，便廁儒者之列，假其名以欺世。治財賦者則目為聚斂，開閫扞邊者則目為粗材，讀書作文者則目為玩物喪志，留心政事者則目為俗吏。徒以生民立極，天地立心，萬世開太平之闊論鈐束天下。一旦有大夫之憂，當報國之日，則蒙然張口，如坐雲霧。世道以是潦倒泥腐，遂使尚論者以為立功建業，別是法門，而非儒者之所與也」❺，又引顧亭林之言：「命與仁，夫子之所罕言也，性與天道，子貢之所未得聞也……今之君子……言心言

(潛書，鮮君)。察之吾國歷史，治世少而亂世多，是則賢君少，而闇或懦之君多。此蓋與君位之世襲有關。他說：「天之生賢也實難，博徵郡邑世族貴家，其子孫鮮有賢者，何況帝室富貴，生習驕恣，豈能成賢。是故一代之中十數世，有二三賢君，不為不多矣。其餘非暴即闇，非闇即辟，非辟即懦。此亦生人之常，不足為異。惟是懦君蓄亂，辟君生亂，闇君召亂，暴君激亂，君罔救矣，其如斯民何哉」(潛書，鮮君，引自蕭公權著中國政治思想史，臺灣版六〇九頁)。

❹ 顧寧人書，世界書局出版之「梨洲船山五書」，於明夷待訪錄之上，載有此文。

❺ 南雷文定後集卷三「贈編修弁玉吳君墓志銘」，商務印書館之萬有文庫合訂本一五九冊，有「南雷文定集」之書。

性……置四海之困窮不言，而終日講危微精一之說，是必其道之高於夫子，而其門弟子之賢於子貢」❻。他們兩人不尚空談，故其言論以致用為主。

亭林於俗儒隳敗於穿鑿破碎無用之時文之時，辯證經史之微文大義，探討歷代的典章制度世風民俗，而明其盛衰利弊，學術上貢獻甚大。其政治思想多與黃梨洲相同，殊少創見。梨洲欲在邊疆，依封建之意，設置方鎮；亭林欲在全國，寓封建之意於郡縣之中。亭林說：

> 知封建之所以變而為郡縣，則知郡縣之敝，而將復變。然則將復變而為封建乎？曰不能，有聖人起，寓封建之意於郡縣之中，而天下治矣……封建之失，其專在下，郡縣之失，其專在上。古之聖人以公心待天下之人，胙之土而分之國。今之君人者盡四海之內為我郡縣，猶不足也。人人而疑之，事事而制之。科條文簿日多一日，而又設之監司，設之督撫。以為如此，守令不得以殘害其民矣。不知有司之官凜凜焉救過之不給，以得代為幸，而無肯為其民興一日之利者。民烏得而不窮，國烏得而不弱，率此不變，雖千百年而吾知其與亂同事，日甚一日者矣（顧亭林遺書彙輯，亭林文集卷一郡縣論一）。

他們兩人為什麼要恢復封建？當然不是完全拾古人之餘唾，以為封建公天下，郡縣家天下。亭林曾批評郡縣之無權，說道：「今日之尤無權者，莫過於守令……言涖事，而事權不在於郡縣；言興利，

---

❻ 亭林文集卷三「與友人論學書」，最近中華文獻出版社影印有「顧亭林遺書彙輯」，除日知錄外，共收二十一種，亭林文集為其中之一。但其中「顧亭林先生年譜」為吳止猲所輯，「亭林先生神道表」為全祖望所譔。尚附有「亭林先生軼詩」及「亭林先生同志贈言」，總目錄未載。亭林最滿意之著作似為「日知錄」，黃汝成所輯之「日知錄集釋」各書店均有單行本發售。

而利權不在於郡縣；言治兵，而兵權不在於郡縣，尚何以復論其富國裕民之道哉」（日知錄卷九守令）。然則亭林是否欲用地方分權之法，以增加郡縣的權力？增加權力，無須封建，而地方分權之可減少中央集權之弊，即減少君主專制之弊，則無疑問。案梨洲與亭林主張封建，尚有別的理由。兩人均承認人類有利己心，梨洲希望方鎮「各為長子孫之計」，「內足自立，外足捍患」（明夷待訪錄，方鎮）。亭林亦謂縣令若私其百里之地，則為兒孫打算，自能善治其縣。亭林說：

> 天下之人各懷其家，各私其子，其常情也。為天子為百姓之心，必不如其自為，此在三代以上已然矣。聖人者因而用之，用天下之私，以成一人之公，而天下治。夫使縣令私其百里之地，則縣之人民皆其子姪，縣之土地皆其田疇，縣之城郭皆其藩垣，縣之倉廩皆其囷窌。為子姪，則必愛之而勿傷。為田疇，則必治之而勿棄。為藩垣囷窌，則必繕之而勿損。自令言之私也，自天子言之，所求乎治天下者如是焉止矣，一旦有不虞之變……於是有效死勿去之守……非為天子也，為其私也，為其私，所以為天子也（亭林文集卷一郡縣論五）。

此種說法似是而實非，周末的諸侯，晉初的藩國，唐末的方鎮，對外則爭地以戰，殺人盈野，爭城以戰，殺人盈城，對內又肆行虐政，百姓罹杼軸之困，黎民罷無已之求，那有因世守其地，而愛其子民之事。

梨洲的封建是對外的，所以設在邊疆，「外足捍患」是其最大的目標。亭林的封建是對內的，所以普設於全國，希望百里長令能以「自為」之心，愛其子民，治其田疇，繕其城廓。但亭林並不忘對外之事，故他又說：

明代之患大約與宋同，岳飛說張所曰「國家都汴，恃河北以為固。苟馮據要衝，峙列重鎮，一城受圍，則諸城或撓或救，金人不敢窺河南，而京師根本之地固矣」。文天祥言，「本朝懲五季之亂，削除藩鎮，一時雖足以矯尾大之弊，然國以寖弱。故敵至一州，則一州破，至一縣，則一縣殘。今宜分境內為四鎮，使其地大力眾，足以抗敵，約日齊奮，有進無退。彼備多力分，疲於奔命，而吾民之豪傑者，又伺間出於其中，則敵不難卻也」。嗚呼，世言唐亡於藩鎮，而中葉以降，其不遂並於吐蕃回紇，滅於黃巢者，未必非藩鎮之力（日知錄卷九藩鎮）。

梨洲曾言：「唐之所以亡，由方鎮之弱，非由方鎮之強也」（明夷待訪錄，方鎮）。宋定都汴州，即在河南之地。自古為河南之禍者，大率來自河北（參閱拙著中國社會政治史第三冊第三版三四三頁以下），所以亭林主張縮小邊疆的範圍，而謂「唐之弱者，以河北之強也。唐之亡者，以河北之弱也」（日知錄卷九藩鎮）。繼著又說：

> 昔者河東之折，靈武之李……自五代來，世有其地。二寇畏之，（宋）太祖於是俾其世襲。每謂邊寇內入，非世襲不克守；世襲則其子孫久遠家物，勢必愛吝，分外為防……議者以太祖之懲五季，而解諸將兵權，為封建之不可復。愚竊以為不然，夫太祖之不封建，特不隆封建之名，而封建之實，固已默圖而陰用之矣（日知錄卷九藩鎮）。

由這一段文字觀之，可知亭林的見解乃與梨洲相同，皆欲藉封建——世襲之法，使邊疆大臣有效死勿去之心。

吾國自秦漢以來，就建立了中央集權的國家，一切權力屬於天子，天子不能獨治，須設置公卿百官，又為禁防公卿百官的弄權，乃用法令以拘束之。拘束愈甚，天子之權遂歸屬於吏胥。亭林說：

所謂天子者，執天下之大權也。……自公卿大夫至於百里之宰，一命之官，莫不分天子之權以各治其事，而天子之權乃益尊。後世有不善治者出焉，盡天下一切之權而收之在上。而萬幾之廣固非一人之所能操也，而其權乃移於法。於是多為之法以禁防之，雖大姦有所不能踰，而賢智之臣亦無能效尺寸於法之外，相與兢兢奉法，以求無過而已。於是天子之權不寄之人臣，而寄之吏胥。是故天下之尤急者守令親民之官，而今日之尤無權者莫過於守令。守令無權，而民之疾苦不聞於上，安望其致太平而延國命乎（日知錄卷九守令）。

何以故呢？吾國取士之法，自唐以後，均依考試，而考試又用文學。據王船山說，漢靈帝好文學之士，能為文賦者，待詔鴻都門下，而蔡邕「謂其游意篇章，聊代博弈，甚賤之也。自隋煬帝以迄於宋，千年而以此取士，貴重尊高，若天下之賢者，無踰於文學之一途。漢所賤而隋唐宋所貴，士不得不貴焉。世之趨而日下，亦至此乎」（讀通鑑論卷八漢靈帝）。明代考試則用八股（參閱拙著中國社會政治史第四冊第三版三六〇頁）。亭林說：「八股之害等於焚書，而敗壞人才有甚於咸陽之郊，所坑者但四百六十餘人也」（日知錄卷十六擬題）。此言比之梨洲之論取士，更見激烈。梨洲只謂：「今也……其所以程士者止有科舉之一途，雖使古豪傑之士……捨此亦無由而進……流俗之人徒見夫二百年以來之功名氣節一二出於其中，遂以為科法已善，不必他求。不知科目之內既聚此百千萬人，不應功名氣節之士獨不得入。則是功名氣節之士之得科目，非科目之得功名氣節之士也」（明夷待訪錄，取士下）。士人未仕以前，日埋首於場屋之文，以應付考試之用，而在政界方面，凡事必皆有法，法若不備，又復有例以補充之。學士大夫平日誦說孔孟，傳道先王，未曾研究法與例也。一旦從政，既見法例如毛，莫知所從，勢只有噤舌拱手，求援於吏胥。此無他，凡事「非法無決也，非例無行也。驟而問之，不若吏之素也；蹔而居之，不若吏之久也；知其一，不知其二，不若吏之悉也，故不得不舉而歸之吏」（引自水心集卷一上孝宗皇帝箚子一）。而吏之所奉行者，不過已往之舊牘，歷年之成規。其賢者，拘於法令，不敢分毫踰越。亭林用楊萬里之言，借吏部擬注百官之狀，說明百官如何拘束於法令❼。

> 其宜得者，則曰應格。其不宜得者，則曰不應格。曰應格矣，雖貪者，疲憊者，老耄者，乳臭者，愚無知者，庸無能者，皆得之。得者不之媿，與者不之難也。曰不應格矣，雖真賢實能，廉潔守志之士皆不得也。不得者莫之怨，不與者莫之恤也。吏部者曰，彼不媿不怨，吾事畢矣（日知錄卷八銓選之害）。

其不肖者，則輕重與奪，唯意所出，「所欲與，則陳與例；欲奪，則陳奪例，與奪在其牙額」（引自宋史卷三百七十八劉一止傳）。亭林又借楊萬里之言，說明吏胥如何上下其手。

---

❼亭林反對資格，他引孫洙之言曰，「三代以下，選舉之法，其始終一切皆失者，其國家資格之制乎……今小人累日而取貴仕，君子側身而困卑位，賢者戴不肖於上，而愚者役智者於下，爵不考德，祿不授能……資格閡之也。才足以堪其任，小拘歲月而防之矣，力不足以稱其位，增累考級而得之矣。所得非所求也，所求非所任也，位不度才，功不索實……資格牽之也……夫資格之法，起於後魏崔亮，而復行之於唐之裴光庭，是二子者，其當世固已罪之，不待後人之譏矣……雖然不無小利也，小便也。利之者蠢愚而廢滯者也，便之者耄老而庸荒者也。而於天下國家焉，則大失也，大害也。然而提選部者亦以是法為簡而易守也。百品千群，不復銓敘人物，而綜覈名實。一吏在前，勘薄呼名而授之矣。坐廟堂者亦以是法為要而易行也，大官大職，列籍按氏，差第日月，遝然而登之矣。上下相冒，而賢材去愈遠，可為太息也」（日知錄卷八停年格）。

士大夫之有求於吏部，有持牒而請曰，我應夫法之所可行，而吏部之長貳亦曰可，宜其為可，無疑也。退而吏出寸紙以告之曰不可，既曰不可矣，宜其為不可，無改也。未幾而又出寸紙以告之曰可。且夫可不可者，有一定之法，而用可不可之法者，無一定之論。何為其然也，吏也。士大夫之始至也，恃法之所可，亦恃吏部長貳之賢，而不謁之吏。故與長貳面可之，退而問之吏，吏曰法不可也。長貳無以詰，則亦曰然。士大夫於是不決之法，而不請之長貳，而以市於吏。吏曰可也，而勿亟也，伺長貳之遺忘，而畫取其諾。昨奪而今與，朝然而夕不然，長貳不知也，朝廷不訶也。吏部之權不歸之吏而誰歸（日知錄卷八銓選之害）。

賢者不能出於繩約之外，不肖者又上下其手，以法為市。其所以如此，實因法令日繁。而法令所以日繁，照亭林說，乃因人主集權太甚，「一兵之籍，一財之源，一地之守，皆人主自為之，欲專大利，而無受其大害，遂廢人而用法」。兼以「前人立法之初，不能詳究事勢，豫為變通之地。後人承其已弊，拘於舊章，不能更革，而復立一法以救之，於是法愈繁而弊愈多」（日知錄卷八法制）。古人云法簡則易行，「法行則人從法」。法繁則如韓非所說：「利在故法前令，則道之，利在新法後令，則道之」（韓非子第四十三篇定法），即「法敗則法從人」（參閱日知錄卷八法制）。到了人不從法而法從人之時，是非善惡毫無標準，貪汙視為清勤，守法斥為怯劣。論刑，則避貴施賤；論賞，則重貴輕賤，事功日墮，風俗日壞，貧民愈無告，奸人愈得志，國而不亂，真是奇蹟。

第五章 王夫之的社會進化論及民族思想

王夫之生於明神宗萬曆四十七年，卒於清康熙三十一年，學者稱之為船山先生，著作豐富，立論注重於說明社會之進化，並明華夷之別。蕭公權謂「船山學術似尤在黃顧之上」❶，確非過譽。

古人多認為世風日下，秦漢不如三代，三代不如唐虞，唐虞不如三皇，一代不如一代，此種議論乃屬於退化論，亦即悲觀論，船山之言則與此殊。我依蕭公權之說法，引「魏徵之析封德彝曰，若謂古人淳樸，漸至澆譌，則至於今日，當悉化為鬼魅矣」（讀通鑑論卷二十唐太宗，蕭著之「註四」作卷十二）。船山進而說明：

> 唐虞以前無得而詳考也，然衣裳未正，五品未清，昏姻未別，喪祭未修，狉狉獉獉，人之異於禽獸無幾也……若夫三代之季，尤歷歷可徵焉。當紂之世，朝歌之沉酗，南國之淫奔亦孔醜矣……至於春秋之世弒君者三十三，弒父者三，卿大夫之父子相夷，兄弟相殺，姻黨相滅，無國無歲而無之，蒸報無忌，黷貨無厭，日盛於朝野……五胡之後，元高宇文騃戾相踵，以導民於澆，非民之固然也……唐初略定，夙習未除，又豈民之固然哉。倫已明，禮已定，法已正之餘，民且願得一日之

❶ 蕭著中國政治思想史臺灣版六三一頁。

平康以復其性情之便。固非唐虞以前茹毛飲血，茫然於人道者比也……孰謂後世之天下難與言仁義哉。邵子分古今為道德功力之四會，帝王何促，而霸術何長。霸之後，又將奚若耶。泥古過高，而菲薄方今，以蔑生人之性……君子奚取焉（讀通鑑論卷二十唐太宗）。

船山繼著就說：「然則治唐堯三代之民難，而治後世之民易，亦較然矣」（仝上）。船山由此出發，便謂法制因時因地而不同。就時說：

夫為政之患，聞古人之法而悅之，不察其精意，不揆其時會，欲姑試之而不合，則又為之法以制之，於是法亂弊滋，而古道遂終絕於天下（仝上卷三漢武帝）。

又說：

一代之治，各因其時，建一代之規模，以相扶而成治。故三王相襲，小有損益，而大略皆同。未有慕古人一事之當，獨舉一事，雜古於今之中，足以成章者也。王安石惟不知此，故偏舉周禮一節，雜之宋法之中，而天下大亂（仝上卷二十一唐高宗）。

是故「漢以後之天下，以漢以後之法治之」（仝上卷五漢成帝）。絕不可膠柱鼓瑟。就地說：

一人之身，老少異狀，況天下乎。剛柔異人也，不及者不可強，有餘者不可裁。清任各有當，而欲執其中，則交困也。南北異地也，以北之役役南人，而南人之脃者死。以南之賦賦北土，而北土之瘠也盡。以南之文責北士，則學校日勞鞭朴，以北之武任南兵，則邊疆不救，危亡其間（仝上卷四漢元帝）。

總而言之，「法者非一時，非一人，非一地者也」（仝上卷四漢元帝）。法固然因時因地而異，但法之外尚有理，世上無定法，而有定理❷。船山之所謂理，非玄學上的理，而是實踐上的理。照他說：

> 天下有定理，而無定法，定理者，知人而已矣，安民而已矣，進賢遠姦而已矣。無定法者，一興一廢，一繁一簡之閒，因乎時而不可執也……故曰，理有定，而法無定，因乎其時而已（仝上卷六光武）。

我現在仍依蕭公權所舉之例，單就封建與井田言之。三代之法，政治上用封建而採世官之制，經濟上用井田而將農民束縛於土地之上。封建之說，唐代學者尤其柳宗元已經斥為過時的制度，而明末清初黃梨洲與顧炎武尚欲於郡縣之中，稍參封建制度，藉此以減少中央集權之弊。船山對於封建，則依柳宗元之說，以為「封建之不可復也，勢也」（仝上卷二漢文帝），「因此而知封建之必革，而不可復也」（仝上卷三漢武帝）。蓋古代天子與現今天子不同，「三代以上，諸侯有道，天下歸之，則為天子。天子無道，諸侯叛之，退為諸侯」（仝上卷六光武），諸侯亦與漢代的藩國不同，「古之諸侯受之始祖，天子易位，而國自如。漢之列侯，受之天子，天子失天下，則不得復有其封。國非己所得私也」（仝上卷

❷王船山對於法令滋章，極其反對。蓋「律簡則刑清，刑清則罪允，罪允則民知畏忌」，然而「法之立也有限，而人之犯也無方，以有限之法，盡無方之慝，是誠有所不能該矣。於是而律外有例，例外有奏準之令，皆求以盡無方之慝，而勝天下之殘，於是律之旁出也日增，而猶患其未備」。法令如毛，其結果如何？船山說：「律之設也多門，於彼於此，而皆可坐，意為重輕，賄為出入，堅執其一說，而固不可奪，於是吏與有司爭法，有司與廷尉爭法，廷尉與天子爭法，辨莫能折，威莫能制也」（讀通鑑論卷四漢宣帝）。

七後漢明帝）。即古代先有諸侯，而後才有天子，天子不過天下之共主。吾人觀夏時太康「盤遊無度」，而為有窮氏后羿所篡，后羿不修民事，又為伯明氏寒浞所殺。寒浞無道，少康復即帝位（參閱尚書五子之歌，左傳襄公四年魏絳之言）。由太康而至少康，中間尚有兩帝（帝仲康及帝相）嗣位（參閱史記卷二夏本紀），由此可知所謂太康「失邦」（尚書五子之歌），不過失去共主之位，並未失去諸侯之位。禹會諸侯於塗山，執玉帛者萬國，殷初尚有三千，武王伐紂，諸侯不期而會孟津者還有八百。由此可知三代諸侯的領地均不是受於天子，而天子之即帝位，反而是由於諸侯的擁戴，而「古之諸侯皆自有兵，天子弗能奪，而非予之也」（讀通鑑論卷十一晉武帝）。形勢如斯，所以柳宗元才說：「封建非聖人意，然而歷堯舜三王莫能去之，非不欲去之，勢不可也」（柳河東全集卷三封建論）。勢既不可去，而人類天性莫不愛其子孫，於是傳子便成為法定制度，天子傳子，諸侯傳子，又為防止爭端，一方許百官都得傳子，他方嚴君臣之分，定上下之別，這樣，世官之制又發生了。船山說：

天之使人必有君也，莫之為而為之。故其始也，各推其德之長人，功之及人者而奉之，因而尤有所推以為天子。人非不欲自貴，而必有奉以為尊，人之公也。安於其位者習於其道，因而有世及之理。雖愚且暴，猶賢於草野之罔據者，如是者數千年而安之矣，強弱相噬而盡失其故。至於戰國僅存者無幾，豈能役九州而聽命於此數諸侯王哉。於是分國而為郡縣，擇人以尹之。郡縣之法已在秦先。秦之所滅者七國耳，非盡滅三代之所封也。則分之為郡，分之為縣，俾才可長民者皆居民上，以盡其才而治民之紀，亦何為而非天下之公乎。古者諸侯世國，而後大夫緣之以世官，勢所必濫也。士之子恆為士，農之子恆為農。而天之生才也無擇，則士有頑而農有秀。秀不能終屈於頑而相乘以興，又勢所必激也。封建毀而選舉行，守令席諸侯之權，刺史牧督司方伯之任，雖有元德顯功而無所庇其不令之子孫。勢相激而理隨以易，意者其天乎。陰陽不能偏用，而仁義相資以為亨利，雖聖人其能違哉。選舉之不慎而守令殘民，世德之不終而諸侯亂紀，兩俱有害，而民於守令之貪殘，有所藉於黜陟以蘇其困。故秦漢以降，天子孤立無輔，祚不永於商周。而若東遷以後，交兵毒民，異政殊俗，橫斂繁刑，艾削其民，迄之數百年而不息者亦革焉，則後世生民之禍亦輕矣。郡縣者非天子之利也，國祚所以不長也。而為天下計利害，不如封建之滋也多矣。嗚呼，秦以私天下之心而罷侯置守，而天假其私以行其大公，存乎神者之不測，有如是乎……若夫國祚之不長，為一姓言也，非公義也（讀通鑑論卷一秦始皇）。

但是傳子亦未必都能消滅諸子之爭，於是又有立嫡之制。倘令「嫡子不必賢」，而陷國家於大亂，則「易之，以安宗社，亦詎不可」（讀通鑑論卷七漢章帝）。且也「天下者非一姓之私也，興亡之修短有恆數，苟易姓而無原野流血之慘，則輕授他人，而民不病」，如魏之授晉，奚為不可（讀通鑑論卷十一晉泰始元年）。由此可知船山見解之開明比之黃梨洲尚勝一籌。

黃梨洲對於田制，欲於私有與公有之間，稍行井田制度。王船山則謂，三代之王所以不能不畫井分疆，乃是出於不得已。王者之天下，諸侯之國，陪臣之家，都是以武力取之，並非地平天成之際，即歸屬於其人，「天無可分，地無可割，王者雖為天之子，天地豈得而私之，而敢貪天地固然之博厚，以割裂為己土乎」（仝上卷十四晉孝武帝）。船山說：

王者能臣天下之人，不能擅天下之土。人者以時生者也，生當王者之世，而生之厚，用之利，德之正，待王者之治而生乃遂，則率其力以事王者，而王者受之以不疑。若夫土則天地之固有矣。王者代興代廢，而山川原隰不改其舊，其生百穀卉木金石以養人，王者亦待養焉，無所待於王者也，而王者固不得而擅之。故井田之法，私家八而公一，君與卿大夫士共食之，而君不敢私，唯役民以助耕，而民所治之地，君弗得而侵焉。民之力上所得而用，民之田非上所得而有也（仝上卷十四晉孝武帝）。

土地既非屬於王者，王者晝井分疆，私家八而公一，雖然劃分之時須用強制力，然而對於人民也有利益。何以故呢？船山說：

> 古之人民去茹毛飲血者未遠也。聖人教之以耕，而民皆擇地而治，惟力是營。其耕其蕪，任其去就。田無定主，而國無恆賦。且九州之土析為萬國，迨周併省，猶千有八百諸侯。自擅其土，以取其民，輕重法殊，民不堪命。故三代之王者不容不畫井分疆，定取民之則，使不得損益焉。民不自為經界，而上代為之。非此則擇肥壤，棄瘠原，爭亂且日以興，蕪萊且日以廣。故屈天子之尊，下為編氓作主伯之計，誠有不得已也（宋論卷二太宗）。

久假不歸，土地便成為人民的私有財產。「天地之間，有土而人生其上，因資以養焉。有其力者治其地，故改姓受命，而民自有其恆疇，不待王者之授之」（船山全集，子部，噩夢）。此時也，「民自有其經界，而無煩上之區分」（宋論卷二太宗）。天子富有四海，乃欲限民以田，這不但有反於封建時代天子不獨富，農民不獨貧之義，而天子既無大公之德，而竟滅裂小民而使之公，正是假仁義之名，而作慷他人之慨之事了。

> 封建之天下，天子僅有其千里之畿，且縣內之卿士大夫分以為祿田也。諸侯僅有其國也，且大夫士分為祿田也。大夫僅有其采邑，且家臣還食其中也。士僅有代耕之祿也，則農民亦有其百畝

也。皆相若也，天子不獨富，農民不獨貧，相倣相差，而各守其疇……降及於秦，封建廢而富貴擅於一人，其擅之也，以智力，屈天下也。智力屈天下而擅天下，智力屈一郡而擅一郡，智力屈一鄉而擅一鄉，……乃欲芟夷天下之智力，均之於柔愚，而獨自擅於九州之上，……強豪且詭激以脅愚柔之小民，而使困於田，於是限之……限也者均也，均也者公也，天子無大公之德以立於人上，獨滅裂小民而使之公，是仁義中正為帝王桎梏天下之具，而躬行藏恕為迂遠之過計矣（讀通鑑論卷五漢哀帝）。

由此可知船山不但反對井田，而且反對限田。總之，三代之制，多難行於現代，古者農兵合一，今則「農不可兵，兵不可農」，古者文武合一，今則「相不可將，將不可相」（讀通鑑論卷二漢文帝）。蓋「一切之法」乃「相扶以行，孤行則躓矣」（仝上卷三漢武帝）。換言之，一代制度自成系統，而有「有機」的關係，取其一而捨其他，往往不生效用。船山說：

一代之治各因其時，建一代規模，以相扶而成治……禮樂刑政，均四海，齊萬民，通百為者，以一成純，而互相制裁。舉其百，廢其一，而百者皆病。廢其百，舉其一，而一可行乎……王不成王，霸不成霸……庸醫雜表裡，兼溫涼以飲人，彊者篤，弱者死，不亦傷乎（讀通鑑論卷二十一唐高宗）。

今人往往主張參考各國制度，去其短而留其長，而不知任何制度，有優點者，必有劣點，而優劣又成為有機的關係，絕不能用分析方法，去短留長。若要這樣做，結果留下來的必只見其短，而不見其長。船山的見解實可供今人之參考。

船山尚有一種特殊見解，即如蕭公權所述，社會不是永久的進化下去，進化到了一定階段，又復退化，而回歸於混沌。船山說：

> 中國之天下，軒轅以前其猶夷狄乎，太昊以上其猶禽獸乎。禽獸不能全其質，夷狄不能備其文。文之不備，漸至於無文，則前無與識，後無與傳，是非無恆，取舍無據。所謂饑則呴呴，飽則棄餘者，亦植立之獸而已矣。魏晉以降，劉石之濫觴，中國之文乍明乍滅。他日者必且凌蔑之以至於無文，而人之返乎軒轅以前，蔑不夷矣。文去而質不足以留，且將食非其食，衣非其衣。食異而血氣殊，衣異而形儀殊，又返乎太昊以前，而蔑不獸矣。至是而文字不行，聞見不徵，雖見億萬年之耳目，亦無與徵之矣。此為混沌而已矣（船山全集，子部，思問錄，外篇）。

但是社會退化到混沌，不過中華民族之惡運，而非一切人類同歸滅亡。蓋世運常此衰而彼旺，互相更迭。此言雖近玄虛，實則有慨於滿清入關的屠殺。那知滿清之後，尚有洋人，鴉片戰爭，國人醉生夢死，船山之言雖係臆測，倘吾人視為暮鼓晨鐘，有所警惕，而亦不可厚非。船山說：

> 天地之氣衰旺，彼此迭相易也。太昊以前，中國之人若麋聚鳥集，非必日照月臨之下而皆然也。必有一方焉，如唐虞三代之中國也。既人力所不通，而方彼之盛，此之衰，而不能徵之。迨此之盛，則彼又衰，而弗能述以授人，故亦蔑從知之也。以其近且小者推之，吳楚閩越，漢以前夷也，而今為文教之藪。齊晉燕趙，隋唐以前之中夏也，而今之椎鈍駤戾者十九而抱禽心矣。宋之去今，五百年耳。邵子謂南人作相，亂自此始，則南人猶劣於北也。洪永以來，學術節義事功文章皆出荊揚之產，而貪忍無良，弒君賣國，結宮禁，附宦寺，事仇讎者，北人為尤酷焉。則邵子之言驗

於宋而移於今矣。今且兩粵滇黔漸向文明，而徐豫以北風俗人心益不忍問。地氣南徙，在近小間有如此者。推之荒遠，此混沌而彼文明，又何怪乎（船山全書，子部，思問錄，外篇）。

黃梨洲顧亭林與王船山為同一時代的人，雖均不肯仕清，而欲恢復明祚，但三人之民族思想似有強弱之別。黃梨洲之著作未曾涉及華夷之別，而明夷待訪錄之前文且有「吾雖老矣，如箕子之見訪，或庶幾焉」之句；即黃氏以安民為念，苟「夷」之政府以禮相訪，渠亦願學箕子之陳洪範，告以治國之道。顧亭林的民族意識似比梨洲為強，據黃侃說，日知錄中本有「素夷狄行乎夷狄」一篇，原文如次：

> 素夷狄行乎夷狄，然則將居中國而去人倫乎？非也，處夷狄之邦而不失吾中國之道，是之謂素夷狄行乎夷狄也……文中子以元經之帝魏，謂天地有奉，生民有庇，即吾君也。何其語之偷而悖乎。宋陳同甫謂黃初以來陵夷四百餘載，夷狄異類迭起以主中國，而民生常覬一日之安寧於非所當事之人。以王仲淹之賢而猶為此言，其無以異乎凡民矣。夫興亡有迭代之時，而中華無不復之日，若之何以萬古之心胸而區區於旦暮乎。此所謂偷也。漢和帝時侍御史魯恭上疏曰，夫戎狄者四方之異氣，蹲夷踞肆，與鳥獸無別。若雜居中國，則錯亂天氣，汙辱善人。夫以亂辱天人之世，而論者欲將毀吾道以殉之，此所謂悖也。孔子有言，居處恭，執事敬，與人忠，雖之夷狄不可棄也，夫是之謂素夷狄行乎夷狄也。若乃相率而臣事之，奉其令，行其俗，甚者導之以為虐於中國，而藉口於素夷狄之文，則子思之罪人也已（世界書局印行「日知錄集釋」附有黃侃之「日知錄校記」載有此文）。

案古人所謂華夷之別多以文化為標準，至於血統如何，不甚重視。楊元慎斥南朝而奉北魏之正朔

（洛陽伽藍記卷二），王通「元經」之帝魏（見本書第四篇第一章），都是基於文化觀念。船山與前人不同，以為華夷之別不單是文化有別，而是所居之地異，氣質亦因之而異。他說：「夷狄之與華夏，所生異地。其地異，其氣異矣。氣異而習異，習異而所知所行蔑不異焉。」「異種者其質異也，質異而習異，習異而所知所行蔑不異焉」（讀通鑑論卷十四東晉哀帝）。甚至且謂「人與人相於信義而已矣，信義之施，人與人之相於而已矣，未聞以信義施之虎狼與蠭蠆也，……故曰夷狄者殲之不為不仁，奪之不為不義，誘之不為不信，何也，信義者，人與人相於之道，非以施之夷狄者也」（讀通鑑論卷四漢昭帝）。他贊成秦皇漢武之討伐匈奴：

> 嚴尤之諫伐匈奴，為王莽謀之則得爾，而後世亟稱之為定論，非也……秦之毒天下而亡，阿房也，驪山也，行遊無度而誅殺不懲也，非築城治障，斥遠匈奴之害也。漢武之疲敝天下，建章也，柏梁也，禱祠祈僊，而馳驅海嶽也，貪一馬而興萬里之師也，非掃幕南之王庭以翦艾匈奴之害也。秦得天下於力戰，民未休息，而築戍之役暴興，則民怨起。漢承文景休息之餘，中國無事，而乘之以除外偪之巨猾，故武帝之功至宣元而收，垂及哀平，而單于之臣服不貳……豈可以（尤之言）為定論，而廢漢武之功哉（仝上卷五王莽）。

而反對漢光武置南單于於西河美稷之地。

> 漢詔南單于徙居西河美稷，人極之毀自此始矣，非但其挾戎心以乘我也，狎與之居而漸與之安，風俗以蠱，婚姻以亂，服食以淫，五帝三王之天下流泆解散，而元后父母之大寶移於非類，習焉而不見其可恥也，閒有所利，而不見其可畏也，技擊詐謀有時不逮，呴沫狎媟或以示恩，而且見

其足以臨我，愚民玩之，黠民資之，乃至一時之賢豪委順而趨新焉，迤及於千歲以後，而忘其為誰氏之族矣。臧宮馬武請北伐，光武曰吾恐季孫之憂不在顓臾，奈之何延之於蕭牆之內也（仝上卷六光武）。

船山依地理之形勢，以為不但閩越，即交趾亦應屬於中國。壯哉斯言，亦足以矯正今人之畏縮不振矣。他說：

越之不可不收為中國也，天地固然之形勢，即有天下者固然之理也。天地之情形見於山川而情寓焉，水之所繞，山之所蟠，合為一區，民氣即能以相感。中國之形，北阻沙漠，西北界河湟，西隔大川，南窮炎海，自合浦而北，至於碣石，皆海之所環也。形勢合則風氣相為噓吸，風氣相為噓吸，則人之生質相為儔類，生質相為儔類，則性情相屬而感以必通。南越固海內之壤也，五嶺者培塿高下之恆也，未能踰夫大行殽函劍閣黽阨之險也。若夫東甌之接吳會，閩越之連餘干，尤股掌之相屬也。其民雞犬相聞，田疇相入，市賈相易，昏姻相通，而畫之以為化外，則生類之性睽，而天地之氣閡矣……書曰宅南交，則交阯且為堯封，而越居其內，越者大禹之苗裔，先王所以封懿親者也，非荒遠之謂也……武帝平甌閩，開南越，於今為文教之郡邑，而宋置河朔燕雲之民，畫塘水三關以絕之，使漸染夷風，於是天地文明之氣日移而南，天且歆漢之功，而厭宋之偷矣（仝上卷三漢武帝）。

然而吾國自古御戎政策即有問題，往往只求其朝貢，最多不過求其奉吾華之正朔。所以國力強大，他們雖俯首稱臣，國力微弱，他們又反叛矣。善哉嚴復之言：

夫羅馬有所征服，則其法載與俱行，雖其始若難行，顧其終則有紘同之治……至若吾國，因循為治，得國不變其政，臨民不移其俗。若朝鮮，若琉球，若衛藏，若緬甸安南，正朔朝貢而外，皆安其故，此所謂至逸者也。而至於今，效可覩矣（法意第二十九卷第十八章復案）。

在中國長城之北，有許多遊牧民族，更興迭仆。他們之中常有一個部落，以力侵略近鄰，漸次強大，並乘華夏多事之秋，入寇邊境，終則進入中原，而建國於其上。他們人數既寡，文化又低，一旦建國於中原之地，便與中華民族同化而至消滅。於是另一個部落又興起了，亦循前一個部落的發展途徑，先征服近鄰，次入寇邊境，終進入中原，而同化於中華民族，最後亦至於滅亡。船山說：

夷狄居塞內，乘中國之虛，竊為主於中國，而邊遠之地虛，於是更有夷狄乘之，而為主於所虛之地。夫夷狄所恃以勝中國者，朔漠荒遠之鄉，耐饑寒，勤畜牧，習射獵，以與禽獸爭生死。故麤獷悍厲，足以奪中國膏粱豢養之氣。而既入中國，沉迷於膏粱豢養，以棄其故，則乘其虛以居其地者，又且麤獷悍厲而奪之。故劉石慕容姚苻赫連迭相乘而迭相襲，猗㐌之裔，乃養其銳於西北，徐起而收之，奄有群胡之所有，而享國以長，必然之勢也。契丹入燕雲，而金人乘之於東，金人有河北，而蒙古乘之於北，知奪人而不知見奪之即在此矣（讀通鑑論卷十二晉惠帝）。

即船山深信異族之必亡，中華民族之必興，此蓋異族生長塞外，「非其地而闌入之，地之所不宜，天之所不佑，人之所不服也」，「舍其地之所可安，以犯天紀，則未有能延者」（仝上卷十二晉懷帝）。船山又說：

天以洪鈞一氣，生長萬族，而地限之以其域，天氣亦隨之而變，天命亦隨之而殊。中國之形如箕，坤維其膂也，山兩分而兩迤，北自賀蘭，東垂於碣石，南自岷山，東垂於五嶺，而中為奧區，為神皐焉。故裔夷者如衣之裔垂於邊幅，而因山阻漠以自立，地形之異即天氣之分，為其性情之所便，即其生理之所存，濫而進宅乎神皐焉，非不歆其美利也，地之所不宜，天之所不佑，性之所不順，命之所不安，是故拓拔氏遷洛而敗，完顏氏遷蔡而亡，游鱗於沙渚，嘯狐於平原，將安歸哉，待盡而已矣（仝上卷十三晉成帝）。

縱令異族接受中華文化，而沐猴而冠，終亦滅亡。船山之言如次：

夷狄而效先王之法，未有不亡者也。以德仁興者，以德仁繼其業。以威力興者，以威力延其命。沐猴而冠，為時大妖，先王之道不可竊，亦嚴矣哉。以威力起者始終尚乎威力，猶一致也。紬其威力，則威力既替矣。竊其德仁，固未足以為德仁也。父驢母馬，其生為贏，贏則生絕矣。相雜而類不延，天之道，物之理也（仝上卷十四晉孝武帝）。

船山的民族思想雖近於偏激，吾所以述之不厭其詳者，蓋有感於今人唯洋是視，數典忘祖，竟謂中華文化無一「可取」，沐猴而冠，「洋」未學成，「華」已消滅，可嘆亦可憐矣❸。

---

❸繼船山之後，以民族思想鼓動人心者，有呂留良（號晚村）。他的著作，前清列為禁書，今所存者不過數種，即此數種，臺灣亦不之有。留良嘗說：「孔子何以許管仲不死公子糾而事桓公，甚至美為仁者，是實一部春秋之大義也。君臣之義固重，而更有大於此者。所謂大於此者何耶，以其攘夷狄、救中國於被髮左衽也」（引自梁啟超著中國近三百年學術史，中華書局版一七四頁）。其後，有曾靜者因讀留良之書，大受感動，雍正初年，曾靜勸川陝總督岳鍾琪革命，事洩，留良剖棺戮屍，子孫族滅，門生故舊株連無數，留良所有著作焚毀殆盡（參閱梁啟超著前揭書一七四頁，蕭公權著中國政治思想史臺灣版六四〇頁以下）。

第六章

鴉片戰爭以後政治思想的發展

一、太平天國的民族思想及其革命之失敗

由以上各篇所述，可知秦漢以後的政治思想，不能超出先秦諸子學說之外，而有新的創見。縱是先秦諸子亦皆只有理想，而無方法。例如「天視自我民視，天聽自我民聽」(尚書泰誓中)，固然有似於民主思想，而如何達成這個思想，古人均不能提出具體的方法。因之，有力的人就說，天視天聽由我賢人決定。而誰是賢人，又無絕對標準，於是天視天聽就由最有力的人決定。所謂「成則為王，敗則為寇」，未必沒有理由。武王伐紂，謂為「恭行天罰」(尚書泰誓下)，而紂亦「謂己有天命」(尚書泰誓中)。兩人均以天志為號召，敗者則「天下之惡皆歸焉」(論語第十九篇子張)。勝者雖稱為賢聖之君，而「血流漂杵」(尚書武成)，歷史亦留有血腥之跡。而一治一亂反覆不已，隨著一治一亂的現象，血腥之味竟然日見濃厚。其所以如此，蓋先哲只有治平的理想，而無治平的方法，常寄希望於聖君，聖君既不可強求，於是放伐暴君之事遂接踵而來。何況政治與經濟有密切的關係，古代學者，不但儒家，例如孔子雖知「足食」、「先富」之必要，就是法家，例如管子，也說：「治國之道必先富民」(管子第四十八篇治國)，至於如何富民，大率均採用消極的政策，即「百畝之田勿失其時」。然而生產技術不加改

良，在同一土地之上，年年作同一的耕種，土地既有收穫遞減的法則，而人口又復蕃息不止，終至土地的生產不能供給社會的需要，多數人困於衣食，饑寒交迫，縱有賢君在位，小民亦必鋌而走險，由小股的流寇，變為大股的強盜，殺人盈野，朝代更易，這就是小康之後，又復大亂的原因。

自前清道光十九年（一八三九年）林則徐焚毀鴉片，引起中英戰爭，終於道光二十二年（一八四二年）訂立南京條約，開五口通商之後，中國的環境大變了。前此環中國而居者均是蠻族的部落，中國與蠻族之間不會成立國際社會，因之，中國的國界遂遠及蠻方不毛之地。兵力所及的地方，視為中國現在的領土，兵力所不及的地方，視為中國將來的領土。鴉片戰爭之後，與中國交際者為文明的國家，中國已經不能目它們為蠻夷，而須與它們作平等的交際。中國既然進入國際社會之內，成為國際社會之一分子，於是遂放棄古來以「天下」自居的幻想，而退居於「國家」的地位。由「天下」而「國家」，這種改變不是我們自動改變，而是列強利用兵力壓迫我們改變的。

吾國外戰往往引起內亂，專制政府能夠存在，完全依靠於力。外戰勝利，可以表示政府之力大，外戰失敗，又足以證明政府之力小。滿清乘明末流寇之亂，入主中原，繼明而有天下。初用恐怖政策，如嘉定三屠，揚州十日，使漢人失去反抗的意志；下薙髮之令，改衣冠之制，使漢人忘記其為漢人；屢興文字大獄，屠殺牽連，動輒千百，使漢人的民族思想也不敢現於文字之上（參閱蕭一山著清代通史第一冊九一七頁以下）。在這種暴政之下，何以滿清能夠統治中國二百餘年呢？

案吾國自古就分人民為士農工商四種，在四種人民之中，以士農勢力為大。蓋中國以農立國，農民占絕大多數，雖有商業資本，又因農民貧窮，沒有充分的購買力，國內市場頗見狹隘。而近鄰各國又係遊牧種族，不甚需要中華商品，國外市場又復缺乏。所以商業隆盛之後，不能引起工業的進步，而乃投資於土地之上，使土地漸次集中起來。工商業既不發達，所以商工業者在社會上沒有勢力，這與歐洲各國之有市民階級不同之點。農民人數既多，而休養生聚之後，一方人口蕃庶，同時土地由細分而至集中（諸子均分得土地一點，土地的收穫不能養活一家，只有將土地賣給商人及豪富），他們往往變為流民，威脅社會的安全。至於士人也與歐洲近代的知識階級不同，他們所學習的不是科學，謀各種技術之改良，而是儒術，而欲治國平天下。文化發達，士人人數漸次增加，增加到大部分的士人不能容納於政界之時，他們又變為遊士，設法打開一個新局面，以開闢自己的出路。上有遊士，下有流民，二者相合，不免興風作浪，而使中國陷入紛亂之境。然而吾人須知士人所希望於政府者在於仕途公開，任誰都能依自己的才智，進入政界。農民所希望於政府者在於輕傜薄稅，使他們的收穫能夠養生送死。歷代帝王對斯二者不知應付之法，往往引起大亂。而草莽英雄對斯二者，不能償其所好，亦不能成就大業。清代對於士人，則接受中國文化，尊奉孔聖，推崇程朱，開科取士，編纂書籍。對於農民，自康熙二年以後，常常蠲免賦稅，康熙五十年又下「永不加賦」之諭（參閱蕭一山著前揭書第一冊八一〇頁以下），這是歷史上罕有的善政。同時，又開邊拓疆，增加中國之領土不少，西域南洋各國均來內附。外積武功，以收天下人望，其能變國情，愜民志，撫歸運而膺寶策，改變過去「胡運不及百年」之語，當然有其原因。

而自鴉片戰爭之後，清室的權威降落了，道光三十年（一八五〇年），即鴉片戰爭後十年，洪秀全遂揭覆清復漢之旗，起事於廣西金田村，建號太平天國，進兵兩湖，取南京，直逼天津，而令清室窮於應付。太平天國起事之時，固依民族觀念，吾人觀洪秀全之布告天下檄，即可知之。其檄云：

> 夫天下者中國之天下，非滿洲之天下也。寶位者中國之寶位，非滿洲之寶位也。子女玉帛者中國之子女玉帛，非滿洲之子女玉帛也。慨自明季淩夷，滿奴肆逆，乘釁竊入中國，盜竊神器……迄

今二百餘年，濁亂中國，鉗制兵民，刑禁法維，無所不至……茲者，三七之運告終，九五之人已出，恭維天父、天兄，大開天恩，命我真聖主天王，降凡御世，用夏變夷，斬邪留正，誓掃胡塵，拓開疆土，此誠千古難逢之際，正宜建萬世不朽之勳。是以一時智謀之士，英傑之儔，無不瞻雲就日，望風景從，誠深明夫去逆效順之理，以共建夫敬天勤王之績也……夫滿洲之籠絡漢人，首以官職，爾等試思，凡有美缺要任，皆係滿人補授，而衝繁疲難者，則以漢人當之，使之虧空挂誤，動輒得咎，名雖為官，何異桎梏。若夫陞遷調除，滿人則通問保荐，各踞顯要，一屬漢人，不遭批駁，即受阻隔，縱使功績赫奕，終亦非賄不行。至兵則滿兵雙糧，漢兵單餉，一遇戰陣，則漢兵前驅，滿兵後殿。故每天兵臨壓，立成齏粉，其肝腦塗地，屍首堆山者，惟漢兵最多，而滿兵在後，雖前鋒失利，可鼠竄奔逃，故世俗謂鄉勇為擋死牌，而呼漢兵為替死鬼也。至於頒賞犒賜，則又滿兵多得，而漢兵無與焉。且爾等之所以拋父母、離鄉井、被霜觸暑、出生入死者，非欲圖建功名耶？而滿奴於軍中功名，則又無所定準，任是紅藍白頂，皆是虛無假借，故俗以軍功頂戴，謂之「太平消」，蓋以急則與之，緩則奪之也。爾等又何苦以百戰之餘生，而博此虛假之名器乎。且千里徵調，飛符迅急，千山萬水，跋涉從戎，露宿風餐，辛勤畢備，身未建夫功名，生已喪夫鋒鏑，良可惜也……然此不過就爾等為兵勇者大約言之。至於荼毒生靈，貽害黎庶，則又截南山之竹，書罪無窮，決東流之波，流毒無盡者矣。故滿奴之世仇，在所必報，共奮義怒，殲此醜夷，恢復舊疆，不留餘孽，是則天理之公，好惡之正，何反含毒忍恥，為之奴隸，違背天朝，不思歸附？是何異曠安宅而不居，舍正路而不由？嗟嗟，可恨也已（太平天國布告天下檄，引自中華民國開國五十年文獻第一編第二冊五五六頁）。

再觀東王楊秀清、西王蕭朝貴會銜頒布奉天討胡檄，更可知道民族觀念之強烈。檄云：

> 慨自滿洲肆毒，混亂中國。以六合之大，九州之眾，一任其胡行，恬不為怪，中國尚有人乎。妖胡虐焰燔蒼穹，淫毒穢宸極，腥風播四海，妖氛慘五湖，而中國反低首下心，甘為婢僕，甚矣中國之無人也。夫中國，首也，胡虜，足也；中國神州也，胡虜，妖人也……奈何反足加首，妖人反盜神州，驅我中國悉變妖魔……夫中國有中國之形像，今滿洲悉令削髮，拖一長尾於後，是使中國之人變為禽獸也。中國有中國之衣冠，今滿洲另置頂戴，胡衣猴冠，壞先代之服冕，是使中國之人忘其根本也。中國有中國之人倫，前偽妖康熙暗令韃子一人管十家，淫亂中國之女子，是欲中國之人盡為胡種也。中國有中國之配偶，今滿洲妖魔悉收中國之美姬為奴為妾，三千粉黛皆為羯狗所汙，百萬紅顏竟與騷狐同寢。言之痛心，談之汙舌，是盡中國之女子而玷辱之也。中國有中國之制度，今滿洲造為妖魔條律，使我中國之人無能脫其網羅，無所措其手足，是盡中國之男兒而脅制之也。中國有中國之言語，今滿洲造為京腔，更中國音，是欲胡言胡語惑中國也……今幸天道好還，中國有復興之理；人心思治，胡虜有必滅之徵，三七之妖運告終，而九五之真人已出。胡罪貫盈，皇天震怒，命我天王肅將天威，創建義旗，掃除妖孽，廓清中夏，恭行天罰……順天有厚賞，逆天有顯戮。布告天下，咸使聞知（東王楊西王蕭奉天討胡檄，引自中華民國開國五十年文獻第一編第二冊五六三頁以下）。

太平天國所號召天下者為華夷之別。但華夷之別自古就有兩種不同的解釋，其一以血統為標準，其二以文化為標準，而文化標準往往得到勝利。太平天國所謂華夷之別似偏重於血統，然順治四年（一六四七年）已有「滿漢一家」之諭，五年又兩次下諭，准許滿漢通婚（仝上第一編第一冊三三八頁及三三九頁）。何況滿洲入主中原之後，即接受中國文化，讀孔孟之書，說中原的話，文化區別似已絕跡。反之，洪秀全在未起事之時，創立上帝會（亦名三點會），傳布上帝教（孟森著清代史正中書局版三七二頁）。自古來，朝代更易之際，最初發難者固多利用宗教，以結合人心，而利用宗教之人往往不能成就大業，吾人讀中國歷史，即可知之。可惜天王洪秀全自起事而至滅亡，變本加厲，在各種文告之中均有「天父」、「天兄」之語（參閱賊情彙纂卷七偽詔旨式，偽誥諭式，偽誡諭式，偽誨諭式，偽札諭式，偽平行照會式，偽本章式，偽稟奏式，偽稟報式，偽告示等）。天父即上帝，天兄即耶穌，而洪秀全則為天父之次子。「下界轉世，勸度生靈，以孔子為不通秀才，得罪天父，每考四等，止有四海之內，皆兄弟也二語，能合天父之意」（樗園退叟編盾鼻隨聞錄卷五摭言紀略）。其尤不經者則為「天父下凡」與「天兄下凡」之事（天父下凡與天兄下凡，詔旨載有明文，參閱賊情彙纂卷九偽書內天命詔旨書），「以天父下凡附楊秀清，天兄下凡附蕭朝貴，俾傳誑語」（謝介鶴著金陵癸甲紀事略，附粵逆名目略，洪秀全），然而竟為東王楊秀清，西王蕭朝貴所利用。楊秀清每託天父附體，代天父上帝傳言；蕭朝貴每託天兄附體，代天兄耶穌傳言。而楊秀清且「嘗借天父語，杖天賊（洪秀全）四十」（金陵癸甲紀事略）。洪秀全雖心知其妄，而前此假天父天兄以欺愚民，現在就作繭自縛，不敢駁斥了。卒至引起內訌，均歸滅亡❶。

其最引起當時社會反感者，則為「毀宣聖之木主，十哲兩廡，狼藉滿地。所過州縣，先毀廟宇，即忠臣義士如關帝岳王之凜凜，亦汙其宮室，殘其身首，以至佛寺道院，城隍社壇，無廟不焚，無像

---

❶ 東賊楊秀清嘗與西賊（蕭朝貴）妻宣嬌（洪秀全妹）私，賊夥至，不及避，乃故作天父下凡狀曰，宣嬌我第六女，秀清之胞妹，可易姓楊。我命秀清臥，為天下兄弟贖病也；命宣嬌同秀清臥，為天下姊妹贖病也。胞兄妹同臥，何害，眾勿疑……（秀清）「嘗假天父語，杖秀全四十，以示威」（王韜撰甕牖餘談卷六紀東逆事）。

不滅」（曾國藩討粵匪檄，引自蕭一山著清代通史第三冊卷下，商務版一三三二頁），而如孫德堅所述，「毀先王聖人之道，廢山川岳瀆諸神，惟耶穌是奉，幾欲變中華為夷俗」（賊情彙纂卷九賊教）。更荒謬者，「太平軍每至一處，即在城市立男館女館」（蜀北五知撰洪楊遺事，買賣街），男歸男館，女歸女館。凡「全家被虜，則必使祖孫父子齊一而兄弟之，姑嫜妯娌齊一而姊妹之。及至同胞兄弟數人，則反東西互調分處之」。其所謂兄弟姊妹「不以少長排行，而以入會先後分次第」，「是其所謂兄弟者不惟自兄其兄，自弟其弟，欲強一切而兄弟之，強一切婦女而姊妹之」（賊情彙纂卷六偽稱呼）。縱令夫婦「亦不許相見說話」（盾鼻隨聞錄卷三紅禍紀略），「皆隔別不令共處。倘私約就宿，則謂之犯天條，男女皆殺。偽冬官副丞相陳宗揚，竟因夫婦同宿，駢首就誅」。然而「各偽王盛置姬妾」（賊情彙纂卷十二雜載）。洪秀全在永安，即有三十六宮，至南京，乃有八十八后妃。諸王後庭姬嬪，多者達三十六人（蕭一山著清代通史第三冊卷下，商務版三二四頁）。其選女色，常藉「講道理」之名，「傳令閤城婦女聽講，如一人不至，全家斬首。俟齊集時，賊目亦令報名，如擄人法，口講邪教之言，女流茫然不解。此時蜂目閃爍，於百花叢中，擇美麗處女為一籍，以供偽嬪妃之選。美婦別立一冊，予以貴使繡錦等偽職。粗醜之材即籍為女兵，使開壕負土」（賊情彙纂卷九講道理）。按太平軍之設男館女館❷，最初乃因「廣西婦女赤足強有力，儘可用為伍卒」，那知江南婦女「皆膏粱脆弱，即屬村婦亦不敵廣西賊婆之凶悍……故役使工作磨折以死者，不可勝計。於是知婦女不可用而不擄，且憎已擄之婦女為累」（賊情彙纂卷十二雜載）。此時也，糧食又告不足，乃解散男女館，而「以女館婦女配賊目，以偽職之大小，為配女之多寡」（甕牖餘談卷六洪逆顛末記）❸。以上所述，其有反於吾國的倫常觀念，至為顯明，於是就激引了護道者的反抗，為其

❷ 男女館人數，據謝介鶴的「金陵癸甲紀事略」（文海出版社印行之太平天國叢書十三種，總頁數一八三頁，一八八頁，一九六頁）及王韜的「甕牖餘談」（卷八賊陷金陵記）所載，並不甚多。

代表的則為曾國藩。

咸豐四年曾國藩頒布討粵匪檄，除歷舉其殺掠行為虐民以逞之事之外，又痛斥其破壞名教之罪惡。檄云：

自唐虞三代以來，歷世聖人扶持名教，敦敘人倫。君臣父子，上下尊卑，秩然如冠履之不可倒置。粵匪竊外夷之緒，崇天主之教。自其偽君偽相，下逮兵卒賤役，皆以兄弟稱之，謂惟天可稱父。此外凡民之父皆兄弟也，凡民之母皆姊妹也。農不能自耕以納賦，謂田皆天主之田也。商不能自賈以取息，謂貨皆天主之貨也。士不能誦孔子之經而別有所謂耶蘇之說，新約之書。舉中國禮義人倫，詩書典則，一旦掃地蕩盡，此豈獨我大清之變，乃開闢以來名教之奇變，我孔子孟子之所痛哭於九泉。凡讀書識字者又焉能袖手坐觀，不思一為之所也（引自蕭一山著清代通史第三冊卷下商務版一三二頁）。

結果如何呢？文化觀念果然戰勝了血統觀念，太平天國遂見滅亡。

二、戊戌變法以前的洋務運動及反對的言論

鴉片戰爭之時，林則徐已經注意到西洋的物質文明。故說：「竊謂剿夷而不謀船礮水軍，是自取

❸ 賊「設男女禁綦嚴，除洪逆秀全及東（東王楊秀清）西（西王蕭朝貴）南（南王馮雲山）北（北王韋昌輝）翼（翼王石達開）外，凡男女私通，雖夫婦亦斬。相見有事，則隔戶背語，否則亦罰無赦。西賊父在長沙，途中與西賊母合。眾賊覺，語西賊，西賊語東賊，遂同議斬其父母以儆眾。西賊謂人曰，父母苟合，不足為父母也」（甕牖餘談卷六記西賊事）。

敗也」（致姚春木王冬壽書，引自中華民國開國五十年文獻第一編第七冊三六頁）。其意以為：

岸上之城郭廛廬，弁兵營壘，皆有定位者也，水中之船，無定位者也。彼以無定攻有定，便無一礮虛發。我以有定攻無定，舟一閃躲，則礮即落水矣。彼之大礮遠及千里內外，若我礮不能及，彼礮先已及我，是器不良也。彼之放礮若內地之放排槍，連聲不斷。我放一礮後，須轉輾移時，再放一礮，是技不熟也……徐（則徐）嘗自謂剿夷有八字要言，「器良技熟，膽壯心齊」是也（致姚春木王冬壽書，引自中華民國開國五十年文獻第一編第七冊三六頁）。

所謂「器良技熟，膽壯心齊」，就是製造船礮，訓練兵士。咸同年間，許多中興名臣因見常勝軍用洋槍而能所向皆捷，遂同意林則徐關於輪船大礮的見解。咸豐十一年曾國藩曾言：

輪船之速，洋礮之遠，在英法則誇其獨有，在中華則罕於所見。若能陸續購買，據為己有，在中華則見慣而不驚，在英法亦漸失其所恃（議覆購買外洋船礮為今日第一要務摺，引自中華民國開國五十年文獻第一編第七冊六〇頁）。

同治元年李鴻章亦說：

竊以為天下事窮則變，變則通。中國士大夫沉浸於章句小楷之積習，武夫悍卒又多粗蠢而不加細心，以致所用非所學，所學非所用。無事則嗤外國之利器為奇技淫巧，以為不必學。有事則驚外國之利器為變怪神奇，以為不能學……前者英法各國以日本為外府，肆意誅求。日本君臣發憤為雄，選宗室及大臣子弟之聰秀者，往西國製器廠師習各藝；又購製器之器，在本國製習。現在已能駕駛輪船，傚造炸礮。去年英人虛聲恫喝，以兵臨之。然英人所恃為攻戰之利者，彼已分擅其長，用是凝然不動，而英人固無如之何也……鴻章以為中國欲自強，則莫如學習外國利器；欲學習外國利器，則莫如覓製器之器，師其法而不必盡用其人。欲覓製器之器與製器之人，則或設一科取士。士終身懸以為富貴功名之鵠，則業可成，藝可精，而才亦可集（致總理衙門書，引自前揭書第一編第七冊九一頁至九二頁）。

同治五年左宗棠又說：

臣愚以為欲防海之害，而收其利，非整理水師不可；欲整理水師，非設局監造輪船不可。泰西巧，而中國不必安於拙也；泰西有，而中國不能傲以無也。雖善作者不必其善成，而善因者究易於善創……中國之睿知運於虛，外國之聰明寄於實。中國以義理為本，藝事為末，外國以藝事為重，義理為輕。彼此各是其是，兩不相喻，姑置弗論可耳。謂執藝事者舍其精，講義理者必遺其粗，不可也。謂我之長不如外國，藉外國導其先，可也。謂我之長不如外國，讓外國擅其能，不可也。此事理之較著者也（擬造輪船摺，引自前揭書第一編第七冊九四頁，九五頁）。

由軍事上採用洋器，進而主張經濟上也採用洋器，可以說是必然的趨勢，於是就發生了洋務運動，派遣幼童，出國留學，學習工藝。案英國，自一七三〇年 Wyatt 發明 Roller Spinning，至一七八一年 Watt 發明蒸氣機，而於一七八五年應用於紡織工業之後，第一產業革命（輕工業）將次完成。一八五五年 Bessemer 發明冶鑛爐之後，第二產業革命（重工業）又已開始。外國商品源源輸入中國，洋布打倒土布，而搗亂中國的經濟秩序，中國已經不能故步自封，前此作奇技奇器以疑眾者殺（禮記卷十三王制），現在反而不能不派遣學生去學奇技奇器了。曾國藩有「擬選聰穎子弟出洋習藝疏」，意謂「派員在滬設局，訪選沿海各省聰穎幼童，每年以三十名為率，四年計一百二十名，分年搭船赴洋，在外國肄習十五年後，按年分起挨次回華。計回華之日，各幼童不過三十歲上下，年力方強，正可及時報效」（皇朝經世文續編卷一百二十曾國藩撰擬選聰穎子弟出洋習藝疏）。李鴻章亦有「派員攜帶幼童出洋並應辦事宜疏」：「竊臣等擬選聰穎子弟，前赴泰西各國肄習技藝，以培養人才……挑選幼童，不分滿漢子弟，年十二歲至二十歲為率……（先）在滬局肄習（上海設局，課幼童以孝經小學五經及國朝律例等書），以六個月為率，察看可以造就，方准資送出洋……以十五年為率，中間藝成後，遊歷兩年，以驗其所學，然後回至內地，聽候總理衙門酌量器使，奏明委用」（仝上，李鴻章撰派員攜帶幼童出洋並應辦事宜疏）。由此可知當時國人所注重者為技藝。殊不知技藝（工學）之能發達，必須政法清明，經濟繁榮。何況所派的又是十二三歲的幼童，本國的情形未必熟悉。張之洞曾言：「或謂昔嘗遣幼童赴美學習矣，何以無效，曰失之幼也」（張之洞著勸學篇外篇遊學第二）。要是再令他們學習社會科學，則學成回國，將更不知變通自己之所學，以適應本國環境的需要，而欲改變中國的民情風土習慣，以適應他們之所學。這是洋務時代留學政策失敗的關鍵。

洋務運動時代，目的在於學習外國的技藝，那知技藝方面的求新，也復有人反對。同治六年倭仁說：

> 竊聞立國之道，尚禮義，不尚權謀，根本之圖在人心，不在技藝。今求之一藝之末，而又奉夷人為師，無論夷人詭譎，未必傳其精巧；即使教者誠教，所成就者不過術數之士。古今來，未聞有恃術數而能起衰振弱者也（反對設立同文館招集正途學習天文算學奏，引自中華民國開國五十年文獻第

一編第七冊五四七頁)。

其後王闓運亦說:

火輪者至拙之船也。洋礮者至蠢之器也。船以輕捷為能,械以巧便為利。今夷船煤火未發則莫能使,行礮須人運而重不可舉。若敢決之士奄忽臨之,驟失所恃,束手待死而已。又況陸地作戰,船礮無施;海口遙攻,登岸則困。蹙而舉之,我眾敵寡,以百攻一,何患不克。而乃張皇其船礮,未交而先潰;機器船局,效而愈拙,是則知武靈之胡服,而忘其探雀𪅝;信冀北之多馬,而未知其無興國也(陳夷務疏,引自前揭書第一編第七冊五五二頁)。

俞樾也謂:

賢知之士爭言自強,而又不得其術,徒見器械之巧,技藝之精,乃從而效之,奉其人以為師,曰非此不足以自強也。嗟乎,彼之智巧日出而不窮,而我乃區區襲其已成之迹,竊其唾棄之餘,刻舟而求其劍,削足以合其履,庸有濟乎?盍亦反其本矣(自強論,引自前揭書第一編第七冊五八七頁)。

所謂反其本,就是行仁政。且看俞樾之言。

興起教化,勸課農桑,數年之後,官之與民,若父兄子弟然,一旦有敵國外患,鑿斯池也,築斯城也,與民守之,效死而民弗去,夫何守之不固乎?壯者以暇日修其孝弟忠信,入以事其父兄,出以事其長上,可使制梃以撻秦楚之堅甲利兵矣,夫何戰之不克乎,此自強之上策也(自強論,引自前揭書第一編第七冊五八七頁至五八八頁)。

最有趣的，莫如張自牧之言論。照他說：

抑又聞之，中國謀生之術，如農夫、女紅、百工，其為道也甚迂，而收利也甚薄。先王之治天下，使民終歲勤動而僅能溫飽其身，故曰民生在勤，勤則不匱；又曰民勞則思，思則善心生；所謂家給人足者，誠欲其勤而得之，非欲其佚而致之也。今舉耕織煤鐵之事，皆以機器代人力，是率天下之民，習為驕惰，而坐擁厚資，其有不日趨於淫奢者乎？南畝之農夫，北山之礦工，及其挽車操舟者流，數千百萬之人，畢生胼胝於其中，一旦為機器所攘奪，失其謀生之業，其有不相聚為亂者乎？泰西機器之行，未及百年，而大亂屢見，殆由此也。大抵機器初興，能頓致其富，行之既久，物以多而價賤，其利仍歸於薄。近年泰西商賈，日形消耗，輪船電線之利，皆遠不如通商初年之盛，老於航海者，皆能言之。凡世間機巧便利之事，斷未有能經久不敝者。今如海濱各省商民，嗜機器之利，或糾資仿造，或與洋人合辦，凡舟車耕織煤鐵諸務，可一切聽民自便；目前實能騾分洋人之利，更歷百數十年，仍當以利薄而廢。民間農工商賈之趨向，有莫之為而為者。至於腹地各省，與洋人夙不相習，則亦何必開此向來未有之風氣，狃一時弋獲之利，而貽他日無窮之憂乎。

(張自牧撰瀛海論(中篇)，引自前揭書第一編第七冊五九四頁)。

張自牧謂機器可使勞工失業，而釀成叛亂，未必沒有根據。自工業革命之後，一七七〇年英國勞工，因 Hargreaves 之發明 Spinning Jenny，而毀壞其住宅，一七七九年因 Crompton 之發明 Mule，而毆打其身體，一七八一年瓦特發明蒸氣機，亦曾受到勞工的襲擊。一八一一年至一八一五年英國

Nottingham 的盧第黨擾亂 (Luddites Disturbances)，破壞機器，規模更大。到了工業革命傳至歐洲大陸，一七九三年德國 Schlesien，一八三一年法國里昂，均曾發生織工暴動。然此不過暫時現象，何況機器發明之後，工作時間漸次減少，工作報酬漸次提高，吾人豈可因噎廢食。

考當時反對洋務的人，率皆終身埋首於八股，所解者高頭講章之理，所讀者坊選程墨之文，昧於世界大勢，動循古昔，不知變通，雖知西洋之船堅礮利，而尚自視為天朝上邦，不欲以西洋之文物，易數千年中國文化。以為自古用夏變夷，則有之矣，未聞變於夷者也。早在道光年間，即在鴉片戰爭之後，魏源即反對此種成見，而依林則徐的見解，主張師夷長技。魏氏提出「以夷攻夷」，「以夷欵夷」，「師夷長技以制夷」的主張（參閱魏源編海國圖志敘）。「以夷攻夷」為吾國古代常用的策略。「以夷欵夷」是許夷人互市，「我患夷之強，夷貪我之利，兩相牽制，倖可無事」（仝上卷一籌海篇四議欵）。「師夷長技以制夷」，是謂向夷學習，化夷人之長技為吾國之長技，用夷人之船礮，禦夷人的侵略❹。魏源因國人不識夷情，不通敵勢，說明其無識如次。

> 今日之事，苟有議徵用西洋兵舶者，則必曰借助外夷，恐示弱。及一旦示弱數倍於此，則甘心而不辭。使有議置造船械，師夷長技者，則曰糜費。及一旦糜費十倍於此，則又謂權宜救急，而不足惜。苟有議繙夷書，刺夷事者，則必曰多事。及一旦有事，則或詢英夷國都與俄羅斯國都相去遠近；或詢英夷，何路可通回部；甚至廓夷效順，請攻印度而拒之；佛蘭西、彌利堅願助戰艦，願代講款而疑之。以通市二百年之國，竟莫知其方向，莫悉其離合，尚可謂留心邊事者乎？漢用西域攻匈奴，唐用吐番攻印度、用回紇攻吐番，聖祖用荷蘭夾板船攻臺灣、又聯絡俄羅斯以偪準噶爾。古

❹ 魏源自敘海國圖志云：「是書何以作？曰為以夷攻夷而作，為以夷欵夷而作，為師夷長技以制夷而作」。

之馭外夷者，惟防其協寇以謀我，不防其協我而攻寇也；止防中華情事之泄於外，不聞禁外國情形之泄於華也。然則欲制外夷者，必先悉夷情始，欲悉夷情者，必先立譯館繙夷書始；欲造就邊才者，必先用留心邊事之督撫始（魏源編海國圖志卷一籌海篇三，議戰）。

咸豐末年，馮桂芬改古人「法後王」之語而為「鑒諸國」，以為惟「鑒諸國」，方能「致富強」。且看馮氏之言：

> 太史公論治曰，法後王，為其近己而俗變相類，議卑而易行也。愚以為在今日又宜曰鑒諸國。諸國同時並域，獨能自致富強，豈非相類而易行之尤大彰明較著者。如以中國之倫常名教為原本，輔以諸國富強之術，不更善之善者哉（馮桂芬著校邠廬抗議卷下采西學議）。

所謂「鑒諸國」就是魏源之「師夷長技」。中華「以地球中第一大國，而受制於小夷……非天時地利物產之不如也，人實不如耳……人又奚不如，則非天賦人以不如也，人自不如耳。天賦人以不如，可恥也，可恥而無可為也。人自不如，尤可恥也，然可恥而有可為也。如恥之，莫如自強」（校邠廬抗議卷下製西器議）。自強之法則為師夷長技。馮桂芬說：

> 魏氏源論馭夷，其曰以夷攻夷，以夷款夷……萬不可行……獨師夷長技以制夷一語為得之……始則師而法之，繼則比而齊之，終則駕而上之，自強之道實在乎是……或曰管仲攘夷狄，夫子仁之。邾用夷禮，春秋貶之。今之所議，毋乃非聖人之道耶。是不然。夫所謂攘者必實有以攘之，非虛憍之氣也。居今日而言攘夷，試問何以攘之。所謂不用者，亦實見其不足用，非迂闊之論也。夫世變代嬗，質趨文，拙趨巧，其勢然也。時憲之歷，鐘表槍礮之器，皆西法也。居今日而據六歷以

須朔，修刻漏以稽時，挾弩矢以臨戎，曰吾不用夷禮也，可乎。且用其器，非用其禮也。用之，乃所以攘之也（校邠廬抗議卷下製洋器議）。

由同治而至光緒，外患日亟，國人益知非變法無以圖強，不圖強無以保國。王韜有言：「三代以來，至秦而一變；漢唐以來，至今日而又一變」。「孔子而處於今日，亦不得不一變，蓋孔子固聖之時者也」（王韜著變法自強上，引自中華民國開國五十年文獻第一編第七冊九九頁）。且看王韜之言❺：

中西同有舟，而彼則以輪船。中西同有車，而彼則以火車。中西同有驛遞，而彼則以電音。中西同有火器，而彼之鎗礮獨精。中西同有備禦，而彼之礮臺水雷獨擅其勝。中西同有陸軍水師，而彼之兵法獨長。其他則彼之所考察，為我之所未知，彼之所講求，為我之所不及，如是者，直不可以僂指數。設我中國至此時而不一變，安能埒於歐洲諸大國，而與之比權量力也哉。然而一變之道，難矣。以今日西國之所有，彼悍然不顧者，皆視以為不屑者也。其言曰，我用我法以治天下，自有聖人之道在。不知道貴乎因時制宜而已。即使孔子而生乎今日，其斷不拘泥古昔而不為變通，有可知也（王韜著變法自強中，引自前揭書一〇一頁）。

鄭觀應亦說：

今之命為清流，自居正人者，動以不談洋務為高，見有講求西學者，則斥之曰名教罪人，士林

---

❺王韜亦知物質的進步並非為治之本。他說：「且夫西法者，治之具，而非即以為治者也。使徒恃西人之舟堅礮利器巧算精，而不師其上下一心，嚴尚簡便之處，則猶未可與權。蓋我所謂師法者，固更有進焉者矣，彼迂腐之儒又何足以知之哉」（王韜著變法自強下，引自前揭書一一〇頁）。

敗類。噫，今日之緬甸越南，其高人亦豈少哉。其賢者蹈海而沉淵，不賢者靦顏而苟活耳。溝瀆之諒，於天時人事何裨乎。且今日之洋務猶時務也。欲救時弊，自當對症以發藥……然則西學之當講不當講，亦可不煩言而解矣……且夫國於天地，必有與立，究其盛衰興廢，固各有所以致此之由。學校者人才所由出，人才者國勢所由強。故泰西之強，強於學，非強於人也。然則欲與之爭強，非徒在槍礮戰艦而已。強在學中國之學，而又學其所學也。今之學其學者，不過粗通文字語言，為一己謀衣食，彼自有其精微廣大之處，何嘗稍涉藩籬？故善學者，必先明本末，更明所謂大本末而後可。以西學言，分而言之，如格致製造等學其本也，語言文字其末也。合而言之，則中學其本也，西學其末也。主以中學，輔以西學，知其緩急，審其變通，操縱剛柔，洞達政體，教學之效，其在茲乎（鄭觀應著增訂正續盛世危言卷二西學）。

在洋務運動時代，國人還以為西洋所長者，不過物質的機器，至於政教方面，中國仍比西洋為優。唐才常曾斥「昔之談時務者曰，吾之不如西人者，製造、機器、採鑛、防口設險、工、商、兵，落落數者而已。若政法律例，風俗教化，胥不如我遠甚」之言之荒謬。繼著又說：「尤可異者，有覃心算數，於地球行星之理，代數積微之原，頗舉之無滲漏，進而與言西政，則勃然弗欲聞也者」（使學要言序，引自中華民國開國五十年文獻第一編第七冊三八六頁及三八七頁）。但是產業革命既已搗亂了中國的經濟，又削弱了中國的國力，中國已經不能目異族為蠻夷，而蠻夷且視中國為落後的國家，中國既進入國際社會，就不能不與外國交換使節。駐外使節目睹外國情況，思想因之變更，前此尚謂外國所長者不過工藝，現在又承認外國政教比之中國，也有一日之長。這種思想早就萌芽於道光時代，在鴉片戰爭之後，魏源已經警告國人不要以蠻夷視泰西各國。他說：

夫蠻狄羌夷之名，專指殘虐性情之民，未知王化者言之。故曰先王之待夷狄如禽獸然，以不治治之；非謂本國而外，凡教化之國皆謂之夷狄也……誠知夫遠客之中，有明禮行義，上通天象，下察地理，旁覽物情，貫串今古者，是瀛寰之奇士，域內之良友，尚可稱之曰夷狄乎（魏源著海國圖志卷七十六西洋人瑪吉士地理備考敘，本書所用者乃六十卷之版本，未載此文，此文似引自蕭公權著中國政治思想史）。

他又盛稱美國民主制的優良。以為總統「匪特不世及，且不四載即受代，一變古今官家之局，而人心翕然，可不謂公乎。議事聽訟，選官舉賢，皆自下始。眾可可之，眾否否之，眾好好之，眾惡惡之，三占從二，舍獨狥同。即在下預議之人，亦先由公舉，可不謂周乎」（海國圖志卷三十九外大西洋墨利加洲總敘）。降至光緒年間，國人有此思想者為數尤多，茲只舉鄭觀應之言以為證。鄭氏說：「泰西各國，咸設議院，每有舉措，詢謀僉同，民以為不便者不必行，民以為不可者不得強，朝野上下，同德同心，此所以交際鄰封，有我薄人，無人薄我。人第見有士馬之強壯，礮船之堅利，器用之新奇，用以雄視宇內；不知其折衝禦侮，合眾志以成城，致治固有本也」（盛世危言卷一議院上）。及至中外建立邦交，互派使臣之後，郭嵩燾駐英較久，知泰西文化之優，遂同魏源一樣，反對國人視外國為蠻夷。郭嵩燾說：

所謂戎狄者但據禮樂政教所及言之，為其倏盛倏衰，環起以立國者，宜以中國為宗也。非謂盡地球縱橫九萬里皆為夷狄，獨中土一隅，不問其政教風俗何若，可以陵駕而出其上也（郭嵩燾著養知書屋文集卷十一復姚彥嘉）。

並斥國人之鴟張無識，關於個人生活，喜用洋貨，而遇到有人提議採用鐵道輪船以及機器，則又痛心疾首，群起阻難。

竊謂中國人心有萬不可解者，西洋為害之烈莫甚於鴉片煙，英國士紳亦自恥其以害人者，為搆釁中國之具也，力謀所以禁絕之。中國士大夫甘心陷溺，恬不為悔，數十年國家之恥，耗竭財力，毒害生民，無一人引為疚心。鐘錶玩具，家皆有之；呢絨洋布之屬，徧及窮荒僻壤。江浙風俗，至為舍國家錢幣，而專行使洋錢，且昂其價，漠然無知其非者。一聞修造鐵路電話，窮心疾首，群起阻難，至有以見洋人機器為公憤者。曾劼剛以家諱乘坐南京小輪船至長沙，官紳起而大譁，數年不息，是甘心承人之害力全自，以使朘吾之脂膏，而挾塞其利源，誠不知其何心也。辦理洋務三十年，疆吏全無知曉，而以挾持朝廷為公論，朝廷亦因而獎飾之曰公論。嗚呼，天下之民氣鬱塞壅遏，無能上達久矣。而用其鴟張無識之氣鼓動游民，以求一逞，官吏又從而導引之，宋之弱，明之亡，皆此囂張無識者為之也（養知書屋文集卷十一倫敦致李伯相）。

郭氏知工藝非富強之本，「泰西富強具有本末，所置一切機器，恃以利用致遠，則末中之末也」（養知書屋文集卷十三致李傅相）。「凡為富強必有其本，人心風俗政教之積，其本也」（仝上卷十一復姚彥嘉）。推郭氏之意，富強之本在於政教修明，百姓家給人足。薛福成曾言：「昔郭筠仙（即郭嵩燾）侍郎每歎羡西洋國政民風之美，至為清議之士所觝排，余亦稍訝其言之過當……此次來遊歐洲，由巴黎至倫敦，始信侍郎之說，當於議院學堂監獄醫院街道徵之」（薛福成著出使英法義比四國日記光緒十六年三月十三日記）。即薛福成亦承認郭氏之言之不偽。當時歐洲盛行自由放任之說，郭氏受其影響，主張工商之事應聽人民為之，政府只負保護的責任。郭氏說：

泰西富強之業，資之民商，而其治國之經……期使其國所出之產，銷路多而及遠，其人趨事興工，日增富實，無有窮困不自存者。國家用其全力護持之，計其所需，以為取民之制。大兵大役皆百姓任之，而取裁於議政院。其國家與其人民交相維繫，並心一力，以利為程。所以為富強者民商厚積其勢，以拱衛國家……然中國官民之氣隔閡太甚。言富強者，視以為國家之本計，與百姓無涉；百姓又各懷挾私意，覦其利而侵冒之；其持議論者又各訟言其不利而阻撓之……要之，國家大計必先立其本，其見為富強之效者末也。本者何，紀綱法度人心風俗是也。無其本而言富強，祇益其侵耗而已（養知書屋文集卷十三致李傅相）。

郭氏以為「國於天地，必有與立，亦豈有百姓困窮，而國家自求富強之理」。這就是有若所謂「百姓足，君孰與不足」之意。照郭氏說：

西洋汲汲以求便民，中國適與相反……竊謂富強者，秦漢以來，治平之盛軌，常數百年一見。其源由政教修明，風俗純厚，百姓家給人足，樂於趨公，以成國家磐固之基，而後富強可言也。施行本末具有次第，然不待取法西洋，而端本足民，則西洋與中國同也。國於天地，必有與立，亦豈有百姓困窮，而國家自求富強之理。今言富強者一視為國家本計，與百姓無與。抑不知西洋之富專在民，不在國家也（仝上卷十三與友人論仿行西法）。

薛福成於光緒十六年出使英法等國。他贊成英國之議會制度，故說：「西洋各邦立國規模以議院為最良。然如美國，則民權過重，法國則叫囂之氣過重。其斟酌適中者惟英德兩國之制頗稱盡善」（出使英法義比四國日記卷三光緒十六年七月二十二日記）。他恐受時人批評，不敢暢所欲言，乃謂泰西各國議會之制乃暗合於吾國先哲之言：即「管子一書以富國強兵為宗旨，然其時去三代未遠，其言之粹者非盡失先王遺意也。余觀泰西各邦治國之法或暗合管子之旨，則其擅強盛之勢亦較多。管子云量民力則無不成，不強民以其所惡，則詐偽不生，不欺其民，則下親其上。西國之設上下議政院，頗得此意」（仝上卷五，十月二十六日記）。故其結論又謂：「大抵古今之事百變，應之者無有窮時……知我之短，知人之長……至於風俗政令之間，亦往往有相通之理。試觀其著者，其條教規模有合於我先王故籍之意者，必其國之所以興；其反乎我先王故籍之言者，必其國之所以替。即其技藝器數之末，要亦隨乎風氣之自然，適乎民情之便利，何新奇之有為」（仝上序）。薛氏固以為「歐洲立國以商務為本，富國強兵全藉於商」（仝上卷三，八月初九日記）。但是商業之能振興乃以工業發達為前提。故他又說：

若夫西洋諸國，恃智力以相競，我中國與之並峙，商政礦務宜籌也，不變則彼富而我貧；考工製器宜精也，不變則彼巧而我拙；火輪、舟車、電報宜興也，不變則彼捷而我遲；約章之利病，使才之優絀，兵制陣法之變化宜講也，不變則彼協而我孤，彼堅而我脆……或曰以堂堂中國，而效法西人，不且用夷變夏乎。是不然，夫衣冠語言風俗，中外所異也。假造化之靈，利生民之用，中外所同也。彼西人偶得風氣之先耳，安得以天地將洩之祕，而謂西人獨擅之乎。又安知百數十年後，中國不更駕其上乎……或又曰：變法務其相勝，不務其相追。今西法勝而吾學之，敝敝焉以隨人後，如制勝無術何？是又不然。夫欲勝人，必盡知其法而後能變，變而後能勝，非兀然端坐而可以勝人者也。今見他人之我先，猥曰：不屑隨人後，將跬步不能移矣。且彼萃數百萬人之才力，擲數千萬億之金錢，窮年累世而後得之，今我欲一朝而勝之，能乎，不能乎（變法，引自中華民國開國五十年文獻第一編第七冊二〇五頁，二〇六頁）。

復說：

夫西人之商政兵法造船製器及農漁牧礦諸務實無不精，而皆導其源於汽學光學電學化學，以得御水御火御電之法。斯殆造化之靈機，無久而不洩之理，特假西人之專門名家以闡之，乃天地間公共之道，非西人所得而私也。中國綴學之士聰明才力豈遜西人，特無如少年精力多縻於時文試帖小楷之中，非若西洋億兆人之奮其智慧，各以攻其專家之學，遂能直造精微，斯固無庸自諱，亦何必自畫也……若怵他人我先，而不欲自形其短，是諱疾忌醫也。若謂學步不易，而慮終不能勝人，是因噎廢食也。夫青出於藍，而勝於藍，冰凝於水，而寒於水……蓋相師者未必無相勝之機也。吾又安知數千年後，華人不因西人之學，再闢造化之靈機，俾西人色然以驚，畢然而企也（出使英法義比四國日記卷二光緒十六年四月庚子朔記）。

吾人觀上文所述，可知自鴉片戰爭之後，吾國由軍事上的師夷長技，進而為經濟上的師夷長技，最後且接近於政治上的民主思想，這與數千年來君權觀念絕不相容，於是又發生了張之洞的調和論。張之洞於光緒二十四年（一八九八年）三月，即戊戌政變（光緒二十四年八月）前數月，發表「勸學篇」一書。雖云「不變其習，不能變法，不變其法，不能變器……西藝非要，西政為要」（勸學篇序）。而其根本思想，則為「舊學為體，新學為用」（勸學篇外篇設學第三）。繼著又說：「大抵救時之計，謀國之方，政尤急於藝，然謂西政者亦宜略考西藝之功用，始知西政之用意」（勸學篇外篇設學第三）。復說：「夫不可變者倫紀也，非法制也。聖道也，非器械也。心術也，非工藝也……法者所以適變也，不必盡同。道者所以立本也，不可不一……夫所謂道本者，三綱四維是也。若並此棄之，法未行而大亂作矣。若守此不失，雖孔孟復生，豈有議變法之非者哉」（勸學篇外篇變法第七）。是則張之洞是贊成變法的了。其實，張氏雖謂「政尤急於藝」，而其所注意的，還是「藝」，即工商之藝。他知商業與工業有相依相輔之關係，即「外國工商二業相因而成。工有成器，然後商有販運，是工為體，商為用也。此易知者也。其精於商術者，則商先謀之，工後作之，先察知何器利用，何貨易銷，何物宜變新式，何法可輕成本，何國喜用何物，何術可與他國爭勝，然後命工師，思新法，創新器，以供商之取求，是商為主，工為使也。此罕知者也。二者相益，如環無端」（勸學篇外篇農工商學第九）。他雖知研究西學之必要，「今欲強中國，存中學，則不得不講西學，然不先以中學固其根柢，端其識趣，則強者為亂首，弱者為人奴，其禍更烈於不通西學者矣……如中士而不通中學，此猶不知其姓之人，無轡之騎，無柁之舟。其西學愈深，其疾視中國亦愈甚，雖有博學多能之士，國家亦安得而用之哉」（勸學篇內篇循序第七）。又引王仲壬之言曰，「知古不知今，謂之陸沉。知今不知古，謂之聾瞽。吾請易之曰知外不知中，謂之失心。知中不知外，謂之聾瞽。夫不通西語，不識西文，不譯西書，人勝我而不信，人謀我而不聞，人規我而不納，人吞我而不知，人殘我而不見，非聾瞽何哉」（勸學篇外篇廣譯第五）。我們須知當時西洋政法乃以自由與民權為基礎。張氏雖說，法制可變，而他又極力反對自由民權之說。故云：

> 今日憤世疾俗之士，恨外人之欺凌也，將士之不能戰也，大臣之不變法也，官司之不興學也，百司之不講工商也，於是倡為民權之議，以求合群而自振。嗟乎，安得此召亂之言哉。民權之說無一益而有百害……方今中華誠非雄強，然百姓尚能自安其業者，由朝廷之法維繫之也。使民權之說一倡，愚民必喜，亂民必作，紀綱不行，大亂四起。倡此議者豈得獨安獨活，且必將劫掠市鎮，焚毀教堂。吾恐外洋各國必藉保護為名，兵船陸軍深入占踞，全局拱手而屬之他人。是民權之說固敵

人所願聞者矣……夫一閧之市必有平，群盜之中必有長。若人皆自主，家私其家，鄉私其鄉，士願坐食，農願蠲稅，商願專利，工願高價，無業平民願劫奪，子不從父，弟不尊師，婦不從夫，賤不服貴，弱肉強食，不盡滅人類不止。環球萬國必無此政，生番蠻獠必無此俗。至外國今有自由黨，西語實曰里勃而特，猶言事事公道，於眾有益。譯為公論黨可也，譯為自由非也（勸學篇內篇正權第六）。

總之，張之洞的言論，大旨與鄭觀應之「中學其本，西學其末」相同。在戊戌政變以前，雖比倭仁等輩進步，實亦不脫洋務運動時代的見解。其反對自由與民權，實因他為封疆大臣，不諳外國文字，而足又未出國門之外，不甚了解西洋學說。至於有系統的介紹西洋學說，而說明西洋立國之精神，而不專慕西洋之物質文明者，嚴復翻譯之功實難抹殺。

三、西洋思想的輸入

(一)何啟與胡翼南

在洋務運動時代，國人所重視的，乃西洋的技藝，而非西洋的政制。時代進展，國人漸能認識西洋立國的精神，而不專慕其船堅礮利。這有恃於嚴復之翻譯工作者甚多。唯在說明嚴復的思想以前，不能不先述何啟與胡翼南的政論。何氏遊學於英國倫敦學院，所學甚見雜糅，胡氏則肄業於香港大學。他們均受西洋文化的薰陶，曾合編新政真詮一書。以為「一國之所以稱盛者，非徒多戰艦礮臺也，以戰艦礮臺國皆能置故也」（新政真詮卷三曾論書後）。又說：

陸軍之建設，戰艦之添置，礮臺之新築，槍礮之精巨，有之則其國重，無之則其國輕，人人而知之矣。然吾謂仍事之小者耳，亦不足為中國憂也。中國真憂之所在，乃政令之不修，而風俗之頽靡也（新政真詮卷三曾論書後）。

凡事必有本末，洋務運動時代，國人只求其末，不求其本。末是什麼？農工商賈是也。本是什麼？政治是也。何胡兩氏說：

天下之理有本焉，有末焉。有本中之本焉，有末中之末焉。混本以為末，不可也。混末以為本，不可也。且以本而視本之本，是本亦末矣，則混本以為本之本，亦不可也。以末而視末之末，是末亦本矣，則混末以為末之末，亦不可也。即以農工商賈而論，農工本也，商賈末也。然農工商賈若無善政，決不能興，則農工雖謂之本，仍須善政以為本中之本，而農工之事不過本中之末耳，則混農工之政以為農工之事不可也。商賈雖謂之末，仍有善政，以為末中之本，則商賈之事，實乃末中之末耳，則混商賈之政以為商賈之事，不可也（新政真詮卷十九新政變通）。

國人的見解已經開始轉變了。他們兩人不但不承認中國的政教風俗不比外國為優，且謂比之外國，實有天堂地獄之別。照他們說：

中國無刑無政，大吏誤國而無罰，小臣賣法而無懲，富者不能保其家財，貧者不能存其性命。外國之法非必盡洽人心也，而以中國比之，則已有天堂地獄之別。外國之俗非必盡如人意也，而自中國視之，則已有逍遙煩惱之殊（新政真詮卷二後總序）。

中國古代有一治一亂之說，他們兩人以為一國可以永治，也可以永亂。依他們之言，一治一亂的原因如次：

古之時，文明未啟，閉關自守者，各君其國，各子其民，其仁智之君，勤于修省而國治；其昏庸之主，薄于德行而國亂。亂之極，即為治之端；治之極，即為亂之始。故一治一亂，迭換循生。今之世，禮教昌明，群雄角立者，勢均力敵，並駕齊驅，其公議所歸者，治則勃然，其公議所排者，亂則立見。亂之生有確然難救之象，治之本亦有顯然難拔之形。故永治永亂，分途異適，故執古以論今，其情雖同，其事則異也。居今以稽古，其勢既變，其法亦殊也（新政真詮卷三曾論書後）。

然則永治之法如何？他們先說明官治之弊，以為今之牧民者非休養也，非生息也，營私而已，受賄而已。

國之根本在於民，而民之身家在於官。官不保民，而民危矣；官反害民，而民愈危矣。今之從政者，非理煩也，非治劇也，奔競而已，趨承而已。今之牧民者，非休養也，非生息也，營私而已，受賄而已。如此則民危，而澆淩刻薄之徒、讒諂面諛之輩，又復從而助虐之，搜剔之，則是豺狼之噬人也，猶有飽時；而官府之私橐，無時可飽也。盜賊之劫人也，猶有法治；而官府之剝民，無法可治也，如此則民愈危，根本浮動，國何可安（新政真詮卷三曾論書後）。

他們深嫉當時政風之腐化，「為純臣者止知得君以固位，為良臣者但思諱過以自賢」（新政真詮卷二後總序），如何使政治能夠達到理想之域，他們受了西洋思想的影響，不是主張仁政，而是主張政治必須根據民意。

今夫國之所以自立者，非君之能自立也，民立之也。國之所以能興者，非君之能自興也，民興之也。然則為君者，其職在於保民，使民為之立國也；其事在於利民，使民為之興國也。其職其事，在朝廷無不自以為既盡其心，既殫其力者；然其所盡之心，所殫之力，有益無益，有功無功，惟小民知之最真而最當，以其身受之而躬見之之故也。是以為君有寢饋廑憂，宵衣旰食者矣，而民不見其功也。若是者其臣下之不忠乎？然為臣亦有夙夜在公，不忘恭敬者矣，而民不見其功也。若是者其民庶之難治乎？而民不若是其頑也，民雖寡學，而斷不可欺，民縱愚蒙，而無不知感。然則其中必有故矣……然則其故果安在哉？蓋信是也……且吾所謂信者，又非指制民之事而言，乃指導民之事而言。一法也，不得不從，不敢不從，則其信由畏懼而生，雖信不足用。一令也，從者聽之，不從者亦聽之，則信者由心悅誠服，其信大可恃。是其信非由君之迫脅，乃由民之樂頁也。信則民心向，信則民力生。一人之心有盡也，合億兆萬民之心則無盡矣。一人之力有窮也，合億兆萬民之力則無窮矣。今中國之民非向上也，中國之民力未嘗生也，何也，以其不信也（新政真詮卷三曾論書後）。

他們之所謂「信」，與商鞅徙木立信之信不同，乃是以人民的意思為標準。

當今之世而不變今之法，雖使堯舜臨朝，禹皐佐績，仲由慎諾，公綽無私，加以管晏之才，蘇張之辯，亦無以決疑徵信，大得于民。夫一政一令，在立之者無不自以為功、自以為平；而公否、平否？當以民之信否質之，乃得其至公、至平。且一政一令在行之者多亦自謂無不公，自謂無不平；而公否、平否？亦當以民之信否證之，乃得其真公、真平。以立之者君，而循之者民也，行之者官，而受之者民也……然則公平者還當求之於民而已。民以為公平者，我則行之；民以為不公平者，我則除之而已。公平無常局，吾但以民之信而為歸；公平有變法，吾但以民之信者為主。夫如是，則民信矣（新政真詮卷三曾論書後）。

更明白言之，即主張人民有議政之權，而後國家才會永治。推他們之意，政府是必要的，但政府行政須以民意為準繩。如是，人民可自議其政，自成其令，人人皆得如願相償，從心所欲，何有紛亂之事。他們說：

> 政者民之事，而君辦之者也，非君之事，而民辦之者也。事既屬乎民，則主亦屬乎民。民有性命，恐不能保，則賴君（案此君字當指政府，下同）以保之，民有物業，恐不能護，則藉君以護之。至其法如何，性命始能保，其令如何，物業方能護，則民自知之，民自明之，而惟恐其法令之不能行也，於是乎奉一人以為之主，故民主即君主也，君主亦民主也……故王者……必行選舉，以同好惡，設議院以布公平……自古亂之所生由於民心之不服，民心之不服由於政令之不平。今既使民自議其政，自成其令，是人人皆得如願相償，從心所服也，何不服之有……政令者因乎時，因乎事，因乎地，因乎人。故同一政令也，有往時以為可置，於今時則否者矣。有此事以為可置，於彼事則否者矣。有一處以為可置，於他處則否者矣。有斯人以為可置，於他人則否者矣。使不隨時隨事隨地隨人而議之，斷不能斟酌盡善，措置咸宜，則以一人之智慮，應萬民之所求，何如以萬民之心思，奉一人為總理。是故議院議員之法立，則奕世無失德之君，國運之隆將繼繼繩繩，與民無極矣（新政真詮卷四新政論議）。

當時人士雖有革新的思想，而或「反新為舊」，或「牽舊入新」（新政真詮卷一前總序）。所以何胡兩氏就揭起思想革命的旗幟，其意以為：

群經之義非可宗也，中國經學崇尚已久……不知世易時移，新理代出……（五經之言）施於今日，已不可用，且非惟不可用而已也，而又於文明進化之機多所窒碍……夫孔子何嘗教人以宗經哉，非惟不教人以宗經，直是教人以勿宗經耳。勿之云者非違背之謂也，謂經自為經，人自為人。以人用經，非以經用人。因事成經，非因經成事。是故古有古之經，今有今之經。古經今經有同有不同，吾且不必問其同不同，但當察其善不善。古之經有善者焉，吾則取而用之。古之經有不善者焉，吾則弃而去之。今之經亦然。一弃一取，皆由於我，是則經之宗我，而非我之宗經也。夫經者有常法之謂也，易者無常法之謂也……詩經……書經……禮經，孔子皆以刪定出之，僅存什一於千百。獨至……禍福吉凶亨貞悔吝莫不由於變易交易反易對易移易而來，即以無常法為常法而名之為易經者，孔子則終身奉之以為圭臬……然則孔子之所宗，其惟以無常法為常法之常法，而非以有常法為常法之常法可知矣……是故居今之世不言變法者，必非聖人之徒，言變法而猶泥於古經之說者，亦非聖人所與（新政真詮卷一前總序）。

兩氏由此出發，進而說明中國因崇尚經學，故不能進步，西洋諸國惟不用經義，故能因時之宜，能為其所當為。蓋「經者取其事常也，可常則為經矣」（孔叢子第十七篇執節）。但是天下事千變萬化，那裡可常。兩氏說：

外洋諸國惟不用經義，故能為所當為，亦猶堯舜三代時無經義，故能日新其德。今欲取二千餘年以前一國自為之事，施諸二千餘年以後五洲交涉之時，吾知其必扞格而不相合矣。中國之不能變，蓋經義累之也……王莽王安石……矯世反古，自託於周公之不我欺（案兩王之變法多依周禮），不知事若可行，何必古人先我，勢有不可，奚取經典明文……夫事也物也理也，固有為古之所有，今之所無者；亦有為古之所無，今之所有者。執今之有無以定古之有無，不可也；執古之有無以定今之有無，亦不可也（新政真詮卷十四康說書後）。

次則抨擊三綱，所謂三綱，即「臣之於君忠也，子之於父孝也，妻之於夫順也」，此說「出於禮緯，而白虎通引之，董子釋之，馬融集之，朱子述之，皆非也。夫禮緯之書多資讖緯，以讖緯解經，無一是處，為其無實理之可憑也」（新政真詮卷十五勸學篇書後）。照兩氏之言：

三綱之說非孔孟之言也。商紂無道者也，而必不能令武王為無道，是君不得為臣綱也。瞽瞍頑嚚者也，而必不能令虞舜為頑嚚，是父不得為子綱也。文王以姒氏而興，周幽以褒女而滅，是夫亦不得為妻綱也。君臣父子夫婦謂有尊卑先後之不同則可，謂有強弱輕重之不同，則不可……君臣不言義而言綱，則君可以無罪而殺其臣，而直言敢諫之風絕矣。父子不言親而言綱，則父可以無罪而殺其子，而克諧允若之風絕矣。夫婦不言愛而言綱，則夫可以無罪而殺其婦，而伉儷相莊之風絕矣。由是官可以無罪而殺民，兄可以無罪而殺弟，長可以無罪而殺幼，勇威怯，眾暴寡，貴陵賤，富欺貧，莫不從三綱之說而推，是化中國為蠻貊者三綱之說也（新政真詮卷十五勸學篇書後，明綱篇辯）。

依上文所述，吾人可知兩氏的思想乃採取西洋的民權主義，所謂民權就是立議院，選議員，以決定國家的大政方針。其意以為「議院議員之法立，則民志伸；民志伸，則民心結；民心結，則民心齊，是合中國四萬萬人而為一人也」（新政真詮卷一前總序）。但是我們須知兩氏不過主張民權而已，並不贊成民主之制（即共和）。照他們之言：

民權之國與民主之國（案即共和國）異。民權者其國之君仍世襲其位。民主者其國之君由民選立，以幾年為期。吾言民權者，欲使中國之君世代相承，踐天位於無窮，非民主國之謂也（新政真詮卷一前總序，卷十八勸學篇書後，正權篇辯亦有同一文句）。

他們也附會古書，以為「中國民權之理於古最明」（他們舉伏羲神農黃帝堯舜禹湯及武王為例）。而「中國當民權明時，外國無不仰慕聲靈。唯民權昧時，外國始能入主中夏……所以然者，由中國之民性多溫良，習成隱忍，苟可將就了事，必以毋動為高」（新政真詮卷一前總序）。其所以反對共和者，因為「中國固君主國也，歷代相沿，不自今始」（新政真詮卷二十一新政變通）。一旦猝然改為共和，勢必發生革命，而革命之後，亦不過以暴易暴，所以「雖曰一治一亂，其實有亂無治」（新政真詮卷二十一新政變通）。

如何達到永治之域？兩氏欲依英國君主立憲之制，故說「泰西君主之國可為吾法者莫如英」（新政真詮卷十四康說書後）。案兩氏主張民權，似根據功利主義者之說。何胡以為「凡以善善從長，只問可之者否之者人數眾寡，不問其身分之貴賤尊卑也，此民權之大意也。其所以為此者，則由於人人有自主之權之故……其說何居，曰權者利也益也。人人皆欲為利己益己之事，而又必須有利益於眾人，否則亦須無害於眾人，苟如是，則為人人所悅而畀之以自主之權也」（新政真詮卷十八勸學篇書後，正權篇辯）。

由這觀點出發，他們又明白說出：

是故為今日言，則家不妨私其家，鄉不妨私其鄉，即國亦不妨私其國，人亦不妨私其人。但能知人之私之未能一，知己之私之未盡蠲，如此，則合人人之私以為私，於是各得其私，而天下亦治矣。各得其私者，不得復以私名之也，謂之公焉可也。議院之設，謂欲各得其私耳（新政真詮卷十八勸學篇書後，正權篇辯）。

人各自私，而能達成天下之公，蓋依功利主義者之言，國家必須考慮多數人的福利。當多數人幸福與少數人幸福不能併存之時，國家應把少數人幸福放在次位。但是人類都是利己的，只惟自己的利益是視，其判斷政治問題，常以自己的利害為標準。換句話說，各人對於政治問題怎樣判斷，其實只是各人要求這個問題怎樣解決，而後才有利於自己。在中世及近代，國家固曾以人民幸福為行政的目標矣，然權力之運用皆只謀政府的幸福。因此之故，什麼是一般人的幸福，似非由一切利害關係者決定不可；而作成公意之際，亦須令一切人參加。換言之，即須應用多數決原理。這樣，一樁政策多數人認為妥善者，必定有利於多數人；既然有利於多數人，則其實行之後，當然可以達到「多數幸福」的目的（參閱拙著政治學一七九頁）。然則人民的意思如何表達出來呢？前已說過他們主張設置議院。吾國人士多謂民智未開，人民未必能夠選出賢明的代表，而代表亦未必能夠治理國政。對此，兩氏則謂：

夫民權之復❻，首在設議院，立議員。今乃諉於中國士民不知環球之大勢，不曉國家之經制，不聞外國之立政立教，製器治兵，不知此數者非議院議員之事也。議院議員之所知者惟務本節用之大經，安上安下之大法，以及如何而可以興利，如何而可以除弊。凡有益於地方者，務求善策以使

❻ 其所以謂「復」者，蓋兩氏以為「中國民權之理，於古最明」，「民權者實乃上世之常談，古人之常事」（見新政真詮卷一前總序）。

之行。凡有害於人民者，務必剔釐而使之去。因時者在是，制宜者在是。其志首行於一鄉一邑，次及於一縣一府。至於環球之大勢，非其所須知也。國家之經制，非其所必守也。外國政教兵器等事，知之也可，不知亦可，皆非議員之責也。議員之責在決其事之可行與否，非在能督辦其事也。一國之事正繁，豈能責之於未學未習。然其事之是否可行，則雖未學未習，而以情理揆之，而切合於時勢地位人事，則無有不得其至當，而能決其可行不可行者，此議員之所以可貴，而亦人多能之者也（新政真詮卷十八勸學篇書後，正權篇辯）。

此蓋有鑒於英國之制。在英國，法案多由內閣提出，而重要的法案尚可決定內閣的運命，苟遭議會否決，內閣必至推翻，所以法案的起草甚為慎重，不但令專家起草，而且提出於議會以前，又須經內閣會議，詳細討論，察其毫無缺點，才行提出（參閱拙著政治學三〇六頁，三一四頁）。故何胡兩氏云：「夫立法非難也，難在於立法之善；行法非難也，難在於行法之善。中國立法行法，權皆由君，苟有不善，何以能救」（新政真詮卷十八勸學篇書後，正權篇辯）。然此只對議員之討論法案而言之耳。至於人民有否選擇議員之能力還有問題。推兩氏之意，人民縱令無議政之能力，而在小地區之內，誰是賢智，誰是頑愚，人民並不盲目。而且議院之設置，須由下而上，即從分治，即地方自治開始。兩氏說：

在今日而論，則必以土著之人治本地之事，斯為平允得宜。竊嘗論天地自然之理，能合必先能分，能分然後能合。合而先之以分者，其於分之之時，早有合之之意也。分而後之以合者，其於合之之後，未嘗不可以分也。夫然後即合即分，即分即合，無合非分，無分非合，無合久必分，分久而復合之弊，將古所謂一治一亂之說掃而空之，然後光明日上，教化日洽之機乃有進而無退，有盈而無虧……然而以大治小，不若以小治小。以大治小，精神必不能到，知慮必不能周。小者有所不治，大者將與俱傾。以小治小，燭之必無不明，算之必無遺策。小者既顛撲不磨，大者則無懈可擊。是故以縣治鄉，不若以鄉自治之為得也。以府治縣，不若以縣自治之為得也。以省治府，不若以府自治之為得也。以京師治各省，不若各省自治之為得也。鄉治則縣治，縣治則府治，府治則省治，省治則京師自無不治。京師治，而一國定矣（新政真詮卷二後總序）。

何況選舉權及被選舉權均有限制。「其選舉之法，非必人人有選舉之權也」（新政真詮卷二後總序）。凡男子二十歲以上，除喑啞盲聾以及殘疾者外，其人能讀書明理者，則予以公舉之權（新政真詮卷四新政論議）。但是「明理」二字似無一定之標準。吾人觀先秦諸子學說，無一不以自己之主張為合理，而斥別人主張之非理，即可知之。被選舉權之限制更嚴，即須從學校出身，考試合格，而經由選舉者，才得為議員。茲試分別述之。

(1)學校　所謂學校與吾國古代之學校不同。照兩氏說：「一國之人才，視乎學校。學校隘，則人才乏，學校廣，則人才多。中國學校之設，獨有文字一途。夫文字固為學之根本，然不過學中之一藝耳。非文字之學通，則萬事之學皆通也」（新政真詮卷四新政論議）。他們希望「各府（州）縣俱立學校，每省發一大臣為學政，以總其成」。學校之所教，除中國文學一科之外，尚有外國文學、法律、理工農醫，以及陸海軍等科（參閱新政真詮卷四新政論議）。

(2)考試　「夫未經考試而遽授以職，其不敗事者幸，既經考試，然後授以職，其不敗事者常。常者可以為國，幸者不可以為國也」（新政真詮卷四新政論議）。在當時，五經四書尚為人人必讀之書，一旦猝然改變考試科目，則數十萬之士子那肯槁項黃馘，老死於布褐。所以兩氏雖提倡新學，而對舊學之士亦予以出路。即「凡專攻帖括（案自唐以後，有帖經之事，謂於四書五經之中，取出一句，中空數字，令考生填下。後世因沿，稱科舉之詩文日試帖，亦日帖括）者聽其如前考試（指詩文八股），而加以萬國公法及律學大同（所謂律學大同似指法律通論）二者，一體出題答問。考於縣而通者，由縣學給以執照，謂之文學秀才，升之於府。考於府而通者，由府學給以執照，謂之文學舉人，升之於省。考於省而通者，由省學給以執照，謂之文學進士，至進士而止。進士中有才德出眾，為民推許者，以公舉法進於天子，天子賜以翰林，其餘秀才舉人進士得名之後，可別事謀生，如欲為議員，則以名標於省府縣各學中，以俟公舉」（新政真詮卷四新政論議）。其他各科的考試方法與此相同，而稱為某藝秀才、某藝舉人、某藝進士，亦可由天子賜以翰林（仝上）。「凡欲為議員議公事者，其資格最下，亦須文學秀才。凡欲為官員辦公事者，資格最下，亦須技藝秀才」（仝上）。即議公事者只求其人之識大體，而辦公事者則需要其人之為專才。

(3)選舉　「夫政者民之事也。辦民之事莫若以公而以平。何則？民之疾苦，惟民知之為最真。事之順逆，惟民知之為最切」（新政真詮卷四新政論議），故兩氏主張設置議會。「縣設六十議員，是謂縣議員。府設六十議員，是謂府議員。省設六十議員，是謂省議員。縣議員於秀才中選擇其人，公舉者平民（有前述資格之選舉人）主之，而凡不願為議員之秀才，可以舉願為議員之秀才也。府議員於舉人中選擇其人，公舉者秀才主之，而凡不願為議員之舉人，可以舉願為議員之舉人也。省議員於進士中選擇其人，公舉者舉人主之，而凡不願為議員之進士，可以舉願為議員之進士也……公舉之議員以幾年為期，隨時酌定，遇有缺出，則以公舉法擇人補之……興革之事，官有所欲為，則謀之於議員，議員有所欲為，亦謀之於官，皆以敘議之法為之。官與議員意合，然後定其從違也。從違既定，乃由縣詳府。府議員意合，則由府詳省。省議員意合，則詳於君，君意合，則書名頒行。意不合，則令其再議。若事有不能衷於一是者，則視議員中可之者否之者之人數多寡，而以人多者為是。所謂從眾也……

各省議員一年一次會於都會（首都）開院議事❼以宰輔為主席，議畢……公奏主上，御筆書名，以為奉行之據，如有未洽，則再議，務期盡善而止」（新政真詮卷四新政論議）。兩氏之設計，雖甚精密，而實行之後，能否收到預期的效果，似有問題。依兩氏之言：「自古亂之所生，由於民心之不服；民心之不服，由於政令之不平。今既使民自議其政，自成其令，是人人皆得如願相償，從心所欲也，何不服之有」（新政真詮卷四新政論議），這種結論未免太過樂觀。何況名為地方自治，而必層層申請，最後以君意為標準，此又各國地方自治之所罕有者，故名為分權，實即集權。

(4)政府　關於政府，兩氏以為「縣置一縣官，是謂知縣，府設一府官，是謂知府，省設一省官，是謂總督。知縣知府總督皆於翰林中選擇其人，命官者部員（當指部長）議之，奏請天子，奉璽書而後行」（新政真詮卷四新政論議）。前已說過，翰林乃於進士中有才德出眾，為民推許者，以公舉法進於天子，非過去翰林之只長於雕蟲小技者可比。關於中央政府，「凡為翰林者，其才可為某部長官，則各省議員必出名保舉，主上視其多人保舉者存記其名。部長不過一人，而在舉者多則數十人，少亦數人，皆可以為某部之長，而能稱其職者也。宰相既立，則主上出此等人之名，使之自擇，以期合志同方也。宰相翰林中及部長中有具宰相之量者，則各省之議員亦出名保舉，主上視其多人保舉者，存記其名。宰相

不過一人，而在舉者多則十餘人，少亦數人，皆可以為宰輔之員，而能勝其任者也。及爰立作相，主

❼ 兩氏又謂「合各省之議員於一處，恐形不便。新政行，宜分中國為四都會，而以京畿所在處為總都會，合而為五。遇外國交涉之事或關涉數省之件，則議於總都會。其餘各省內之事則議於所屬都會。天子以四時巡行四都會，而聽其議政，書名頒行」（新政真詮卷六新政論議）。此言也，可以發生兩個問題：一是各省議員對其省內之事何必議於所屬都會（都會有四）。二是總都會之組織如何？若以各省議員組織之，則人數太多。若只以京畿所在處之議員組織之，則京畿以外之議員又無發言之機會。

上則於此等人之中，而擇其一，以期君臣一德也。宰相以三年為期，善於其職者留，若曠於其職，則天子可以黜之，而令議員另舉。議員亦可以黜之，而請天子另取。部員（當指部長）亦然，若善於其職，則與宰相同留，若曠於其職，則宰相可以黜之，而令議員另舉，議員亦可以黜之，而請宰相另取也」（新政真詮卷五新政論議）。

由此可知何胡兩氏關於人才之甄別，乃將公舉與考試並行，即考試乃以濟選舉之窮。當時歐洲各國尚採用限制選舉，而以納稅為選舉權資格之一。蓋納稅者必有財產，而有財產者大率受有教育。英國實行普通選舉在一九一八年，然而普通選舉人只投一票，而有特別財產或特別學歷者可投兩票。到了工黨秉政，才於一九四八年廢止之（參閱拙著政治學五一三頁及五一六頁以下）。至於教育資格，今日各國尚有採用之者（參閱拙著前揭書五一四頁）。至於被選舉權之限制，在十九世紀上半期以前，縱在發布人權宣言的法國，亦比選舉權為嚴。只唯一八三一年比利時的選舉法，雖然選舉人必須納稅，而被選舉權則不以納稅為條件。自是而後，各國漸次模倣比利時之制，以為被選舉權本身已經含有「限制」之意。因為某人要想當選，須能得到多數人的投票，這不是普通人能夠做到的。所以縱在施行限制選舉之國，選舉權以納稅或財產為條件，而被選舉權亦不需要這個條件。至於採用普通選舉的國家更不必說了（參閱拙著前揭書五〇七頁）。何胡兩氏主張選舉人必須「讀書明理」，而被選舉權則限於秀才舉人進士，即指教育資格而言。以當時中國民智之低，其欲限制選舉權與被選舉權，不是毫無理由的。茲舉兩氏之言，以作結論。他們云：「政令者因乎時，因乎事，因乎地，因乎人。故同一政令也，有往時以為可，置於今時則否者矣，有斯地以為可，置於他地則否者矣。使不隨時隨地隨人而議之，斷不能斟酌盡善，措置咸宜」（新政真詮卷四新政論議）。又說：「故其所謀，在今日以為盡善，在異時有以為未善者矣。在今日以為大備，在異時有以為未備者也」（仝上）。觀此數言，可知何胡兩氏並不固執自己之主張，以為可行於千古，可行於萬國也❽。

㈡嚴　復

嚴復於光緒二年（一八七六年），留學英國，時年二十四歲，光緒五年（一八七九年），學成回國。雖學海軍而卻致力於西洋學說的研究。他深信進化論與功利主義，以為「物競者，物爭自存也；天擇者，存其宜種也……其始也種與種爭，及其稍進，則群與群爭，弱者常為強肉，愚者常為智役。及其有以自存而遺種也，則必強忍魁桀，趫捷巧慧，而與其一時之天時地利人事最其相宜者也」（原強，引自中華民國開國五十年文獻第一編第七冊三八九頁）。「夫所謂富強云者，質而言之，不外利民云爾。然政欲利民，必自民各能自利始；民各能自利，又必自皆得自由始；欲聽其皆得自由，尤必自其各能自治始；反是則亂」（原強，引自前揭書第一編第七冊四〇〇頁）。物競天擇就是進化論，自利自由自治就是以功利主義為立論的基礎。嚴氏先說明社會能夠進化，蓋由於人類之利己行為。

科學之事，主於所明之誠妄而已，其合於仁義與否，非所容心也……今夫群之所以成群，未必皆善者機也。飲食男女，凡斯人之大欲，即群道之四維。缺一不行，群道乃廢。禮樂之所以興，生

---

❽新政真詮載在胡翼南全書之中。新政真詮除卷一為前總序，卷二為後總序，卷三為「曾論書後」，卷四至卷六為「新政論議」，卷七至卷九為「新政始基」，卷十至卷十二為「新政安行」，卷十三及卷十四為「康說書後」，卷十五至卷十八為勸學篇書後，卷十九至卷二十二為「新政變通」，由卷二十三至卷六十為詩文書札。全臺灣均無是書。幸蒙嚴耕望及趙效宣兩先生之協助，探知香港大學圖書館存有一部，又將余所需要之各篇影印寄來，此則余所感謝不已也。據王雲五先生告余，國父曾受業於何啟，此又余必須閱讀是書之重要原因，蓋地方自治及被選舉權之須經考試等等，在新政論議之中均有詳細說明。茲尚有一言者，卷五十九之「與孫中山書」，卷六十之「寄嚴幾道書」，內容如何，似有一讀之價值。

聚之所以遂，始於耕鑿，終於懋遷，出於為人者寡，出於自為者多。積私以成功，此世之所以盛也（嚴譯原富，譯事例言）。

次又說明自由之必要，但自由須以他人之自由為界，換言之，即不可侵害別人之自由❾。他說：

夫人而自由，固不必須以為惡，即欲為善，亦須自由……此如有人獨居世外，其自由界限豈有限制，為善為惡，一切皆自本身起義，誰復禁之。但自入群而後，我自由者人亦自由，使其限制約束，便入強權世界，而相衝突。故曰人得自由，而必以他人之自由為界……斯賓塞……言人道所以必得自由者，蓋不自由，則善惡功罪皆非己出，而僅有幸不幸可言，而民德亦無由演進。故惟與以自由，而天擇為用，斯郅治有必成之一日（嚴譯群己權界論，譯凡例）。

這種自由應用於經濟方面，嚴氏宗亞當斯密之說，以為「財者民力之所出，欲其力所出之至多，必使廓然自由，悉絕束縛拘滯而後可」（嚴譯原富，部丁，篇四論掣還稅，嚴復案語，商務版四九四頁）。他又說：

❾嚴復此言固出於穆勒的「群己權限論」。何啟與胡翼南亦謂「自主之權從何而起。曰此人與人相接而然也。今人獨在深山之中，與木石居，與鹿豕遊，則其人之權自若，無庸名以自主之權矣。惟出而與人遇，參一己於群儕之中，而自主之權以出，是自主者由眾主而得名者也。眾主者謂不能違乎眾也。人人有權，又人人不能違乎眾，其說何居。曰權者利也益也，人人皆欲為利己益己之事，而又必須有利益於眾人，否則亦須無損害於眾人。苟如是，則為人人之所悅，而畀之以自主之權也。人之畀我者如是，則我之畀人也亦必如是。是即忠恕之道，絜矩之方也」（新政真詮卷十八勸學篇書後，正權篇辯）。

凡可以聽民自為者，其道莫善於無擾……顧國家開物成務，所以供民用者，又有時而不可諉，諉之則其職溺矣。約而言之，其事有三。一、其事以民為之而費，以官為之則廉，此如郵政電報是已。二、所利於群者大，而民以顧私而莫為，此如學校之廩田，製造之獎勵是已。三、民不知合群，而群力猶弱，非在上者為之先導，則相顧趑趄，此則各國互異，而亦隨時不同。為政者必斟酌察度，而後為之，得以利耳。譬如英國，若墾田，若通道，至漕渠鐵軌，大抵皆公司之所為。至於各國，則官辦，若官為先導矣。然此必至不得已而後為之。攘臂奮肊，常以官督商辦為要圖者，於此國財未有不病者也（原富，部戊，篇一，論君主及合眾國家之度支，嚴復案語，商務版七二四頁）。

嚴復所以同意亞當斯密之經濟自由思想者，蓋自由競爭的結果，「物價趨經，猶水趨平」（原富，部甲，篇七，論經價時價之不同，復案，商務版六二頁）。他說：

斯密氏謂……能使求貨者出最貴不可復加之價，而自由相競，則物價最低，以常法論之，其大例自不可易（原富，部甲，篇七，論經價時價之不同，復案，商務版六二頁）。

又說：

國之財賦必供諸民，而供諸民者，必其歲入之利，仰事俯畜之有所餘……求其如是者，莫若使貿易自由。自由貿易非他，盡其國利民力二者出貨之能，資票商之公平為競，以使物產極於至廉而已（原富，部丁，篇七，論外屬，復案，商務六三六頁）。

嚴氏依此見解，以為國家課稅於民，須視民之擔稅能力如何。苛斂繁徵，國家未有不亂。他說：

由此觀之，則國家責賦於民，必有其道矣。國中富民少而食力者多，必其一歲之入，有以資口體供事畜而有餘，而後有以應國課。使勞力者之所得，倮然僅足以贍生，則雖桑孔之心計，秦隋之刑威，適足啟亂而已矣。故曰民不畏賦，在使之出重而輕（原富，部乙，篇三，論人功有生利有不生利，復案，商務版三三二頁）。

固然國家之有賦稅乃本於分工，而如孟子所說：「勞心者治人，勞力者治於人。治於人者食人，治人者食於人」（孟子卷五下滕文公上）。嚴復說：

夫賦稅貢助所以為國民之公職者，其義蓋本於分工。民生而有群，徒群不足以相保，於是乎有國家君吏之設。國家君吏者所以治此群也。治人者勢不能以自養，於是養於治於人之人。而凡一群所資之公利，若守圉，若道塗，若學校，身家之所以保，人道之所以尊，胥匡以生，皆必待財力而後舉。故曰賦稅貢助者國民之公職也（原富，部戊，篇二，論國家度支之源，復案，商務版八四五頁）。

最宜注意的，則為不要加賦於母財⑩。嚴復說：

蓋財之所生，皆緣民力……且生財以力矣，則力必有所養而後財生。向使無以養力役者，則力

⑩ 嚴復以為：「利專在士，則賦之於農為已苛。使所治之工，惠止於舟，則責之於車為無當。君主之國每言一視同仁，雖有南北胡越之不相及，而自朝廷視之，均為赤子。故往往民出甚重之賦，而不知己利之所在，則曰民之公職在出租稅以供其上而已，至於用之如何，不當問也。於是國家加一賦稅，雖出於甚正之途，甚亟之政，而民亦瞐瞐然以為厲己，此上下交相失之道也」（原富，部戊，篇一，論君主及合眾國家之度支，復案，商務版八三二頁）。

役事窮，而財源以絕。故欲財生，必不宜於母財而加之賦稅，加賦稅於母財者，無異司汽機者欲汽力之長，而奪其薪炭也（原富，部戊，篇二，論國家度支之源，復案，商務版八四七頁）。

經濟生活既然放任人民自由競爭，故又反對博施濟眾之事，這種見解，就在吾國古代，例如韓非及桑弘羊，亦已有之。嚴復說：

孔子嘗謂博施濟眾，堯舜猶病。其旨非高其行為不可及也，亦謂堯舜所不肯為耳。故其下曰，己欲立而立人，己欲達而達人，昭然若揭矣。嘗謂濟人之道莫貴於使之自立，捨此，固必窮之術，於受者又無益也。夫人道之所最貴者，非其精神志氣歟。顧世之講施濟者，往往養其軀體矣，而毀其志氣，是以禽獸之道待其人也。夫至仁莫如天，天災之行，若旱乾水溢者，天之所以教其民，使之知趨避，而後此能為先事之防，善自救也。是故由天之道，一害之後，其不害者可以無窮，而人類之能力益進。顧講施濟者不然，必取其事而盾之，使受害者有所恃而不為後計。此何異慈父折蔓，而旁觀者不知其用愛之篤，從而沮之。顧他日放蕩踰檢，是旁人者又不能從其後而時芘之也。豈非反禍之乎（嚴復譯法意第二十三卷第二十九章復案）。

而在政治方面則贊成民權[11]。他說：

---

[11] 嚴復主張民權，故贊成人民議政。他說：「中國自秦政以降，大抵以議法為奸民。然宋元以前，朝政得失，士猶得張口而議也。至於明立臥碑，而士之性靈始錮。雖然，猶有講學，而士尚可以自通。至於今世，始箝口結舌，以議論朝政為妖妄不祥之人，而民之才德識知，皆因之而漸喪矣。夫甚敝之政，其害必有所終，故自與外國交通以來，無往而不居其負。至於事極而反，則橫議蠭起，潰然如堤堰之決。而於此之時，居上者欲捧土而鄣之，而世風民氣遂愈不可問矣」（原富，部戊，篇一，論君主及合眾國家

一統者……立一尊之君，而臣妾其同種並壤之民……惟一統而後有無權之民以戴有權之君。上下相安，國以無事。當是時也，有倡為民權之說於其間，雖謂其有百害而無一益可也。乃今之世既大通矣。處大地並立之世，吾未見其民之不自由者其國可以自由也，其民之無權者其國可以有權也。且世之黜民權者亦既主變法矣，吾不知以無權而不自由之民何以能孤行其道，以變其夫有所受之法也。亦既昜以知懼矣，懼為印度，懼為越南緬甸朝鮮，懼為埃及，懼為波蘭，乃不知是數國者其民皆未嘗有權也。且深惡民權之說者不自今之支那愚懦大官也。往者歐洲之動貴公君皆惡之矣。英之查理，法之路易是已。其最不惡民權而思振興之者亦有之矣。德之佛勒德立，美之華盛頓是已。顧二者孰非孰是，孰榮孰辱，孰存孰亡，不待辨矣。故民權者不可毀也。必欲毀之，其權將橫用而為禍愈烈者也（原富，部戊，篇二，論國家度支之源，復案，商務版九三〇頁）。

而反對古人所謂仁政，他說：

夫制之所以仁者，必其民自為之。使其民而不自為，徒坐待他人之仁我，不必蘄之而不可得也。就令得之，顧其君則誠仁矣，而制則猶未仁也。使暴者得而用之，向之所以為吾慈母者，乃今為之豺狼也。嗚呼，國之所以常處於安，民之所以常免於暴者，亦恃制而已，非待其人之仁也。恃其欲為不仁而不可得也，權在我者也。使彼而能吾仁，即亦可以吾不仁，權在彼者也……（權）必在我，無在彼，此之謂民權（法意第十一卷第十九章，復案）。

嚴氏由這個觀點出發，先批評古今政治之不同：

之度支，復案，商務版七八八頁至七八九頁）。

考古今所至不同者，今謂國家（國家二字宜改為政府）民之公隸，古謂君上民之父母。既曰父母，則匡拂勞來之政，樊然興矣。卒之元后聰明，不必首出於庶物。其為顓愚計者，名曰輔之，適以錮之；名曰撫之，適以苦之。生於其政，害於其事，此五洲國史可編徵以知其然者也。是故後之政家僉謂民之生計，祇宜聽民自謀，上惟無擾，為裨己多。而一切上之所應享，下之所宜貢者，則定之以公約。如此，則上下相安而以富（原富，部乙，篇三，論人功有生利有不生利，復案，商務版三四六頁以下）。

次又比較中西政治之不同。在西政，人民唯恐政府權力之大，而中國之言政，則寸權尺柄皆屬官家。下至纖微之事，亦無人以為國家所不當問。

西人之言政也，以其柄為本屬諸民，而政府所得而操之者，民予之也。且必因緣事會，而後成之。察其言外之意，若惟恐其權之太盛，將終不利於民也者，此西說也。中國之言政也，寸權尺柄皆屬官家，其言政也，乃行其所固有者。假令取下民之日用，一切而整齊之，雖至纖息，終無有人以國家為不當問也，實且以為能任其天職。其論現行政柄也，方且於之而見少，又曷嘗於之而見多（嚴復譯社會通詮，國家之行政權分第十三，嚴復曰，商務版一三二頁）。

所以西洋雖在專制時代，亦不過作民之君而已。中國之帝王對於人民，不但作之君，且又兼作之師。

西國之王者，其事專於作君而已。而中國帝王，作君而外，兼以作師。且其社會固宗法之社會也，故又曰元后作民父母。夫彼專為君，故所重在兵刑，而禮樂宗教營造樹畜工商，乃至教育文字之事，皆可放任其民，使自為之。中國帝王，下至守宰，皆以其身兼天地君親師之眾責，兵刑二者不足以盡之也。於是乎有教民之政，而司徒之五品設矣。有鬼神郊禘之事，而秩宗之五祀修矣。有司空之營作，則道里梁杠皆其事也。有虞衡之掌山澤，則草木禽獸皆所咸若者也。卒之君上之責任無窮，而民之能事無由以發達。使后而仁，其視民也猶兒子耳。使后而暴，其遇民也猶奴虜矣。為兒子奴虜異，而其於國也，無尺寸之治柄，無絲毫應有必不可奪之權利，則同（社會通詮，國家之行政權分第十三，嚴復日，商務版一二五頁以下）。

至於民主，即政府由於民選，吾國古人並無此種見解。

總之，中西政想有絕不同者。夫謂治人之人，即治於人者之所推舉，此即求之於古聖之胸中，前賢之腦海，吾敢決其無此議也……考為上而為其下所推立者，於中國歷史，惟唐代之藩鎮。顧彼所推立者為武人，非文吏也（武案下當加一語，推舉之人為武卒，非一般人民也），故其事為亂制（社會通詮，國制不同分第十四，嚴復日，商務版一四〇頁以下）。

而所謂多數決，即用投票以決定多數之制，吾國更付缺如。

宜乎古之無從眾也。蓋從眾之制行，必社會之平等，各守其畛畔，一民各具一民之資格價值而後可。古宗法之社會不平等之社會也。不平等，故其決異議也，在朝則尚爵，在鄉則尚齒，或親親，或長長，皆其所以折中取決之具也。使是數者而無一存，固將反於最初之道。最初之道何？強權是已，故決鬥也。且何必往古，即今中國，亦無用從眾之法以決事者。何則，社會貴者寡而賤者眾，既曰眾，則賤者儔也，烏足以決事。以是之故，西文福脫（Vote）之字，於此土無正譯（社會通詮國家之議制權分第十二，嚴復曰，商務版一二二頁）。

中國自古就無民選，也無投票。一切公事無不委之於官。官既尸位素餐，民又受制於法，而不能完治其地。習而成性，人各顧私，終至一街一巷之小無一能治矣。

吾國公家之事，在在任之以官……彼於所官之土固無愛也，而著籍之民又限於法，雖欲完治其地而不能。若百千年之後，遂成心習，人各顧私，而街巷城市以其莫顧恤也，遂無一治者（嚴譯法意第十八卷第七章，復案）。

又說：

夫泰西之俗，凡事之不逾於小己者，可以自由，非他人所可過問。而一涉社會，則人人皆得而問之。乃中國不然，社會之事國家之事也。國家之事唯君若吏得以問之，使民而圖社會之事，斯為不安本分之小人，吏雖中之以危法，可也。然則吾儕小人舍己私之外，又安所恤。且其人既恤己私，而以自營為唯一之義務矣，則心習既成，至於為誑好欺，皆類至之物耳，又何訝焉（法意第十九卷第二十章，復案）。

嚴氏更進而說明地方自治之重要⓬。

⓬何啟胡翼南及嚴復均主張中國須先行地方自治。梁啟超雖不反對地方自治，而謂地方自治與中央共和，性質不同。梁氏說：「抑尤當知地方自治與中央共和，其性質又自有不同。蓋中央共和，最高主權在國民，此外並無他機關焉，超然於國民自身之上者，則調和其利害衝突也甚難。地方自治則別有掌握最高

特觀吾國今處之形，則小己自由尚非所急，而所以祛異族之侵略，求有立於天地之間，斯真刻不容緩之事，故所急者乃國群自由，非小己自由也。求國群之自由，非合通國之群策群力不可；欲合群策群力，又非人人愛國，人人於國家皆有一部分之義務不能；欲人人皆有一部分之義務，因以生其愛國之心，非誘之使與聞國事，教之使洞達外情，又不可得也，然則地方自治之制乃刻不容緩者矣。竊計中國即今變法，雖不必遽開議院，然一鄉一邑之間，設為鄉局，使及格之民，推舉代表，以與國之守宰，相助為理，則地方自治之基礎矣（法意第十七卷第三章，復案）。

即嚴氏亦主張國群自由比之個人自由，更為重要。他固「以自由為體，以民主為用」（原強引自中華民國開國五十年文獻第一編第七冊三九六頁）。但他知道一種制度，名目雖多，而彼此之間必相倚相生而有密切的關係，絕不能更其一而捨其他。嚴復說：

一治制之立與夫一王者之興也，其法度隆汙不同，要皆如橋石焉，相倚相生，更其一，則全局皆變。使所更者，同其精神而為之，猶可言也；使所更者異其精神而為之，則不可言矣（法意第八卷第十四章，復案）。

他反對中國文人之章繪句琢，而主張為學之道應「即物實測」（原強，引自中華民國開國五十年文獻第一編第七冊三九六頁）。「西洋之於學，則先物理而後文詞，重達用而薄藻飾」，「中土之學必求古訓，古

主權之中央政府以臨其上，則調和其利害衝突也較易。故能為中央共和者必能為地方自治，而能為地方自治者未必能為中央共和」（飲冰室文集之十七開明專制論第八章論開明專制適用於今日之中國，中華書局版六〇頁）。

人之非既不能明，即古人之是亦不知其所以是」（原強，引自前揭書第一編第七冊四〇三頁）。他說明中西文化不同之要點在中之人好古而忽今，西之人力今以勝古。

> 嘗謂中西事理，其最不同而斷乎不可合者，莫大於中之人好古而忽今，西之人力今以勝古。中之人以一治一亂，一盛一衰為天行人事之自然。西之人以日進無疆，既盛不可復衰，既治不可復亂為學術致化之極則。蓋我中國聖人之意，以為……生民之道，期於相安相養而已。夫天地之物產有限，而生民之嗜欲無窮。孳乳浸多，鐫鑱日廣，此終不足之勢也。物不足則必爭，而爭者人道之大患也。故寧以止足為教，使各安於樸鄙顓蒙，耕鑿焉以事其長上……而民力因之以日窳，民智因之以日衰。其究也，至不能與外國爭一旦之命，則又聖人計慮之所不及者也……今之稱西人者，曰彼善會計而已，又曰彼擅機巧而已。不知吾今茲之所見聞，如汽機兵械之倫，皆其形下之粗迹，即所謂天算格致之最精，亦其能事之見端，而非命脈之所在。其命脈云何，苟扼要而談，不外於學術則黜偽而崇真，於刑政則屈私以為公而已。斯二者與中國理道初無異也。顧彼行之而常通，吾行之而常病者，則自由與不自由異耳……中國理道與西法（指自由）最相似者，曰恕，曰絜矩。然謂之相似則可，謂之真同則大不可也。何則，中國恕與絜矩，專以待人及物而言。而西人自由，則於及物之中，而實寓所以存我者也。自由既異，於是群異叢然而生。粗舉一二言之，則如中國最重三綱，而西人首明平等（中略）。中國尊主，而西人隆民（中略）。中國多忌諱，西人眾譏評。其於財政也，中國重節流，而西人重開源；中國追淳樸，而西人求驩虞。其接物也，中國美謙屈，而西人精發舒，中國尚節文，而西人樂簡易。其於為學也，中國誇多識，而西人尊新知。其於禍災也，中國委天數，而西人恃人力。若此之倫，舉有以中國之理相抗以並存於兩間，而吾實未敢遽分其優絀也

（論世變之亟，引自王蘧常著嚴幾道年譜，商務版一五頁以下）。⓭

中國因好古而發生許多流弊，「至不能與外國爭一旦之命」，既如上所言矣。而中國所以好古，乃有其歷史上的原因，並非純出偶然。照嚴氏說：

民之生也，有蠻夷之社會，有宗法之社會，有軍國之社會。此其階級循乎天演之淺深，而五洲諸種之所同也。當為宗法社會之時，其必取所以治家者以治其國，理所必至，勢有固然。民處其時，雖有聖人，要皆囿於所習。故其心知有宗法，而不知有他級之社會。且為至纖至悉之禮制，於是磅礴彌綸，經數千年，其治遂若一成而不可復變也者。何則，其體幹至完，而官用相為搘拄。譬如勢植生物，其形體長成充足之後，雖外緣既遷，其自力不能更為體合（法意第十九卷第十九章復案）。

蓋一個民族的文化傳之既久，往往成為定型。此時也，苟閉關自守，不與外界接觸，便不能受到影響，而產生新的文化。嚴復曾舉法國之例云：

今天法國之革命，而駢殺其王后貴人也，實在華盛頓以美民自立之後。向使法國不鄰於英，又親見美民之自立，雖至今，其治如俄國，如波斯可耳……今者中國守四五千年之舊治，使海禁不開，則民養生送死，雖長此終古，可也（法意第十五卷第十二章，復案）。

嚴復說明中西文化本質不同之外，又進而說明中西政治原則相異的要點，乃在於西以公治眾，而

⓭「原強」及「論世變之亟」均發表於光緒二十一年，即一八九五年。

尚自由，中以孝治天下，而首尊親。他說：

> 西之教平等，故以公治眾，而尚自由，自由故貴信果。東之教立綱，故以孝治天下，而首尊親，尊親故薄信果。然其流弊之極，至於懷詐相欺，上下相遁，則忠孝之所存，轉不若貴信果者之多也。且彼西洋所以能使其民，皆若有深私至愛於其國與主，而赴公戰如私仇者，則亦有道矣。法令始於下院，是民各奉其所自主之約，而非率上之制也。宰相以下，皆由一國所推擇，是官者民之所設，以釐百工，而非徒以尊奉仰戴者也，撫我虐我，皆非所論者矣。出賦以庀工，無異自營其田宅；趨死以殺敵，無異自衛其家室。吾每聞英之人言英，法之人言法，以至各國之人之言其所生之國土，聞其名字，若我曹聞其父母之名，皆胣摯固結，若有無窮之愛也者，此其故何哉？無他，私之以為己有而已矣（原強，引自中華民國開國五十年文獻第一編第七冊四〇五頁至四〇六頁）。

嚴復深信弱肉強食乃天演的公理，中國「以將渙之群，而與鷙悍多智愛國保種之民遇，小則虜辱，大則滅亡，此不必干戈用而殺伐行也」（原強，引自前揭書第一編第七冊三九二頁）。「嗚呼，吾輩一身無足惜，如吾子孫與四百兆之人種何」（原強，引自前揭書第一編第七冊三九四頁）⓮。他假客人之言，反覆說

⓮ 但是嚴復並不是悲觀論者，他深信民族主義乃我國人民所固有，而無待以外鑠，「是以今日黨派雖有新舊之殊，至於民族主義則不謀而皆合……蓋民族主義乃吾人種智之所固有者，而無待於外鑠，特遇事而顯耳」（社會通詮國家之議制權分第十二，嚴復曰，商務版一〇八頁）。他雖力言列強壓迫之可畏，然尚相信中華民族最後必能自拔。他說：「竊料黃人前途，將必不至於不幸也，即使其民今日困於舊法，拘於積習之中，卒莫由以自拔，近果之成，無可解免。而變動光明，生於憂患，行且有以大見於世史，無疑也。今夫合眾之局何為者，以民族之寡小，必併合而後利自存也。且合矣，乃雖共和之善制而猶不

明如次：

聞前言者，造而問余曰，甚矣先生之言，無異杞人之憂天墜也。今夫異族之為中國患，不自今日始也……其間遞嬗，要不過一姓之廢興，而人民則猶此人民，聲教則猶古聲教……而吾子聳於達爾文之邪說，一則謂其無以自存，再則憂其無以遺種，此何異眾人熙熙，方登春臺，而吾子被髮狂叫，白晝見鬼也哉……應之曰唯唯。客所以祛吾惑者不亦至乎。雖然，願請間得為客深明之……蓋天下之大種四，黃白赭黑是已……今之滿蒙漢人皆黃種也，檀君舊國，箕子所封，冒頓之先，降由夏后，客何疑乎。故中國邃古以還，乃一種之所君，實未嘗或淪於非類。第就令如客所談，客尚不知種之相為強弱，其故有二，有鷙悍長大之強，有德慧術智之強。有以質勝者，有以文勝者。以質勝者，游牧射獵之民是已。其國之君民，上下截然如一家之人，憂則相恤，難則相赴，生聚教訓之事，簡而不繁，騎射馳騁，雲屯飇散，旃毳肉酪養生之具，益力而能寒，故其民樂戰輕死，有魁桀者為之要約而驅使之，其勢可以強天下。雖然，強矣而未進夫化也。若夫中國之民則進夫化矣，而文勝之國也，耕鑿蠶織，城郭邑居，於是有禮樂刑政之治，有庠序學校之教，通功易事，四民肇分，其法令文章之事，歷變而愈繁，積久而益富，養生送死之資無不具也，君臣上下之分無不明

堅。何故，以其民之本非一種，而習於分立故也。天下惟吾之黃種，其眾既足以自立矣，而其風俗地勢皆使之易為合而難為分。夫今日謀國之所患，在寡，在其民之難一，而法之難行。而吾民於此，實病其過耳，焉有以為患者乎。且吾民之智德力，經四千年之治化，雖至今日，其短日彰，不可為諱。顧使深而求之，其中實有可為強族大國之儲能，雖摧斲而不可滅者。夫其眾如此，其地勢如此，其民材又如此，使一旦幡然，悟舊法陳義之不足殉，而知成見積習之實為吾害，盡去腐穢，惟強之求，真五洲無此國也，何貧弱奴隸之足憂哉」（社會通詮，國制不同分第十四，嚴復曰，商務版一四六頁）。

也，冠昏喪祭之禮無不舉也，故其民媮生而畏法。治之得其道，則易以相安，治之失其道，亦易以日窳，是以及其末流，每轉為質勝者之所制。然而此中之安富尊榮，聲明文物，固游牧射獵者所深慕而遠不逮者也。故其既入中國也，雖名為之君，然數傳以後，其子若孫，雖有祖宗之遺令切誡，往往不能不厭勞苦而事逸樂，棄惇德而染澆風，遁天倍情，忘其所受，其不漸摩而與漢物化者寡矣……至於今之西洋則與是不可同時而語矣，何則？彼西洋者，無法與法並用，而皆有以勝我者也。自其自由平等以觀之，則捐忌諱，去煩苛，決壅蔽，人人得其意，申其言，上下之勢不相懸隔，君不甚尊，民不甚賤，而聯若一體者，是無法之勝也。自其官工兵商法制之明備而觀之，則人知其職，不督而辦，事至纖悉，莫不備舉，進退作息，皆有常節，無間遠邇，朝令夕改，而人不以為煩，則是以有法勝也。其鷙悍長大，既勝我矣；而德慧術知，又為吾民所遠不及。故凡耕鑿陶治，織紝牧畜，上而至於官府刑政，戰守轉輸，郵置交通之事，與凡所以和眾保民者，精密廣大，較吾中國之所有，倍蓰有加焉。其為事也，一一皆本諸學術；其為學術也，一一皆本於即物實測，層累階級，以造於至精至大之塗。故蔑一事焉，可坐論而不足起行者也。苟求其故，則彼以自由為體，以民主為用，一洲之民，散為七八，爭馳並進，以相磨礱，始於相忌，終於相成，各殫智慮，此既日異，彼亦月新，故能用法而不至受法之蔽，此其所以為可畏也。往者中國之法，與無法遇，故雖經累勝，而常自存。今也彼亦以其法以與吾法遇，而吾法乃穨隳朽腐如此其敝也，則彼法日勝，而吾法日消矣……此天演家言所謂物競天擇之道，固如是也。此吾前者所以言四千年文物，俛然有不終日之勢者，固以此也（原強，引自前揭書第一編第七冊三九四頁至三九六頁）。

由此可知古代華夷之別，嚴復已經改之以膚色為標準了，他反對排滿，自非偶然。嚴復又接受斯賓塞之言：「民之可化至於無窮，惟不可期之以驟」（原強，引自前揭書三九九頁）。「蓋一國之事，同於人身，今夫人身逸則弱，勞則強者，固常理也。然使病夫焉，日從事於超距贏越之間，以是求強，則有速其死而已矣。」（原強，引自前揭書第一編第七冊四〇〇頁），這又可以證明嚴復反對突變的革命，而贊成漸進的維新。這種文化漸進的思想固有相當的理由。任何民族必有其民族的特質，這不但因為它們的風俗習慣不同，抑亦因為它們的感情思想有別。同一的感情思想是由長期的共同生活鑄造而成。換句話說，各種民族因為生活於不同的環境之下，故乃鑄出不同的感情思想。這種感情思想就是民族精神之所在，所以民族精神也是長期歷史的產物。而民族精神發揚光大之後，則成為民族文化。文化是精神的，民族歷史愈長，其民族精神愈益顯明，因之，愈難接受外國文化，縱令輸入外國文化，亦必透過民族精神，加以許多改造，以適應民族的需要。反之，民族歷史不長，或沒有高級的文化，則舶來文化容易接受，縱是全盤洋化，亦為可能。由此可知一個民族不能完全接受外國文化，不是因為該民族之無知，也不是因為該民族之保守，反而因為該民族之有文化。但是民族文化又不是絕對不變，環境的變更，外來思想的接觸，都可使民族文化為之改變。固然改變，而其本質則受了民族精神的拘束，不能突然改換其面目。至於如何改變，則常決定於世界思潮與社會環境的牽制力，世界思潮是一個力，社會環境也是一個力，二者互相牽制，其實際所能趨向的則為兩力牽制所發生的對角線。

AB 是世界思潮，AC 是社會環境，AD 是實際趨向的方向。AC 之力比 AB 大（AC 比 AB 長），則 AD 愈接近於 AC（a 角愈小）。反之，AB 之力比 AC 大（AB 比 AC 長），則 AD 愈接近於 AB（b 角愈小）。英國的民主思想，在美國，經過獨立革命之後一經採用，就不會發生問題。而在法國，革命固然成功了，人權宣言固然發布了，憲法固然制定了，而竟發生山岳黨的恐怖政治，再發生拿破崙大帝的專制，又發生路易十八的復辟，復發生拿破崙第三的帝政。到了一八七五年頒布第三共和憲法，而後國家的根本組織方見確定。為什麼呢？美國在殖民地時代已有民主基礎，其議會制度，三權分立是老早就有了的。法國自一六一四年以後，未曾召集過封建時代的三級會議，中間距離一百七十五年，才復行召集。人民尚未習慣於民主政治——代議政治，而代議士亦不習慣於民主政治，所以革命之後所選舉的國民會議不但不能奠定民主共和的基礎，反而成為山岳黨獨裁與拿破崙帝政的工具。由此可知國家制度不是一蹴就可以成功的，只能漸次改造。這也是國父分國民革命為軍政、訓政、憲政三個時期的理由。

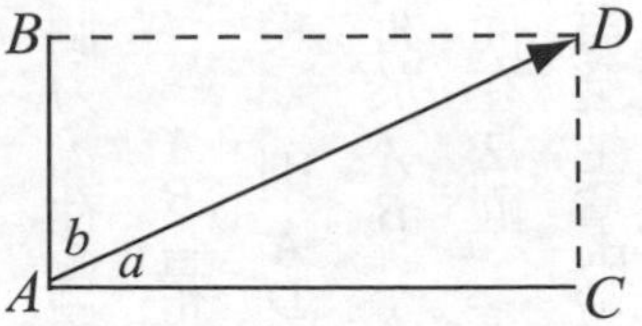

四、革命與維新兩派的言論鬥爭

中日戰爭（前清光緒二十年，即一八九四年）之後，愛國志士均熱烈的希望改革內政，而可以分為兩派：一派是革命派，欲推翻滿清政府，而主張民主共和，以國父孫中山先生為領袖；另一派為維新派，要利用滿清政府，而主張君主立憲，以康有為為首領。兩派均有鑒於日本頒布憲法之後，不及數年，便能以區區三島，獨立於列強之間，遂由維新與革命兩種觀念，主張實行憲政，以便改革國政。由此可知吾國憲政運動不是由內而發，而是受了外部的刺激，而其目的則在於抵抗帝國主義的侵略，以免瓜分之禍。

但是兩派思想不是自始就已分歧，在中日開戰之時，中山先生固曾上書北洋大臣李鴻章，說以救國大計（原文載在中華民國開國五十年文獻第一編第九冊二五九頁以下），即亦存一線希望於滿清政府，既而知道朝中大臣暮氣沉沉，不足與有為，乃赴檀香山創立興中會（一八九四年十一月）。宣言中有云：「方今強鄰環列，虎視鷹瞵，久垂涎於中華五金之富，物產之饒。蠶食鯨吞，已效尤於踵接，瓜分豆剖，實堪慮於目前。有心人不禁大聲疾呼，亟拯斯民於水火，切扶大廈之將傾。用特集會眾以興中，協賢豪而共濟，抒此時艱，奠我中夏。仰諸同志盍自勉旃」（檀香山興中會成立宣言，原文載在前揭書第一編第九冊四四四頁以下）。翌年（一八九五年）又刱立農學會，其徵求同志書亦有「追求積弱之故，不得盡歸咎於廊廟之上，即舉國之士農工商，亦當自任其過焉」。「若沾沾焉以練兵製械為自強計，是徒襲人之皮毛，而未顧己之命脈也，惡可乎」。「至於上懇國家立局設官，以維持農務，是在當道者先天下之憂而憂，後天下之樂而樂」（刱立農學會徵求同志書，原文載在前揭書第一編第九冊五三五頁以下）。即此時中山先生志在「興中」，未必注重於排滿。到了中日訂立馬關條約（一八九五年），國事日非，而廟堂之上還是文恬武嬉，中山先生知滿清政府已病入膏肓，非革命無以圖強，而既已主張革命了，則為團結明末以來的許多會黨起見，自不能不主張驅逐韃虜，藉以振奮民心（參閱前揭書第一編第十冊四七一頁以下）。吾人觀一八九五年廣州首次起義失敗，陸皓東之供詞，就可知道。供詞云：

吾姓陸，名中桂，號皓東，香山翠微鄉人，年二十九歲，向居外處，今始返粵。與同鄉孫文同憤異族政府之腐敗專制，官吏之貪汙庸懦，外人之陰謀窺伺。憑弔中原，荊榛滿目。每一念及，真不知涕之何從也。居滬多年，碌碌無所就，乃由滬返粵，恰遇孫君。客寓過訪，遠別故人，風雨連床，暢談竟夕。吾方以外患之日迫，欲治其標，孫則主滿仇之必報，思治其本。連日辯駁，宗旨遂定。此為孫君與吾倡行排滿之始。蓋務求驚醒黃魂，光復漢族。無奈貪官汙吏，劣紳腐儒，靦顏鮮恥，甘心事仇，不曰本朝深仁厚澤，即曰我輩食毛踐土。詎知滿清以建州賊種，入主中國，奪我土地，殺我祖宗，擄我子女玉帛。試思誰食誰之毛，誰踐誰之土。揚州十日，嘉定三屠，與夫兩王入粵，殘殺我漢人之歷史尤多，聞而知之，而謂此為恩澤乎。要知今日非廢滅滿清，決不足以光復漢族，非誅除漢奸，又不足以廢滅滿清。故吾等尤欲誅一二狗官，以為我漢人當頭一棒。今事雖不成，此心甚慰。但我可殺，而繼我而起者不可盡殺。公羊既歿，九世含冤。異人歸楚，吾說自驗。吾言盡矣，請速行刑（引自前揭書第一編第九冊五五〇頁）。

自是而後，革命思想蓬蓬勃勃，盛極一時，而與康梁一派成為對壘之勢。革命黨不但用文字宣傳，且用行動宣傳。蓋文字宣傳只能對於知識分子發生效力，行動宣傳尚可喚醒大眾敵愾同仇之念。但是此時革命黨人雖有共同的目標，而尚缺乏中心的組織。光緒三十一年（一九〇五年），同盟會成立於日本東京，以驅逐韃虜，恢復中華，建立民國，平均地權為號召（中國同盟會總章，軍政府宣言，原文載在前揭書第一編第十一冊二三六頁）。三民主義已經萌芽了，從此以後，革命思想遂受中山先生之指導。然而我們須知中山先生固不區區於排滿而已，他以大公之心，所希望者乃欲拯救整個中國——整個中華民族於將亡之際，所以辛亥革命一經發生，他就改驅逐韃虜為五族共和。但是這種大公之心，一般黨員未必知道，縱能知道，而時勢需要，目標便偏重於排滿，由排滿而主張革命，這是與康梁一派由保皇（不排滿）而主張維新（不作突變的革命）者不同之點。例如一九〇五年吳樾謀炸五大臣，其遺書云：

世界既不能立躋大同之域，民族間之利害衝突勢所不免……漢之不能容滿，亦猶夫滿之不能資漢。故我輩欲滅漢以榮滿也，斯已矣。如有良知，思恢復我族之權利，斷不得不顛覆漢視漢人勢不兩立之滿洲政府，而建立皇漢民族新國家，以自行意志，以自衛同胞……我簡言之，建立漢族新國家，為吾四萬萬同胞唯一之天職，傾覆異族寄生之新政府，為吾四萬萬同胞之手段（烈士吳樾君意見書，引自前揭書第一編第十三冊五九〇頁）。

他由這個觀點出發，以為「扶滿不足以救亡」，「滿洲政府無立憲資格」，「立憲決不利於漢人」（見前揭書）。此不過略舉一例。此時革命保皇兩黨之言論鬥爭甚見激烈。茲據中華民國開國五十年文獻第一編第十五冊「言論鬥爭」，依年代先後，略述當時言論的要點。一九〇六年，汪精衛於民報第四號上，說明不革命決不能立憲之理由。他說：

今日之中國，不革命決不能立憲，此有二理由：一曰不為政治革命者，則不能立憲……革命者謂於其政體上生一大變動也……然有國於此，所以能由君權專制政體變而為民權立憲政體，或變而為君權立憲政體者，何也？非其君能自變革，乃民權發達結果使之然也。民權發達而實行革命，因所遇之敵不同而結果有異……故吾之意，以為欲得立憲，必民權發達，有革命之能力，然後乃得達其目的也。二曰不為種族革命者則不能立憲……世界各國有以一民族構成一國家者，有以數民族構成一國家者。以一民族成一國家，其民族之觀念與國家之觀念能相融合，故於政治之運用無所窒礙。使以數民族成一國家，則當察其能相安同化與否。果其相安同化，則亦能式好無尤。如其否也，則各民族位置不平等，勢力不均，利害相反，各顧其本族而不顧國家。如是，則惟一民族優勝獨占勢力，而他族悉處於劣敗之地位，專以壓制為治，猶足苟求一日之安；欲以自由博愛平等之精神施之政治，必將格格而不能入矣。中國今日滿漢不並立，人所同知者也，故非種族革命，必不能立憲。據此二理由，則中國苟欲立憲，舍革命外，更無他策……立憲者當望之國民，不當望之君主，當望之本族，不當望之異族故也。而革命之後，必為民權立憲，何也？其時已無異族，政府祇有一般國民，故也（汪精衛駁新民叢報最近之非革命論，引自前揭書第一編第十五冊八〇頁以下）。

既云不革命，不能立憲；又云欲行立憲，必須人民有革命之能力。是則革命與立憲均以人民能力為前提，試問當時人民果有能力否。至謂「革命之後，必為民權立憲，何也？其時已無異族，政府祇有一般國民，故也」，更有問題。察之各國歷史，沒有異族之國家未必都能實行民權立憲。其難駁倒梁啟超的理論，自不待言。

同年民報（第六號及第七號），汪氏又有一篇文章，以為政府若能與國民同心同德，共謀立憲，吾人亦何惡於政府。但是今日之政府乃異族之政府，吾人寄望於異族政府，無異與虎謀皮。他說：

蓋國民之謀革命，以欲顛覆專制故也。其所以踣政府而去之者，所以達其目的而已。使政府不與國民為仇，而與國民同心同德，以濟大業，則國民之目的既達，何所惡於政府，而必欲去之，各國之革命固有其例矣。然欲以此望諸今日之政府，則決無濟，何也？今之政府異族的政府也，滿漢兩族利害相反，不能同為國民……既不能望滿人為我助，豈能望政府為我助耶？夫政治革命事業既無他人能分吾責，且非惟不能分吾責而已，尤將為吾害，則擔荷政治革命之責任者，惟我國民……責任既屬之我國民矣，則當問我國民有能盡此責任之能力否。該報（新民叢報）之意，以為今日之國民絕對不能有此能力者也，故以開明專制屬之政府，而國民所可任者勸告而已。以立憲屬之政府，而國民所可任者要求而已。要求雖較勸告為差強，然要求須有最後之武力，人民欲政府之順其要求，必其力足以制政府始可。而制之乏術，舍革命軍外，固無他也。而論者不主張革命軍，則其所謂要求亦猶勸告而已。是欲國民居於空言無責任之地位，而舉革命事業之全部，一惟政府之命也……夫國民之由專制而變為立憲也，繫乎能力。蓋專制國之人民與立憲國之人民，其能力固不同也。若夫既能由專制而變為立憲矣，則其為君主立憲抑為民主立憲，視其事實而已。非謂民主立憲國之人民，其能力必當較君主立憲國之人民為優也……蓋政治革命，一言以蔽之，曰君權與民權之消長而已。民權銳進，君權消滅者，則成民主立憲；民權銳進，君權讓步，於是相安者，則成君主立憲，故曰事實也。視其所遇之敵如何，而非人民之能力有高下使之然也（汪精衛再駁新民叢報之政治革命，引自前揭書第一編第十五冊一五四頁及一六〇頁）。

即汪氏以為滿漢兩族，利害相反，我們實難希望滿人之為我助，更難希望滿清政府之為我助。若謂要求政府實行立憲，亦不可能。蓋要求須以武力為後盾，既有武力要求立憲，則君主立憲與民主立憲（共和）都有可能。此言也，似有理由，但君主與共和畢竟不同，君主立憲一二次革命可矣。要行共和，往往選舉之時發生各黨戰爭之事，這是事實，不能勉強否認。

一九〇八年胡漢民於星加坡中興日報，亦謂要求立憲須有武器，對於同族之政府尚且如是，何況對於異族的政府。他說：

從來各國要求政府者皆有武器，而若輩（保皇黨）所恃以為要求之武器有三，上稟、打電、派代表也。曾謂此種武器遂能迫政府以割讓其權力？則即專以政治問題而論證之，各國均無其例，況於異族之政府素懷排漢之主義者乎（胡漢民，嗚呼滿洲所謂憲法大綱，引自前揭書第一編第十五冊二三二頁）。

同年胡氏依此觀點，又在星加坡中興日報，積極的主張排滿，以為滿虜不去，中國已非中國人之中國，國體如何，政體如何，亦何足論。他說：

夫革命黨所惡於滿清，而必欲排去之者，因其以異國異族而侵佔中國之土地，壓制中國之人民，攘奪中國之主權也。此為二百六十餘年之慘變，而四千餘年之祖國遂以淪亡。吾人為政治革命，故欲掃除四千餘年之君主專制；為民族革命，故欲掃除二百餘年之滿虜盤踞。滿虜不去，則中國已非中國人之中國，何有於國體，更何有於政體（辨姦著駁總匯報論國會與君主之關係，引自前揭書第一編第十五冊二六〇頁，辨姦乃胡漢民之筆名）。

案兩黨的言論鬥爭不外革命與維新，排滿與保皇。戊戌變法失敗之後，康梁一派所希望者，太后崩殂，光緒聽政，而革命有流血之慘，自宜避免。對此，章太炎以為光緒乃「仁柔寡斷之主」，「滿漢兩族固不能兩大也……滿人雖頑鈍無計，而其怵惕於漢人，知不可以重器假之，亦人人有是心矣……雖無太后，而掣肘者什伯於太后，雖無榮祿（反對變法之滿人），而掣肘者什伯於榮祿」（章氏叢書文錄二，駁康有為論革命書）。何況維新也不能不以武力為後盾。章氏說：

長素（康有為）以為革命之慘，流血成河，死人如麻，而其事卒不可就。然則立憲可不以兵刃得之邪？既知英奧德意諸國數經民變，始得自由議政之權。民變者，其徒以口舌變乎，抑將以長戟勁弩飛丸發熗變也。近觀日本立憲之始，雖徒以口舌成之，而攘夷覆幕之師在其前矣。使前日無此血戰，則後之立憲亦不能成。故知流血成河，死人如麻，為立憲所無可幸免者（仝上，駁康有為論革命書）。

且也，維新必須君民合意，而革命只要萬民一心，所以革命雖難，而維新卻比革命更難。章氏說：

今以革命比之立憲，革命猶易，立憲猶難。何者，立憲之舉，自上言之，則不獨專恃一人之才略，而兼恃萬姓之合意。自下言之，則不獨專恃萬姓之合意，而兼恃一人之才略。人我相待，所倚賴者為多。而革命則既有其合意矣，所不敢證明者，其才略耳。然則立憲有二難，而革命獨有一難。均之難也，難易相較，則無寧取其少難而差易者矣（仝上，駁康有為論革命書）。

章氏希望滿清政府退守舊封，漢人治漢，滿人治滿，解仇修好，交相擁護，則雙方均有利益。然而滿人何肯讓地自歸，則漢族昌言排滿，實為不得已之事。他說：

吾儕所執守者，非排一切政府，非排一切滿人，所欲排者為滿人在漢之政府。而今之政府為滿洲所竊據，人所共知，不煩別為標目，故簡略言之，則曰排滿云爾。若滿洲政府自知不直，退守舊封，以復靺鞨金源之迹，凡我漢族當與滿洲何怨。以神州之奧博，地邑民居，殷緐至矣，益之東方三省，愈泯棼不可理。若以漢人治漢，滿人治滿，地稍迫削，則政治易以精嚴。於是解仇修好，交相擁護，非獨漢家之福，抑亦滿人之利，寧有復祟舊怨，務面相攻之事。雖然人性之貪狼無厭，背違正義，更萬億年而不可變也。是故滿洲政府必無讓地自歸之事，為漢族者亦固知其不可望於滿人，則有昌言排滿而已（章氏叢書別錄一，排滿平議）。

此種主張實不知世界大勢及吾國之地理形勢。當時漢人出關者甚多，滿洲已是漢地，而日俄兩國均欲占領滿洲，而後再以高屋建瓴之勢，蠶食河北，而至河南。所以自古就有欲保河南，須固河北，欲固河北，又須保全東北之言。此後日本亂華，即其證據。

革命言論最激烈的莫如一九〇六年十月萍（江西萍鄉）瀏（湖南瀏陽）起義之時布告天下檄文。照檄文說，若得漢族為天子，專制亦可。即令我們同胞納血稅，充苦役，我們亦甚願意。檄文云：

夫中國者中國人之中國，而非夷虜之中國也……但得我漢族為天子，即稍形專制，亦如我家中祖父，雖略示尊嚴，其榮幸猶為我所得與。或時以鞭朴相加，叱責相遇，亦不過望我輩之肯構肯堂，而非有奴隸犬馬之心。我同胞即納血稅，充苦役，猶當仰天三呼萬歲，以表悃忱愛戴之念（新中華大帝國南部起義恢復軍布告天下檄文，引自中華民國開國五十年文獻第一編第十三冊六頁及七頁）。

此言也，痛快固然痛快，而實有背於孫中山先生之本意。即此時革命黨人雖同以排滿為號召，而其宗旨各不相同，其不能一致拒敵，終歸失敗，絕非無因。

在革命運動日益擴大之時，清廷也講求維新之法。先是一八八九年（即光緒十五年）光緒親政，越九年（光緒二十四年，即一八九八年），召用康有為梁啟超等人，實行變法，不及百日，變法失敗，西太后又復垂簾聽政，清廷政治再歸於復古之途，而其愚昧頑固且有過於咸同年間。康梁等人主張變法而不排滿，變法失敗，康梁亡命海外，組織保皇黨，以與革命黨相抗（兩黨鬥爭可參閱中華民國開國五十年文獻第一編第十五冊）。但是康梁兩人的思想又未必完全相同。茲分別述之如下。

康有為宗儒家之學，他的根本思想為春秋三世之說。所謂春秋三世，公羊傳云：「所見異辭，所聞異辭，所傳聞異辭」，按此數句乃接在「冬十有二月……公子益師卒，何以不日，遠也」（公羊傳隱公元年）之下，即說明春秋所書十二公時代之事，近者較詳，遠者較略。而東漢何休由這三世，創造了一種學說，即「於所傳聞之世，見治起於衰亂之中。故內其國而外諸夏」，「於所聞之世，見治升平，內諸夏而外夷狄」，「至所見之世，著治太平，夷狄進至於爵，天下遠近小大若一」（公羊傳隱公元年何休注）。這種理論乃以華夷之別為根據。然則為什麼「春秋內其國而外諸夏，內諸夏而外夷狄」呢？「王者欲一乎天下。曷為以外內之辭言之，自近者始也」（公羊傳成公十五年）。在所傳聞之世，天下諸侯開始攻戰，有至滅亡者，這種交相戰之事足以破壞大一統的局面，春秋希望諸侯能保其國，故云「內其國而外諸夏」。在所聞之世，蠻夷猾夏，齊桓晉文均以攘夷稱霸，即此時春秋所重視者為華夷之別，故云「內諸夏而外夷狄」。降至所見之世，小股戎狄，如山戎白狄已與中國同化，即西方之秦，南方之楚也參加中原諸侯的會盟，春秋已經不稱他們為「人」，而進至以「爵」稱呼他們了，故云「天下遠近小大若一」。由此可知何休所謂衰亂、昇平、太平只就華夷之別言之。康有為又依「禮運」（禮記卷二十一禮運）之大同（天下為公）小康（天下為家）之言，以昇平世為小康，以太平世為大同。社會由衰亂而小康而大同，乃是進化的法則。「發小康之道用君主，而大同之道……尚共和也」（不忍雜誌彙編初集卷一共和政體不能行於中國論）。由何休之言，春秋三世猶如三統（黑、白、赤）而可反覆不已，依康氏之言，春秋三世達到大同之後，就一治而不復亂。

案孔子之別華夷，文化重於血統，蓋用夏變夷乃儒家的目標。倘若華夏之國行同夷狄，春秋亦以夷狄視之，隱公七年戎伐凡伯，穀梁傳云：「戎者衛也。戎衛者（變衛為戎者）為其伐天子之使，貶而戎之也」。哀公十三年公會晉侯及吳子於黃池。穀梁傳云：「黃池之會，吳子進乎哉，遂子矣。吳夷狄之國也，祝髮文身，欲因魯之禮，因晉之權，而請冠端而襲（請著玄冠玄端而相襲），其藉於成周（藉謂貢獻），以尊天王，吳進矣」，即吳進至於爵而稱子。由此可知春秋之別華夷是可變的。康有為依此學說，先說明漢人乃混合亞洲許多種族而成，滿洲亦黃帝之後。他說：

> 近人多謂中國漢族全為黃帝子孫，有欲以黃帝紀年者。其實大地萬國無有能純為一族者也。夫黃帝出自崑崙，實由中亞洲遷徙而來。史記黃帝本紀稱以師兵為營衛，則實由遊牧而入中國之北方。其時中國地屬有苗……至堯舜時，大江以南尚為苗人所據。歐人以中國人種同於蒙古人種，而馬來人別自為種。蓋馬來人種出自苗人，其音本同。而黃帝徙自中亞，實即蒙古之種。惟孔子作春秋，以禮樂文章為重，所謂中國夷狄之別，專以別文野而已。合於中國之禮者，則進而謂之中國，

不合於中國之禮者，則謂之夷狄……春秋以吳為夷狄，則吳為泰伯之後，實周之宗室，安有以為夷狄者哉。可知春秋中國夷狄之辨，不純在種族矣……魏齊周隋五代遼金元諸史中由諸番改漢姓者不可勝數，吾未及徧舉之。但舉簡要，則北魏書官氏志九十九姓之所改，蓋中國之自負為三代華冑者，乃無一能免於北狄所雜亂者矣……滿洲之音轉從肅慎，其在周世曾貢楛矢石砮，皆黃帝二十五子分封之所出。而匈奴之祖出於淳維，實為殷後，則北魏亦吾所自出耳。即鮮卑之種今為西伯利，面目神骨實與我同。遠徙入美而為墨西哥祕魯，實皆我種（不忍雜誌彙編初集卷一民族難定漢族中亦多異族而滿洲亦祖黃帝考）。

何況滿洲入主中原以後，既接受中國之禮教，依春秋華夷之辨，何可視之為夷狄。康氏說：

我中國雖屢更革命，而五千年文明之中國禮樂文章教化風俗如故也。自外入者入焉而化之。滿洲云者，古為肅慎，亦出於黃帝後。其於明世封號龍虎將軍。然則其入主中夏也，猶舜為東夷之人而代唐，文王為西夷之人而代商云爾。教化皆守周孔，政俗皆用漢明。其一家帝制，不過如劉李趙朱云爾。五千年文明之中國禮樂文章政俗教化一切保存，亦如英國也，則亦不過易姓移朝耳。易姓移朝者，可謂之亡君統，不得以為亡國也（不忍雜誌彙編初集卷一君與國不相關，不足為輕重存亡論）。

這種見解不是康氏所特創，我國古人早已言之。康氏主張變法而不革命，蓋革命必生內亂而速外患，「若中國今日而亡於外人乎，則必為芬蘭印度安南爪哇，必不得為北魏金元與本朝之舊，可決之也。以今之外人皆有文明化我故也」（不忍雜誌彙編初集卷一，君與國不相關，不足為輕重存亡論）。

康氏既依古人華夷之別而反對排滿了，又進一步，依春秋三世之說，以為今日只是小康時代，可行君主立憲，而不宜行民主共和。蓋任何制度都沒有絕對的價值，最重要的必須適合人民之性情風俗，康氏說：

夫政治非空言理想所能為也，以政治法律皆施於人民者，必與人民之性情習俗相洽相宜，乃可令下如流，施行無礙也。非可執歐美之成文，舉而措之中國，而即見效也。豈徒不效，其性情風俗不相宜者，且見害焉（不忍雜誌彙編二集卷一中國顛危誤在全法歐美而盡弃國粹說）。

但是我們須知康氏並不是完全反對變法。不過變法之時，必須顧到自己的社會環境，次第改革。倘若輕佻浮動，一躍千里，則顛仆之患勢所難免，康氏說：

夫法之不能無弊，窮之不可不變，自然之勢也。然舊者有堅固之益，新者順時變之宜，二者不可以偏廢也。故孔子曰溫故而知新，雙輪並馳，則車行至穩也。英國之為治也，常新舊並行，其溫故者操守極堅，其知新者進行不失，二者相牽相制，且前且卻，各一步而一驟，而得其調和焉。故常度舊而保俗，而又日更新以爭時。夫守舊而能保俗，則國民德性不改，風俗不變，持重不佻，而無顛仆之患。更新而能爭時，則國民進趨不後，比較不失，競爭進化，而無敗退之虞（不忍雜誌彙編初集卷一中華救國論）。

又說：

今中國之與歐美，其歷史國力為強弱老幼何若，其政治禮俗為表裡虛實何若。此必不能以一驗方而救治效，不待言也。若持美法之治效，自由平等之說，共和政黨之制，施於中國，其宜耶……其非耶……夫天下無萬應之藥，無論參朮苓草之實，牛溲馬渤之賤，但能救病，便為良方。天下無無弊之法，無論立憲共和專制民權國會一切名詞，但能救國宜民，是為良法。執獨步單方者必非良醫，執一政體治體者必非良法……夫所謂政黨議會，民權憲法，乃至立憲共和專制，皆方藥也。當其病，應其時，則皆為用。非其病，失其宜，則皆為災（不忍雜誌彙編初集卷一中國以何方救亡論）。

豈但中國不能由二千餘年的君主專制，猝然改之為共和民主，就是歐美各國亦何莫不然。「法之共和亂八十年而後定。墨之共和亂三百年，而至今未定。南美諸國亂百餘年，而今未定」（不忍雜誌彙編二集卷二嗚呼噫嘻吾不幸而言中）。只唯美國，獨立之後，即能採用民主共和，「其故有四，開國諸賢皆清教之徒，無爭權位之志，只有救民之心，一也。因於屬地十三州已有議院自立，本無君主，二也。本為英人，移植英已成之憲法於美，政黨僅二，故美獲安，三也。美初立時，人民僅三百萬，仍是小國，四也」（不忍雜誌彙編初集卷一共和政體不能行於中國論）。觀康氏之所言，其反對共和，至為顯明。他又引各國為例，說明立憲君主與立憲民主無甚差別，而君主制度尚可使中樞安定，倘若數年改選元首一次，則兩黨相爭，勢必引起紛亂。他說：

夫立憲君主與立憲民主之制，其民權同，其國會內閣同，其總理大臣事權與總統同。名位雖殊，皆代君主者也。除其有乾脩之君銜外，亦幾幾於古之有天下者也。自德國外，君主殆不在有無之數矣。則總統與總理大臣之更易，亦與君主之移朝易姓無異也。然爭總理大臣者不過兩黨人以筆墨口舌爭之。歲月改易之，行所無事，國人幾忘，則與專制世之易相無異也。而爭總統者兩黨列軍相當，驅國人之屬於黨者相殺。每爭總統一次，則死國民無算。夫立總統不過為國民代理而已。乃為一代理而死國民無算，其害大矣，則反不如有君主而不亂之為良法也。蓋非有愛於君主而必欲立之也，所以愛國民也（不忍雜誌彙編初集卷一共和政體不能行於中國論）。

康氏主張滿漢一家，又復主張君主立憲，故其結論就謂變法當維持小康之君主政體，而以擁清帝以行立憲，最為簡便。他在前清時，已上書清帝說明變法之必要。

夫方今之病，在篤守舊法而不知變，處列國競爭之世，而行一統垂裳之法；此如已夏而衣重裘，涉水而乘高車，未有不病暍而淪胥者也。大學言日新又新，孟子稱新子之國，論語孝子毋改父道，不過三年，然則三年之後，必改可知。夫物新則壯，舊則老，新則鮮，舊則腐，新則活，舊則板，新則通，舊則滯，物之理也。法既積久，弊必叢生；故無百年不變之法。況今茲之法，皆漢唐元明之敝政，何嘗為祖宗之法度哉？又皆為胥吏舞文作弊之巢穴，何嘗有絲毫祖宗之初意哉？今託於祖宗之法，固已誣祖宗矣。且法者所以守地者也，今祖宗之地既不守，何有於祖宗之法乎？夫使能守祖宗之法，而不能守祖宗之地，與稍變祖宗之法，而能守祖宗之地，孰得孰失，孰重孰輕，殆不待辯矣（康有為上清帝書，引自中華民國開國五十年文獻第一編第七冊三三八頁）。

由此可知康氏之政論雖附會公羊三世之說，而其中足供吾人參考者亦不少。至欲利用清帝，變法自強，用心雖苦，其術則疏。當時清廷政治腐化極了，朝中大臣除一二稍識時務者外，率皆昧於世界形勢。他們要保全自己的祿位，何能不設法制止康梁之見用。此時也，非用革命方法，推翻舊政權，一切改革都是空談。此所以中山先生上書李鴻章，一見吾道之不行，即集合同志，提倡革命的理由。

梁啟超師事康有為，最初亦宗公羊三世之說，戊戌變法以前，即光緒二十三年（一八九七年），他有一篇論文，說明三世，其要旨為：

博矣哉，春秋張三世之義也。治天下者有三世：一曰多君為政之世（又分為酋長之世與封建及世卿之世），二曰一君為政之世（又分為君主之世與君民共主之世，所謂君民共主當指君主立憲），三曰民為政之世（亦分為有總統之世與無總統之世）……多君者據亂世之政也，一君者升平世之政也，民者太平世之政也。此三世六別者，與地球始有人類以來之年限，有相關之理。未及其世，不能躐之，既及其世，不能闕之（飲冰室文集之二，論君政民政相嬗之理）。

三世六別之說，劃分似有問題，光緒二十七年，梁氏將人群之進化分為四級⑮。梁氏說：

凡人群進化之階級皆有一定。其第一級則人人皆棲息於一小群之中，人人皆自由，無有上下尊卑之別者也；亦名為野蠻自由時代。其第二級因與他群競爭，不得不舉群中之有智勇者以為臨時酋長，於是所謂領袖團體者出以指揮其群，久之遂成為貴族封建之制度者也；亦名為貴族帝政時代。其第三級則競爭日烈，兼併盛行，久之遂將貴族封建一切削平而成為郡縣一統者也，名為君權極盛時代。其第四級則主權既定之後，人群秩序已鞏固，君主日以專制，人民日以開明。於是全群之人共起而執回政權，名為文明自由時代。此數種時代，無論何國何族，皆循一定之天則而遞進者也（飲冰室文集之六，堯舜為中國中央君權濫觴考）。

即梁氏以民權政治為政治最後之歸宿。但是政治的進化既有一定階段，自難越級而進，所謂「一勞永逸」不過誤人家國之言。他說：

⑮ 光緒二十八年，梁氏著「中國專制進化史論」又分為六級，文載於飲冰室文集之九。

> 天下之為說者，動曰一勞永逸；此誤人家國之言也。今夫人一日三食，苟有持說者曰，一食永飽，雖愚者猶知其不能也，以飽之後歷數時而必饑，饑而必更求食也。今夫立法以治天下，則亦若是矣。法行十年，或數十年或百年而必敝，敝而必更求變，天之道也。故一食而求永飽者必死，一勞而求永逸者必亡（飲冰室文集之一，論不變法之害）。

梁氏也主張變法圖強，但變法須知本原，「中興以後，講求洋務，三十餘年，創行新政不一而足，然屢見敗衄，莫克振救」。「蓋事事皆有相因而至之端，而萬事皆同出於一本原之地；不挈其領而握其樞，猶治絲而棼之，故百舉而無一效也」（飲冰室文集之一論變法不知本原之害），「甲午以前，我國士大夫言西法者，以為西人之長不過船堅礮利，機械精奇，故學之者，亦不過礮械船艦而已，此實我國致命之由也」（梁啟超，戊戌政變記，飲冰室合集，第一冊，引自兀冰峰著清末革命與君憲的論爭）。他舉畢斯麥之言如次：

> 昔同治初年，德相畢士麻克語人曰，三十年後，日本其興，中國其弱乎！日人之游歐洲者，討論學業，講求官制，歸而行之。中人之游歐洲者，詢某廠船礮之利，某廠價值之廉，購而用之。強弱之原，其在此乎！嗚呼！今雖不幸而言中矣！懲前毖後，亡羊補牢，有天下之責者，尚可以知所從也（飲冰室文集之一，論變法不知本原之害）。

此時也，戊戌變法已經失敗，梁氏亡命日本，遂由日本書籍及嚴復所譯各書，認識歐洲思想，而盡棄康氏之學，而謂富強之本在於政治之革新，不在於船堅礮利。徒取西洋之物質文明，補苴罅漏，彌縫蟻穴，結果必不成功。

然則中國何以自秦漢以後，政治乃停止於專制階段，而不能達到民權之域呢？梁氏對此，舉出兩個原因，一是社會的原因，他有鑒於英國發布大憲章以及光榮革命皆有恃於貴族之欲限制君權，遂謂秦漢以後，中國沒有貴族階級，因之君權就不受任何限制，這是中國沒有民主政治的一個原因。他說：

> 凡政治之發達，莫不由多數者與少數者之爭而勝之。貴族之對於平民，固少數也。其對於君主，則多數也。故貴族能裁抑君主而要求得相當之權利，於是國憲之根本，即已粗立。後此平民亦能以之為型，以之為楯，以彼之裁抑君主之術還裁抑之，而求得相當之權利。是貴族政治之有助於民權者一也。君主一人耳，既用愚民之術，自尊曰聖曰神，則人民每不敢妄生異想，馴至視其專制為天賦之權利。若貴族之專制也，則以少數之芸芸者與多數之芸芸者相形見絀，自能觸其惡感，起一吾何畏彼之思想。是貴族政治之有助於民權者二也。一尊之下既有兩派，則疇昔君主與貴族相結以虐平民者，忽然亦可與平民相結以弱貴族。而君主專制之極，則貴族平民又可相結以同裁抑君主。三者相牽制相監督，而莫或得自恣。是貴族政治之有助於民權者三也。有是三者，則泰西之有貴族而民權反伸，中國之無貴族而民權反縮，有由來矣（飲冰室文集之九，中國專制政治進化史論）。

二是思想的原因，即中國人太過守舊。「俗論動曰，非古人之法言不敢道，非古人之法行不敢行。此奴隸性根之言也。夫古人自古人，我自我。我有官體，我有腦筋，不自用之，而以古人之官體為官體，以古人之腦筋為腦筋，是我不過一有機無靈之土木偶，是不啻世界上無復我之一人也」（飲冰室文集之三，獨立論）。他由這個觀點出發，深嘆中國人之食古不化。

> 古聖賢也，古豪傑也，皆嘗有大功德於一群，我輩愛而敬之，宜也。雖然古人自古人，我自

我，彼古人之所以能為聖賢為豪傑者，豈不以其能自有我乎哉。使不爾者，則有先聖無後聖，有一傑無再傑矣。譬如孔子誦法堯舜，我們誦法孔子，曾亦思孔子所以能為孔子，彼蓋有立於堯舜之外者也。使孔子而為堯舜之奴隸，則百世後必無復有孔子者存也……世運者進而愈上，人智者濬而愈瑩，雖有大哲，亦不過說法以匡一時之弊，規當世之利，而決不足以範圍千百萬年以後之人也……中國……於古人之言論行事，非惟辨難之辭不敢出於口，抑且懷疑之念不敢萌於心。夫心固我有也，聽一言，受一義，而曰我思之，我思之，若者我信之，若者我疑之，夫豈有刑戮之在其後也，然而舉世之人莫敢出此，……要之四書六經之義理，其非一一可以適於今日之用，則雖臨我以刀鋸鼎鑊，吾猶敢斷言而不憚也（文光圖書公司印行飲冰室全集第一冊新民說，論自由。中華書局之飲冰室文集不載）。

而自漢武帝罷黜百家，表章六經之後，中國思想就定於一尊。梁氏說：

凡一國之進步必以學術思想為之母，而風俗政治皆其子孫也。中國惟戰國時代九流雜興，道術最廣。自有史以來，黃族之名譽未有盛於彼時者也。秦漢而還，孔教統一。夫孔教之良，固也。雖然，必強一國人之思想使出於一途，其害於進化也莫大。自漢武表章六藝，罷黜百家，凡非在六藝之科者絕勿進。爾後束縛馳驟，日甚一日，虎皮羊質，霸者假之以為護符。社鼠城狐，賤儒緣之以謀口腹。變本加厲，而全國之思想界消沉極矣。敘歐洲史者莫不以中世史為黑暗時代。夫中世史則羅馬教權最盛之時也。舉全歐人民，其軀殼界則靡爛於專制君主之暴威，其靈魂界則匐伏於專制教主之縛軛。故非為不進，而以較希臘羅馬之盛時已一落千丈矣。今試讀吾中國秦漢以後之歷史，其視歐洲中世何如。吾不敢怨孔教，而不得不深痛絕夫緣飾孔教，利用孔教，誣罔孔教者之自賊而賊國民也（文光圖書公司印行之飲冰室全集第二冊新民說，論進步）。

而俗儒之取法孔子者，又摭其偏言，而遺其大體，於是國人之進取冒險之精神漸滅以盡。梁氏云：

> 而所稱誦法孔子者，又往往遺其大體，摭其偏言，取其狷主義，而棄其狂主義，取其勿主義（懲忿窒慾之學），而棄其為主義（開物成務之學），取其坤主義（地道妻道臣道），而棄其乾主義（自強不息），取其命主義，而棄其力主義……於是進取冒險之精神漸滅以盡（文光圖書公司印行飲冰室全集第一冊論進取冒險）。

但是儒家亦有缺點，凡倫理觀念往往是「因時而異，因地而異，甲社會之人與乙社會之人，甲時代之人與乙時代之人，其所謂道德者時或不能以相喻」（飲冰室文集之二十九，中國道德之大原）。儒家主張仁義，而俗儒多偏重於仁，而少言及義。梁氏說：

> 大抵中國善言仁，而泰西善言義。仁者人也，我利人，人亦利我，是所重者常在人也。義者我也，我不害人，而亦不許人之害我，是所重者常在我也。……夫出吾仁以仁人者，雖非侵人自由，而待仁於人者則是放棄自由也。仁焉者多，則待仁於人者亦必多，其弊可以使人格日趨於卑下。若是乎仁政者非政體之至焉者也。吾中國人惟日望仁政於其君上也，故遇仁焉者，則為之嬰兒，遇不仁焉者，則為之魚肉。古今仁君少而暴君多，故吾民自數千年來，祖宗之遺傳即以受人魚肉為天經地義，而權利二字之識想，斷絕於吾人腦質中者固已久矣（文光圖書公司印行飲冰室全集第一冊新民說，論權利思想）。

仁者愛人，於是在個人方面，就不能由利己觀念而競爭。梁氏說：

為我也，利己也，私也。中國古義以為惡德者也。是果惡德乎？曰惡，是何言，天下之道德法律未有不自利己而立者也……人類之所以能主宰世界者賴是焉，對於他族而倡愛國保種之義，則利己而已。而國民之所以能進步繁榮者，賴是焉。故人而無利己之思想者，則必放棄其權利，弛擲其責任，而終至於無以自立。彼芸芸萬類，平等競存於天演界中，其能利己者必優而勝，其不能利己者必劣而敗，此實有生之公例矣……國不自強，而望列國之為我保全，民不自治，而望君相之為國興革，若是者皆缺利己之德而已……西國政治之基礎在於民權，而民權之鞏固由於國民爭權利，寸步不肯稍讓……觀於此，然後知中國人號稱利己心重者，實則非真利己也。苟其真利己，何以他人剝奪己之權利，握制己之生命，而恬然安之，恬然讓之，曾不以為意也（飲冰室文集之五，十種德性相反相成義，其四，利己與愛他）。

於政治方面，則言仁政，而缺乏自由思想。仁政與自由形質雖同，而精神則異。何以言之？梁氏剖析其理由如次：

中國先哲言仁政，泰西近儒倡自由，此兩者其形質同而精神迥異，其精神異而正鵠仍同者，何也。仁政必言保民，必言牧民。保之牧之者其權無限也。故言仁政者祇能論其當如是，而無術以使之必如是。雖以孔孟之至聖大賢，嘵音瘏口以道之，而不能禁二千年來暴君賊臣之繼出踵起，魚肉我民。何也？治人者有權而治於人者無權。其施仁也常有鞭長莫及，有名無實之憂，且不移時而熄焉。其行暴也，則窮凶極惡，無從限制，流毒及於全國，亘百年而未有艾也。聖君賢相既已千載不一遇，故治日常少而亂日常多。若夫貴自由，定權限者，一國之事其責任不專在一二人。分工而事易舉，其有善政，莫不徧及。欲行暴者隨時隨事皆有所牽制，非惟不敢，抑亦不能，以故一治而不復亂也。是故言政府與人民之權限者，謂政府與人民立於平等之地位，相約而定其界也，非謂政府畀民以權也。趙孟之所貴，趙孟能賤之，政府若能畀民權，則亦能奪民權。吾所謂形質同而精神迥異者此也（飲冰室文集之十，論政府與人民之權限）。

但是泰西近儒雖倡自由，而自由並不是毫無限制，梁氏一方依功利主義者的主張，以為「凡人民之行事有侵他人之自由權者，則政府干涉之。苟非爾者，則一任人民之自由，政府宜勿過問也……故文明之國家……人各有權，權各有限也。權限云者，所以限人不使濫用其自由也」（飲冰室文集之十，論政府與人民之權限）。同時又採用孟德斯鳩的學說：以為「強有力者恆喜濫用其力，自然之勢也。濫用焉，鋒若有所嬰而頓焉，則知斂。斂則其濫用之一部分適削減以去，而軌於正矣」（飲冰室文集之三十，政治上之對抗力）。他批評儒家的政論如次：

儒家之政治思想有自相矛盾者一事，則君民權限不分明是也……儒教之所最缺點者，在専為君說法，而不為民說法。其為君說法奈何。若曰汝宜行仁政也……若有君於此，而不行仁政……則當由何道以使之不得不如是乎？此儒教所未明答之問題也。夫有權之人之好濫用其權也，猶虎狼之嗜人肉也。向虎狼諄諄說法，而勸其勿食人，此必不可得之數也……二千年來，孔教極盛於中國，而歷代君主能服從孔子之明訓，以行仁政而事民事者，幾何人也。然則其道當若何？曰不可不箝制之以民權。當其暴威之未行也，則有權以監督之；當其暴威之方行也，則有權以屏除之；當其暴威之既革也，且有權以永絕之。如是，然後當權者有所憚，有所縛，而仁政之實乃得行（飲冰室文集之即梁氏欲用民權以對抗君權。所謂民權即多數決之政治，「理論上之多數政治，謂以多數而宰制少數也。事實上之多數政治實仍以少數宰制多數。夫絕對的理論上之多數政治，非可不可之問題，乃能不能之問題也。彼號稱多數政治之國……參考其事，則無論何國之議會，何國之政黨，其主持而指揮之者，為多數人耶，為少數人耶，不待問而知其必為少數人也已矣」（飲冰室文集之三十，多數政治之試驗）。由此可知梁氏以為對抗力的作用乃有恃於政黨。梁氏說：

> 苟一國而無強健實在之對抗力以行乎政治之間，則雖有憲法而不為用……強健正當之對抗力何自發生耶。曰，必國中常有一部分上流人士惟服從一己所信之真理，而不肯服從強者之指命，威不可得而劫也，利不可得而誘也。既以此自勵，而復以號召其朋。朋聚眾則力弸於中而申於外，遇有拂我所信者則起而與之抗，則所謂政治上之對抗力，厥形具矣。今代立憲各國之健全政黨，其所以成立發達者恃此力也。夫既知對抗力之可貴，則於他人之對抗力亦必尊重之。故當其在野也，常對抗在朝者而不為屈，即其在朝也，亦不肯濫施強權以屈彼與我對抗之人（飲冰室文集之三十，政治上之對抗力）。

夫既云對抗，則必一方有發動力，他方有另一強大之力，與其對抗。倘若發動力歸於消滅，對抗力起而與之易位，則不曰對抗，而只是革命。然而革命之後，是否採用民主政體，還要視對抗力之發展如何。沒有對抗力，勢將演變為以暴易暴，而革命之事就將不斷的發生。他說：

> 及其革命後所演生之政象，則又仍視乎對抗力之發達何如，使能於革命前革命中醞釀成一種強

健正當之對抗力而保持之，則緣革命之結果，專制可以永絕，而第二次革命可以永不發生。而不然者，以疇昔厭苦專制之人，一旦為革命之成功者，則還襲其專制之跡以自恣……若此者無論革命後仍為君主國體或變為民主國體，而於政象之革新，國運之進化，絲毫無與焉。其仍為君主國體者，則易姓之君主專制也。其變為民主國體者，則或少數之梟雄專制，或多數之暴民專制也。其易姓之君主專制，則中國二千餘年之史蹟是也。其少數之梟雄專制，則克林威爾之在英，爹亞士之在墨，與夫中南美之武人迭僭，皆是也。其多數之暴民專制，則法蘭西大革命後十年間是也。其形式不同而其專制則同，其醞釀第二次革命則同。其經一兩次革命之後漸能養成強健正當之對抗力者，則及其既養成焉，而革命隨而絕跡，如英法是也。亦有經數次之革命，而終不能養成強健正當之對抗力者，則其國之歷史以革命相始終，如中國自秦迄清是也，如中美南美諸國自共和國成立迄今皆是也。若是者，苟其國能閉關自守，則僅內亂以塗炭其民已耳；若有大敵以臨之於外，則國必且折而入於敵矣（飲冰室文集之三十，政治上之對抗力）。

梁啟超在前清屬於保皇黨，他謂滿清入主中原，「中葉以來，全化漢俗。咸同以後，政權歸漢人手者十而八九」（飲冰室文集之九，中國專制政治進化史論第三章），所以他反對排滿之說，他以為：

排滿者以其為滿人而排之乎，抑以其為惡政府而排之乎……如以其為滿人也，且使漢人為政，將腐化而亦神聖之也。如以其為惡政府也，雖骨肉之親有所不得私，而滿不滿奚擇焉……今日之中國……其蠹國殃民者非芸芸坐食之滿人，而其大多數乃在闒婀無恥媚茲一人之漢族也……故今日當以集全國之鋒刃向於惡政府為第一義，而排滿不過其戰術之一枝線。認偏師為正文，大不可也……今之論者或乃至盜賊胡曾，而神聖洪楊，問此果為適於論理否耶？且使今日得如胡曾其人者為政府，與得如洪楊其人者為政府，二者孰有利於救國？而論者必將倔強而曰毋寧洪楊，此吾所不敢苟同也……吾中國言民族者，當於小民族主義之外，更提倡大民族主義。小民族主義者何，漢族對於國內他族是也。大民族主義者何，合國內本部屬部之諸族以對於國外之諸族是也。中國同化力之強，為東西歷史家所同認……今關內之滿人，其能通滿文滿語者，已如鳳毛麟角，他無論矣……苟漢人有可以自成國民之資格，則滿人勢不得不融而入於一爐，此則吾所敢斷言也……今所欲研究者，則中國之能建國與否，係於逐滿不逐滿乎，抑不係於逐滿不逐滿乎，實問題之主點也。自今以往，中國而亡則已，中國而不亡，則此後所以對於世界者，勢不得不合漢合滿合蒙合回合藏，組成一大民族。提全球三分有一之人類，以高掌遠蹠於五大陸之上，此有志之士所同心醉也（飲冰室文集之十三，政治學大家伯倫知理之學說，二論國民與民族之差別及其關係，啟超案語）。

梁氏的思想實比康有為開明，梁氏以為立憲與革命固然宗旨有殊，而二者不宜相仇，立憲主義進一步，則革命主義必進一步。革命主義進一步，則立憲主義亦必進一步。蓋天下事往往有相反而適相成。他說：

所謂立憲革命兩主義之交鬨，吾豈不知其惡感情之何自而生也……試問持一主義者為欲保存我國耶，抑欲保存我主義耶。如欲保存我主義者，苟其主義不適於國，而不足以救國之亡，則國亡而主義亦安麗也。如欲保存我國者，則此國當由何主義以獲救，今方屬未定之問題。我而自信甲主義可以救此國也，我從而亹亹焉，固不必輕棄以徇人。彼而自信乙主義可以救此國也，彼從而亹亹焉，又何必其輕棄以徇我。若夫機會之已熟，適不適之形成，我與彼必有一焉，劣而貶者，固也。而我與彼又必有一焉而勝者。但使有一優勝，則吾國既已緣此而獲存，國存則我主義雖或消滅，而於吾保國之目的不已達乎，乃必於始焉而相仇，何為者……天下事固有極相反而適相成者，若君主專制與共和革命兩極端也，而共和革命每成就於君主專制極點之時，專制者種種積威，種種陰謀，皆不啻為革命者作豫備之資料，此泰西史上所習聞也。而況乎立憲革命之爭乃與此異……立憲主義進一步，則革命主義必進一步，我而真信革命論之可以救國也，則宜日夕禱祀，祈立憲論之發達，以為我助力，而不得不相仇之理由果何在也。……革命主義進一步，則立憲主義必進一步，我而真信立憲之可以救國也，則正宜日夕禱祀，祈革命論之發達，以為我助力，而其不得不相仇之理由果又何在也（文光圖書公司印行飲冰室全集第三冊論政治能力）。

梁氏又進一步，說明立憲必有兩黨以上，互相制衡，而後才不會流於專制，而政治亦得日益進步。他說：

立憲國之政黨政治也，彼其黨人……固未嘗不自為私名私利計也。雖然專制國之求勢利者，則媚於一人，立憲國之求勢利者，則媚於庶人。媚一也，而民益之進不進，於此判焉。政黨之治，凡國必有兩黨以上，其一在朝，其他在野。在野黨欲傾在朝黨而代之也，於是自布其政策，以掊擊在朝黨之政策，曰使吾黨得政，則吾所施設者如是如是，某事為民除公害，某事為民增公益。民悅之也，而得占多數於議院，而果與前此之在朝黨易位，則不得不實行其所布之政策，以副民望而保大權，而群治進一級焉矣。前此之在朝黨既幡而在野，欲恢復其已失之權力也，又不得不勤察民隱，悉心布畫，求更新更美之政策，而布之曰彼黨之所謂除公害增公益者猶未盡也。使吾黨而再為之，則將如是如是，然後國家之前途愈益向上。民悅之也，而復占多數於議院，復與代與之在朝黨易位，而亦不得不實行其所布之政策，以副民望，而保大權，而群治又進一級焉矣。如是相競相軋，相增相長，以至無窮，其競愈烈者，則其進愈速……是故無論其為公也，即為私焉，而其有造於國民固已大矣。若夫專制之國雖有一二聖君賢相，徇公廢私，為國民全體謀利益，而一國之大，鞭長難及，其澤之真能徧逮者固已希矣。就令能之，而所謂聖君賢相者曠百世不一遇，而桓靈京檜項背相望於歷史，故中國常語，稱一治一亂……進也以寸，而退也以尺，進也以一，而退也以十，所以歷千百年而每況愈下也（文光圖書公司印行飲冰室全集第二冊新民說，論進步）。

由此可知梁啟超接受西洋思想者甚多。他的目的實出於欲救中國於將亡之際，所以革命成功，就不固執保皇之說，且謂「國家之敝，極於前清時代，不行政治革命，庸有幸乎。欲行政治革命，而不先之以種族革命，為道果克致乎」（飲冰室文集之二十八，中國立國大方針，結論）。甚至張勳復辟之時，他亦通電反對（電文載在飲冰室文集之三十五）。其由政治上之對抗力，而主張兩黨對立，蓋有鑒於英美兩國均只有兩黨，而政治則獨秀於世界之故。但是一國之內只有兩大政黨，並不是容易的事。梁氏亦說：「欲行完全政黨政治，必以國中兩大政黨對峙為前提。英美之政所以獨秀於世界者，凡以此耳。若法若奧，則以小黨分裂太甚之故。致使內閣一歲數更迭，政界華離，而國以不競，此稍治國聞者所能知也」（飲冰室文集之二十八，中國立國大方針，四、政黨內閣，(3)宜防小黨分立）。然而兩黨對峙乃由於社會的勢力關係，組黨的人若純是知識分子，則為爭奪政權起見，勢必分裂為許多小黨，所以梁氏最後不能寄望於「愛國分子自為之耳」（仝上）。

思想的統一及調和

鴉片戰爭之後，中國政治思想漸次擺脫先秦學說，而採用西洋近代學者的政論，以救中國固有思想之窮。但是各種思想太過雜亂，尤其民國以後。其能綜合之者則為孫中山先生，他不泥古，亦不完全崇洋。他說：

> 中國幾千年以來，社會上的民情風土習慣，和歐美的大不相同，中國的社會既然是和歐美的不同，所以管理社會的政治，自然也是和歐美不同，不能完全倣效歐美，照樣去做，像倣效歐美的機器一樣。歐美的機器，我們只要是學到了，隨時隨地都可以使用。譬如電燈，無論在中國的什麼房屋，都可以裝置，都可以使用。至於歐美的風土人情，和中國不同的地方是很多的。如果不管中國自己的風土人情是怎樣，便像學外國的機器一樣，把外國管理社會的政治機器，硬搬進來，那便是大錯（中央文物供應社發行國父全集第一冊，三民主義，民權主義第五講，壹—九七頁）。

此言也，尚可供今人參考。蓋自然科學只求真理，真理是放之四海而皆行。而社會科學尚須注意到價值問題，價值乃隨時隨地而異，即隨時間與空間而不同，所以別國認以為是者，在我也許為非。別國認以為非者，在我也許為是。以別國之是非為吾國之是非，這是不識社會科學的本質。十九世紀以來，自然科學日新月異，而社會科學則進步極慢。為什麼呢？中山先生說：

近來的歐美文化是很發達的，文明是很進步的。分析起來說，他們的物質文明，像製造機器那些東西的進步，是很快的，至於人為機器，像政府機關這些東西的進步，是很慢的。這個理由是在甚麼地方呢？就是物質機器做成之後，易於試驗；試驗之後，不好的易於放棄，不完備的易於改良。人為機器成立了之後，很不容易試驗；試驗之後，很不容易改良。假若是要改良，除非起革命不可。如果不然，要把它當作不好的物質機器看待，變成廢鐵，那是做不來的。因為這個理由，所以歐美的製造機器，進步很快，行政機器進步很慢（仝上第一冊，三民主義，民權主義第六講，壹一一〇七頁）。

合上兩項言論觀之，可知中山先生以為政治的革新必須顧到中國的社會環境，不但不宜完全倣效歐美，而且不能一舉而即達到理想之域。他致力國民革命有四十年之久，前後言論因修正難免有衝突之處。吾人若不問其言論發於何時，而只舉其單言片語，章繪句琢，自難了解中山先生之最後意見。但是我們須知自同盟會成立（前清光緒三十一年，即一九〇五年）之後，中山先生始終堅持三民主義之說，而三民主義的內容則隨時代的進展，日益富豐。關於三民主義，今人著作可供讀者參考者甚多，茲據民國十二年以後的中山先生的言論，舉三民主義的要旨如次：

㈠民族主義　民國十二年一月中山先生說：「余之民族主義，特就先民所遺留者，發揮而光大之，且改良其缺點。對於滿洲，不以復仇為事，而務與之平等共處於中國之內，此為以民族主義對國內諸民族也。對於世界諸民族，務保持吾民族之獨立地位，發揚吾固有之文化，且吸收世界之文化而光大之，以期與諸民族並驅於世界，以馴至於大同，此為以民族主義對世界之諸民族也」（仝上，中國革命史，柒－九〇頁）。十三年一月又云：「國民黨之民族主義有兩方面之意義，一則中國民族自求解放，二則中國境內各民族一律平等」（仝上，中國國民黨第一次全國代表大會宣言，肆－一四七頁）。同年四月復說：「其三為民族，故對於國內之弱小民族，政府當扶植之，使之能自決自治；對於國外之侵略強權，政府當抵禦之，並同時修改各國條約，以恢復我國國際平等，國家獨立」（仝上，建國大綱，叄－三六九頁）。茲宜注意者，所謂「自決」乃是「組織自由統一的（各民族自由聯合的）中華民國」（仝上，中國國民黨第一次全國代表大會宣言，肆－一四八頁）。

然則我們如何實現民族主義呢？一個民族的衰頹，常由於民族精神的喪失，而民族精神的喪失，常表現為民族失去自信力。中國古代雖屢受到漠北種族的侵略，而「胡運不及百年」則為國人所深信。「故國家雖亡，民族還能夠存在。不但自己的民族能夠存在，並且有力量同化外來的民族」（仝上，第一冊三民主義，民族主義第六講，壹－四三頁）。而自前清末年，情形完全兩樣，中山先生說：

不過庚子年的義和團，是中國人的最後自信思想和最後自信能力，去同歐美的文化相抵抗。由於那次義和團失敗了以後……中國人的自信力便完全失去了，崇拜外國的心理，便一天高過一天。由於要崇拜外國，做效外國，便得到了很多的外國思想，就是外國人只才想到還沒有做到的新思想，我們也想拿來實行……由此可見中國從前是守舊，在守舊的時候，總是反對外國，極端信仰中國要比外國好。後來失敗，便不守舊，要去維新，反過來極端的崇拜外國，信仰外國是比中國好。因為信仰外國，所以把中國的舊東西都不要，事事都是做效外國，只要聽到說外國有的東西，我們便要去學，便要拿來實行（仝上，第一冊三民主義，民權主義第五講，壹－九四頁至九五頁）。

但是中國有固有的道德，又有固有的智識，復有固有的能力，我們要恢復民族的自信力，須先認識中國之固有道德、智識及能力並不比外國為劣（參閱仝上第一冊三民主義，民族主義第六講，壹－四三頁以下）。我們須知中山先生不是泥古的人，所以又說：

但是恢復了我們固有的道德智識和能力以外，在今日的時代，還未能進中國於世界的第一等地位，像我們祖宗在從前是世界上獨強一樣。要想恢復到那樣的地位，除了恢復一切國粹之後，還要去學歐美的長處，然後才可以和歐美並駕齊驅；如果不學外國的長處，我們還是要退後（仝上第一冊三民主義，民族主義第六講，壹－四八頁）。

到了中國能夠成為世界上第一強國之後，須立定「濟弱扶傾」的志願，「對於弱小民族要扶持他，對於世界列強要抵抗他」，這「才是我們民族的天職」。他說：

中國古時常講「濟弱扶傾」，因為中國在政治文化正統思想上有了這個好政策，所以強了幾千年，安南緬甸高麗暹羅那些小國，還能夠保持獨立。現在歐風東漸，安南便被法國滅了，緬甸被英國滅了，高麗被日本滅了。所以中國如果強盛起來，我們不但是要恢復民族的地位，還要對於世界負一個大責任，如果中國不能夠擔負這個責任，那麼中國強盛了，對於世界沒有大利，便有大害。中國對於世界究竟要負甚麼責任呢？現在世界列強所走的路是滅人國家的，如果中國強盛起來，也要去滅人國家，也去學列強的帝國主義，走相同的路，便是蹈他們的覆轍；所以我們要先決定一種政策，要「濟弱扶傾」，才是盡我們民族的天職。我們對於弱小民族要扶持他，對於世界的列強要抵抗他，如果全國人民都立定這個志願，中國民族才可以發達；若是不立定這個志願，中國民族便沒有希望！我們今日在沒有發達之先，立定「濟弱扶傾」的志願，將來到了強盛時候，想到今日身受了列強政治經濟壓迫的痛苦，將來弱小民族如果也受這種痛苦，我們便要把那些帝國主義都來消滅，那才算是治國平天下（仝上第一冊，三民主義，民族主義第六講，壹－四九頁至五〇頁）。

㈡民權主義　民國十二年一月中山先生說：「歐洲立憲之精義發於孟德斯鳩，所謂立法、司法、行政三權分立是也。歐洲立憲之國莫不行之。然余遊歐美，深究其政治法律之得失，如選舉之弊決不可無以救之。而中國相傳考試之制糾察之制，實有其精義，足以濟歐美政治法律之窮。主張以考試糾察二權，與立法司法行政三權並立，合為五權憲法。更採直接民權之制，以現主權在民之實」（仝上第二冊，中國革命史，柒－九一頁）。十三年一月又云：「國民黨之民權主義，於間接民權之外，復行直接民權。即為國民者，不但有選舉權，且兼有創制、複決、罷官諸權也。民權運動之方式，以五權分立為之原則，即立法司法行政考試監察分立是也。凡此既以濟代議政治之窮，亦以矯選舉制度之弊」（仝上第二冊中國國民黨第一次全國代表大會宣言，肆－四八頁）。同年四月復云：「其次為民權，故對於人民之政治知識、能力，政府當訓導之，以行使其選舉權，行使其罷官權，行使其創制權，行使其複決權」。「在憲政開始時期，中央政府當完成設立五院，以試行五權之治，其序列如下：曰行政院，曰立法院，曰司法院，曰考試院，曰監察院」（仝上第一冊，建國大綱，叁－三六九頁及三七〇頁）。由此可知在中國革命史之中，監察權稱為糾察權，而在民國十年所講的五權憲法之中，又曰彈劾權（仝上第一冊，五權憲法，貳－六頁）。第一次全國代表大會宣言及建國大綱，才改稱為監察權。又者中央革命史雖有直接民權之說，而直接民權為何，並未明白說出，第一次全國代表大會宣言及建國大綱，雖然舉出四種，而對於罷免權均曰罷官權。即在民國十年所講五權憲法之中，亦曰罷官權（仝上第一冊，五權憲法，貳－一〇頁之表），到了十三年四月二十六日（建國大綱乃發表於十三年四月十二日）演講民權主義第六講時，雖將罷官權改稱為罷免權，而其目標還是罷免官吏（仝上第一冊，三民主義，民權主義第六講，壹－一一七頁），而未說到罷免代議士。這也許由於我之疏忽，未能一一精讀「國父全集」之故，或則國父反對「命令的委任」(Imperatives Mandate)，而贊成「自由的委任」(freies Mandate)❶之故，到底如何，希望讀者教正。

當時革命尚未成功，外有列強的壓迫，內有軍閥的割據，政府要負擔這兩種責任，非有全權不可。所以中山先生一方主張民權，同時又欲組織萬能政府，民國十三年四月二十日，演講民權主義第五講之時，曾說：

> 在民權發達的國家，多數政府都是弄到無能的。民權不發達的國家，政府多是有能的……近幾十年來，歐美最有能的政府，就是德國俾士麥當權的政府。在那個時候的德國政府，的確是萬能政府。那個政府本來不主張民權的，本來要反對民權的，但是他的政府，還是成了萬能政府。其他各國主張民權的政府，沒有那一國可以叫做萬能政府（仝上第一冊，三民主義，民權主義第五講，壹－九八頁）。

然則民權與萬能政府，勢難兩立了。中山先生為解決這個問題，就把「權」與「能」分開，權屬於人民，就是政權，也可以稱為民權，有選舉罷免創制複決四種。能屬於政府，就是治權，也可以稱為政府權。他說：

> 政治之中，包含有兩個力量，一個是政權，一個是治權。這兩個力量，一個是管理政府的力

❶ 參閱拙著政治學一六八頁及一七〇頁以下。

量，一個是政府自身的力量。

在我們的計劃之中，想造成的新國家，是要把國家的政治大權，分開成兩個，一個是政權，要把這個大權，完全交到人民的手內，要人民有充分的政權，可以直接去管理國事，這個政權，便是民權。一個是治權，要把這個大權，完全交到政府的機關之內，要政府有很大的力量，治理全國事務，這個治權，便是政府權。

關於民權……第一個權是選舉權……第二個權就是罷免權……這兩個權是管理官吏的，人民有了這兩權，對於政府之中的一切官吏，一面可以放出去，又一面可以調回來，來去都可以從人民的自由……國家除了官吏之外，還有什麼東西呢？其次的就是法律，所謂有了治人，還要有治法。人民要有甚麼權，才可以管理法律呢？如果大家看到了一種法律，以為是很有利於人民的，便要有一種權，自己決定出來，交到政府去執行，關於這種權，叫做創制權，這就是第三個民權。若是大家看到了從前的舊法律，以為是很不利於人民的，便要有一種權自己去修改，修改好了之後，便要政府執行修正的法律，廢止從前的舊法律。關於這種權，叫做複決權，這就是第四個民權。

人民有了這個大權，來管理政府，要政府去做工夫。在政府之中要用什麼方法呢？要政府有很完全的機關，去做很好的工夫，便要用五權憲法……我們現在分開權與能……那麼在人民和政府兩方面，彼此要有一些甚麼的大權，才可以彼此平衡呢？在人民一方面的大權，是要有四個政權，這四個政權是選舉權、罷免權、創制權、複決權。在政府一方面的，是要有五個治權，這五個治權，就是行政權、立法權、司法權、考試權、監察權。用人民的四個政權，來管理政府的五個治權，那才算是一個完全的民權政治機關。有了這樣的政治機關，人民和政府的力量，才可以彼此平衡，互相調劑，不相衝突（仝上，第一冊，三民主義，民權主義第六講，壹－一一四頁，一一六頁，一一七頁

至一一八頁，一一八頁至一一九頁）。❷

茲有兩個問題，值得我們研究。其一立法權既為治權之一，而為政府權。然則立法院如何產生呢？民國十年七月所講的「五權憲法」，只云「五權憲法的立法人員就是國會議員」（仝上，第一冊，五權憲法，貳—八頁）。民國十二年一月二十九日發表的「中國革命史」亦有「憲法制定之後，由各縣人民投票……選舉代議士，以組織立法院」（仝上第二冊，中國革命史，柒—九二頁）。但是民國十三年一月三十一日的「中國國民黨第一次全國代表大會宣言」（仝上，中國國民黨第一次全國代表大會宣言，肆—一四八頁），及民國十三年四月十二日的建國大綱（仝上，第二冊，建國大綱，叁—三六九頁以下），甚至民國十三年四月二十六日的民權主義第六講（仝上，第一冊，三民主義，民權主義第六講，壹—一〇七頁以下），均未曾說到立法委員民選之制。倘若立法院是由民選代表組織，那末，會否和各國國會一樣，不但不能與行政院互相調劑，甚至互相衝突，而使政府不能成為萬能。這是我們應該研究的第一問題。

其次，政權就是直接民權，這個直接民權如何行使呢？以中國領土之大，人口之多，自難實行直接民主制（direct democracy），如古代希臘羅馬的城市國家及今日瑞士的一邦及四個半邦一樣，聚會公民於一堂，討論國政（參閱拙著政治學一九七頁以下）。而細察中山先生的言論，又不似採用德國威瑪憲法的公民投票制（referendum）（參閱拙著政治學二〇五頁以下）。關於這個問題，「五權憲法」雖於第三圖中載有國民大會，而其組織如何，職權如何，並沒有明顯的說明（仝上，五權憲法，貳—二〇頁）。中國革命史則云「各縣之已達完全自治者，皆得選代表一人，以制定五權憲法……國民大會職權專司憲法

❷「互相調劑，不相衝突」八字是根據正中書局印行之三民主義，民權主義第六講一六八頁至一七九頁加入的。

之修改及制裁公僕之失職」，又云：「建設完成時期……此時一縣之自治團體當實行直接民權。人民對於本縣之政治，當有普通選舉之權，創制之權，複決之權，罷官之權。而對於一國政治，除選舉權之外，其餘之同等權，則付託於國民大會之代表以行之」（仝上，第二冊，中國革命史，柒—九二頁至九三頁）。第一次全國代表大會宣言雖有「即為國民者，不但有選舉權，且兼有創制、複決、罷官諸權也」（仝上第二冊，中國國民黨第一次全國代表大會宣言，肆—四八頁），而四權是否付託國民大會行使，並未說到。民權主義第六講對於權能分別，雖然說明至為詳盡，而四種政權如何行使，亦未說到（參閱仝上第一冊，三民主義，民權主義第六講，壹—一〇七頁以下）。建國大綱第十四條云：「每縣地方自治政府成立之後，得選國民代表一員，以組織代表會，參預中央政事」。第二十四條又云：「憲法頒布之後，中央統治權則歸於國民大會行使之。即國民大會對於中央政府官員有選舉權，有罷免權；對於中央法律有創制權，有複決權」（仝上第一冊，建國大綱，叁—三七〇頁及三七一頁）。是則國民大會是由人民選舉代表組織的，其為代議機關，自無疑問。代議機關所行使的權限，只可視為間接民權，亦不容吾人懷疑。倘若立法院是人民直接或間接選舉的機關，而國民大會亦為民選機關，這兩種民選機關皆與監察院不同；監察院所司者是違法問題，立法院與國民大會所司者是政策問題。兩個機關對於政策均有權限，則萬能政府不但不能實現，而且行政機關所受的壓制將比別國的兩院更見嚴重。何以說呢？立法院和國民大會的關係，與各國第一院和第二院的關係不同。第一院與第二院是議會的兩枝，它們雖然分別開會，但是必須雙方的決議能夠一致，而後才成為議會的決議。所以政府若能控制一院，雖然不能強迫議會通過政府提出的法案，而議會亦不能強迫政府實行政府反對的政策。反之立法院與國民大會乃是兩個獨立的機關。兩個機關可以各行其是，政府需要的法案幸而通過於立法院，國民大會可用複決，以撤銷之。政府反對的法案，立法院縱不提出，國民大會可用創制，使其成立。政府受到兩種壓制，試問國家政務安能圓滑進行?這是我們應該研究的第二問題。

㈢民生主義　當前清光緒三十一年（一九〇五年）同盟會成立之時，中山先生關於民生主義，只揭櫫「平均地權」一項，蓋中國自古以農立國，農業社會與商工業社會不同，商工業社會可將本國的工業品，換取別國的農產物，只要國際沒有戰爭，交通未曾斷絕，國內糧食不會發生問題。反之，農業社會則不然了。土地是唯一的生產工具，然而一定面積的土地（墾田）只能生產一定數量的食糧，而一定數量的食糧又只能養活一定數目的人口。依吾國歷史所示，一切社會問題均由土地而發生。關於土地問題可分兩種：一是生產問題，二是分配問題。土地之分配雖然平均，苟土地的總生產不能供給人口的總消費，這叫做社會之絕對的貧窮，勢非大亂不可。反之，土地的總生產雖能供給人口的總消費，倘令土地集中於少數豪強，大多數農民排斥於農村之外，貧不聊生，則成為社會之相對的貧窮。在這兩種貧窮之下，往往發生農民流亡之事，初則盜匪遍地，次則政權顛覆，終則群雄割據。大亂既然發生，丁壯斃於鋒刃，老弱委於溝壑，幸而存者不過十之三四。社會的消費力固然減少，然而內亂不但減少社會的消費力，且又破壞社會的生產力。生產力的破壞若超過於消費力的減少，亂事必繼續進行，一直到社會的生產可以供給社會的需要，才見停止。這個時候，苟有一位智勇之士出來收拾殘局，社會不難由亂世變為小康。小康之極，人口又增加了，土地又兼併了，於是大亂又重演於歷史之上。這就是一治一亂的原因。中山先生有鑒於此，所以主張平均地權。但是如何平均呢?自商鞅變法，廢井田，民得自由買賣之後，土地公有變為土地私有，然其結果，竟然發生豪強兼併之事。豪強將其兼併的土地，租給佃農，按期收租，自己則攜帶田租換來的貨幣，離開農村，遨遊都市。於是經濟上就發生了不合理的現象：耕者沒有土地，有土地者不耕，勞力與所有已經脫節。耕者貧窮，不耕者富裕，勞力與收入又無關係。這種現象在土地尚未過度集中以前，還不會發生問題。一旦過度集中，必將發生大亂。所以歷代政府常設法解決土地問題，如西漢末年的限田（參閱拙著中國社會政治史第一冊一八一頁以下），王莽時代的王田（參閱拙著前揭書第一冊二〇一頁以下），曹魏的屯田（參閱拙著前揭書第二冊五〇頁以下），西晉的占田（參閱拙著前揭書第二冊一八〇頁以下），北朝及隋唐的均田（參閱拙著前揭書第二冊二三九頁以下，第三冊一八頁以下及九八頁以下），然而無一成功。蓋時人只注意土地的分配，而不講求土地的生產，而其目的又在於處理荒地，以增加國家的稅收。此後如宋代王安石的方田，乃測量田之大小，土之肥瘠，而定賦稅等第，而方田使者竟然從中舞弊，上下其手，利民之政變為擾民（參閱拙著前揭書第四冊三三頁以下）。明代張居正的開方法，也是測量田之大小，但有司或短縮步弓，以求田多，或培克見田，以充虛額，故結果也和王安石的方田一樣，歸於失敗（參閱拙著前揭書第四冊三〇八頁以下）。其講求生產的，只唯漢武帝末年，用趙過代田之法以謀生產力的增加，唯在土地集中之時，代田效力並不甚大（參閱拙著前揭書第一冊一七三頁及一八五頁）。綜上所言可知土地問題實是中國社會問題所以發生的原因。所以中山先生關於民生主義，最初揭櫫的只是平均地權。至於地權如何平均，五權憲法與民生主義無關，故未說到，中國革命史關於民生主義只提出節制資本的原則（參閱國父全集第二冊中國革命史，柒—九一頁）。民國十三年一月三十一日的中國國民黨第一次全國代表大會宣言關於民生主義，則云「私人所有土地田地由地主估價呈報政府，政府就價徵稅，並於必要時依報價收買之，此則平均地權之要旨也」（仝上第二冊，第一次全國代表大會宣言，肆—四八頁，參閱肆—五一頁對內政策第十四條）。民國十三年四月十二日建國大綱第二條云：「建國之首要在民生」，其下列舉食、衣、住、行四大需要，而關於平均地權，未曾提及（仝上第一冊，建國大綱，叁—三六九頁）。到了民國十三年八月十日演講民生主義第二講時，又依第一次全國代表大會宣言，而說：「民生主義就是社會主義，不過辦法各有不同。我們的頭一個辦法是解決土地問題……就是政府照地價收稅和照地價收買……地價應該由地主自己去定……地主如果以多報少，他一定怕政府要照價收買，吃地價的虧；如果以少報多，他又怕政府要照價抽稅，吃重稅的虧。在利害兩方面互相比較，他一定不情願多報，也不情願少報，要定一個折中的價值，把實在的市價報告政府。地主既是報折中的市價，那麼政府和地主自然是兩不吃虧」（全上第一冊，三民主義，民生主義第二講，壹－一四四頁）。然此只是分配而已。關於生產方面，民國十三年八月十七日演講民生主義第三講時，又提出七個增加生產的方法，「第一是機器問題，第二是肥料問題，第三是換種問題，第四是除害問題，第五是製造問題，第六是運送問題，第七是防災問題」，對這七個問題均有詳細說明（全上第一冊三民主義，民生主義第三講，壹－一五三頁以下）。由此可知中山先生的平均地權不但注意分配，且又注意生產。

土地問題雖有解決之法，而時代所趨，尚有另一個重要問題，即工業資本問題。這個問題與土地問題不同，土地問題為吾國內部的事，工業資本問題則與列強有關。中山先生在民族主義第二講中已經說明列強「用經濟力壓迫我們」，「各國平時對於外國經濟力的侵入，都是用海關作武器，來保護本國經濟事業的發展……所謂保護稅法就是用關稅去抵制外貨……保護稅法的用意是將別國的入口貨，特別加以重稅……抽這樣重的稅，便可以令別國貨物的價貴，在本國不能銷行。本國貨物無稅，因之價平，便可以暢銷」（全上第一冊，三民主義，民族主義第二講，壹－一三頁及一五頁）。但是工業發達之後，國內又將發生勞資糾紛，中山先生曾說：「歐美自機器發明，而貧富不均之現象隨以呈露；橫流所激，經濟革命之燄乃較政治革命為尤烈。此在吾國三十年前，國人鮮一顧及者。余遊歐美，見其經濟岌岌危殆之狀，彼都人士方焦頭爛額而莫知所救。因念吾國經濟組織，持較歐美，雖貧富不均之現象無是劇烈，然特分量之差，初非性質之殊也。且他日歐美經濟之影響及於我國，則此種現象必日與俱增，故不可不為綢繆未雨之計」（全上第二冊，中國革命史，柒－九一頁）。但是中山先生以為「中國今是患貧，不是患不均」（仝上第一冊，三民主義，民生主義第二講，壹－一四七頁）。「對於資本制度，祇可以逐漸改良，不能夠馬上推翻」（仝上第一冊，三民主義，民生主義第三講，壹－一六〇頁）。既不能馬上推翻，所以只能節制資本。第一次全國代表大會宣言云：「凡本國人及外國人之企業或有獨佔性質，或規模過大為私人之力所不能辦者，如銀行、鐵路、航路之屬，由國家經營管理之，使私有資本不能操縱國民之生計，此則節制資本之要旨也」（仝上第二冊，中國國民黨第一次全國代表大會宣言，肆－一四八頁）。民生主義第二講亦說：「國民黨對於民生主義定了兩個辦法，第一個是平均地權，第二個是節制資本……這種方法……第一是社會與工業的改良，第二是運輸與交通事業收歸公有，第三是直接稅法，就是收所得稅，第四是分配之社會化，就是合作社」（仝上第一冊，三民主義，民生主義第二講，壹－一三七頁）。其詳如次：

這四種社會經濟事業，是些甚麼詳細情形呢？譬如就第一種說，就是要用政府的力量改良工人的教育，保護工人的衛生，改良工廠和機器，以求極安全和極舒服。工業能夠這樣改良，工人便有做工的大能力，便極願意去做工，生產的效率便是很大。

就第二種的情形說，就是要把電車火車輪船以及一切郵政電訊交通的大事業，都由政府辦理。用政府的大力量去辦理那些大事業，然後運輸才是很迅速，交通才是很靈便。運輸迅速，交通靈便，然後各處的原料，才是很容易運到工廠內去用；工廠內製造的出品，才是很容易運到市場去賣；便不至多費時間，令原料與出品在中道停滯，受極大的損失。如果此事不由政府去辦，要由私人去辦，不是私人的財力不足，就是壟斷的阻力極大；歸結到運輸，一定是不迅速，交通一定是不靈便，令全國的各種經濟事業，都要在無形之中受很大的損失。

至於第三種直接徵稅，也是最近進化出來的社會經濟方法。行這種方法就是用累進稅率，多徵資本家的所得稅和遺產稅等。施行這種稅法，就可以令國家的財源，多是直接由資本家而來；資本家的入息極多，國家直接徵稅，所謂多取之而不為虐。

第四種分配之社會化，更是歐美社會最近的進化事業。人類自發明了金錢，有了買賣制度以後，一切日常消耗貨物，多是由商人間接買來的。商人用極低的價錢，從出產者買得貨物，再賣到消耗者，一轉手之勞，便賺許多佣錢。這種貨物的分配制度，可以說是買賣制度，也可說是商人分配制度。消耗者在這種商人分配制度之下，無形之中，受很大的損失。近來研究得這種制度，可以改良，可以不必由商人分配，可以由社會組織團體來分配，或者是由政府來分配。譬如英國新發明的消費合作社，就是由社會組織團體來分配貨物。歐美各國最新的市政府，供給水電煤氣以及麵包牛奶牛油等食物，就是用政府來分配貨物。像用這種分配的新方法，便可以省去商人所賺的佣錢，免去消耗者所受的損失。就這種新分配方法的原理講，就可以說是分配之社會化，就是行社會主義來分配貨物（仝上第一冊，三民主義，民生主義第一講，壹－一二九頁以下）。

中山先生深知：中國的情形與外國不同，即工業極為幼稚，所以「中國實業之開發，應分兩路進行，㈠個人企業，㈡國家經營是也。凡夫事物之可以委諸個人，或其較國家經營為適宜者，應任個人為之，由國家獎勵，而以法律保護之……至其不能委諸個人及有獨占性質者，應由國家經營之」（仝上第一冊，實業計劃，叁－二四七頁）。又說：

外國富，中國貧，外國生產過剩，中國生產不足，所以中國不單是節制私人資本，還要發達國家資本……要解決民生問題，一定要發達資本，振興實業。振興實業的方法很多，第一是交通事業，像鐵路運河，都要興大規模的建築。第二是鑛產，中國鑛產極其豐富，貨藏於地，實在可惜，一定是要開闢的。第三是工業，中國的工業，非要趕快振興不可，中國工人雖多，但是沒有機器，不能和外國競爭。全國所用的貨物，都是靠外國製造輸運而來，所以利權總是外溢。我們要挽回這種利權，便要趕快用國家的力量來振興工業，用機器來生產，令全國的工人都有工作。到全國的工人都有工做，都能夠用機器生產，那便是一種很大的新財源。如果不用國家的力量來經營，任由中國私人或外國商人來經營，將來的結果，也不過是私人的資本發達，也要生出貧富階級的不平均（仝上第一冊，三民主義，民生主義第二講，壹—一四六頁）。

於此，就發生了問題，普通工業到底由個人經營麼，抑亦由國家經營。依中山先生許多言論，公營工業似只限於獨占性質之企業及私人之力所不能辦者。而公營的目的則為社會政策，絕非財政政策。故說：「所得的利益歸大眾共享」（仝上第一冊，三民主義，民生主義第二講，壹—一四八頁）。即以充「育幼、養老、濟貧、救災、醫病與夫種種公共之需」（仝上第一冊，建國大綱第十一條，叁—三七〇頁）。蓋人類均有利己之心，工業公營最容易發生流弊，尤其政治道德不健全的國家。所以第一次全國代表大會宣言，公營只限於企業之有獨占性質者及私人能力所不能辦者兩項。

三民主義不但前清之時，即在民國初年，亦不能希望政府實行。所以中山先生又主張國民革命，國民革命分準備與實行兩個階段，準備階段以「立黨」與「宣傳」為主要工作。所謂立黨，是「求天下之仁人志士，同趨於一主義之下，以同致力」。當時「士大夫方醉心功名利祿，唯所稱下流社會……反有反清復明之思想……故先從聯絡會黨入手」。光緒二十年（一八九四年），合併各會黨，組織興中會於檀香山，光緒三十一年（一九〇五年）在日本東京，改組興中會為中國革命同盟會（仝上第二冊，中國革命史，柒─九三頁）。民國元年改組為國民黨，民國三年又改組為中華革命黨，八年復改組為中國國民黨（根據民國五十八年十一月二十四日中央日報所載建黨七十五年大事記）。所謂宣傳，是「求舉國之人民共喻此主義，以身體而力行之」。光緒二十一年（一八九五年）舉事於廣州，不幸失敗，「後數年，始命陳少白創中國報於香港，以鼓吹革命。庚子（光緒二十六年，一九〇〇年）以後，革命宣傳驟盛」，東京則有張溥泉等發起國民報，上海則有章太炎等，借蘇報以主張革命。同時國內外出版物為革命之鼓吹者，指不勝屈，人心士氣於以丕變。及同盟會成立，命胡漢民汪精衛章太炎等撰述民報，「一方為同盟會之喉舌，以宣傳主義，一方則力闢當時保皇黨勸告開明專制，要求立憲之謬說，使革命主義如日中天」（仝上第二冊，中國革命史，柒─九三至九四頁）。光緒三十三年（一九〇七年），同盟會在星加坡發行中興日報。宣統二年（一九一〇年），又在上海創辦民呼報，繼為民吁報，再為民立報（根據上揭中央日報所載建黨七十五年大事記）。但是文字宣傳只能對於知識階級發生效力，所以除文字宣傳之外，又用行動宣傳，以喚醒大眾敵愾同仇之心。自乙未（光緒二十一年，即一八九五年）之秋，陸皓東起義於廣州，事敗成仁，而至於辛亥（宣統三年，即一九一一年）三月二十九日黃興率各省同志舉事於廣州，死者七十二人，「革命黨之氣勢，遂昭著於世界」。由乙未至辛亥，仁人志士之在各省起義者約在十次以上。「其中奮不顧身」，用暗殺之法，「以褫執政之魄」，則始自庚子之年（光緒二十六年，即一九〇〇年）史堅如之炸兩廣總督德壽。自是而後，暗殺之風亦足以振奮人心，其最引人注意的，則為光緒三十一年（一九〇五年）吳樾之炸五大臣，三十三年（一九〇七年）徐錫麟之槍殺安徽巡撫恩銘，宣統二年（一九一〇年）汪精衛黃復生謀炸攝政王，最後則在宣統三年（一九一一年）閏六月林冠慈陳敬岳之炸廣東水師提督李準，「其身或死或不死，其事或成或不成，然意氣所激發，不特敵人為之膽落，亦足使天下頑夫廉，懦夫有立志矣」。及至「是年八月（陽曆十月十日）武昌革命軍起，而革命之功於以告成」（仝上第二冊，中國革命史，柒－一九四頁）。

準備既已成功，就開始實行，而可以分為三個時期，㈠是軍政時期，蓋革命與維新不同，維新是利用舊政權，以改革政治，固然有時不免利用武力，而不必利用武力者亦有其例。革命則欲推翻舊政權，而建立新政權，既要推翻舊政權，自非利用武力不可。這種利用武力以推翻舊政權，稱為軍政時期。民國十二年一月發表的中國革命史，雖曾列舉三個時期，並說：「此為蕩滌舊汙，促進新治所必要之歷程，不容一缺者也」，而對於軍政時期之具體辦法未曾說到（仝上第二冊，中國革命史，柒－九五頁）。民國十三年一月之中國國民黨第一次全國代表大會宣言未曾提及三個時期（仝上第二冊，中國國民黨第一次全國代表大會宣言，肆－四四頁以下）。唯在同年四月所發表之建國大綱第六條則有：

在軍政時期，一切制度悉隸於軍政府之下，政府一面用兵力以掃除國內之障礙，一面宣傳主義以開化全國之人心，而促進國家之統一（仝上第一冊建國大綱，叁－三六九頁）。

㈡是訓政時期，所謂訓政不是「作之君，作之師」之意，而是依地方自治之法，訓練人民行使四權，所以訓政乃寓「知」於「行」之中。蓋中山先生深知國人久受專制的束縛，根本不知何者之謂民主，一旦猝然行之，必將發生弊端。故先在小地區之內，訓練人民的參政能力，而後推廣而及於全國。中國革命史說：

由軍政時期一蹴而至憲政時期，絕不予革命政府以訓練人民之時間，又絕不予人民以養成自治能力之時間，於是第一流弊，在舊汙末由蕩滌，新治末由進行。第二流弊在粉飾舊汙，以為新治。第三流弊由發揚舊汙，壓抑新治。更端言之，即第一民治不能實行，第二為假民治之名，行專制之實，第三則並民治之名而去之也。此所謂事有必至，理有固然者。

軍政時期及訓政時期所最先著重者，在以縣為自治單位（「軍政時期及」五字恐是衍文）。蓋必如是，然後民權有所託始，使主權在民之規定不至成為空文也。今於此忽之，其流弊遂不可勝言。第一，以縣為自治單位，所以移官治於民治也。今既不行，則中央及省仍保其官治狀態，專制舊習何由打破？第二，事之最切於人民者，莫如一縣以內之事，縣自治尚未經訓練，對於中央及省，何怪甚茫昧不知津涯。第三，人口清查、戶籍釐定，皆縣自治最先之務。此事既辦，然後可以言選舉，今先後顛倒，則所謂選舉，適為劣紳土豪之求官捷徑，無怪選舉舞弊，所在皆是。第四，人民有縣自治以為憑藉，則進而參與國事，可以綽綽然有餘裕……苟不如是，則人民失其參與國事之根據，無怪國事操縱於武人及官僚之手（仝上第二冊，中國革命史，柒—一九五頁）。

建國大綱亦言：

七、凡一省完全底定之日，則為訓政開始之時，而軍政停止之日。

八、在訓政時期，政府當派曾經訓練，考試合格之人員，到各縣協助人民籌備自治。其程度以全縣人口調查清楚，全縣土地測量完竣，全縣警衛辦理妥善，四境縱橫之道路修築成功，而其人民曾受四權行使之訓練，而完畢其國民之義務，誓行革命之主義者，得選舉縣官，以執行一縣之政事；得選舉議員，以議立一縣之法律，始成為一完全自治之縣。

九、一完全自治之縣，其國民有直接選舉官員之權，有直接罷免官員之權，有直接創制法律之權，有直接複決法律之權（仝上第一冊，建國大綱，叁—三六九頁）。

由此可知訓政之開始乃以一省為單位，並不是全國同時開始的，當時軍閥割據各省，中山先生固以為國民革命很難一舉而即推翻舊政權，而須一一打倒軍閥。一省軍閥打倒之後，即參酌情況，開始訓政，以訓練人民之自治能力，同時革命軍則離開該省，再向前進攻。

㈢是憲政時期，憲政之實行程序如何，中國革命史未曾說到。據建國大綱第二十三條所說：「全國有過半數省份達至憲政開始時期，即全省之地方自治完全成立時期，則開國民大會決定憲法而頒布之」。第二十五條又謂：「憲法頒布之日，即為憲政告成之時，而全國國民則依憲法，舉行全國大選舉。國民政府則於選舉完畢之後三個月解職，而援政於民選之政府，是為建國之大功告成」（仝上第一冊，建國大綱，叁－三七一頁）。

即憲政時期，歸政於民，許人民組織別一政黨，一方於政府之內採用分權之制，使政府不能獨斷獨行，同時又用直接民權，以矯正代議制度之弊。吾國古人的政論往往有理想而無方法，中山先生既有理想，又有方法，比之空談理想者自不可同日語也。

附錄：參考書目

本書所用古書，版本不一。讀者必感覺奇怪。這是有原因的。本人生平寫作，不問短篇或長篇，都要起稿。起稿不難，抄正實難。請人抄寫麼？本人草書獨出心裁，別人未必看懂。故凡引用古書之時，多託三民書局代買兩部，用剪貼之法，以節省時間。但是有的書籍，例如中華書局之四部備要中「淮南子」已經賣完了，則不能不買世界書局印行之「淮南子注」。我想這種偷工的方法，古人未曾用過。古人著書，例如通考之類，不但著作人閱書多，而抄寫一事亦可證明古人毅力之強。

但是古書例如「弇山堂別集」之類，只用一二段者，則向臺大法學院圖書館借出，抄下所引用之原文。此外尚有許多書籍無處購買者，我很感謝法學院圖書館主任孫哲生先生代向臺大總圖書館及文學院研究所借出。臺大法學院教授袁頌西先生代向中央研究院借出，政大教授楊樹藩先生代向政大圖書館借出。

又者，本書出版之後，發見錯字太多，最初只想改正錯字，其後變更計劃，修改內容。於是又購買古書各一部（而以世界書局印行者為多，因有標點故也），重新閱讀一遍。刪去的字數不少，而增加的字數更多。所以再版可以稱為新著。因為再版時所用古書與初版時不同，所以再版所開參考書之發行書局亦與初版所開書局不同。

第一篇　先秦的政治思想

第一章　儒家的政治思想

一、孔子

十三經注疏（臺灣藝文印書館印行）

孔子家語（世界書局印行）
孔叢子（世界書局印行，與孔子家語等五十七種合訂一冊）
二、孟軻
孟子（十三經注疏第十四冊）
三、荀卿
荀子集解（世界書局印行）

第二章　道家的政治思想——老子與莊子

一、老聃
老子正詁（開明書局印行）
王弼注老子（中華書局四部備要之一）
二、莊周
郭象注莊子（中華書局四部備要之一）

第三章　墨家的政治思想——墨子

定本墨子間詁（世界書局印行）

第四章　法家的政治思想

一、管仲
管子校正（世界書局印行）
二、商鞅
商君書（中華書局四部備要之一）

三、慎子（世界書局印行）

四、申子（世界書局印行）

五、韓非子集解（世界書局印行，與慎子、申子等九種書合訂一本）

第五章　名家的政治思想

一、尹文

尹文子（中華書局四部備要之一）

二、鄧析

鄧析子（廣文書局印行，與列子、申鑒、文中子等四種合訂一冊，中華書局四部備要之一，與鬼谷子、文子三種合訂一冊）

三、尸佼

尸子（中華書局四部備要之一，與公孫龍子合訂一冊）

第二篇　秦漢的政治思想

第一章　法家思想的貢獻——李斯

史記卷八十七李斯傳，卷六秦始皇本紀（史記係臺灣藝文印書館印行之二十五史之一）

第二章　漢代初年黃老思想的盛行

漢書（臺灣藝文印書館印行之二十五史之一）

第三章　儒家思想的興起

一、陸賈

新語（世界書局印行）

二、賈誼

新書（世界書局印行，以上兩書合訂一本）

第四章　法家思想的復興

一、晁錯

漢書卷四十九晁錯傳，卷二十四上食貨志

二、桑弘羊

桓寬撰鹽鐵論（世界書局印行）

第五章　儒家與陰陽家的合流——董仲舒

春秋繁露（世界書局印行）

第六章　各種思想的雜糅

一、劉安

淮南子注（世界書局印行）

二、劉向

新序（世界書局印行）

說苑（世界書局印行，與新序合訂一本）

第七章　東漢時代陰陽學說的盛行

後漢書各列傳

第八章　宿命論的發生——王充

論衡集解（世界書局印行）

第九章　荀派儒學的掙扎

一、王符

潛夫論（世界書局印行，與申鑒、中論合訂一冊）

二、荀悅

申鑒（世界書局印行，與潛夫論、中論合訂一冊）

三、崔實

政論（全後漢文卷四十六，收在世界書局印行之「全上古三代秦漢三國六朝文」之中）

四、徐幹

中論（世界書局印行，與潛夫論、申鑒合訂一冊）

第十章　悲觀的政治論之發生——仲長統

後漢書卷七十九仲長統傳所收仲長統遺著三篇

第三篇　魏晉南北朝的政治思想

第一章　列子的玄虛思想與楊朱的快樂主義

一、列禦寇

列子（廣文書局印行，與申鑒、文中子、鄧析子合訂一冊）

列子（張湛注，廣文書局影印）

二、楊朱

楊朱之書似已失傳，今唯列子書中（第七篇）載有楊朱一篇

第二章　清談派的政治思想

全三國文（收在世界書局印行之「全上古三代秦漢三國六朝文」中）

全晉文（收在世界書局印行之「全上古三代秦漢三國六朝文」中）

葛洪著抱朴子（世界書局印行）

王弼注老子（見前）

郭象注莊子（見前）

張湛注列子（見前）

第三章　各種政治思想的調和

一、傅玄

傅子（全晉文卷四十七至卷四十九）

二、葛洪

抱朴子（世界書局印行）

三、劉勰

劉子新論（世界書局印行，書名為劉晝新論，與雜家佚書輯本十九種合訂一本）

第四章　佛教與吾國固有思想的論爭

弘明集（中華書局四部備要之一）

廣弘明集（中華書局四部備要之一）

第四篇　隋唐五代的政治思想

第一章　隋代儒學的復興

文中子中說（廣文書局印行，與列子、申鑒、鄧析子合訂一冊）

玄經（收在新興書局印行之「漢魏叢書」中）

第二章　唐初君臣的儒家政論

貞觀政要（中華書局四部備要之一）

全唐文（匯文書局印行）

第三章　安史亂後的儒家政論

一、陸贄

陸宣公集（中華書局四部備要之一）

二、韓愈

韓昌黎文集校注（世界書局印行）

三、柳宗元

柳河東全集（世界書局印行）

第四章　唐及五代的道家政論

一、元結

全唐文（匯文書局印行，卷三百八十三，總頁數四九二一頁以下）

二、无能子

无能子（世界書局印行，與長短經、兩同書等六種合訂一冊）

三、羅隱

兩同書（世界書局印行，與長短經、无能子等六種合訂一冊）

讒書（商務印書館印行，叢書集成簡編，與兩同書等合訂一冊）

四、譚峭

化書（初版所用之化書，為臺大文學院藏書。本版所用者收在大通書局印行之墨海金壺中，即總頁數一六八三七頁以下）

政治學（五版）

薩孟武／著

凡是一種著作，既加上「學」之一字，必有其中心觀念。沒有中心觀念以聯繫各章節，不過雜燴而已。本書是以統治權為中心觀念，採國法學的寫作方式，共分為五章：一是行使統治權的團體──國家論；二是行使統治權的形式──政體權；三是行使統治權的機構──機關論；四是國民如何參加統治權的行使──參政權論；五是統治權活動的動力──政黨論。書中論及政治制度及各種學說，均舉以敷暢厥旨，並旁徵博引各家之言，進而批判其優劣，是研究政治學之重要經典著作。

中國社會政治史（一）～（三）（七版）

薩孟武／著

本書共分四冊，自先秦乃至有明，歷數朝代興亡之根源。其資料之蒐集除正史外，實錄、文集、筆記、奏議等也多擇其要者而引用之。相較於其他史學著作，正如書名所示，本書更著重於社會、經濟、思想、政治制度間的相互關係。作者相信，欲研究歷史，必須知曉社會科學，方可兼顧部分與整體，而不致徒知其所以而忘忽其所由。

中國社會政治史（四）（六版）

薩孟武／著

決定歷史演進的條件，往往是交互影響的，其中最明顯的莫過於政治與社會兩方面。作者從政治與社會兩個角度出發，編寫時以其研究心得為骨幹，廣泛引用原典古籍為血肉，歷數先秦到明朝的社會政治發展。書中除了詳述宮中、府中權力的轉移、傾軋外，也從社會經濟的角度，介紹幣制、稅賦、力役等對社會造成的影響，及其如何衝擊歷史的演進。最便利學者的是，書中於每個朝代必以表格方式詳述其中央 、 地方官制與文官制度，且剖析該制度之優劣。

中華民國憲法：憲政體制的原理與實際（修訂二版）

蘇子喬／著

本書作者以深入淺出的筆觸，結合政治學與法學研究方法，對於我國憲政體制進行全面且深入的探討。本書介紹了民主國家的憲政體制類型，對我國憲政體制的變遷過程與實際運作進行微觀與巨觀分析，並從全球視野與比較觀點探討憲政體制與選舉制度的合宜制度配套。本書一方面兼顧了憲政體制的實證與法理分析，對於憲法學與政治學的科際整合做了重要的示範，另一方面也兼顧了微觀與巨觀分析、學術深度與通識理解、本土性與全球性分析，非常適合政治學與憲法學相關領域的教師與學生閱讀，也適合對憲政體制與臺灣民主政治發展有興趣的一般讀者閱讀。

民主憲政與法治（修訂二版）

黃政治／主編

本書邀請多名國內法政領域學者共同編寫 ，力求結合學術專業與學生學習需求，以多元活潑方式呈現憲政與法律知識，為一高跨度的入門專書。本書共計九章，涵蓋「民主思想與憲政體制」、「憲法中的人權保障」、「法治的生活面向」與「憲法的社會實踐」等四大主題，帶領讀者認識現代民主法治國家的運行理念，同時從日常生活的角度掌握基礎法律常識。

地方政府與自治（修訂二版）

丘昌泰／著

本書描述臺灣實施地方自治的法制規範與運作原理，本書不僅涵蓋傳統的「法制途徑地方自治」，這是過去多年來的考試重點；而且也包括最新的「治理途徑地方自治」，這是新的命題方向。章節結構係以考選部公佈的「專業科目命題大綱」為藍本，參酌歷屆試題重點加以修正而成，刪除不必要的教材，使本書更為精簡扼要。

研讀地方自治時應掌握三要：釐清基本觀念、輔以案例說明、勤做練習題目、法條不用強記、抓住重點即可。本書是一本觀念清晰、結構系統、概念新穎的教科書，有助於提升讀者的系統思考與應試能力。

行政學（五版）

張潤書／著

本書共分七編、三十五章。從「行政學的基本概念」到「行政學的未來展望」，涵蓋了行政學的主要內容。舉凡國內外的相關理論與方法，皆有周詳的論述，堪稱目前國內行政學最新穎、最完備的著作，且兼顧學術性與實務性，無論大專院校或公務機構均可作為重要教科書或參考書。本書自二十年前初版以來，已多次修改、增訂，尤其對近十年所發展出來的理論與管理方法特別重視，例如組織學習、組織再造、非營利組織、轉換型領導及行政資訊管理等，是參加高、普考及研究所入學考試的最佳與必備參考書籍。

公共政策（三版）

朱志宏／著

本書從理論面與實務面分別對如何妥善規劃政策方案、爭取支持政策方案、監督公共政策執行、監測、評估政策結果、掌握政策管理原則等公共政策重要課題，做了周延、深刻的剖析。作者以其優越的專業知識與傑出的文字能力，撰就此書，內容豐富、文字嚴謹、可讀性甚高，可作為在校選修「公共政策」或相關課程，以及準備參加國家考試學子的最佳教材，亦是政府決策官員及其政策幕僚最有價值的參閱資料。

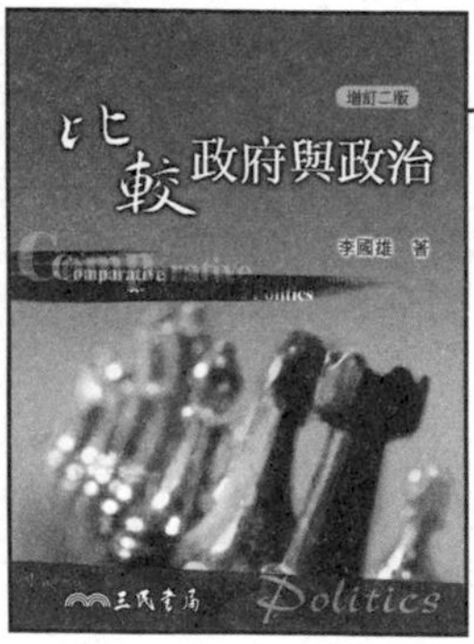

比較政府與政治（增訂二版）

李國雄／著

在全球化的潮流中，當前國內學術界及實務界迫切地需要一本能夠融合傳統與當代比較政府與政治學術潮流的著作。本書針對西方工業民主國家及國際社會的重要成員國，在有關民主化過程、制度設計、成長與變遷的特徵上，都作了適當的著墨。除了英國、法國、德國、日本及美國之外，仍在追求民主鞏固的俄羅斯，經濟成長快速卻仍處於威權體制的中國，都在討論之列。此外，有五十多年整合經驗的歐盟也列專章討論。

全書採用共同的分析架構，探索各國的歷史背景、地理因素、社會結構、文化因素，以及政經關係等客觀環境，藉以說明各國正式及非正式政治制度成形的背景，及實際運作的真相，以作為各國相互比較的基礎。

比較監察制度　　周陽山、王增華、馬秀如、李文郎／著

過去 30 年間，作者針對各國監察制度，進行了廣泛的研究與探索，也撰寫了一系列的論文與報告。現在經過整理、分析、重寫和校對，呈現的是一本以台灣的監察院為核心，進一步探討中國大陸國家監察委員會、瑞典國會監察使及專業監察使、芬蘭國會監察使、以色列審計長兼監察使、美國政府督責總署及部門督察長，以及匈牙利基本權利監察使等，針對監察機制職能與運作進行比較的著作。

此外， 本書還特別就相關各國憲政體制的權力分際、監察機制的職能規範、民主發展不同階段中監察權面臨的挑戰、五權憲法的制度設計與實踐經驗、監察機制運作的具體細節與實施困境， 以及監察權與行政權、立法權、司法權及審計權的互動關係等重要課題，深入爬梳，呈現制度運作的具體面貌。這也是比較政治研究，在監察權上的一次綜合嘗試與探索。

政治學概論：全球化下的政治發展　　藍玉春／著

臺灣是一個非常好的民主政治實驗室及觀察場域， 本書扣緊臺灣時事與全球脈動，兼具議題廣度與論述深度，拋棄傳統政治學冷僻生澀的理論， 直接爬梳當代全球化趨勢下的主要政治現象與實務，並對照臺灣相關的政治發展。前半部分析權力運用及民主的特色與缺失、第三波民主化浪潮與茉莉花革命、公民投票、總統直選、憲政體制、媒體與政治親密的危險關係；後半部則在全球化的大架構下，分析人權演進與斬獲、國際政治與經貿的高度依存關係、區域整合與治理、環保生態與經濟發展的兩難困境、女性領導人崛起等重要議題。

讀者用心閱讀完後，也能變成政治學專家，成為紛亂時局中政治議題核心意義的掌握者，或至少，在當今公共事務皆泛政治化的趨勢中，不再是追隨者、承受者，而像顆大岩石般，是一個頂得住浪潮的堅定清醒者。

國家圖書館出版品預行編目資料

中國政治思想史／薩孟武著.——四版一刷.——臺北市：三民，2023
面；　公分

ISBN 978-957-14-7447-2（平裝）
1. 政治思想史 2. 中國

570.92　　111006240

中國政治思想史

作　者　薩孟武
發行人　劉振強
出版者　三民書局股份有限公司
地　址　臺北市復興北路 386 號 (復北門市)
臺北市重慶南路一段 61 號 (重南門市)
電　話　(02)25006600
網　址　三民網路書店 https://www.sanmin.com.tw

出版日期　初版一刷 1969 年 9 月
三版一刷 2007 年 7 月
四版一刷 2023 年 1 月
書籍編號　S570160
ISBN　978-957-14-7447-2